马克思哲学论坛丛书

第 二 十 辑

马克思与德国哲学传统

李潇潇　刘森林　主编

中国社会科学出版社

图书在版编目（CIP）数据

马克思与德国哲学传统／李潇潇，刘森林主编 . —北京：中国社会科学出版社，2023.12

（马克思哲学论坛丛书）

ISBN 978 - 7 - 5227 - 2272 - 6

Ⅰ.①马… Ⅱ.①李…②刘… Ⅲ.①马克思主义哲学—研究②德国古典哲学—研究 Ⅳ.①B0 - 0②B516.3

中国国家版本馆 CIP 数据核字（2023）第 136395 号

出 版 人	赵剑英	
责任编辑	乔镜蕖	
责任校对	冯英爽	
责任印制	王 超	

出 版	中国社会科学出版社	
社 址	北京鼓楼西大街甲 158 号	
邮 编	100720	
网 址	http://www.csspw.cn	
发 行 部	010 - 84083685	
门 市 部	010 - 84029450	
经 销	新华书店及其他书店	

印 刷	北京明恒达印务有限公司	
装 订	廊坊市广阳区广增装订厂	
版 次	2023 年 12 月第 1 版	
印 次	2023 年 12 月第 1 次印刷	

开 本	710×1000 1/16	
印 张	38.25	
字 数	608 千字	
定 价	198.00 元	

凡购买中国社会科学出版社图书，如有质量问题请与本社营销中心联系调换

电话:010 - 84083683

目　录

马克思主义哲学基础问题

马克思主义哲学基础问题

"剧场隐喻"中"旁观者"视角的重建

——马克思的作为社会科学方法论辩证法生成之关键

王南湜*

在《哲学的贫困》中，马克思为了批判蒲鲁东的"世纪属于原理"之唯心主义谬说，唯物主义地阐明"原理"与其所出现的世纪的关系，提出了著名的"剧场隐喻"："每个原理都有其出现的世纪……难道探讨这一切问题不就是研究每个世纪中人们的现实的、世俗的历史，不就是把这些人既当成他们本身的历史剧的剧作者又当成剧中人物吗？"[①] 这一"剧场隐喻"中直接出现的无疑是"剧作者"和"剧中人"，但既然提到"剧场"，就不能忽略"剧场"中除了"剧作者"和"剧中人"之外的"第三者"，即"观众"或"旁观者"。或者说，以"剧中人"与"剧作者"为喻，必定会隐含着"观众"或"旁观者"之视角。果不其然，马克思在政治经济学批判的进一步研究中，提出了与"当事人"或"剧中人"视角相对的"旁观者"或"科学的观察者"视角问题[②]。通常认为，《哲学的贫困》奠定了马克思政治经济学批判的基

* 作者简介：王南湜，南开大学哲学学院教授。

① 《马克思恩格斯选集》第 1 卷，人民出版社 1995 年版，第 146—147 页。

② 在《资本论》第三卷第七篇"各种收入的源泉"中，马克思提到了"生产当事人"这一概念，而在《剩余价值理论》第 2 册对于斯密和李嘉图理论的评论中，提到了与"生产当事人"概念相应的"在那些被实际卷入资产阶级生产过程并同这一过程有实际利害关系的人们眼中所表现的那个样子，把联系提出来"的"非科学的观察者"概念，而与这一概念相对的自然便是"深入研究资产阶级制度的内在联系"的"科学的观察者"概念了（参见《马克思恩格斯全集》第 25 卷，人民出版社 1974 年版，第 939 页；《马克思恩格斯全集》第 26 卷Ⅱ，人民出版社 1973 年版，第 182 页）。

础，不仅开辟了马克思主义劳动价值论的道路，同时也包含着剩余价值理论的新思想。那么，顺理成章，从方法论的角度看，我们自然应该进一步追问这一"剧场隐喻"中是否也包含着马克思辩证法的新视角，特别是"旁观者"或"科学的观察者"视角对于其作为社会科学研究之方法论的辩证法生成之意义。但遗憾的是，人们在论及"剧场隐喻"时，却往往只关注到"剧中人"与"剧作者"这两方之辩证关系，完全未顾及"剧场"中必有"观众"这一"第三者"的"插足"，而这也就完全错失了从此视角对于作为其社会科学方法论的马克思辩证法之理解。在当今着力构建中国特色哲学社会科学，亟需马克思辩证法予以指导之际，着力补救这一错失的意义也就不言而喻了。为此，我们须从"剧场隐喻"中这三重视角，特别是"旁观者"这一视角去看马克思辩证法之如何从对于康德、黑格尔辩证法缺陷的克服或升级改造中而来的。

一　近代辩证法的根本问题

要理解马克思是如何克服或超越康德、黑格尔的辩证法，并基于"旁观者"视角建立起作为社会科学方法论的辩证法，须从不同于古代辩证法的近代辩证法的根本问题看起。

辩证法是哲学试图从总体上把握世界，以某种终极实体作为普遍性原则，去统一地说明现实世界中的万事万物时而产生的。由于古代哲学尚未有自我意识之自觉，是一种实体性哲学，因而其辩证法便主要是直观地处理普遍与特殊，或一般与个别的关系问题。在这种哲学中，自我意识及自由意志所带来的问题尚未突出。基督教哲学上帝创世说引进了一种恩格斯称为"抽象主体性"因素，这带来了古代哲学中未曾出现的恶的根源问题，以及与之相关的理性主义与意志主义之争。而新教哲学所秉持的唯名论的意志主义，将传统的理性主义与意志主义之争推向了难以调和的境况。近代哲学辩证法正是在这种背景下作为试图解决这一思想困境的方法而发展起来的。此情况便如恩格斯所指出的："反对基督教的抽象主体性的斗争促使 18 世纪的哲学走向相互对立的片面性；客体性同主体性相对立，自然同精神相对立，唯物主义同唯灵论相对立，抽象普遍、实体同抽象单一相对立。"①而近代哲学辩证法便正是在这一理智背景下处理普遍原理与特殊存在的关系问题的，于是，普遍与特殊、一般与个别的关系问题也就转变为了思维与存在的关系问题。亦即近代哲学"主要的兴趣并不在于如实地思维各个对象，而在于思维那个对于这些对象的思维和理解，即思维这个统一本身"，因而，"近代哲学并不是淳朴的，也就是说，它意识到了思维与存在的对立。必须通过思维去克服这一对立，也就意味着把握住统一"②。

但如何去克服这一对立，把握其统一，由于思想与其时代之间的必然的内在关联，不可避免地涉及近现代世界所发生的巨大变化。而关于近现代世界的特征，若从其本质上看："从中世纪走向现代世界的历史巨变，可从人与自然的关系和人们之间的社会关系两个方面去把握。前一方面当以作为现代工业化生产之根基和原动力的现代科学兴起为代表；后一方面则主要涉及伴随着市场经济的兴起和传统共同体解体，社会的重组亦即现代民族国家的建构问题。而现代民族国家的建构又必然涉及其矛盾的双重合法性基础：自律性道德生活和民族历史传统。"③由于哲学并非仅仅是一种纯粹的精神遐思，而是不可避免地与其所处身于其中的社会生活密切相关和相互影响的，因而，哲学对于思维与存在关系问题的解决也就不可避免地要面对社会生活中的这些重大问题，并为之提供某种解决方式。这也就是说，哲学现在必须同时为现代科学、自律性道德生活、现代民族国家的建构这三个方面提供合法性证明。然而，现代社会生活的这三个方面的合法性基础却是各自歧异的，甚至是相互对立的，这就使得近现代哲学不得不从不同方面或方向去探求对于思维与存在关系问题的解决。

先看现代科学的合法性问题。古代科学，如亚里士多德所描述的那样，是单纯的对于永恒宇宙的沉思，是全然与流变的现实生活不相干的领域，因而也就是与流变世界中能够改变事物的技术全然不同的东西。前者由于所沉思的对象是永恒的属神的领域，因而是对于神性的分享；

---

① 《马克思恩格斯文集》第 1 卷，人民出版社 2009 年版，第 88 页。
② ［德］黑格尔：《哲学史讲录》第 4 卷，贺麟、王太庆译，商务印书馆 1981 年版，第 5、7 页。
③ 王南湜：《思想对客观性的三种态度：康德、黑格尔与马克思》，《哲学研究》2017 年第 7 期。

而后者，则是为了维持生存所不得不从事的低下的活动领域。然而，近现代科学在科学与技术的关系上，却全然不同，甚至截然相反了。尽管人们还常常将科学视为纯然解释世界的，但近现代科学的实质，却如海德格尔所深刻地揭示的那样，全然不同于古代科学单纯的解释世界，其本质乃是指向改造世界的技术，因而是为改造世界的技术所规定，所引导的。这也就是说，在近现代以来的科学活动中，所谓解释世界便是全然服务于改变世界，归属于改变世界的。在这种社会现实生活和思想条件下，思维与存在如何统一，或者说，思想的客观性问题，便有了极为不同的意蕴。在这当中，是否能够有效地实现改变世界之目标便成为了一个关键性的标准。于是，与古代单纯的思辨不同，近现代科学理论必须要通过物质性实践的验证，或者须通过模拟性的科学实验或科学观测的验证。但近现代科学的理论并非如古代科学那般的对于世界存在的整体性解释说明，而只是对于人类活动某一局部领域的说明，因而，这种实验或观测的成功或失败，所验证的客观性并非科学理论是否为世界存在之整体性的描述是否如实，而是对于某一局部领域的科学理论在付诸实施时是否客观有效的验证。更为重要的是，这样一种关于某一局部领域的科学理论，亦非对于这一局部领域的整体作全面描述，而是一种对于其中存在物之间数量关系在理想性条件下的重构，是一种对于现实存在物之间关系的一种抽象。这种抽象的目的是要做到能够用函数方式描述其间的因果关系。近现代科学这种因果关系观念，正如一位科学史家所深刻地指出的那样，"就是把一个有待说明的事件分析成为比较简单的（而且往往是预先存在的）构件，以及以原因为手段对结果进行预言和控制"①。不言而喻，"以原因为手段对结果进行预言和控制"，正是现代人类物质生产实践活动之本质。因而，在此意义上，近现代科学的本质也便正是对于人类物质生产实践的一种抽象层面上的重构。只是在这种理想化条件下的理论重构中，现实生产实践活动中人主体的目的性被悬置或抽象掉了，剩下的只是抽象的单纯客观过程。但人主体的目的性只是在这种科学理论构造中被悬置或抽象掉了，而不是从人主体这里被彻底地消除掉了。其之所以在这里要将主体的目的性特设性地悬置或抽象掉，

---

① ［美］伯特：《近代物理科学的形而上学基础》，徐向东译，北京大学出版社2003年版，第265页。

是为了发现真正能够有效地实现目的的客观的因果关系，从而在现实实践中有效地实现人主体的目的。因此，在科学理论构造的活动中，人主体是将自身抽象出来放置在一旁，以一种纯粹客观的态度去思考和观察所研究的对象的。

再看自律性的道德生活何以可能的问题。自律性的道德生活则意味着与古代及中世纪从自然或上帝那里寻求道德原则全然不同，而是须从主体的自我出发来建立道德原则，即主体的自我立法。这种自我立法既然是人主体的自我立法且自我遵循，则主体自身自然是直接在场而不可缺失的。不仅如此，现代社会中的这种自我立法及自我遵循，意味着现代人主体并不是像传统社会中那样，简单地接受某种传统性的伦理惯例，而是必须自觉地审视自身的行动，对自身的行动做出道德判断。而这也就是说，现代社会所要求的道德主体必定在某种意义上是自我规定的自觉的行动者。

而民族国家建构的合法性，却又不同。早期自由主义把国家视作孤立个体之间的某种契约协议，但这种虚构性的国家起源理论作为对于国家合法性的论证，只是将国家的合法性放置在充当"守夜人"角色的地位上，这便远远背离了现实生活中国家的形象和作用。因而，这种理论至多也只是在资产阶级反对专制主义国家、争取自身权利的斗争中起到某种解放思想的作用，而不能真正说明国家的实体性本质。这种理论对于英法这类民族国家早已确立、正在壮大起来的资产阶级的目标只是提升自身地位的社会来说，是有积极意义的，但对于处于四分五裂而急切寻求民族国家建构的德意志社会来说，则是全然无效的。正是基于这一点，德意志思想家们才一方面批判契约论国家说，另一方面发展出了一种历史主义的民族国家理论，把民族国家视为一个在历史中发展着的有机生命体。这样，对于民族国家之何以可能的理解，便既不能像理解科学何以可能那样，从改变世界的客观有效性出发，亦不能像理解现代道德生活那样，从个体主体的主观意志出发，而是只能从特定种群的生命存在的历史过程出发，亦即必须如赫尔德所认为的那样，将民族国家理解为是一种源自自然生命的历史存在物，是一种"拥有某种形态；它们有着鲜活的生命；它们不断发展。从性质上说它们不是理性的，而是充满活力的；它们乃是自在之物而非手段……它们拥有灵魂，并具有生命周期。它们不是个体的综合，而是有机组织"。①

　　通过上面的简单描述，我们看到，就阐明现代科学、自律性道德生活和现代民族国家的建构何以可能的问题而言，这三个问题所要求的出发点之间是相异甚至相对立的。如前所述，在现代科学理论构造中，人主体是将自身抽象出来放置在一旁，以一种纯粹客观的态度去思考和观察研究对象的，因而可以说是从一种单纯的旁观者的立场出发的；现代社会所要求的道德主体却必定在某种意义上是自我规定的自觉的行动者；现代民族国家建构的合法性所诉求的生命有机体，则又意味着，民族作为一种实体性存在，是一种自在之物，而作为民族国家中的个人，在民族国家这一生命有机整体中的生活，便只是从属于这一有机整体的自然的生命运动，亦即只是民族国家的历史进程的并非自觉的参与者。如果我们从前述"剧场隐喻"来看这三个方面的出发点，便不难看出，"观众"或"旁观者"正是对于现代科学中人主体特征的刻画，"剧作者"则是现代自律性道德生活中人主体的表征，而"剧中人"自然便是现代民族国家中个体主体的写照。而"剧场隐喻"中"剧中人""剧作者"和"旁观者"这三个方面的三元关系也就可以视作是对于现代科学、自律性道德生活和现代民族国家中人主体之关系的表征，这也便意味着，我们可以借用这一三元关系去考察马克思辩证法与康德、黑格尔辩证法之异同，以及马克思辩证法的优越性之所在。

二　康德：分隔的有限的旁观者与有限的剧作者

　　对于在现代科学、自律性道德生活和现代民族国家的建构所带来的思想困境，只是在康德那里才达到了清楚的认识，并着手提出了革命性的解决方案。康德所面临的问题是，既有的哲学观念既不能说明以牛顿力学为典范的现代科学何以可能的问题，亦不能说明自律性道德生活何以可能的问题。不仅接续古典实体性哲学的形而上学无以合理地解决问题，即便是新近兴起的经验论，亦不仅在认识论上陷入了

---

　　①　［美］伊格尔斯：《德国的历史观——从赫尔德到当代历史思想的民族传统》，彭刚、顾杭译，译林出版社 2014 年版，第 41 页。

怀疑论，而且在道德哲学上亦陷入了他律论。显然，面对这种困境，必须更弦易辙，提出革命的主张方可能走出危困境况。众所周知，康德革命性构想是一方面立足人之主体性，将关于自然的科学世界与关于人的道德世界都理解为主体的构造，即所谓人为自然立法与人为自身立法；而另一方面又将这两个世界分隔开来，置于两个层面之上，即划分开现象界与物自身世界，使之不相互干涉，以免除内在矛盾。这样一来，康德就在某种意义上一方面合理地说明了以牛顿力学为典范的现代科学之何以可能；另一方面亦为自律性道德生活之何以可能提供了合理性之奠基。

若将康德的这一解决方案放在"剧场隐喻"所设拟的"剧中人""剧作者"和"旁观者"的三元关系中来看，"第一批判"中作为认识主体的人自然是以"旁观者"的身份出现的；"第二批判"中作为道德生活主体的人无疑是一位创建自身道德规则并付诸实行的"剧作者"；而"剧中人"一角则非不可知的"物自体"及"自我"或"我自体"莫属。

在认知领域，由于康德设定认知须是知性对于感官材料之综合，而非先验的知性概念的独自运转，因而认知总是受制于感官材料的有限性，使得认知主体及其活动便也只是有限的；同时，在认知中，由于是普遍性的先验知性概念对于感官材料的综合把握以形成知识，而非特殊的经验个体的能动构造，因而，在认知过程中，经验个体除了被动地提供感官材料之外，并无能动之作用，所充当的便也只是一种"旁观"普遍的知性范畴把握感官材料的"旁观者"的角色。在这样一种认知过程中，便一方面保证了知识的普遍有效性，亦即康德意义上的客观性，另一方面通过限制知识的范围，使之不超出可能经验的范围，从而避免了因知性的超验使用而不可避免地会导致的二律背反。

在道德生活领域，康德一方面设定人作为大自然的最高产物，必须视之为目的，而不能将之只是视为手段，因而作为目的性存在物的人便构成了一个目的王国，由此便能够引导出人作为目的性存在物所应当遵循的基本道德原则；另一方面，康德亦承认，人不仅仅是目的王国的成员，受自由的道德法则的引导，同时也生活于自然王国之中，受自然法则的支配，因而人遵循道德法则的结果，只是在目的王国中使人得以按照人之为人的标准成为"人",即在目的王国中得到"好报",而在受自然法则制约的现实生活之中,遵循道德法则却未必能得到"好报"。因而,在道德生活领域,人作为道德主体亦只是在有限意义上自我决定和创作,即只能是一个有限的"剧作者"。这个有限的"剧作者"在道德生活中,只能是莫问结果,但求心安,即只能求得"有德",而不能以"德"求"福",至于"德福相配"的"至善",便只能诉诸灵魂永生与上帝的公正之"公设"了。

至于作为"剧中人"的"物自体"和"我自体",由于其超越于经验的可能范围,是不可知的存在,因而在康德的体系中可以说是隐匿的。这样,在康德的哲学"剧场"中,直接出场的便只有"剧作者"和"旁观者",而"剧中人"则被隐匿到了"后台"。而只有在"剧中人"的隐匿的条件下,康德方才能够一方面将认知领域限定在作为一种知性构造物的现象界,从而避免越界使用所导致的二律背反,并为道德生活的可能性留下余地;另一方面亦才能使得道德自律成为可能,并将"德福相配"置于作为"公设"的信仰的超验领域。但如此一来,在康德哲学中,人主体也就被分隔在两个全然不同的领域,而这种结果与人们对于自身的直接经验显然是大相径庭的。这便是康德哲学为了消除理性的二律背反而付出的代价。这一代价还不限于此,"剧中人"的隐匿,意味着人主体无论在认知领域还是在道德生活领域,其现实行动是被某种普遍性先验地规定了的,人在这里虽然在名义上是为自然和自身立法的主体,但这些名义上为人所立之法则却只是普遍性的知性、理性的运用,在这种情况下,人作为主体与其说是古典哲学意义上的实体性的"支撑者"或者近代哲学意义上的"创造者",还不如说是如结构主义所指出的被某种总体性"结构"的规则所支配的"服从者"。进而,先验的法则对于作为"服从者"的现实的人支配,还意味着这些法则作为先验之物是普遍性之物,因而是全然超越于现实的人生活于其中的具体的社会历史的,从而特定的具体历史发展在这里是无法得到合理的说明的,而只能诉诸于"大自然的计划"之类神秘的说法。于是,民族国家建构的合法性问题在这里也就只能付诸阙如了。显然,康德哲学基于其基本原则是无法解决这些问题的,这便只能留给康德后学了。

三　黑格尔：从无限的剧中人到无限的剧作者

康德哲学虽然能够在某种意义上说明现代科学和自律性道德生活的可能性，但其理论中人主体的二元分隔与非历史性，使得正在立意为德意志民族国家重建而提供合法性指引的康德后学，特别是德国唯心主义感到不满，从而力求予以克服。而针对康德哲学的这两大缺陷，克服之道自然便是寻找到某种既能够消除人主体的分隔也能够克服非历史性的方式。而这一方式便是始于费希特的主体之设定"自我""非我"及"自我与非我统一"的"行动"概念的引入。虽然费希特的体系最终只是如黑格尔所言，达到了一种"主观的主体—客体"原则，而尚未达到他所主张的"客观的主体—客体"原则①，但这种强调主体能动性的"行动"概念却被黑格尔所继承和大力发挥了。正是通过作为主体的绝对精神的"行动"或"活动"，黑格尔消除了康德哲学中的二元论，建构起了一个绝对精神之大一统的辩证法理论体系。

黑格尔消除康德哲学二元论的基本原则是设定一个具有绝对能动性的主体，即绝对精神；通过这一绝对精神的活动，消解一切对立物，最终达到绝对精神的透明状态的绝对同一。黑格尔认为，"精神不是一个静止的东西，而宁可是绝对不静止的东西、纯粹的活动，一切不变的知性规定的否定或观念性"②。而这种活动性的结果便是能够达到对于思维与存在之对立的全面消除，使得思想摆脱康德式的"主观的思想"，而真正展示出其之为"客观的思想"，亦即"思想不仅是我们的思想，同时又是事物的自身，或对象性的东西的本质"③。或者说，"这里所说的思想和思想范畴的意义，可以较确切地用古代哲学家所谓'Nous（理性）统治着世界'一语来表示。——或者用我们的说法，理性是在世界中，我们所了解的意思是说，理性是世界的灵魂，理性居住在世界中，理性构成

---

① 参见［德］黑格尔《费希特与谢林哲学体系的差别》，宋祖良、程志民译，商务印书馆1994年版，第2页。

② ［德］黑格尔：《精神哲学》，杨祖陶译，人民出版社2005年版，第4页。

③ ［德］黑格尔：《小逻辑》，贺麟译，商务印书馆1980年版，第119、120页。

世界的内在的、固有的、深邃的本性，或者说，理性是世界的共性"①。如果理性统治着世界，是世界的灵魂，那么，现实世界的存在便是理性之个别性展现，现实世界的运动发展便是理性自身的运动发展，或者说是由理性所规定的运动发展。当然，理性所具有和达致的思维与存在的统一，并非是一蹴而就的，而是一个精神或思想的劳作过程，是一种辩证的历史过程，精神的这种劳作就是一种精神或思想沉入世界之中、沉入到事物之中的过程。"就内容来说，只有思维深入于事物的实质，方能算得真思想；就形式来说，思维不是主体的私有的特殊状态或行动，而是摆脱了一切特殊性、任何特质、情况等等抽象的自我意识，并且只是让普遍的东西在活动，在这种活动里，思维只是和一切个体相同一。"②由于思想沉入世界之中，思想便外化于世界，构成与思想或自我相对立的对象世界，甚至达到某种对立的异化状态，但既然对立于自我思想的只是一种自我的外化或异化物，那么，这种对立物便必定能够被克服，从而实现主客体之绝对统一。只是既然这一精神的外化、异化，以及异化的克服或扬弃，统一的实现，是一个从精神的自在存在到自我异化的自为存在，再进而达致自在自为的存在的过程，亦即一个否定之否定的过程，那么，这一过程也就构成了绝对精神之历史运动。

黑格尔在其《精神现象学》中写道："一切问题的关键在于：不仅把真实的东西或真理理解和表述为实体，而且同样理解和表述为主体。"③但实体之成为主体，又表现为一个过程："活的实体，只当它是建立自身的运动时，或者说，只当它是自身转化与其自己之间的中介时，它才真正是个现实的存在，或换个说法也一样，它这个存在才真正是主体。实体作为主体是纯粹的简单的否定性，唯其如此，它是单一的东西的分裂为二的过程或树立对立面的双重化过程，而这种过程则又是这种漠不相干的区别及其对立的否定。所以唯有这种正在重建其自身的同一性或在他物中的自身反映，才是绝对的真理，而原始的或直接的统一性，就其本身而言，则不是绝对的真理。真理就是它自己的完成过程，就是这样

①　［德］黑格尔：《小逻辑》，贺麟译，商务印书馆 1980 年版，第 80 页。
②　［德］黑格尔：《小逻辑》，贺麟译，商务印书馆 1980 年版，第 78 页。
③　［德］黑格尔：《精神现象学》上册，贺麟、王玖兴译，商务印书馆 1979 年版，第 10 页。

一个圆圈,预悬它的终点为目的并以它的终点为起点,而且只当它实现了并达到了它的终点它才是现实的。"① 因此,在某种意义上可以说《精神现象学》的全部内容便是论证或说明"实体就是主体",即说明精神如何从"自在"到"自为",再到"自在自为"的辩证进展,亦即"实体""觉醒"为"主体"的过程。若将之置于"剧场隐喻"之中,从"实体"到"主体",或者从"自在"到"自在自为"的进展,亦可以说是从"剧中人"到"剧作者"的"觉醒"。而正是通过这一觉醒之路,在一般意义上蕴含着人类生活的终极目标,即走向绝对精神之圆满性的完全实现,同时在特殊意义上也隐含地设定了各民族国家作为实体性存在之命运或使命。既然绝对精神的这一辩证运动是绝对精神之自我展现,那么,世界历史作为其之展现便亦有其内在的目的和法则,从而作为世界历史之一环节的民族国家之存在发展便亦是为其内在精神所规定的,从而每一民族各有其要实现的历史之使命或命运。具体到德意志民族,自然也有其使命或命运。而以上也就为论证德意志民族国家建构之合法性提供了某种理论根据。

黑格尔从绝对精神之辩证的历史发展的理论,虽然可以说在某种意义上克服了康德哲学之非历史性缺陷的克服,由之也能够在某种意义上提供对于民族国家建构之合法性的说明,但这一对康德哲学非历史性的克服却也是在某种意义上以牺牲对于现代科学与自律性道德生活可能性的合理说明为代价的。因此,必须超越黑格尔继续前进,或者说,必须在某种意义上返回到康德,从那里再出发,即在汲取黑格尔进路合理因素的基础上,重构其"剧作者"和"旁观者",以及"剧中人"视角,以便能对现代科学、自律性道德生活和民族国家的建构提供更具合理性的说明。在黑格尔之后,其理论体系受到了从青年黑格尔派到新康德主义的众多批判,这些批判也提出了诸多建设性改进纲领,从费尔巴哈的人本主义,到新康德主义之"回到康德",但这些批判者大多仍未能真正超越康德和黑格尔的立场,因此其建设性纲领也就仍然背负着两者的缺陷。

真正在哲学上走出全面性变革一步的是马克思。

---

① [德] 黑格尔:《精神现象学》上册,贺麟、王玖兴译,商务印书馆 1979 年版,第 11 页。

四　马克思：从有限的剧作者到有限的旁观者

上面我们从现代科学、自律性道德生活、现代民族国家的建构这三个方面考察了康德、黑格尔哲学对于思维与存在关系问题解决各自的优长及困难之处。然而，从这三个方面对于思维存在关系的解决，在严格意义上说，仍然是处于解释世界的层面上的。在这一层面对于问题的解决，即在理论上更为完满地解释世界，对于传统哲学而言，无疑是可满足的，但对以改变世界为鹄的的马克思的哲学思考来说，却就另当别论了。当然，对于以改变世界为鹄的的哲学而言，只是强调改变世界的首要性，而并非弃绝解释世界。在这里，解释世界虽非首位，但也是改变世界的必要的环节，虽然只是从属性的环节，即在这里理论上的解释世界是从属于实际上的改变世界的。因而，对于马克思哲学的理解，对于马克思辩证法的理解，虽然必须立足于改变世界这一基点，但亦须包含这一解释世界的层面。我们下面就从包含了解释世界的改变世界的基点去看马克思对于康德与黑格尔哲学的批判与改造。

马克思对黑格尔哲学的批判最初是沿着费尔巴哈的路径推进的。费尔巴哈在批判黑格尔哲学中所提出的最重要的命题是人是"对象性存在物"："没有了对象，人就成了无……主体必然与其发生本质关系的那个对象，不外是这个主体固有而又客观的本质。"[1]"一个实体必须牵涉到的对象，不是别的东西，只是它自己的明显的本质。"[2]"自我在对象中的实在性，同时也是对象在自我中的实在性。"[3] 强调人之存在的"对象性"，即强调人作为主体的"有对性"，亦即受限性，而非黑格尔式主体的"绝对性"即"无对性"或"无限性"，这意味着费尔巴哈超越了黑格尔的绝对精神作为绝对的实体即主体，亦即从其无限的"剧中人"和"剧作者"出离了出来，而走向了一种有限的主体，或者说，走向了有限的"剧作者"和有限的"剧中人"。但由于费尔巴哈的"剧中人"和"剧作

---

[1] 《费尔巴哈哲学著作选集》下卷，荣震华等译，商务印书馆1984年版，第29页。
[2] 《费尔巴哈哲学著作选集》上卷，荣震华等译，商务印书馆1984年版，第126页。
[3] 《费尔巴哈哲学著作选集》上卷，荣震华等译，商务印书馆1984年版，第89页。

者"都只是"对象性存在物",而非能动的活动者,因而他只是在非常有限的意义上超越了黑格尔哲学,且这种超越还有着严重的缺陷,即抛弃了黑格尔的基于主体之能动性的辩证法,从而亦丧失了黑格尔哲学所具有的历史性优胜之处。因此,必须推进费尔巴哈对于黑格尔哲学的批判和超越,将被其忽略了的能动性包含进来,并建立在现实性的基础上。

因此,马克思所要做的推进便是一方面将能动性引入现实性之中,另一方面为能动性赋予现实性基础。而这便是将"人是对象性存在"之命题,改造为"人是对象性活动"这一具备了能动性,从而也就包含了辩证法的命题的提出。在《1844 年经济学哲学手稿》中,马克思写道:"当现实的、有形体的、站在稳固的地球上呼出和吸入一切自然力的人,通过自己的外化把自己现实的、对象性的本质力量设定为异己的对象时,这种设定并不是主体;它是对象性的本质力量的主体性,因而这些本质力量的活动也必须是对象性的。对象性的存在物是进行对象性活动的,而只要它的本质规定中不包含对象性的东西,它就不能进行对象性的活动。它所以能创造或设定对象,只是因为它本身是被对象所设定的,因为它本来就是自然界。因此,并不是它在设定这一行动中从自己的'纯粹的活动'转而创造对象,而是它的对象性的产物仅仅证实了它的对象性活动,证实了它的活动是对象性的自然存在物的活动。"[①] 正是基于从"对象性存在"到"对象性活动"这一改变,马克思克服了费尔巴哈哲学的缺乏能动性和非历史性这一根本问题。而从有"对象"的人,亦即有限的存在者的活动出发,马克思就能够指明人类如何在其对象性活动中走向了异化,即为其活动的结果所支配,进而如何扬弃这异化,而走向对其"自由自觉的活动"之本质的复归,并将扬弃了诸对立矛盾的共产主义视为这一复归之实现方式。这一从异化到异化的扬弃的否定之否定过程,也就是人从不自觉的行动者的"剧中人",走向自觉的即意识到自身乃是历史创造者的"剧作者",以及人类存在之历史使命的过程。而这样一种异化与异化的扬弃,作为一种指向人类圆满存在的否定之否定的历史过程,自然也就能够在某种意义上说明人类之不同民族国家之发展进程的规律性及合理性。从有限的"剧作者"的立场上,也能够对

---

① 《马克思恩格斯全集》第 42 卷,人民出版社 1979 年版,第 167 页。

于现代社会所要求的自律性道德生活做出某种合理性的说明。而对于现代科学，基于"人是对象性活动"之原则，虽可予以某种说明，但却未及深入到现代科学之本质性的规定。

　　然而，尽管通过"人是对象性活动"命题的提出，以及异化论的展开，马克思已经在某种意义上克服了黑格尔哲学之缺陷，但这种克服或超越仍然处于理论上解释世界的层面，亦即马克思此时尽管主观上是以改变世界为目标的，但尚未发现改变世界的有效方式，或者说，异化论只是说明了改变世界的必要性，却未能通过揭示其现实的可能性而指明有效的方式，即如何有效地改变世界，而不是只依据主观意志去行动。这就必须从对"为何"改变世界的说明，走向对于"如何"有效地改变世界的追问。而"如何"有效地改变世界，在工业革命已展示出现代科学的巨大威力之时，不言而喻，便是实际地从事改变世界的行动主体依据现代科学的指引而去从事改变世界的活动。也就是说，作为意识到自身亦是"剧作者"的"剧中人"的行改变世界之事的行动者，须同时兼具"旁观者"之角色或身份，或者更确切地说，他的行动须为科学所中介。如此观之，科学在康德哲学中虽然得到了说明，但却只是停留于解释世界的层面上，即在他那里，科学主体仅仅以"旁观者"的身份出现，而与"剧中人"和"剧作者"则全然分隔，这就使得科学无以走出静观之境地，无以充任改变世界之效能。而在黑格尔那里，虽然在主体从实体走向自身之为主体的自觉过程中，分门别类的科学研究作为知性被纳入其中作为一个环节，似乎以某种方式在绝对理念这一"大全"之中实现了理性对于知性的扬弃，即将之吸纳和整合于更高的统一体之中，或者说，以某种方式实现了"剧中人""剧作者"与"旁观者"之统一，但由于这一统一的主体乃是一无限者或"无对象"的绝对者，而非有限的"对象性"的现实存在者，因而，这种统一便只能是一种限于思维内部的非现实的虚幻的统一，是一种马克思所指斥的"神秘的主体—客体，或笼罩在客体上的主体性，作为过程的绝对主体，作为使自己外化并且从这种外化返回到自身的、但同时又使外化回到自身的主体，以及作为这一过程的主体；这就是在自身内部的纯粹的、不停息的旋转"①。显然，

————————

① 《马克思恩格斯全集》第 42 卷，人民出版社 1979 年版，第 176 页。

既然这里的分门别类的科学作为知性活动及其对象，只是绝对者回归自身的一个抽象的从而并非究极真实的过渡性的"跳板"，而主体乃是"非对象性"的绝对者，亦即不受外部对象或世界限制的"唯一者"，则主体改变外部世界的问题也就无从在通常的意义上谈起了。

因此，要使得有效的改变世界能够真正实现，便须一方面使主体作为现实的主体，即作为"对象性"的从而是有限的主体而存在和活动，另一方面则是在这一基础上而将在黑格尔那里遭到贬斥、在康德那里与"剧作者"及"剧中人"相分隔的作为科学主体的"旁观者"予以重构，使之与"剧作者"及"剧中人"在现实性的基础上"重归于好"，恢复人主体的统一性。否则，在解释世界的主体与改变世界的主体仍处于分隔状态之下，有效地改变世界便只是一句空话。既然马克思在《1844 年经济学哲学手稿》中已基于"人是对象性活动"这一原理而通过异化及异化的扬弃这一历史过程，说明了有限的"剧中人"实即有限的"剧作者"，从而将之统一了起来，因而，进一步的工作便是如何将作为科学主体的"旁观者"纳入这个统一体中来。为此，须首先对康德及黑格尔的主体观进行批判与改造。对黑格尔主体观的批判改造就是将黑格尔那里作为"非对象性"存在物，即"无对"的绝对主体"有对"化为有限的主体，这一点如前述在《1844 年经济学哲学手稿》中已经进行了，因此现在的关键问题便是如何基于作为"人是对象性活动"原理而将作为有限的"旁观者"的科学主体纳入统一的"对象性活动"主体之中来。而这便需要在某种意义上回到康德的作为有限的"旁观者"的科学主体的视角上来，并将此有限的"旁观者"纳入与作为有限的"行动者"的有限的"剧中人"和"剧作者"的统一性之中来，从而合理地说明了作为科学主体的"旁观者"之由来，以及科学理论所建构的客观规律如何作为"行动者"改变世界之指引。

马克思的这一工作始于《关于费尔巴哈的提纲》和《德意志意识形态》。其中的关键之处是提出了改变世界对于解释世界的首要性之命题，并提出要以唯物主义的实证性的历史科学取代唯心主义的思辨性的历史哲学，以便能够有效地改变世界。马克思写道："我们的出发点是从事实际活动的人，而且从他们的现实生活过程中还可以描绘出这一生活过程在意识形态上的反射和反响的发展……而发展着自己的物质生产和物质交往的人们，在改变自己的这个现实的同时也改变着自己的思维和思维的产物。不是意识决定生活，而是生活决定意识。"① 据此，马克思也根据分工和生产发展的历史，描述了私有制的出现和消灭私有制的条件。但毋庸讳言，"尽管马克思在此非常强调'经验'和'科学'，但是从某种意义上说，这里所展现的在很大程度上仍然只是对于现实历史进行经验性'历史科学'研究的构想和意图，而非其充分实现。这里对于资本主义生产方式的理解还非常粗略，尚未揭示出其核心本质。"② 缘于此，马克思在这里对共产主义革命条件的描述还是颇为宽泛的："这种'异化'（用哲学家易懂的话来说）当然只有在具备了两个实际前提之后才会消灭。要使这种异化成为一种'不堪忍受的'力量，即成为革命所要反对的力量，就必须让它把人类的大多数变成完全'没有财产的'人，同时这些人又同现存的有钱有教养的世界相对立，而这两个条件都是以生产力的巨大增长和高度发展为前提的。"③ 对于力图有效地改变世界的马克思来说，显然不会满足于这种宽泛的语言，而是必须发现一种对于解放条件的精确的科学描述。而只是真正进入政治经济学研究之时，马克思才能够对于人类解放的条件做出精确的科学描述。也就是说，只有在政治经济学的层面上，才能够真正达到"旁观者"视角的现代科学之精确性。而这也就意味着，马克思所要做的便是将这一真正意义上的"旁观者"纳入与作为"行动者"的"剧作者"及"剧中人"的统一性之中去。

　　说明"旁观者"之与"行动者"的统一性，基于改变世界之首要性，或者说，解释世界对于改变世界的从属性来说，便是说明科学理论的建构对于改变世界的实践活动的派生性，亦即"旁观者"之对于"行动者"来说的派生性。马克思在多处做过这种说明，但最集中而明确的则莫过于《政治经济学批判序言》和《政治经济学批判导言》中的有关论述了。在《政治经济学批判序言》中通常被理解为唯物史观之经典表述的那段话里，马克思表达的意思有三个要点：（1）"人们在

---

① 《马克思恩格斯选集》第 1 卷，人民出版社 1995 年版，第 73 页。

② 王南湜、夏钊：《人是对象性活动：马克思哲学本体论之第一原理》，《天津社会科学》2019 年第 1 期。

③ 《马克思恩格斯选集》第 1 卷，人民出版社 1995 年版，第 86 页。

自己生活的社会生产中发生一定的、必然的、不以他们的意志为转移的关系";（2）"物质生活的生产方式制约着整个社会生活、政治生活和精神生活的过程";（3）"在考察这些变革时，必须时刻把下面两者区别开来：一种是生产的经济条件方面所发生的物质的、可以用自然科学的精确性指明的变革，一种是人们借以意识到这个冲突并力求把它克服的那些法律的、政治的、宗教的、艺术的或哲学的，简言之，意识形态的形式"。① 若从方法论的角度看，第一点是指明社会生活的客观实在性，这意味着是能够对其进行客观的描述的；第二点是进而指明物质生活的生产方式在整个社会生活中的决定性作用，这则意味着在对社会生活进行客观描述之时，物质生活的生产方式乃是根本对象，对社会生活的科学研究便是要抓住这一根本，从而政治经济学研究也就是最为根本的科学研究；第三点则是从另一个方面更为明确地指出只有物质生活的生产方式才能够用"自然科学的精确性"加以描述，亦即只有这一层面才能充作精确科学的对象，而意识形态的形式则不能够作为精确科学的对象。于是，一个顺理成章的结论便是，政治经济学的对象不是整个社会生活，而只是物质经济生活。因而，这一对象相对于社会生活总体而言，便是一种抽象。

以"可以用自然科学的精确性指明的变革"作为政治经济学对象的标准，还进一步意味着，政治经济学的对象作为抽象物，并非只是一种直接将物质生活的生产方式这一部分切割式地抽象出来，而必须是一种如伽利略所开创的那种以数学的方式加以描述的思想中的重构。而这种剥离了属于主体之能动性方面的意识形态诸形式，且以"自然科学的精确性"加以描述的抽象的客观结构的达成，同时也就意味着单纯从旁观察科学客体的科学主体即"旁观者"的生成。于是，现在的问题便是，这样一种作为科学对象的抽象的结构，与作为实际地改变世界的活生生的主体的"行动者"之间又是如何达成统一的。对此，马克思在《政治经济学批判导言》的"政治经济学的方法"中通过对从抽象上升的具体的方法的阐释而作了深刻揭示。对比于"黑格尔陷入幻觉"，把这一方法理解为绝对精神自身从实体向主体的发展，即"把实在理解为自我综合、

---

① 《马克思恩格斯选集》第 2 卷，人民出版社 1995 年版，第 32—33 页。

自我深化和自我运动的思维的结果"，马克思则认为，实际上，"从抽象上升到具体的方法，只是思维用来掌握具体、把它当作一个精神上的具体再现出来的方式。但决不是具体本身的产生过程……具体总体作为思想总体、作为思想具体，事实上是思维的、理解的产物；但是，决不是处于直观和表象之外或驾于其上而思维着的、自我产生着的概念的产物，而是把直观和表象加工成概念这一过程的产物。整体，当它在头脑中作为思想整体而出现时，是思维着的头脑的产物，这个头脑用它所专有的方式掌握世界，而这种方式是不同于对于世界的艺术的、宗教的、实践精神的掌握的。实在主体仍然是在头脑之外保持着它的独立性；只要这个头脑还仅仅是思辨地、理论地活动着。因此，就是在理论方法上，主体，即社会，也必须始终作为前提浮现在表象面前。"① 这也就是说，科学对象作为一种数学化的抽象结构，只是"思维着的头脑""把直观和表象加工成概念这一过程的产物"，而这是科学思维专有的"掌握世界"的方式。这种方式不同于"艺术的、宗教的、实践精神的掌握"之处，便在于其双重的抽象性：一方面是对于要加以"掌握"的现实世界即"实在主体"的抽象，即将之抽象为一种精确的数学化的客观结构，另一方面则是相应的对于科学认识主体的抽象，即将之抽象为一种不带主体感情、意志的"无动于衷"的单纯的科学观察者，即"旁观者"。而既然在这种抽象之后，客观世界即"实在主体仍然是在头脑之外保持着它的独立性"，则这种作为科学认识主体的"旁观者"便只是一种并非独立于"行动者"的存在者，而只不过是"行动者"将自身主观的情感、意志加以悬置，以便能够达致对于客观世界之本质性结构的把握，从而借此以达致真正有效地改变世界之最终目的。这也就是说，作为科学认识主体的"旁观者"，只是实际地从事改变世界的作为"剧中人"和"剧作者"的"行动者"的一个"分身"，一个特定境况下的"代理者"，因而，这个"旁观者"便只是后者的一个"派生物"，从而归属于、统一于后者。这样，马克思便在"人是对象性活动"这一原理所确立的人的有限性的基础上，实现了"剧中人""剧作者"与"旁观者"的统一，从而也就解决了有效地改变世界何以可能之问题。

---

① 《马克思恩格斯全集》第46卷（上），人民出版社1979年版，第38—39页。

不仅如此，马克思还在《资本论》第一卷的"商品和货币"篇中，通过"价值形式"之从"简单的、个别的或偶然的价值形式"，中经"总和的或扩大的价值形式"，到"一般价值形式"和"货币形式"的辩证进展①而典范性地构造了一个从作为商品生产和交换的行动主体的"当事人"，亦即作为"剧作者"与"剧中人"之合体的"行动者"的主体行动的逻辑，向作为科学认识主体的"旁观者"所构造的客观结构的逻辑的转换的辩证进程。这样一种对于从直接的现实生活形态向科学的抽象结构转换的辩证阐述，也就使得这一辩证法原理具有了一种可应用于经验科学的典范性。同时，这一从主体行动的逻辑向客观结构的逻辑的转换，也蕴含着反向转换的可能性，亦即从客观结构的逻辑向主体行动的逻辑的转换的机制。这一反向转换之实质便是科学所揭示的客观规律之对于改变世界的主体行动的规约或指引机制，从而亦可以说是作为科学认识主体的"旁观者"向作为改变世界主体的"行动者"的回归，或者是"分身"和"代理者"与作为本源性主体的"行动者"的"合体"（关于这一双重转换的详细机制，笔者在别处做过分析②敬请参阅，此处不再赘述）。

五　马克思辩证法的命运与启示

置于"剧场隐喻"之中，我们通过以上分析不难看到，马克思的辩证法至少包含基于"人是对象性活动"原理而对于"剧中人"之为"剧作者"的辩证描述，与对于作为科学认识主体之为"旁观者"角色的重构两个方面，以及对于两个方面的统一性的描述。但遗憾的是，以往对于马克思辩证法的阐释却并未能达到对于两个方面的充分认识，以致长期以来，马克思的辩证法思想之真谛处于遮蔽状态。第二国际及斯大林体系将辩证法纯然视为客观规律，固然是对马克思的严重误读，自卢卡奇以来流行的黑格尔主义阐释，虽然把握到了青年马克思对于"剧中人"

---

① 参见《马克思恩格斯全集》第 23 卷，人民出版社 1972 年版，第 61—86 页。
② 参见王南湜、夏钊《从主体行动的逻辑到客观结构的逻辑——〈资本论〉"商品和货币"篇的辩证法》，《哲学研究》2019 年第 3 期。

之为"剧作者"的辩证分析，但未曾触及马克思对于作为科学认识主体之为"旁观者"角色的重构以及"旁观者"与"行动者"两个方面之逻辑转换亦即其间统一性的分析。而正是由于马克思这后一方面的创造性工作，才使得从思辨的历史哲学向实证的历史科学的转变成为可能，即以往属于思辨哲学逻辑的辩证法能够转换成为科学研究的逻辑。就此而言，马克思的这后一方面的工作对于社会科学的贡献，在科学方法论方面，当可比之于伽利略和牛顿的创造性工作之将现代科学从古代及中世纪的思辨的自然哲学之中解放出来的贡献。因此，不言而喻，这一方面的创造性工作才是马克思对于辩证法的最为重要的贡献。而这一伟大贡献对于处于社会急速转型发展、急切寻求对于社会之再认识、正汲汲于建构中国特色社会科学的国人来说，其意义就更为重大了。如若我们能够真正认识到马克思这一独具特色的辩证法，并以之为典范而创建中国自己的社会科学理论，必将能有事半功倍之效能。

马克思哲学革命中的认识论问题

——以康德和黑格尔为背景

张　盾[*]

张　盾[*]

　　马克思哲学革命中的认识论问题，是中外学界普遍关注的重要课题，产生了丰富的研究成果。学界对这一问题研究的一个重要范式，是在康德、黑格尔、马克思之思想史关系的框架下，追问马克思理论中到底有没有可称之为认识论的内容？如果有，那是何种意义上的认识论？西方马克思主义学者中多有持"马克思没有认识论"之主张者，但又明显感受到康德、黑格尔之后马克思对认识论发展产生的那种巨大的革命性的影响。^① 笔者以为，马克思确实没有康德开创的那种关于知识抽象形式及其先验主观条件的认识论，但经过了黑格尔揭示的认识论之自我批判的中介，马克思乃以一种特殊方法改变了认识论问题的形式和内容，把认识论研究引向了一个全新的不同的方向。本文拟对此进行探索，愿就教于哲学界同仁。

一　德国哲学的发展为马克思设置的问题背景

　　自康德提出认识的可能性的条件问题，认识论才有了自己特定的对

---

　　* 作者简介：张盾，吉林大学哲学社会学院教授。
　　① 参见［德］哈贝马斯《认识与兴趣》，郭官义、李黎译，学林出版社 1999 年版，第 3、26 页；［德］施密特：《马克思的自然概念》，欧力同、吴仲昉译，商务印书馆 1988 年版，第 112—113 页；［德］索恩－雷特尔：《脑力劳动与体力劳动：西方历史的认识论》，谢永康、侯振武译，南京大学出版社 2015 年版，第 5 页。

象、方法和维度。康德对问题的解答，是在理性界限之内分析经验的先验结构，即用先天的直观形式和知性概念去构成关于经验对象的知识。知识的构成过程称为"综合"，先验的标准是独立于经验的必然性和普遍性。对先验的综合来说，认识之可能性的历史起源是不可理解的，康德的认识批判悬搁了历史性和社会性的维度。然而，按照学界今天达到的问题意识，康德对主观性固有的思维形式进行先验的哲学反思，这本身就是人类认识的历史发展的结果。康德之后，一切自在的直接的东西都被主观概念所中介这一思想，成为时代的主流观念。这个观念也被马克思所接受，只是在马克思这里，起中介作用的不是先天的形式和无限的精神，而是有限的人的历史活动过程。

康德的认识批判要求，为了检验知识是否正确和可靠，首先要对主体的认识能力进行批判性的研究。康德要求的批判是一种内在批判，即对于认识之可能条件的研究必须保证本源的绝对性和论证的彻底性，使之能够经受彻底的怀疑，使这一批判本身能够成为科学。在黑格尔《精神现象学》的"导论"中，包含着突破康德认识批判、重塑认识论问题的明确意图。黑格尔认为，认识批判不可能有一条内在的逻辑形式之路，也不应该把基于绝对怀疑的绝对确定性设定为认识的最高标准，包括科学知识在内的所有真实的知识都是"显现为现象的知识"，在其产生的实际过程中包含主观与客观之各种辩证关系的丰富内容。康德的知识概念是以数学和当时的物理学为典范的绝对可靠的知识。与之相反，黑格尔认为，近代哲学赋予科学的规范力量一个虚假的观念，现象学作为科学的新的自我理解，必须放弃以数理科学的范型为出发点，而成为一种辩证的思辨科学。

与此同时，黑格尔也打破了康德的认识主体概念。康德的主体实际是标识认识的一整套主观条件的概念。康德认为，主客与客观不同一，认识依赖于可能认识的主观条件，没有先验主体把认识的主观条件作为工具提供出来，整个认识对世界的建构就是不可能的。在黑格尔看来，这种把主体与客体彻底分开，假定"绝对站在一边而认识站在另一边，认识是自为的与绝对不相关联的"观念，是认识论的最大误区。实情是，主体与客体是同一个存在内容的自我关联："绝对即主体"。或者换一种说法，客体的存在作为实体，实际上是一个建立自身并展开自身的运动过程，因此实体本身就是主体，"真理就是它自己的完成过程"。① 主客体的同一性是黑格尔认识论的新坐标系，在这个新的坐标系中，由于放弃了作为认识先验条件的主体能力概念和作为认识目标的正确知识概念，认识显现着另一种真实的内容，并构成了认识论的新问题。那么，这是一种什么认识？

黑格尔用"认识的现象学的自我反思"代替康德的认识批判。现象学的对象是"显现为现象的认识"，它是自然意识在日常生活世界中所产生的种种现象形态，对这种认识的现象学反思不依赖本源的绝对性，而是依赖"先前的东西"，在实际发生的认识中，只有先前经验过的东西才能在它的起源中被看清，并作为结果被回忆："既然显现为现象的知识是我们讨论研究的对象，那么它们的规定也就是首先被按其直接对我们显现的那样接受下来了的。"② 这就是"认识的现象学的自我反思"，这种认识的自我反思了解认识的整个形成过程，它考察事物的标准不是凭空设想出来的，而是基于显现出来的知识在自然意识中所经历的种种形态，"意识在这条路上所经历的它那一系列的形态，可以说是意识本身向科学发展的一篇详细的形成史。"③

但问题是，这种从自然意识产生出来的"作为现象的知识"将充满悖误，它在什么意义上成为认识论的新对象？正宗认识批判所强调的基于绝对怀疑的绝对正确认识，无非是惧怕在认识和真理问题上犯错误。但在黑格尔看来，这种害怕犯错误的态度反而离真理最远。因为所谓知识的内在正确性只是形式上的抽象肯定，绝对怀疑则终止于抽象否定，除了"内在的逻辑联系"这一正确性标准，绝对怀疑把一切新的异质性的内容都"投之于这同一个空虚的深渊里去。"④ 而对显现出来的知识的现象学反思，则开启了认识论研究的另一条道路。黑格尔指出的关键在于，自然意识直接把自己看成或证明为知识，这不是一种抽象肯定，而

---

① ［德］黑格尔：《精神现象学》上卷，贺麟、王玖兴译，商务印书馆1983年版，第53、10、11页。

② ［德］黑格尔：《精神现象学》上卷，贺麟、王玖兴译，商务印书馆1983年版，第58页。

③ ［德］黑格尔：《精神现象学》上卷，贺麟、王玖兴译，商务印书馆1983年版，第55页。

④ ［德］黑格尔：《精神现象学》上卷，贺麟、王玖兴译，商务印书馆1983年版，第56页。

是在一种否定的意义上去说的。要而言之，对事物的错误认识是感性世界之有限性的标志，在生活经验中，虚假意识的落后状况的解体是反思经验阶梯上的踏板，反思的观点就从这种解体中产生出来，认识从中学到的东西是"否定"，即意识到自身的局限并超越自身。黑格尔指出，这种否定不同于怀疑主义的抽象否定，怀疑主义只看到纯粹的虚无，而看不到"如果虚无是对结果所自出的东西的虚无，那它就纯然是真实的结果；它因而本身就是一种特定的虚无，它就具有一种内容。"① 从一个不真实的知识里产生出来的任何一次结果都不会是纯粹的虚无，而是在对产生结果的那个东西的否定中包含着以前知识里所包含的真理。

　　这是一种什么真理？它包含一种什么内容？——对这个问题的回答是理解黑格尔认识论反思的关键："当结果被按照它真实的情况那样理解为特定的否定时，新的形式就立即出现了，而否定就变成了过渡；有了这种过渡，那穿过意识诸形态的整个系列的发展过程，就将自动地出现了。"这里出现的是认识论的新对象："新对象的出现——新对象在意识的不知不觉中出现于意识面前——在我们看来，仿佛是一种暗自发生于意识背后的东西。"② 这种新对象的内容就是存在本身（即精神）之自我认识与自我形成的历史过程，它是发生在纯主观认识活动之"背后的东西"，是认识论的更深刻的问题。按照施密特的看法，由于黑格尔对康德的批判，认识的先验条件这一问题失去了目的："无论对黑格尔或对马克思来说，认识的最高形式是世界历史的哲学，不能把认识过程描述成主观与客观的死板板的关系。"③ 黑格尔实现的关键变革是取消了认识论的先验基础，从而取消了先验与经验、主观与客观的绝对划分。一方面，连先验的规定性本身也是在意识的经验内活动的，在这一范围内，认识的先验框架赖以构成的那些条件可以在主体所处的有限状况下产生出来；离开了这一范围，先验本身并没有绝对稳定的点。另一方面，现象学的经验不同于普通的经验，它不包含在先验的前提下，而是包含在"显现

---

　　①　［德］黑格尔：《精神现象学》上卷，贺麟、王玖兴译，商务印书馆 1983 年版，第56 页。

　　②　［德］黑格尔：《精神现象学》上卷，贺麟、王玖兴译，商务印书馆 1983 年版，第56、62 页。

　　③　［德］施密特：《马克思的自然概念》，欧力同、吴仲昉译，商务印书馆 1988 年版，第113 页。

出来的意识"中，这种经验包含着人们把握世界和进行活动的模式的全
部变化，因而能够帮助我们觉察主客间的先验关系是怎样发生变化的
"背后"的过程。

对认识论来说具有革命意义的是，对认识的反思经验只有在意识的
形成过程中才能被理解。"意识形成过程"这一思想打开了认识论变革的
方向，这就是对认识问题进行历史分析，在历史中实现认识的新综合。
人的理性认识能力是通过历史性的活动而得到发展的，认识的要素也在
历史中发生变化，因此不存在认识的先验形式。整部《精神现象学》都
在强有力地推动这一认识论的变革，反复讨论个人的社会化过程和类的
自我产生的历史。比如在最重要的"理性"章和"精神"章充满了这样
的思想：个体在他的行动中达到了与外在世界的统一，并终于认识到世
界的真正主体是在"一个民族的伦理生活"中反映出来的精神，因而不
存在先验的认识主体。黑格尔的"精神"实际上是指作为人的理性和生
活意义之根据的世界整体，黑格尔使用这个概念是为了突出世界的主体
性和过程性，因而这个概念的引入改变了认识论的问题。阿多诺说黑格
尔的精神就是社会①，詹姆逊说黑格尔的精神就是集体②。黑格尔以这种
思辨的形式打开了认识论的历史维度，为马克思完成认识论变革铺平了
道路。当然，黑格尔理论也包含着许多深刻的矛盾，比如，黑格尔取消
了认识的先验条件和知识的科学规范，却又预设了"绝对知识"的目标，
而现象学的自我反思又不可能提供这种绝对知识。哈贝马斯尖锐指出：
"黑格尔认为，他的精神现象学研究不是把（康德）认识批判的理论推向
极端，而是使它成了多余的"，但是当现象学仍然追求绝对知识而又达不
到时，"它就使自己成了多余的"。③ 此外，黑格尔将他的主客同一性落实
在精神的自我运动上，这其实是以一种更大的主观性来替代康德的先验
主观性，在这种唯心主义的基础上，认识论的自我批判无法彻底完成。

马克思继承了黑格尔对康德的批判，但没有接受黑格尔的唯心主义，

---

① 参见［德］阿多诺《黑格尔三论》，谢永康译，上海人民出版社 2020 年版，第 14—
15 页。

② 参见［美］詹姆逊《黑格尔的变奏：论〈精神现象学〉》，王逢振译，中国人民大学出
版社 2011 年版，第 9、11 页。

③ ［德］哈贝马斯：《认识与兴趣》，郭官义、李黎译，学林出版社 1999 年版，第 16、
19 页。

而是诉诸真实的社会历史活动，把黑格尔开创的认识论的自我批判进行
到底。这对马克思实现认识论的彻底变革确实是最重要的。但是，对于
建构马克思的认识论问题来说，仅有黑格尔遗产是不够的，需要借助德
国哲学更广泛的理论遗产。限于篇幅，本文对马克思问题背景的勾连仅
涉及康德和黑格尔。

二　实践作为认识论的新综合

　　康德创立了认识论的问题，即"认识的可能性的条件是什么？"这一
问题对认识论研究始终有效。康德还从形式上示范了解决这一问题的方
法，即他的"综合"概念。对认识论研究来说，这个方向也是对的。这
两点是康德对认识论的不朽贡献，黑格尔和马克思都是依循这一问题的
方向，继续展开新的探索。但是，对这个问题的理解以及解决该问题的
方法，经过黑格尔对康德的批判，到马克思这里发生了彻底的改变和转
向。《关于费尔巴哈的提纲》具有严格的认识论意义，它提出对对象和现
实的认识要从客体和主体的双重形式上去理解，也即从"实践的维度"
去理解，因为"人的思维是否具有客观的真理性，这不是一个理论的问
题，而是一个实践的问题。人应该在实践中证明自己思维的真理性。"①
由此可知，马克思的核心认识论观点是：关于认识的可能性条件的探讨，
不是对人的认识能力的先验结构和主观规律的研究，而是对人的实践能
力的社会结构和历史规律的研究。因为"人们决不是首先'处在这种对
外界物的理论关系中'……而是积极地活动，通过活动来取得一定的外
界物，从而满足自己的需要。（因而，他们是从生产开始的）"②。在这一
过程中产生的"显现出来的意识"，不仅仅是具体行动的意愿，同时也是
"认识着的意识"，它就发生在"类的自我产生活动"的实际过程中，因
而是认识论的真正本原问题。与黑格尔"认识的现象学的自我反思"相
比，实践问题是对康德建立的认识论问题的更彻底的路径逆转。这样，
在马克思之后，任何关于认识可能条件的探索，都不能再退回到先验的

---

① 《马克思恩格斯选集》第 1 卷，人民出版社 1995 年版，第 58 页。
② 《马克思恩格斯全集》第 19 卷，人民出版社 1963 年版，第 405 页。

抽象的逻辑领域中去，而是必须以现实的社会历史问题为出发点。①

在建构马克思的认识论问题时，借用康德的"综合"概念仍然是一种有效的方略。在康德那里，综合是思维将表象杂多在意识的统一性中联结起来的一种活动，它是主体为关于对象的知识提供主观条件的一种先天思想能力，所有理论知识无论从逻辑的意义上还是从发生的意义上都要回溯到建构性的综合。康德将综合理解为纯粹的思想能力，这是错的；但是康德将综合的本质理解为认识中的主客关系的建立，即"思想的主观条件怎能有其客观的有效性，即怎能提供关于对象的一切知识之可能性的条件"②，这对认识论仍然具有奠基意义。因为人类的认识总是与客观的对象相关联，并必然植根于某种同一性形式。马克思坚持认识的可能性条件涉及的是人类社会生活的历史性结构，所以从实践上来揭示人与世界的综合。因此，综合不应理解为纯粹的思想能力，而是一种更加复杂的实践能力，它要求在唯物主义的新基础上重新解释认识如何可能这一问题。马克思实践概念在哲学上的具体规定是"中介性"，即以人的社会实践为中介去理解人与自然、主体与客体的关系。实践的这种本体论中介性最突出地表现于社会劳动中，因为在劳动中包含了人类最重要的、行动与认识双重意义上的综合能力及其形式（详见后文）。而实践综合之中介性在认识论上的进一步的规定就是"否定性"。按照马克思自己的提示，黑格尔《精神现象学》的最伟大成果就是"作为辩证法之推动原则和创造原则的否定性"③，正是否定性使实践的综合成为反思性的和在概念上可以理解的。这意味着辩证法就是认识论。按此理解，现实生活之所以能够被认识到是辩证的和能动的，就在于它包含着一种否定的因素，即任何现实存在物莫不扬弃自身；而这种否定性只能通过人的实践来实现——人不同于一切自然存在物的独特之处就在于，人是天生的否定性存在，人通过实践改变和取消给定的存在，使存在由自然的直接现实变成间接的、中介性的"人的现实"，使存在二重化为主体和客

---

① 据笔者有限了解，国内哲学界较早提出马克思认识论的历史向度的研究工作，是张一兵教授的《回到马克思——经济学语境中的哲学话语》，江苏人民出版社 1999 年版，第八章；以及仰海峰教授的《形而上学：马克思哲学的理论前提及当代效应》，江苏人民出版社 2006 年版，第三章。

② ［德］康德：《纯粹理性批判》，邓晓芒译，人民出版社 2004 年版，第 82 页。

③ 参见《马克思恩格斯全集》第 3 卷，人民出版社 2002 年版，第 319—320 页。

体。这里需要注意，历史本身的辩证法不是由理论来完成的，而是由实践来完成的；推动历史本身辩证运动之否定性力量的实现形式，作为实践的综合统一性，就是劳动和斗争。它们是黑格尔和马克思认识论反思的共同主题。当黑格尔把劳动和斗争作为否定性引入认识的现象学的自我反思，他就进一步远离了康德"统觉的本源综合统一性"，为马克思探索认识论的新综合做了准备。

在探究马克思的认识论问题时，从康德综合概念中必须保留的一个进一步的方法是，所有的综合统一性无论从思想的意义上还是从实践的意义上都要归结为概念的建构。在康德那里，综合既作为直观的"把握"，也作为想象的"再生"，但由此产生的最高的统一性联结必须在概念的"认定"中才能最终确定下来。也就是说，综合的统一性形式必须在知性范畴上得到固定的表现，没有范畴赋予诸综合以最高的统一性，就不能产生严格意义上的认识。① 在马克思这里，实践能力在人的现实历史存在中产生的综合统一性，同样必须上升到概念的高度，才能达到对现实历史的反思性和批判性的理解。对此，马克思本人在《政治经济学批判导言》和《评阿·瓦格纳的"政治经济学教科书"》等文献中给予深入的说明。马克思认为，"科学上正确的方法"是从抽象上升到具体的方法。在这里，具体作为"具有许多规定和关系的丰富的总体"，必然是思维和理解的产物，因为具体作为多样性的统一只能"在思维中表现为综合的过程"，它实际上是"把直观和表象加工成概念这一过程的产物"，是思维着的主体以概念方式掌握世界的正确方式。而唯物主义的实践综合之认识论要义就在于："正在理解着的思维是现实的人，因而，被理解了的世界本身才是现实的世界，范畴的运动表现为现实的生产行为，而世界是这种生产行为的结果。"② 关于马克思的实践综合，阿尔都塞有一个特别独到的说明，即实践综合的本质是一种基于唯物主义立场的对世界的概念式理解，它要求严格区分"现实对象"和"认识对象"，拒绝黑格尔把现实对象同认识对象混为一谈的做法。"马克思反对这种混同，坚持把现实对象同认识对象区别开来。而认识对象则是思维的产物，思维

---

①   本文对康德"综合"论题的援引，主要依据《纯粹理性批判》中"纯粹知性概念的先验演绎"的第一版即"主观演绎"的内容。

②   参见《马克思恩格斯全集》第30卷，人民出版社1995年版，第41—43页。

在自身中把它作为思维具体、思维整体生产出来，也就是说，把它作为与现实对象、现实具体、现实整体绝对不同的思维对象生产出来。"① 基于这一理解，阿尔都塞提出，马克思与古典政治经济学的"断裂"就在于，后者仅仅指向它的"对象"，即那些经验性的经济事实，而马克思则创建"对象的概念"，并要求用概念来规定和说明经济事实，从而达到对资本主义经济结构的批判性的概念式理解。②

从所有这些教诲得到的启发是：所谓实践综合是认识论的问题结构和解释原则的根本变革，而非把认识论变成对现实性、现实事物和现实活动的直接性的经验描述。实践综合要求的是，在新的哲学前提下，对认识如何可能问题给予全新的更具反思性和批判性的解释，因而它要求上升到更高的理论思维界面。在理论的形态和方法上，马克思的实践综合保留了康德综合对"表现为概念的最高统一性形式"的追求，但这不是先验逻辑的范畴，而"只是作为概念反映出那种通过不断的活动变成经验的东西"③。这就是我们在马克思的著作中见到的那些既是实践哲学又是历史科学、既是历史唯物主义又是政治经济学批判的复杂概念体系，比如：作为实践的劳动和斗争（革命），作为工业与科学的生产力和作为物化与剥削的生产关系，作为主体的工人阶级和资产阶级，作为对象的商品与货币、价值和剩余价值、劳动与资本，等等。

三　实践综合的具体范本：劳动与主客体同一性

综合活动所产生的统一性结构使认识成为可能。在唯物主义的哲学前提下，实践能力取代思想能力，成为认识综合的新问题。实践的综合在劳动中达到了它的具体性，因为在马克思谈到的人类实践之既有现实性又有理论意义的诸形式中，劳动是头等重要的，因此，通过劳动实现的综合具有首要的认识论意义。我们按认识论的严格意义来追问：劳动

---

① ［法］阿尔都塞：《读〈资本论〉》，李其庆、冯文光译，中央编译出版社 2001 年版，第 36—37 页。

② 参见［法］阿尔都塞《读〈资本论〉》，第 210—213 页的内容。

③ 《马克思恩格斯全集》第 19 卷，人民出版社 1963 年版，第 405 页。

的综合在什么意义上创造了认识可能性的条件？或者：劳动使人类的何种认识方式和认识成果成为可能？答案肯定不是康德说的那种以经验观察为基础、以逻辑的判断形式为标准、以科学为典范的纯理论知识，因为在现实的劳动过程中，创造并认识世界的主体根本不是先验意识，而是在自然条件下建立自己生活的具体的人。这应该是在新的人与自然的综合中产生的同一性主客体对其类本质的自我产生过程的一种认识，是对认识的现象学的自我反思的一种拓展，具体来说，就是恩格斯所定义的对"现实的人及其历史发展"的科学认识。

劳动首先是人与自然的综合。相比意识的统一性在于诸表象的逻辑联结，劳动的统一性则在于人与自然的物质交换：在《资本论》中，马克思称劳动"是不以一切社会形式为转移的人类生存条件，是人和自然之间的物质交换即人类生活得以现实的永恒的自然必然性。"① 马克思用"物质交换"这个科学研究的术语把劳动过程描述为自然过程，是为了强调劳动的自然客观性，"人在生产中只能象自然本身那样发挥作用"②，连人本身也是作为一种自然力与自然世界相对立。劳动的自然性是马克思为劳动的综合设置的唯物主义前提，为此，在最初的抽象环节上，作为"永恒的自然必然性"的人与自然的物质交换，"首先要撇开每一种特定的社会形式来加以考察"③。但是，在具体的总体性上，劳动是比简单自然过程要复杂得多的自然过程，就在于它是人与自然的相互中介性。在《资本论》中，劳动既是自然物质过程，又是人的实践的社会形式与历史过程。社会劳动不仅创造了使人类生活得以实现的实际物质条件，同时也创造了使人与世界的对象性关系得以可能的经验条件和先验条件。

劳动的综合作为人与自然的物质交换，首先使对自然及其规律的认识成为可能。这是劳动的认识论问题的一个基础性方面，由此产生的认识是关于自然的客观知识，连自然科学也要在劳动和生产的基础上构成自身和发展自身。马克思明确指认自然界存在的优先性和自然规律的独立性，但他的认识论中的辩证法要素在于，只有通过劳动的中介与综合，人类才能认识和利用这种自然规律，特定的社会结构和历史阶段规定着

---

① 马克思：《资本论》第1卷，人民出版社2004年版，第56页。
② 马克思：《资本论》第1卷，人民出版社2004年版，第56页。
③ 马克思：《资本论》第1卷，人民出版社2004年版，第207页。

人对自然规律的理解方式和利用程度，所谓"自然界的优先地位"也只有通过这种劳动的中介与综合才能确证。马克思用自然科学的进步来衡量认识的进步，相信自然科学在克服了资本主义异化之后，终将成为"人的科学"和"真正人的生活"的基础。

但是，劳动的认识论问题的一个更重要、更具反思性的方面在于，通过劳动产生的同一性主客体，使对人的类本质的历史性存在的发现与认识成为可能。如前所述，通过劳动产生的综合不是先验自我的意识活动的成果，而是同一性主客体自我产生、自我发现过程的活动与认识的统一。如果像马克思所假定的那样，综合不是思想的活动，而是物质的生产，那么综合得到的成果就不是思想的统一性，而是由社会劳动所构成的活动与认识的统一性。由此推知，通过劳动产生的认识综合既是先验的，又是经验的，因为人类劳动所固有的中介性和否定性，既是人的存在的先天结构，又是人的生活的现实内容。对于这种先验与经验的统一，我们只能用黑格尔和马克思的"历史性"概念来给予规定。因为，在唯物主义的认识论中，劳动的综合表现在概念上，就是既决定着现实生活世界的经验活动内容，又决定着建构这一生活世界的先验认识条件的历史性。马克思继承了黑格尔对主客关系作历史分析的意图，主张在社会劳动中包含着主观性与客观性更彻底的综合，由此产生的认识是现实的人的历史性存在的自我产生与自我认识。正像劳动过程诸要素（劳动工具、劳动对象和劳动本身）在不同历史时期形成各种差异性的统一，认识的诸要素（感性材料、理性概念和想象力）也是通过历史性的劳动不断得到发展的，而绝非纯粹意识的固定的内在财产。被马克思称为"把直观和表象加工成概念"的认识的综合，在劳动与生产的历史性变革中有其根基，概念作为社会意识的理论形式离不开人的历史活动，"理论的对立本身的解决，……绝对不只是认识的任务，而是现实生活的任务"①。

在《1844 年经济学哲学手稿》中，马克思清晰而深入地解释了什么是"通过社会劳动实现的综合"，其意义为：通过劳动的类存在自我产生的历史过程是活动与认识的统一。在这部手稿的术语中，人是"类存在

---

① 《马克思恩格斯全集》第 3 卷，人民出版社 2002 年版，第 306 页。

物"就等于说人是"社会存在物",其认识论意义在于:"他必须既在自己的存在中也在自己的知识中确证并表现自身。"① 再进一步说,类存在或类本质的具体的认识论规定有二:(1)对象性。在认识论上,人是类存在物,是"因为人在实践上和理论上都把类当作自己的对象",也就是说,他使自己的生命活动本身变成自己意志和意识的对象,"正是由于这一点,人才是类存在物。或者说,正因为人是类存在物,他才是有意识的存在物,就是说,他自己的生活对他来说是对象。"人的生命活动首先是劳动,人的类存在只能"是他自己的劳动的成果"。在劳动中,人显示出自己本质的全部力量,并把这些力量当作对象来认识,从而人同自身的类存在"发生现实的、能动的关系",并在这种对象性中直观本身。②(2)历史性。马克思认为,人在劳动中显示自己的类存在并认识这一类本质,这个任务"只有通过人的全部活动、只有作为历史的结果才有可能";而"历史对人来说是被认识到的历史,因而它作为形成过程是一种有意识地扬弃自身的形成过程"。③ 正是在这种语境中,历史成为马克思认识论的概念,即作为劳动综合的活动过程与认识过程的统一。

哈贝马斯在《认识与兴趣》中提出,马克思接受了黑格尔对康德的批判,但却没有接受黑格尔的同一性哲学。④ 然而,同一性概念在马克思的唯物主义前提下并未解体,而是改变了基础,即主客体不是同一于精神,而是同一于实践和劳动。我们的研究需要借助于黑格尔的主客体同一性(即精神的自我运动自我发现)概念,才能理解马克思劳动综合的独特之处;正如我们只有借助于康德的综合概念,才能建构起马克思的认识论问题。如前所述,把劳动综合表现出来并加以确定的范畴,是作为人的历史性存在的同一性主客体这一概念。这可以从两个层面来讨论。在第一个层面上,人既是主体,又是自然的一部分,这意味着人在直接意义上就是一种同一性主客体。用我们熟悉的马克思的语言来说,人直接地是自然存在物,历史是人的自然史;但人又不仅仅是自然的存在物,而是自在自为存在着的类主体。在工业化之前的简单劳动中,"劳动的主

---

① 《马克思恩格斯全集》第3卷,人民出版社2002年版,第326页。

② 《马克思恩格斯全集》第3卷,人民出版社2002年版,第272—273、320页。

③ 《马克思恩格斯全集》第3卷,人民出版社2002年版,第320、326页。

④ 参见〔德〕哈贝马斯《认识与兴趣》,郭官义、李黎译,学林出版社1999年版,第20、36页。

体是自然的个人，"生产的自然条件"是他身体的延伸";① 进入资本主义时代，工业的历史成了人的本质力量的打开的书，主体性成为人与自然关系的新本质，自然只能是人化自然，即被人的劳动实践所中介、所改造的自然界。人和自然作为"物质交换"的两种要素，是社会劳动系统的两个组成部分，我们只有在劳动所揭示的历史范围内才能认识自然界，"自然存在的优先性"也只有在劳动的综合统一性中才是可以确证和可以理解的。

但是，在第二个层面上，同一性主客体的概念发生了重要的变化。如前所述，当人通过劳动创造自己的类本质，同时又把这全部活动构成的历史当作自己的认识对象时，这意味着人在社会反思的意义上成为同一性主客体。在这里，类存在通过劳动自我产生的历史过程既是建构现实生活世界的活动，又是对这一建构活动的认识过程——人在这一过程中既是客体，又是主体。这就是马克思的劳动综合论题的认识论要义：劳动是人创造和表现自己类存在的活动，劳动所创造的对象化世界是"人的现实"，人"在他所创造的世界中直观自身"②。关键在于，当马克思把认识的可能性条件归结为劳动的综合，把"使外化返回自身的客观活动"等同于通过劳动对类本质的创造和占有时，对这种类本质的占有与丧失（异化）就成为问题，也就是对本质力量对象化的生产与占有的关系问题。此时，同一性主客体自我产生的自然历史过程，就变成了使他意识到对自己类本质的占有关系的社会历史过程。这种同一性主客体是社会反思的对象，而社会反思的要素是对人的社会关系及其制度安排的批判。

基于康德的方法可知，同一性主客体的概念对劳动综合所产生的认识类型具有决定性的影响。反思意义上的同一性主客体不同于直接意义上的作为"物质交换"的同一性主客体，由前者产生的认识指向类存在的自我创造和自我实现活动，即人的自由自觉的历史性存在。这种认识只能由黑格尔和马克思的哲学来完成并表述出来。在黑格尔那里，这就是对认识的精神现象学的自我反思，其成就与缺点均被马克思极其深刻地指出："《现象学》是一种隐蔽的、自身还不清楚的、神秘化的批判；

---

① 《马克思恩格斯全集》第 30 卷，人民出版社 1995 年版，第 482、484 页。
② 《马克思恩格斯全集》第 3 卷，人民出版社 2002 年版，第 274 页。

自由本质的活动，劳动所及的对象化世界是人的作品和人的现实，劳动者间关系是被别人的爱所证实的劳动者自己本质的补充。值得注意的是，马克思特别强调了劳动作为人的自主活动与物质生活的生产的一致性，①在马克思的经济学分析中，生产力是劳动的反思形式。在劳动中凝聚的具有社会建构意义的普遍的东西是生产，在永恒的生产中积累起来的生产力，是自然的客观性与主体的客观活动之现实的综合形式，构成了人的本质的现实基础。按照马克思的假设，科学化的生产一旦把人从必要劳动中解放出来，类本质的自我产生活动就完成了："社会生产力的发展将如此迅速，以致……财富的尺度决不再是劳动时间，而是可以自由支配的时间。"② 这里需要注意的是，马克思把大工业代表的生产力当作社会进步的条件，其认识论意义正是在于，他把劳动生产力的客观性反思为主客同一性的历史进程："生产力——财富一般——从趋势和可能性来看的普遍发展成了基础，……这种基础是个人全面发展的可能性，……由此而来的是把他自己的历史作为过程来理解，把对自然界的认识（这也作为支配自然界的实践力量而存在着）当作对他自己的现实躯体的认识。发展过程本身被设定为并且被意识到是这个过程的前提。"③ 但是，马克思同时指出，当劳动被资本所吸收，劳动就按它自身内在的逻辑发生自我否定，从类本质的全面占有变成这一本质的全面丧失，同时也失去了它与社会生产的一致性。这种情况被马克思规定为"生产性劳动"与"非生产劳动"的差别：所谓生产性劳动就是创造价值和剩余价值的劳动，"劳动本身只有在被资本吸收时才是生产的"，换言之，"劳动只有在它产生了自己的对立面时才是生产劳动"。④ 此时的劳动变成了资本诸要素的综合统一性，马克思将其进一步规定为"物化劳动"与"活劳动"的综合：所谓活劳动就是劳动在同财产分离后剩余的纯粹劳动能力，它是资本的生产要素，在哲学上是"缺乏任何客体的纯粹主体的存在"，因而是劳动的"非存在"，标识着劳动"自己对自己的否定性"。⑤ 另一方

---

① 参见《马克思恩格斯选集》第 1 卷，人民出版社 1995 年版，第 130 页。

② 《马克思恩格斯全集》第 31 卷，人民出版社 1998 年版，第 104 页。

③ 《马克思恩格斯全集》第 30 卷，人民出版社 1995 年版，第 541 页。

④ 参见《马克思恩格斯全集》第 30 卷，人民出版社 1995 年版，第 230、290、268、264 页。

⑤ 参见《马克思恩恩格斯全集》第 30 卷，人民出版社 1995 年版，第 253 页。

面，所谓物化劳动作为劳动的客体化就是资本本身，它是对过去以及未来一切被客体化的活劳动的所有权，因而是"通过劳动自身的活动来统治它的权力"，表现为"在劳动能力之外的独立存在"。① 在这里，劳动的异化被马克思最深刻地描述为："它使对象化的死的劳动增殖价值，赋予死劳动以活的灵魂，但与此同时也丧失了它自己的灵魂，结果，一方面把已创造的财富变成了他人的财富，另一方面只是把活劳动能力的贫穷留给自己。"② 由于劳动失去了自主活动的特性，它与社会生产的一致性也一并消失，生产力的概念也随之发生自我否定："一切社会生产能力都是资本的生产力"③，文明的一切进步和生产力的一切增长只会增加资本支配劳动的权力。

在此，劳动的物化导致了资本的发生。这表明，在资本主义条件下，劳动的综合统一性的社会后果只能是劳动与资本相互构成又相互否定的同一性共生关系，具体地说，这是通过现代市场经济和雇佣劳动制度实现的综合统一性，而劳动之社会综合的自我否定就是现代资产阶级社会两大阶级的对立和斗争。在认识论上，资本概念构成了劳动之综合统一性的否定性的实现形式。为了正确把握这个认识论问题，我们必须重申，在马克思的政治经济学批判中，无论劳动与资本，其作为主体方面的规定已经基本包含在它作为客体的那些规定之中，反之亦然。就马克思的资本概念来说，它作为世界历史性活动的客观性内容，同资本家是资本的人格化、资产阶级是现代社会关系的主体这些规定的内容完全一致。马克思说："资本本身是处于过程中的矛盾。"④ 资本的进步方面在于促进生产力的发展和社会关系的变革，"资产阶级在历史上曾经起过非常革命的作用"⑤，它曾创造历史，促进了社会关系的革命化。提高生产力是"资本的必然趋势"，在这一趋势中，"资本的伟大的文明作用"表现为，它不可遏止地追求普遍性：资本创造了"普遍的需要"和"普遍的勤劳"，并把这些东西"发展成为新的一代的普遍财产"。这就为社会的进步和个性的全面发展创造了物质条件。但另一方面，资本的本性和基础

---

① 参见《马克思恩格斯全集》第 30 卷，人民出版社 1995 年版，第 444—445 页。
② 参见《马克思恩格斯全集》第 30 卷，人民出版社 1995 年版，第 453 页。
③ 参见《马克思恩格斯全集》第 30 卷，人民出版社 1995 年版，第 587 页。
④ 《马克思恩格斯全集》第 31 卷，人民出版社 1998 年版，第 101 页。
⑤ 《马克思恩格斯选集》第 1 卷，人民出版社 1995 年版，第 274 页。

又是极其"狭隘的",它是一种"孜孜不倦地追求财富的一般的欲望"①。所以马克思说资本的真正限制在于它自身:资本推动了生产力,社会关系和人的个性的全面发展,但这一切"仅仅是资本用来从它的有限的基础出发进行生产的手段。但是,实际上它们是炸毁这个基础的物质条件。"②而资本自我否定的精神条件则来自它与劳动的综合统一性的否定性,即它创造了作为现代奴隶制的雇佣劳动者大众,马克思在理论上将其建构为作为主体的无产阶级:在政治上,它是反抗现存制度压迫的社会革命实践的主体;在认识论上,它是原初劳动作为活动与认识相统一的主体,是作为自己类本质创造者和占有者概念的回归。

上述的资本与劳动,在认识的综合中各自作为主体与客体的自我同一性,以及在二者相互联结中产生的自我否定性,是马克思认识论的主体范畴的基本要义。这个新的主体范畴破除了康德的绝对主体和黑格尔的绝对精神的神话,使一种关于现代社会及其历史发展的辩证认识,即"对现存事物的肯定理解中同时包含着否定理解"的认识成为可能。由于劳动作为自主活动与物化劳动的自我同一性和自我否定性均来自现代劳动本身的内在结构,而资本作为创造力量与压迫力量的自我同一性和自我否定性也是来自资本本身的内在结构,因此,劳动与资本概念发生的变化是一种来自现代社会内部结构的自我否定,而非从外部强加的人为变革。这就使马克思关于现代资产阶级社会关系内在矛盾的批判性分析,成为完全符合现代历史实情的认知,同时也使马克思关于阶级斗争和社会革命在政治和伦理上的合法性与必然性论题成为可以理解的。这种超越了康德"正确可靠知识"的辩证的知识范畴,作为马克思认识论批判的另一个前提,在马克思对科学的理解中得到最有力的表现。

黑格尔用在意识形成过程中"显现出来的知识"代替康德的可靠的普遍必然的知识,这对马克思的知识概念产生了重要影响。如前所述,马克思赞美科学知识,希望对社会历史领域的研究能成为真正的科学研究,人的科学与自然科学应该构成统一的知识整体。从一开始马克思就认识到,科学与生产力的发展有内在关系,基于科学的工业的历史是一本人的本质力量的打开了的书,生产的科学化应该使自然科学成为人的

① 《马克思恩格斯全集》第30卷,人民出版社1995年版,第286页。
② 《马克思恩格斯全集》第31卷,人民出版社1998年版,第101页。

科学；因为劳动生产过程变为科学过程，揭示了自然科学在类本质自我产生中的作用，并证明了认识着自身的社会生活过程的主体性质。"自然科学通过工业日益在实践上进入人的生活，改造人的生活，并为人的解放作准备，……工业是自然界对人，因而也是自然科学对人的现实的历史关系。"①

但是马克思对自然科学的认识，完全是从历史的和辩证的观点出发，而非从抽象的正确知识和实用的技术工具的角度去理解，对"生产的科学化"的肯定理解中同时包含着否定的理解。在《1857—1858 年经济学手稿》中，特别是在其中"固定资本与社会生产力的发展"这一节中，马克思指出，自然科学在工艺上的运用的结果就是大机器生产，这种大机器生产乃是"固定资本最适当、最完美的存在方式"，并且是资本按其本性"所要求的一次历史性变革"②。经过这一变革，一切科学都被用来为资本服务，一切社会知识和社会智力的积累都"被吸收在资本当中，从而表现为资本的属性"，并"变成了直接的生产力"③。此事究其历史根源，近代科学不同于先前一切旧科学的新特征在于，它的理论结构与技术应用的现实目的之间有着某种近乎先验的内在的必然联系，这一特征很快被近代大工业吸收。马克思详细分析了科学的物化过程：一方面，科学不仅失去了与类本质的自我创造活动的联系，而且反过来彻底压制了这种自我创造活动。表现为：本来劳动作为"支配生产过程的统一体"而包含着社会生产，但在大机器生产中，科学直接变成生产力和资本的权力，彻底碾压劳动，使劳动过程变成仅仅是资本主义生产中的一个微不足道的环节："资本的趋势是赋予生产以科学的性质，而直接劳动则被贬低为只是生产过程的一个要素。"对生产中的劳动者来说，科学知识是外在的异己的力量，"这种科学并不存在于工人的意识中，而是作为异己的力量，作为机器本身的力量，通过机器对工人发生作用。"④ 另一方面，生产的科学化也取消了在自主活动中发生的劳动者之间的自由交往和联系：大机器生产是规模巨大的"总劳动"，但在总劳动中，"工人们是被

---

① 《马克思恩格斯全集》第 3 卷，人民出版社 2002 年版，第 307 页。
② 参见《马克思恩格斯全集》第 31 卷，人民出版社 1998 年版，第 92—93 页。
③ 参见《马克思恩格斯全集》第 31 卷，人民出版社 1998 年版，第 99、93、102 页。
④ 《马克思恩格斯全集》第 31 卷，人民出版社 1998 年版，第 94、91 页。

结合在一起的，而不是他们彼此互相结合。这种劳动就其结合体来说，服务于他人的意志和他人的智力，并受这种意志和智力的支配——它的精神的统一处于自身之外。"①

总之，马克思最重要的认识论发现是他对科学之物化的发现：在资本主义时代，大机器工业生产把科学的理论和实践完全纳入了资本主客体运动的综合统一性之中，"这种固定资本像一个有灵性的怪物把科学思想客体化了"，② 他把科学吸收于自身之中，将其变成"固定资本的属性"。③ 结果我们看到，在认识论上，并非如许多西方马克思主义学者认为的那样，科学的抽象的知识规范成为了马克思对知识的理想，而是对科学本身的这种历史的和辩证的自我否定结构的认知，构成了马克思知识观的一个范本，即作为自然科学与人的科学之差异性统一的政治经济学批判。

五　结　语

本文对马克思认识论问题的建构，再一次印证了列宁的著名论断："辩证法就是马克思主义的认识论。"孙正聿教授在《列宁的"三者一致"的辩证法——〈逻辑学〉与〈资本论〉双重语境中的〈哲学笔记〉》一文中对列宁命题做的精审阐释，提出了"从认识的一般进程来看待《资本论》的逻辑"的思路，并解释了辩证法与认识论的内在一致性就在于："构成《资本论》的经济范畴及其逻辑体系，是马克思自觉地以思维的规定把握现实的规定的产物，离开思维对现实的认识论自觉，就不可能真正理解和把握《资本论》的逻辑体系，在这个意义上，《资本论》又是关于资本运动的'认识论'。"④ 本文以马克思政治经济学批判诸概念的辩证运动来显现马克思所揭示的深层认识论问题，正是要以马克思经典文本的解读和思想史的研究来具体实现"从认识的一般进程来看待

---

① 《马克思恩格斯全集》第 30 卷，人民出版社 1995 年版，第 463—464 页。
② 《马克思恩格斯全集》第 30 卷，人民出版社 1995 年版，第 464 页。
③ 《马克思恩格斯全集》第 31 卷，人民出版社 1998 年版，第 93—95 页。
④ 参见孙正聿《列宁的"三者一致"的辩证法——〈逻辑学〉与〈资本论〉双重语境中的〈哲学笔记〉》第二节，《中国社会科学》2012 年第 9 期。

《资本论》的逻辑"这一思路。

　　此外还需指出，对马克思认识论问题的建构具有重要的政治意义。当代全球资本主义的最新发展，对马克思主义哲学的现实性和存在价值提出挑战：面对当代资本主义世界体系一直在扩展它的存在论空间，马克思所承诺的"从解释世界到改变世界"的哲学目标将如何实现？为此，本文将马克思学说理解为一种对资本主义的认识论批判，也就是将马克思的政治经济学批判理解为是对资本主义之存在有限性的一种本质直观，它构成了对资本主义之自我否定结构的辩证的和历史的认知。在这个意义上可以说，马克思的认识论批判是最彻底的批判，因为它包含着理论上对世界的彻底理解，这种彻底理解是改变世界的前提，因为没有革命的理论，就没有革命的运动。

一般规律与特殊规律的辩证统一：
唯物史观的应有之义[*]

唐正东^{**}

　　《德意志意识形态》是马克思恩格斯学术合作的经典之作。准确把握这一文本的思想内容，对于我们厘清马克思恩格斯唯物史观的发展史及深层内涵是很有帮助的。我们通常说，他们俩是从生产力与交往形式的矛盾运动的角度来理解历史发展的进程及规律的，交往形式、交往关系等范畴代表了他们此时所理解的生产关系概念。这一说法在一般历史过程的层面上肯定是正确的，并且也能得到相关文本的支撑。但马克思恩格斯在这一文本中同时还有从生产力与交往形式在私有制特别是资本主义私有制条件下的具体表现的角度来揭示其发展规律的思想。在资本主义私有制的语境中，生产力虽然是人们共同活动的力量，但却以物的形式（私有制的力量）表现出来；交往形式虽然是共同活动中的人与人之间的社会关系，却以资本家对生产资料及生活资料的垄断、劳资关系的对立等形式而表现出来。马克思恩格斯在《德意志意识形态》中关于内在矛盾运动规律的思想包含两个辩证统一的内容，即人类历史进程的一般规律与资本主义社会发展的特殊规律。在后来的《资本论》及其手稿中，这种观点在资本主义批判的科学方法论层面上得到了继承与升华。

---

* 本文系教育部人文社会科学重点研究基地重大项目"基于文本阐释的马克思主义哲学通史研究"（编号16JJD710007）的阶段性成果。

** 作者简介：唐正东，男，1967年生，江苏常熟人。南京大学马克思主义社会理论研究中心暨哲学系教授、博士生导师，教育部长江学者特聘教授。主要从事马克思主义哲学史及国外马克思主义的研究。

由此，唯物史观的深层思想力量在于把对一般历史过程的理解与具体社会形态的分析有机地结合起来，这一理论特点在马克思恩格斯开创唯物史观的《德意志意识形态》中就已经具有了。因此，对马克思恩格斯唯物史观的真正继承，不仅应该体现在用人类历史发展的一般规律来观察和解读时代状况，而且更要从具体时代状况出发来深化对特定社会形态发展规律的认识和理解。这是我们推动唯物史观的当代发展、不断开辟马克思主义发展新境界的重要途径。

一　生产力与交往形式的矛盾运动与人类历史进程的一般规律

马克思恩格斯在《德意志意识形态》中是通过对布·鲍威尔、施蒂纳和费尔巴哈所代表的现代德国哲学的批判来解读社会历史中的发展规律问题的。鲍威尔从人的自我意识的发展规律的角度，费尔巴哈从人性的发展规律的角度来阐释历史过程的本质，施蒂纳从对利己的"唯一者"的道德说教的角度来解读对现存社会关系中的一切罪恶的克服路径。马克思恩格斯在此文本中既要完成对上述三人的批判，又要对历史过程的本质与规律作出阐述，这的确是一件不容易的事情。再加上《德意志意识形态》作为一部未完成的手稿，给我们这些后来的解读者的确带来了一些理解上的困难。但如果我们仔细地阅读现有的文本，那么，对它的核心内容作出清晰的把握无疑是可以做到的。在人类历史一般规律的层面上，马克思恩格斯作出了非常清晰的回答，即生产力与交往形式的矛盾运动构成了人类历史的本质及一般规律。不过，在阅读此文本的第一章即"费尔巴哈"章时，我们一定要把这一章的内容作为一个整体来看待，而不是只抓住其中的部分内容来得出关于唯物史观的理解。

譬如，在此章的第一部分，马克思恩格斯的确通过对分工和所有制的三个不同发展阶段的论述，对生产力与交往形式的矛盾运动过程进行了初步的论述，并且得出了"由此可见，事情是这样的：以一定的方式进行生产活动的一定的个人，发生一定的社会关系和政治关系。经验的观察在任何情况下都应当根据经验来揭示社会结构和政治结构同生产的联系，而不应当带有任何神秘和思辨的色彩"① 的结论。但仔细阅读我们会发现，马克思恩格斯在此处的论述中连资本主义的所有制形式都还没谈到，而且他们在对部落所有制、古典古代的公社所有制和国家所有制、封建的所有制的论述中也只是对其分工的发展水平及所有制的状况进行了简单的描述，但还尚未对上述三个阶段中生产力的发展是如何与各自的所有制形式构成矛盾的问题作出分析。既然如此，马克思恩格斯怎么会由此就得出关于唯物史观的具体结论呢？如果把这与他们在这一部分的最后所说的在思辨终止的地方，正是描述人们的实践活动的实证科学开始的地方的观点结合起来，那真的很容易让人感觉到唯物史观只是对生产力与交往形式在各个发展阶段的经验事实进行描述的一种学说而已。但事实并非如此。

　　笔者在前面说过，马克思恩格斯在《德意志意识形态》第一卷中要完成对费尔巴哈、布·鲍威尔及施蒂纳的观点的批判以及对新历史观的阐述这两项任务。在我看来，他们对前一项任务的完成要比对后一项任务的完成来得更加得心应手。也就是说，他们此时已经通过对费尔巴哈等人的批判而站在了唯物史观的理论层面上。而且，从"费尔巴哈"章的内容来看，他们对唯物史观核心要义的表述也是准确和完整的。但在对唯物史观的论证环节，即如何通过对生产力与交往形式的具体矛盾运动过程的分析来论述唯物史观的科学性方面，他们俩在这一文本中还显得不是那么得心应手。这具体表现在他们在"费尔巴哈"章的不同地方对生产力与交往形式在私有制阶段的矛盾运动过程的论述有所不同。在第一部分的阐述中他们未曾涉及对资本主义私有制的论述，但在第二部分的论述中情况就有所不同了。他们明确地把新历史观的阐述视域延伸到了资本主义的阶段，"生产力在其发展的过程中达到这样的阶段，在这个阶段上产生出来的生产力和交往手段在现存关系下只能造成灾难，这种生产力已经不是生产的力量，而是破坏的力量（机器和货币）。与此同时还产生了一个阶级，这必须承担社会的一切的重负，而不能享受社会的福利，它被排斥于社会之外，因而不得不同其他一切阶级发生最激烈的对立"②；显然，一旦把阐述视域延伸到资本主义阶段，马克思恩格斯

---

　　① 《马克思恩格斯文集》第 1 卷，人民出版社 2009 年版，第 523—524 页。
　　② 《马克思恩格斯文集》第 1 卷，人民出版社 2009 年版，第 542 页。

就开始从矛盾的视角来关注生产力的发展与现有私有制形式之间的对立关系，以及由此而拓展出来的资产阶级与无产阶级之间的分裂与对立。

在此章的第四部分中，马克思恩格斯更是深入到了资本主义时期的不同发展阶段（即工场手工业和资本主义机器大工业阶段）的层面上，来解读分工与私有制的具体内涵及其相互矛盾。他们指出，资本主义工场手工业阶段的所有制关系（资本所有制）在内涵上已经从原来的自然形成的等级资本转向了现代意义上的、活动的商人资本。同时，工人与雇主之间的关系也发生了重要的变化，"在行会中，帮工和师傅之间的宗法关系继续存在，而在工场手工业中，这种关系由工人和资本家之间的金钱关系代替了；在乡村和小城市中，这种关系仍然带有宗法色彩，而在比较大的、真正的工场手工业城市里，则早就失去了几乎全部宗法色彩。"① 当马克思恩格斯把这种具体的、历史性的解读思路延伸到资本主义机器大工业阶段时，他们不仅在资本主义所有制的问题上得出了更为清晰的结论，而且在资本主义条件下生产力的发展与私有制之间的矛盾问题上的认识也获得了推进。就前者而言，他们看到了在资本主义大工业阶段，随着更广泛分工的实施，所有的资本都变成了工业资本，所有的自然形成的交往关系都变成了货币关系。就后者而言，他们已经明确地认识到，资本主义条件下生产力与交往形式的矛盾具体表现为"［它］造成了大量的生产力，对于这些生产力来说，私有制成了它们发展的桎梏，正如行会成为工场手工业的桎梏、小规模的乡村生产成为日益发展的手工业的桎梏一样。在私有制的统治下，这些生产力只获得了片面的发展，对大多数人来说成了破坏的力量，而许多这样的生产力在私有制下根本得不到利用"②。我认为，这是在整个《德意志意识形态》中马克思恩格斯对生产力与交往形式矛盾的最清晰的阐释。正是在这种解读的基础上，他们在这一部分的论述中较多地谈论生产力与交往形式的矛盾运动，并把它与一切历史冲突的根源联系起来，而不只是强调对各种历史阶段的分工与所有制形式的经验描述。

虽然在论述这种矛盾运动时，马克思恩格斯此时还主要聚焦在资本主义阶段，在对私有制发展的其他阶段的论述时尚未详细地展开对其生

① 《马克思恩格斯文集》第1卷，人民出版社2009年版，第562页。
② 《马克思恩格斯文集》第1卷，人民出版社2009年版，第566页。

产力与交往形式的矛盾的阐释，但由于他们明确地强调过这种矛盾"在迄今为止的历史中曾多次发生过，……每一次都不免要爆发为革命"①，因而，他们实际上已经具备了从内在矛盾的角度来阐释生产力与交往形式的发展史的观点。也就是说，马克思恩格斯历史观阐释中的生产力与交往形式的发展史，是这两个要素的内在矛盾运动史，而不是它们的经验事实呈现史。这一理论质点非常重要，它不仅可以让我们避免在解读此章第一部分的那段引文，即"在思辨终止的地方，在现实生活面前，正是描述人们实践活动的实际发展过程的真正的实证科学开始的地方"②时产生经验主义的误判，从而对唯物史观的本质产生误解，而且也能让我们清晰地看到马克思恩格斯此时的历史观与当时德国学界的威廉·舒尔茨等人的观点之间的不同。

在当时的德国学界，除了有赫斯等人的那种从人的本质的异化及其扬弃的角度来阐释历史发展过程的观点之外，还有像威廉·舒尔茨（Friedrich Wilhelm Schulz）这样的理论家从物质生产及其结构的发展过程的角度来阐释历史演进的观点。舒尔茨明确地反对赫斯行动哲学只关注书斋中的运动的理论倾向，强调必须"将全部的生活认作老师，从而去探索是否可以通过生活现象的多样性而拷问出发展的简单规律"③。他不仅从手的劳动、手工、工场、机器等四个阶段对生产力的发展过程进行了剖析与解读，而且还从商业交往等角度对与上述四个阶段相对应的人们的交往关系及共同活动方式进行了梳理与分析。从表面上看，这种观点似乎跟马克思恩格斯在《德意志意识形态》中从生产力与交往形式的角度对历史发展过程的解读很相似。也正因为如此，德国学者瓦尔特·格拉布（Walter Grab）把舒尔茨称为一个给予马克思灵感的人，并称"舒尔茨通过将他那个时代里市民社会很早就获得的关于社会结构对生产方式和方法的依赖的认识，有效地运用到之前的历史时代，并成功地发展出了一种对于历史唯物主义的形成产生了巨大影响的历史观"④。但此

---

① 《马克思恩格斯文集》第 1 卷，人民出版社 2009 年版，第 567 页。
② 《马克思恩格斯文集》第 1 卷，人民出版社 2009 年版，第 526 页。
③ ［德］弗里德里希·威廉·舒尔茨：《生产运动》，李乾坤译，南京大学出版社 2019 年版，第 6 页。
④ ［德］瓦尔特·格拉布：《〈生产运动〉中的创见及其对马克思的影响》，转引自［德］弗里德里希·威廉·舒尔茨《生产运动》，李乾坤译，南京大学出版社 2019 年版，第 189 页。

处的问题是：舒尔茨并没有像马克思恩格斯那样从内在矛盾的角度来审视和解读生产力与交往形式的发展史，而只是对这两个要素在各历史阶段上的具体表现进行了描述与概括。虽然他的确也看到了资本主义生产方式条件下由于竞争的加剧而使雇佣工人或无产阶级的状况越来越糟，但他并没有把这种现象跟资本主义私有制与生产力发展的矛盾联系起来。这是跟舒尔茨的总体阐释思路直接相关的。对他来说，人的精神及内在的创造性劳动是最本真的、最真实的东西。在较为野蛮的发展阶段，人的精神对外在自然的依赖性很强，但在同外在自然的不断斗争过程中，人的精神获得了对自身力量的自信。他实际上就是根据人的精神的自由和独立性的程度，来划分从低到高的社会形态的发展阶段的。因此，马克思恩格斯所强调的那种生产力与交往形式的内在矛盾运动的线索，对他来说并没有太多的意义，因为他已经具有了人的自由创造性精神的生成过程的理论线索，而他对不同历史阶段的生产及劳动组织的分析与研究，不过是作为素材来描述人的内在创造性精神在某个历史阶段的具体表现形式而已。由此，我们说，舒尔茨对物质生产过程的理解与马克思恩格斯的观点是有本质区别的，这是唯物史观与经验主义历史观之间的区别。

　　虽然马克思在《1844 年经济学哲学手稿》中的确引用过舒尔茨《生产运动》中的相关文字，但他与恩格斯在《德意志意识形态》中提出的唯物史观的核心内容无疑是建立在其思想的不断探索之基础上的。马克思在 1845 年 3 月的《评弗里德里希·李斯特的〈政治经济学的国民体系〉》中就已经不仅明确指出了把工业所唤起的力量同工业在目前条件下给这种力量提供的生存条件混为一谈的错误性，而且还对现代生产力的本质特征进行了概括，"我们通过下述情况已经得到关于现代'生产力'的本质的一些启示：在现代制度下，生产力不仅在于它也许使人的劳动更有效或者使自然的力量和社会的力量更富于成效，而且它同样还在于使劳动更加便宜或者使劳动对工人来说生产效率更低了。因此，生产力从一开始就是由交换价值决定的。"① 这种观点跟《德意志意识形态》中所说的在资本主义条件下生产力与私有制之间的矛盾的思想显然有相关

---

① 《马克思恩格斯全集》第 42 卷，人民出版社 1979 年版，第 263 页。

性。而恩格斯早在 1844 年 1—2 月的《英国状况 十八世纪》中就已经开始梳理从奴隶制、封建制、现代生意经世界，到自由的自主联合阶段的社会制度发展史的历程，并且对英国工业革命条件下资本家阶级通过霸占新创造出来的工业力量而完成对群众的奴役等问题进行了剖析。到了《英国工人阶级状况》中，他更是清晰地解读了工业生产力的发展所带来的现实社会关系的变化及其两者之间的矛盾性，"一方面是一切纺织品迅速跌价，商业和工业日益繁荣，一切没有实行保护关税的国外市场几乎全被占领，资本和国民财富迅速增长；另一方面是无产阶级的人数更加迅速地增长，工人阶级失去一切财产，失去获得生计的任何保证，道德败坏，政治骚动，以及我们将在下面各章加以研究的使英国有产阶级极端不快的各种事实。"① 应该说，这种论述跟《德意志意识形态》中的在私有制的统治下生产力只获得了片面的发展的观点是很相似的。

　　当然，同时需要指出的是，在人类历史进程一般规律的层面上，马克思恩格斯在论述生产力与交往形式的矛盾时，主要还是从一般社会关系中的个人的角度来加以阐述的。对他们来说，交往形式是指许多个人的共同活动形式，社会关系是指许多个人的共同活动关系，而生产力则是指上述共同活动所产生的力量。在自然形成的分工条件下，生产力与交往形式的矛盾表现为许多个人的共同活动所产生的社会力量即生产力，与这些个人的共同活动形式相矛盾，这种生产力不是表现为个人之间的联合的力量，而是表现为异化的强制力量。当马克思恩格斯在《德意志意识形态》"费尔巴哈"章的第四部分中说资本主义大工业所造成的大量生产力，对大多数人来说成了破坏的力量的时候，他们想要表明的就是生产力的这种异化特性。这种解读思路在历史观的主导层面即论述内在矛盾的层面上，不是以阶级为核心视角的，尽管在革命的环节上它也可以把阶级尤其是工人阶级纳入其中。在"费尔巴哈"章中，马克思恩格斯实际上这是这样做的。在阐述了资本主义生产力的异化性之后，他们指出："大工业却创造了这样一个阶级，这个阶级在所有的民族中都具有同样的利益，在它那里民族独特性已经消灭，这是一个真正同整个旧世界脱离而同时又与之对立的阶级。大工业不仅使工人对资本家的关系，

---

① 《马克思恩格斯文集》第 1 卷，人民出版社 2009 年版，第 393 页。

而且使劳动本身都成为工人不堪忍受的东西。"① 在这里，工人阶级是由于对异化的劳资关系及劳动本身的无法忍受而必然起来革命的，但他们在这一维度的解读思路上对资本主义的劳资关系及劳动本身的内涵及本质矛盾的分析尚未展开。正因为如此，我们看到他们会从各种交往形式的相互联系的序列的角度来理解历史发展过程，并把这种历史过程同时理解为个人本身力量发展的历史。

如果仅从资本主义批判的角度来看，上述解读思路中未从阶级视角入手的状况也许可以被视为一种局限性，但我们必须看到，马克思恩格斯在这一维度上谈论的是人类历史的一般进程及其规律性。他们事实上是把未来的"真正的共同体"条件下个人之间的联合方式也是作为一种交往形式来看待的。因此，如果在这一解读层面上因为要聚焦于资本主义批判而把阶级、资本、劳动等概念提升到历史观核心概念的层面上，那反而会妨碍对人类历史整体进程的分析。

二　劳资矛盾与资本主义的具体发展规律

如果说对于批判费尔巴哈、布·鲍威尔来说，指出意识的各种不同的形式来源于社会生活的生产过程就足够了的话，那么，对于批判施蒂纳来说，仅停留于此是不够的，还需要进一步阐明特定的生产关系即资本主义生产关系的具体内容及其内在矛盾性，因为施蒂纳的唯心主义道德说教的前提是对利己的"唯一者"的指认。因而，要想真正驳倒施蒂纳，就必须阐明所谓的唯一者其实只不过是资本主义条件下生产关系和交往关系在主体层面上的反映和表现，而想真正克服现实社会关系中的一切罪恶，就必须揭露资本主义生产方式中的内在矛盾性。这使得马克思恩格斯在《德意志意识形态》第一卷第一章即"费尔巴哈"章的第四部分中涉及批判施蒂纳的地方，以及在第三章直接批判施蒂纳的部分中，凸显出了一条从阶级视角入手来揭示资本主义社会的矛盾性及发展规律的理论线索。尽管这条线索还不够完善，还无法跟《资本论》及其手稿

---

① 《马克思恩格斯文集》第 1 卷，人民出版社 2009 年版，第 567 页。

中对资本主义的内在矛盾性和发展规律的理论阐释相比拟，但准确地看到这一线索在《德意志意识形态》中的客观存在，对于理解唯物史观在内涵上的丰富性及科学性是很重要的。

在资本主义批判的解读语境中，对马克思恩格斯来说，资本主义大工业的基本特征就不再只是普遍的竞争迫使每个人的全部精力处于普遍紧张的状态了，而是透过阶级的视角呈现在资产阶级与无产阶级之间的阶级对立、这种阶级对立在资本主义生产力之物化层面上的表现、劳资关系作为资本主义交往关系的本质等方面。马克思恩格斯指出，市民阶级在挣脱封建关系的过程中，通过特定的劳动方式而创造了一定的生活条件，而这些不断发展的生活条件反过来又推动或者创造了一个新阶级的产生与发展，"资产阶级本身开始逐渐地随同自己的生存条件一起发展起来，由于分工，它又重新分裂为各种不同的集团，最后，随着一切现有财产被变为工业资本或商业资本，它吞并了在它以前存在过的一切有财产的阶级（同时资产阶级把以前存在过的没有财产的阶级的大部分和原先有财产的阶级的一部分变为新的阶级——无产阶级）。……各个人的社会地位，从而他们个人的发展是由阶级决定的，他们隶属于阶级。这同单个人隶属于分工是同类的现象，这种现象只有通过消灭私有制和消灭劳动本身才能消除。"① 应该说，在解读思路上从隶属于分工的个人推进到隶属于阶级的个人，这反映了马克思恩格斯在解读层面上从一般历史观向具体的社会形态发展过程的转变。

我们知道，在"费尔巴哈"章的第二部分谈到生命的生产所具有的双重关系时，马克思恩格斯曾说过"一方面是自然的关系，另一方面是社会关系；社会关系的含义在这里是指许多个人的共同活动，不管这种共同活动是在什么条件下、用什么方式和为了什么目的而进行的。由此可见，一定的生产方式或一定的工业阶段始终是与一定的共同活动方式或一定的社会阶段联系着的，而这种共同活动方式本身就是'生产力'"②。显然，他们在这里没有涉及特定的生产方式和生产条件，因为对于一般历史过程的阐述来说，只要阐明一定的生产力发展水平与相应的社会关系发展水平相联系就可以了。但当马克思恩格斯转而论述特定的

---

① 《马克思恩格斯文集》第1卷，人民出版社2009年版，第569—570页。
② 《马克思恩格斯文集》第1卷，人民出版社2009年版，第532—533页。

资本主义生产方式时，情况就不同了。他们不仅非常强调既有的历史条件和阶级关系的重要性，而且还详细地阐述了阶级关系的解读视域是如何随着资本主义所有制的出现而越来越清晰地凸显出来的。在他们看来，在前资本主义制度中，阶级关系尽管始终存在着，但它的重要性不容易被发现，往往处于隐蔽的状态中，譬如在封建等级制中，贵族往往与其特有的出身状况相联系，而不是从其阶级地位的角度来加以解读。但资本主义制度通过把个人的生活条件置于偶然性的状态而使所有这些遮蔽物失去了作用，"有个性的个人与阶级的个人的差别，个人生活条件的偶然性，只是随着那本身是资产阶级的产物的阶级的出现才出现。……等级的差别特别显著地表现在资产阶级与无产阶级的对立中。……对于无产者来说，他们自身的生活条件，即劳动，以及当代社会的全部生存条件都已变成一种偶然的东西，单个无产者是无法加以控制的，而且也没有任何社会组织能够使他们加以控制"①。

　　在此基础上，马克思恩格斯对生产力物化的问题进行了深入的剖析。他们在一般历史观的层面上也曾谈到生产力在分工条件下的物化问题，但大多是在社会中的个人无法获得发展其才能的手段的层面上来展开的。而在资本主义解读的语境中，情况就有所不同了。马克思恩格斯强调了阶级利益的视角在这种解读中的重要性。"在个人利益变为阶级利益而获得独立存在的过程中，个人的行为不可避免地受到物化、异化，同时又表现为不依赖于个人的、通过交往而形成的力量，从而个人的行为转化为社会关系，转化为某些力量，决定着和管制着个人，因此这些力量在观念中就成为'神圣的'力量，这是怎么回事呢？"② 显然，对他们来说，生产力的物化绝不只是一种对个人来说的抽象的统治结构，它更是一种私有制条件下的阶级剥削和阶级统治的结果。他们实际上是从阶级关系的视角来理解个人在交往关系中的物化问题的。这一解读视角不仅使他们把生产力和交往关系的物化理解为一种历史过程，而不只是一种既有的状态，"个人关系向它的对立面即纯粹的物的关系的转变，个人自己对个性和偶然性的区分，这正如我们已经指出的，是一个历史过程，它在发展的不同阶段上具有不同的、日益尖锐的和普遍的形式。在现代，

---

① 《马克思恩格斯文集》第 1 卷，人民出版社 2009 年版，第 571—572 页。
② 《马克思恩格斯全集》第 3 卷，人民出版社 1960 年版，第 273 页。

物的关系对个人的统治、偶然性对个性的压抑，已具有最尖锐最普遍的形式，这样就给现有的个人提出了十分明确的任务。"① 而且，在表述资本主义条件下生产力与交往形式的矛盾时，也不再仅仅说生产力在此阶段只是成了破坏的力量，而是同时阐明了这种矛盾还会通过无产阶级与资产阶级的阶级对立而呈现出来，"我们也曾指出，现代的个人必须去消灭私有制，因为生产力和交往形式已经发展到这样的程度，以致它们在私有制的统治下竟成了破坏力量，同时还因为阶级对立达到了极点。最后，我们曾指出，私有制和分工的消灭同时也就是个人在现代生产力和世界交往所建立的基础上的联合。"② 马克思恩格斯此处所讲的私有制的消灭及其在此基础上的个人联合，显然不只是个人摆脱物化的社会结构，它的核心要义在于摆脱私有制下的阶级剥削和阶级统治方式。

在这一解读语境中，马克思恩格斯还开始了从特定的阶级关系即劳资关系的角度来解读资本主义生产力与交往形式的内在矛盾的理论历程，尽管在《德意志意识形态》中他们还远远没有完成这一理论努力。这具体表现在：他们已经从劳资关系的角度来理解生产力与交往形式的具体条件。正因为他们看到了私有制条件下的个人是作为阶级成员而处在共同活动的方式之中的，所以，当他们把解读视域从一般历史过程转向具体的私有制社会尤其是资本主义社会时，他们便不再笼统地从社会关系中的个人的角度来理解生产力和交往形式的内涵，而是从特定的生产力和交往形式所处的具体历史条件的角度来更为深入地阐发资本主义的内在矛盾。就资本主义批判的语境来说，这种具体的历史条件就是资本与劳动的关系。"在大工业和竞争中，各个人的一切生存条件、一切制约性、一切片面性都融合为两种最简单的形式——私有制和劳动。……迄今为止的一切交往都只是在一定条件下个人的交往，而不是作为个人的个人的交往。这些条件可以归结为两点：积累起来的劳动，或者说私有制，以及现实的劳动。如果二者缺一，交往就会停止。"③ 虽然马克思恩格斯此时由于受到斯密等古典经济学家的影响而只是从积累劳动的角度来理解私有制的内涵，从而在对私有制的社会历史基础的理解上还存在

---

① 《马克思恩格斯全集》第 3 卷，人民出版社 1960 年版，第 515 页。
② 《马克思恩格斯全集》第 3 卷，人民出版社 1960 年版，第 516 页。
③ 《马克思恩格斯文集》第 1 卷，人民出版社 2009 年版，第 579 页。

着一定的局限性，但他们明显地已经从积累劳动（资本）与直接劳动的相互关系即劳资关系的角度来谈论大工业和竞争关系的条件下资本主义交往关系的内在矛盾性。在他们看来，劳资之间的分裂与矛盾是随着分工的不断发展而不断加剧的，"分工从最初起就包含着劳动条件——劳动工具和材料——的分配，也包含着积累起来的资本在各个所有者之间的劈分，从而也包含着资本和劳动之间的分裂以及所有制本身的各种不同的形式。分工越发达，积累越增加，这种分裂也就发展得越尖锐。劳动本身只有在这种分裂的前提下存在。"① 由于马克思恩格斯在《德意志意识形态》中是把分工的发展程度当作生产力发展水平的表现形式的，因而，他们的上述观点所凸显的实际上就是生产力与交往形式的矛盾在资本主义条件下表现在劳资之间的分裂和矛盾上面。

在资本主义内在矛盾问题上的这种理解也使马克思恩格斯在生产力、生产方式的历史阶段性特征的理解上具有了更加深刻的眼光。他们此时已经不再满足于从分工的视角来解读生产力的发展过程，而是推进到了生产工具的层面上，这在《德意志意识形态》第二卷中批判卡尔·格律恩的过程中得到了清晰的显现。"格律恩先生还忘记了，现在生产面包是用蒸汽磨，而从前是用风力磨和水力磨，更早的时候是用手推磨；生产面包的这些不同的方式完全不取决于他吃面包这一简单的行为，因此我们在这里看到的是生产的历史发展，……格律恩先生甚至也没有想到，随着这些不同的生产阶段产生的还有生产和消费之间的各种关系，以及二者之间的各种矛盾；他没有想到，如果不研究这些生产方式中的每一种方式和以此为基础的整个社会制度，就不可能了解这些矛盾，而这些矛盾只有通过这种生产方式和这种制度的实际改变，才能得到解决。"② 由此也印证了如下的观点：马克思恩格斯对人类历史一般进程的解读是与其对资本主义社会的剖析相互促进、相辅相成的。

这实际上也影响到了马克思恩格斯对资本主义超越之路的思考。此时的他们不再像马克思在《评弗里德里希·李斯特的著作〈政治经济学的国民体系〉》中所说的那样，认为只要认识到工业中潜藏着的消灭工业本身并为人的生存奠定基础的积极力量，就表明废除工业的时刻已经到

---

① 《马克思恩格斯文集》第 1 卷，人民出版社 2009 年版，第 579 页。
② 《马克思恩格斯全集》第 3 卷，人民出版社 1960 年版，第 612 页。

来了，"对工业的这种估价同时也就是承认废除工业的时候已经到了，……因为一旦人们不再把工业看作买卖利益而是看作人的发展，就会把人而不是把买卖利益当作原则，并向工业中只有同工业本身相矛盾才能发展的东西提供与应该发展的东西相适应的基础"①，而是致力于强调重新占有生产力总和这一目标之实现的社会历史过程性。他们强调了这种重新占有首先必须同生产力的发展水平及交往关系的普遍化程度相适应，"这种占有首先受所要占有的对象的制约，即受发展成为一定总和并且只有在普遍交往的范围里才存在的生产力的制约。因此，仅仅由于这一点，占有就必须带有同生产力和交往相适应的普遍性质"②，只有在此基础上，人们对生产力总和的占有才可能同时表现为个人对其才能的发挥；其次，他们指出，这种重新占有还跟历史主体即无产阶级的发展水平直接相关，"只有完全失去了整个自主活动的现代无产者，才能够实现自己的充分的、不再受限制的自主活动，这种自主活动就是对生产力总和的占有以及由此而来的才能总和的发挥。"③ 最后，他们还强调了无产阶级实现占有的方式也受到历史过程的制约。无产阶级只有通过革命的方式来实现普遍的联合，才可能真正实现对生产力总和的重新占有。

三　历史发展的一般规律与具体社会形态发展的特殊规律的辩证统一

在以往的研究中，学界往往只把对一般历史过程的发展规律的探讨视为唯物史观的基本内容，而把对具体社会形态如资本主义生产方式运动规律的探讨视为马克思主义政治经济学的研究对象。就像苏联著名学者巴加图利亚所说的："唯物主义历史观是马克思创立的关于人类社会发展的普遍规律的科学，就象以剩余价值学说为核心的马克思主义政治经济学首先是关于资本主义生产方式运动规律的科学一样。"④ 这种观点从

---

① 《马克思恩格斯全集》第 42 卷，人民出版社 1979 年版，第 257—258 页。
② 《马克思恩格斯文集》第 1 卷，人民出版社 2009 年版，第 581 页。
③ 《马克思恩格斯文集》第 1 卷，人民出版社 2009 年版，第 581 页。
④ ［苏］巴加图利亚：《马克思的第一个伟大发现——唯物史观的形成和发展》，陆忍译，中国人民大学出版社 1981 年版，第 1—2 页。

表面上看似乎与恩格斯所说的马克思的两个伟大发现相一致，但实际上并非如此。我们知道，恩格斯在马克思墓前的讲话中说的是"正像达尔文发现有机界的发展规律一样，马克思发现了人类历史的发展规律，……不仅如此。马克思还发现了现代资本主义生产方式和它所产生的资产阶级社会的特殊的运动规律。由于剩余价值的发现，这里就豁然开朗了，而先前无论资产阶级经济学家或者社会主义批评家所做的一切研究都只是在黑暗中探索。"① 他在"马克思墓前讲话草稿"中讲得更为清楚："马克思则发现了决定人类历史运动和发展的基本规律，……不仅如此，马克思还发现了一个规律。就是这个规律造成了我们的社会现状和这个社会的阶级大分化——分化成资本家和雇佣工人；现在这个社会就是按照这个规律组织起来、成长起来的，一直成长到差不多已经过了时，而且就是按照这个规律，这个社会最终必将像所有以前的社会历史阶段一样灭亡。"②

　　学界在概括恩格斯此处所讲的马克思的两个伟大发现时，往往提到唯物史观和剩余价值学说（或剩余价值规律），但仔细分析上述两段文本，我们不难看出，恩格斯所说的是马克思对人类历史发展一般规律和资本主义社会的特殊运动规律的两个发现。剩余价值学说的获得是帮助了马克思在后一种规律的研究上豁然开朗了，但不能因此而说马克思的第二个发现只是政治经济学意义上的剩余价值学说。因为这样一来，很容易把在马克思那里浑然一体的对两种发展规律的发现，简单化为哲学层面上的人类历史的一般规律和政治经济学层面上的剩余价值理论，并进而把马克思在此问题上的观点分化为历史观上的历史分期理论与经济形态层面上的社会结构理论。这样一来会导致我们在思考唯物史观的发展问题时面临一些学理上的困难：因为在对唯物史观的解读时缺乏对具体社会形态的特殊发展规律的探讨，因而，我们在思考唯物史观在特定实践语境中的具体化路径时，只能笼统地停留在普遍规律与特殊语境相结合的层面上，而不是直接推进在具体社会形态建设规律和发展规律的认识上的深化和突破。可实际上，从《德意志意识形态》开始，马克思恩格斯就致力于对上述两种规律的辩证统一的探讨，直到恩格斯在马克

----

① 《马克思恩格斯全集》第 25 卷，人民出版社 2001 年版，第 594—597 页。
② 《马克思恩格斯全集》第 25 卷，人民出版社 2001 年版，第 591 页。

思墓前的讲话中也是这么讲的。可见，完整准确地理解他们在这一问题上的观点对于我们思考唯物史观的当代发展问题是十分重要的。

从另一个角度来看，当代国外学界的一些学者以深化对《资本论》的研究为借口，总喜欢从资本主义社会特殊规律的角度来排挤人类历史一般规律在唯物史观中的重要地位。不管是艾伦·伍德从资本主义条件下劳动者特有的劳动手段、生存条件及再生产条件的角度来对人类历史普遍规律在历史唯物主义中的重要性的拒斥，还是欧·拉克劳和尚·莫菲从工人也想像资本家一样变成利益最大化者等外在因素（而不是从资本主义生产关系之内在矛盾性）的角度来对资本主义劳资对抗关系的解读，其实都是因为把资本主义的特殊规律与私有制社会发展的一般规律割裂开来，而使他们既失去了正确解读资本主义特殊发展规律的可能性，也失去了准确把握唯物史观在发展规律论上的深刻内涵之可能性。随着关于《资本论》中价值形式问题的研究兴趣的凸显，国外学界的不少学者又从交换价值所建构的抽象统治结构的角度来延续上述解读思路，并自我标注为对马克思主义历史辩证法的克服和扬弃。譬如，莫·普殊同在其代表作《时间、劳动与社会统治》中指出，"在马克思的分析框架中，资本主义特有的社会统治的形式，在根本上不是由私有财产，也不是由剩余产品和生产资料的资本主义所有权所导致的；相反，它建立在财富的价值形式本身上，建立在与活劳动（工人）相对立的社会财富形式上，财富的价值形式是一种结构上异己的、统治性的权力"[1]。

可是，离开了对资本主义私有制的历史性解读，离开了对人类历史一般规律的探寻，何来对资本主义价值形式及社会统治形式的准确分析呢？剩下的恐怕只是先把马克思所说的价值形式仅仅理解为交换价值形式，然后再从交换价值使人物化或异化的角度来理解资本主义社会统治结构的抽象性及个人在其中的异在性了。虽然这种观点在当代西方左派学界具有很大的影响力，但无论如何都难掩其在马克思价值论解读上的简单化之局限性。我们知道，《资本论》中劳动价值论是建立在使用价值与价值的内在矛盾之基础上的，这既是马克思超越资产阶级古典经济学的方法论法宝，也是他对资本主义生产过程展开科学批判的思想基础。

---

[1]　［加］莫伊舍·普殊同：《时间、劳动与社会统治》，康凌译，北京大学出版社 2019 年版，第 34 页。

在商品层面上的这种内在矛盾沿着从抽象上升到具体的方法论线索，发展到资本层面时就是工人的特殊使用价值与资本所付出的工资之间的内在矛盾。这种由劳资关系所表现出来的特定的内在矛盾，正好呈现出了普遍化的商品关系所置身于其中的资本主义生产关系的历史性特征。因此，如果从内在矛盾的角度来理解马克思的价值理论，那就能触及资本主义生产关系的理论层面，并准确理解在马克思的视域中资本主义的危机就是私有制危机的集中表现。而如果只从交换价值形式的角度来解读马克思的价值理论，那么，马克思的资本主义批判理论便会首先被压缩为资本批判理论，然后再通过把资本逻辑与货币或交换价值的逻辑等同起来，而把马克思的观点仅仅解读为揭示了资本统治结构的物化或异化特性，资本逻辑的物化与前资本主义时代的物化现象的不同，只在于程度上的不同，而不存在统治基础上的变化。应该说，这种用交换价值批判的思路来代替马克思通过劳动价值论所展开的资本主义批判理论的解读路径，与马克思的真实思路是不相同的。因为就像马克思自己所说的，劳资双方是首先作为资本主义生产关系中的资本家和工人，然后再发生双方的买卖或交换关系的，生产关系是交换关系的前提和基础，"他们作为资本家和工人的关系，是他们作为买者和卖者的关系的前提。这种关系不同于其他商品出卖者的关系，它不是简单地从商品本身的性质中产生出来的关系：即任何人都不是直接生产自己生活所需要的各种产品，而是每一个人都把某种产品作为商品来生产，通过出卖这种商品来占有他人的产品。"①

　　如果我们在历史观的层面上坚持把人类历史一般规律与具体社会形态的特殊发展规律辩证地统一起来，那么，在政治经济学批判的层面上就会像马克思所做的那样，运用从抽象上升到具体的科学方法论来深入剖析资本主义生产过程，因为后者所讲的"抽象"是通过对商品关系在各个社会形态中所共有的特征之概括而成的，而这是必须以历史观上的一般规律论为思想前提的。如果我们放弃了对人类历史一般规律的重视，不是通过运用马克思所说的从抽象上升到具体的方法论，而是采用从所谓的"抽象"转变到"具体"的经验对象的层面上，那就不可能从马克

---

① 《马克思恩格斯全集》第 38 卷，人民出版社 2019 年版，第 101—102 页。

思在《〈政治经济学批判〉导言》中所说的"具体总体"① 的角度来正确地理解"具体"之丰富的社会历史性内涵。因此，当普殊同等人在人类历史一般规律与资本主义发展的特殊规律的二元论框架中来展开对后者的解读时，其方法论基础就决定了他们不可能真正把握住马克思资本主义批判理论的精髓之处。从这里我们可以看出，光讲具体形态的特殊规律而不讲人类历史一般规律，也是不行的。

我们今天来强调上述两重规律的辩证统一是唯物史观的应有之义，除了要对马克思恩格斯的相关思想进行重新辨识之外，还是为了更好地理解我们正在进行着的中国特色社会主义的伟大实践对唯物史观的继承与发展。我们在经济体制改革中强调市场在资源配置中起决定性作用、在中国特色社会主义事业五位一体总体布局中明确提出大力推进社会主义生态文明建设等，都标志着我们对中国特色社会主义建设规律认识的新突破和进一步深化。我们正是通过不断深化对人类社会发展的一般规律、社会主义的发展规律、中国特色社会主义的建设规律的认识，才取得上述创新性的理论成果及建设成就的。我们也是由此而不断开辟 21 世纪马克思主义的新境界的。因此，只有从上述双重规律辩证统一的角度来界定唯物史观，我们才能真正深刻地理解新时代中国特色社会主义的伟大实践对唯物史观的继承和发展。

---

① 《马克思恩格斯全集》第 30 卷，人民出版社 1995 年版，第 42 页。

从"劳动现象学"到"劳动辩证法"

——马克思对黑格尔劳动观的扬弃

白　刚*

人们一般都认为马克思的劳动观源于对古典政治经济学抽象"劳动价值论"的批判和超越。实际上，马克思的劳动观也是建立在批判和超越黑格尔的"精神劳动"基础上的。按照卡尔·洛维特的观点，黑格尔在"耶拿讲演"、《精神现象学》和《法哲学原理》中有三次以"劳动"为主题。① 黑格尔的这三次"劳动"主题，体现了黑格尔的劳动观从"精神现象学"到"劳动现象学"的演变。马克思的劳动观，正是在从"法哲学批判"到"政治经济学批判"转变的基础上，实现了以"劳动辩证法"对"劳动现象学"的根本扬弃。而这一扬弃，又意味着"劳动政治经济学"对"资本政治经济学"的巨大胜利。

一　黑格尔:从"精神现象学"到"劳动现象学"

作为德国古典哲学的集大成者和唯一研究过古典政治经济学的哲学家，虽然黑格尔的劳动观比其他古典哲学家优越，但他的劳动观总体上还是一种"精神劳动"。在耶拿讲演中，黑格尔主要强调劳动是区别于动物式的"本能"活动的一种"精神的方式"和"理性的活动"，劳动也

---

　　* 作者简介：白刚，吉林大学哲学社会学院教授。

　　① ［德］卡尔·洛维特：《从黑格尔到尼采》，李秋零译，三联书店 2006 年版，第 358 页。

只是其绝对精神自我运动的内在环节。此时，黑格尔仍然处于对劳动的"哲学化"理解。也是在此意义上，马克思深刻而形象地称黑格尔的"逻辑学"只不过是"精神的货币"。但在作为黑格尔哲学的真正"诞生地"和"秘密"的《精神现象学》中，黑格尔劳动观比之前进步就在于他已经看到了劳动"陶冶事物"的"客观性"趋向。黑格尔通过劳动"陶冶事物"来阐释主人和奴隶之间关系的辩证转换——"为承认而劳动"："个体满足它自己需要的劳动，既是它自己的需要的满足，同样也是对其他个体的需要的一个满足，并且一个个体要满足它的需要，就只能通过别的个体的劳动才能达到满足的目的。"① 也就是说，在《精神现象学》中，黑格尔将劳动理解为通过"陶冶事物"来实现欲望与满足，使之成为主人和奴隶角色设定与转换的中介，使主人和奴隶通过劳动而"相互承认"成为可能。在这里，黑格尔通过"为承认而劳动"充分实现了从"精神现象学"到"劳动现象学"的转变。所以说，在《精神现象学》中，黑格尔已经开始从"哲学"转向"经济学"来理解劳动。正是这一转变，致使黑格尔的精神现象学在主人和奴隶为承认而劳动中达到了极致："'主人与奴隶'这一节，我们要把它列入现象学最成功的部分，列入黑格尔辩证法的处女作和成熟作。"② 之所以说主人和奴隶"为承认而劳动"成为黑格尔"现象学"最成功的部分，甚至成为了黑格尔辩证法的成熟之作，就是因为"精神现象学"通过"陶冶事物"显现出了"劳动现象学"的萌芽——主人和奴隶通过"劳动"而"相互承认"——"精神现象学"已经走向了"劳动现象学"。

表面上看，从"精神现象学"到"劳动现象学"的转变，是黑格尔劳动观的发展和演变，也即对劳动本质理解的转变。但实际上，黑格尔的劳动观依然奠立在其唯心主义的地基上：自发的精神走向绝对精神的同一性的道路本身就是"劳动"。无论是"精神"还是"劳动"，在黑格尔这里都共同分享着其"精神现象学"的成果："不是将精神解码为劳动的孤立面，而反倒是将劳动蒸发为精神的一个因素"③。在"劳动现象

① ［德］黑格尔：《精神现象学》上卷，贺麟、王玖兴译，商务印书馆 1997 年版，第234 页。
② 转引自薛华《自由意识的发展》，中国社会科学出版社 1983 年版，第 40 页。
③ ［德］阿多诺：《黑格尔三论》，谢永康译，上海人民出版社 2020 年版，第 18 页。

学"中，劳动虽然通过"陶冶事物"而具有了客观性的趋向，但归根结底劳动只不过是绝对精神自我运动的"内在环节"和其所呈现出来的"表象"，它是仍然是"现象性"而"非本质性"的活动："人类劳动在其物性的质料形态上，被纳入作为绝对者的精神的本质规定。"① 正是在这里，研究过政治经济学的黑格尔之"精神现象学"变成了"劳动现象学"。从黑格尔自己的观点来看，他的"绝对理念"是"差不多两千五百年来精神的劳动的成果，——它是精神为了使自己客观化、为了认识自己而作的最严肃认真的劳动的成果。"② 在此意义上，确实可以说黑格尔不仅将劳动概念运用到他的精神现象学——精神的自我发展中，而且在这一过程中必然地将客观世界理解为在精神之内的客观对象——劳动现象学中。所以，黑格尔的"劳动现象学"本质上只不过是对其"精神现象学"的外在"补充"而不是根本"替换"。因为在马克思看来，黑格尔唯一知道并承认的劳动就是抽象的"精神劳动"。也就是说，黑格尔的劳动只是在其绝对精神划定的领域里自我兜圈子。对此，海德格尔亦有深刻的觉察，称黑格尔的劳动现象学为"劳动的新时代的形而上学"，且其本质在《精神现象学》中已预先被思为无条件的制造之自己安排自己的过程。③ 作为海德格尔学生的卡尔·洛维特，对黑格尔的劳动现象学的精神本质也有着深刻的体认：由于黑格尔是在完全普遍的精神概念下面把握自我存在和异己存在之间的这种运动的，所以劳动对他来说既不是特殊意义上的体力劳动，也不是特殊意义上的脑力劳动，而是在绝对本体论的意义上充满精神的。④ 实际上，在黑格尔的"劳动现象学"这里，如果劳动脱离了其存在的现实社会生活领域，转变为了与其自身"感性活动"不同的东西，那它就变成了统治人的"意识形态"。

　　虽然黑格尔的"劳动现象学"是不彻底的且具有形而上学色彩，但"劳动现象学"之于"精神现象学"仍具有重要的进步意义——对于"异化劳动"的承认及其积极意义的肯定。一方面，黑格尔肯定异化劳动是绝对精神自我运动的必要环节，也是绝对精神实现自身的必然环节；

　　① ［德］阿多诺：《黑格尔三论》，谢永康译，上海人民出版社 2020 年版，第 19 页。

　　② ［德］黑格尔：《哲学史讲演录》第 4 卷，贺麟、王太庆译，商务印书馆 1978 年版，第378 页。

　　③ 《海德格尔选集》上卷，孙周兴选编，上海三联书店 1996 年版，第 383 页。

　　④ ［德］卡尔·洛维特：《从黑格尔到尼采》，李秋零译，三联书店 2006 年版，第 357 页。

另一方面，黑格尔的异化劳动也隐秘地捕捉和体现了资本主义社会的劳动状况——为承认而劳动——人在劳动中确立自身。正是在异化劳动及其向对立方面转换的意义上，深刻启发了马克思。实际上，马克思在正式接触经济学之前，先解读和研究的是黑格尔的《法哲学原理》和《精神现象学》。后来在总结自己 15 年黄金时代的经济学研究成果——《政治经济学批判》的序言中，马克思就明确指出，为了解决使自己"苦恼的问题"，自己写的第一部作品是对黑格尔"法哲学"的批判，而不是政治经济学批判。在此意义上说，马克思是借助和通过黑格尔的"异化劳动"来阅读古典政治经济学的：由于黑格尔的《精神现象学》紧紧抓住人的异化——尽管人只是以精神的形式出现的——其中仍然隐藏着批判的一切要素。① 正是在此意义上，马克思才能超越古典政治经济学的"非批判的实证主义"，而看到了"非批判的唯心主义"之"异化劳动"所包含的批判的一切要素。对此，阿多诺亦深刻指出：黑格尔精神之异化劳动实际上是"劳动的社会本质的隐匿表达"②。在此意义上，恩格斯也指出黑格尔以最抽象的形式表达了最现实的人类状况，即"在抽象的范围内把劳动理解为人的自我产生的行动"③。同样是在认可黑格尔对"异化劳动"的揭示和承认意义上，伽达默尔也强调："黑格尔哲学通过对主观意识观点进行清晰的批判，开辟了一条理解人类社会现实的道路，而我们今天仍然生活在这样的现实中。"④ 伽达默尔的此论断，唯有在黑格尔揭示和肯定的"异化劳动"不自觉地捕捉到了资本主义社会的现实状况——"为承认而劳动"的意义上才是成立的。实际上，从《1844 年哲学经济学手稿》到《资本论》，马克思及其思想不但没有形成"断裂"，反而将"异化"贯彻到底，实现了从"异化劳动"到"雇佣劳动"、从"异化史观"到"唯物史观"的跃迁和转变。可以说，从《黑格尔法哲学批判》到《资本论》的"政治经济学批判"，马克思运用和批判的"术语"虽变，但"世界观"没有变。

---

① 《马克思恩格斯文集》第 1 卷，人民出版社 2009 年版，第 204 页。
② ［德］阿多诺：《黑格尔三论》，谢永康译，上海人民出版社 2020 年版，第 14 页。
③ 《马克思恩格斯文集》第 1 卷，人民出版社 2009 年版，第 217 页。
④ ［德］伽达默尔：《哲学解释学》，夏镇平、宋建平译，上海译文出版社 2004 年版，第 113 页。

二　马克思：从"劳动现象学"到"劳动辩证法"

在一定意义上，正是有了斯密，"劳动才成为政治经济学注意的中心和原则"①。而在重视劳动的意义上，马克思甚至称斯密的政治经济学为"启蒙国民经济学"。在《法哲学原理》中，深受古典政治经济学劳动观影响的黑格尔，已经基本上是在"劳动价值论"——"人通过流汗和劳动而获得满足需要的手段"②的意义上来理解政治经济学——从需要和劳动的观点出发来阐明这些关系和运动。在这里，黑格尔实际上已经比"陶冶事物"更具体、更明确、更深入地捕捉到了劳动的"客观性"。正是在劳动的客观性进一步呈显的意义上，我们说从《精神现象学》到《法哲学原理》，黑格尔的劳动观已经实现了从"精神现象学"到"劳动现象学"的转变。但正如马克思所言，由于黑格尔完全站在国民经济学家的立场，所以他只看到了劳动的积极方面——为承认而劳动，而没看到消极方面——劳动的异化。故此马克思批评黑格尔及其"神圣家族"：认为历史的发源地不在尘世的粗糙的物质生产中，而是在天上的云雾中③；他们只是对历史和现实作了抽象的、逻辑的和思辨的表达。在马克思看来，历史既不是"僵死事实的堆积"，也不是"想象的主体的想象活动"，而是"追求着自己目的的人的活动过程"。说到底，黑格尔《法哲学原理》中所呈现的劳动现象学，实际上就是对斯密之劳动价值论的"观念性模仿"——劳动在本质上仍然是"现象的"而"非实质的"。黑格尔只是达到了劳动和自由的概念，而绝不是劳动和自由的现实，他仍然保留着"本体论"的自我驯服。所以说，黑格尔与古典政治经济学家一样，"分析劳动的方法是本体论式与形而上学式的——而不是历史性的。"④ 在此意义上，劳动现象学仍然是劳动价值论的继承和发扬，而黑

---

① ［苏］阿·马雷什：《马克思主义政治经济学的形成》，刘品大等译，四川人民出版社1983年版，第59—60页。

② ［德］黑格尔：《法哲学原理》，范扬、张企泰译，商务印书馆2007年版，第209页。

③ 《马克思恩格斯文集》第1卷，人民出版社2009年版，第351页。

④ ［美］麦卡锡：《马克思与古人》，王文扬译，华东师范大学出版社2011年版，第275页。

格尔仍然是哲学领域里斯密最忠实的学生。但在马克思这里，劳动现象
学仍然是抽象的和思辨的，还需要上升到具体的和实在的劳动辩证法。

虽然黑格尔分析劳动的方法是"本体论式与形而上学式的"，而不是
"历史性的"，但作为黑格尔"门人"的马克思，还是深刻看到了黑格尔
的"劳动现象学"及其最后成果，也即作为"推动原则和创造原则"的
"否定性辩证法"的伟大之处首先在于，它抓住了劳动的本质，把对象性
的人、现实的因而是真正的人理解为人自己的劳动的结果①。在此意义
上，贺麟先生也进一步指出："黑格尔与亚当斯密的著作接触后，在思想
发展上起了一个转折。黑格尔把劳动当作人的自我证实的中心方式，把
劳动当作实现主观与客观的统一，扬弃僵化的外界客观性和自我发展的
推动力。"② 实际上，黑格尔在陶冶事物的"为承认而劳动"中，就已经
揭示出"奴隶通过自己再重新发现自己的过程，才意识到他自己固有的
意向"③。也正是在黑格尔"劳动现象学"对人之为人通过自己的劳动而
诞生过程的肯认的基础上，马克思强调了人既不是"政治的动物"，也不
是"精神的动物"，而是"劳动的动物"：劳动就是人之为人的本质确
认——人的自由解放就是通过劳动并且为了劳动而对劳动的本质真正占
有的"自由劳动"过程。在马克思这里，劳动不仅是提高社会生产的一
种方法，而且是造就全面发展的人的唯一方法④。马克思超越黑格尔之处
在于，他不是在"劳动现象学"——劳动的"精神显像"的意义上，而
是在"劳动辩证法"——劳动的"物质赋形"的意义上来理解劳动的本
质的。在马克思这里，劳动不再是抽象的精神劳动，而是"活的、塑造
形象的火"⑤。正是在劳动作为"塑造形象的火"的意义上，马克思实现
了对黑格尔劳动现象学的"物质赋形"，使劳动不再仅具有"现象"的意
义，而具有了"本质"的意义——世界历史是人通过人的劳动而诞生的
过程——劳动现象学转变为了劳动辩证法。在此实质而重要的意义上，
从《法哲学原理》到《资本论》，马克思既实现了从"法哲学批判"到
"政治经济学批判"的转变，也实现了从"劳动现象学"到"劳动辩证

---

① 《马克思恩格斯文集》第 1 卷，人民出版社 2009 年版，第 205 页。
② 贺麟：《黑格尔哲学讲演集》，上海人民出版社 2019 年版，第 45 页。
③ ［德］黑格尔：《精神现象学》上卷，贺麟译，商务印书馆 1997 年版，第 131 页。
④ 马克思：《资本论》第 1 卷，人民出版社 2004 年版，第 557 页。
⑤ 《马克思恩格斯全集》第 30 卷，人民出版社 1995 年版，第 329 页。

法"的转变。在马克思这里,"劳动辩证法"就是对"劳动现象学"的"物质赋形"。正是在对"劳动现象学"进行"物质赋形"和"劳动解放"的意义上,马克思实现了对黑格尔和古典政治经济学的双重超越。

虽然在马克思之前,以斯密和李嘉图为代表的古典政治经济学家已经高于货币主义和重商主义发现和提出了劳动价值论,但他们总体上还是把劳动和人之自由对立起来,认为劳动是痛苦和麻烦,始终是令人厌恶的事情,而不劳动才是通向自由和幸福之路。同样,黑格尔虽然在一定程度上肯定奴隶的物质性劳动,但他总体上还是更看重精神劳动。与古典政治经济学家和黑格尔不同的是,马克思最为充分地认识到和肯定了劳动的进步和解放的巨大世界历史意义。在《共产党宣言》中,马克思恩格斯明确强调,资产阶级在它确立统治不到一百年的时间里,所创造的生产力比以往一切历史的总和还要多、还要大。对此,阿伦特甚至认为这是马克思对资产阶级社会劳动的最大赞扬,同时马克思也是 19 世纪唯一充分赞美了劳动的人——用哲学叙述了"劳动解放"的思想家[1]。实际上,在马克思的"劳动辩证法"这里,"自由见之于活动恰恰就是劳动"[2]——这确实是对劳动的最大赞扬,而问题的这一方面(这不是问题的一个方面,而是问题的实质)是作为"经济学的路德"的斯密无论如何也料想不到的。

在马克思的"政治经济学批判"这里,劳动辩证法的最集中体现就是"劳动二重性"的发现。《资本论》正式出版后,马克思在写给恩格斯的信中曾自豪地称自己的《资本论》中有三个"崭新的因素":一是剩余价值的发现,二是"劳动二重性"的提出,三是工资实质的揭示[3]。其中,马克思特别强调"劳动二重性"——具体劳动和抽象劳动——作为政治经济学的"枢纽",是对事实的全部理解的基础,是批判地理解问题的全部秘密所在。"商品中包含的劳动的这种二重性,是首先由我批判地证明的。这一点是理解政治经济学的枢纽。"[4] 虽然在马克思之前,以斯密和李嘉图为代表的古典政治经济学家已经发现和提出了劳动价值论,

---

① [美] 阿伦特:《马克思与西方政治思想传统》,孙传钊译,江苏人民出版社 2007 年版,第 12 页。

② 《马克思恩格斯全集》第 30 卷,人民出版社 1995 年版,第 615 页。

③ 《马克思恩格斯〈资本论〉书信集》,人民出版社 1976 年版,第 250 页。

④ 马克思:《资本论》第 1 卷,人民出版社 2004 年版,第 55 页。

是政治经济学的一个巨大进步。但在马克思看来，"古典政治经济学在任何地方也没有明确地和十分有意识地把表现为价值的劳动同表现为产品使用价值的劳动区分开。"① 也就是说，古典政治经济学家无法也不可能揭示出"劳动的二重性"。由此导致古典政治经济学的劳动价值论的"两个教条"：一是劳动是价值的源泉，二是等量劳动获得等量利润。而正是这两个教条，决定了劳动价值论自身无法摆脱的"两个背反"：一是"劳动购买一切"与"工人一无所有"的背反，二是价值规律和工资规律的背反。正是马克思通过对"劳动二重性"的发现，揭示出了剩余价值的真正来源和工资的实质，从而彻底突破了古典政治经济学劳动价值论的"二律背反"，真正解开了劳动价值论之谜。在此意义上，罗尔斯深刻指出：马克思"劳动价值论的主旨，是挖掘资本主义秩序之外在表象下的深层结构，使我们能够了解劳动时间的花费轨迹，并发现那些使得工人阶级的未付酬劳动或剩余价值能够被剥夺以及剥夺多少的各种制度安排"②。这里的劳动价值论，实际上已经是劳动辩证法了。所以，在劳动辩证法的意义上，我们确实可以说马克思的劳动观不是"关于价值的劳动理论"——劳动价值论，而是"关于劳动的价值理论"——剩余价值论。

虽然当代著名政治哲学家阿伦特对马克思赞美劳动给予了充分肯定，但在她看来，马克思虽从未想要与自由为敌，但他却抵挡不住必然性的诱惑，因为他犯了一个关键性的错误：模糊了劳动、工作与行动的界限。阿伦特将人的活动三分为劳动、工作和行动。她认为劳动与单纯的生存必然性相联系，只是一种无休止的重复性活动；工作通过制造工具等，延长了人的生命，但它遵循的是"手段—目的"模式，也未能超越生存必然性；只有作为自由言说的行动，才真正是人之自由的体现。马克思的劳动解放只解决了生存必然性问题，而未能解决自由问题。表面上看，阿伦特对劳动的分析和对马克思的批评是极富独特性的，但实际上，阿伦特没有认识到在马克思这里劳动是区分为"必要劳动"与"自由劳动"的。她所否定的劳动和工作，正是马克思要超越的"必要劳动"——自

---

①　马克思：《资本论》第 1 卷，人民出版社 2004 年版，第 98 页。
②　[美] 罗尔斯：《政治哲学史讲义》，杨通进等译，中国社会科学出版社 2011 年版，第 342 页。

由王国就建立在必要劳动终止的地方。而在"自由劳动"问题上，马克思真正是"劳动辩证法"——追求的是全面生产和按美的规律来构造："动物只是按照它所属的那个种的尺度和需要来构造，而人懂得按照任何一个种的尺度来进行生产，并且懂得处处都把内在的尺度运用于对象；因此，人也按照美的规律来构造。"① 由此可见，在劳动问题上，阿伦特只是一种"行动唯我论"，马克思却是"劳动辩证法"。正是在劳动辩证法的意义上，哈贝马斯认可马克思以"劳动"概念取代了"自我意识"，从而彻底超越了自古希腊以来的西方观念论传统，走出个人现在受"抽象"统治的"阿门塞斯的阴影王国"（马克思语）。

三　劳动辩证法：从"资本政治经济学"到"劳动政治经济学"

马克思走出"阿门塞斯的阴影王国"的关键一步，也即从"劳动现象学"向"劳动辩证法"的转变，实际上就是将劳动从抽象思辨的精神领域转向具体现实的经济生活领域。而马克思劳动辩证法转向经济生活领域的核心所在，就是对古典政治经济学所围绕的"轴心"——"资本与劳动关系"的剖析和批判。

在给《资本论》第一卷所写的书评中，恩格斯明确指出"资本与劳动的关系"是全部现代资产阶级社会围绕旋转的"轴心"，而正是马克思的《资本论》使资本与劳动的关系"第一次得到了科学的说明"②。在古典政治经济学这里，资本是作为"从以取得收入的"物质资财——"可感觉物"而存在的。但在马克思看来，资本既是"可感觉物"，又是"超感觉物"——物与物背后人与人的关系，因而充满了"形而上学的微妙"和"神学的怪诞"。而资本之所以能够实现增殖，就在于作为"死劳动"的资本像吸血鬼一样对作为"活劳动"的工人的吮吸和榨取，它吸的血越多就越活跃；而只要工人还有一根筋、一块肉、一滴血，资本这一吸血鬼就绝不会停止吮吸。正是资本作为"超感觉物"对工人劳动榨取，

---

① 《马克思恩格斯文集》第 1 卷，人民出版社 2009 年版，第 163 页。
② 《马克思恩格斯选集》第 2 卷，人民出版社 2012 年版，第 70 页。

资本才得以不断增殖自身——资本实现了对劳动的全面统治和占有。由此导致劳动本来是人之为人的自由自觉的活动，反而变成了奴役和剥削人的手段；工人们在劳动中不是感到幸福，而是感到不幸。因此，面对资本这种无情的吸血鬼，"只要肉体的强制或其他强制一停止，人们就会像逃避瘟疫一样逃避劳动。"① 但在古典政治经济学家看来，资本带来的收入（利润）完全是资本自行增殖的结果，而与工人的劳动无关。所以说，不论是斯密还是李嘉图，虽然他们批判和超越了货币主义和重商主义，看到了劳动是生产的灵魂，但由于深受资本的"物质性"外观的"迷惑"和"诱惑"，主要还是从可感觉的"物质实体"而非超感觉的"社会关系"的角度来理解和定位资本。为此，马克思批判国民经济学没有给我们提供一把理解劳动和资本分离以及资本和土地分离的根源的钥匙，而"只不过表述了异化劳动的规律罢了"②。同样，无论是在《精神现象学》还是《法哲学原理》中，黑格尔对资本和劳动及其关系的理解，依然没有超越古典政治经济学的状况和水平，反而是对斯密等古典政治经济学家的"观念性模仿"，或者说黑格尔是把古典政治经济学家的资本和劳动概念野蛮地塞进了自己的"精神现象学"。在这里，黑格尔的"精神现象学"又摇身转变为了"劳动现象学"和"资本现象学"。在资本与劳动分离的意义上，黑格尔的"精神现象学"与古典政治经济学的"劳动价值论"殊途同归了——黑格尔与古典政治经济学家走的是同一条道路。如果说斯密是经济学领域的路德，那么黑格尔就是哲学领域的路德。

在黑格尔精神现象学这里，历史只不过是其绝对精神自我运动的过程，国家和市民社会也只是绝对精神实现其自身的内在环节。黑格尔宣告了历史在其绝对精神中"终结"了。在古典政治经济学家这里，他们认为历史上只有两种生产方式：一种是作为"人为的"封建主义生产方式，另一种是作为"自然的"资本主义生产方式。在此意义上，古典政治经济学家就像黑格尔在哲学领域里论证了"历史的终结"一样，在经济学领域坚持和论证了资本主义生产方式的普遍性和永恒性，从而论证了"生产方式的终结"。不仅在资本与劳动的关系上，在历史观上黑格尔

---

① 《马克思恩格斯文集》第 1 卷，人民出版社 2009 年版，第 159 页。
② 《马克思恩格斯文集》第 1 卷，人民出版社 2009 年版，第 166 页。

也与古典政治经济学家殊途同归了。马克思通过"政治经济学批判",高于黑格尔和古典政治经济学家而深刻认识到,资本主义的生产方式只是人类历史上的一种生产方式,而且是最后一种对抗性生产方式,它是历史的而绝不是超历史的或非历史的。在此基础上,资本增殖自身的秘密也不在于资本本身,而在于资本主义私有制的化身——"雇佣劳动制"。正是由于"雇佣劳动制",既使资本实现了增殖,也使劳动之于资本从形式上的从属彻底转变为了实际上的从属。由此导致在资本主义社会里,"资本具有独立性和个性,而活动着的个人却没有独立性和个性"①。在此根本而重要的意义上,马克思《资本论》"政治经济学批判"的根本任务,就是变资本的独立性和个性为现实的人的独立性和个性。在马克思的政治经济学批判——劳动辩证法看来,资本主义的生产绝不仅是资本自我增殖的单一过程,而是劳动过程和价值增殖过程的双重统一;没有劳动过程,也就无法实现价值增殖。正是在劳动过程和价值增殖过程的统一中,马克思的劳动辩证法既超越了黑格尔把劳动看作绝对精神运动的"环节",也超越了斯密把劳动看作社会分工的"部分",从而成为了卢卡奇赞同的"总体性辩证法",进而戏剧性地揭示出了资本疯狂的自我增殖的秘密——剩余价值之谜——资本和劳动的关系之谜。在此基础上,可以说《资本论》的副标题——政治经济学批判,不仅可以更换为"黑格尔法哲学批判",更可以更换为"劳动辩证法"。按照古典政治经济学的理解,作为在资本主义社会起支配作用的"看不见的手"的价值规律,意味着商品的价值量由抽象的一般劳动决定,并在此基础上实行等价交换。但表面平等的等价交换背后,马克思却看到了深刻的不平等——劳动与资本之间关系的不平等,也即工资规律与价值规律的不平等。由此导致资本主义社会的不平等:一极是资产阶级的发财致富,一极是雇佣工人阶级的极度贫穷。所以,正是在资产阶级及其代言人积极维护的具有所谓"铁的必然性"的等价交换的"价值规律"基础上,马克思却看到和揭示出了不平等交换的"剩余价值"及其规律——"死劳动"(资本)对"活劳动"(工人)的统治和支配。剩余价值既是马克思自己强调的《资本论》的三个"崭新因素"之一,也是恩格斯所指出的马克思

---

① 《马克思恩格斯选集》第 1 卷,人民出版社 2012 年版,第 415 页。

一生的"两大发现"之一。如果说，唯物史观揭示了人类社会的一般运动规律，那么剩余价值揭示了资本主义社会的特殊运动规律，二者相辅相成，共同构成了马克思主义的两大理论基石。诚如马克思自己所言，剩余价值是射向资产阶级及其辩护士脑袋的一颗最厉害的炮弹，并给了他们永远翻不了身的打击①。为此，恩格斯也深刻指出，马克思的剩余价值理论好像"晴天霹雳"一般震动了一切文明国家："由于剩余价值的发现，这里就豁然开朗了，而先前无论资产阶级经济学家或者社会主义批评家所做的一切研究都只是在黑暗中摸索。"② 所以说，正是由于剩余价值的发现，为雇佣工人阶级的自由解放开辟了一条现实性道路。也正是因为剩余价值具有如此威力，马克思才指出：这些资产阶级经济学家实际上具有正确的本能，懂得过于深入地研究剩余价值的起源这个"爆炸性问题"是非常危险的③。也是在此意义上，差不多150年后的卢卡奇，也做出了"承认历史唯物主义对资产阶级来说简直就意味着想自杀"的相似论断。

在实质而重要的意义上，马克思"劳动辩证法"的最终目的，就是在揭示资本主义社会的经济运动规律——"剩余价值规律"的基础上，通过工人阶级的自由合作劳动，来对抗所谓资本的自我增殖。而要实现这一目标，就必须消灭雇佣劳动制，也即在联合起来的个人自由协作和共同占有生产资料的基础上，重新建立个人所有制。如果说资本主义私有制是对以个人劳动为基础的私有制的扬弃，那么消灭资本主义私有制就是对以占有他人劳动为基础的私有制扬弃。在《资本论》中，马克思认为扬弃资本主义私有制有两种形式：工人阶级的"合作工厂"是对资本主义私有制的一种积极扬弃，而资产阶级的"股份企业"则是一种消极扬弃④。在重建的个人所有制中，劳动已不再是"谋生的手段"，而成了"生活的第一需要"。由此可见，马克思主张的劳动绝不仅仅是为了解决"生存必然性"问题，而是为了解决"自由必然性"问题——"自由王国"存在于真正物质生产领域的彼岸，且只是在必要性和外在目的规

① 《马克思恩格斯〈资本论〉书信集》，人民出版社1976年版，第189页。
② 《马克思恩格斯文集》第9卷，人民出版社2009年版，第212页。
③ 马克思：《资本论》第1卷，人民出版社2004年版，第590页。
④ 马克思：《资本论》第1卷，人民出版社2004年版，第499页。

定要做的劳动终止的地方才开始①。所以，正是在劳动成了"生活的第一需要"——雇佣工人带着愉快的心情进行自由合作劳动的意义上，马克思强调这既是"劳动政治经济学"对"资本的政治经济学"的胜利，也是"工人阶级政治经济学"对"资产阶级政治经济学"的胜利②，还可以说是"劳动政治经济学"对"精神现象学"和"劳动现象学"的胜利。由此可见，正是"政治经济学批判"这一胜利的和富有内容的超越，才意味着马克思的劳动观实现了从"劳动价值论"到"剩余价值论"、从"劳动现象学"到"劳动辩证法"的彻底转变——马克思在劳动的发展史中找到了打开人类历史的"锁钥"。

---

① 参见马克思《资本论》第 3 卷，人民出版社 2004 年版，第 928 页。
② 《马克思恩格斯文集》第 3 卷，人民出版社 2009 年版，第 12 页。

从《资本论》到《逻辑学》

——重新理解列宁对黑格尔《逻辑学》的阅读

吴　猛[*]

一　对于列宁"伯尔尼笔记"的政治性阅读态度

列宁在 1914 年和 1915 年间对于黑格尔哲学的阅读，无疑已成为一桩在思想史上颇具传奇性的"事件"：在第一次世界大战业已开战、整个欧洲都惶惶然不知何去何从的时日里，作为俄国工人阶级领袖的列宁，居然稳坐于瑞士伯尔尼的图书馆中，研读以《逻辑学》为主的黑格尔著作；这一研读所留下的笔记（本文依照张一兵教授的命名，也称之为"伯尔尼笔记"），其深刻性也让许多后来的研究者大吃一惊，被认为在思想上通过其对于辩证法的系统建构而形成了与《唯物主义和经验批判主义》（以下简称《唯批》）中的哲学唯物主义思想的断裂，在实践上又为十月革命提供了理论基础；而更令人惊奇的是，尽管无论人们持何种解读立场，基本上都不会否认列宁在伯尔尼所写下的这些笔记的思想意义和价值，但列宁本人在写完这些文字之后却再未提及它们，好像这里的"思想实验"或"思想变革"从未发生过一样。

所有这一切，使列宁此一工作所留下的文本获得了广阔的阐释空间：传统教科书体系下，这一工作的意义在于唯物辩证法的系统化；在一些西方"列宁学"学者、特别是思想上接近"托派"的学者（如杜娜叶夫

---

*　作者简介：吴猛，复旦大学哲学学院教授。

斯卡娅、C. L. R. 詹姆斯以及凯文·安德森等）眼中，这一工作的基本成果是活生生的和自由的"主观性"或"创造性"取代了冰冷的"物质"，黑格尔式的唯心主义成为列宁思考的基本特征；而在当代马克思主义哲学研究的"实践唯物主义"语境中，学者们又尤为关注这一文本中关于实践以及"实践辩证法"的思想。

有鉴于列宁对黑格尔的阅读的成果只是以"笔记"的形式保留下来，而列宁又没有对这些笔记与自己之前和此后的思想与实践的关系做出明确说明，因而各种解释路线其实都需要借助一些理论想象才能自圆其说。无论何种解释，在进行理论想象时实际上都离不开两个基本参照系：一个是代表列宁早期哲学思想的《唯批》，另一个是列宁 1915 年以后的特别是十月革命的政治实践。人们能直观地感受到列宁关于黑格尔哲学的笔记与《唯批》差别，同时也能感受到列宁的这一工作与此后的革命实践的关系，于是从这种差别或理论"转向"入手探讨列宁为十月革命的到来而作的"理论准备"就成为研究列宁这一工作的基本方式。

但实际上这一探讨方式从自身的逻辑上来说就是成问题的：列宁在 1914 年和 1915 年其实并不能预见到十月革命的到来，因此说他在伯尔尼阅读黑格尔著作时就已经在为即将到来的革命做理论准备，无疑是牵强的。而即便从十月革命反过来看列宁的黑格尔阅读，我们也没有充分的证据说这一工作为十月革命的实践提供了"理论基础"：且不说列宁在十月革命前后的著述中没有给后人留下"回到"或"运用"他关于黑格尔的笔记中的思想的证据，仅就作为一位马克思主义政治家的列宁而言，说这样一位不仅充满实践智慧更深谙历史唯物主义精髓的智者的革命行动有一个"理论基础"，这实在是令人无法理解的。作为思想家的列宁和作为行动者的列宁，当然是同一个人，但这并不意味着他的行动只有和他的理论相符合才能得到理解。行动者在行动时所面对的是一个变动而未知的世界，一个现成的理论本身实际上是无法直接指引行动的。行动需要决断，行动者的决断力来自判断力。亚里士多德将在行动中具有较强判断力称为"善于权谋"，而将这种行动者称为"明智之人"，在他看来："所以，如果善于权谋是明智之人的一个特征，那么我们可以说，善于权谋就是与什么有助于达到某一目的相关的正确性，而明智就是对

［如何］有助于达到某一目的具有正确的意见。"①这就意味着，行动者的决断只是和某一特定目的的达成有关，而和真理本身并无直接关联。因而在一个具体行动（如发动起义）和一项理论研究（如关于辩证法的思考）之间建立起联系，恐怕至少不是可以轻易地、没有任何中介地实现的。

而遗憾的是，迄今为止人们将二者结合在一起的努力基本上都是没有中介的。比如，当杜娜叶夫斯卡娅说"这时候，列宁所关怀的已不仅是俄国，而是整个国际性的帝国主义问题，是世界范围内的民族自身发展问题，说到底，是作为对立面转化的辩证法问题，是哲学和革命的关系的意义问题"② 时，我们看不到为什么"帝国主义问题"与"民族自身发展问题"这样的实践问题可以和"辩证法问题"以及"哲学和革命"这样的理论问题直接建立起联系。也正是由于这种无中介性，使得人们在试图理解列宁的伯尔尼笔记时常常一方面抓住个别词句加以发挥（比如"主观性""创造"和"实践"等等），另一方面又将自己所假想的某种"理论和实践的统一"作为评价列宁思想的"自洽性"的标准。M. 布里对于列宁的批评就体现了这一点，在前者看来，后者关于黑格尔哲学的笔记的核心是其"实践"概念，但这一概念是成问题的："实践被归结为主客体关系，过程性的主体—主体—客体关系并没有出现。实践被首先理解为实践而不是在活生生的社会领域中的各要素的变换和自我变换——这一领域只有在自由讨论和民主决策的可能性扩展之后才有可能获得解放。"③在这里可以看到，布里显然是默认列宁的哲学思考与其对于现实问题的思考是重叠的，因此以这种预设的"一致性"出发来评判列宁笔记中所提出的"实践"概念。但如果我们事实上并没有充分的证据将苏联建立以后的政治实践视为由列宁关于"实践"问题的哲学思考所导致的话，我们也就没有理由像布里这样从某种政治实践的可能性出发对列宁的哲学思考提出批评。

---

① ［古希腊］亚里士多德：《尼各马可伦理学》。此处使用的是邓安庆先生的译文，见邓安庆《尼各马可伦理学（注释导读本）》，人民出版社 2010 年版，第 226 页。

② ［美］杜娜叶夫斯卡娅：《哲学与革命》，傅小平译，辽宁教育出版社 2000 年版，第95 页。

③ Michael Brie, *Rediscovering Lenin*：*Dialectics of Revolution and Metaphysics of Domination*, Trans. by Loren Balhorn. p. 8, Gewerbestrasse, Palgrave Macmillan, 2019.

　　因此，阅读列宁的伯尔尼笔记，首先应当悬搁的就是这种政治性的阅读态度。这并不意味着否认这些笔记与列宁此后的革命实践之间具有联系，而是要求在没有足够证据的情况下不靠臆想建立这种联系。如果说"读书笔记"是作者写给自己看的，因而是一种"自言自语"的话，那么就让我们面向文本本身，看看列宁在其中究竟想对自己说什么。

二　列宁对《逻辑学》的阅读与唯物主义问题

　　在政治性的阅读态度下，列宁对黑格尔哲学的阅读成果往往被归结为辩证法方面的贡献（无论是这种贡献被理解为"发展"还是"系统化"）。毫无疑问，辩证法是列宁的伯尔尼笔记的显性主题，无论涉及认识论问题还是黑格尔逻辑学中的具体问题，列宁都会与辩证法问题联系在一起加以理解。但如果我们的目光仅仅落在辩证法问题上，一些重要的问题就会被掩盖。正如张一兵教授所言，"黑格尔辩证法的逻辑情境是到列宁自己的思想发生重大认识转换之后才开始被激活的"①，因而"辩证法"问题之所以最终成为列宁的黑格尔阅读的"核心"，乃是一系列思想建构的结果，而在这一建构过程中，列宁自己的原初问题意识不可能完全处于休眠状态。对于列宁来说，唯物主义问题是他早期哲学思考的基本问题。但在关于列宁的伯尔尼笔记的各种研究中，我们却发现，只有当我们将对于这一文本的政治性的阅读态度悬搁以后，才能发现被这一态度所掩盖的唯物主义问题。表面上看，这是一个很奇怪的问题，因为一方面，在《唯批》中，尽管列宁的哲学论证技巧并不丰富，但捍卫唯物主义的问题意识呈现得可谓坚决彻底，说这一问题意识在他的伯尔尼笔记中突然"断裂"，是不可思议的；另一方面，列宁实际上在《黑格尔〈逻辑学〉一书摘要》中不止一次谈到过唯物主义问题。但事实恰恰是，许多论者由于自觉或不自觉地将列宁的伯尔尼笔记，特别是《逻辑学》笔记与十月革命的实践联系起来，从而主要将注意力放在了辩证法问题上，而或多或少忽视了与辩证法问题紧密联系的唯物主义问题。

---

　　①　张一兵：《回到列宁：关于"哲学笔记"的一种后文本学解读》，江苏人民出版社2008年版，第60页。

　　与许多研究者不同，阿尔都塞在其对于列宁的阅读中对唯物主义问题给予了充分关注。列宁在1914—1915年间对于黑格尔的阅读，主要是围绕《逻辑学》展开的，而他对于《逻辑学》的阅读的重点是第三部分"概念论"，特别是"绝对观念"这一章——关于列宁这一阅读的特点，阿尔都塞的理解是："而到论述主观逻辑的一册时，列宁的笔记变得非常多，对绝对观念则有很赞扬的评论，尽管看起来可能令人吃惊，列宁把这一章看成实际上是唯物主义的。"①阿尔都塞的这一理解的文本根据，是列宁在评价《逻辑学》中的"绝对观念"一章时的著名说法："妙就妙在：关于'绝对观念'的整整一章，几乎没有一句话讲到神（差不多只有一次偶然漏出了'神的''概念'），此外——注意这点——几乎没有专门把唯心主义包括在内，而是把辩证的方法作为自己主要的对象。黑格尔逻辑学的总结和概要、最高成就和实质，就是辩证的方法，——这是绝妙的。还有一点：在黑格尔这部最唯心的著作中，唯心主义最少，唯物主义最多。'矛盾'，然而是事实！"②不过我们马上会发现，这里的问题在于，列宁所说的"唯物主义最多"并不仅仅指"绝对观念"这一章，而是指《逻辑学》整本著作。正是由于阿尔都塞将列宁的这段话解读为对"绝对观念"章的唯物主义解读，他才会将列宁的黑格尔阅读的主要成果理解为"无主体的过程"。尽管列宁在阅读《小逻辑》时的确留意过"意义在于全部运动"③ 这样的表述，但综观《黑格尔〈逻辑学〉一书摘要》全文，我们可以看到，列宁对于黑格尔的唯物主义解读并不是仅仅停留在最后一章上，比如在阅读"存在论"部分时，列宁就写到："我总是竭力用唯物主义观点来阅读黑格尔：黑格尔是倒置过来的唯物主义（恩格斯的说法）——就是说，我大抵抛弃上帝、绝对、纯观念等等。"④在这里，列宁在阅读中关注的并不是"无主体的过程"问题，而是自在之物向为他之物的转化问题。而在对于"概念论"的阅读中，列宁所思考的，主要是"辩证认识的本质"问题，在此"现实的诸环节的

---

　　① ［法］阿尔都塞：《列宁与哲学》，杜章智译，台北远流出版事业股份有限公司1990年版，第138页。

　　② 《列宁全集》第55卷，人民出版社1990年版，第202—203页。

　　③ ［德］黑格尔：《小逻辑》，贺麟译，商务印书馆1996年版，第423页。

　　④ 《列宁全集》第55卷，人民出版社1990年版，第86页。

全部总和的展开"① 或者 "世界联系的全面性和包罗万象的性质"② 的
"表现"问题成为问题的焦点。这些讨论都无法归于关于"无主体的过
程"的讨论。更不用说列宁在对于"概念论"的阅读中关于概念和实践
在认识中的作用的讨论更是与无主体过程问题无关。

　　与阿尔都塞相比，S. 库维拉基斯关于列宁的伯尔尼笔记中的唯物主
义问题的分析更加具体。库维拉基斯从列宁的《逻辑学》的不同阶段来
理解列宁对于黑格尔哲学的"唯物主义颠倒"。关于列宁对于"存在论"
和"本质论"的阅读，他围绕"反映"概念理解其中的唯物主义问题：
在阅读"存在论"和"本质论"时，辩证的"反映"是唯物主义问题的
核心；而在读到"概念论"中的"目的"部分时，"实践"与逻辑之间
的关系成为关键，"唯物主义翻转就在于对'实践的优先性'的确认：实
践产生了逻辑本身的公理（通过人类行为中的不同逻辑图式'千百万次'
的重复)"③；而在进展到"概念论"的"绝对观念"一章后，列宁对黑
格尔哲学的唯物主义理解就落实在自在的世界和自我中介的运动上。这
种理解显然更富有层次，也更符合列宁笔记的"混合型"特征。不过库
维拉基斯对列宁的伯尔尼笔记的理解仍然带有前述政治性解读的意味，
比如他在强调列宁的"反映"一词的独特含义时，特别强调列宁在这里
所作的唯物主义颠倒"不在于断言存在对于思维的优先性，在于将体现
在'概念的逻辑'中的主观行动理解为对于革命实践的反映，而革命实
践通过在现实中展现主体干涉的结果来改变现实"④。人们在这里不仅能
看到从列宁的实践出发理解列宁的理论这一流弊，而且显然也能看到齐
泽克等激进左翼的"不断革命论"的影子。

　　如果我们在理解列宁的伯尔尼笔记中唯物主义问题时，既不像阿尔
都塞那样以偏概全，也不像库维拉基斯那样受先入之见影响，就要改变

　　① 《列宁全集》第 55 卷，人民出版社 1990 年版，第 132 页。
　　② 《列宁全集》第 55 卷，人民出版社 1990 年版，第 134 页。
　　③ Stathis Kouvelakis, "Lenin as Reader of Hegel: Hypotheses for a Reading of Lenin's Notebooks
on Hegel's The Science of Logic", in *Lenin Reloaded: Toward a Politcs of Truth*, ed. by Sebastian Bud-
gen, Stathis Kouvelakis, and Slavoj Žižek, p. 191, Durham and London, Duke University Press, 2007.
　　④ Stathis Kouvelakis, "Lenin as Reader of Hegel: Hypotheses for a Reading of Lenin's Notebooks
on Hegel's The Science of Logic", in *Lenin Reloaded: Toward a Politcs of Truth*, ed. by Sebastian Bud-
gen, Stathis Kouvelakis, and Slavoj Žižek, p. 191, Durham and London, Duke University Press, 2007.
p. 183.

提问的方式，即首先不是问列宁对黑格尔辩证法进行了怎样的唯物主义改造，而是问：列宁在改造黑格尔辩证法时所秉持的"唯物主义"立场究竟意味着什么？

三 列宁在改造黑格尔辩证法时所秉持的"唯物主义"立场意味着什么？

人们所熟悉的列宁关于唯物主义的理解，一般来自《唯批》。在该著中，列宁关于唯物主义的理解基本与恩格斯在《路德维希·费尔巴哈和德国古典哲学的终结》中关于哲学基本问题的观点一致："唯物主义和自然科学完全一致，认为物质是第一性的东西，意识、思维、感觉是第二性的东西，因为明显的感觉只和物质的高级形式（有机物质）有联系，而'在物质大厦本身的基础中'只能假定有一种和感觉相似的能力。"① 在这一思路下，唯物主义立场的核心就在于承认外部世界（列宁称之为"自在之物"）不依赖于人的意识和感觉而存在，在这里"物质"的定义、自然科学的意义、意识与物质的内在关系等问题都没有获得深入考察。尽管在《唯批》中列宁对马赫主义者进行了全方位的、火力猛烈的批判，但实事求是地说，这些批判更多地是从"党性"的而非哲学的角度展开的；相应地，列宁在那里对唯物主义的辩护，也更多地是基于常识和信念而进行的，尚无法提供充分而严格的论证。但在时隔六年之后，列宁并没有让《唯批》中存在的问题在其伯尔尼笔记中再现。

列宁在对于《逻辑学》的阅读中所获得的第一个重要的洞见在于认识到，"康德的自在之物是空洞抽象，而黑格尔要求的是和实质相符合的抽象：'事物的客观概念构成事物的实质本身'，——按照唯物主义的说法，就是和我们对世界的认识的实际深化相符合的抽象。"② 最起码从表述上来看，列宁这种对于唯物主义的理解与他原先所接受的恩格斯的立场显然存在差异：如果说对于恩格斯来说，"哲学基本问题"中的第一个方面即"思维和存在谁是本原的"这一问题是判定唯物主义立场的根本标

---

① 《列宁全集》第14卷，人民出版社1957年版，第34页。
② 《列宁全集》第55卷，人民出版社1990年版，第76页。

准的话，而对列宁来说，这一问题的第二方面即"思维和存在的同一性"问题现在成为论述唯物主义立场的着眼点。尽管对于恩格斯来说，这两个方面实际上是不能分割的，但我们同样有理由相信，列宁也不会否认存在对于思维的优先性，这并不妨碍我们观察到理论侧重点的不同所带来的问题：由于列宁在伯尔尼笔记中更加强调唯物主义之要求切实把握自在之物的面相，而非自在之物的优先性面相，因而其理论建构方式也自然与人们所熟悉的唯物主义理论有所不同。在列宁那里，唯物主义不再只是对"自在之物"的优先地位的简单认可，而是意味着承认对于世界的认识具有程度差异。表面上看，这里似乎只涉及认识的发展问题，但对于列宁来说，承认对于世界的认识有程度差异有更深的意味：一方面，不全面的、甚至错误的认识作为对于世界的不够深入的认识，其存在不能被简单地归于某种主观性，而应将其理解为认识走向深化的一个必经阶段；另一方面，不够深入的认识所获得的结果也并非与自在之物毫无关系，这种认识或许没有把握自在之物"本身"，但也与自在之物内在相关。因此，对于列宁来说，承认了对于世界的认识的差异的唯物主义立场，就可被理解为是不再将"自在之物"视为与意识相对立者，而是将之视为意识在认识过程中所把握者。

这一唯物主义立场当然首先可以从认识论的层面加以理解。面对自在之物的认识者（意识）此时不再是被动"反映"对象，而是在活生生的过程中主动认识对象。关于这一点，列宁写到："'自己构成自己的道路'＝真正认识的、不断认识的、从不知到知的运动的道路（据我看来，这就是关键所在)。"[1]论者往往强调列宁在阅读《逻辑学》的概念论部分时对于认识的过程性的强调，而事实上列宁在其伯尔尼笔记中几乎通篇都对这一问题保持关注。比如，即便在列宁对于"绝对观念"一章的阅读中，在被阿尔都塞指认为展现了"无主体过程"的地方，列宁也特别注意到，"科学是圆圈的圆圈"[2]——在列宁的语境中，这主要就是指认识过程的扩展和深化是通过每一个环节的具体化而实现的。

但列宁此时的唯物主义立场又不能仅仅在认识论层面加以理解，这是由于，对于认识的过程性的强调，内在包含一个前提：认识过程的每

---

[1] 《列宁全集》第 55 卷，人民出版社 1990 年版，第 73 页。
[2] 《列宁全集》第 55 卷，人民出版社 1990 年版，第 201 页。

一个环节都不是与事物的本质毫无关系因而可有可无的枝节，恰好相反，每个环节都在对于事物的认识中发挥不同的作用，并通过这些作用而结合在一起成为一个结构（比如"现象"和"原因"在认识中具有不同地位，但二者又是互相依赖的）。这就意味着，在被认识的"自在之物"与意识之间存在着一种内在的结构性关系，而非单纯的本原性关系。在此视野下，"自在之物"不再是一个坚硬的、与意识相对立并严厉地主张自己的优先性的"对象"，而是能被意识"同质化"，与意识共同生成某种特定的"对象—思维"结构。在这里，列宁注意到与"本质"和"内容"相关的"概念"在《逻辑学》中所扮演的重要角色，并将之理解为："'随着这样地把内容引入逻辑的考察'，成为对象的就不是事物，而是事物的实质，事物的概念。按照唯物主义的说法，不是事物，而是事物运动的规律。"①也正是这样，以概念推演为主要内容和构建方式的"逻辑学"就与认识论相一致了。

　　如果认识论和逻辑学是一致的，一个顺理成章的结论就是，我们可以用共同的方式来理解认识论的过程性和逻辑学的结构性，也即从"发展"和"联系"的角度理解事物的自身运动。而当我们这样看待事物时，我们就已置身于辩证法的视野之中了。列宁对辩证法的著名说明是："可以把辩证法简要地规定为关于对立面的统一的学说。"②这个说明常常使人们将注意力仅仅放在"对立面的统一"问题上，而忘记了列宁所指出的，这只是一个"简要"的说法。事实上，列宁在关于"辩证法的要素"的总结中特别谈到："不仅是对立面的统一，而且是每个规定、质、特征、方面、特征向每个他者［向自己的对立面？］的过渡。"③这就意味着，列宁心目中的辩证法，实际上强调的是对象各要素间的全面联系的建立。列宁将这种全面联系的建立过程理解为一个活生生的过程。关于这种活生生的过程的含义，列宁在写于1915年的《谈谈辩证法问题》中有如下说明："辩证法是活生生的、多方面的（方面的书目永远增加着的）认识，其中包含着无数的各式各样观察现实、接近现实的成分（包含着从每个成分发展成整体的哲学体系），——这就是它比起'形而上学的'唯

　　①《列宁全集》第55卷，人民出版社1990年版，第78页。
　　②《列宁全集》第55卷，人民出版社1990年版，第192页。
　　③《列宁全集》第55卷，人民出版社1990年版，第191页。

物主义来所具有的无比丰富的内容，而形而上学的唯物主义的根本缺陷就是不能把辩证法应用于反映论，应用于认识的过程和发展。"①这就是说，作为活生生的过程的辩证法，根本上说是以"无数的""各式各样"的方式把握现实的认识过程。也正是在这个意义上，列宁所理解的辩证法也就是认识论。

这样，我们可以看到，列宁对于黑格尔的阅读最终落足于辩证法，并体现为认识论、逻辑学和辩证法的一致。关于列宁的这种阅读，人们很自然地会提出一个问题：这种对于黑格尔辩证法的改造，如何可能被理解为一种"唯物主义改造"？

人们或许会说，列宁将认识理解为一个对现实的物质世界进行认识的过程，而不是绝对精神的自我认识过程，这就是对黑格尔辩证法的一种唯物主义改造。这种理解的核心在于，认识是一个过程这一观点固然可被视为主要是黑格尔的贡献，但列宁在唯物主义视野下对这一问题的理解与黑格尔在绝对唯心主义体系中的理解存在根本差异，因为列宁毕竟承认客观世界的优先性。然而，如果这样看待列宁和黑格尔的关系的话，我们实际上就无法理解，列宁何以能够对黑格尔《逻辑学》中的这一立场进行"转换"，这是因为，"自在之物优先"原则在对自在之物的本体论地位进行了先行认定，同时将意识和"自在之物"予以割裂，而在这一前提下讨论"认识的过程"已成为颇为可疑之事。

人们还会说，在黑格尔《逻辑学》中，辩证法体现为绝对精神的自身运动，而在列宁那里，辩证法的真正载体则是人的实践活动。这里其实内嵌了一个问题：在列宁对黑格尔辩证法进行改造的过程中，是否为实践留下了如此重要的位置呢？表面上看，对于列宁来说，这个问题似乎显而易见，因为既然列宁曾在伯尔尼笔记中写过"为自己绘制客观世界图景的人的活动改变外部现实，消灭它的规定性（＝变更它的这些或那些方面、质），这样，也就去掉了它的外观、外在性和虚无性的特点，使它成为自在自为地存在着的（＝客观真实的）"② 这样的话，那么实践问题当然就应该是伯尔尼笔记的核心问题，而实践辩证法就应该是列宁对黑格尔辩证法进行唯物主义改造的最高成果。这种理解从当代思想语

---

① 《列宁全集》第55卷，人民出版社1990年版，第308—311页。
② 《列宁全集》第55卷，人民出版社1990年版，第187页。

境中来看，似乎是容易接受的，但如果我们回到伯尔尼笔记本身，会发现一个奇怪的现象：列宁其实只是在阅读《逻辑学》"概念论"的"认识的观念"一章时才在笔记中写下关于实践问题的理解，在此后的笔记中基本再也看不到对于这一问题的讨论，甚至在一些带有总结性质的文字中，比如《黑格尔〈逻辑学〉一书摘要》中关于"辩证法的要素"的概述以及《谈谈辩证法问题》一文，都未见列宁再对实践问题进行探讨。这里面可能有一些客观原因，比如张一兵教授就曾指出，在《谈谈辩证法问题》中"列宁并不是抛弃了自己在'伯尔尼笔记'中获得的重要思想，而是更多地考虑到如何更通俗地介绍马克思主义，使之为俄国广大的无产阶级所接受"①。不过，如果说实践辩证法就是列宁在其黑格尔阅读中所获得的最高思想成果的话，那么按照一般的逻辑，他完全可以不借助黑格尔的术语，比较通俗地向无产阶级宣讲，而不至于在专门讨论辩证法问题的文章中专门回避这一问题。事实上，从列宁讨论"实践"问题的语境来看，他显然不是在一般地讨论"实践"，而是结合着黑格尔关于"实践的观念"问题的分析展开对实践的讨论。尽管列宁在读到黑格尔的相关论述后写到"因此，马克思把实践的标准引进认识论时，是直接和黑格尔接近的：见关于费尔巴哈的提纲"②，但他写下这一感想的前提是"无疑地，在黑格尔那里，在分析认识过程中，实践是一个环节，并且也就是向客观的（在黑格尔看来是'绝对的'）真理的过渡"③，也就是说，列宁在他的黑格尔阅读中其实是将实践视为认识论的"一个环节"（而未见得是"根本环节"）来理解的。在我看来，列宁对待"实践"的态度其实是审慎的，这表现在，每当他论及"实践"问题时，都会马上想到"外部现实"或"客观世界"。比如在读到黑格尔关于"善"的观点时，列宁写道："'善'是'对外部现实性的要求'，就是说，'善'被理解为人的实践＝要求（1）和外部现实（2）。"④再比如，列宁特别注意到，"'客观世界'走它自己的路，人的实践面对这个客观世界，在'实现'目的时会遇到'困难'，甚至会碰到'无法解决的问

　　① 张一兵：《回到列宁：关于"哲学笔记"的一种后文本学解读》，江苏人民出版社 2008 年版，第 424 页。
　　② 《列宁全集》第 55 卷，人民出版社 1990 年版，第 181 页。
　　③ 《列宁全集》第 55 卷，人民出版社 1990 年版，第 181 页。
　　④ 《列宁全集》第 55 卷，人民出版社 1990 年版，第 183 页。

题'……"①，并在这句话旁边特别写道"注意，注意"。可见，列宁在此并未像许多论者所以为的那样，将"实践"直接当作能够将主观目的实现于客观世界的根本途径，而是在探问人的"要求"何以能够在"外部"现实中实现，在这一视野中，对于列宁来说，最重要的问题与其说是"实践"，不如说是实践的前提和条件。

四　从历史性维度出发理解列宁对黑格尔辩证法的唯物主义改造

由此可见，要理解列宁对黑格尔辩证法的唯物主义改造，既不能仅仅从具有优先性的"自在之物"来理解，也不能仅仅从具有主动性的"实践"的角度来理解，列宁所关注的焦点，在于如何能够实现"主体和客体的一致"②。从思想史上看，列宁的这一问题意识当然有其局限性，我们也当然可以用批判"主客二元论"的方式来对之加以评判。不过在这里，问题仍然在于，如果列宁的思考是借助于对黑格尔的阅读而实现的，而黑格尔《逻辑学》中已经包含了列宁所思考的问题的基本范式甚至答案，那么列宁何以能够认为自己对于黑格尔的解读是"唯物主义"而不再是唯心主义的？

对于作为马克思主义者的列宁来说，对于这一问题的回答，还是要落足于他对马克思思想的理解上来。列宁在伯尔尼笔记中所建构的这种认识论、逻辑学和辩证法三者同一的理论结构，固然是他在阅读黑格尔《逻辑学》的过程中对于黑格尔思想的理解，但当列宁说"在《资本论》中，唯物主义的逻辑、辩证法和认识论［不必要三个词：它们是同一个东西］都应用于一门科学，这种唯物主义从黑格尔那里吸取了全部有价值的东西并发展了这些有价值的东西"③ 时，我们可以看到，列宁也将这一理解投射在对于马克思思想的理解上。人们不禁会问，这一结构自然适合《逻辑学》，但如果列宁将它作为理解马克思思想的基点的话，是否

①　《列宁全集》第 55 卷，人民出版社 1990 年版，第 184 页。
②　《列宁全集》第 55 卷，人民出版社 1990 年版，第 186 页。
③　《列宁全集》第 55 卷，人民出版社 1990 年版，第 290 页。

混淆了马克思思想和黑格尔哲学的根本差别呢？在回答这一问题时，我们需要澄清的一点是，列宁并不是在一般的意义上将马克思的思想放在"三者同一"的理论框架之下的，而是在《资本论》第一卷的语境中谈论这种"三者同一"的。列宁对《资本论》第一卷的内容脉络即"商品—货币—资本"的基本理解是，这一脉络既是资本主义的历史，同时也是对于概述这一历史的各种概念的分析。从《资本论》研究的视角来看，我们当然可以认为，列宁没有意识到他所持的历史主义立场在对于《资本论》的理解中并不自洽，但在这里问题的关键并不在此，而是在于，列宁将《资本论》理解为一个从抽象上升到具体的分析过程："开始是最简单的、最普通的、最常见的、最直接的'存在'：个别的商品（政治经济学中的'存在'）。把它作为社会关系来加以分析。两重分析：演绎的和归纳的，——逻辑的和历史的（价值形式）。"[①]在列宁眼中，《资本论》和《逻辑学》一样，是从一个最抽象的概念即"个别的商品"出发的，而这一概念就相应于《逻辑学》的"存在"概念——仅就这一观点本身来说，似乎并没有特别令人惊奇的地方，因为这里好像只关乎两个不同文本的"开端"的"类比"或"联想"。但如果我们注意到列宁对这一"抽象"的内涵的说明，就会发现，列宁并没有像黑格尔那样将这个作为开端的抽象理解为"一个单纯的直接东西"[②]，而是将这种抽象作为"社会关系"来理解的。进一步说，作为"社会关系"的"个别的商品"对于列宁而言的基本特征在于它是"最简单的、最普通的、最常见的、最直接的'存在'"。人们或许会说，这是一种对于商品的抽象化处理。但这种理解忽视了至关重要的一点：列宁是一位有着明确的历史性意识的思想家。列宁的历史性意识突出地表现在，他关于经济学和认识论的讨论实际上都是以"现代社会"即当代资本主义社会作为前提的。比如在《唯批》中，列宁就曾谈到，正是在"现代社会"中，"政治经济学正像认识论一样，是一门有党性的科学"[③]。同样，列宁关于《资本论》的"抽象"开端的理解，实际上也不能被"抽象化"理解。"个别的商品"之所以可以作为一种"抽象"，正是由于这是在"现代社会"或当代资本

---

① 《列宁全集》第 55 卷，人民出版社 1990 年版，第 291 页。
② ［德］黑格尔：《逻辑学》（Ⅰ），先刚译，人民出版社 2019 年版，第 55 页。
③ 《列宁全集》第 14 卷，人民出版社 1957 年版，第 362 页。

主义中最普遍的现象。正是在这里，我们看到马克思思想和黑格尔哲学的接榫点出现了：被黑格尔以观念论的方式加以阐述的逻辑学的开端，实际上是马克思理解现代社会的出发点。这样，一个自然而然的结论就是，马克思对现代社会的抽象特征的具体内涵的理解，可以借助黑格尔的概念推演的体系也即逻辑学来展开。因此，当列宁谈及"我总是竭力用唯物主义观点来阅读黑格尔：黑格尔而是倒置过来的唯物主义（恩格斯的说法）——就是说，我大抵抛弃上帝、绝对、纯观念等等"① 时，他对于上帝、绝对和纯观念的"抛弃"，其实并不是引入"自在之物的优先性"或"实践的优先性"所导致的结果，而是引入历史唯物主义的历史性维度的结果：在这个以商品交换为"普遍性"特征的时代，所有个体都被按照这一"普照的光"而被塑形，但这种普遍性本身其实只是现代社会本身的特征，而非任何意义上的"上帝"或"绝对"的特征。

　　只有在列宁的这种历史性视野下，我们才能理解，何以他会从"认识的过程性"来理解唯物主义的基本特征：列宁所关注的"认识"，其实根本上说，并不是"一般的认识"，而是对于当代资本主义社会的"自在之物"的认识。这种认识本身就包含一个前提：认识者不是抽象的"人"，而是生活在这个时代、被这个时代的"普遍性"所塑造的个体。因此认识者的意识就不可能是一块与"物质"相对立的并被动"反映"后者的"白板"，而总是已先行作为时代的一部分而去认识作为整体并具有"客观性"的时代。这样，"认识"就不再是一种仅仅与认识者的"主观性"相联系的行动，而是具有客观性的行动，也就是说，这是与普遍性内在具有联系的个体性朝向塑造自身或作为自身的可能性前提的普遍性本身的回溯。也正是在此语境中，我们才能明白，何以列宁在读到费尔巴哈所摘录的莱布尼茨单子论关于"个体性包含着似乎处在萌芽状态的无限的东西"的观点时，会写下"这里有一种辩证法，而是非常深刻的辩证法，尽管有唯心主义和僧侣主义"② 这样的评论。作为资本主义时代的认识者，尽管表现为彼此孤立的"单子"，但在这一时代的"普遍性"塑形之下，实际上和"一切"其他事情都存在着本质联系，因此，如何把握这一整体性联系就成为这个时代的个体的使命。而如果说这种

---

① 《列宁全集》第 55 卷，人民出版社 1990 年版，第 86 页。
② 《列宁全集》第 55 卷，人民出版社 1990 年版，第 63 页。

整体性联系与个体性在直接性上有根本差别的话，那么如何从个体性出发去把握这种作为客观性的整体性，对于列宁来说，就是辩证法的基本课题了。

　　因此，正是在列宁的这种历史性视野之下，辩证法、认识论和逻辑学才有可能真正统一在一起。列宁这一改造的结果实际上既不是改装的主观辩证法，也不是实践辩证法，而是资本主义时代下的历史性辩证认识论，其实践旨趣在于，在无产阶级革命时代的行动者与现实之间建立内在关联即实现理论与实践的统一。在这里，我们可以看到，列宁的伯尔尼笔记实际上并没有与《唯批》形成"断裂"，恰好相反，前者实际上提供了对于后者所提出但未解决的如下任务的一个解决方案："人类的最高任务，就是把握经济进化（社会存在的进化）这个客观逻辑的一切主要之点，以便使自己的社会意识以及一切资本主义国家的先进阶级的意识尽可能清楚地、明确地、批判地与它相适应。"[1]

---

①　《列宁全集》第 14 卷，人民出版社 1957 年版，第 343 页。

马克思政治哲学的历史性原则

李佃来[*]

马克思在政治哲学史上具有重要而独特的历史地位。马克思政治哲学的独特性，展现在多个方面。一个很重要的方面，就在于马克思始终是遵从一种在当代西方主流政治哲学中几乎从未受到重视的历史性原则，来阐发其政治哲学思想的。历史性堪称是马克思政治哲学的一条生命线。马克思政治哲学的深刻性和思想活力，与这条生命线是息息相关的。任何试图越过这条生命线的学术阐释，都将构成对马克思政治哲学的严重遮蔽和曲解。相反，只有切实把握住了这条不可逾越的生命线，我们才有可能将马克思的政治哲学思想原原本本地揭示出来。

一 历史性原则与马克思政治哲学 规范论基础的证成

在传统教科书体系的马克思主义哲学中，政治哲学并未占有一席之地。造成这个情况的一个根深蒂固的原因，就是人们对权利、自由、平等、公正、法、道德等规范性话语存在偏见乃至极端错误的认知。政治哲学是一种在价值的基点上得到证立的规范性理论。而规范性话语在过

* 作者简介：李佃来，男，武汉大学哲学学院教授，博士生导师，教育部长江学者特聘教授。

基金项目：国家社会科学基金重大项目"当代中国政治哲学建构的价值前提、思想资源和实现路径研究"（17ZDA103）、中宣部文化名家暨"四个一批"人才自主项目"马克思主义正义理论的历史阐释与当代构建"。

去相当长的一段时间内，则被人们相沿成习地认作处在马克思主义对立面上的资产阶级意识形态。这个标签化的认知不仅将规范性问题一体性地逐出了马克思主义哲学的思维领地，而且也必定同时意味着政治哲学在马克思主义哲学研究中的缺位。以二十世纪八九十年代以来的教科书体系批判为契机，人们开始重新认识规范性在马克思主义哲学中的位置问题。由此所逐渐形成的一个突破性的新见解是，权利、自由、平等、公正、法、道德等话语并不是资产阶级哲学的专利，它们同样也是解读、开显和丰富马克思哲学思想的有效生长点。正是以这个突破性的新见解为坚实基础，最近十多年来人们才得以理直气壮地将当代西方政治哲学的概念和论题引入马克思主义哲学，并进一步促成了一个别开生面的马克思政治哲学研究的局面。这个突破性的新见解对于马克思政治哲学具有建构性的重要意义，其为马克思政治哲学所赋予和证成的最重要的东西，就是规范论基础。可以想见，如果不能在规范论基础上有任何实质性的证成，马克思政治哲学终将成为没有根基从而丧失合法性与生命力的稻草。

　　进言之，马克思政治哲学的合法性与生命力必然有赖于一个坚实的规范论基础的证成，但前提是要处理好一个长期以来始终困扰人们的基本问题，这就是如何正确把握实然与应然之关系的问题。传统教科书体系在强调"物质"的决定意义时，把实然的一维加以无限放大和拔高，由此形成了一个极端。然而，在今天方兴未艾的马克思政治哲学研究中，似乎又出现了另一个极端。这另一个极端体现在两个方面，一是将权利、自由、平等、公正、法、道德等规范性话语加以无限放大和拔高，从而将应然的一维指示为马克思哲学最具有实体性意义的部分；二是在承认但却隔离实然的基础上来阐释马克思哲学中应然的一维，从而将权利、自由、平等、公正、法、道德论定为独立自成、由自身来奠基的规范性内容。这两个方面殊途同归，其共性即在于弱化和忽视了实然对于规范论基础之证成的意义。这另一个极端所表征的研究路数有其合理的一面，因为这有利于增强马克思政治哲学作为"政治哲学"的特色和特质，从而也有利于在马克思政治哲学与当代西方主流政治哲学之间找到相互对话乃至相互打通的突破口。然而，我们必须同时看到，这一研究路数其实并没有处理好实然与应然的关系，从而也没有对马克思政治哲学的规范论基础作出实至名归的证成。

马克思既没有只专注于实然的世界，也没有只专注于应然的世界，实然与应然是马克思哲学的两个侧面。不过，这两个侧面绝不是两条互不搭界、彼此无涉的平行线。马克思哲学的全部方法论基础，是唯物史观。根据唯物史观，纯粹的、以自身为立法依据的、由自身来奠基的应然是不存在的，毋宁说应然是植根于实然世界的。脱离了后者，前者就会成为凌空蹈虚、不着边际的东西。其实，在上至霍布斯和洛克，下至罗尔斯和诺齐克的西方规范性政治哲学中，也包含了实然与应然这两个侧面。但西方规范性政治哲学的基本运思套路，是在先验的基点上来构制和刻画一个纯粹应然的价值模型，进而再阐释这个价值模型如何转化为现实的问题。这个运思套路的用意非常明确，即在于为现实政治和法律制度的构建及修缮提供前提性说明和理论方案，而不是根据现实的政治和法律制度来提出相应的规范性主张。由此来看，这个以应然来规制实然的运思套路并未真正介入实然世界，其所讲的实然只是应然的一个推演或产物。与这种并未真正介入实然世界的规范性政治哲学判然有别，马克思政治哲学虽然涉及规范性判断，但却没有先验地勾绘一个纯粹"应当"的、可推演和套用到现实政治制度中的价值模型，而是通过对实然世界的深刻考察来建立规范性叙事，这一点是确凿无疑的。正是由于看到了这一点，美国学者伊安·夏皮罗才在《政治的道德基础》中说道，"马克思避免了明示的规范性论述，而更喜欢规范性论断自己从他的'科学'理论中逐渐显现出来。"①

上述情况表明，要证成马克思政治哲学的规范论基础，必然要依系于权利、自由、平等、公正、法、道德等话语。但要在马克思的语境中来切实地把握这些话语，又必然要依系于实然世界这个"硬核"。在传统的教科书体系中，从实然是无法推衍出规范性的。但马克思政治哲学的规范论基础，却必定是蕴含在实然世界中的。这个看似矛盾的说法，其实正是马克思政治哲学与西方规范性政治哲学相比较的一个尤为显著的独特之处。这个独特之处所彰示的最重要的原则之一，正是历史性原则。因为马克思所把握到的最具有本根意义的实然世界，既不是传统物质本

---

① ［美］伊安·夏皮罗：《政治的道德基础》，姚建华、宋国友译，上海三联书店 2006 年版，第 117 页。

体论从大千世界中概括出的那个抽象的、无所不包的"物质",也不是从经验主义和实证主义眼中所看到的直观"实存",而是在历史中不断生成、不断展开、不断变化、不断更新的物质性过程,即历史本身。这就意味着,要为马克思政治哲学建立一个坚实的规范论基础,从而使之成为一种名副其实的"政治哲学",就既不能满足于在马克思主义哲学的层面上来为权利、自由、平等、公正、法、道德等话语提供一般性的辩护,也不能满足于将西方规范性政治哲学的概念和论题简单地引入马克思主义哲学,而应当从一种大跨度的历史性思维视野,来切实地廓清马克思是在何种意义上、以何种方式介入以权利、自由、平等、公正、法、道德等为标志的规范性论题的。如果据此说来,历史性原则就是马克思政治哲学规范论基础之证成的最根本原则,那么我们需要特别说明的是,以罗尔斯、柯亨为代表的当代英美政治哲学家尽管在证成马克思政治哲学的规范论基础上作出了卓尔不凡的探索和开创性的贡献,但其失误也是显而易见的。其最大的失误,即在于没有抓住历史性这一根本原则。当前中国学术界对马克思政治哲学的研究,在相当大的意义上是以罗尔斯、柯亨等人的解读和探索为学术资源和理论跳板的。但只有在历史性的思维界面上突破和超越罗尔斯、柯亨等人的解释框架,我们才能够如实、真实地刻画出马克思作为政治哲学家的形象,从而也才能够在中国的学术地平上,将马克思主义政治哲学的研究实质性地推向纵深。

二 历史的"发现"与马克思政治哲学历史性原则的昭显

历史性原则的一个基本要求,就是不对事物作抽象的、形而上学的、先验的解释,而是将其置于具体的历史情境中予以具体的把握。可是,当我们使用"历史性"这个术语而不去考究鲜活、具体的历史时,我们恰恰又没有把握住历史性原则的命脉。这个原则在此状况下,恰恰会因为空泛、贫乏而变异为与其精神实质相背离的东西。这告诉我们,要真正内在地把握马克思政治哲学的历史性原则,就必须要回溯到这一政治哲学所关联到的具体"历史",这个具体"历史"才是历史性原则的内在实体。问题在于：这个具体"历史"是一个什么样的历史？这个历史为什么又能够映射在政治哲学中？

上述问题，是覆盖到整个近代以来的政治哲学及其相对应的现实历史的重大问题。作为20世纪最具有原创性的政治哲学家之一，阿伦特在《过去与未来之间》中的思考和提问，对于我们解答该问题富有启示。在这本书中的"历史概念"篇中，阿伦特这样说道："现代之初的一切都指向了对政治行为和政治生活的提升，十六和十七世纪在新政治哲学上如此繁荣，却几乎没有意识到要对历史本身的重要性做出任何特殊的强调。相反，新政治哲学关心的是摆脱过去，而不是恢复历史过程。霍布斯哲学独一无二的特征是，他一心一意地关注未来，坚持对思想和行动作以结果为导向的目的论解释。人只能认识他自己制造的东西的现代信念，似乎与对行动的崇扬相一致，而不是与历史学家的基本沉思态度和一般的历史意识相一致。……现代不仅一开始就带来了一种新的、激进的政治哲学——霍布斯只是一个范例，尽管是最有意思的范例——现代还第一次产生了愿意以政治领域的需求来引导自己探索的哲学家；这种新的政治指向不仅出现在霍布斯身上，而且也出现在洛克和休谟身上。……在任何对现代历史概念的思考中，一个很困难的问题就是如何解释为什么历史概念在十八世纪的后三分之一的时间里突然兴起，接踵而至的则是人们对纯粹政治思考之兴趣的衰退。（必须得说，维科是一位先行者，他的影响直到他身后两代人之后才为人所察觉。）即使有人还残存着对政治理论的本真兴趣，最后也以绝望告终，就像在托克维尔那里一样；或者以政治混同于历史而告终，就像在马克思那里一样。"①

在上面这段论述中，阿伦特指出了一个对于把握马克思政治哲学乃至全部近现代政治哲学来说尤为关键的问题，这就是从现代早期到现代晚期，政治哲学在论题上发生了一次根本性转换：在现代早期，政治哲学所关注的核心论题是政治，而到了现代晚期，政治哲学所关注的核心论题则转换成了历史。实际上，要真正透彻地理解马克思政治哲学的历史性原则，特别是要透彻地理解其所关联到的具体"历史"，就绝不能仅仅将视野局限于马克思本人的文本，而应当把思维的触角伸向近代以来

---

① ［美］阿伦特：《过去与未来之间》，王寅丽、张立立译，译林出版社2011年版，第72—73页。

的思想史，切实地思考阿伦特所指出的这个问题。

实质上，现代早期的政治哲学家之所以关注政治而不关注历史，与他们所面对和承担的理论任务是密不可分的。如果说阿伦特在以上论述中所提到的霍布斯、洛克和休谟是现代早期三位最重要的政治哲学家，那么，这三位政治哲学家所共同面对和承担的一项理论任务，就是如何在价值和理论层面为新的时代立言，从而在更长远的意义上构建和开辟一个具有稳定结构的新的时代。这项任务决定了，这三位现代早期的政治哲学家根本不可能把回过头去总结历史作为其根本的努力方向，而必然把根本的努力方向调整为阿伦特所说的"对政治行为和政治生活的提升"。

进一步说，霍布斯、洛克、休谟等现代早期政治哲学家的关注点虽在政治而不在历史，但从他们理论的背后，我们却又能够挖掘出一直通向马克思的那个真实而具体的"历史"。这是为什么？

如果说霍布斯、洛克以来政治哲学的根本母题是权利和自由问题，那么这一根本母题既是政治性的，也是经济和社会性的。因为在近现代政治哲学中，权利不是一个包罗万象的普泛性概念，其初始和核心含义，就是以劳动为前提的财产权和所有权。这一点，在洛克的《政府论》中有过明确表述。洛克这样说道："每人对他自己的人身享有一种所有权，除他以外任何人都没有这种权利。他的身体所从事的劳动和他的双手所进行的工作，我们可以说，是正当地属于他的。所以只要他使任何东西脱离自然所提供的和那个东西所处的状态，他就已经掺进他的劳动，在这上面参加他自己所有的某些东西，因而使它成为他的财产。"① 洛克所开启的权利观念，代表的不仅是一个理论层面的问题，同时更是一个现实历史的问题。这个问题的实质是：由于以劳动为前提的财产权和所有权构成了现代市民社会最本质的要素，所以归根结底，霍布斯、洛克、休谟围绕权利、自由及正义等核心政治哲学论题所进行的阐发，都可以追溯到现代市民社会的出场与形成这个重大的历史背景。如果说这些现代早期政治哲学家所承担的为新的时代立言，从而在更长远的意义上构建和开辟新的时代的理论任务，就是在这个历史背景下确立起来的，那

---

① ［美］洛克：《政府论》下篇，叶启芳、瞿菊农译，商务印书馆 1964 年版，第 19 页。

么大致可以这么认为，这个新的时代，就是一个由现代市民社会所表征的历史时代。这个情况告诉我们，能否从关注政治转向关注历史，不仅在于能否有意识地反思和把握这个新的时代推演为一个过程后所展现出来的必然性（大致来说，维科的工作主要就在这方面），同时更在于能否对这个新的时代的真正实体——市民社会予以考察和探究。

我们需要看到，市民社会问题固然已经是潜含在现代早期政治哲学深处的一个"根问题"，但霍布斯、洛克、休谟等现代早期政治哲学家因为是站在由市民社会所表征的新的时代的开端，所以与此相应，市民社会还不可能成为他们考察和探究的一个明确对象。但随着这个新的时代不断延展及其内在矛盾不断凸显，市民社会则必定会进入政治哲学家的视野当中，政治哲学中的"政治"问题，也必定会由此而转换为"历史"问题。

在近现代以来的政治哲学史上，上述变化主要是在"康德—黑格尔—马克思"这条主线上发生的。康德虽然没有明确围绕市民社会探讨政治哲学问题，但他根据"自律"原则来界定实践理性的目的之一，却在于历史性地解决市民社会中所包含的那个固有矛盾——特殊的私人利益与普遍的公共利益之间的矛盾。所以，康德虽然也像霍布斯、洛克、休谟等人那样，旨在努力地为未来制定一种政治法则，但他的这一作为，却既是朝向未来的，也是面对过去的。在此意义上，"历史"实质上已经成为康德政治哲学的一个重要视野，这与人们对康德的习常认识大相径庭。而阿伦特显然是因为对此有所洞见，所以才深刻地指出，康德的政治哲学是从现代早期关注政治到现代晚期关注历史之转变的一个重要标志①。

康德之后，黑格尔将市民社会直截了当地确立为其政治哲学的核心概念，这集中体现在《法哲学原理》中。众所周知，这部政治哲学的经典作品由抽象法、道德、伦理这三篇所构成。黑格尔不仅把"抽象法"中的所有权问题和契约问题，最终放到作为"伦理"中间环节的市民社会中来加以阐释，而且还明确要求用国家所代表的普遍伦理，来批判和纠正市民社会的私利化本质。这不仅说明黑格尔已经公开地将近代以来

---

① ［美］阿伦特：《过去与未来之间》，王寅丽、张立立译，译林出版社2011年版，第78页。

政治哲学中的"政治"转化为"历史",而且也说明他对这个历史之矛盾的洞察和把握,与康德相比又推进了一大步——比康德更加敏锐、更加深刻地把握到了特殊的私人利益与普遍的公共利益之间的矛盾。换个角度说,黑格尔在《法哲学原理》中围绕市民社会所进行的诸种研究,既代表了他对由财产权和所有权所维系的现代资本主义历史的一种反思性探析,也代表了他对现代早期政治哲学所涉问题的一种反思性重构,而"历史"在此意义上,便无可争议地成为了黑格尔政治哲学的中轴。

在政治哲学中,历史概念凸显的实质和意义,在于发现从而向人们呈示真实发生的"历史",以便为制定未来的政治法则建立基础。问题在于:康德和黑格尔虽然都对市民社会之内在矛盾作出了反思性的探析,但他们却都是在理性和精神的视野内来审查和解决这一矛盾的,而没有将思维的触角实质性地伸向市民社会及其所表征的历史时代的结构本身。所以,康德和黑格尔的政治哲学虽然都发现并向人们呈示了"历史",但他们所发现和呈示的"历史"又是有很大限度的,在一定意义上,只是一个并不完全真实的历史"皮影"。真正将思维的触角伸向市民社会及其所表征的历史时代的结构本身,从而真正发现并向人们呈示"历史",或者真正将霍布斯、洛克、休谟等人所讲述的"政治"问题转换为"历史"问题的人,无疑就是马克思了。而马克思政治哲学的历史性原则,也无疑就是在这当中牢固地确立起来的。

近代以来以权利、自由及正义等为核心论题的政治哲学,被德国古典哲学特别是黑格尔改造和提升为一种具有巨大历史感的法哲学和国家哲学。早在《〈黑格尔法哲学批判〉导言》中,马克思就已经敏锐地洞见到充斥在这种法哲学和国家哲学中的历史感,由此指出,"德国的法哲学和国家哲学是唯一与正式的当代现实保持在同等水平上〔al pari〕的德国历史"①,甚至它还触碰到了"当代所谓的问题之所在的那些问题的中心"。对这种作为法哲学和国家哲学的政治哲学或作为政治哲学的国家哲学和法哲学进行研究和批判,是 1843 年之后的马克思几乎从未放弃的一项理论任务。这种研究和批判不是观念性的,而是历史性的。这种历史性的研究和批判的关键所在,就是发现和揭示由市民社会所表征的真实

---

① 《马克思恩格斯文集》第 1 卷,人民出版社 2009 年版,第 9 页。

而具体的"历史"。在写于 1859 年的《〈政治经济学批判〉序言》中，马克思对此有过一个明确的说明："为了解决使我苦恼的疑问，我写的第一部著作是对黑格尔法哲学的批判性的分析，这部著作的导言曾发表在1844 年巴黎出版的《德法年鉴》上。我的研究得出这样一个结果：法的关系正像国家的形式一样，既不能从它们本身来理解，也不能从所谓人类精神的一般发展来理解，相反，它们根源于物质的生活关系，这种物质的生活关系的总和，黑格尔按照 18 世纪的英国人和法国人的先例，概括为'市民社会'，而对市民社会的解剖应该到政治经济学中去寻求。"①马克思的这个说明告诉我们，他不仅把针对法哲学和国家哲学的研究与批判追溯到近代以来政治哲学发生的根本历史地平——市民社会，而且还把针对这一历史地平的解剖决定性地推进到政治经济学的思维界面。

霍布斯、洛克、休谟以及后来的亚当·斯密等政治哲学家虽没有像黑格尔和马克思那样将市民社会确立为一个研究和批判的对象，但他们的理论所刻画的，正是一个他们心目中的、以新时代的面孔呈现出来的市民社会形象。这个市民社会概括地说，就是一个由独立自由的个人所维系起来的、良性的契约共同体。在对市民社会的这种刻画中占据主线的东西，即是一劳永逸地面向未来的"政治"而非"历史"。康德特别是黑格尔对市民社会中特殊的私人利益与普遍的公共利益之矛盾的隐在或显在揭示，如果说已经对洛克、休谟等人所刻画的市民社会形象进行了翻转并由此切近了"历史"，那么马克思在政治经济学的思维界面对市民社会所进行的深度剖析，则彻底颠覆了市民社会的"个人"形象并由此揭示出其本质的在场性。马克思之所以能够在德国古典哲学之后完成对"历史"的真正发现并将"政治"问题转换为"历史"问题，原因就在这里。

马克思对市民社会之本质在场性的揭示，充分展现在《〈政治经济学批判〉导言》的如下著名论述中："被斯密和李嘉图当做出发点的单个的孤立的猎人和渔夫，属于 18 世纪的缺乏想象力的虚构。这是鲁滨逊一类的故事，这类故事决不像文化史家想象的那样，仅仅表示对过度文明的反动和要回到被误解了的自然生活中去。同样，卢梭的通过契约来建立

---

① 《马克思恩格斯文集》第 2 卷，人民出版社 2009 年版，第 591 页。

天生独立的主体之间的关系和联系的'社会契约',也不是以这种自然主义为基础的。这是假象,只是大大小小的鲁滨逊一类故事所造成的美学上的假象。其实,这是对于16世纪以来就作了准备,而在18世纪大踏步走向成熟的'市民社会'的预感。在这个自由竞争的社会里,单个的人表现为摆脱了自然联系等等,而在过去的历史时代,自然联系等等使他成为一定的狭隘人群的附属物。这种18世纪的个人,一方面是封建社会形式解体的产物,另一方面是16世纪以来新兴生产力的产物,而在18世纪的预言家看来(斯密和李嘉图还完全以这些预言家为依据),这种个人是曾在过去存在过的理想;在他们看来,这种个人不是历史的结果,而是历史的起点。因为按照他们关于人性的观念,这种合乎自然的个人并不是从历史中产生的,而是由自然造成的。这样的错觉是到现在为止的每个新时代所具有的。……我们越往前追溯历史,个人,从而也是进行生产的个人,就越表现为不独立,从属于一个较大的整体:最初还是十分自然地在家庭和扩大成为氏族的家庭中;后来是在由氏族间的冲突和融合而产生的各种形式的公社中。只有到18世纪,在'市民社会'中,社会联系的各种形式,对个人说来,才表现为只是达到他私人目的的手段,才表现为外在的必然性。但是,产生这种孤立个人的观点的时代,正是具有迄今为止最发达的社会关系(从这种观点看来是一般关系)的时代。"①

就马克思对市民社会的剖析和批判而言,上面这段论述大概最具有代表性。马克思在这段论述中显然不是将市民社会界定为一个由独立的"个人"维系而成的契约共同体,而是将之指认为一种充斥着"迄今为止最发达的社会关系"的人际组合模式。在政治经济学的语境中,这个"迄今为止最发达的社会关系",就是马克思揭示出的以劳资对立为前提、以剩余价值的生产为目标、以工人的所有权被占有为实质的资本关系。马克思对这种关系所进行的透彻揭示,也就是他对市民社会之本质在场性的揭示。亦即在马克思的眼中,市民社会在本质上就是一个由资本所标注的关系体,其本质在场性便是一种资本的在场性。马克思对市民社会之本质在场性的这个揭示与黑格尔对市民社会的审理相比,显然更为

---

① 《马克思恩格斯文集》第8卷,人民出版社2009年版,第5—6页。

深刻。因为黑格尔尽管对市民社会中特殊的私人利益与普遍的公共利益之间的矛盾作了具有极大冲击力的阐释，但他的这一阐释还带有比较明显的人性批判的痕迹，而没有真正深入到更为根本的经济生产关系这一"度"中来。

进言之，马克思对市民社会之本质在场性的以上揭示，在最直接的意义上是针对市民社会的，但在最宏大、最厚重的意义上，是针对由市民社会所表征的历史的。马克思在揭示市民社会之本质在场性上的深刻性，即是他在发现"历史"上的彻底性。马克思所发现和揭示的这个由市民社会所表征的、以资本关系为标志的"历史"，也就是在霍布斯、洛克、休谟的政治哲学背后起支撑作用，后又上升为康德和黑格尔研究对象的"历史"，同时也就是马克思自己的政治哲学所关联到的具体"历史"。对于这个"历史"的发现和揭示虽然看似并不是政治哲学的理论任务，却代表了近代以来政治哲学最具有革命意义的推进。因为在对这个"历史"的发现和揭示中，霍布斯、洛克、休谟等政治哲学家在"政治"的界面上所辩护的权利、自由及正义，都得到了切近把握与直抵根基的阐释。这种切近把握与直抵根基的阐释既体现在马克思对市民社会的直接批判中——这种批判使权利、自由及正义等价值之出场的历史地平得到完全昭示，也体现在他以这种批判为前提而展开的对所有权问题的独特论析中——这种论析使对权利、自由及正义等价值的非反思性辩护转换为对这些价值何以可能的纵深拷问。如果据此而论，马克思对其政治哲学所关联到的这个具体"历史"的发现和揭示，本身即是其政治哲学最具有实体性意义的内容之一和最重要的任务之一，那么在这一内容和任务中所彰显着的最重要原则，无疑就是历史性原则了。

三　马克思政治哲学的历史性原则与"新政治"的建构

在自霍布斯至马克思的理论线索上，从关注政治到关注历史的转换虽然是政治哲学从表浅向纵深推进的一个重要标志，但这绝不意味着对于政治的关注乃是政治哲学可有可无的事情，相反，这是政治哲学作为一种规范性的理论所不可缺少的一个重要特质。政治哲学关注政治的根本要义，乃在于政治的建构。所谓政治的建构，即是通过证立某个或某些具有前提性意义的价值，来塑造一个意义明确的规范性世界，以此为现实政治和法律制度的塑造与改进提供理论方案。从政治哲学史来看，不管是柏拉图和亚里士多德的"至善论"政治哲学，还是霍布斯、洛克、休谟以及他们之后的"法权论"政治哲学，都将政治的建构树立为最关键的理论工作。如果说前者所建构的政治是基于德性的至善世界，那么后者所建构的政治则就基于法权的公正世界。

　　要完整地把握马克思政治哲学的历史性原则，要在把握这一原则的基础上恰如其分地阐释马克思政治哲学的思想内涵与理论旨趣，我们不能无视政治的建构这一政治哲学的重要特质，而应予以切近追问：在马克思以历史性为根本原则的政治哲学中，政治的建构是否同样占据着重要地位？

　　上述问题，是一个与康德和黑格尔的政治哲学串联在一起的、思想史层面上的问题。如果我们根据上文所述，将康德、黑格尔的政治哲学解读为一种关于"历史"的政治哲学，那么这种政治哲学并不仅仅只是在反思、挖掘、概括、发现既定的"历史"，同时也在规范性的思想基点上开显和建构一种"新政治"，后一任务与前一任务至少具有同等重要意义。康德和黑格尔对"新政治"的开显和建构存在重大分野，一个重要的方面，就是他们对道德和伦理的不同侧重。也就是说，康德开显和建构的是一个由先验的绝对命令来规制的、以"道德"为范导的"新政治"，黑格尔开显和建构的则是一个由政治国家充当实体的、以"伦理"为范导的"新政治"。不过，如果我们根据罗尔斯的意见，将康德和黑格尔都界划为"关于自由的自由主义者"，那么这两位德国古典哲学巨匠分别侧重于道德和伦理来开显和建构各自心目中的"新政治"，其实都是为了改造和提升自由主义的政治价值体系，具体地说，都是为了解决在自由主义中所蕴含着最显而易见的冲突，即特殊的私人利益与普遍的公共利益之间的冲突，从而在承认"个人性"价值维度的同时，为自由主义补入一个"公共性"或"社会性"的价值维度。由此来看，康德和黑格尔对"新政治"的开显和建构，对于既定政治规范和既定历史来说，具有修补、重构和再造的重大历史意义。

　　对于黑格尔在建构"新政治"上的工作及其历史意义，马克思在《〈黑格尔法哲学批判〉导言》中有过一个间接的指认："德国人在政治上思考其他国家做过的事情。德国是这些国家的理论良心。它的思维的抽象和自大总是同它的现实的片面和低下保持同步。因此，如果德国国家制度的现状表现了旧制度的完成，即表现了现代国家机体中这个肉中刺的完成，那么德国的国家学说的现状就表现了现代国家的未完成，表现了现代国家的机体本身的缺陷。"① 马克思在这段论述中所提到的"德国的国家学说"，也就是展现在黑格尔《法哲学原理》中的法哲学和国家哲学，亦即黑格尔的政治哲学。马克思在这段论述中所表达的核心观点是，黑格尔的法哲学和国家哲学乃是对英法等走在欧洲最前列的国家的一种理论反思，所以相对于德国低下的政治现实来说，这种理论反思具有很大的超前性，表征的是现代国家的一种未完成状态。其实在马克思的心目中，黑格尔的法哲学和国家哲学所具有的超前性不仅仅是相对于德国的政治现实而言的，同时也是相对于 19 世纪初的整个欧洲资本主义政治现实而言的。如果说这种超前性所昭显的正是黑格尔对未来"新政治"的开显和建构工作，那么马克思在研习黑格尔的法哲学和国家哲学不久，实质上就已经敏锐而深刻地洞察到了这一工作及其在修补、重构和再造政治规范上的重大历史意义。

　　实质上，马克思对黑格尔法哲学和国家哲学所作的上述指认，也反映了他对开显和建构未来"新政治"的基本态度。具体而论，这种开显和建构工作并没有被马克思从其思维视野中清理出去，相反他对这一工作同样给予了相当程度的重视。所以，我们可以肯定地说，在马克思以历史性为根本原则的政治哲学中，政治的建构是占据着重要地位的。换言之，如同康德和黑格尔的政治哲学，马克思政治哲学的实体性内容既展现在对于历史的发现和揭示中，也展现在对于未来"新政治"的规范性建构中。

　　马克思对未来"新政治"的规范性建构，是承接着德国古典哲学特别是黑格尔的理论工作展开的，其基本主旨，也在于解决特殊的私人利益与普遍的公共利益之间的冲突，从而重建"公共性"或"社会性"的

---

① 《马克思恩格斯文集》第 1 卷，人民出版社 2009 年版，第 11 页。

价值维度。不过，马克思既没有像康德那样诉诸于道德，也没有像黑格尔那样诉诸伦理，而是诉诸一个新的价值系统——人类社会。马克思所建构的未来"新政治"，概括地说，也就是由人类社会所表征的政治。马克思从未对人类社会的规范性意蕴进行过直截了当的阐述，也没有关于人类社会的长篇大论，但他却明确地将之确立为新唯物主义的立脚点："旧唯物主义的立脚点是市民社会，新唯物主义立脚点则是人类社会或社会的人类。"① 事实上，在规范性和政治建构的意义上，人类社会是与市民社会相对置的一个概念，而马克思对人类社会所进行的政治上的规范性建构，与他对市民社会所进行的审视和批判是分不开的。

　　马克思不仅如上所示，深刻地揭示出了市民社会中由资本所标注的复杂社会关系，而且也和黑格尔一样，敏锐地洞察到了由私有财产所维系的市民社会的利己主义价值定位。"私有财产这一人权是任意地、同他人无关地、不受社会影响地享用和处理自己的财产的权利；这一权利是自私自利的权利。这种个人自由和对这种自由的应用构成了市民社会的基础。这种自由使每个人不是把他人看做自己自由的实现，而是看做自己自由的限制。"② 如果说正是市民社会的这一利己主义价值定位，造成了特殊的私人利益与普遍的公共利益之间在现代社会的冲突，那么马克思对这一冲突的解决，实质上就是以改换市民社会的规范体系为前提的。作为"关于自由的自由主义者"，康德和黑格尔虽然都以解决这一冲突为己任，但他们都没有离开市民社会这个立脚点，所以也都没有釜底抽薪地改换市民社会的规范体系，而只是在这一规范体系内做补入、修缮、改进和提升的工作（黑格尔站在伦理国家的至高点上来审视市民社会，只是这一工作的一个体现，即市民社会在一定意义上，依然是其法哲学和国家哲学的一个立脚点）。与康德和黑格尔判然有别，马克思虽然认为停留于市民社会的修补和提升工作对于重构和再造政治规范而言具有重大意义，但并不认为它能够从根本上解决特殊的私人利益与普遍的公共利益之间的冲突，从而达到重建"公共性"或"社会性"价值维度的目标。毋宁说，他所认定的唯一可行方案，就是彻底地走出市民社会的规范体系，进而上升到人类社会的规范性界面，亦即将立脚点从市民社会

---

① 《马克思恩格斯文集》第 1 卷，人民出版社 2009 年版，第 502 页。
② 《马克思恩格斯文集》第 1 卷，人民出版社 2009 年版，第 41 页。

移换到人类社会。根据马克思的思想规划和设计，人类社会代表的是
"每个人的自由发展是一切人的自由发展的条件"① 的联合体，其与市民
社会在规范性上相比较的最大推进，倒不在于用居高临下的公共性和社
会性取代和消解了个体性，而在于用相互承认和相互协作的自由取代了
相互否定和相互隔阂的自由。在这种自由人的联合体或者在这种相互承
认和相互协作的自由中，已经不再充斥着特殊的私人利益与普遍的公共
利益之间的冲突，而包容着个体自由的公共性或社会性，也已经成为社
会价值的主干。对于马克思所建构的未来"新政治"来说，这些方面乃
是具有标志性意义的特质。

毫无疑问，马克思诉诸人类社会这个价值系统而对未来"新政治"
的建构，彰显的是其政治哲学与其他政治哲学相比照的共性特质。我们
不仅能够从中看到他与康德和黑格尔除了"历史"之外的另一个衔接点，
而且也能够从中发现他的思想与古希腊的"至善论"政治哲学以及近代
以来的"法权论"政治哲学相对话乃至相通约的基本平台。可是，由之
而来的问题是：如果说历史性彰显的是马克思政治哲学与大部分政治哲
学相比照的个性原则，那么在历史性这一个性原则与政治的建构这一共
性特质之间，是否存在难以协调的相互抵消性？

这个问题的答案是否定的。事实上，马克思对于未来"新政治"之
独具匠心的建构，不仅不是历史性原则的一个对立面，相反这种建构既
是以历史性原则为前提的，也将历史性原则进一步烘托和展现出来。对
于这个问题，我们可以从以下两点来加以认识。

第一，马克思是以批判"旧政治"为前提来建构"新政治"的。

众所周知，通过批判旧世界而发现新世界，是马克思为其哲学所制
定的一个根本原则。他对未来"新政治"的建构，显然是符合这个原则
的。因为如上所示，标识"新政治"的人类社会不是马克思以先验的方
式确立起来的一个概念，而是他在审视和批判市民社会的基础上提出来
的。在此意义上，我们自然有理由说，马克思实际是以批判由市民社会
所标识的"旧政治"，来建构由人类社会所标识的"新政治"的。毋庸置
疑，在马克思建构"新政治"的这一特定线路中，历史性原则依然是牢

① 《马克思恩格斯文集》第 2 卷，人民出版社 2009 年版，第 53 页。

牢占据主线的东西，这也正印证了我们前面所指出的问题，即马克思是通过对实然世界的深刻考察来建立规范性叙事的。而反观柏拉图和亚里士多德的"至善论"政治哲学，以及霍布斯、洛克、休谟以及他们之后的"法权论"政治哲学，我们则看到相反的情形。因为这两种政治哲学都是在先验的价值基点上，来建构各自所欲求的政治世界的，这要么将丰富多样的感性经验世界隔离了起来（柏拉图尤其如此），要么与不断发展和不断变化的历史发生脱节。建构性的政治在此状况下自然成为了唯一受关注的东西，而历史几乎永远都不会成为一种研究前提和思维视野。当然，康德和黑格尔对"新政治"的开显和建构，在一定意义上也是建立在对"旧政治"的审视和批判基础上的，因而在他们的这项指向未来的工作中，历史自然也是依稀可见的东西。不过，康德和黑格尔既然没有像马克思那样改换市民社会的规范体系，那么他们对于"旧政治"的审视和批判，也必然具有显而易见的不彻底性，所以最终来看，如同对于历史的发现那样，他们对于未来"新政治"的建构，并不具有马克思政治哲学的那种现实感和历史感。

第二，马克思是以社会生产关系的改造和改变为前提来建构"新政治"的。

马克思在解决特殊的私人利益与普遍的公共利益之冲突上，之所以将立脚点从市民社会移换到人类社会，在最直接的意义上，是因为市民社会在他的眼中是一个利己主义的领域。然而，仅仅停留在"利己主义"这个视点上，仍然不能得到透彻解释的问题是：马克思为何没有像黑格尔那样，借助于伦理国家来修补和提升市民社会的规范体系，从而为其补入"公共性"或"社会性"的价值维度？实质上，要理解这个问题，就必须要重新回到马克思对市民社会之本质在场性的深刻揭示。如果正如上述，马克思将市民社会的本质在场性揭示为资本的在场性，那么他与黑格尔相比的重大推进，正在于是从历史唯物主义出发，在社会生产关系这一纵深层面，来检视市民社会及其利己主义价值定位的。马克思检视市民社会的这一历史唯物主义视野和路线，决定了他无论如何都不可能像黑格尔那样，简单地借助于国家来修补和提升市民社会的规范体系。毋宁说，他将立脚点从市民社会移换到人类社会的一个坚实前提和关键内核，就是改造和改变由资本所标注的社会生产关系。这意味着，马克思对特殊的私人利益与普遍的公共利益之冲突的解决，以及对"公共性"或"社会性"价值维度的重建，已经在远远超出伦理规范层面的要求后，与社会生产关系发生了深度而具有实质意义的勾连。这进而也意味着，马克思诉诸人类社会这个价值系统而对未来"新政治"的建构，在彰显其政治哲学与其他政治哲学相比照的共性特质之同时，依然将历史性这一个性原则透射了出来。

如果说这两点告诉我们，政治的建构对于马克思而言，实质上相当于一种既有深度又有广度的历史的建构，那么其政治哲学的历史性原则，也就不仅仅只是展现在他对由市民社会所表征的历史的发现和揭示中，必定也展现在他对由人类社会所表征的未来"新政治"的规范性建构中，亦即，这一原则不仅是前一方面的内核之所在，同时也是后一方面的灵魂之所在。疏远了这一既是内核又是灵魂的历史性原则，我们尽管可以按照"政治哲学"的普泛性特质阐释和建构起一种能够与其他政治哲学理论形成多种共鸣点的、逻辑自洽的"马克思政治哲学"，但这种"马克思政治哲学"将注定不是马克思本人的政治哲学，而是一种不伦不类的其他什么政治哲学了。这种情况借用马克思那句调侃性的话说就是：我只知道我自己不是马克思主义者。

近十多年来，在学者们的共同努力下，马克思主义政治哲学已成长为一个具有蓬勃生命力的研究领域。不过，对这个领域的合法性进行质疑甚至否定的声音也从来没有中断。质疑和否定者往往是在历史唯物主义与规范性政治哲学、经济基础与政治上层建筑的二元结构中立论的。这种质疑和否定的声音虽然未必是站得住脚的，但也值得我们重视和吸收。因为在偏离历史唯物主义及由经济基础所指示的历史地平前提下对马克思所作的任何一种理解，都可能是对其思想的误解乃至极其严重的误解。不过，如果切实地抓住了历史性这一根本原则，并自觉地根据这一原则来阐发马克思政治哲学的丰富内涵，以及由此建构当代中国马克思主义政治哲学，那么，我们就可以理直气壮地来回应对马克思主义政治哲学的合法性所提出的质疑，并能够将这个领域的学术探讨引向正确的轨道。

马克思的历史时间观与时代精神的历史定位

郗 戈[*]

深化当前关于时代精神问题的研讨，需要一种提问方式的转变：从"时代精神是什么"的特定内容分析走向"什么是时代精神"的本质界定，进而再从这一本质界定走向对时代精神的历史理解方式的前提性追问。关键还是在于，如何在历史时间维度中对一般时代精神或特定时代精神进行社会存在论定位的问题。这就需要我们重新开掘马克思主义尤其是马克思关于历史时间的思想。

与传统西方哲学不同，马克思正是从"历史"来看待"时代"或"时间"，将"时代"或"时间"主要理解为"历史时代"或"历史时间"。这构成了"时代精神"概念得以可能的前提。因而，对于马克思的时代精神反思的把握，首先要涉及对其历史视野、时间意识的澄清。

一 马克思看待历史时间的"双向开放"视野

从现代的总体境遇来看，马克思主义与现代的时间问题具有本质的相关性。马克思主义始终扎根于现代性的时空，始终面向着现代性的时

---

　* 作者简介：郗戈：中国人民大学马克思主义学院教授、博士生导师、副院长。
　基金项目：本文系国家社科基金重点项目"《资本论》历史唯物主义思想的当代阐释"（项目批准号：19AZX002）资助成果。

间意识或时代意识，始终要去关照和处理这个进步的时间意识。马克思看待历史时间的"双向开放"视野构成了我们把握"时代精神"问题的思想前提。这一前提的核心内容是，历史唯物主义如何处理过去、现在与未来这三重历史时间维度之间的关系。

从《资本论》及其手稿的思想视野与具体论述来看，马克思始终具有从当代向过去追溯、并向未来展望的"双向开放"的历史视野，而非仅仅拘泥于当下现时的经验眼界或直线进步的单向度视野之中。因而他对历史时间的理解也是双向度开放的，而非直线向前、永不复返的单向度封闭式的。在马克思的资本主义社会批判中，"过去""现在"与"未来"主要不是呈现为一种线性的先后关系，而往往是前资本主义的"过去"与后资本主义的"未来"汇聚于资本主义的"现在"。

针对资产阶级经济学家以形而上学抽象将资本关系自然化、永恒化与合理化的辩护论倾向，马克思在《1857—1858年经济学手稿》"资本"章中提出了正确的历史考察方法："对我们来说更为重要的是，我们的方法表明历史考察必然开始之点，或者说，表明仅仅作为生产过程的历史形式的资产阶级经济，超越自身而追溯到早先的历史生产方式之点。……另一方面，这种正确的考察同样会得出预示着生产关系的现代形式被扬弃之点，从而预示着未来的先兆，变易的运动。如果说一方面资产阶级前的阶段表现为仅仅是历史的，即已经被扬弃的前提，那么，现在的生产条件就表现为正在扬弃自身，从而正在为新社会制度创造历史前提的生产条件。"① 可见，马克思正是从资本主义社会出发回顾前资本主义的各种社会形式，同时，也从资本主义出发展望未来的社会发展方向，由此便开启了"前现代—现代—未来"三者之间极为宏阔的历史视域，开启了双向的历史时间与双重的历史理解向度。这种双向开放的宏观历史视野，极大地拓宽了马克思审视资本主义社会的思想空间，丰富了其现代性诊断和治疗的可能性。

马克思这种从当下回溯过去，从过去审视当下再向未来预见的历史时间观，包含着双重性的关系。其中，从现在向过去的回溯，是一种"从后思索"的历史认识性关系。从现在向未来的预见，是一种"科学预

---

① 《马克思恩格斯全集》第30卷，人民出版社1995年版，第452—453页。

见"的历史生成性关系。过去和未来，以各自不同的方式，汇聚于现在，并从现在中再生产出来。因而，立足于"现在"的研究者所面对的，显然不是那种抽象的、本来的"过去"或"未来"，而是从"现在"再生产而出的"过去"与"未来"。"回到过去"的历史主义幻想或"穿越未来"的未来主义幻想，在这里都没有立足之地。

从现时代向着过去和未来双向开启的历史视野，根植于"过去—现在—未来"三者之间连续又差异的历史辩证法。只有在对历史过程的连续性与差异性勘察中才能把握"我们这个时代"，才能对现时代获得自我理解，从而合理地提出"时代"与"时代精神"概念。

二　马克思对现代性时间意识的扬弃

马克思的历史时间观与现代社会主流的历史时间观具有显著的不同，这也为我们思考一种不同于流行的、更为深刻的时代精神概念提供了可能。这种有益的思考首先涉及的问题是，历史唯物主义在何种意义上扬弃了现代性的直线进步时间意识，重构了过去、现在与未来的关系，并由此形成了更具历史感的时代精神概念？

从思想史上看，在前现代社会占据主导地位的是古代循环往复的时间观。这种时间观往往是自然运行或农业生产在精神层面的再生产，并不能容纳现代意义上的朝着某个确定目标的直线进步，因而也就不存在阶段性、差异性的时代概念或时代精神概念。主导着这种人的依赖性社会形式运行的，恰恰是不断出现的政治伦理秩序之"衰败"与"复兴"的循环更迭。

而基督教在西方的传播与发展，则逐步确定了一种直线性的历史时间观。根据词源学考察，"现代性（modernity）"由"现代"概念演化而来，是"现代"的名词化形式。"现代"概念表达的是一种时间观念，一种直线向前、不可重复的历史意识。英文 modern 一词源于大约四五世纪时开始使用的拉丁文 modernus 一词。该词一开始就是基督教化的：基督徒们用它来描述自己的信仰和文明，并相应地把那些异教文明称为"往古"的；异教徒们正一步步地滑落到"往古"的深渊中去，并最终被时间和历史所遗忘，而真正的历史却是以基督为新纪元而诞生的；所谓"现代"就是这样一个面向救赎之永恒终点的一个全新时代。因此，"现代"一词在其起源处就带有一种新的"时代意识"，① 这种时间意识或时代意识逐渐与"新时代"概念相联系，特指人类最近几个世纪所处的时代。"新时代"概念正是一个人对于自己时代的自我理解。也就是说，一个把自己的时代称为"现代"的人，他必须具有这样一种时间意识，即他试图通过反思自己和自己的时代在历史坐标中所处的位置，而把自己的时代从历史的匀质流动中固定下来，标画出来并且凸现出来。

这种具有宗教根源的直线进步的时间意识，在近代市民社会兴起之后获得了更为世俗化的发展形式。以牛顿的绝对时空观为背景，启蒙运动确立了直线进步、线性流逝、永不复返的历史时间观。本雅明在其《历史哲学论纲》中，将其指认为一种同质、平滑而空洞的进步时间。由此，这种现代性时间意识将历史呈现为如下一幅实现理性目标的蓝图：一个朝某个固定目标、凝固未来的持续直线进步，以及不断收拢凝聚到一个可预见"终点"的过程。由此，依据相对于可预见"终点"的时间位置（"远"与"近"）来界定作为阶段环节的时代精神概念。现代社会曾经流行的各种思潮，如乌托邦社会主义、启蒙主义与自由主义、现代化理论与发展主义、历史终结论、新自由主义，等等，都导向一种或隐或现地最终实现意义上的"历史终结论"，从而将现代性变得永恒固化、不可超越。

启蒙运动之后，以黑格尔、马克思和尼采为代表，涌现了对现代性直线进步的时间意识及其时代精神概念的三种反思路径。

一是黑格尔朝向过去的历史时间观与自我认识的时代精神概念。在黑格尔看来，存在是时间的本质，而时间是存在的现象。时间在其哲学体系中不仅现象化了，而且空间化、自然化了。正如海德格尔在《黑格尔的精神现象学》中所分析的，"时间本身，为了能成为绝对存在的现象，被指派到了空间之中"。"存在之真正的本质，无限性，就是具有空间之形态的时间之本质"。"对于黑格尔来说，以前的、即过去构成时间

---

① 参见［美］卡林内斯库《现代性的五副面孔》，顾爱彬、李瑞华译，商务印书馆2002年版，第15、18、58页。

的本质"。① 这与黑格尔对存在的基本看法相符合：真正的存在者是返回到自身中的精神，而返回到自身的精神，总是已经发生过的、完成了的绝对精神。

由此，不满于启蒙运动所树立的直线向前的进步时间，黑格尔将"回忆"看作一种对过去的扬弃，这种扬弃内在化和保留了过去进程中合理性的东西，并转化为保留于新进程的内在要素。恰如黑格尔在《精神现象学》结尾处所言，"目标本身，亦即绝对知识，或者说那个自知其为精神的精神，把关于早先精神的回忆当作它的道路，回忆起那些精神本身是怎样的情形，以及它们是如何完成它们的王国的组织机构。一方面，把那些精神当作一种自由的、显现在偶然性形式下的实存保存下来，就是历史；另一方面，把那些精神当作一种已经得到概念式把握的组织机构保存下来，则是以显现出来的知识为对象的科学。两者合在一起，作为一种已经得到概念式把握的历史，构成了绝对精神的回忆和骷髅地，构成了绝对精神的王座的现实性、真理和确定性。"② 然而，这种回忆被等同于绝对精神对自身内在性的自我认识。在精神哲学中，客观精神在"国家"的"世界历史"环节意识到了自身的自由。现代性的时代精神，作为现代的自我认识、自我理解与自我确证，发生了空间化和特定化，被寄托于日耳曼王国统治的时代。最终，现代自由的自我意识，扬弃了客观精神环节的时空特定性，在绝对精神领域获得了提纯，复归精神自身而进行自我回忆。要言之，被黑格尔视作历史终点的精神自我复归，一方面是对现代性进步时间意识及时代精神概念的"完成"与"提升"，另一方面又是对其匀质空洞性和单向度线性的"救赎"。

二是尼采朝向未来的历史时间观与断裂性的时代精神概念。尼采在《历史的用途与滥用》中，明确批判了启蒙运动的进步主义与黑格尔主义的"反刍式"的、朝向过去的历史观，尤其批判"过量的历史"的滥用："不管是对一个人、一个民族、还是一个文化体系而言，若是不睡觉、或是反刍，或是其'历史感'到了某一程度，就会伤害并最终毁掉这个有生命的东西""如果不想让对过去的回忆成为当代的掘墓人，就要确定上

---

① ［德］海德格尔：《黑格尔的精神现象学》，赵卫国译，南京大学出版社 2018 年版，第179—180 页。

② ［德］黑格尔：《精神现象学》，先刚译，人民出版社 2013 年版，第 503 页。

述这一程度和回忆的限度。"① 之后，他又在《查拉图斯特拉如是说》中
提出向未来跃进的历史时间观即掌握过去智慧的人，才能向未来跃进。
他将西方文明两千年的精神运动归结为虚无主义，并将现代性的时代精
神看作"最高价值"自行贬黜和不断坍塌的极限。如要克服虚无主义，
只有通过"精神的三种变形"，经过两次颠覆性的否定，才能迎来时代精
神的超克即所谓"伟大的正午"，向着将来之超人而跃进。尼采通过越向
未来的时间观转向，抛弃了建立在理性主义稳固地基上的直线进步的必
然性概念，将未来寄托于肯定生命的权力意志的主动选择，寄托于永恒
轮回的最高视点。

三是马克思双向开放的历史时间观与内生扬弃的时代精神概念。如
上文所述，马克思基于双向开放的视野对现代性直线进步的时间观开展
了内在批判，扬弃了平滑匀质的历史时间概念、无矛盾的或外在矛盾的
时代、时代精神概念。从而，基于双向开放的视野，分析现代性的时代
精神本身的内在矛盾与内生超越维度，在追溯过去、生成未来中发掘新
的时代精神的可能性。

相较而言，无论是黑格尔式的精神的自我复归与朝向过去的回忆，
还是尼采式的向未来的跳跃，都无法开启马克思同时朝向过去与未来的
双重时间视野，相应地也无法真正激活现代时代精神的自身超越潜能。

三　资本的历史时间与时代精神的历史定位

那么，马克思如何在双向开放历史时间视野中发现时代精神的自身
超越？进而，作为历史唯物主义的特定化形态的政治经济学批判，在何
种意义上对"时代精神"进行了社会存在论深度的定位？

我们认为，马克思反思批判时代精神的主要立足点不是青年时期的
历史唯物主义一般形态，而是《资本论》及手稿中的历史唯物主义特定
形态即政治经济学批判。政治经济学批判明确把现代性的时代精神定位
为资本主义时代精神，并将其置于资本主义社会的再生产过程来理解。

---

① ［德］尼采：《历史的用途与滥用》，陈涛、周辉荣译，上海人民出版社 2005 年版，第 4
页。

由此，资本主义生产的总过程的科学再现，构成了现代历史时间观的基本视域。资本生产作为社会有机体"骨骼"，构成了时代精神的基本逻辑。

我们可以根据资本主义生产总过程的结构特性，阐释出马克思所理解的资本主义时代精神的三个层次。第一，资本的直接生产过程，从现实性上看，就是资本增殖的直线进步过程，蕴含着现代性直线进步时间意识得以再生产的基本前提。当然，这里的直线进步，仅仅构成资本主义物质现实的一种表象结构。越是深入物质生产方式的深层，越能发现这种直线进步现象的自反性和矛盾性。第二，资本的积累过程区别于直接生产过程，还包含着一种将过去、现在与未来联动起来的周而复始的再生产过程，似乎表现出古代社会循环往复时间观的一种再现，然而同时又包含着增殖进步的断裂、回退的可能性。资本再生产过程，实质上具有一种共时性结构，呈现出资本主义生产的过去、未来共聚于现在的时间图景。第三，从可能性上看，资本积累所导致的生产过剩，又构成了资本存在的时间界限及其扬弃超越。资本主义生产方式的基本矛盾，集中表现为利润率趋于下降的规律，并凸显了积累的死劳动与当下的活劳动之间的对抗性、过去劳动时间与现在劳动时间之间的极致悖谬。这一时间死结，客观而冷酷地存在于资本生产和进步时间的核心，并不断再生产出资本主义的界限。

综上，只有基于资本的历史时间视野，才能够从直线向前的"进步"、循环往复的"回溯"与断裂弹跳的"超越"及三者间总体关系的角度来深刻把握现代性的时代精神。对马克思历史时间观的深度发掘与时代激活，能够为我们更为历史地把握时代精神概念、更为深刻地探究时代问题提供极为关键的思想基础。

马克思政治经济学批判中的法哲学主题

萧诗美[*]

马克思不仅把他最重要的手稿——《1857—1858 年手稿》命名为《政治经济学批判》，而且把他最重要的著作——《资本论》的副标题定为《政治经济学批判》。《资本论》及其手稿虽然具有百科全书的性质，但是就其主旨或主题来说，无疑应当属于政治经济学著作。谈到其中与政治经济学相关的其他学科，人们想到较多的是哲学、辩证法、历史学和社会学等。很少有人想到法哲学，似乎法哲学在马克思那里只是早期思想发展的一个过渡环节，一个小小的插曲而已，过渡完成以后马克思就不再考虑法哲学的问题了。本文试图论证，在马克思政治经济学批判中始终存在一个隐性的法哲学主题；该主题在新的历史条件下很有重提和再现的必要。长期遮蔽该主题对建构新时代马克思主义科学体系十分不利，也为马克思主义政治哲学的存在证明造成意想不到的困难。

一　马克思为了从根本上解决法哲学的问题才转向政治经济学批判

在马克思的思想发展史上有一个著名的从法哲学批判到政治经济学批判的转向。这一转向的存在是毋庸置疑的，问题是我们应该如何理解它。首先要问问马克思为什么要做这种转向；其次要看看这一转向的实

---

* 作者简介：萧诗美，男，1956 年出生，湖北黄冈人，湖北大学特聘教授。

质是什么。这两个问题可以帮助我们理解马克思的政治经济学批判同法哲学之间究竟是什么关系。

马克思在《〈政治经济学批判〉序言》中自述其研究政治经济学的目的和经历："为了解决使我苦恼的问题，我写的第一部著作是对黑格尔法哲学的批判性分析"。该分析使马克思发现："法的关系正像国家的形式一样，既不能从它们本身来理解，也不能从所谓人类精神的一般发展来理解，相反，它们根源于物质的生活关系。"更重要的是马克思认识到：对这种物质生活即生产关系的解剖，"应该到政治经济学中去寻求"①。这段话讲的就是马克思从法哲学批判到政治经济学批判的转向。通常人们把马克思的这一转向理解为研究领域的转移，认为马克思转向以后只研究政治经济学，而不再研究法哲学了。这种理解是对马克思的严重误解。须知政治经济学和法哲学在内容上存在着交叉性，仅凭这一点就不能说转向以后马克思只研究政治经济学而不研究法哲学。马克思说得很清楚，促使他转向的根本原因，是他认识到法的关系根源于生产关系，而研究生产关系的科学只能是政治经济学，不可能是传统的法哲学，所以他要从法哲学批判转向政治经济学批判。从马克思的原始论述中，我们不仅读不出马克思转向以后只研究政治经济学不研究法哲学的结论，反而发现马克思正是为了从根源和基础上解决法哲学的问题才从法哲学批判转向政治经济学批判。

二十多年以后，马克思基本完成了规模宏大的政治经济学批判工作，在致约·巴·施韦泽的信中再次谈到他从法哲学批判转向政治经济学批判的具体含义。马克思重述自己的学术立场：对于"现代资产阶级的所有权是什么"这一问题，"只能通过对'政治经济学'的批判性分析来回答"。所谓政治经济学的批判性分析，就是把法律上的财产所有权关系作为现实的生产关系来把握②。财产关系和生产关系是两类不同的对象：财产关系是法律调整的对象，生产关系是政治经济学研究的对象。马克思把财产关系作为生产关系来把握，表明他从法哲学批判转向政治经济学批判的确切含义，不是只研究生产关系而不研究法权关系，而是把法权

---

① 马克思：《〈政治经济学批判〉序言》，《马克思恩格斯文集》第 2 卷，人民出版社 2009 年版，第 591 页。

② 马克思：《论蒲鲁东》，《马克思恩格斯文集》第 3 卷，人民出版社 2009 年版，第 18 页。

关系作为生产关系来研究。这同时也说明，马克思从法哲学批判转向政治经济学批判，并不是研究领域的转移，而只是研究路径的转变：不再是就法权关系本身来研究法权关系，而是从生产关系入手来研究法权关系。

这就产生一个问题：为什么研究法权关系要从生产关系入手，而不能就法权关系本身研究法权关系？这个问题涉及历史唯物主义的基本原理。按照历史唯物主义，生产关系和法权关系的关系，正好是经济基础和上层建筑的关系。历史唯物主义的基本原理是经济基础决定并解释上层建筑，上层建筑反映或表现经济基础，并且为经济基础服务，即为其提供合法性和正当性。因此特定的生产关系与特定的法权关系总是相互适应的，二者间暗含着一种循环论证关系，可以相互通过对方证明自身的合法性和正当性。这就意味着上层建筑和意识形态对它所反映的经济基础和生产关系具有自我辩护的保守性质。马克思在《莱茵报》时期遇到的就是这种难题。通过对黑格尔法哲学的批判性分析，马克思明白了仅仅从法权关系入手无法触动现实生活中的物质利益问题。因此他只有另辟蹊径，直接从生产关系入手，对上层建筑底下的经济基础进行实证性的政治经济学研究。

对上层建筑底下的生产关系进行直接研究，相当于把实有的东西和应有的东西进行对比。这样就会发现"资产阶级社会的现实的形态和观念的形态之间必然存在的差别"①；这等于用客观事实来证明上层建筑和意识形态的虚幻不实。如果经济事实证明法的观念和国家的观念"在通常的意识中事情被本末倒置了"②，或者证明国家和法是"相对于个人而独立的虚假共同体"③，那么这种"证明"实际上就是对上层建筑和意识形态进行"证伪"。由此必然形成对现行法律关系和整个意识形态的批判。意识形态批判揭穿法律赋予现存事物的伪合法性，反过来又构成对现存生产关系和现行社会制度本身的批判。可见从生产关系入手研究法

　①　马克思：《政治经济学批判》（1857—1858 年手稿），《马克思恩格斯全集》第30 卷，人民出版社1995 年版，第204 页。

　②　马克思、恩格斯：《德意志意识形态》，《马克思恩格斯文集》第1 卷，人民出版社2009年版，第587 页。

　③　马克思、恩格斯：《德意志意识形态》，《马克思恩格斯文集》第1 卷，人民出版社2009年版，第576 页。

权关系，可以一举达到对意识形态和社会现实的双重批判。也只有通过政治经济学批判的方式，把研究对象的表层和里层、副本和原本，即上层建筑和经济基础、法权关系和生产关系一同纳入批判考察的对象，才能打破经济基础和上层建筑之间的循环，直达历史深处的事情本身，收到全方位多层次彻底批判的效果。这就是马克思从法哲学批判转向政治经济学批判的根本原因。

二　马克思政治经济学批判中存在着政治经济学和法哲学的双重主题

因为生产关系是政治经济学研究的对象，法权关系是法哲学研究的对象，所以马克思从生产关系入手研究法权关系，意味着他研究生产关系的实质是以政治经济学的方法来回答法哲学的问题。对此马克思有过明确论述。例如针对蒲鲁东"把所有权作为一种独立的关系、一种特殊的范畴、一种抽象的和永恒观念来下定义"的做法，马克思阐明他自己的观点："给资产阶级的所有权下定义不外是把资产阶级生产的全部社会关系描述一番。"① 马克思正是这样做的：他所谓的"政治经济学批判"，其实就是全方位地"描述资本主义生产关系"的历史。既然马克思的政治经济学批判就是描述资本主义生产关系，而描述资本主义生产关系就是给资产阶级所有权下定义，那么马克思的政治经济学批判岂不就是给资产阶级所有权下定义？所有权是典型的法哲学问题，马克思用政治经济学批判的方式给所有权下定义，岂不就是用政治经济学的方法来回答法哲学的问题？

既然马克思的政治经济学批判实质是用政治经济学的方法来回答法哲学的问题，那就进一步意味着在马克思的"政治经济学批判"中存在着"政治经济学"和"法哲学"的双重主题。对此马克思亦有过明确提示，例如《政治经济学批判》中说："为了把资本同雇佣劳动的关系表述为所有权的关系或规律，我们只需要把双方在价值增殖过程中的行为表

① 马克思：《哲学的贫困》，《马克思恩格斯文集》第 1 卷，人民出版社 2009 年版，第 638 页。

述为占有的过程"①。须知资本和劳动的关系是马克思政治经济学批判中最核心最基础的问题。马克思这段话明确告诉我们，资本和劳动的关系在他的政治经济学批判中有两种不同的表述方式：一种表述为"价值增殖过程"，对这个过程的研究揭示"剩余价值的规律"，这是政治经济学研究的对象；一种表述为"占有的过程"，对这个过程的研究揭示"所有权的规律"，这是法哲学研究的对象。马克思认为这两个系列的对象、问题和规律，在他的政治经济学批判中是可以相互表述的，这就充分说明他的政治经济学批判中含有政治经济学和法哲学的双重主题。

深入研究会发现，在《资本论》及其手稿中，政治经济学的主题和法哲学的主题存在着一一对应的关系。例如，政治经济学论域中的"劳动价值论"与法哲学论域中的"劳动所有权"是相互对应的；政治经济学论域中的"剩余价值理论"与法哲学论域中的"资本所有权"也是相互对应的；政治经济学论域中的"资本积累理论"用法哲学的观点来看不过是从宏观历史角度描述"所有权异化"的历史过程；"资本积累的历史趋势"则是探讨"所有权异化如何被扬弃"的问题。从这种一一对应的关系中，我们可以看出《资本论》及其手稿所讨论的每一个问题，都既是政治经济学的问题，也是法哲学的问题。鉴于两者在马克思的政治经济学批判中是相互蕴涵、相互推进的，我们有理由把它们看作马克思政治经济学批判中的双重主题。

马克思用于表述政治经济学研究对象的关键词 Eigentum 也呈现出双重角色。中文一般将 Eigentum 翻译成三个不同的词：所有制、所有权、财产②。学界公认"所有制"是马克思政治经济学的核心范畴。"所有权"和"财产"则都是法律概念，只不过一者（所有权）表示关系，一者（财产）表示实体，两者可以合而为一。于是我们发现 Eigentum 在马克思的文本中具有双重意义：既表示法律上的"所有权"，又表示经济上的"所有制"。法律上的所有权和经济上的所有制分属两门不同的科学，有所谓科学范式上的区别。马克思不用两个不同的词来分别表示二者，而用同一个词来共同表示二者，说明在他的政治经济学批判中，经济上

---

① 马克思：《政治经济学批判》（1857—1858 年手稿），《马克思恩格斯全集》第 30 卷，人民出版社 2015 年版，第 463 页。

② 《马克思恩格斯全集》第 30 卷，人民出版社 1995 年版，第 465 页。

的所有制和法律上的所有权是紧密联系在一起的，甚至可以说它们是同一件事情。但是我们又绝对不能否认二者在马克思那里有着本质的区别，因为二者的区别就是经济基础和上层建筑的区别，无此区别就不能形成历史唯物主义的概念结构。既有本质区别，又是统一整体，这种现象只能用马克思政治经济学批判含有政治经济学和法哲学的双重主题来解释才比较合适。

如果不采取双重主题的解释方式，而只用单一主题的思路来理解马克思的政治经济学批判，结果只会出现以下三种可能。第一种可能是把法律上的所有权归结为经济上的所有制。这样理解的话，马克思就只有"所有制理论"，而没有"所有权理论"。这其实就是斯大林模式的理解方式，它在理论上的偏颇和实践中的危害是众所周知的。第二种可能是把经济上的所有制归结为法律上的所有权。这是中国改革开放后出现的一种新思路；试图在不改变经济体制的前提下进行产权改革就是遵循这个思路。第三种可能是把经济上的所有制和法律上的所有权按照学科归属分别加以表述和研究：经济上的所有制由政治经济学来研究，法律上的所有权由法学专业来研究。这实际上就是我国目前经济学和法学两大界的不同处理方式。这三种不同的处理方式，因为都采取了单一主题的思路，所以无论哪一种都不能达至马克思政治经济学批判的原初意旨。唯有按照双重主题的思路，认识到马克思的 Eigentum 既表示法律上的"所有权"又表示经济上的"所有制"，并且两者在马克思的政治经济学批判中是相互蕴涵和相互阐释的，因而是不可分割和不能两离的，这样才符合历史唯物主义和马克思政治经济学批判的原初意旨。

政治经济学和法哲学就学科性质来说是有明确区别的：一个是实证科学，一个是规范科学。实证性和规范性源于休谟"是"与"应当"的区分，从中可衍生出"事实与规范""真理与价值"种种对立。在马克思主义哲学研究中也历来存在着"科学性和规范性"的关系问题。近年来在马克思主义政治哲学研究中出现的历史唯物主义与马克思的正义理论是否相容的问题，说到底也是实证性和规范性的关系问题。但是就研究对象来说，政治经济学和法哲学又具有很大的交叉性。马克思用同一个 Eigentum 既表示政治经济学的"所有制"又表示法哲学的"所有权"就是这个原因。这种研究对象和内容上的交叉性是马克思的政治经济学批判中含有政治经济学和法哲学双重主题的客观原因。本来这是不需要特别强调的事实。但是由于长期以来人们对马克思的政治经济学批判的学科意识，只看到它是马克思的政治经济学，忘记它同时也是马克思的法哲学，所以现在需要我们特别强调马克思的政治经济学批判不是单一的政治经济学主题，而是含有政治经济学和法哲学的双重主题。

三　法哲学主题由隐性存在变为显性存在的必要性和可能性

马克思的政治经济学批判中虽然存在着政治经济学和法哲学的双重主题，但是这双重主题的存在方式或呈现程度却是不一样的。这种不一样首先是由时代精神赋予马克思的理论使命决定的。马克思公开自己的哲学立场："对于实践的唯物主义者即共产主义者来说，全部问题都在于使现存世界革命化，实际地反对并改变现存的事物。"[1] 这种实践唯物主义立场决定了马克思的理论使命是彻底地批判旧世界，揭露资本主义生产关系的内在矛盾，论证资本主义制度的历史性和暂时性。这种批判、揭露和论证，因为需要深入到社会生产关系内部，所以必须以政治经济学批判的方式进行。因此政治经济学就成了马克思整个批判理论的显性主题，法哲学相应地只是其隐性主题。

但是马克思批判旧世界，不同于思辨唯心主义的批判。"在思辨终止的地方，在现实生活面前，正是描述人们实践活动和实际发展过程的真正的实证科学开始的地方。"[2] 这里所谓"真正的实证科学"，指的就是政治经济学。政治经济学来自英国经验论传统，所以属于经验实证科学。恩格斯把政治经济学定义为"研究生产和交换的物质事实的科学"[3]，也是视其为经验实证科学。经验实证科学的特点是有实证性而无批判性，

① 马克思、恩格斯：《德意志意识形态》，《马克思恩格斯文集》第1卷，人民出版社2009年版，第527页。
② 马克思、恩格斯：《德意志意识形态》，《马克思恩格斯文集》第1卷，人民出版社2009年版，第526页。
③ 恩格斯：《做一天公平的工作，得一天公平的工资》，《马克思恩格斯全集》第19卷，人民出版社1963年版，第273页。

所以马克思对古典政治经济学最重要的批判是指控它"非批判的实证态度"。

古典政治经济学到马克思这里之所以具有批判的性质，完全是因为辩证法的缘故。因为辩证法，"按其本质来说，它是批判的和革命的"，马克思公开承认："我的研究方法是严格的实在论的，而叙述方法不幸是德国辩证法的"①。这意味着马克思的政治经济学批判是英国古典政治经济学和德国辩证法相结合的产物。马克思把辩证法引入古典政治经济学，结果就使政治经济学由一门"经验实证科学"变成"现实批判的科学"。这样才有马克思规模宏大的政治经济学批判理论，否则就只会有"政治经济学"，不会有"政治经济学批判"。

由于马克思是整个马克思主义理论的首创者，马克思的政治经济学批判在很大程度上塑造了整个马克思主义的理论风格，使得该理论成为一种"批判的革命的理论"。这种理论遵循否定性辩证法："在对现存事物的肯定的理解中同时包含着对现存事物的否定的理解，即对现存事物的必然灭亡的理解。"② 这种否定的理解不是单纯的否定，而是在否定中有肯定，既否定又肯定；在批判中有建构，既批判又建构。但是这里的批判和建构又不是分开进行的，而是两道程序一起走，用马克思的话说，就是"在批判旧世界中发现新世界"③。因此在这种理论中，对于什么是旧世界以及如何破坏它，通常是有明确的规定和肯定的表述的。但是对于尚未出现的新世界是什么和怎么样，这种理论谨守唯物主义立场，通常是不做具体规定的，而把规定性留给实践去创造，或者说由革命实践来规定。

实践证明这种"革命的批判的理论"用于指导革命和批判旧世界是没有问题的，但是用来指导新社会新生活的建设却会出现这样那样的问题。在这种情况下，马克思主义者只有两种选择：要么固守其理论的革命性和批判性，那样就得承认马克思主义已经不合时宜了；要么与时俱

① 马克思：《〈资本论〉第二版跋》，《马克思恩格斯文集》第5卷，人民出版社2009年版，第22、20页。

② 马克思：《〈资本论〉第二版跋》，《马克思恩格斯文集》第5卷，人民出版社2009年版，第22页。

③ 马克思：《摘自"德法年鉴"的书信》，《马克思恩格斯全集》第1卷，人民出版社1956年版，第416页。

进，承认马克思主义的理论主题应该随着时代主题的变化而发生相应的变化。后一种选择意味着：当历史主体由旧世界的革命者变身为新世界的建设者时，其指导思想的理论基础也应该发生相应的变化，由革命的批判的理论变为规范的建设的理论。

革命的批判的理论转变成规范的建设的理论，从理论逻辑上说，需要在批判性中注入规范性。这种注入可以有两种途径：一种是从外部注入，那就意味着要引入一种新的异质性理论，而这对坚持马克思主义基本原则未必有利；另一种是从内部注入，即发掘马克思原创理论中固有的思想资源，就本文主旨来说，就是把马克思政治经济学批判中原来就有的法哲学主题重新显现出来，使之由隐性存在变为显性存在。

在批判性理论中注入规范性要素，之所以需要通过法哲学，是因为法哲学本身是规范性科学。法或权利（right）既不是来自事物本身的存在，也不是来自人对事物的否定性理解，而是来自人自身的行为应当如何。这"应当"就是人对自身行为的规范，因此法本身就是规范——规则、法则、规定、范例。法哲学是典型的规范性科学，即使是所谓描述性的法哲学，那也是对客观规范的描述。

法哲学能否由隐性主题上升为显性主题，除了因时而变、与时俱进的历史必然性，还需要在人类理性中找到相应的根据。从马克思对辩证理性的刻画中，我们可以发现人类理性具有肯定、否定和否定之否定的三一结构，而且三者正好对应于作为实证科学的政治经济学、作为批判哲学的辩证法和作为规范科学的法哲学。

马克思有句名言："辩证法在对现存事物的肯定的理解中同时包含对现存事物的否定的理解"。其中"对现存事物的肯定的理解"，在不包含"对现存事物的否定的理解"的情况下，就是实证科学的"实证性"所在。这可能也是positive既作"实证"理解又作"肯定"理解的原因。在这种单纯肯定的理解中，因为思想对现实的关系只有肯定性而没有否定性，所以这种肯定应当属于"知性层面的抽象肯定"。

与此相对应，辩证法的批判性恰恰因为它"在对现存事物的肯定的理解中同时包含对现存事物的否定的理解"。"同时包含"意味着在这种理解中既有肯定的因素又有否定的因素，而这就说明思想已经从知性层面上升到了理性层面。又因为这种理解是从肯定到否定的过程，所以这种否定应当属于"理性层面的辩证否定"。

根据辩证理性发展的规律，可以推定法哲学的规范性是经过否定之否定而达到的"理性层面的具体肯定"。不同主体之间获得相互承认的过程就是否定之否定的过程：甲是肯定，被乙否定，乙的否定又被第三者（甲或丙）所否定。通过否定之否定，综合双方或多方的特殊意志而得到的共同意志，就是作为实践理性的应当即规范。这里的否定之否定其实就是主体间相互承认的结构，也是人的行为规范即实践理性所固有的规律。

以上我们把政治经济学的实证性、辩证法的批判性和法哲学的规范性，追溯到人类理性的根基处，发现它们依次是知性层面的抽象肯定、理性层面的辩证否定和理性层面的具体肯定。整体地看，这个三一式的否定之否定（内含肯定、否定、否定之否定三个环节）就是人类理性的最一般的规律。有人会说，这不是黑格尔《逻辑学》里讲的那一套吗？确实如此。但也唯其如此，列宁才说不懂黑格尔《逻辑学》就不懂马克思《资本论》。[1]恩格斯更是把《资本论》所遵循的思想进程和整个过程的核心归结为否定之否定。[2]

三一式的否定之否定规律，不仅是政治经济学、辩证法和法哲学三者能够在马克思政治经济学批判中结合起来的原因，也是马克思政治经济学批判中的双重主题能够因时而变的根据。从中可以看出法哲学能否由隐性主题上升为显性主题，取决于两组关系是否具有相容性和统一性。其中法哲学和政治经济学的相容性和统一性是不成问题的。政治经济学对事物只作肯定的理解；法哲学理解事物的方式是通过否定之否定而达到肯定。两者虽然都是肯定，但分别是知性层面的肯定和理性层面的肯定，因此两者之间不构成冲突，而是可以互补和相容。这从古典政治经济学与传统法哲学的契合关系中可以得到印证。

问题是法哲学和辩证法能否相容，规范性和批判性能否统一。辩证法的批判性在实践中表现为革命性；法哲学的规范性在实践中表现为保守性。通常认为黑格尔哲学具有革命和保守的二重性，革命性主要表现

---

①　列宁：《哲学笔记》，人民出版社1993年版，第151页。

②　恩格斯：《反杜林论》，《马克思恩格斯文集》第9卷，人民出版社2009年版，第148页。

在他的辩证法上，保守性主要表现在他的法哲学上。马克思对待黑格尔这两份遗产，是继承其辩证法的革命性，而拒斥其法哲学的保守性。这样在马克思的政治经济学批判中，就形成了一种批判性的辩证法和规范性的法哲学"相互争夺"实证性的政治经济学的局面。实际上这就是马克思的政治经济学和资产阶级的政治经济学的"理论争执"；马克思的政治经济学批判就是这两种理论相互竞争的表现。争夺的结果在马克思这里当然是辩证法占了上风：马克思用辩证法改造政治经济学，使得批判性的辩证法和实证性的政治经济学的结合成为显性主题，规范性的法哲学则被挤压到后台背景中成为隐性的主题。

　　事实上作为经验实证科学的政治经济学，在与法哲学和辩证法的关系中，有三种可能的结合方式：其一是单独地同辩证法结合，这样就形成批判的革命的理论；其二是单独地同法哲学结合，这样就形成规范的保守的理论；其三是同时同辩证法和法哲学相结合，这样就会形成批判性和规范性、科学性和革命性相统一的新理论。这意味着法哲学主题由隐性存在变为显性存在，将会使马克思主义理论的批判性和规范性、科学性和革命性获得某种新的平衡和统一。由于规范性问题在新时代中国特色社会主义实践中越来越突出，在新的历史条件下重现马克思政治经济学批判中的法哲学主题，不仅是马克思主义中国化和现代化的题中应有之义，而且是中国特色社会主义实践的迫切需要，同时也是构建新时代中国特色马克思主义理论体系必不可少的基础理论工作。

　　具体看看法哲学和辩证法、规范性和批判性如何统一。辩证法的批判性基于它对现存事物的否定的理解；法哲学的规范性基于它对现存事物的肯定的理解。这里的否定和肯定，如果是知性层面的，那是无法统一的。所幸的是它们不是处在知性的层面，而是处在理性的层面。理性层面的否定和肯定，虽然也是对立的，但具有同一性。例如对现存事物的否定就是对理想事物的肯定，否定实然即是肯定应然，否定过去即是肯定将来，如此等等。在这里，对立面（否定和肯定）之所以能够同一（具有同一性）有两个先决条件：一是知性和理性的区分，在知性中是对立的，在理性中才可能是同一的；二是对立面的同一必须借助时间性和历史性来实现。这个时间性和历史性其实就是前面说的批判的革命的理论转变为规范的建设的理论的历史必然性在人类理性中的表现。由此可见法哲学主题由隐性存在变为显性存在，同时具有历史赋予的必然性和理性赋予的合理性。

四　关于马克思法哲学或政治哲学的内在性证明

本文关于马克思政治经济学批判中的法哲学主题的整个论证，同时也是对"马克思法哲学"的一种存在性证明。此所谓"存在性证明"，不同于通常所说的"存在论证明"。存在论证明，或称本体论证明，是用存在论（ontology，又译本体论）的方法和逻辑来证明某物的存在，其中最著名者当属所谓"上帝存在的本体论证明"。"存在性证明"也是证明某物的存在，但它不一定是用存在论的方法和逻辑，例如本文所用的就是解释学的方法和逻辑。

所谓"马克思法哲学的存在性证明"，就是证明马克思到底有没有一种属于自己的法哲学。这个问题之所以需要证明，是因为它在中外学界是有争论的。曾经有很长一段时间，中外学界普遍认为法哲学属于资产阶级意识形态，因此在马克思这里只会有"法哲学批判"，不可能有"法哲学理论"。后来把"法哲学批判"单从思想发展史上理解成马克思转向政治经济学之前的一个思想阶段，这种理解意味着马克思只有政治经济学，没有法哲学。再一种比较普遍的看法，是认为马克思虽然有丰富的"法哲学思想"，但是并没有系统化的"法哲学理论"。这类看法反映在马克思主义学科体系中，就是有马克思的政治经济学，但是没有可以与马克思政治经济学地位相当或相匹配的"马克思法哲学"。

本文对马克思法哲学的存在性作了肯定的回答：认为马克思有系统化的法哲学理论，其系统性不亚于马克思政治经济学，其存在性则与马克思的政治经济学理论高度相关，认为它隐含在马克思的政治经济学批判中，有待于后世马克思主义者去发掘。

本文关于马克思法哲学的这种证明方法，与近年来学界关于马克思政治哲学的证明方式形成一种鲜明的对比关系。因为"法哲学"和"政治哲学"在德国学术传统中是相通的，例如黑格尔的"法哲学"等于"自然法和国家学"，我们既可以说它是黑格尔的法哲学，也可以说它是黑格尔的政治哲学。在马克思这里也一样，可以说本文所讲的"马克思法哲学"在很大程度上就是近年来学界热议的"马克思政治哲学"。正因为这两个名称具有指称上的相关性或重合性，所以本文对马克思法哲学的证明方式，与学界近年对马克思政治哲学的证明方式，具有一定的可比性。

近年来国内学界关于"马克思政治哲学"的讨论，肇始于20世纪70年代国外学者对马克思的自由、平等、正义等概念的研究。国内自80年代开始引入这类话题，并且首先是在西方哲学领域引入的。进入新世纪以后，才开始从国外马克思主义研究领域传递到马克思主义哲学研究领域，并于最近十多年形成"马克思政治哲学"的研究热潮。从课题史的缘起上说，国内这种马克思政治哲学的研究完全是外缘的，缘于国外马克思主义，特别是英美分析学派的马克思主义。可以说这种研究是受外部影响、外部激发和外力推动的结果，当然其中也有中国内部实践需要的因素。这种研究在内容上以译介和评论西方学者的思想为主要形式，是接着西方学者的话题来讨论马克思的政治哲学，而不是按照政治哲学的固有逻辑或者从马克思自身的思想出发来讨论马克思的政治哲学。这样得到的"马克思政治哲学"，与马克思原有理论之间的关系势必是外在的。公认马克思理论原有两大块，即历史唯物主义和政治经济学批判；现在来了一个第三者，该往哪里摆就是一个比较棘手和尴尬的问题。与马克思的政治经济学批判放在一起，会有政治经济学和政治哲学不在同一层次的顾虑。索性说马克思的政治哲学就是马克思的政治经济学批判不是不可以，但是那样一来马克思的政治哲学就成了徒有其名的东西。与历史唯物主义摆在一起，又出现历史唯物主义作为真正的实证科学与马克思的政治哲学作为一种规范理论如何才能相容的问题，该问题讨论到现在仍没有结论，说明研究者们至今仍没有解决马克思政治哲学何以可能的问题。

本文对马克思法哲学的存在性证明完全是内在的。因为这里所说的"马克思法哲学"完全来自马克思原创理论内部。这种意义的马克思法哲学根本不存在有没有的问题，因为它早就有了，甚至早于马克思的政治经济学批判而有，纵深到德国古典哲学特别是其法哲学的传统中。这种意义的马克思法哲学一直以隐性的方式存在于马克思的政治经济学批判之中，让它从隐性存在中呈现出来，也是顺理成章、不假外求的事情。前文说到马克思的政治经济学批判实质是用政治经济学的方法回答法哲学的问题，仅凭这一点就可以判定马克思的法哲学与马克思的政治经济学的关系完全是内在的，是天然生长在一起的东西：法哲学的问题不是只存在于政治经济学的"空隙"之中，而是存在于每一个政治经济学的"问题"之中。换言之，每一个政治经济学的问题，同时也是法哲学的问题，例如劳动价值论和劳动所有权，剩余价值理论和资本所有权，都是一体两面的东西。整个马克思法哲学和整个马克思政治经济学也是一体两面的。因此马克思的法哲学和马克思的政治经济学一样，本身就是自成体系的理论，而不是零散的观点，空泛的说辞，不用额外地去拼凑体系，只需要根据时代的发展和实践的需要换一个角度来阐释它，就可以完成这方面的理论建构工作。

可见本文对马克思法哲学的证明方法与学界近年对马克思政治哲学的证明方法存在着明显的区别：学界近年对马克思政治哲学的证明是一种外在性证明，本文对马克思法哲学的证明是一种内在性证明。两种证明方式的区别在于：内在性证明具有必然性，外在性证明只具有偶然性。由此可以得出结论：马克思法哲学的存在具有内在必然性。换言之马克思有一种属于他自己的法哲学，只不过马克思的法哲学内在于马克思的政治经济学批判之中，需要人们根据新的历史条件和时代需要加以细心阐发罢了。

为什么马克思说从抽象上升到具体是科学上正确的方法？

——一个学术史的考察及其启示

黄志军[*]

在《1857—1858 年经济学手稿》"导言"的"政治经济学的方法"一节中，马克思开篇便表明了对以下两种经济学方法的判断：一是从实在和具体开始，从现实的前提开始，似乎是正确的，但更仔细地考察起来是错误的；二是从抽象开始，上升到具体，即抽象的规定在思维的行程中导致具体的再现，这是科学上正确的方法[①]。这就是马克思关于政治经济学方法的一个基本判定。这里论述的篇幅不大，但是足够显明马克思政治经济学方法的特性，它贯穿于《资本论》的基本方法。在理论上，这个判断引起了诸多争议，形成了一些具有代表性的解释。今天我们要追问的是：马克思这样一个具有鲜明学术态度的判断为什么会引起如此大的争议？马克思到底是在什么意义上道明了从抽象到具体是科学上正确的方法？显然，对于这些问题的回答需要深入相关理论史、学术史中去，辨析这些争议的真正所指。具体而言，一方面，从实在和具体开始，从现实的前提开始在什么意义上是错误的，进而从抽象开始上升到具体，又在什么意义上是正确的科学方法？另一方面，马克思所指的这个政治经济学的方法是研究方法，还是叙述方法？对这两个问题的

* 作者简介：黄志军，首都师范大学马克思主义学院副教授，哲学博士。
① 《马克思恩格斯全集》第 30 卷，人民出版社 1995 年版，第 42 页。

回答恰恰构成了该理论争议的关键问题。由此，我们将进一步探讨这一科学上正确的方法对于开拓当代中国马克思主义政治经济学的启示及其意义。

一

在从抽象上升到具体的问题上，当时的苏联青年学者艾·瓦·伊林科夫的著作《马克思〈资本论〉中抽象和具体的辩证法》（1960 年）做了深入研究，并被翻译成多国语言，产生了重要学术影响。限于主题——马克思为什么说抽象上升到具体是科学上正确的方法——讨论的需要，我们在此先仅就伊林科夫在这个问题上见解做一简要梳理和评介。

关于第一个问题，即在什么意义上，从实在和具体开始是错误的，而又在什么意义上从抽象是上升到具体是科学上正确的方法，在伊林科夫看来，从具体"上升"① 到抽象和从抽象上升到具体，都是从理论上掌握世界的过程，即是"抽象思维"过程的两个互为前提的形式。这意味着这两个过程都以对方为对立面，并在这种对立中才能实现统一。"如果没有自己的对立面，没有从具体上升到抽象的过程，那么从抽象上升到具体的过程便会成为某个地方未加批判地现成借用来的各种稀薄抽象的纯粹经院式的凑合。反过来说，如果由具体导致抽象的过程是盲目的，碰运气的，缺乏明确的、总的研究思路，缺少假说，那也不可能和一定不会产生理论。那只会造成一大堆杂乱无章的稀薄抽象。"② 伊林科夫的这一说法很容易让我们想起康德的那句名言：没有内容的思想是空洞的，没有概念的直观是盲目的。也就是说，如果没有后一过程即从抽象到具体，那么第一过程"从具体到抽象"就是盲目的；但是如果没有前一过程即从具体到抽象，那么后一过程就是空洞的，不可能达致具体，此时的具体不可能是具体总体，而是空洞总体。从这个意义上说，马克思不是已经阐明了二者的关系了吗？即如果只是停留于从实在和具体开始上

---

① 内田弘用的"下降"。

② ［苏］艾·瓦·伊林科夫：《马克思〈资本论〉中抽象和具体的辩证法》，孙开焕、鲍世明译，山东人民出版社 1993 年版，第 104—105 页。

升到抽象的阶段，没有进一步进展到从抽象到具体的阶段，那么这就是错误的。而从抽象到具体只有放在整个思维把握具体的过程中才是科学上正确的方法。那么为什么马克思会在区分两种方法之后，单独再次指认第二种方法才是科学上正确的方法呢？难道在思维把握具体的过程中，从实在和具体开始也是错误的吗？

这正是让伊林科夫感到困惑的问题，他认为不是马克思没有考虑这两个过程的辩证关系，从而提出从抽象到具体是正确的科学方法，而是马克思充分认识到了这种辩证关系，但依然指认它为唯一可能的和正确的科学方法。于此，他认为马克思提出这样的一个判断，根本原因在于马克思对辩证法的科学理解，即"辩证法（不同于折衷主义）不是按照'从一方面，从另一方面'的原则进行推论的，而在任何情况下总是指出决定的，占主导地位的方面，指出对立统一物中在当前成为主导的、决定的东西那一要素。这就是辩证法原理。"① 根据对这一原理的理解，伊林科夫认为所谓具体、抽象这些思维自身的运动过程中特有的阶段，从具体到抽象，抽象并非思维的目的，进展到具体的总体才是思维的特有目的。因为在具体总体的阶段，思维才能真正把握外在于它的那个现实的具体。正如马克思所言：所谓具体总体是思维认识的结果，而非起点，尽管在现实中它是起点。在这个意义上，抽象只是理论过程中的一个阶段，进而从具体到抽象也仅是表现为思维的总过程中从属的、暂时的因素。对于辩证法来说，暂时性地因素并不具备自身独立的地位和意义，它是过渡阶段，是思维完成从现实的具体到思维的具体的过渡阶段。当然，马克思不是把这两者并列来看，而是认为从抽象到具体才占主导地位的阶段，起着主导作用，而从具体到抽象的过程是次要的，从属的。由此，伊林科夫就在辩证法的意义上对马克思的这一主张提出了自身独到的看法。

在辩证法的意义上，伊林科夫主要是从由具体和抽象构成的两个过程的对立统一方面，并把他们看作思维运动过程中两个矛盾的方面，即从抽象到具体是主要矛盾方面，起主导作用，而从具体到抽象是次要矛盾方面，起次要作用，由此认为马克思才会判断从抽象上升到具体是科

① ［苏］艾·瓦·伊林科夫：《马克思〈资本论〉中抽象和具体的辩证法》，孙开焕、鲍世明译，山东人民出版社 1993 年版，第 105 页。

学上正确的方法。伊林科夫的这个解释确实很有见解，因为从具体到抽象和从抽象到具体本身就是辩证法的一个完整过程，但是为了解释马克思这一判断，他又从辩证法的原理来解释这两个方面的基本定位。我们可以将其称为"辩证法的解释方案"。

与伊林科夫的"辩证法的解释方案"不同，日本学者内田弘指出马克思所指认的科学上正确的方法即从抽象上升到具体的方法，源于斯密在《国富论》中使用的叙述方法。他在《新版〈政治经济学批判大纲〉的研究》（1983 年）中通过回到配第和斯密的方法研究对第一个问题做出了自己的解释。他认为"斯密展开体系的方法继承了欧洲学术史上的正统方法，马克思对此做出了肯定，并继承了这种方法，马克思的经济学叙述方式是斯密的上向法"①。诚然，与上向法（从抽象上升到具体）相对而言的是下向法（从具体下降到抽象）。前者是处于 18 世纪英国资本主义完成原始积累进入产业革命前夜的斯密所使用的方法，而后者是以配第为代表的 17 世纪的经济学叙述方法。在其著作中，内田弘从理论体系和经济理论两个方面具体分析了这两种方法的区别。

首先是理论体系方面，配第的《政治算术》从"英国怎样才能握有欧洲的霸权"入手，比较了英国和法国、荷兰的国力，进而探讨了人口、领土、位置、产业和军事力量等要素对提升国力的具体影响，最后得出必须完成更多的货币积累是国力提高的基本指标。这样就形成了"国力比较论—国力增强论—财政论—产业振兴论—积累劳动雇佣论"的理论体系。显然，它"是从具体的整体（人口、领土等国力的条件）开始，推理到抽象的范畴（货币）的'下向体系'，从对社会热点问题的关系逐渐变成理论范畴的设定"②。这也就是马克思在"政治经济学的方法"中所论述的 17 世纪的经济学家的方法论特征，即他们总是从生动的整体，从人口、民族、国家等出发，最后总是从分析中得出一些具有决定意义的抽象的一般关系，如分工、货币和价值等。显然，马克思在这里实际上所指的就是配第的经济学方法。

---

① ［日］内田弘：《新版〈政治经济学批判大纲〉的研究》，王青等译，北京师范大学出版社 2011 年版，第 58 页。

② ［日］内田弘：《新版〈政治经济学批判大纲〉的研究》，王青等译，北京师范大学出版社 2011 年版，第 56 页。

接下来内田弘分析了斯密运用上向法即从抽象到具体的上升法所完成的《国富论》的理论体系。斯密从单纯的规定性开始，最后终结于具有各种规定性的具体总体，即从分工论开始向资本积累论上升，进而逐步展开自己的经济理论（第一、二编），接着是以作为理念的市民社会的经济状况为基准，讨论了致使欧洲出现扭曲的产业结构的历史、政策和学说（第三、四编），在第五编论述了国民财富的使用方式，即拿出一部分剩余生产物作为市民国家的财源，用于国防、治安和公共事业，以此保护市民社会的自由、平等、所有权和安全等。简言之，斯密的体系是"市民社会的理论（第一、二编）——史论（第三编）——时论（第四编）——市民国家理论（第五编）"①。这和马克思所指出的：一旦劳动、分工、需要和交换价值等范畴被抽象出来，进而上升到国家、国际交换和世界市场的各种经济学体系就开始出现了，其实指的就是斯密的这种叙述方法。

其次是经济理论方面，在内田弘看来，配第的理论从人口、国家等整体出发，但仅终结于货币等抽象范畴，得出了财富就是货币的结论。也就是说，配第在抽象出货币积累之后，对于如何增强英国的国力并没有继续展开，似乎这是一个起点，而非终点。与此对照的是，斯密把财富从流通中解放出来，放在生产中来理解，由此他从分工开始，描绘了生产—交换—分配—消费＝再生产的不断上升的过程。换言之，斯密从抽象范畴出发，即从分工和交换出发来探讨增进国家财富的真正原因，展开了一个从分工劳动向市民国家发展的理论体系。

以上内田弘回到配第和斯密的经济学说当中，对马克思所涉及的两种方法做出的理论比较和分析。简要说来，他认为马克思说这一科学的正确方法是在斯密的经济学方法意义上来讲的，它是对配第方法的扬弃，是从《政治算术》到《国富论》的发展。当然，言外之意是从抽象到具体是以从具体到抽象为前提和基础的。没有从具体到抽象的下降过程，自然就没有从抽象到具体的上升过程。但是仅仅停留于第一个过程的抽象是错误的，它必须要上升到具体的总体，这才是科学的正确方法。从思维把握具体的进程来说，伊林科夫和内田弘抓住了从具体到抽象和从

---

① ［日］内田弘：《新版〈政治经济学批判大纲〉的研究》，王青等译，北京师范大学出版社2011年版，第57页。

抽象到具体的辩证关系，也就是说从实在和具体出发到抽象这个过程并不能简单被判定为错误的，它在整个思维进程中占据着基础性的位置，但是如果仅仅停留于此，那么它就是错误的。进而它需要被从抽象到具体这后一个过程所扬弃，才能获得它的意义，在这一意义上，从抽象到具体才是科学上正确的方法。说到底，马克思并非将两者割裂开来指认这种科学上正确的方法，而是站在黑格尔的"真理是全体"的意义上做出这一判断，而非简单抛弃从具体到抽象这一过程。强调这一点无非要为"从具体到抽象"这一过程在思维把握总体具体的过程中的地位"正名"。只承认从抽象到具体，进而蔑视从实在和具体发出，只会导致教条化，无法将科学原理和实际情况结合起来，更无法对活生生的现实的具体做出新的判断，从而就会使原理陷入停滞和谬误。我们在此将伊林科夫从哲学原理的角度和内田弘从经济学分析的角度结合起来考察马克思这一判断，也是意在阐明在理解该判断时应将其放置在政治经济学的具体语境中来理解马克思的本意。

值得指出的是，伊林科夫从主次要矛盾原理看待从具体到抽象也是值得商榷的。他的这一阐释本意上看似无懈可击，但是我们认为把从具体到抽象看作是次要的矛盾并不符合马克思的原意。对于历史唯物主义的方法论来说，从实在和具体开始是决定性的，也是基础性的。在《德意志意识形态》中的，马克思恩格斯多次表明这一观点，比如他们认为德国哲学的考察方法是从意识出发的，把意识看作有生命的个人，而历史唯物主义的方法是一种符合现实生活的考察方法，它从现实的、有生命的个人本身出发，把意识仅仅看他们的意识。"这种考察方法不是没有前提的。它从现实的前提出发，它一刻也不离开这种前提。它的前提是人，但不是处在某种虚幻的离群索居和固定不变状态中的人，而是处在现实的、可以通过经验观察到的、在一定条件下进行的发展过程中的人。"[1] 这一方法论原则同时也被贯穿在了政治经济学方法中，在《大纲》的导言中，马克思批判黑格尔的方法陷入了幻觉，并明确指明他和黑格尔方法的根本区别，即黑格尔把实在理解为自我综合、自我深化和自我运动的思维的结果，而马克思认为从抽象上升到具体的方法，只

---

① 《马克思恩格斯文集》第 1 卷，人民出版社 2009 年版，第 525 页。

是思维用来掌握具体、把它当作一个精神上的具体再现出来的方式。但这个过程决不是具体本身的产生过程。他举例说："最简单的经济范畴，如交换价值，是以人口即在一定关系中进行生产的人口为前提的；也是以某种家庭、公社或国家等为前提的。交换价值只能作为一个具体的、生动的既定整体的抽象的单方面的关系而存在。相反，作为范畴，交换价值却有一种洪水期前的存在。"① 这样的原则性表述还有很多，不必再一一举例说明。由此可见，马克思政治经济学方法论的前提是承认从现实的、具体的存在出发，而黑格尔的方法论是从观念和抽象出发的。就这一点来说，我们并不全部认可伊林科夫的解释，即把从具体出发上升到抽象看作次要的。从这个意义上与其说它是次要的，不如说是前提和基础，而从抽象上升到具体则是构建政治经济学理论体系的真正方法。

而内田弘把马克思和斯密的方法近乎等同起来也是值得商榷的。罗森塔尔在《马克思"资本论"中的辩证法问题》中就曾对此做了深入分析，他认为马克思说科学方面的正确的方法是从抽象上升到具体的方法，恰恰是专门针对斯密和李嘉图以及其他资产阶级经济学家的，因为他们在自己的研究中不能彻底地贯彻这个方法，并且把抽象的关系和具体的关系混为一谈，从而造成他们的经济学理论的大错特错，使得他们不能解决资本主义政治经济学中最重要的问题。在罗森塔尔看来，斯密和李嘉图也遵循着从抽象到具体的方法，建立起自己的经济学体系，如斯密从劳动分工、价值、货币开始，进而转到地租、资本的积累等；李嘉图也从抽象上升到具体的道路建构了自身的理论体系，从价值到地租、工资、利润和世界贸易等等。"可是斯密和李嘉图不能了解抽象和具体间的真正的相互关系，不能了解某些规定的抽象的普遍关系与在现实生活中直接出现的较具体的关系间的真正的相互关系。"② 例如价值与生产价格、价值与地租、剩余价值与利润之间等的真正相互关系。他认为其根源在于这些资产阶级经济学家不能彻底从抽象上升到具体的原则，而只有靠这个原则才能够在意识上重现出作为活生生的具体的整体的现实。由此

---

① 《马克思恩格斯全集》第30卷，人民出版社1995年版，第42页。
② ［苏］罗森塔尔：《马克思"资本论"中的辩证法问题》，生活·读书·新知三联书店1957年版，第287—288页。

可见，马克思所指的科学上正确的方法，一方面来源于对斯密方法的继承，另一方面又是对斯密方法的改造，而不能仅仅将其归结于马克思对斯密的"拿来主义"态度。

就这一点而言，马克思曾经评价斯密的方法，斯密带着天真的稚气，在经常的矛盾中兜圈子。一方面，他研究各种经济范畴的内部联系，或资本主义经济体系的隐藏着的结构；另一方面，他把外表上在竞争诸现象中表现出来的联系排列了出来，即把不懂科学的观察者所见到的联系，以及实际参加并关心资本主义生产过程的人所见到的联系，完全同样地排列了起来。在这两种理解方法中，有一种渗入了内部联系，即渗入到资本主义体系的生理上去了；而另一种只不过是把外表上在生活过程中显露出来的事物，照它所显露和表现的形态，加以描写、分类、讲述，并且把它归纳在一个多少系统化的观念定义之下。在斯密的著作中，这两种方法不仅是毫无拘束地相互并行着的，而且是相互交错着的，相互矛盾着的。从这个意义上来说，马克思洞见到了斯密方法中的矛盾，而这一矛盾正是因为斯密对具体和抽象关系的原则贯彻不彻底导致的。对于从具体到抽象和从抽象到具体的理解及其运用是区分马克思和斯密方法的根本原则。

二

关于第二个问题，即马克思所指认的从抽象到具体的方法到底是研究方法，还是叙述方法？伊林科夫的基本观点是坚决反对把它当作叙述方法来理解。针对当时的理论界把马克思的这一方法当作是叙述方法的观点，并把研究方法和叙述方法对立起来的看法，他认为如果这是事实的话，那么从抽象到具体的方法对于理解马克思的研究方法，理解马克思用来加工直观和表象材料的方法便不能提供任何有益的东西。"这样，马克思的'研究方法'不应当在分析《资本论》的基础上来复原，而应当在考察马克思的各种手稿、摘录、草案以及他在最初直接了解经济事实的过程中浮现在脑中的各种想法的基础上来加以复原。"①

在他看来，虽然马克思在形式上区分过研究方法和叙述方法，但是他认为这样的区分根本不涉及思维方法的实质，即根本不涉及把直观和表象材料加工为概念的方法实质。因为马克思无论是材料加工的阶段，还是将其上升到概念的阶段，所用的方法都是辩证法，是从抽象到具体的方法。在伊林科夫看来，马克思的在政治经济学中所用的叙述方法只不过是"经过修改"的研究方法，它是消除了一切暧昧的因素，表现为纯粹形式的、循序渐进的，不受偶然性和离题议题干扰的研究方法，是完全符合研究客观规律的方法。至于所谓的阐述（叙述）以及展开阐述（叙述）的方法，实际上就只能被理解为"叙述的文风"，从本质上来说，这同思维、认识和研究方法的深化无关。正如他所言："要证明从抽象上升到具体这一研究事实的方法是正确的，是不能依据研究材料的进程在历史上所经历的顺序的。这种方法所反映的是客观上正确的，同对象相符合的认识在理论家的意识里凝固下来时所形成的那种顺序。而不是现实的某些方面由于某种原因而唤起理论家注意并进入科学视野时所形成的那种顺序。"②

与伊林科夫不同，W. 维戈茨基认为马克思所指认的从抽象到具体的方法是政治经济学的叙述方法，而从具体到抽象的方法则是研究方法。他认为要把两者区分开来，从具体到抽象是研究方法，根本不适合于叙述方法，同理从抽象到具体是叙述方法，根本不适用于研究方法③。其根据在于马克思在《资本论》第一卷第二版跋中的论述："当然，在形式上，叙述方法必须与研究方法不同。研究必须充分地占有材料，分析它的各种发展形式，探寻这些形式的内在联系。只有这项工作完成以后，现实的运动才能适当地叙述出来。这点一旦做到，材料的生命一旦在观念上反映出来，呈现在我们面前的就好像是一个先验的结构了。"④ 与此

① ［苏］艾·瓦·伊林科夫：《马克思〈资本论〉中抽象和具体的辩证法》，孙开焕、鲍世明译，山东人民出版社 1993 年版，第 109 页。

② ［苏］艾·瓦·伊林科夫：《马克思〈资本论〉中抽象和具体的辩证法》，孙开焕、鲍世明译，山东人民出版社 1993 年版，第 113 页。

③ W. 维戈茨基：《〈政治经济学批判大纲〉中的研究方法和叙述方法的交织》，载《马克思恩格斯研究文集》，哈雷出版社 1979 年版，第 9 辑。参见《马克思主义研究资料（1857—1858 年经济学手稿）》第 5 卷，中央编译出版社 2014 年版。

④ 《马克思恩格斯文集》第 5 卷，人民出版社 2009 年版，第 21—22 页。

相关但不同的观点是：W. 雅恩和 D. 诺斯克认为，对于马克思主义政治经济学来说，不论是研究，还是叙述，实质上都是从抽象到具体的上升过程。而从具体到抽象，只是政治经济学形成过程曾经起过作用的方法，后来被科学上正确的方法即从抽象到具体给取代了①。可见这里争论的所谓研究方法和叙述方法，事实上与第一个问题也息息相关。

对此，G. 法比翁克认为这两种观点都是不确切的，并且容易引起对马克思思想的误解。其主要原因在于这些观点都把马克思的政治经济学方法中的具体和抽象的关系，同研究方法和叙述方法的关系过于紧密地联系在了一起。言外之意在于，两者确实存在一些紧密的联系，但是这两个关系所指向的内涵也是不一样的，从而其联系和区别也必须给予明确的说明，而不能将它们混沌地缠绕在一起，或者直接混淆在一起。G. 法比翁克指出：一方面，从具体到抽象和从抽象到具体的问题是政治经济学的认识发展过程和理论展开过程中的两条道路和两种方法。这相当于马克思在《大纲》导言中对配第和斯密的方法做出的区分，内田弘也是在这个意义上展开阐释的。在法比翁克看来，抽象和具体的关系问题关涉的是政治经济学的合乎规律地逐步前进的认识过程。这两条道路和两种方法如同归纳和演绎、分析与综合、逻辑与经验一样，都是唯物辩证法不可分割的辩证统一过程。可以说，这是他的基本观点。另一方面，政治经济学的研究方法和叙述方法是具体和抽象关系问题的派生性问题，即前者是形式上的联系问题，后者是内容上的规定问题。研究和叙述可以在空间和时间上彼此远远分开，但是具体和抽象的关系问题不能分割。G. 法比翁克严肃指出："从根本上来说，马克思的政治经济学理论形成方法的两个方面……无论是在研究中或在叙述中都起着重要的作用，因此，由于客观必然性的原因，无论在政治经济学有关研究对象的唯物辩证的研究中，或在唯物辩证的叙述中，都必定交织使用。"②

---

① W. 雅恩、D. 诺斯克：《卡·马克思的 1850—1853 年伦敦笔记中的研究方法的发展问题》，载《马克思主义研究资料（1857—1858 年经济学手稿）》第 5 卷，中央编译出版社 2014 年版。

② G. 法比翁克：《从具体上升到抽象和从抽象上升到具体是唯物辩证法的不可分割的统一过程》，载《马克思主义研究资料（1857—1858 年经济学手稿）》第 5 卷，中央编译出版社 2014 年版。

　　简要来说，法比翁克的基本观点在于：在唯物辩证法的视域中，无论是对对象的研究，还是对对象的叙述，从具体到抽象和从抽象到具体都这两条道路和两种方法都必定会交织使用，而不是被人为地切割。尽管在客观上存在以下情况：在研究中，从具体到抽象占优势，而在叙述中，从抽象到具体占优势。实际上，在研究中要充分地占有材料，分析它的形式，并探寻形式之间的联系时，难道运用从具体到抽象的方法就够了吗？为了充分地占有材料并考察各形式之间的内在联系（注意是充分的和内在的），就必须也经历从具体到抽象，再从抽象到具体的过程，只有这样，材料才能被充分占有，内在的联系才能被探寻。否则，我们怎么知道该取舍哪些材料，哪些是内在联系和外在联系呢？做出这些判断，只有借助于抽象和具体的反复过程。同理，这两种道路和两种方法在叙述中也是必须交织在一起才能构成科学上正确的方法。

　　关于马克思指认从抽象到具体才是科学上正确方法的判断，法比翁克认为马克思的这一判断使诸多研究者迷失了方向。他指出马克思之所以这样做，并不像雅恩和诺斯克所认为的那样，是因为马克思想否定那个必然出现在先的和在进一步发展中仍须不时经历的第一条道路，也就是政治经济学的思维从具体、从思想上多少还未加整理的混沌的整体上升到抽象的道路。想把这条道路说成是多余的或甚至是"不科学的"，倒不如说，马克思所以这样做，是因为只有通过这第二条道路才能达到取得政治经济学认识和建立政治经济学理论的目的，而不是机械地将二者加以割裂开来，并以第二条道路取代第一条道路。可以说，这两条道路无法相互取代，它们作为政治经济学的方法，内在地构成其方法论原则。只是在建立理论体系时，采取何种道路才是科学的，才是马克思这一判断应具有的含义。

　　以上论述表明，关于研究方法，还是叙述方法的争论，并不是简单地将它们对立起来，进而指出从具体到抽象是研究方法，而从抽象到具体是叙述方法就可以把握马克思的政治经济方法的。当马克思做出研究方法和叙述方法的区分时，他事实上也并没有将抽象与具体的关系介入进来，这一点正是造成后来诸多大相径庭的阐释的重要原因。伊林科夫着重强调从抽象到具体是研究方法，而 W. 维戈茨基却认为是叙述方法，

W. 雅恩和 D. 诺斯克则认为无论是研究方法，还是叙述方法都是从抽象到具体的过程，但 G. 法比翁克则与上述看法都不同，他似乎看得更辩证一些，即认为一方面不能把研究和叙述方法与抽象和具体的关系混淆起来，另一方面，无论是在研究中，还是在叙述中，事实上都会用到从具体到抽象和从抽象到具体的方法，这两种道路和方法都会在研究和叙述中被交织使用，否则思维无法科学地把握具体事物。

其实对马克思的政治经济学研究来说，从抽象上升到具体仅仅是思维把握具体的一种方式，是在精神上再现具体的一种方式。在这一意义上，无论是研究过程，还是叙述过程，事实上已经走在了精神再现的征途。否则研究就是资料的堆积和经验的描述，谈不上研究；而叙述也是记流水账罢了。但是尽管如此，也不要忘了马克思所指出的，从抽象到具体所把握的东西是思想者、理论家所处境遇中的实践世界和社会。对于现代资本主义社会的研究和社会即是如此。"把经济范畴按它们在历史上起决定作用的先后次序来排列是不行的，错误的。它们的次序倒是由它们在现代资产阶级社会中的相互关系决定的，这种关系同表现出来的它们的自然次序或者符合历史发展的次序恰好相反。问题不在于各种经济关系在不同社会形式的相继更替的序列中在历史上占有什么地位。更不在于它们在'观念上'（在关于历史运动的一个模糊的表象中）的顺序。而在于它们在现代资产阶级社会内部的结构。"① 在这个意义上，我们似乎很难把对现代资本主义社会的研究只是遵循从具体到抽象的方法，而对它的叙述才采取从抽象到具体的方法。正如法比翁克所言，这两条道路必定会在其中交织。

三

本文从学术史上对该命题做考察，其目的不仅仅在于对史料和观点的梳理，而是试图对中国特色社会主义政治经济学研究提供一些启示。众所周知，斯密的方法是从抽象出发，即从原理出发的，他的古典经济

---

① 《马克思恩格斯全集》第 30 卷，人民出版社 1995 年版，第 49 页。

学理论所试图建立的是具有普遍意义和普遍适用的原理，可以说，正是抽象掉了各个国家和民族的特殊性之后，才会达成斯密的最终目的。可以想象，斯密的原理并没有纯粹地被实现出来，现代世界的经济体系和理论是这种基本原理和特殊性相结合的产物。当然，对这种古典经济学改造和修正的诸多原理正是这种结合的理论表现。但是在斯密之后，德国也曾出现过李斯特历史学派的经济学理论，它们强调各国和各民族的特殊性，而不是从斯密原理出发的。这一点对于德国的近代历史产生过重要影响，无须赘述。马克思主义经济理论科学叙述了现代资本主义社会的经济实质，为现代社会主义的实践提供了一种前所未有的参照范式。不过，只是参照，也只是范式，真正要将它实现出来，可以说也只有经过漫长的社会实践。其中，最为重要的，不是固守一些教条和结论，而是坚守他的基本方法及其精神实质。从这一点来说，马克思认为从抽象上升到具体的科学方法也应称为我们构建中国特色社会主义政治经济学理论的基本方法论，对于不断开拓当代中国马克思主义政治经济学具有重要启示意义。根据上述对该议题学术史的考察，我们认为有以下两方面值得注意的方法论原则。

一是不断开拓当代中国马克思主义政治经济学应从秉持从当代中国的实在和具体出发，而不是从某些抽象的原理和个别结论出发。这是不断开拓当代中国马克思主义政治经济学的基本前提和基础。2015 年 11 月 23 日，习近平总书记在十八届中央政治局第二十八次集体学习时的讲话中指出，我们必须要坚持马克思主义政治经济学基本原理和方法论，"马克思主义政治经济学要有生命力，就必须与时俱进。实践是理论的源泉。我们用几十年的时间走完了发达国家几百年走过的发展历程，我国经济发展进程波澜壮阔、成就举世瞩目，蕴藏着理论创造的巨大动力、活力、潜力。当前，世界经济和我国经济都面临许多新的重大课题，需要作出科学的理论回答。"① 从方法论的角度来说，马克思主义政治经济学要与时俱进，要从实践出发，实际上就是要坚持从当代中国的经济社会发展的实在和具体出发，而不是从马克思主义经济学的个别结论和西方经济学的某些原理出发。经济问题研究总是与当时特定的政治和历史状况结

---

① 习近平：《不断开拓当代中国马克思主义政治经济学新境界》，《求是》2020 年第 16 期。

合起来的，只有在思想上，我们才能将它们分开，所以经济问题研究不可能纯而又纯。这一点就决定了某些原理的局限性。当然，不是说原理不重要，它很重要，但它在与当代中国实际相结合的意义上才能显示出其重要性和必要性。

于此，我们认为从实在和具体出发才能深入当代中国的经济发展的实践中，创造出不同于以往的经济学话语和理论。中国特色社会主义经济学理论不是凭空创造的，也不是照搬照抄经济学教科书创造的，它植根于当代中国改革开放的实践进程中。坚持以人民为中心的发展思想、坚持新的发展理念、坚持和完善社会主义基本经济制度、坚持和完善社会主义基本分配制度、坚持社会主义市场经济改革方向、坚持对外开放基本国策等中国特色社会主义政治经济学理论成果是对马克思主义政治经济学理论的重要发展。一方面，马克思主义政治经济学为中国特色社会主义政治经济学的发展提供了科学的方法论指导，从实在和具体出发即是一个基本原则。倘若离开这一原则，那么马克思主义政治经济学的基本原理和中国具体实际相结合就是空洞的。另一方面，从当代中国的实在和具体出发，不是从事无巨细的经济经验出发，而是对当代中国经济发展重大战略和重大课题的把握。正如上文所言，所谓从实在和具体出发，最终要上升到抽象，进而再次回到当代中国经济发展的具体总体中来。所以，从当代中国实在和具体出发是在从具体到抽象，再从抽象上升到具体这一辩证过程的观照下予以坚持的方法论原则。

二是不断开拓当代中国马克思主义政治经济学应秉持从抽象上升到具体这一科学上正确的方法。正如习近平总书记所言："我们要立足我国国情和我们的发展实践，深入研究世界经济和我国经济面临的新情况新问题，揭示新特点新规律，提炼和总结我国经济发展实践的规律性成果，把实践经验上升为系统化的经济学说，不断开拓当代中国马克思主义政治经济学新境界，为马克思主义政治经济学创新发展贡献中国智慧。"[1]从方法论的角度来说，从抽象上升到具体，正是提炼和总结我国经济发展实践的规律性的科学方法，借助于这一方法，我国经济发展的实践经验方能上升为系统化的经济学说。可以说，习近平总书记这一论述恰是

---

[1]　习近平：《不断开拓当代中国马克思主义政治经济学新境界》，《求是》2020 年第 16 期。

马克思主义政治经济学从具体到抽象，再从抽象上升到具体在中国特色社会主义政治经济学中的应用和实践。一方面，经济实践经验是变换的、流动的，是历史性的、时代性的，也是理论性的、实验性的，所以，对于当代中国经济实践经验的把握，就不得不借助于科学的方法，将其上升至规律的层面。另一方面，对当代中国经济发展实践的抽象会得出符合时代的经济话语和理论表达，如公私合营、家庭联产承包制、社会主义市场经济等具有当代中国特色的经济范畴。所谓中国特色社会主义政治经济学是对马克思主义政治经济学的发展，也就是借助从抽象上升到具体这一科学上正确的方法将当代中国经济发展实践提升为科学理论，从而补充和发展马克思主义政治经济学理论。

此外，要使中国特色社会主义的经济学理论被世界所理解和接受，就必须接受从抽象上升到具体这一科学方法。各个国家和各个民族虽然经济状况不同，但是要相互理解就必须立足于普遍适用的方法之中，而不是自说自话。所谓自说自话，其实最为根本的是方法上的互不相认。这意味着在研究和叙述中国特色社会主义政治经济学时应坚持这一根本的方法。"'中国道路'创造了'中国奇迹'，但如何把中国特色的改革开放及成功经验理论化、一般化，把'中国故事'讲明白、让国外学者听明白，却并非是一件很容易的事情。原因是目前流行的两大经济理论体系都难以成为构建中国特色社会主义经济理论的逻辑一致的理论分析框架。"① 该观点所指的目前流行的两大经济理论体系指的即是现代西方主流经济学和传统政治经济学。从前者难以说明为什么在我国市场经济中一定要坚持社会主义制度，而从后者则难以说明为什么在社会主义制度下必须坚持市场机制在资源配置中的决定性作用。显然，我国经济发展实践中遇到的诸多难点和重点问题都难以在这两种经济学理论中寻求答案。可以说，为解答中国经济发展的难题寻求一种现成的答案，这个设想本身就成问题。按照马克思的说法，问题本身的出现就蕴涵了它自身的答案。但是要探求这一答案需要遵循这一根本方法，即从事物本身的辩证发展过程中，通过从抽象上升到具体的方法来把握事物自身。从事物自身之外去寻求这种解答是外在的，难以彻底说服人。此外，在叙述

---

① 杨瑞龙：《新中国成立 70 年来经济学研究范式的演变与创新》，《经济理论与经济管理》2019 年第 11 期。

或讲好中国经济发展的故事方面也应遵循从抽象到具体这一方法，而不是以其他方法为参照来进行优劣比较。理性和逻辑是促进社会交流和理解的一个关键环节。在从抽象上升到具体的过程中，中国特色社会主义政治经济学的特殊性和普遍性问题必然会以合理的方式呈现出来。

从抽象上升到具体是一个纯粹的哲学方法，从形式上来说，它是辩证法的合理形式和展开方式。但是倘若这种方法离开了对特定社会历史环境和状况的运用，它就只能停留于抽象的阶段。方法论的原则只有借助于非方法的内容才能获得其自身的生命力，或者说，对特定社会历史实体的把握本身就要求去探求其内在所蕴涵的方法。所以，我们对马克思的从抽象上升到具体的这一科学方法的探讨，并不是要得出什么前所未有的发现和阐释，这一点诸如前述所言，各种理论对此早已争论不休，而是从中探求其核心要义，即一方面要重视从实在和具体出发在整个从抽象到具体的思维过程中的重要意义；另一方面要辩证地看待政治经济学研究和叙述中，从具体到抽象和从抽象到具体的相互交织运用，而不是将其截然分开。这两点对于深化当代中国的马克思主义政治经济学研究应是具有启发意义的。

资本的两种无限性及其哲学启示

——基于《逻辑学》解读《资本论》的一条路径

陈　飞*

通过黑格尔的《逻辑学》解读《资本论》及其手稿一直以来都是一个非常有吸引力的研究方法，这不仅能够从马克思的文本中找到或直接或间接的证据——马克思承认黑格尔的《逻辑学》和辩证法对《资本论》的叙事方法产生了重要影响，而且从早期的列宁和卢卡奇到当代的阿瑟、詹姆逊、内田弘等无不在某一理论层面展示了对这种方法的经典使用。在这一方法论视域中，黑格尔《逻辑学》的真无限与恶无限思想是理解《资本论》及其手稿的一条重要路径，马克思的贡献在于将黑格尔的两种无限性思想运用到对资本的病理学诊断上，但又呈现出与黑格尔的明显不同。资本的再生产过程不仅与黑格尔《逻辑学》中精神不断展开自身的真无限具有一定程度的相似性，而且还具有价值不断增殖的恶无限的特征。从黑格尔真无限和恶无限的角度理解资本抓住了其核心特征，为把握全部政治经济学批判和资本主义社会经济结构提供了一个重要线索。资本的真无限和恶无限在展开过程中使资本主义社会存在呈现出结构化、体系化的特征，相比于传统社会，这是社会结构的整体转型。从资本的无限性入手重新讨论马克思对资本结构的批判性分析具有重要的哲学意义，为理解资本运动的内在规律、资本社会的结构和拜物教的思维方式提供了重要启示。

---

* 作者简介：陈飞，重庆大学马克思主义学院副教授。

一　黑格尔的两种无限性

有限、无限及其相互关系是黑格尔逻辑学甚至是其整个哲学体系中一个非常重要的问题，对于把握黑格尔辩证法的基本特质和整体精神提供了一个极富洞见的阐释视角。有限与无限的辩证法决定了黑格尔哲学体系是一个宏大的有机整体，为重构西方哲学传统中已有的重要范畴，为把这一传统的重要思想流派纳入自己的哲学体系中提供了一个根本的方法论。黑格尔在有限和无限的辩证关系中从哲学和数学上区分了两类不同性质的无限性：真无限和恶无限。而他在数学上对无限性的大量阐释是为了证明哲学上的真无限和恶无限及其相互关系的合理性。真无限和恶无限并不是相互割裂的两种无限形式，恶无限是真无限的一个有待扬弃的环节。恶无限尽管是有缺陷的，但并不是可有可无的。两种无限性是相互依赖的，彼此预设了对方的存在，二者并不是知性的分割关系，而是典型的辩证关系。真无限尽管是恶无限的真理，但并没有取消恶无限。恶无限始终以自身的方式存在和运行，但它无法解决与有限二元分离的理论困难，因而需要求助于真无限。

黑格尔把恶无限又称作否定的无限、想象的无限和知性的无限等。黑格尔是在有限与无限的关系中定义恶无限的，他指出："某物成为一个别物，而别物自身也是一个某物，因此它也同样成为一个别物，如此递推，以至无限。"① 恶无限只是对有限事物的否定，它只是表明有限事物应该一直被扬弃，不可能有一个到此为止的终点。无限是对有限的单纯外在否定，两者是彼此分离的，仅仅是前后相随的关系。在这一无限进展的序列中，人们先设定一个限度，然后又超出这个限度，不断地把这一序列无限延伸下去，这实际上只是同一事情的重复推演。在循环往复的同一交替中，在超越界限趋向无限的进展中，会不断地出现新的界限，在界限中唤起了无限，在无限中又唤起了界限，无限进展的发条一旦开动，根本无法停止。恶无限实际上是有限化的无限，不管把无限的序列

① ［德］黑格尔：《小逻辑》，贺麟译，商务印书馆1980年版，第206页。

想象得有多么遥远，它所达到的限度始终是一种有限。恶无限只是与有限平列的无限，本身只是有限的一种，是不真实的和理想的有限。这就把无限看作有限的彼岸，有限与无限中间隔了一道永远无法跨越的鸿沟，有限始终不可企及无限，二者处于外在的对立关系中。"这个无限物有一个彼岸的固定规定，那个彼岸是不能达到的，因为那个彼岸是不应该达到的，因为那个彼岸脱离不了彼岸的规定性，脱离不了有的否定。"① 恶无限只是无定限的外延无限或纯粹无限制的无限，在连续的无限序列中并没有合成一体，因而是非闭合的，根本不具有内在统一性。

　　在对恶无限的应用性表现进行阐释的过程中，黑格尔把康德的道德"应当"看作恶无限的一个实例。这种道德"应当"坚持有限与无限的对立，二者分别属于两个不同的世界，人们的道德实践虽然可以无限地接近这种"应当"，但由于受困于有限与无限的分离，在现实的感性世界中永远无法企及。数学上量的无限增加，因果序列的无限延伸，时空序列的无限进展都是恶无限的例子。在数学上量的无限之中，人们可以追求无限大或无限小的东西，因而不可能有终点，量的进展只是一种无意义的重复。因果序列的无限性同样如此，某物在这一无限进展中被规定为原因，它作为一个有限物本身又是有原因的，这个新的原因又以他物为原因，如此等等以至无限。其中每一个环节都同样交替出现，至于从哪一环节开始，则是无关紧要的，它们都有一个共同的被否定的命运。时间之上加上时间，空间之上加上空间的恶无限"真正令人恐怖之处只在于永远不断地规定界限，又永远不断地超出界限，而并未进展一步的厌倦性"②。它们在某一时刻既是有限的又是无限的，有限是指序列进展中的任一环节都是具体的和特定的；无限是指在趋势上不断地超出特定的有限，不断地从一个有限延伸到另一个有限。因此，黑格尔形象地把恶无限比作一条直线。

　　黑格尔把有限物不断地返回到自身的无限称作真无限，"其形象是一个圆，它是一条达到了自身的线，是封闭的，完全现在的，没有起点和终点。"③ 对于真无限来说，每一个有限存在都是非充分的和易逝的，必

---

①　［德］黑格尔：《逻辑学》上卷，杨一之译，商务印书馆1966年版，第141页。

②　［德］黑格尔：《小逻辑》，贺麟译，商务印书馆1980年版，第229页。

③　［德］黑格尔：《逻辑学》上卷，杨一之译，商务印书馆1966年版，第149页。

然被另一有限取代，但整个序列并不是无边无际的，而是自身构成了一个具有无限生命的圆圈。真无限并不处于有限的彼岸，它是有限和无限的联合，存在于有限之中。如果我们想获得关于真无限的思想，就必须放弃那种直线式的无限进展序列的直观想象。真无限是自身关系的无限性，它不断地从别物中返回自身，把别物或者说那些表面上的障碍看作自身发展的一个内在环节，而不像恶无限那样把别物看作需要超越的偶然碰到的外部障碍。在真无限中，一切环节都是相互依赖和相互转化的，每一环节都处在和其他一切环节的特定关系中，或者说真无限就是各个环节的自我关联。真无限的要素和环节都是有限的，但作为全体却是无限的和永恒的。从真无限的角度看，绝对精神并不是世界之外的存在，而是作为世界的实体把世界包含在自身之中。绝对精神并不是在有限世界之外推动自然或人类历史的发展，而是把一切有限存在当作自身展开过程中的不同环节，它是自身的界限。黑格尔《逻辑学》的自我关联的诸范畴成为真无限的证明，或者说真无限是范畴自身运动的真理。真无限意味着黑格尔自觉到西方传统哲学对无限理性的渴望与追求，真无限的精神原则实际上是无限理性展开自身的原则，就是理性自己产生、展开、限制自己的原则。

真无限是一个整体，作为不断变化的有限物的整个系统，系统的各个环节是内在地相互关联的，每一部分只有在与其他部分的相互关系中才可以得到准确的理解和定位。对于无限整体与其环节的关系，黑格尔指出："每一环节都事实上自己显示出在本身中有它的对立面，并且在对立面中与自己融合在一起；所以肯定的真理是这种自己运动的统一，是两种思想的总括，是它们的无限性，——是自身关系，但不是直接的，而是无限的自身关系。"① 真无限作为一个由相互对立的各个环节构成的整体系统是无限进展的动态结构，它既是一个整体，又是一个过程。真无限虽然呈现为闭合形式，但不是单调的重复和简单的往复循环，而是一个内容不断丰富的发展过程。在康德式道德的恶无限中，无论前进到多么遥远，都还是离道德目标有无限的距离，而黑格尔对真无限的勾画强调的主要是对有限和部分的吸纳，强调的是某物向他物转变仅仅是自

① ［德］黑格尔：《逻辑学》上卷，杨一之译，商务印书馆1966年版，第153页。

身的一种进展，确切地说，是在返回自身。然而，真无限作为一个有限物的整体和动态结构，在有限物自己构成自己的过程中，使自己越来越丰富，越来越具体，从而实现逻辑层次的跃迁。

从深层的社会根源来看，黑格尔的无限性思想以哲学的方式表征了资本主义社会的基本存在状况。一方面，资本的无限欲望、剩余价值的不断积累、需要和手段的无限增长、无止境的交换和消费等既是资本主义生产方式的内在要求，又符合恶无限的形式。"社会状况趋向于需要、手段和享受的无穷尽的殊多化和细致化。"① 需要和享受都是无限前进的东西，根本没有完成的时候，因为每一次满足又重新引起新的欲望。黑格尔的恶无限思想表征了商品经济取代自然经济之后时代精神的变化：普遍理性、伦理总体性、生活世界统一性的瓦解和消失之后，对利润、需要和享受的无限追求成为新的时代精神。另一方面，资本在不断扩张的过程中，不仅发展为不同的表现形式，而且把社会现实的不同方面都纳入自身运动的轨道之中，构成了一个自我封闭的整体，这又符合黑格尔真无限的形式。资本构建了一个相互关联的世界，在其中任何环节都不是毫不相关的，而是组成了一个内在关联的自我再生产体系。黑格尔以哲学思辨的方式表征了资本主义的时代精神和存在方式，这是马克思视野中的黑格尔哲学。正是借助于黑格尔的无限性思想与社会现实的关系，马克思对资本的真无限和恶无限进行了病理学诊断，为把握资本的根本特征提供了一个有效路径。

二　资本的真无限性

黑格尔认为，真无限的本质在于精神自己展开自己，并发展出自身的各种不同形式。这些精神形式之间的关系并不是外在的，而是由精神自身再生产出来的，因而是自我相关和自为存在的，从而具有自主性的特征。资本在自身循环的过程中把商品、货币、利润、利息、地租等一切经济形式都看作自身的环节或要素，它们都是资本在某个阶段或领域

---

① ［德］黑格尔：《法哲学原理》，范扬、张企泰译，商务印书馆1961年版，第208页。

的表现形式。资本并不能直接等同于它的表现形式，而是统一性的存在，它表现为一个自我相关的整体，在不断循环中得以持存。资本在循环过程中不断地将自己变为另一个存在，并在另一个存在中识别自身，因而是自我相关的，具有黑格尔意义上的真无限的特征。"在超越自身的过程的每一阶段上，资本的既定形式只是返回到它的另一种形式，并且既然整体运动形成一个循环，那么，在穿过每个阶段时，它都始终保持着自身，因此资本在其运动中达到真无限。"① 如黑格尔的真无限一样，资本循环也可看作一个圆形，没有起点和终点，不断地返回自身。资本的循环和流通一直保持在自己建构的运动轨道之中，其分离只是内部要素的暂时更替，其关系只是自身内部的不同部分之间的关系。因而，资本是封闭的，它的一系列运动形式都是其自身展开自己、丰富自己的形式。

　　资本逻辑就是一个自我规定和自我联系的整体，资本的所有存在形式都能够在循环运动中内在地关联在一起，甚至具有把社会生活中的一切要素吸纳到自身之中的趋势。马克思在《资本论》中明确地把资本的特征刻画为自我运动和自我关联的实体，这样的实体不断地从一种形式转化为另一种形式，因而是一个自动的主体。"价值不断地从一种形式转化为另一种形式，在这个运动中永不消失，这样就转化为一个自动的主体。如果把自行增殖的价值在其生活的循环中交替采取的各种特殊表现形式固定下来，就得出这样的说明：资本是货币，资本是商品。但是实际上，价值在这里已经成为一个过程的主体。"② 在这里，马克思把资本的核心特征与黑格尔的精神概念关联起来，资本具有黑格尔赋予精神的某种属性，资本既是实体又是主体。资本在自身的循环运动中不断地产生其潜在可能性并实现于自身之中，因而资本的内容越来越丰富，结构越来越复杂，新的生产力、新的劳动方式和新的产品不断地融入其中。资本在某种程度上可以看作绝对精神的现实化，在《精神现象学》中，作为真无限的绝对精神是生命的灵魂和世界的本质，是自身运动的绝对非静止性，它的运动行程不是一切差别、分裂等外部障碍所能阻断的，毋宁说，它本身就是不断区分为各种差别并将这些差别纳入自己运行的

---

　　① ［英］阿瑟：《新辩证法与马克思的〈资本论〉》，高飞等译，北京师范大学出版社2018年版，第158页。

　　② 《马克思恩格斯全集》第44卷，人民出版社2001年版，第179—180页。

轨道之中。

　　资本的真无限特性在《资本论》第二卷"资本形态变化及其循环"中很好地表现出来。马克思把资本循环的本质进行了如下概括："过程的所有前提都表现为过程的结果，表现为过程本身所产生的前提。每一个因素都表现为出发点、经过点和复归点。"① 资本循环过程依次经过三个环节，分别采取三种不同的资本形式。资本持续经历了购买、生产和销售这些不同阶段的形态变化。资本循环链条的第一个环节是用货币购买生产资料和劳动力，在这里货币表现为预付资本的形式，然而并不是所有货币都是资本循环中的一个环节，货币职能转化为货币资本取决于它与资本循环的其他阶段的联系。当货币资本购买生产资料和劳动力之后，货币资本暂时退出了资本循环。资本循环开始进入第二个环节即劳动力和生产资料按照一定组织方式进行生产性消费，生产资本是创造新的产品和价值的资本形式，是会生出剩余价值的价值。资本作为自行增殖的价值，其根本特征就体现在这一环节，它的不断增大成为保存自身的一个条件。资本循环的第二个环节的结果是生产出包含剩余价值的商品，由此资本循环进入第三个环节即商品的售卖环节，资本采取商品资本的形式。商品资本在整个资本循环过程中具有特殊的重要地位，它是把包含剩余价值的商品转化为货币的转换器。商品资本不仅表现为前两个循环的结果，而且表现为它们的前提，因为只有商品资本充分在流通中实现出来才能购买新的生产资料和劳动力，从而使循环持续下去。马克思把资本循环看作货币资本循环、生产资本循环和商品资本循环的统一，每一个单独的循环都是一个总体，它的顺利进行都以其他形式的循环为前提。资本表现为一个自我运动的价值，它经过一系列互为前提、互相联系的转化，形成了资本循环总过程的一系列阶段。在循环过程中，资本不断地自我变换和自我中介，不断地再生产自身，因而具有真无限的特征。

　　《1857—1858年经济学手稿》"导言"对生产、分配、交换和消费之间内在关系的论述也很好地体现了资本的真无限特性。马克思指出：由资本支配的生产、分配、交换和消费"构成一个总体的各个环节，一个

① 《马克思恩格斯全集》第45卷，人民出版社2003年版，第116页。

统一体内部的差别……不同要素之间存在着相互作用。每一个有机整体都是这样"①。生产、分配、交换和消费这四个经济范畴虽然从外在层面看是独立并列在一起的，但实际上是内在有机地关联着的。马克思首先批判了古典政治经济学家只是用逻辑术语建构了这四个范畴的联系，他们把生产看作一般，把分配和交换看作特殊，把消费看作个别，全体由此结合在一起。在马克思看来，这只是一种肤浅的联系，实际上是对这四个环节的拆分和割裂。他在分别考察生产与消费、生产与分配、生产与交换或流通之间的关系之后，得出两点结论：一是生产应该被视为一个有机的总体；二是生产作为这个总体中的一个特殊环节支配着其它环节。然而，生产的支配地位既没有取消其他经济环节的重要性，也没有取消它们对生产的影响。消费的方式和过程、分配的关系和结构、流通的范围和速度等，都是联合起来规定生产的重要因素。生产不仅生产出消费对象、消费方法、分配关系和交换关系，而且劳动产品的分配、消费和交换又再生产出生产的前提。在资本的支配下，上述四个经济环节之间相互作用，构成了一个自我中介和自我关联的闭合总体。

黑格尔的真无限思想虽然对马克思把握资本的本质提供了一个有效路径，但是我们应该清楚的是这种影响的限度。黑格尔把巴门尼德的存在作为哲学的起点，感受到了思想回到纯粹精神家园的亲切感，把纯粹思想作为运动的主体和实体，让纯粹思想自己运动起来。在中介化的自我运动中，思想不断地由抽象的同一性跃迁到具体的同一性，其逻辑学则描述了纯粹思想自身的运动所经过的一系列必然环节。黑格尔的真无限意味着思想内涵在逻辑层次上不断跃迁，最终在绝对精神那里达到完满，是一个具有目的论特征的不断上升的圆环。在资本不断自我运动的循环体系中，一是资本虽然不断地自我中介和自我关联，进而衍生出各种存在形式，这些资本存在形式在经济结构中具有不同的位置，承担不同的功能，然而这只是资本在水平方向上的展开，并没有在逻辑环节上不断地上升。资本循环的真无限的结果是资本的无限增殖，而黑格尔纯粹思想运动的真无限的结果是绝对精神。二是资本循环虽然经过一系列自我相关的环节，但是并不具备纯粹思想运动的逻辑必然性，而是会时

① 《马克思恩格斯全集》第30卷，人民出版社1995年版，第40—41页。

不时地出现危机和中断。在作为总体的循环过程中，资本的某个环节凝固下来而无法发生形态的变化，中断由此发生。"如果资本在第一阶段G—W停顿下来，货币资本就会凝结为贮藏货币；如果资本在生产阶段停顿下来，一方面生产资料就会搁置不起作用，另一方面劳动力就会处于失业状态；如果资本在最后阶段 W′—G′停顿下来，卖不出去而堆积起来的商品就把流通的流阻塞。"① 与黑格尔纯粹思想自身运动的逻辑必然性不同，资本的循环运动存在着多种中断的可能性。

三　资本的恶无限性

　　资本的真无限意味着资本在循环运动中构成了一个自我相关的总体，这一总体开始于商品形式，经过一系列不断变化的形式，最终把一切经济要素都吸纳进商品形式之中，从而形成一个闭合，完成了自身。资本是一个自我规范的主体，它有自身的内在机制，这个机制通过价值运动把劳动、工资、价格、利息、利润、地租等一切表面上孤立的经济规定，统一为一个相互依赖的具有内在必然性的有机总体。资本真无限的辩证法展示了资本自我循环的结构，这一结构甚至在没有外部干预和指导的情况下仍然能够不断地增殖自身，而且这种增殖是没有限度的。"资本在其循环中是自我指涉的，且将自身关联于自身，即真正的无限。但与此同时它的发展螺旋有助于纯粹的量的增长。它只能作为更多的自身获得发展。"② 在资本的自我循环中，真无限与恶无限混合在一起了。资本通过不断地在循环中回归自身的真无限的方式实现量的无限积累即一种典型形态的恶无限，恶无限成为资本真无限的宗旨和目标，真无限不过是一种手段。这与黑格尔的真无限与恶无限的辩证法思想具有显著差异。对于黑格尔而言，思想的真无限意味着它是自我持存和自我规定的实体，从最初的抽象存在出发，经过一系列的扬弃环节，迫使它超出自身以吸纳其他范畴，大圆圈不断地涵盖小圆圈，最终在绝对精神那里达到完满。

① 《马克思恩格斯全集》第45卷，人民出版社2003年版，第63页。
② ［英］阿瑟：《新辩证法与马克思的〈资本论〉》，高飞等译，北京师范大学出版社2018年版，第170页。

恶无限与真无限属于两个不同的思维层次，恶无限会在外延上不断地延伸下去，没有一个到此为止的终点，是否定的无限或知性的无限，恶无限是需要被扬弃的思维形式。

黑格尔的恶无限在《资本论》的视域中被重构为一种无限自我扩张的资本动力学，资本具有不断打破自身量的界限以扩展至无限的驱动力。"资本作为财富一般形式——货币——的代表，是力图超越自己界限的一种无限制的和无止境的欲望。任何一种界限都是而且必然是对资本的限制。否则它就不再是资本即自我生产的货币了。"① 资本在循环运动中会为价值确立界限，然而这种界限是与资本无限度地追求剩余价值的趋势和绝对的致富欲望相矛盾的。从具体的资本来看，资本在任何时候只能拥有一定量的有限货币；从资本的本性来看，作为无限权力的化身，具有追逐货币量的无止境增长的力量。这种有限和无限、定量和不定量的矛盾关系是黑格尔恶无限的一个实例。G—W—G′表现了资本积累的单调和贪婪，资本从货币这一极出发，最后又返回到这一极，资本运动的终点和起点在质上是等同的，都是一定的货币额，因而是毫无内容的运动。这一过程的根本特征在于，尽管 G 和 G′作为两极虽然在质上相同，但在货币量上是不同的，量的不同是货币按其本性来说的唯一差别。剩余价值与原始资本在不断延伸的增殖链条中合并为简单重复运动的同一前提，资本循环的起点和终点都是货币。从这个观点看，资本运动必然呈现为一个不断地将剩余价值进行再投资的无限化的积累过程。

从生产环节看，资本购买生产资料和劳动力以组织生产的目的是获得价值这种财富的抽象普遍形式，价值是一个纯粹数量的目标，不同商品的价值之间并没有质的区别。资本主义生产以量为导向，为积累而积累，为生产而生产，指向不断增长的剩余价值量。"为生产而生产意味着生产不再是一个达到实质目的的手段，而是本身就是一种手段，其达到的目的也是一种手段，它是一个无限扩张链条中的一环。资本主义生产成了手段的手段。"② 这一目的—手段的生产逻辑作为外在的必然性脱离了人类的控制，人们无法为价值本身作出决定，而只能决定哪种产品能

---

　　① 《马克思恩格斯全集》第 30 卷，人民出版社 1995 年版，第 297 页。

　　② Moishe Postone, *Time, Labor, and Social Domination：A Reinterpretation of Marx's Critical Theory*, Cambridge：Cambridge University Press, 1993, p. 181.

够最大限度带来剩余价值。而为了最大限度获得剩余价值，生产过程的技术条件和组织形式发生了彻底的革命，劳动形式发生了转化，价值增殖的方式从绝对剩余价值转向了相对剩余价值。科学的应用、新技术的发明、劳动过程的机械化程度、组织管理水平的提升等成为劳动生产力提高的决定性因素，为减少必要劳动时间而提高剩余劳动时间提供持续的动力。生产力的提高与剩余价值的增长之间的必然联系，带来了资本生产的无限扩张。因而，资本具有推动技术上和组织形式上不断革命的动力。在扩张逻辑的支配下，资本凭借强大的技术优势不断地将非资本主义生产方式吸纳进来，从《共产党宣言》起，马克思已经敏锐地意识到世界市场的逐渐形成，整个地球成为资本无限追求剩余价值的场所。

　　以货币为中介的流通同样呈现出恶无限的特征。马克思指出："流通表现为恶的无限过程。商品换成货币，货币换成商品，如此反复，无穷无尽。"① 在货币流通中买和卖的行为密切相关，是一个持续的流动过程。货币的使命是作为流通的中介停留在流通中，充当无限循环流通的永动机。货币流通具有两种基本形式：一是 W—G—G—W′，这种货币流通的程序表现为，出售劳动产品获得货币（W—G），然后用获得的货币购买他人的劳动产品（G—W′），以进行个人消费和生产消费；二是 G—W—W—G′，货币以商品为中介同自身发生关系，为了获得额外的货币而买进卖出。在第一个流通形式里，起点是生产，终点是个人消费或生产消费，因而再次产生了生产的出发点，进而不断地循环下去；第二个流通形式以货币为起点，又以货币结束，其最终目的是通过商品的买进卖出用较小的货币额获取较大的货币额，这两种货币只有量的区别（G < G′），没有质的区别。当货币被用来以商品为中介实现自身增殖的时候，货币额就会不断增大，因而会有更多的货币投入这一持续增殖的买进卖出的流通链条之中。

　　资本以恶无限的方式进行积累必将最大限度刺激消费，它想方设法使一切人陷入无限消费的幻想之中。"资本家不顾一切'虔诚的'词句，寻求一切办法刺激工人的消费，使自己的商品具有新的诱惑力，强使工人有新的需求等等。"② 资本无限地积累货币的欲望，驱使人们超出自然

① 《马克思恩格斯全集》第 30 卷，人民出版社 1995 年版，第 148 页。
② 《马克思恩格斯全集》第 30 卷，人民出版社 1995 年版，第 251 页。

形成的需要的界限，使需要呈现出无限扩大化的趋势。当作为价值的商品进入消费领域之后，商品价值就退出了流通过程，但消费者的购买行为实现了可变资本的回流，使其可以永久地留在流通之中。作为使用价值的商品明显受限于物质属性，然而在资本创造的新的欲望和享受的推动下，也不可避免地陷入疯狂消费的节奏之中。因竞争压力和利润增长的需要，资本流通需要加速，与之相应，消费也需要加快。在当代，资本通过一系列途径改变了消费的性质、类型，操控着消费者的消费习惯。"资本有系统地缩短消费品的周转时间，手段包括生产不耐用的商品，强力推动商品按计划报废（有时甚至是实时报废），快速创造新产品线（例如近代的电子产品），动员时尚和广告的力量，强调新的有价值、旧的很寒酸。"① 相比马克思时代的消费对象而言，今天的消费范围异常广阔，电影、游戏、信息、知识、旅游等皆可实时消费，消费速度快，占用了人们大量的闲暇时间，所有这些消费形式都受制于恶无限的资本增长逻辑。

《资本论》揭示了资本无止境增长的逻辑，这在感性上展现为一种无限度的占有和扩张欲望。在前资本主义社会人也是有欲望的，但这种欲望受到宗教、伦理、使用价值的物理界限等因素的限制，因而是有限的，然而在资本主义社会人的欲望被无限地激发起来。资本和欲望是相互促进的关系，一方面，资本的扩张持续地拓展人的欲望空间；另一方面，欲望的拓展又持续地促进资本的增长。在资本增长逻辑的支配下，资本家和工人都被无限化的欲望控制，在欲望的促逼之下，每个人都遵循利润最大化的功利主义逻辑，按照计算理性的方式实现自身利益的最大化。资本主义意识形态把感性欲望的享受和满足，美化为自我价值的实现；把奢侈的生活方式和炫耀性消费看作名望和地位的象征。在相对贫困、收入差距和消费不平等的强制逻辑的驱使下，人们永远保持一种不满足的心理状态，对货币最大化的追求永远没有止境，因而陷入恶无限之中。

---

① ［美］大卫·哈维：《资本社会的 17 个矛盾》，许瑞安译，中信出版集团 2016 年版，第 261—262 页。

四　资本无限性的哲学启示

笔者依据黑格尔的真无限和恶无限所提供的线索对资本的两种无限性进行了详细的探讨，资本具有真无限和恶无限两个基本特征。从真无限的角度看，资本是自我联系、自我相关的闭合结构，把生产、分配、流通和消费看作资本自身再生产的内在关联的环节，其中所有的规定性都是资本的内在规定性而不是外在的限制，这赋予资本一个自我中介、自我调整、自我生产的真无限体系的形式①。然而，资本在不断地回归自身的循环中，不断地使自身增殖，回归的结果是包含了增量的更多的货币，这是一个无止境的过程，因而又具有恶无限的性质。资本增长的恶无限趋势逼迫着资本不断地进行自我调整和完善，不断地变换着自身存在的形式，甚至把一切东西都吸纳进自身的运转逻辑之中；而资本循环结构的调整和完善又促进资本以更快的速度增长。准确地理解资本的两种无限性及关系，有助于我们把握资本的特质和存在方式及其在资本主义社会发展中所起的奠基性作用。资本的真无限与恶无限建构起来的动力结构促进了传统社会向资本主义社会的转型，塑造了物化的社会结构、世界市场和思维方式，对于批判性把握资本主义社会的整体构型具有重要的哲学启示。

资本自我循环的真无限以及对剩余价值追逐的恶无限促进了传统社会向资本主义社会的转型。在传统社会中，经济关系并不表现为纯粹的商品关系，经济上的支配或从属关系融合进了人与人之间的依附关系。资本作为一种先进的生产方式逐渐瓦解了劳动者与生产资料同一的小规模农业、家庭工业和城镇手工业等小生产方式，使一切劳动产品作为商品而存在，交换价值取代使用价值成为财富的基本标志。反映量的关系的交换价值成为资本最为关心的要素，而反映质的关系的使用价值却只是作为交换价值的物质载体而存在。在资本无限地追求剩余价值的过程中，各种生产要素尽管呈现为不同的物质形态，但都只是作为剩余价值

---

① ［英］G. K. 勃朗宁：《黑格尔和马克思的无限：从无限概念到资本概念》，《世界哲学》2005 年第 6 期。

量的无限增加的因素而存在，因而资本呈现为一个不断自我扩张的形式化和数量化的结构。每一个人都受制于这一结构，不得不抽离使用价值的质的规定，把交换价值的量作为衡量一切的基本标准。随着商品关系和市场思维逐渐向社会生活各个层面的渗透，这种量化和形式化原则逐渐成为资本主义社会占支配地位的原则。形式化和量化的资本结构能够不断地再结构化，呈现为一个不断上升的螺旋式扩张的过程。在这个过程中，资本形成一个总体循环，其内部涵盖了不同层级的小循环。当然，这个结构化的循环过程存在着一系列的矛盾和悖论，甚至会出现中断、危机、崩溃，但从宏观和总体视角看，都可看作资本循环的内在环节。《资本论》对资本循环和资本再生产的数量化和形式化结构的讨论，展示出一个不断扩张的自组织世界，揭示了现代世界特有的存在方式。

在《资本论》及其手稿中，马克思多次指出资本是"能动的主体""作为过程的主体"①，其基本宗旨是把资本看作自我关系、自我中介和自我生成的价值存在。作为主体，资本具有追求无限化和普遍化的冲动，表现为总体化的扩张进程。资本并不在特定的地域和人口范围内进行流动，它克服了阻碍资本流动的民族偏见和民族界限，把一切民族都拽到自己的轨道上来。马克思把这一过程看作从民族历史转向世界历史，从传统社会向现代社会的过渡，看作资本对人类文明的积极作用。在与传统社会的比较中，他毫不犹豫地站在资本文明的一侧。资本具有普遍化的能力，具有创造世界市场的本性和动力。它按照自己的形象重塑生产和消费的空间，一方面摧毁一切地方限制，把整个地球作为它的市场，不断地通过其内在与外在边界的重构来扩展其空间；另一方面又用时间消灭空间，通过现代科技、交通、信息等基础设施的进步减少了流通阻力，缩短了流通时间，使其在空间中的运行能够畅通无阻。资本的理想是在一个无阻碍和限制的世界空间内自由地运动，以使资本无限地增殖。资本的真无限与恶无限的辩证关系一方面促进了全球化和世界市场的发展，使生产、消费、贸易、金融、信息都变得国际化，使生产要素在全球范围内进行优化组合，因而具有文明的作用；另一方面，为了实现剩余价值的最大化，文化、精神、科学技术等都被资本逻辑绑架，资本编

---

① 《马克思恩格斯全集》第31卷，人民出版社1998年版，第145页。

织了一个无所不在的权力体系，在全球范围内塑造了一个彻底物化的世界。

　　根据哈特和奈格里的看法，资本在冲破民族国家的界限进行全球化的过程中，生成着一种新的世界统治力量，即资本帝国。"帝国秩序形成的基础不仅在于帝国的积累和全球扩张的力量，而且在于帝国向更深层发展，获得重生，把自己贯穿世界社会的生命政治空间的能力。"① 资本帝国是超越民族国家的世界性力量，它没有权力中心，无固定的疆界，呈现为一个不断开放的网络化存在。资本帝国的权力是非连续的、非实体的，但这并未削弱它的力量，相反，这些区别于民族国家和帝国主义的特质使其权力得到加强。资本帝国统治着经济、政治、文化等整个社会生活，控制着人的整个生命，因而呈现出典型的生命权力范式。以非物质生产为核心的价值增殖方式不断地重构和扩张资本帝国版图，其生命权力不断地渗透进日常生活的微观领域。资本帝国建构了生产和市场的全球化之网，作为一种总体性的权力范式，它四处延展，包容世界，呈现为具有能动性、流动性、柔韧性和开放性的系统化结构。这种结构试图在水平方向上把一切经济要素和权力关系都吸纳进自己建构的世界秩序之中，因而呈现出真无限的特征。资本无论是在宏观领域建构系统化的总体结构，还是通过非物质劳动在微观领域建构生命权力，其根本目的都是为了最大限度地占有剩余价值，因而仍然呈现出恶无限的特征，只不过生产和剥削的方式发生了变化。

　　资本的真无限与恶无限及其辩证关系还塑造了合乎资本内在要求的拜物教思维。资本追求剩余价值的无限特性不仅在客观上建构了一个无所不包的物化逻辑体系，而且在观念上塑造了以商品、货币和资本为核心的拜物教，把物作为不受个人控制的绝对存在。结果，原本由人类劳动创造的产物却呈现为赋有生命的独立存在的东西，成为支配一切的经济权力，以这种社会存在为基础，必然形成拜物教意识或思维。拜物教思维是人们在资本建构的世界秩序中不由自主地形成的客观思维方式，对资本家和工人都具有客观的约束效力。拜物教的"这些范畴是有社会

　　① Michael Hardt and Antonio Negri, *Empire*, Cambridge, London: Harvard University Press, 2001, p. 41.

效力的、因而是客观的思维形式"①。马克思的拜物教思想不仅揭示了资本主义社会客观的物化现实，而且揭示了人们在日常意识上是如何接受和认同这一物化现实的，和一个宗教徒在观念上对待神的方式一样。在拜物教思维的支配下，经济理性、工具理性取代纯粹理性、普遍理性成为人的自我认知的基本规定。感性欲望的满足、利润的最大化成为人的首要关切，德性的价值、诗意的生活、崇高的情感等，这些神圣形象随之消退。然而，根据历史辩证法的基本观点可推知，经济理性、工具理性必然走向自身的反面成为非理性，它无法创建一个精神家园以安置人的碎片化的灵魂，必然带来人的自我同一性的解体和自我意识的分裂。《资本论》的重要意义就体现在对资本的病理学诊断上，透过这一诊断，我们不仅能够揭示物化的社会现实，而且能够揭示隐藏在背后起着主导作用的关系结构和思维方式。

① 《马克思恩格斯全集》第44卷，人民出版社2001年版，第93页。

马克思关于历史本质思想的深度解读

戴圣鹏[*]

（华中师范大学　马克思主义学院）

　　唯物主义历史观是马克思"新唯物主义"哲学的核心内容，而要正确地把握与理解马克思的唯物主义历史观，就必须从理解马克思"新唯物主义"哲学世界观入手。从而在对马克思"新唯物主义"哲学世界观的理解与分析中，科学地认识唯物主义历史观的精髓，正确地把握社会历史的本质。

一

　　哲学作为一种关于世界观的系统理论，它研究的对象必然是包括存在的世界以及它的本质。因此，我们所面对的世界到底是一个怎样的世界，它又是怎样存在与运行的，这必然是每一个哲学家都需要面对与阐述的哲学本体论问题，也是哲学作为一门人文社会科学必然要解决的命题，其同样是马克思"新唯物主义"哲学无法避开的主题。从哲学发展的历史来看，唯物主义哲学与唯心主义哲学，它们所关心与研究的根本性问题是一样的，即世界的本质是什么。只是二者在对世界本质的认识上存在分歧：唯物主义哲学认为世界的本质是物质的，精神世界只不过是物质世界所决定的，所派生的产物；唯心主义则与唯物主义哲学相反，

------

　　* 作者简介：戴圣鹏，华中师范大学马克思主义学院教授。

认为世界的本质是意识的、精神的，人所面对的物质世界只不过是人的精神或意识的产物甚或是某种独立于人的绝对精神的产物，是人的精神世界或绝对精神的外化、异化、对象化或现实化的结果。唯物主义与唯心主义对物质世界与精神世界关系的不同认识与理解，才造成了二者哲学观点的对立与分歧，并形成不同的哲学世界观。但无论是唯物主义哲学家，还是唯心主义哲学家，他们意识中的世界与单纯自然科学家眼里的世界有着实质的不同，因为在哲学家的思维中，世界并不是一个宇宙论意义上的宇宙世界或单纯的自然世界，而是人们所面对的"感性世界"，是一个与人发生关系的"世界"。这个"感性世界"就是马克思在《关于费尔巴哈提纲》中所指出的"对象、现实、感性"①。不同的哲学家对对象、现实、感性的不同把握与理解，才造成了哲学内部思想的对立与冲突，并形成不同的哲学学派。

马克思"新唯物主义"哲学世界观对世界与世界本质的认识与理解，即对感性世界的认识与理解，既与自然科学家的认识有着本质的区别，又与其他一切旧唯物主义与唯心主义哲学对世界的认识与把握有着根本的不同。自然科学家是从物理或化学的层面来认识世界，认为世界是由物理元素或化学分子所构成的。而"从前的一切唯物主义（包括费尔巴哈的唯物主义）的主要缺点是：对对象、现实、感性，只是从客体的或者直观的形式去理解，而不是把它们当作感性的人的活动，当作实践去理解，不是从主体方面去理解。因此，和唯物主义相反，能动的方面却被唯心主义抽象地发展了，当然，唯心主义是不知道现实的、感性的活动本身的"②。马克思认为旧唯物主义是从纯客体、纯直观的形式去理解"对象、现实、感性"，而唯心主义则是从纯主体的角度、纯抽象地认识"对象、现实、感性"。但无论是旧唯物主义，还是唯心主义，对"对象、现实、感性"的理解与把握，都没有从人的感性实践活动、从主体与客体的辩证统一中去认识与阐释。深层的原因在于旧唯物主义者与唯心主义者他们不知道，"对象、现实、感性"或感性世界，"决不是某种开天辟地以来就直接存在的、始终如一的东西，而是工业和社会状况的产物，

---

① 《马克思恩格斯选集》第1卷，人民出版社1995年版，第54页。
② 《马克思恩格斯选集》第1卷，人民出版社1995年版，第54页。

是历史的产物，是世世代代活动的结果"①。因此，它不可能是人的精神、意识、观念的产物，更不可能是某种独立于人而存在的精神实体的产物。而在马克思"新唯物主义"哲学思维理路中，人所面对与所要把握的"世界"，就是人的感性世界，即是与人发生关系的世界，是人作用过或正在作用的世界，其并不包括先于人存在的世界或在人之外存在的世界，人诞生以前的世界，不是人的感性实践活动所能溯及的，在人之外存在的世界也同样是人的感性实践活动所不能探及的。因此"那些在人之前或在人之外的纯粹的宇宙论意义上的世界，虽然是人类产生与存在的基础与前提，始终保持着相对于人来说的'优先地位'，但由于它们并未与现实的人存在发生现实性的关系，具体地说不发生价值与意义的关系，因而它们在本质上相对于人来说是一种'无'。所谓'无'不是说它不存在，而是说它对人的现实生活'无'现实的价值与意义"②。马克思对过去一切旧唯物主义与唯心主义的批判，向我们示明了马克思"新唯物主义"哲学的新世界观与新思想：哲学研究的对象是"对象、现实、感性"，也就是感性世界，而对感性世界的现实把握与认识，只有在人的感性活动或实践中，只有在主体与客体的辩证统一中，才能得到真实而科学的认识与理解。

当马克思"新唯物主义"哲学世界观从人与世界的关系的维度去认识世界与改造世界，将自己的目光聚焦在"感性世界"或"对象、现实、感性"上时，人类社会与人类社会的历史必然会进入其哲学研究的视野之内，成为其考察、把握与认识的对象。因为，"对象、现实、感性"即我们所面对的感性世界，是人的实践活动的产物，是人类世世代代活动的结果，其必然也是人类社会历史实践活动的产物。因此，在马克思"新唯物主义"哲学看来，感性世界的历史，其实就是人类的社会历史，而理解与把握感性世界，就是在理解与把握人的社会历史活动，就是在认识人与自然的关系以及人与人、人与社会之间的关系，就是在认识人的本质以及历史的本质。因此，马克思"新唯物主义"哲学世界观必然包含其社会历史观，马克思的新的世界观的实质就是他的唯物主义历史

① 《马克思恩格斯选集》第1卷，人民出版社1995年版，第76页。
② 林剑：《论马克思历史观视野中的"历史"生成论诠释及其价值》，《哲学研究》2009年第10期。

观，因此对感性世界的把握，事实上就是对社会历史的把握。可见，"马克思'新唯物主义'历史观所实现的革命性的变革与创新，并不仅仅在于为人们研究与分析社会历史问题提供了一个科学有效的认识工具，更为重要的是在于对历史的本质是什么的问题给予了一种全新的理解，从而为人们把握与理解这一问题提供了一种全新的思维方式。"①

二

历史的本质问题，是一个关于历史的形而上学问题。因此，它是一个哲学问题。要知道历史的本质是什么，就必须知道什么是历史。在哲学家的视野中，历史指的是人类的社会历史，而不是某种在人之前或在人之外的宇宙史或纯粹的自然史。既然历史指的是人类的社会历史，是自人类诞生以来的历史，那哲学家们又是如何认识与把握历史的呢？德国古典哲学的集大成者黑格尔认为，"全部外化历史和外化的全部消除，不过是抽象的、绝对的思维的生产史，即逻辑的思辨的思维的生产史"②，因此，在黑格尔那里，历史只不过是人的精神活动的外化历史。既然在黑格尔看来历史是人的精神活动的外化史，那历史的本质就必然是人的逻辑的思辨的思维的活动，也即人的自我意识活动或人的精神活动。那我们就有一个疑惑：是什么原因使得像黑格尔这一类的唯心主义哲学家会把人类的历史看作人类的精神活动史或思想史？在唯物主义历史观看来，其产生的根本原因就在于：在他们看来，哲学所研究的对象：对象、现实、感性，也即感性世界，只不过是人的精神、意识或观念的产物，是人的精神、意识、观念的外化、异化、对象化。因此，对象、现实、感性，或感性世界，相对于人的精神、意识、观念而言，是第二性的，是由第一性的精神、意识、观念所产生的，是由它们所决定的。因此，人类的历史，只不过是人类的思想、观念、精神、意识的外化史，而人类历史的本质，就是人的精神活动、意识活动或思想活动。但人的思想、

---

① 林剑：《论马克思历史观视野中的"历史"生成论诠释及其价值》，《哲学研究》2009年第10期。

② 《马克思恩格斯全集》第3卷，人民出版社2002年版，第318页。

观念、意识、精神又是如何产生的，它们是否是人的存在的基础与方式，唯心主义历史观并没有科学地向人们解释。这是因为在唯心主义历史观看来，这并不是一个需要进一步追问的问题。在对历史本质的理解上，哲学史上形成了两大对立的观点，即唯心主义历史观与唯物主义历史观，这种对立状况的产生以马克思"新唯物主义"历史观的形成为标志。马克思"新唯物主义"哲学诞生以前的所有哲学学派，无论是唯心主义，还是旧唯物主义对历史与历史本质的理解与把握都是从唯心的角度去理解的，都是唯心主义历史观。旧唯物主义哲学家们虽然在自然领域坚持了唯物主义的观点，但一旦他们转入社会历史领域，则又发生了根本的改变，放弃自身的唯物主义立场：认为人类社会历史在本质上是人的精神活动的产物。因此，其也是唯心主义历史观。而在社会历史领域，真正把唯物主义思想贯彻始终的只有马克思"新唯物主义"哲学。因为马克思"新唯物主义"哲学是从人的感性的实践活动中，从主体与客体的统一中去把握与理解"对象、现实、感性"。因此，其对社会历史的理解是赋予实践的理解，而不是赋予唯心的理解。所以马克思主义经典作家认为，唯物主义历史观和唯心主义历史观不同，就在于"它不是在每个时代中寻找某种范畴，而是始终站在现实历史的基础上，不是从观念出发来解释实践，而是从物质实践出发来解释观念的形成"①。

对于历史的本质而言，马克思主义经典作家又是如何把握与认识的？在分析马克思主义经典作家对历史的本质的理解与认识之前，我们先来看看当前国内学术界又是如何从唯物主义历史观的视野中来把握与认识历史的本质的。在当前学术界，对历史的本质的把握与认识上，有一种观点占据主流，即认为历史的本质就是人的实践或实践活动。学者们之所以会得出实践是历史的本质的这样一个结论，是因为马克思在《关于费尔巴哈的提纲》中有这样一个经典论断，这个论断就是："全部社会生活在本质上是实践的。"② 以这个经典论断为依据，得出历史的本质是实践的，似乎合情合理，顺理成章，但事实上这个推论的合理性是值得怀疑的。原因有二：其一是全部社会生活能否等同于人类历史；其二就是全部社会生活在本质上是实践的，是否就意味着人类历史的本质就是实

---

① 《马克思恩格斯选集》第 1 卷，人民出版社 1995 年版，第 92 页。
② 《马克思恩格斯选集》第 1 卷，人民出版社 1995 年版，第 56 页。

践的。只有论证好了这两个问题，才能证明人类历史的本质能否等同于全部社会生活的本质。首先我们来看第一个问题：全部社会生活能否等同于人类历史。如果能够等同，那就意味着人类历史就是人类的生活史，人类的生活史就是人类的社会历史。而事实上我们知道，人类历史应该是比人类的生活史更宽广的历史，因为它不仅包括人类的生活史，还包括人类的生产史，虽然二者在内容上有重合，但性质上有所不同，生活与生产并不是同一个概念。如人类的休息活动、娱乐活动，是人的生活的一部分，但这类活动并不是直接意义上的人的生产活动，虽然它有利于人的生产活动。因此，人类的生活史不能简单地等同于人类历史，人类历史是一个在范围上比人类生活史更大的范畴。既然人类的生活史不能完全等同于人类历史，那就意味着人类生活史的本质可能不等同于人类历史的本质。对于第二个问题，我们知道，人是怎样生活的，取决于人是怎样生产的，有什么样的生产方式，就会有什么样的生活方式，人有什么样的物质生产条件，就会有什么样的生活与之相对应。"个人怎样表现自己的生活，他们自己就是怎样。因此，他们是什么样的，这同他们的生产是一致的——既和他们的生产什么一致，又和他们怎样生产一致。因而，个人是什么样的，这取决于他们进行生产的物质条件。"① 因此，对于人的社会生活而言，它在本质上必然是实践的，因为生活本身就是由生产所决定。但我们不能盲目地就此推论出社会历史的本质也是实践的。因为这种推论还没有仔细区分社会生活与社会历史的关系，也没有对实践本身有一个更深入更具体的认识。马克思在对黑格尔的劳动学说的批判中指出过："他只看到劳动的积极的方面，没有看到它的消极的方面。"② 可见，对于劳动而言，它既有积极的方面，也有消极的方面。而像劳动、生产、实践，在唯物主义历史观看来，它们的内涵是一样的。因此，劳动有积极的方面与消极的方面，那生产与实践也同样有积极的方面与消极的方面。马克思在《关于费尔巴哈的提纲》中也论述道："环境的改变和人的活动或自我改变的一致，只能被看作是并合理地理解为革命的实践。"③ 从这个论断以及马克思对黑格尔的劳动学说的批判中，

---

① 《马克思恩格斯选集》第 1 卷，人民出版社 1995 年版，第 67—68 页。
② 《马克思恩格斯全集》第 3 卷，人民出版社 2002 年版，第 320 页。
③ 《马克思恩格斯选集》第 1 卷，人民出版社 1995 年版，第 55 页。

我们可以知道在马克思主义经典作家看来，实践从性质上可以界分为革命的实践与非革命的实践，或者说是变革的实践与非变革的实践（恩格斯在《马克思论费尔巴哈》中表述为"变革的实践"）。既然实践可以界分为革命的实践与非革命的实践，那对于历史的本质而言，非革命的实践，是否也可以构成历史的本质呢？对于这个问题的正确回答，我们只能从马克思主义经典作家的著作中去寻找令人信服的答案。

在《德意志意识形态》中，马克思与恩格斯曾对历史做过这样的阐述："历史不外是各个世代的依次交替。每一代都利用以前各代遗留下来的材料、资金和生产力；由于这个缘故，每一代一方面在完全改变了的环境下继续从事所继承的活动，另一方面又通过完全改变了的活动来变更旧的环境。"① 这句话有"三个动词"："更替""改变""变更"值得我们注意。笔者认为这"三个动词"其实向我们透露了这样一个信息，即在马克思新唯物主义历史观的视野里，"历史"是在人的不断变革的实践活动基础上来改变旧的社会环境而产生新的社会环境的过程与活动。对于这样的一个结论，我们还可以从马克思主义经典作家的另一句话得到更进一步的确证："这种联系不断采取新的形式，因而就表现为'历史'……"② 这里的"这种联系"指的是为了人的需要以及满足人的需要而形成的生产方式所决定的物质联系。物质联系之所以能够不断采取新的形式，就是因为生产方式不断发生变革，而生产方式的不断变革，则源于人的生产活动的不断变革。物质联系不断采取新的形式，表现为"历史"，反过来讲就是"历史"是物质联系不断采取新的形式的现实表现。物质联系不断采取新的形式又是人的生产活动不断发生变革的表现，而人的生产活动，就是人的劳动，就是人的实践。因此，历史不过是人的劳动、实践不断发生变革或革命的外在表现与现实过程。推论到此，我们基本上可以得出这样一个结论：历史是人的不断变革或革命的劳动、实践活动，而不是与人的社会生活史在本质上相等同的一个概念。马克思在《关于费尔巴哈的提纲》中也提出过："环境的改变和人的活动或自我改变的一致，只能被看作是并合理地理解为革命的实践。"③ 恩格斯在

---

① 《马克思恩格斯选集》第 1 卷，人民出版社 1995 年版，第 88 页。
② 《马克思恩格斯选集》第 1 卷，人民出版社 1995 年版，第 81 页。
③ 《马克思恩格斯选集》第 1 卷，人民出版社 1995 年版，第 55 页。

《马克思论费尔巴哈》中也对这句话做了一番表述："环境的改变和人的活动的一致，只能被看作是并合理地理解为变革的实践。"① 在这里"环境"既可以理解为自然环境，也可以理解为社会环境，但无论是自然环境改变还是社会环境改变，其如果与人的实践活动是一致的，那么这个环境必然是一个人化的环境，是一个与人的发生关系，并且是人正在变革的环境或已经被人变革过的环境。这个"环境"就是马克思哲学思维中的"感性世界"。而从事环境改变的活动，就构成了人的历史活动。因此，马克思新唯物主义历史观视野中的历史活动，就是人的不断变革或革命的实践活动。这也告诉我们，历史的本质就是变革的实践或革命的实践，其并不包括非变革的实践或非革命的实践。马克思新唯物主义历史观认为，"历史的动力以及宗教、哲学和任何其他理论的动力是革命，而不是批判"②"革命是历史的火车头"③。马克思与恩格斯对"历史的动力"的明确表述，也有力地证明了，历史的本质是革命的实践或变革的实践。社会历史发展的动力来自哪里？它来自于生产力的不断革命，来自于生产工具的突破与创新，从本体论上讲就是来自于人的不断变革或革命的实践活动。没有人的实践活动的变革与创新，就不可能有历史的发展与前进。那些非变革或非革命的实践活动，是不可能构成历史发展的动力，更不可能推动历史的变革与历史的发展。因此，历史的本质只能理解为人的革命的实践或变革的实践，不能理解为其他的。否则就会曲解马克思新唯物主义历史观思想，领悟不了马克思新唯物主义历史观的精神实质。

在《德意志意识形态》中，有一段富有意义的话，也为我们理解历史的本质是革命的实践或变革的实践，而不是一般意义上的实践，提供了案例上的佐证："人们所达到的生产力的总和决定着社会状况，因而，始终必须把'人类的历史'同工业和交换的历史联系起来研究和探讨。但是，这样的历史在德国是写不出来的，这也是很明显的，因为对于德国人来说，要做到这一点不仅缺乏理解能力和材料，而且还缺乏'感性确定性'；而在莱茵河彼岸之所以不可能有关于这类事情的任何经验，是

---

① 《马克思恩格斯选集》第 1 卷，人民出版社 1995 年版，第 59 页。
② 《马克思恩格斯选集》第 1 卷，人民出版社 1995 年版，第 92 页。
③ 《马克思恩格斯选集》第 1 卷，人民出版社 1995 年版，第 456 页。

因为那里再没有什么历史。"① 为什么马克思认为处于莱茵河彼岸的德国写不出"这样的历史",没有"什么历史"？原因就在于德国缺乏与"工业和交换相联系"的历史实践。说德国人写不出"历史",没有"什么历史",并不是否定德国人没有社会生活,没有劳动、实践。而是认为德国人仍处于保守与落后的社会生活中,缺乏革命的历史实践活动所产生的"感性确定性"。说德国没有历史,也是相对于当时的英国、法国等国家而言的,英国、法国与德国相比,它们已经进入了资本主义时代,而资本主义时代不同于过去一切时代的地方就在于其"生产的不断变革,一切社会状况不停的动荡,永远的不安定和变动"②。因此,对于英法的资产阶级而言,他们"除非对生产工具,从而对生产关系,从而对全部社会关系不断地进行革命,否则就不能生存下去"③。相反,此时的德国却原封不动地保持着旧有的生产方式,缺乏革命的活力,在历史上扮演着保守与落后的角色,因此,马克思才得出这样的结论:处于莱茵河彼岸的德国没有历史,德国人写不出真正的历史。因为,从马克思唯物主义历史观关于"历史本质"的理解来讲,那时的德国就是没有真正的历史,有的只是"一些僵死的事实的汇集"④,有的只是"想象的主体的想象活动"⑤。

对于人类历史而言,的确存在非革命性的历史活动,如一些历史复辟或复古主义活动,但这类活动在人类历史上存在的时间是短暂的,在历史活动中是非主流的,相对于历史前进方向而言,它们是反动的,因而对于历史而言,它们并不能构成历史的本质性活动,并不符合历史发展的内在要求。如中国近现代历史上的张勋复辟,只存在短短的十二天,就销声匿迹了;再如法国大革命时期波旁王朝复辟,其命运也同样是如此,1830 年 7 月巴黎人民发动七月革命,经过 3 天战斗,攻下王宫,国王查理十世逃往英国,复辟的波旁王朝被推翻,建立了以路易·菲利浦为首的七月王朝,至此法国大革命也彻底结束。对于这样的一些历史事件或历史现象,我们可以用马克思在《路易·波拿巴的雾月十八日》中

---

① 《马克思恩格斯选集》第 1 卷,人民出版社 1995 年版,第 80—81 页。
② 《马克思恩格斯选集》第 1 卷,人民出版社 1995 年版,第 275 页。
③ 《马克思恩格斯选集》第 1 卷,人民出版社 1995 年版,第 275 页。
④ 《马克思恩格斯选集》第 1 卷,人民出版社 1995 年版,第 73 页。
⑤ 《马克思恩格斯选集》第 1 卷,人民出版社 1995 年版,第 73 页。

一句话来加以描述："黑格尔在某个地方说过，一切伟大的世界历史事变和人物，可以说都出现两次，他忘记补充一点：第一次是作为悲剧出现，第二次是作为笑剧出现。"①因此，像这样在历史上出现的悲剧或笑剧，它们只是为历史增加了一点点戏剧色彩，并不构成历史的本质性活动。

三

正确而科学地把握社会历史的本质，是我们正确理解与阐释马克思的唯物主义历史观的重要理论基础与前提。从马克思的历史观的角度，对社会历史的本质赋予革命的实践的理解与认识，其不仅具有重大的理论意义，还有重要的现实价值。

其一，将社会历史的本质理解为变革的实践或革命的实践，为我们辨别与评价社会历史现象是进步的还是落后的，提供了辨别的标准与评价的依据。社会历史的本质性问题，是马克思新唯物主义历史观思维理路中关于历史的本体性问题，它是我们认识、辨别、评价社会历史现象与历史事件的重要理论基础与标准。呈现在我们面前的历史现象或历史事件是具有进步性质，还是保守或反动的，是有历史价值，还是没有历史价值，就看它是否符合历史的本质，即是否是变革的或革命的实践活动。如果是，则是进步的，具有历史价值；如果不是，则是保守的或反动的，就没有历史价值。因此，正确地把握与理解社会历史的本质，为我们科学地认识与评价社会历史现象与历史事件提供了科学的依据与标准，也为我们把握与辨别它们提供了一双慧眼。

其二，将革命的实践理解为历史的本质，为我们提供了一个全新的社会历史观和指出了社会主体——人所应肩负的历史使命。马克思"新唯物主义"哲学世界观对"历史本质"的认识，告诉我们：历史不是"僵死的事实的汇集"，更不是"想象的主体的想象活动"，而是每一个时代现实中的个人正在进行的革命的实践活动，是创造性的历史实践；历史不是叫人们去追求已逝的、已死的东西，而是使人们注重正在进行的

---

① 《马克思恩格斯选集》第 1 卷，人民出版社 1995 年版，第 584 页。

活的东西，去创造新的东西，从而推进社会历史的发展。因为在马克思新唯物主义历史观看来，"历史"立足的对象是现实的感性世界，是你要变革或正在变革的现实的感性世界。它注重的是正在发生或将要发生的革命活动，是处在变革中或革命中的历史实践，注重的是历史发展的前景与方向。因此，马克思新唯物主义历史观对历史本质真实而科学的理解与把握，打破了人们对历史的传统观点，为我们理解历史，看待历史，提供了一幅全新的图景与一个崭新的观念，也为我们改造历史、创造历史提供了新的思维、新的途径与新的理论支持。此外，其还指出了作为社会主体的——人，所应肩负的历史使命，这个历史使命就是"在于使现存世界革命化，实际地反对并改变现存的事物"①。这不仅是马克思对"实践的唯物主义者"或"共产主义者"的历史要求，也同样是对每一个社会主体——人的历史要求。

其三，将社会历史的本质理解为革命的实践或变革的实践，避免了仅仅把社会历史的本质简单地理解为一般性实践而产生的严重后果。因为，如果我们盲目把历史本质理解为人的实践活动，那非革命的实践活动，没有历史意义的实践也顺理成章地成为了历史的本质。我们知道非革命的实践活动，既可以是保守的实践活动，又可以是反动的实践活动，既可以是重复的实践的活动，也可以是不断循环的实践活动。如果简单地把历史的本质归结于实践，那那些非革命性的实践，如保守的、反动的社会实践活动都是符合社会历史的发展规律的，都是正确而科学的。这也就变相地等同于承认了历史是可以停滞的，是可以向后发展的，是可以循环的。而这必然与马克思的唯物主义历史观的实质相对立。也就是说把一般性实践看成历史的本质，等于是在马克思唯物主义历史观内部留下了否定马克思哲学的隐患，为那些企图颠覆马克思哲学的人开了一扇后门，其后果是十分严重的。因此，对于历史本质的理解与把握，不能草率而简单地认为"社会生活的本质是实践的"，社会历史的本质就是实践。因为这种推论既没有辨别与认清社会生活与社会历史的本质区别，也没有认识到实践活动在性质上还有革命的与非革命的界分。它可能会造成人们对马克思"新唯物主义"哲学以及唯物主义历史观的曲解

---

① 《马克思恩格斯选集》第 1 卷，人民出版社 1995 年版，第 75 页。

与误读。

总之，马克思是从人类劳动实践的历史去认识与把握人类社会的历史，并在这个基础上，把社会历史理解为是人类不断变革或革命的实践活动，认为历史的本质在实践上是变革的或革命的，是革命的实践或变革的实践。因此，马克思对历史以及本质的把握与阐释是我们正确认识马克思"新唯物主义"哲学以及唯物主义历史观重要理论基础与前提，并为我们认识历史与评价历史提供了一个全新的思维与方法。

马克思主义哲学对时代的独特关注
及其历史回响

关　锋*

"中国特色社会主义新时代"是习近平新时代中国特色社会主义思想重要的理论创新，之所以重要，不仅因为它准确界定了中国特色社会主义当下的历史方位，而且因为时代问题历来是公认的重大理论和实践问题。人类文明早期就很重视这种关涉历史质性差异、较长时段的界划，它是人类自我意识觉醒的标识，也因之是哲学长期关注的问题，是近代历史哲学高度关注的问题，亦是作为科学的历史哲学的马克思主义重点关注的问题。"中国特色社会主义新时代"究其根本而言就是马克思主义哲学时代观的运用和发展。马克思主义哲学是如何吸收已有的哲学、社会科学成果，正确地关注时代，进而形成科学的时代观的呢？它在后来的社会主义实践中如何被不断地"守正出新"？合理解析和回答这些问题，不仅是深入理解马克思主义哲学的基础性工作，更是我们深入理解"中国特色社会主义新时代"何以提出的必需的基础性工作。

一　哲学何以关注时代

特定意义上的"时代"，不过是人类全部生活活动及其所创造的生活

* 作者简介：关锋，华南师范大学马克思主义学院教授
基金项目：国家社科基金重大招标项目"习近平时代观若干重大理论问题研究"（18ZDA002）。

世界具有相对的质的区别的社会发展阶段①。它有以下突出特征：其一，它是具有社会历史秉性的时空，有别于纯粹自然、物理意义上的时空；其二，它具有社会主体生存论意蕴，是人的生存境况、活动状态以时空浓缩和界划方式的表征；其三，它是一个综合性的概念，涉及人的生存、活动和人类历史演变各个领域、各种方面、各层维度；其四，它实质上是对历史以某种尺度进行的较长时段的区隔和界划，是把握人类历史演变一个基本的路径和参照。正如勒高夫指出的，"自人类诞生起，人类所面对的一个根本问题就是要掌握时间"；日常生活中的日历虽然很有用，但"它无助于思考更长的时间"，而只有诸如时代这样较长时段的历史分期，才使"人类在时段、时间中组织和演变的方式变得清楚"②。

对自身创造的历史进行较长时段划分，无疑是人类自我意识觉醒的重要标志。正因此，人类文明初期，就很重视这种划分。在中国，早在春秋战国时期，楚人风胡子就知道把历史划分为以石为兵的三皇时期、以玉为兵的黄帝时期、以铜为兵的大禹时期，以及"作铁兵"的"当此之时"③；商鞅学派则提出"上世—中世—近世"三段说。在西方，公元前8—7世纪古希腊诗人赫希俄德将人类历史依次划分为黄金时代、白银时代、紫铜时代、英雄时代、黑铁时代④，柏拉图以政体为尺度，提出世人熟知的贤人、军阀、财阀、民主、僭主五大"政体时期"。"根据基督教的原理而写成的任何历史，必然是普遍的、神意的、天启的和划分时期的"⑤，尤西比乌、奥古斯丁都深谙此道。中世纪的教会史学、历史神学，使长时段历史分期成为探究历史的基本通则。

在以上长时段历史分期中，我们今天所理解的时代，并非一般历史分期，理应是根据一定标准进行的本质性把握的突出特征，尚未得到足够的凸显。因为要做到这点，必须针对人类实践活动及其创造物，借助于理性思维、合理抽象，抓住其最根本最核心之处进行综合性分析和判

---

① 孙正聿：《哲学通论》，辽宁人民出版社1998年版，第216页。

② ［法］勒高夫：《我们必须给历史分期吗？》，杨嘉彦译，华东师范大学出版社2018年版，"序言"，第133页。

③ 袁康、吴平：《越绝书》，上海古籍出版社1985年版，第81页。

④ 参见［古希腊］赫希俄德《工作与时日》，张竹明、蒋平译，商务印书馆1991年版，第1—9页。

⑤ ［英］柯林武德：《历史的观念》，何兆武、张文杰译，商务印书馆1997年版，第85页。

定，不能诉诸直观经验和人类实践活动之外的标准。

正如雅斯贝尔斯所云，人对于自己生活于其中的时代的认识和批判，与人的自我意识一同发生。人类对上述意义上时代的把握，需要主体意识更高程度的觉醒，需要主体意识相关的抽象思维、反思能力的发展。这也意味着需要哲学发展到一定水平。

哲学无论是作为世界观和方法论，还是作为对整个世界和万事万物根本问题或本质不懈的思考、探索；无论是作为"一种特殊的思维活动"即通过概念来思考问题、把握世界，进而"是一门创造概念的学科"①，还是作为"研究人生切要的问题"（胡适语）、"对于人生的有系统的反思"（冯友兰语）即对人存在意义进行根本追索的学问，它与时代的关系都极为密切。因为人只能在一定时代中生存，他只能通过时代来探究万物的根本、人生的意义和创造概念；时代观是世界观的重要内容，诸事物的本质往往聚合为时代本质，人类生存的根本问题往往汇聚为时代问题；哲学作为人类自我意识、反思精神和抽象思维的最高表现，它对时代最应有发言权，与时代意识关系最为密切，因为对时代的把握是总体性、综合性的判断。前述古人对时代的把握，都或直接（不少人同时兼有哲学家身份）或间接、或多或少借助了哲学思维方式。

但雅斯贝尔斯同时提醒说，人类真正的"时代意识"是近代以来的产物②。这个指认是合理的。首先，文艺复兴催生了主体意识大觉醒，人们基本上都从人及其实践活动、实践创造物角度界划历史分期，世俗史学逐渐占据主导地位；其次，随着自然科学兴起，其研究方法逐渐影响到人们对社会历史的观察，渗透到政治学、历史学等领域，并同时催生了诸如政治经济学、社会学等社会科学；最后，与此同步，西方哲学汲取了大量文艺复兴的思想酵素和自然科学成果，步入了相对成熟期，形成彪炳史册的思想高峰。17、18 世纪，之所以被称为启蒙时代和理性时代，很大程度上是科学和哲学共振的结果。人们对"时代"的关注达到了前所未有的高度。有三个突出表现。

---

①　［法］德勒兹、迦塔利：《什么是哲学?》，张祖建译，湖南文艺出版社 2007 年版，第 305 页。

②　参见［德］雅斯贝尔斯《时代的精神状况》，王德峰译，上海译文出版社 2003 年版，第 4—23 页。

其一，是伏尔泰 1765 年出版《历史哲学》首次以概念形式明确的"历史哲学"，得到了大发展。哲学走向历史，或者说以哲学的形式关注历史，必然使哲学对时代的追问更好地凸显出来。1725 年维科的《新科学》，站在人文主义立场上将凯勒尔"古代—中世纪—近代"这一很有影响的时间意义上的时代界划，从观念和语言的角度拓展为"神的时代、英雄时代和人的时代"，使"历史哲学"被实际奠立。伏尔泰受此启发，以理性为主轴，把"人类精神"的演变和历史人物结合起来，将历史划分为艺术和科学第一次繁荣的希腊—罗马时代、科学和美术重新发展的文艺复兴时代和"人类理性已臻成熟、接近尽善尽美之境"[①] 的路易十四时代。这是从"时代精神"把握时代本质的先期尝试。

到了使"历史哲学"更为人知的赫尔德那里，他不仅于 1774 年发表《又一种关于人类形成的历史哲学》首次提出"时代精神"，而且在于 1783—1791 年间完成的代表作《人类历史哲学的观念》中，依据"时代精神"将人类历史划分为代表人类童年、青壮年、成熟期的诗歌时代、散文时代、哲学时代[②]。随后，孔多塞于 1793 年发表《人类精神进步史表纲要》，直接以"人类精神"为标准将历史划分为部落时代、游牧时代、农耕时代、古希腊时代、古罗马时代、中世纪、文艺复兴时代、印刷术时代、科学革命时代和人类精神进步的未来时代。同期的席勒在《审美教育书简》也依据人类精神，将历史划分为人类自然状态、审美状态和道德状态三种时代。

其二，受自然科学影响很深的古典经济学，高歌猛进，对历史提供了不少科学分析。配第把英国经验哲学、自然科学推崇的经验归纳法视为经济研究的基本方法，后继的重农主义创始人魁奈更为强调源自欧陆唯理论哲学的抽象演绎法，而第一位集大成者斯密则力图把经验归纳和科学抽象、逻辑演绎及历史描述融合起来。后来的政治经济学历史学派，在确立历史分析法主导地位的同时，力图融科学抽象为一体，对历史有了更为科学的理解，比如知道立足于人类更为基本的经济生活、活动来把握历史，进而对"时代"有了更深层次认识。其先驱人物李斯特据此

[①]　［法］伏尔泰：《路易十四时代》，吴模信等译，商务印书馆 1996 年版，第 1—2 页。

[②]　参见何兆武《历史理论与史学理论》，商务印书馆 1999 年版，第 178 页。

把人类历史划分为原始狩猎、畜牧、农耕、工业、工商业"六大生活时代"①。其后的希尔德布兰德则根据交换方式提出自然、货币和信用三大经济时代②；罗雪尔则依据自然要素、人类劳动、资本先后占据经济发展的支配地位将历史划分为低级、中级、高级"三大文化时代"③；著名的讲坛社会主义者施穆勒（又译斯莫拉）则提出人类先后经历部落、公社、庄园、城市、地域、国民经济六大经济阶段④。

其三，前述历史哲学在德国古典哲学中得到进一步发展，"时代"成为重要主题词。费希特 1806 年发表《现时代的根本特点》，以理性为标准将人类历史划分为理性无条件受本能支配的童真时代、理性本能受诸如礼法典章等外在权威压制走向罪恶时代、理性被排挤以致混乱失序的罪恶时代，理性规约、真理至高、社会向善的理性科学时代和理性不断践成、善的圆满实现的理性艺术时代；他大力呼吁真正的哲学家要做超越时代、能把握新时代萌芽的人⑤。谢林 1810 年开始构思《世界时代》，强调"时间是哲学里面所有研究的出发点。如果没有对于时间的确切解释，就不可能得出任何合理的发展。"力图构建"世界时代哲学"⑥。

当然，最重要的是黑格尔，他把哲学与时代关系推向新高度。因为他不但是德国古典哲学的集大成者，而且是当时德国思想家中少见的"把英国古典经济学的问题与哲学和辩证法的问题结合起来"⑦ 的人，力图吸纳社会科学的成果构建新的历史哲学。他为此强调，绝对精神"有世界历史作它的舞台，它的财产和它的实现的场合"⑧，主要指现代物质生产及其造就的工业文明，国家与市民社会二元分立和对立，民主、自由意识高扬，由此形成必然与自由、个体和共同体之间的复杂关系。这就是当时的"时代精神"，它是绝对精神的时代化、具体化。"时代精神

---

　　① ［德］李斯特：《政治经济学的国民体系》，陈万煦译，商务印书馆 1961 年版，第 7 页。

　　② 参见吴承明《经济学理论与经济史研究》，《经济研究》1995 年第 4 期。

　　③ ［德］罗雪尔：《历史方法的国民经济学讲义大纲》，朱绍文译，商务印书馆 1981 年版，第 19 页。

　　④ ［德］斯莫拉：《重商制度及其历史意义》，郑学稼译，商务印书馆 1936 年版，第 2 页。

　　⑤ 参见梁志学《弘扬理性 增进文明——费希特历史哲学简评》，《中国社会科学院研究生院学报》1998 年第 2 期。

　　⑥ 参见 ［德］谢林《世界时代》，先刚译，北京大学出版社 2018 年版，代序。

　　⑦ ［匈］卢卡奇：《青年黑格尔》，王玖兴译，商务印书馆 1963 年版，第 23 页。

　　⑧ ［德］黑格尔：《历史哲学》，王造时译，三联书店 1956 年版，第 95 页。

是一个贯穿着所有各个文化部门的特定的本质或性格"，它决定了"整个实在和时代的命运"。必须依据时代精神来把握历史、界划时代。黑格尔不但对时代精神进行了明确界定，而且同时彰显了哲学的重要性。因为哲学是"整个客观环境的自觉和精神本质"，它本质上是时代精神的"思维和知识"，"就是对它时代的实质的知识"，由此，"哲学与它的时代是不可分的"，"哲学并不站在它的时代之外"①；反过来只有通过哲学，我们才能把握时代。不过，在两者关系上，黑格尔总体上偏于保守。他强调："每个人都是他那时代的产儿。哲学也是这样，它是被把握在思想中的它的时代，妄想一种哲学可以超出它那个时代，这与妄想个人可以跳出他的时代"，"是同样愚蠢的"②。

黑格尔依据时代精神的状况将人类历史划分为东方世界（"精神"尚未脱离自然状态的"孩童时代"）、希腊世界（以个体自由观念为核心的"精神"觉醒，但仍未挣脱自然束缚，只存在少数人自由的"青年时代"）、罗马世界（"精神"摆脱自然性，多数人都具有自由意识，但意识和自然、个体与共同体乃至阶级之间处于尖锐对立中的"壮年时代"）和日耳曼世界（自由精神具有普遍性和完满的成熟力量的"老年时代"）。

二　马克思主义作为科学的历史
哲学对时代的独特追问

在黑格尔之后，人们越来越认识到，"将世界历史划分为不同的时代如同将一本书划分为章节一样，这样的组织结构增强了人们对历史的理解。理解世界历史的关键之处在于明白如何用时代来划分它"③。"近代史学之父"兰克1854年前后公开强调："历史学家的首要任务是研究人类在特定历史时代中的所思所为"，"第二项任务，是寻找各个历史时代之

---

① ［德］黑格尔：《哲学史讲演录》第1卷，贺麟等译，商务印书馆1997年版，第55—57、54—56页。

② ［德］黑格尔：《法哲学原理》，范扬、张企泰译，商务印书馆1979年版，"序言"第12页。

③ ［法］麦克高希：《世界文明史》，董建中、王大庆译，新华出版社2003年版，第6页。

间的区别以及前后历史时代之间的内在联系"①"时代"的重要性愈益凸显,人们纷纷在黑格尔基础上进行再思考。

如反对黑格尔思辨形而上学、主张"实证科学"的孔德,1844 年发表《论实证精神》,将人类历史划分为神学阶段、形而上学阶段和实证阶段"三大时代";更晚一些的尼采,强烈反对黑格尔的保守态度,强调真正哲学家的自我要求,就是克服他的时代约束,成为"无时代的人"②。此外,空想社会主义者摩莱里立足于所有制把人类社会划分为自然状态、私有制社会和理想共和国三大时代,傅里叶根据文明程度提出原始、蒙昧、宗法制度、野蛮制度、文明制度和协作制度六大时代;人类学家摩尔根将人类社会粗线条地划分为蒙昧、野蛮、文明三大时代。这其中,表现最为突出的当属马克思恩格斯。

1842 年马克思发表《科隆日报》第 179 号的社论,强调"人民的最美好、最珍贵、最隐蔽的精髓都汇集在哲学思想里",准确把握时代理应是哲学的"天职"和使命,"任何真正的哲学都是自己时代的精神上的精华",它必须在切入、融进时代的基础上,彰显时代精神,真正把握时代、引领时代,但当时的德国主流哲学,善于以概念的形式迷醉于构建思辨的王宫,未能做到"同自己时代的现实世界接触并相互作用"③。马克思还深刻认识到,哲学要把握时代,离不开对时代问题的重视,"主要的困难不是答案,而是问题。……问题就是时代的口号,是它表现自己精神状态的最实际的呼声"④。不过,在践行这个认识的过程中,先是具体的"物质利益难题",然后是诸如工人阶级受奴役受剥削等更为宏大的时代难题,黑格尔历史哲学无力解答,其思辨唯心主义的秘密昭然已揭,马克思认识到,对时代的正确把握、对时代问题的深刻透视,只能根基于、源自于对人类社会历史的正确把握。

《1844 年经济学哲学手稿》很重要的理论自觉就是希望在批判黑格尔和国民经济学的过程中探掘"历史之谜";《德意志意识形态》之所以称"新历史观"为"历史科学",就在于自认找到了把握历史之谜的科学钥

---

① ［德］兰克:《历史上的各个时代》,杨培英译,北京大学出版社 2010 年版,第 7—8 页。

② ［德］尼采:《悲剧的诞生》,周国平译,三联书店 1987 年版,第 281 页。

③ 《马克思恩格斯全集》第 1 卷,人民出版社 1956 年版,第 120、221、121 页。

④ 《马克思恩格斯全集》第 40 卷,人民出版社 1982 年版,第 289 页。

匙。这构成马克思主义哲学基本的理论诉求和内在禀赋。不过，它自谓的"历史科学"，本质上是科学的历史哲学。这里要搞清楚以下几点。

首先，《德意志意识形态》在确立新历史观的过程中，确实提出过"消灭哲学"的说法，但这是有特定针对性的，主要指思辨唯心主义及其历史哲学："在思辨终止的地方，在现实生活面前，……对现实的描述会使独立的哲学失去生存环境"。马克思恩格斯后来多次批判过这种"历史哲学"。如马克思在给《祖国纪事》编辑部的信中批评"一般历史哲学理论"是"超历史的"，恩格斯在《路德维希·费尔巴哈和德国哲学的终结》强调唯物史观"结束了历史领域内的哲学"。但不能因此否定马克思主义具有历史哲学性质。

其次，"历史科学"从现实的人及其生产劳动出发理解历史，这是"可以用纯粹经验方法来确认的"，它确实和自然科学、古典经济学，以及兰克所开创的"科学历史学"，在重视经验事实方面有共通之处，为此它也自称为"描述人们的实践活动和实际发展过程的真正的实证科学"[1]。历史唯物主义的一些经典著作，如《1848年至1850年法兰西阶级斗争》，详细地再现了某些历史细节；《资本论》用了很大篇幅较为详细地叙述英国工厂立法的历史，由此说"历史科学"和一般意义上的历史学有接近之处，应该没有问题。但不能因此把两者等同起来。作为"历史科学"的马克思主义重在对历史的分析和揭示，重心不像一般历史学那样在于对历史的再现和记叙；两者在具体研究方法上有很大差异。

马克思曾经批评兰克肤浅的经验主义使历史成为"一些僵死的事实的汇集"，而"经验的观察在任何情况下都应当根据经验来提示社会结构和政治结构同生产的联系"[2]，历史表面上看是事件史、人物史和活动史，更深层次则是结构史。现代史学名家伊格尔斯、意大利马克思主义者拉布里奥拉为此都强调立足于社会结构把握历史现象、事实是马克思主义突出的贡献[3]；而且，历史唯物主义的重心在于探究"一切重要历史事件的终极原因和伟大动力"[4]（即社会结构及其内在的矛盾运动），"归根到

---

① 《马克思恩格斯文集》第1卷，人民出版社2009年版，第526、519、526页。
② 《马克思恩格斯文集》第1卷，人民出版社2009年版，第526、524页。
③ 参见关锋《历史唯物主义与反思性历史社会学》，《南京大学学报》2018年第2期。
④ 《马克思恩格斯文集》第3卷，人民出版社2009年版，第508—509页。

底，就是要发现那些作为支配规律在人类社会的历史上为自己开辟道路的一般运动规律"①，这无疑和传统历史哲学极为切近。为此，英国著名史学家巴勒克拉夫在赞成意义上、著名思想史家伯林在批评意义上都强调唯物史观是"历史哲学"。

再次，人们更愿意认为马克思主义是一种独特的历史哲学。比如文德尔班说它是"社会主义的唯物主义历史哲学，黑格尔和孔德的因素以其独特的方式交错于其中"②。这个指认比较粗疏，但毕竟看到了马克思主义作为历史哲学的独特性。而莱蒙进一步分析说，马克思主义"源于实践的真实事实，而不是固定的或先验的概念。说它是'科学的'，还因为它能够从这种'真实的现实'中，提炼出揭示事物间联系的一般'概念'或主要原则框架——类似于'科学规律'解释自然的作用。"③ 这意味着马克思主义是具有科学色彩的历史哲学。

对历史唯物主义有深刻理解的列宁，既说它"加深和发展了哲学唯物主义"，又说它是"科学思想中的最大成果"④，而卢卡奇则说在马克思恩格斯那里，只存在"历史的和辩证的——关于社会（作为总体）发展的科学"⑤。阿尔都塞更明白地说，历史唯物主义"既作为历史科学，同时又作为哲学的辩证理论"⑥，质言之，马克思主义是科学的历史哲学。其科学性首先表现为彻底的唯物主义立场。既尊重和重视客观经验事实（特别是现实的人及其实践活动），又注意对诸如社会结构这种抽象的、隐秘的客观社会存在的挖掘和尊重，通过分析社会结构内在的矛盾运动发现了人类历史的规律。其次表现为科学抽象法的建构和运用，社会结构是一种抽象的客观社会存在，它只能通过科学抽象法来把握。而科学抽象法，是马克思有机综合哲学辩证思维（以黑格尔辩证法为核心）、科学观察和演绎推理（以古典经济学为代表）实现的创造性贡献。它也进而把对时代的认识推向新的科学的高度。

它首先明确了两个基本要点。一，"历史不外是各个世代的依次交

①　《马克思恩格斯文集》第 4 卷，人民出版社 2009 年版，第 301 页。
②　［德］文德尔班：《哲学史教程》（下），罗达仁译，商务印书馆 1997 年版，第 904 页。
③　［英］莱蒙：《历史哲学》，毕芙蓉译，北京师范大学出版社 2009 年版，第 398 页。
④　《列宁全集》第 23 卷，人民出版社 2017 年版，第 45 页。
⑤　［匈］卢卡奇：《历史与阶级意识》，杜章智等译，商务印书馆 1996 年版，第 77 页。
⑥　［法］阿尔都塞：《保卫马克思》，顾良译，商务印书馆 2010 年版，第 22 页。

替"。人类社会的历史就是由不同的时代组成的，时代本质上就是对历史的不同界划。二，"历史什么事情也没有做……历史不过是追求着自己目的的人的活动而已"①。时代根本上就是关涉社会主体生存境遇、活动状态的抽象折射。马克思为此还专门结合他所处的时代分析说："在我们这个时代，每一种事物好像都包含着自己的反面。……随着人类愈益控制自然，个人却似乎愈益成为别人的奴隶或自身的卑劣行为的奴隶。"② 还据此提出著名的"人对人的依赖、人对物的依赖、人的自由个性和全面发展"人类社会发展三大时代论。这是关注时代最根本的维度。

其次，加达默尔曾说："所谓一个时代、世纪或时期的基础这个问题指的是某些虽说不是当下就很清楚，却对当下围绕着我们的东西的统一特征打上印记的东西。"③ 的确，人们往往根据某种具有普遍性东西来界划和把握时代。马克思也曾在此意义上指出，分析时代"只能谈谈显著的一般的特征"④。也正因此，以黑格尔为代表的传统历史哲学，立足于具有普遍性的时代精神、文明特征来把握时代，有一定的合理性。马克思恩格斯为此也曾使用诸如启蒙时代、理性时代的说法，肯定过摩尔根蒙昧、野蛮、文明时代的划分。

不过，唯物史观在其形成时就宣称："这种历史观和唯心主义历史观不同，它不是在每个时代中寻找某种范畴，而是始终站在现实历史的基础上，不是从观念出发来解释实践，而是从物质实践出发来解释各种观念形态"⑤；后来更明确说："我们判断这样一个变革时代也不能以它的意识为根据"⑥，相反，"每一个时代的理论思维，从而我们时代的理论思维，都是一种历史的产物，它在不同的时代具有完全不同的形式，同时具有完全不同的内容"⑦；不是像黑格尔说的，时代精神决定时代本身，相反，时代的客观情况决定时代精神的滋生、显扬。

显然，靠时代精神难以根本上把握时代。马克思在青年时期就知道

① 《马克思恩格斯文集》第 1 卷，人民出版社 2009 年版，第 540、295 页。

② 《马克思恩格斯文集》第 2 卷，人民出版社 2009 年版，第 580 页。

③ ［德］加达默尔：《哲学解释学》，夏镇平、宋建平译，上海译文出版社 2004 年版，第 109—110 页。

④ 《马克思恩格斯文集》第 2 卷，人民出版社 2009 年版，第 428 页。

⑤ 《马克思恩格斯文集》第 1 卷，人民出版社 2009 年版，第 544 页。

⑥ 《马克思恩格斯文集》第 2 卷，人民出版社 2009 年版，第 592 页。

⑦ 《马克思恩格斯文集》第 9 卷，人民出版社 2009 年版，第 436 页。

转向客观的时代问题。唯物史观进一步认识到，所有的社会问题源于
"每个时代的个人的现实生活过程和活动"① ——特别是物质生产实践。
前述古典经济学以及后来的历史学派经济学，立足于人类生产活动、经
济模式来进行时代界划，无疑更具科学性。为此，马克思恩格斯在有些
场合也承认依据自然经济、商品经济来划分时代的价值，也常使用诸如
"经济时代""生产时代"等说法。

再次，历史唯物主义还进一步认识到："各种经济时代的区别，不在
于生产什么，而在于怎样生产，用什么劳动资料生产"②，劳动资料无疑
是"怎样生产"显著的、可以经验直观到的标志。《资本论》及其手稿中
为此提出过石器时代、青铜时代、铁器时代和机器时代的划分。

不过，"怎样生产"最核心的问题不在于此，而在于社会结构。"每
一历史时代主要的经济生产方式和交换方式以及必然由此产生的社会结
构，是该时代政治的和精神的历史所赖以确立的基础，并且只有从这一
基础出发，这一历史才能得到说明。"社会结构是我们把握历史、时代本
质更根本更重要的依据，而且，时代是更替的，历史是变动的，黑格尔
辩证法强调内在矛盾的重要性弥足可贵，我们对社会形态更替、不同时
代的把握，"必须从物质生活的矛盾中，从社会生产力和生产关系之间的
现存冲突中去解释"③，也只有这样才能把握正确把握时代精神、时代本
质。由此，整个人类历史大的时代划分，大体上可以不同的社会形态来
界划，"每一个生产关系的总和同时又标志着人类历史发展中的一个特殊
阶段"。历史由此可以划分为"古典古代社会、封建社会和资产阶级社
会"④ 三个时代。

最后，生产方式的内在矛盾往往表现为阶级矛盾，所以，历史在很
长时期同时也是阶级斗争史，"一切重要历史事件的终极原因和伟大动力
是社会的经济发展，是生产方式和交换方式的改变，是由此产生的社会
之划分为不同的阶级，是这些阶级彼此之间的斗争"⑤。其中统治阶级
"作为一个阶级进行统治，……决定着某一历史时代的整个面貌，……他

① 《马克思恩格斯文集》第1卷，人民出版社2009年版，第526页。
② 《马克思恩格斯文集》第5卷，人民出版社2009年版，第210页。
③ 《马克思恩格斯文集》第2卷，人民出版社2009年版，第14、592页。
④ 《马克思恩格斯文集》第1卷，人民出版社2009年版，第724页。
⑤ 《马克思恩格斯文集》第3卷，人民出版社2009年版，第509页。

们调节着自己时代的思想的生产和分配"①。一定历史阶段、特定社会形态占主导地位的统治阶级，也是把握时代本质的重要依据和基本入口。

马克思主义哲学据此做出了两个具体的重要贡献。一是对整个人类历史进行了大的、相对的时代划分，如《德意志意识形态》提出部落所有制、公社和国家所有制、封建的或等级的所有制和现代私有制四大生产方式时代；《雇佣劳动和资本》划分出古典古代、封建和资产阶级社会三个时代，后来在此基础上进一步指出，"大体说来，亚细亚的、古希腊罗马的、封建的和现代资产阶级的生产方式可以看做是经济的社会形态演进的几个时代"②。二是对自己所处的时代进行深刻剖析。它首先明确："资本一出现，就标志着社会生产过程的一个新时代"，这是以资本主导下的私有制、雇佣劳动为基础的，可称"资本主义生产时代"或"资本主义时代"③。其实质是资产阶级时代，它有两个独特之处："我们的时代，资产阶级时代，却有一个特点：它使阶级对立简单化了。""生产的不断变革，一切社会状况不停的动荡，永远的不安定和变动，这就是资产阶级时代不同于过去一切时代的地方。"④

三　马克思主义哲学时代观的历史拓展和当代深化

马克思主义哲学时代观，对后来社会主义运动和实践产生了直接而重要的影响，同时也在实践中被不断丰富和发展。

列宁是公认的做出重大贡献的第一人。早在 1903 年，面对崩得分子错误鼓吹民族自决，列宁敏锐地发现其实质在于忽略了"一个是最后的资产阶级革命运动的时代，一个是在无产阶级革命前夕反对派十分猖獗、各方面力量极其紧张的时代"⑤ 之间的时代差异，强调时代不同革命任务不同。而在 1911 年的《俄国社会民主主义运动中的改良主义》中，他强调虽然俄国社会主义运动取得很大进展，但它不是世界主流，"我们还处

---

①　《马克思恩格斯文集》第 1 卷，人民出版社 2009 年版，第 551 页。

②　《马克思恩格斯文集》第 2 卷，人民出版社 2009 年版，第 592 页。

③　《马克思恩格斯文集》第 5 卷，人民出版社 2009 年版，第 198、861、874 页。

④　《马克思恩格斯文集》第 2 卷，人民出版社 2009 年版，第 32—34 页。

⑤　《列宁全集》第 7 卷，人民出版社 2017 年版，第 222 页。

在资产阶级革命时代"①，对当时世界历史作了总的时代方位判断。

1915 年初波特列索夫发表《在两个时代的交界点》，以"新时代"名义鼓吹民族自决。列宁认识到很有必要借此机会深入阐明马克思主义基本立场。他明确说，"无可争辩，我们是生活在两个时代的交界点"，问题的关键在于怎么正确把握时代。"我们无法知道，一个时代的各个历史运动的发展会有多快，有多少成就。但是我们能够知道，……哪一个阶级是这个或那个时代的中心"，这决定着时代的"主要内容、发展的主要方向、主要特点"等等。立足于主导阶级来把握时代，这是马克思主义时代观的基本诉求。只有这样才能"分析从一个时代转变到另一个时代的客观条件"。据此可以确定三个时代，1789—1871 年资产阶级崛起和上升时代；1871—1914 年资产阶级从进步走向反动时代；1914 年至今资产阶级反动和腐朽的帝国主义时代。波特列索夫压根不知道由于资产阶级性质不同时代发生根本变化，盲目鼓吹属于第一个时代的"民族自决"。列宁还提出另外两个重要论断。其一，"这里谈的是大的历史时代"，尽管他所谓三个大时代时间段都不长，跟马克思针对整个人类历史划分的"五时代"远不能相提并论。但这个说法无疑很具启发意义，即时代既可指人类世界历史较长的时段，也可是较短的时段，甚或是一个民族国家、地区较短的历史时段，后者可称之为"小时代"。其二，"我们只是大致地以那些特别突出和引人注目的历史事件作为重大的历史运动的里程碑。"② 这是把握不同历史时代简洁有效的办法。

此后，为了革命需要，列宁的重心在于把握当前的时代，依据马克思主义时代观建构了完整的科学的帝国主义时代观。首先，他强调帝国主义时代的客观基础即垄断生产方式的出现，"垄断代替自由竞争，是帝国主义的根本经济特征"③，"有产阶级屈服于金融资本"，金融资本处于支配地位；其次分析了其典型现象和本质特征，"这个时代本质的和典型的现象是民族分为压迫民族和被压迫民族"，根本而言就是"金融资本密切联系世界殖民政策的特殊时代"；最后强调它是"战争和革命的时

① 《列宁全集》第 20 卷，人民出版社 2017 年版，第 308 页。
② 《列宁全集》第 26 卷，人民出版社 2017 年版，第 142—143、143—145 页。
③ 《列宁全集》第 28 卷，人民出版社 2017 年版，第 69 页。

代"①，帝国主义战争和无产阶级革命共存，就是这个时代的主题，因之也是资本主义向社会主义过渡的时代。

后来的苏联社会主义建设，在相当长时期内基本坚持了以上判断，也因此推出了不少正确的社会主义建设方略和措施。不过，到戈尔巴乔夫主政，基本上否认了这个判断，他把赫鲁晓夫、勃列日涅夫等人提出的"核时代"奉为圭臬，认为这是完全不同、复杂而又独特的时代，人类社会主要矛盾表现为集体生存和毁灭，而非两大阶级、两种制度的矛盾，需要"新思维"去承认"战争与革命之间因果关系已消失"② 进而推行"人道的民主的社会主义"改革，最终造成苏共亡党亡国。

列宁时代观最重要的特点就是把马克思主义时代观蕴含的基本原理和具体实际结合起来，很具有现实针对性。两者都成为马克思主义中国化的重要内容。早在新民主主义革命时期，毛泽东以及中国共产党就认识到时代判断的重要性，还明确指出"列宁主义之所以成为帝国主义和无产阶级革命时代的马克思主义"③。因为它正确把握了资产阶级和无产阶级的阶级矛盾。新中国成立后，毛泽东基本上坚持帝国主义和无产阶级革命时代这个判定，也根据时势进行调整。如 20 世纪 50 年代初他先后在诸如《论十大关系》等文章中分析了走向和平时代的可能性。

显然，正确把握时代非常重要；而且，对一个时代的正确判断，不仅要总体上抓住本质和根本，它同时是一项立体性、多维度的任务，还要立足于时代问题，抓住时代主题、时代客观形势、时代潮流和趋势，把握时代精神，等等。或者说本质性的界定涉及更长时段的"时代"，一般是"大时代""特大时代"，它比较稳定；而主题、形势、潮流以及与之相应的时代精神往往可以变动更快一些，进而形成"大时代"中不同的小时代。"小时代"把握不准，同样会造成严重问题。换言之，要把经典的马克思主义时代观和列宁时代观结合起来观察、分析时代。中国特色社会主义很好地做到了这一点，这同时也是它不断走向成功的重要因由，而时代观也因之构成中国特色社会主义理论体系不可或缺的内容。

早在 1960 年，邓小平就认识到"一切问题的关键在对时代的分

①　《列宁全集》第 27 卷，人民出版社 2017 年版，第 286、390、248 页。

②　［苏］戈尔巴乔夫：《改革与新思维》，苏群译，新华出版社 1987 年版，第 127 页。

③　《毛泽东选集》第 1 卷，人民出版社 1991 年版，第 314 页。

析，……列宁的论断并没有过时，帝国主义特征没有改变"①。换言之，列宁关于从资本主义向社会主义过渡这个大的时代判断、总的把握是对的。

改革开放后，邓小平敏锐认识到，中国的社会主义建设，还须在此基础上，进一步把握我国基本的历史方位、世界具体的客观形势，来细化和深化对时代的认识。由此，两个重要的论断先后提出。一是初级阶段论。《关于建国以来党的若干历史问题的决议》依据我国社会主要矛盾，首次明确提出"社会主义初级阶段论"。党的十三大进一步确认它至少需要上百年时间，持续到社会主义现代化基本实现。这是对中国特色社会主义具体历史时代的科学定位。尽管其历时较长，但从国别属性上考虑，应属于"小时代"的判断。二是和平与发展时代主题论。1984年，邓小平仔细分析当时的国际形势，提出和平和发展"这两个问题关系全局，带有全球性、战略性的意义"，"过去我们的观点一直是战争不可避免，而且迫在眉睫"②，现在必须认识到争取和平是可能和必要的。党的十三大据此明确提出和平与发展是当代的主题。邓小平为此还提出著名的"我们要赶上时代，这是改革要达到的目的"③ 说，其用意应有两点，一是认清和平发展是时代潮流，不断争取和平的国际环境，二是重视科技是第一生产力的时代潮流，不断大力发展科教事业，缩小与发达国家的差距。

邓小平之后，从党的十三大到党的十七大，我们在基本判断上坚持和沿袭上述两个重要论断。当然，也有不少创新性、拓展性的认识。如党的十六大强调："我们必须从中国和世界的历史、现状和未来着眼，准确把握时代特点和党的任务，……既不落后于时代、又不超越阶段"，但同时要注意"始终站在时代前列"④，而胡锦涛提醒人们一定要清醒地认识"世界多极化和经济全球化的趋势深入发展，科技进步日新月异"，"要和平、促发展、谋合作是时代的主旋律。"⑤ 这是我们正确制定对内对外政策的基本依据。中国特色社会主义也正是在此基础上不断推动实践

---

① 《邓小平年谱1904—1974》（下），中央文献出版社2009年版，第1562页。
② 《邓小平文选》第3卷，人民出版社1993年版，第96、126—127页。
③ 《邓小平文选》第3卷，人民出版社1993年版，第242页。
④ 《江泽民文选》第3卷，人民出版社2006年版，第536—537、541页。
⑤ 《胡锦涛文选》第2卷，人民出版社2016年版，第352页。

创新和理论创新的良性互动，获得自我发展。

党的十八大以来，习近平立足于中国实际，坚持守正出新，既把中国特色社会主义推向新的历史征程，也把马克思主义哲学时代观推向新境界，做出了系统性的新贡献。其一，早在 2007 年他就强调："每个时代总有属于它自己的问题"，"构建和谐社会就是一个解决这些时代问题的持续过程。……这些问题就是我们这个时代的口号，就是时代的声音……只有立足于时代去解决特定的时代问题，才能推动这个时代的社会进步"①，这完全坚持了马克思主义哲学分析时代的基本立场和基本路径：尊重客观时代问题的优先性。其二，他同时强调，"每个时代都有每个时代的精神，每个时代都有每个时代的价值观念。"② 我们对时代的把握应该是多维度的，时代精神是不可或缺的重要维度，这也坚持了马克思主义时代观的基本要求。其三，他坚持了从列宁到邓小平以来的双重分析视角，奉献了可贵的新探索。

关于前者即分析整个大的世界历史时代，他提出："尽管我们所处的时代同马克思所处的时代相比发生了巨大而深刻的变化，但从世界社会主义 500 年的大视野来看，我们依然处在马克思主义所指明的历史时代。"③ 即马克思恩格斯所说的"资本主义时代"，列宁进一步发展所提出的"帝国主义时代"或资本主义向社会主义过渡的时代。这是对整个大时代性质的基本判断。以此为前提，他丰富和深化了对世界历史大时代的把握。首先，和平和发展仍然还是世界历史时代的基本主题，但出现新的潮流要素，"我们所处的是一个风云变幻的时代，……和平、发展、合作、共赢成为时代潮流"④。其次，在时代特征上出现新变化，"人类社会正处在一个大发展大变革大调整时代"，时代趋势同样出现了新元素，"世界多极化、经济全球化、社会信息化、文化多样化深入发展，和平发展的大势日益强劲，变革创新的步伐持续向前。"再次，时代课题增添了新内容，"我们正处在一个挑战频发的世界。……和平赤字、发展赤字、治理赤字，是摆在全人类面前的严峻挑战。"⑤

---

① 习近平：《之江新语》，浙江人民出版社 2007 年版，第 235 页。

② 习近平：《习近平谈治国理政》第 1 卷，外文出版社 2018 年版，第 168 页。

③ 习近平：《习近平谈治国理政》第 2 卷，外文出版社 2017 年版，第 66 页。

④ 习近平：《习近平谈治国理政》第 1 卷，外文出版社 2018 年版，第 272 页。

⑤ 习近平：《习近平谈治国理政》第 2 卷，外文出版社 2017 年版，第 508—509 页。

　　关于后者即专门分析我国具体历史方位，党的十九大报告指出"中国特色社会主义进入了新时代，这是我国发展新的历史方位"。而做出这个判断，最根本的是坚持了马克思主义生产方式——社会矛盾的分析框架和方式，党的十九大报告强调"我国社会主要矛盾已经转化为人民日益增长的美好生活需要和不平衡不充分的发展之间的矛盾"，它虽然"没有改变我们对我国社会主义所处历史阶段的判断"，但无疑"是关系全局的历史性变化"①。

　　应该说，立足于上述双重视角，正确把握、深入洞察、细致分析世界历史大时代和中国具体历史方位的"小时代"，无疑是中国特色社会主义健康发展和不断深化的前提和基本保障。当然，也是我们未来谋取更大发展、巩固"四个自信"、早日实现中国特色社会主义新时代的奋斗目标、使中国特色社会主义行稳致远必须高度重视的大课题。对此，我们理应有清醒的理论自觉。

---

　　①　中共中央党史和文献研究院：《十九大以来重要文献选编》（上），中央文献出版社2019年版，第8页。

重思马克思的"自我所有难题"

林育川*

    分析的马克思主义者 G. A. 柯亨从 20 世纪 80 年代开始多次讨论了马克思思想中的"自我所有（self–ownership）难题"，即马克思对异化劳动的揭示和对资本主义剥削的批判与他所接受的自我所有理论相悖。近年来国内学者对柯亨批判自由主义自我所有论的思想有过较为充分的研究，但聚焦于马克思之"自我所有难题"的辨析则较少。在后一类研究中，有的学者认为柯亨混淆了自我所有概念在事实层面和法权层面上的不同，从而误读了马克思；也有学者认为马克思的确接受了某种自我所有权，或者说马克思并不能完全拒斥自我所有权，但马克思的剥削理论和共产主义构想都不是建立在柯亨所界定的自我所有权理论之上的，由此破解了马克思的"自我所有难题"①。在笔者看来，既往的这些研究——即便是提出问题的柯亨本人——对自我所有概念的界定仍然不够细致和清晰，因此我们不能准确地指认马克思是在何种意义上接受或者拒斥自我所有，从而误解了马克思与自由主义之间的根本思想分歧。下文将通过对自我所有概念的辨析，澄清马克思和自由主义者是在不同的涵义上理解自我所有这一概念的，马克思也并不同自由主义者共享一个理论前提（即自我所有论），进而揭示"自我所有难题"并不是马克思的难题而是包括柯亨在内

---

    * 作者简介：林育川，厦门大学人文学院哲学系。

    ① 姚顺良曾发表文章对柯亨将马克思误读为自我所有论者作出非常深入且富有启发性的批判。但他仍然认为马克思接受了以劳动所有权作为历史前提和法权形式的劳动力所有权理论。（参见姚顺良《〈资本论〉与"自我所有权"——析柯亨的"马克思批评"和"后马克思"转向》，《学习与探索》2013 年第 4 期）笔者认为，劳动力所有权仍然为柯亨的自我所有权概念所涵盖，即工人作为劳动者对自己的劳动产品的排他性所有权仍然属于自我所有权，接受了劳动力所有权理论的马克思依然是自我所有论者。在这一点上，姚文的论证仍有不足。

的自由主义平等主义者的难题，最后讨论这一难题对于当代马克思主义者所构成的挑战。

一　对"自我所有难题"的初步回应

在柯亨对自我所有的讨论中，他区分了自我所有概念（concept）和自我所有论（thesis）：前者是一个中性的、更为基础性的概念，后者则是一种权利理论，即"自我所有权"。柯亨是这样界定自我所有权的："每一个人对其自身及其能力，具有完全的不可分割的控制权和使用权，因此，在没有立约的情况下，他没有义务向他人提供任何服务和产品。"①这种自我所有权被柯亨视为自由意志主义最为核心的原则。

柯亨细致地考察了自由主义者对于自我所有权的论证，对诺齐克的自我所有观和洛克的自我所有观②进行了比较。在他看来，诺齐克放宽了洛克关于合理获得财产权——实现自我所有权——的限制条件，从而使自我所有权具有更大的适用范围。具言之，诺齐克认为个人的劳动与外界的无主资源的结合，只要不使他人的处境变坏，所取得的财产就是合理的。这一约束性条件——不使他人的处境变糟——相比于洛克要求给他人留出足够多和同样好的资源的约束而言明显变弱了，从而使其自我所有权更为绝对和激进，也使其对私有财产合理性的论证不够严谨。柯亨还进一步揭示洛克和诺齐克论证自我所有面临的共同困难，即他们关于外部无主资源的预设并非是唯一的可能。如果外部资源也可以被合理地设想为所有人的共同财富的话，那么个人的劳动与外部资源的结合将是困难的——这种结合很难得到所有人的同意。这样的话，由个人对其人身和劳动能力的自我所有权推导出私有财产合理性的论证过程就不再是理所当然的和通畅的。

遗憾的是，尽管柯亨质疑自由主义者从自我所有权推导出私有财产

---

①　[英] G. A. 柯亨：《自我所有、自由和平等》，李朝晖译，东方出版社2008年版，第13页。

②　洛克在《政府论》中明确指出："每个人都拥有对于自己的人身的所有权；除了他自己，任何别人对此都没有权利。我们可以说，他身体的劳动以及他双手的工作都属于他自己。"

的合理性，即认为从个人对其能力和天赋的所有权推导出排他性的劳动成果所有权存在瑕疵，但他仍然判定自我所有权原则本身是无法驳倒的，并且同意诺齐克关于再分配政策是侵犯个人的自我所有权的观点。"自我所有原则禁止强迫一个人去帮助别人。我把再分配性税收视为是对别人的帮助，因此是不符合自我所有的。"① 柯亨从这一角度呈现了罗尔斯和马克思（和马克思主义者）的再分配理论背离了他们所认肯的自我所有权——即自我所有原则。

柯亨对罗尔斯再分配理论的批评主要是指向其差别原则，即认为差别原则导致强者必须帮助弱者，从而违背了他自己所认同的自我所有原则。当然，柯亨的批评引起了进一步的争论②。笔者认为柯亨对罗尔斯的批评——罗尔斯的差别原则不仅与自我所有原则相悖，而且他也不能成功地拒斥自我所有原则——是准确而深刻的。这是因为：尽管罗尔斯反对具有偶然性的原生运气（brute luck），但他基于原生运气的反驳理由③并不足以推翻自我所有原则，因为自我所有原则至少与上述反驳理由一样基本和明显，两种同样基础的信念不能相互否定。此外，尽管罗尔斯主张"把自然天赋的分配看作一种共同的财产"④，这是一种运气均等主义的观点，但它与罗尔斯的正义第一原则——该原则支持自我所有权——相冲突。就此而言，罗尔斯的正义论并没有成功拒斥自我所有权。

不同于对罗尔斯的批评，柯亨对马克思的批评源于某种"深刻的"误解。在马克思主义的理论体系中，社会主义再分配的合理性是建立在

① ［英］G. A. 柯亨：《自我所有、自由和平等》，李朝晖译，东方出版社 2008 年版，第251 页。

② 罗尔斯和乔舒亚·柯亨（Joshua Cohen）并不接受柯亨的批评。他们认为每个人都可以被视为社会协作的贡献者和受惠者，差别原则要解决的不是谁应该单方面地帮助别人的事情，而是在一种互惠的社会协作中如何分配协作成果的问题。柯亨的进一步回应揭示了罗尔斯和乔舒亚·柯亨从互惠协作的角度对差别原则的辩护存在的两个困难：其一是互惠协作的解释并不适用于彻底丧失能力的人，其二是即使在互惠协作条件下，能力突出者个人的付出与其通过协作获得的利益仍然是不成比例的。如果罗尔斯的理论出发点预设了个体先在性的社会契约论，那么这种社会契约论与差别原则的冲突是非常明显的——能力突出者不会接受差别原则。参见 ［英］G. A. 柯亨《自我所有、自由和平等》，李朝晖译，东方出版社 2008 年版，第 252 页。

③ 罗尔斯认为自我所有原则会给运气不同的人（比如出生于不同的家庭）带来不平等的后果，这种不平等在道德上无法得到辩护，所以自我所有原则应该被否定。

④ John Rawls, *A Theory of Justice*, Cambridge：The Belknap Press of Harvard University Press, 1971, p. 101.

剥削理论之上的，即丧失生产资料的工人不得不接受资本家的剥削，资本家所积累的财富本质上就是工人的剩余劳动，因此社会主义阶段的财富再分配是对资本家剥削机制的否定及对剥削后果的矫正，其目的在于让劳动者重新占有自己的劳动成果。在柯亨看来，传统剥削理论的分析进路依赖于一个理论预设，即工人对其劳动成果的排他性所有权，也就是说马克思的剥削理论同样预设了自我所有权。这是马克思剥削理论及其再分配理论中隐藏着的最深刻的矛盾。因此，他认为马克思或者得放弃他的剥削理论，或者得放弃其自我所有权预设。应该说，柯亨的分析到此为止是非常敏锐和富有启发性的。但他给出的答案却是错误的，因为他认为马克思无法放弃其自我所有权预设。他给出了马克思无法否认劳动者享有对其劳动产品的所有权的两个理由：第一，如果否认工人对其劳动产品的所有权，就无法解释经典的剥削理论为何能成立；第二，"马克思主义者出于政治的原因，不愿意公开否认自我所有原则，因为他们如果这样做就会失去盟友。"① 这两个原因在笔者看来均不成立：在第一个理由中，柯亨在其归纳出来的"经典的"剥削理论中已经预设了自我所有权，我们完全可以给出不同于柯亨的另一种对马克思剥削理论的经典解释，后者并不以工人的自我所有权为前提（此观点的论证将在本文第二部分中展开）；在第二个理由中，马克思主义者不愿意否认自我所有原则的政治考量则是柯亨的推测，实际上这种政治考量并没有忠实于马克思本人的思想，不能把某些马克思主义者的偏颇观点当作经典马克思主义的观点或者直接算到马克思头上②。

在笔者看来，柯亨误读马克思——即认为马克思本人也认同自我所有权——的最深层原因在于他对自我所有概念的丰富内涵缺乏更为细致的辨析。自我所有的内涵显然并不局限于自我所有权，它至少有三重涵义：第一重是最基础意义上的自我所有，意指个人对其身体和能力的实际控制，它是一种简单的反思性的对占有状况的事实性描述，或者说是

---

① ［英］G. A. 柯亨：《自我所有、自由和平等》，李朝晖译，东方出版社 2008 年版，第191 页。

② 柯亨并没有严格区分"马克思的"（即马克思本人的）和"马克思主义的"这两个概念，在多数情况下他把传统或者经典马克思主义的观点视为马克思本人的观点，但有时他又用"马克思主义"来指称他心目中的"经典马克思主义"，从而不仅会给读者带来理解上的困难，而且会使其本人思想的表达不够准确。

对占有事实的直接描述；第二重是被设想为先在的①或者超验的主体——用桑德尔的话来说就是"无约束的占有主体"或者"优先于其目的的主体"——实际占有自己的人身、人格、禀赋或者属性的自我所有的意识或者观念；第三层是指个人对其人身和能力等的排他性的支配、收益和处分权利，这种权利要求得到他人或者社会的承认、尊重乃至配合。我们可以将这三重涵义概括为：个人对其事实性占有外部对象或内在能力的直接描述（对事实性占有的自我意识）、先在性的占有主体的自我所有意识或者观念、完全的和排他性的自我所有权。

　　通过以上自我所有概念的三重含义的分析，我们可以进一步检讨柯亨是如何误解自我所有论（thesis of self-ownership）以及构造马克思思想中的"自我所有难题"的。柯亨认为自我所有论的核心内涵是自我所有原则（排他性的法权原则），自我所有论是不可避免和无法驳倒的。这种理解实际上窄化了自我所有论，即仅仅从第三重涵义去理解自我所有论，把自我所有论等同于排他性的自我所有权。但在笔者看来，自我所有论还有一个非常重要而且更为基础的涵义，即前面所区分的第二重涵义——先在性占有主体的自我所有意识或者观念，它为排他性自我所有权奠定了基础。反驳先在性的占有主体的自我所有意识或观念（第二重涵义）比反驳排他性的自我所有权（第三重涵义）更加艰难。罗尔斯等左翼自由主义者支持通过再分配策略来限制排他性的自我所有权，但他们的理论又预设先在性占有主体的自我所有意识或者观念的合理性——桑德尔等人为此论点提供了严格的论证，这就是他们理论内部的深刻矛盾。当柯亨说自我所有论无法驳倒时，他实际上指向的就是这种与先在性占有主体相伴而生的自我所有意识或观念，因为自由主义者——无论是罗尔斯还是柯亨（在此问题上柯亨和自由主义者存在共识）——只要预设了个人是先在于共同体而存在的，这种自我所有的意识或观念就变得难以驳倒。

　　因此，自由主义的真正病灶并不是秉持法权意义上的自我所有原则，而是预设了先在的、纯粹抽象的自我，并在此种自我观上建立了自我所

---

　　① 本文所言的"先在性主体"或者"自我先在性"中的"先在性"不是指逻辑上的先在性，而是指在理解个人、主体或者自我时，认为它们的规定性先在和独立于具体的历史背景和社会联系。这一理解源于桑德尔对自由主义所预设的超验主体的批评。

有论①。与此相反，在笔者看来，马克思只是接纳了自我所有概念的第一重涵义，即在一种对占有做事实性描述的意义上接纳了自我所有，而反对预设先在性占有主体对其自身才能和天赋的自我所有意识或观念，并在这一点上与自由主义的平等主义者分道扬镳。由于柯亨没有准确地辨明马克思是在什么意义上接纳了自我所有，因而错误地认为马克思也接受了自我所有论。在这一意义上，柯亨既高估了自由主义理论根基的合理性，也低估了马克思思想的穿透力，同时也使自己陷入了一种非常尴尬的处境：他一方面承认自我所有是合理性、不可避免的和无法被驳倒的，另一方面又主张借助某些理据来证明自我所有论是不可欲的②。

二　马克思对自我所有论的彻底拒斥

如前所述，柯亨低估了马克思拒斥自我所有论的彻底性。这种彻底性可以从以下两个方面进一步得到呈现。

第一个方面是分析马克思本人对自我或者个人先在性——对应于自我所有概念的第二重涵义——的拒斥；第二个方面是澄清马克思的异化劳动思想、剥削理论和共产主义构想来回应柯亨的误解——对应于自我所有概念的第三重涵义。

就第一个方面而言，马克思对于自我的理解明显不同于自由主义的自我优先性的理解，这意味着以自我先在性为预设的自我所有论不会被马克思所接受。马克思对自我先在性的批判除了在意识哲学领域有所体现外，更多地表现为在社会学和政治经济学领域中对原子式个人先在性

---

① 桑德尔对罗尔斯正义论的批评就直指这一问题，即其所预设的自我概念的超验性和优先性。

② 柯亨认为可以通过论证个人对于他人的非契约性义务或者通过强调帮助弱者有助于实现个人的自主性来削弱自我所有权的吸引力，也就是说通过其他更可欲的理论来反衬出自我所有权之不可欲。柯亨以个人承担照顾父母的责任为例，论证了基于个人责任（非契约性义务）放弃自我所有并不意味着接受别人的奴隶，从而弱化了对于放弃自我所有权必然带来恶果的指控。他还论证了适当限制自我所有权（通常可以理解为帮助别人）有利于实现更多人的自主权，因为"如果人人都享有合理的自主权的话，那么，至少在某些情况下，有必要对自我所有权加以限制"。参见［英］G. A. 柯亨《自我所有、自由和平等》，李朝晖译，东方出版社 2008 年版，第267 页。

的批判。这些批判在马克思的文本中可谓是一以贯之的。当然，马克思的博士论文反映了青年黑格尔派自我意识哲学对他的影响，但马克思并没有完全站在与之相同的立场上，他对抽象的自我意识明确地提出异议，认为它完全脱离了现实，"抽象的个别性是脱离定在的自由，而不是在定在中的自由。它不能在定在之光中发亮"①。在《〈黑格尔法哲学批判〉导言》中，马克思更是直言"人不是抽象地蛰居于世界之外的存在物，人就是人的世界，就是国家、社会"②。在《论犹太人问题》中，他洞悉了近代西方人权逻辑中关于脱离共同体的单子式个人的预设，并认为这是政治解放的局限。在《神圣家族》中对施蒂纳的唯一者——即抽象的、先在的和摆脱任何限制的自我概念——进行了毫不留情的嘲讽。在《关于费尔巴哈的提纲》中，反对费尔巴哈对单个人的直观和关于抽象的人之本质的设定。在《德意志意识形态》中，马克思进而界定了"现实的人"，即"不是处在某种虚幻的离群索居和固定不变状态中的人，而是处在现实的、可以通过经验观察到的、在一定条件下进行的发展过程中的人"③。以及在《〈政治经济学批判〉导言》中批评国民经济学家和近代契约论者预设的孤立个体之先在性时，马克思曾写下非常经典的文字："我们越往前追溯历史，个人，从而也是进行生产的个人，就越表现为不独立，从属于一个较大的整体。……产生这种孤立个人的观点的时代，正是具有迄今为止最发达的社会关系（从这种观点看来是一般关系）的时代。人是最名副其实的政治动物，不仅是一种合群的动物，而且是只有在社会中才能独立的动物。"④ 可见，马克思一贯而明确地反对先在的个人与自我，在他看来，个人是处于一定社会关系中的个人，先在的自我产生于个人把自己从一定的社会关系中抽离出来的想象。这一立场也决定了他必然会拒斥基于先在性自我之预设下的自我所有权理论。

以下我们可以依次揭示马克思的异化劳动、剥削和共产主义思想并没有诉诸自我所有论，以确证柯亨对马克思的误读。

马克思的异化劳动理论显然没有诉诸自我所有论，即没有预设个体

---

① 《马克思恩格斯全集》第1卷，人民出版社1995年版，第50页。
② 《马克思恩格斯文集》第1卷，人民出版社2009年版，第3页。
③ 《马克思恩格斯文集》第1卷，人民出版社2009年版，第525页。
④ 《马克思恩格斯文集》第8卷，人民出版社2009年版，第6页。

工人应得其全部的劳动成果。在《1844年经济学哲学手稿》中，马克思的确提到了"劳动的全部产品是属于劳动者的"，但马克思清楚地表明他只是在转述国民经济学的观点，紧接着他又指出现实背离了国民经济学的理论，因为工人"只得到他不是作为人而是作为工人维持生存所必要的那一部分"。所以，每个工人应得其全部的劳动成果实际上是国民经济学家的主张。马克思批判异化劳动的主要目的并不是为了揭示个体工人失去了部分自己的劳动成果——在复杂的劳动协作中准确地划分各个人的劳动贡献并不容易，而是作为整体的工人只得到了其成果中的极少部分，即"维持生存所必要的那一部分"，少得可怜的所得使工人过上非人的生活（即谋生的生活），同时被别人占有的大部分劳动成果反过来成为压迫工人的力量。因此，劳动异化的关键不是它侵犯了自我所有权，而是它导致了整体工人的大部分劳动成果反过来压制工人这一压迫性的社会机制。

　　马克思的剥削理论同样没有诉诸自我所有论。柯亨认为剥削的经典内涵是资本家对工人劳动成果的攫取，或者是对后者劳动时间的榨取，这意味着工人的自我所有权受到侵犯。这种观点同样是一种误解。实际上马克思剥削理论的要点是工人被迫与资本家进行不对等的劳动成果交换，也就是说工人除了接受资本家给出的不对等交换条件之外没有别的出路。当然，当我们使用工人和资本家这两个概念的时候，我们已经将他们嵌入一种不对等的社会关系——即资本家有能力强迫工人——之中，但这也是资本主义社会的基本事实。因此，马克思是想利用剥削概念去揭示资本主义生产关系的压迫性，即由垄断生产资料的资本家和缺乏生产资料的工人构成的生产结构本身的压迫特性，而不是交换的不对等问题以及工人的自我所有权受到侵犯问题，后者是一个次要的附带性问题，而不是马克思致力于揭示的核心问题。因为不对等交换并不足以构成马克思意义上的剥削，也未必侵犯个人的自我所有权。就后者而言，我们可以设想一种情况，即在某些特殊的情况下，两个进行劳动成果交换的人，可能是基于情感（如有亲缘关系或者相互熟识的个人之间）或者个人德行（如交易中的一方特别慷慨）或者是彼此的义务等方面原因，他们自愿地进行不对等的交换。马克思不会把这种情况视为剥削。而柯亨则牢牢抓住这种不对等交换的形式，认为在这种交换中给予更多而所得更少者的自我所有权受到侵犯，因而是一种剥削。但我们认为在彼此之间存在义务（如子女赡养或者照顾父母那样的义务）或者自愿的情况下，我们就很难将在此之间发生的不对等交换确认为侵犯自我所有权，因为这种义务或者基于自愿的自我约束完全可以构成自我理解的前提，从而使自我所有权的内容和边界变得模糊。

马克思的共产主义理想依然拒斥自我所有论。除了马克思在《1861—1863 年经济学手稿》中谈到的"联合起来的社会个人的所有制"[①]——它是对信奉自我所有原则的"孤立的单个人的所有制"的克服——之外，另一个明显的例证来自马克思对拉萨尔关于工人应得其"不折不扣的劳动所得"的批判。在《哥达纲领批判》中，马克思指出，作为社会组织的成员，"劳动所得就应当属于社会，其中只有不必用来维持劳动'条件'即维持社会的那一部分，才归各个劳动者所得"[②]。共产主义社会的"各尽所能、按需分配"同样也是预设所有成员的劳动成果属于社会所有，构成社会总产品，而不是各个社会成员对其创造的具体社会产品享有排他的所有权。当然，按照自由主义的逻辑，个人产品属于集体所有显然侵犯了个人的自我所有权，但马克思预设的是联合的个人——这种联合构成了对自我的理解并因而是对自我先在性的超越——对所有产品的共享。从这个角度来看，马克思对个体之自我的理解相对于柯亨而言具有更突出的共同体向度。

三　自由主义平等主义者的"自我所有难题"

既然马克思不接受自我先在论以及自我所有原则，"自我所有难题"对于马克思本人而言并不存在。更进一步说，由于马克思不承认个人应得其自身才能和天赋及其带来的收益的所有权，就不会陷入绝对和完全的自我所有权与他所认可的再分配要求相冲突的悖论。反之，"自我所有难题"对于柯亨、德沃金、罗尔斯等自由主义平等主义者来说，都是实实在在的难题。自由主义平等主义者一方面接受自我所有论，另一方面

---

① 《马克思恩格斯全集》第 48 卷，人民出版社 1985 年版，第 21 页。
② 《马克思恩格斯文集》第 3 卷，人民出版社 2009 年版，第 429 页。

为了给再分配政策提供合理性论证又不得不或者将自我所有论贬低为缺乏道德依据的偶然联系（如德沃金和罗尔斯）或者基于别的理据去削弱自我所有论（如柯亨）。

陷入"自我所有难题"的自由主义平等主义者之所以进退失据，在于他们希望在其政治哲学理论中实现个人真正的自主性以及平衡自由和平等这两种重要的价值。我们可以更为细致地分析柯亨是如何使自己陷入"自我所有难题"的。可以说，在承认自我所有权的自由主义理论框架下，自由和平等的价值存在内在的冲突，因为对于财富的平等分配必然侵犯到个人对其自身财富的所有权，即个人依据自己的意志处置其自身财富的自由。在《自由和平等是相容的吗?》这篇论文里，柯亨曾经谈到了一个取巧的观点，即自由意志主义者所理解的自由并不必然与平等相冲突。"平等和自由意志主义者所说的自由之间不存在冲突。因为，在世界资源共有制的条件下，每个人都具有构成自我所有权的那些权利——这就是自由意志主义的右翼人士的自由概念——，而这同时又不会危及条件平等。"① 笔者认为，柯亨在此所表达的意思并不复杂，因为在世界资源共有的条件下，每个人平等地共享着外部世界，这种平等地共享外部世界与自由地支配自己的人身和才能的权利（自我所有意义上的自由）并不是矛盾的。然而，自由和平等在这种状态下的兼容纯粹是形式的：自由是完全没有展开的理论上的、抽象的自由，因为在外部资源共有（法权意义上的共有）的条件下，个人只有得到所有人的同意——这在现实中是不可能的——才能把自己的劳动能力和外部资源结合起来，生产出自己的私有财产；平等同样是理论层面的抽象平等。因此，柯亨上述关于自由和平等在抽象形式上的兼容并不具有现实的意义。

柯亨当然认识到这一点，在他看来，只要承认自我所有论，即个人对于其身体和才能具有完全的所有权，即便是实行外部资源的初始平等分配，其结果仍然是不平等的，因为个人的天赋、才能和努力程度的差异会逐渐拉大财产占有的不平等。因此，平等主义的努力一定要求对自我所有权进行限制，然而，这种限制必须有充分的理据，以证明它们对个人自由支配其能力和财产的适度限制是可以接受的。柯亨分析了几种

① ［英］G. A. 柯亨：《自我所有、自由和平等》，李朝晖译，东方出版社 2008 年版，第129 页。

看上去可以接受的限制自我所有权的情形。其一是个人对他人所负的非契约性义务，如赡养父母的义务。这种义务（或者其他类似的道德义务）虽然与自我所有权相矛盾，但它是个人的自我约束，并不会导致自由意志主义者所声称的那种奴役。其二，公民所负的纳税义务（强制性义务），它显然也是对自我所有权的限制。但在税款用于维护国家安全和提供公共服务的限度内，这种限制同样能够被接受，因为从理论上说，这是个人成为一国之公民所必须接受的具有强制履行效力的"契约"。其三，为了实现广泛的和真正的自主权（autonomy）需要限制自我所有权。柯亨区分了自主权①和自我所有权。在自由意志主义者看来，完全的自我所有权会给予个人更充分的自主权，但事实并非如此。在一些情况下，自我所有权和自主权是冲突的。柯亨谈到了两种冲突的情况：一种是自我所有权无法带来普遍的自主权。"自我所有权所认同的自我追求产生了没有财产的无产阶级，他们的生活受到了很大的限制，因此不能享有与自主权观念相应的对于他们生活的实质上的控制权。因此，如果人人都享有合理的自主权的话，那么，至少在某些情况下，有必要对自我所有权加以限制。"② 另一种是自我所有权导致对自身自主权的限制。"就自主权而论，你在过自己的生活时所拥有的选择范围是由两件事决定的：你对你的自我的权利的大小，选择范围与这一点成正比；别人对于他们的自我以及物的权利，选择范围与这一点成反比。在很多情况下，如果不对有些人或所有人的自我所有权加以一定的限制，那么有些人或所有人的自主权就会少一些。"③ 这一判断也不难理解，因为每个人都处在一个相互合作的社会关系网之中，个人自主权的实现离不开他人的配合，每个人都有适度的自主权对于有效的社会合作来说是合理的和必须的。

由于柯亨的讨论始终是从自我所有权的优先性出发，其策略是削弱自我所有权的吸引力。他一方面承认自我所有论是不能驳倒的，但另一方面又致力于通过列举它与某些合理和可欲的规则的冲突来弱化人们对它的信仰。这无疑是一种骑墙的态度。我们可以进一步追问：既然限制

---

① 按照柯亨的理解，自主权指的是个人作出自我决定和自主选择的自由。

② ［英］G. A. 柯亨：《自我所有、自由和平等》，李朝晖译，东方出版社2008年版，第267页。

③ ［英］G. A. 柯亨：《自我所有、自由和平等》，李朝晖译，东方出版社2008年版，第267页。

自我所有权是可欲的和合理的，这些合理的限制不就证明了完全的自我所有权被驳倒了吗？此外，当柯亨把自我所有权作为不能驳倒的前提时，他实际上也就把自由（具言之，处置自己才能和财产的自由）和平等置于绝对对立的状态。因此，更为尴尬的结果是：他后来提出的"利益的机会平等"（equal opportunity for advantage）——以取代德沃金的"资源平等"和阿内森的"福利机会平等"——接受了运气均等主义的主张，从而径直否定了自我所有权。这样的话，柯亨就把激进的自由主义（即自我所有权不能被驳倒）和激进的平等主义（即把个人天赋和才能视为社会财富的运气均等主义）这两种直接冲突的主张包裹在自己的思想体系中，就像他既肯定过分强调历史规律必然性的激进历史唯物主义，又肯定与事实无关的规范性学说一样，再次陷入了二元论。

从这个角度来看，"自我所有难题"不是马克思的难题，而是自由主义平等主义者的难题。与后者不同，马克思并没有把离群索居的个人视为历史的前提并把社会或者国家视为保护个人自由的工具。因此，马克思不会接受个人对其才能和财富享有完全的和优先的所有权的观点。在马克思所设想的人类历史的自由个性阶段，即"建立在个人全面发展和他们共同的、社会的生产能力成为从属于他们的社会财富这一基础上"的阶段，自我所有权最终被扬弃了，个人成为"处于相互关系中的个人"，他们各自依赖的"物"（财产）汇聚成为从属于社会整体的"物"。此时，平等占有（在共同所有或者共享的意义上）生产资料和平等分配（按照马克思的理解应该是个人的差异性需要得到平等的满足）生活资料恰恰是实现每个个体自由的基础或者条件。这也就是说，在摒弃了自我所有权的条件下，每个人的自由和平等才能够真正兼容起来，从而克服柯亨所言的那种纯粹形式上的兼容。

四　"自我所有难题"的当代性

前文已经论证了马克思并没有受困于"自我所有难题"，马克思拒斥自我所有论的立场非常清晰和一贯。他不仅揭示了资本主义社会现实中的自我所有论及其制度对自由和平等价值所造成的扭曲，还展示了超越狭隘的自我所有论的个人在真正的人类史中终将实现彻底解放的理想图景，在那样一幅图景中，人与人之间物化的社会关系被消除，个人真正成为自由人联合体的成员。

不过，从马克思所界定的人类历史发展的三个阶段来看，我们目前仍然处于第二个历史阶段，即以物的依赖性为基础的人的独立性阶段。这种独立性用马克思早期的话来说就是与共同体相分离的原子式的个人独立性。在现实层面，孤立个体的独立性成了构建现代资本主义社会规则——包括私有财产制度和基于个人贡献的分配制度等——所预设的基本前提。现实的社会主义国家均在不同程度上容纳了私有财产制度和某种基于个人贡献的分配制度（按劳分配制度），这一事实反映了自我所有论的当代性：也就是说，个人对其人身和才能的排他性的所有权在原则上也被接纳了下来。这一事实表明当代的马克思主义者在实践层面上遭遇到了自我所有的难题。当然，社会主义国家中蕴涵的共同体或者社会团结因素能够对自我所有权加以限制，使个人的自我所有主张不具有绝对的排他性，甚至成为例外的情况。这一点也为柯亨所接受："社会主义者为了实际的原因必须保留自我所有，但这并不是说，他们必须把它奉为一条根本的原则。"①

理解和接受自我所有论的当代性并不困难，马克思在《哥达纲领批判》中早已断言刚刚从资本主义社会中脱胎出来的社会并不能完全摆脱旧的法权。但是，马克思主义者不能满足于承认旧的法权和观念的合理性，更不能错误地强化它们，而是要努力探寻如何超越它们。进言之，马克思主义者需要从历史的角度去理解自我所有论的当代性，即从其暂时性或者过渡性去理解它。诚然，从历史唯物主义的角度看，人类历史从第二个阶段向第三个阶段的过渡（或者说从资本主义社会向共产主义社会的过渡）是必然的，但其过渡在时间上是非常漫长的，在过程上是非常复杂的，马克思本人并没有给我们提供关于如何过渡的具体方案。也许有人强调从规范的视角去理解生产力决定生产关系，但马克思本人却警惕地指出一般历史规律"离开了现实的历史就没有任何

---

① ［英］G. A. 柯亨：《自我所有、自由和平等》，李朝晖译，东方出版社 2008 年版，第 144 页。

价值"，"它们绝不提供可以适用于各个历史时代的药方或公式"①。因此，如果我们尊重马克思的原意的话，我们就必须把生产力发展导致生产关系的相应变化，不是简单理解为前者对后者的单向决定关系，而是理解为一个复杂整体中两个相互影响变量之间的相互作用，前者相对于后者处于主导的地位，但二者如何相互作用只能在具体的历史语境中去考察。

具言之，从历史唯物主义的视角来看，资本主义社会中生产力的进步会推动生产的社会化（这也是现代生产的一种必然趋势），它必然会与生产资料的私人所有制发生矛盾。这对矛盾的博弈或者通过无产阶级暴力革命行动的方式，或者通过非暴力的社会改革的方式，并造成两个常见的制度性变革：生产资料集体占有程度的提升和财富的更为平等的分配。

但是，基于欧洲有限的历史经验所作出的判断对于后来的社会演化——特别是对于那些没有发生社会主义革命的国家而言——是否有效仍然需要进一步考察。从历史来看，欧洲社会在20世纪初经历了一个国家加强经济干预和社会不平等弱化的过程，但在80年代开始又出现了一个明显的经济私有化阶段以及随之而来的分配不平等的加剧。可见，由生产社会化所推动的经济集体控制以及分配的平等化并没有呈现为一个单向度的进程，而是经历了曲折和反复。不过，从当前世界人们生产生活方式变革的趋势以及他们所面临的压力和挑战来看，否定上述趋势仍然为时尚早。在当前世界范围内，不仅物质生产活动是全球性的，而且很多"非物质性劳动"也有着突出的合作性和公共性的特质，这表明当代生产的社会化和全球化程度仍在提升，这一趋势为克服私有财产或私有化资本提供了可能性。另外，当代的生态危机和公共卫生安全的威胁（如最近在全球范围内爆发的新冠肺炎疫情）日趋严重，人类只有摆脱狭隘的个人主义（自我所有论就是其经典的表现形式）思维，以维护人类共同利益为目的，采取集体行动才能找到克服这些危机的出路。还有一个很明显的事实，即当前全球范围内的财富分配不平等已经成为社会不稳定的主要因素之一——即使在经济发达的欧洲国家也发生了此起彼伏

① 《马克思恩格斯文集》第1卷，人民出版社2009年版，第526页。

的工人罢工运动，这一事实表明新自由主义的经济和社会政策已经到了一个亟需扭转的临界点，更加公平地分配人类劳动成果已经成为时代的呼声①。

　　当然，洞察到历史的发展趋向于弱化自我所有原则的影响远不是对"自我所有难题"本身的解决。我们熟知在唯物史观关于基础（经济基础）和上层建筑（观念意识形态）关系的隐喻中，观念是处于被决定地位的，但这并不意味着观念本身是无足轻重的。反之，观念可以成为推动社会制度变革的动力。对于我们这些当下历史实践中的剧中人而言，观念上的转变必定有助于推动上述制度的变革。因此，我们需要在思想观念层面上更为深入地检讨自我先在论并放弃自我所有论。在笔者看来，在生产力还没有发展到可以彻底消灭私有制之前，自然难以彻底否弃自我所有论，但宣扬自我所有论的优先性和绝对性无疑会阻碍对私有制的改造与最终的超越；反过来，放弃对自我所有论的迷信，以共同体意识矫正自我所有论，从而将自我所有论降格为共同体状态的例外，则有助于摆脱私有化崇拜，并通过更能体现平等和共享性质的经济制度（尤其是分配制度）的变革逐步实现人们对其生产能力的共同占有，最终推动社会趋向于真实的共同体，这也许是一条可行的渐进之路。

---

　　①　遑论欧洲发达国家近期频频爆发的各种工人罢工。越来越多的知识分子主张更为平等的财富分配，正如前诺贝尔经济学奖获得者斯蒂格利茨在其未来世界的平等愿景中所表达的："富人与穷人之间的差距缩小了、有一种同呼吸共命运的感觉、共同致力于机会和平等、'所有人的自由和公正'这几个字真的是名副其实……"他还认为，平等愿景的实现需要诉诸对资本（尤其是金融资本）的约束和更公平的分配制度。参见［美］斯蒂格利茨《不平等的代价》，张子源译，机械工业出版社 2017 年版，第 259 页。

《路易·波拿巴的雾月十八日》历史分析的政治哲学叙事

涂良川[*]

在《路易·波拿巴的雾月十八日》出版 33 年后再版时，恩格斯特别肯定这是一部"天才的著作"[①]：马克思真正理解了这一震惊政治界的"事件"，揭示了波拿巴仿效拿破仑"雾月政变"窃取政治权力、实现政治利益、复辟政治地位的"自然性"与"必然性"[②]，因为，马克思对法国阶级斗争局势与条件的历史唯物主义分析，实质上是对"平庸而可笑的人物有可能扮演英雄的角色"[③] 政治事实的哲学批判；对"革命的失败"[④] 的历史唯物主义把握，实质上是对"梦魇"般纠缠着人的政治观念的哲学解构；对"各社会阶级的斗争"[⑤] 规律的历史唯物主义洞见，实质上是对现实的利益如何主导政治进程的历史批判。或者说，正是马克思在历史中来研究与审视政治观念的历史意义与现实影响，在利益中来还原与批判"违反"常识政治事实的现实成因与社会后果，在阶级分析中来探析政治的现实逻辑与可能路径，才使马克思对路易·波拿巴"投机"

[*] 作者简介：国家社会科学基金重大项目"文明形态变革的哲学理念创新"（18ZDA015）。

涂良川（1976—），男，法学博士，重庆云阳人，华南师范大学马克思主义学院教授，博士生导师，广东省习近平新时代中国特色社会主义思想研究中心研究员，主要从事马克思主义哲学基础理论研究。

① 《马克思恩格斯选集》第 1 卷，人民出版社 2012 年版，第 666 页。
② 《马克思恩格斯选集》第 1 卷，人民出版社 2012 年版，第 666 页。
③ 《马克思恩格斯选集》第 1 卷，人民出版社 2012 年版，第 664 页。
④ 《马克思恩格斯选集》第 1 卷，人民出版社 2012 年版，第 445 页。
⑤ 《马克思恩格斯选集》第 1 卷，人民出版社 2012 年版，第 667 页。

政治的批判超越了维克多·雨果始于"政治小人而成于政治英雄"的悖反和蒲鲁东始于对政治的历史分析而终于对政治的历史辩护之矛盾，成为对法国大革命政治意义的哲学把握和对未来无产阶级政治地位、政治追求和政治必然的历史唯物主义预见。马克思对"路易·波拿巴的雾月十八日"这一政治事件的历史还原，不是重述政治投机的既成事实，而是以历史唯物主义的政治哲学分析了历史与政治观念的互动、批判了利益与政治事实的互构、探析阶级与政治逻辑的互释，从而坚定了无产阶级必然成为"真正革命的党"的政治哲学预期。马克思《路易·波拿巴的雾月十八日》历史分析的政治哲学不仅具体地展现了历史唯物主义的政治哲学对于政治事件的解释力、政治价值的批判力和政治理想的建构力，更是今天能够洞见庸俗政治问题、坚定政治方向、追求政治理想的政治哲学。所以，马克思通过对波拿巴盗取物质利益、拮取政治权力、偷窃政治成果的政治哲学批判，是以历史唯物主义的政治哲学深刻地批判波拿巴政治道德丧失的政治后果、全面地揭示资本主义政治逻辑无法解决现代政治问题的历史事实。即是说，马克思历史唯物主义的政治哲学在正视马基雅维利主义坚持以经济手段解决政治问题的前提下，没有像卢梭从金融界回归公民世界、康德从笛卡尔和洛克回到柏拉图、黑格尔从反思哲学回到柏拉图和亚里士多德那样，在乌托邦和思辨中拒斥马基雅维利把政治真正拉回到人间的事实，并把政治原则的合法性与政治实践的合理性还原为抽象的理论或实体；而是在对政治观念的历史唯物主义把握中、对现实利益的政治分析中、对政治斗争的阶级解构中，形成真正从经济状况的分析中来解决政治问题的政治哲学。

一　历史与政治观念

　　马克思在《路易·波拿巴的雾月十八日》中分析波拿巴窃取政权的历史过程时，特别关注政治观念与历史现实之间的关系问题，并将这一关注贯穿于对波拿巴的批判之中。马克思这样的理论取向，一方面表明了政治观念具有主导现实的政治力量、避免现实的政治争吵、解决相左的政治意见的一般事实，另一方面则提出了政治上恢复旧日政治观念荣光的两种政治取向问题。然而问题在于，任何求助于既成政治观念的政治实践，都不可避免地遭遇政治观念得以形成和展开的历史现实本身。"结构的历史"与"情势的历史"① 不仅规定了政治观念的历史所指和历史能指，而且规定了政治观念的存在根据与现实意义。因此，只有政治观念真正脱离"亡灵"的纠缠，表征历史的新的一幕的现实的时候，政治观念才是人现实的政治需要的表达与政治实践的指引。当历史的观念为新的政治行为辩护时，并不是要让现实重回曾有的政治"现实"，而是要为现实的政治开辟新的实践道路。这既是人类政治活动的历史结构，又是人类政治必须突破的观念藩篱。"人们自己创造自己的历史，但是他们并不是随心所欲地创造，并不是在他们自己选定的条件下创造，而是在直接碰到的、既定的、从过去承继下来的条件下创造。"② 承继的观念与现实的历史之政治相遇，既意味着政治可以依托历史的政治话语来实现现实的政治任务，更意味着只有"遗忘"曾经守护政治的"幽灵"并深入历史的现实才能真正实现政治的革新。因为，只有当政治观念真正表征历史、规范现实的时候，政治作为人类重要的社会实践才能真正领会时代的理论逻辑与现实问题，才有可能追求政治的真正目的、形成政治的实践方案、追求政治的理想愿景。用马克思政治哲学的逻辑来讲就是，政治观念作为政治抽象的"现实"，不在于解释世界，而在于改变世界。

我们知道，政治观念是"生活形式、生活风格、道德品味、社会形式、国家形式、政府形式以及法律精神"③ 的理念形态，是主导人的政治行为、判断人的政治行动、规范人的政治追求的观念准则。政治观念出场于政治实践的场景之中，直接目的在于激起人们的政治热情，根本目的在于"掩盖"政治活动的本质。从政治观念的发展逻辑来看，政治观念的形式及其变化就是政治的形式及其变化。比如，"旧的法国革命的英雄"④ 以罗马的政治观念来解除现实发展的政治桎梏建立资产阶级社会，而当拿破仑创造出适合资本主义发展的条件时，古代罗马的政治观念就

① 祁涛：《论结构的历史与情势的历史——〈路易·波拿巴的雾月十八日〉的历史线索及其哲学遗产》，《哲学研究》2018年第3期。
② 《马克思恩格斯选集》第1卷，人民出版社2012年版，第669页。
③ ［美］施特劳斯：《什么是政治哲学》，李世祥译，华夏出版社2011年版，第25页。
④ 《马克思恩格斯选集》第1卷，人民出版社2012年版，第669页。

自然让位于表达资产阶级利益的"洛克"。如果一种政治观念只是重述旧时政治理论内涵与价值逻辑的时候，就必须警惕召回这些政治观念的真正目的。因此，必须认真区分政治观念出场到底是为了激起革命的热情，还是为了掩盖真正的政治目的。在马克思看来，如果"使死人复生是为了赞美斗争，而不是为了拙劣地模仿旧的斗争；是为了在想象中夸大某一任务，而不是为了回避在现实中解决这个任务；是为了再度找到革命的精神，而不是为了让革命的幽灵重行游荡"①，那么以此为观念武装的政治实践就必然是推进历史前进的政治实践。然而，"在1841—1851年间，只有旧革命的幽灵在游荡，从改穿了老巴伊的服装的戴黄手套的共和党人马拉斯特，到用拿破仑的死人铁面具把自己鄙陋可厌的面貌掩盖起来的冒险家"② 并没有加速民族的前进，只是把现实拖回到"一个早已死亡的时代"。侄子波拿巴戴上拿破仑的观念的帽子，虽然表明了法国人追念拿破仑的事实，但是不能掩盖"波拿巴的雾月十八日"不过是狡猾赌徒的政治骗术而已。因此，召回脱离时代的政治观念，如果不是为了正视现实的政治问题，那么必然是为了掩盖鄙陋的政治目的。

　　而且，政治观念必须回归历史的现实与现实的历史，唯有如此才能真正建立起存在论的前提的规范性的基础。这既是波拿巴事件毁坏一个世纪以来政治斗争成果的直接教训，更是无产阶级在1848—1851年之间所形成的政治观念。恩格斯在《卡·马克思〈1848年到1850年的法兰西阶级斗争〉一书导言》中特别指出，既是现实的社会经济危机推动了二月革命的到来，又是经济发展和短暂的繁荣造就了波拿巴窃取政权的成功。波拿巴宣扬"侄子的身份"、皇族的血脉，并不是要简单地强调身份的高贵，而是要将政治回退到拿破仑的政治语境中来解释。但事实是，对工业革命之后的欧洲，虽然法国一直在政治上走在历史的前列，但是法国既有的政治观念再也无法承担政治规范的重任了，因为"雾月十八日"只是资产阶级政治秩序确立之初时的历史表征。"19世纪的社会革命不能从过去，而只能从未来汲取自己的诗情。它在破除一切对过去的迷信以前，是不能开始实现自己的任务的。从前的革命需要回忆过去的世界历史事件，为的是向自己隐瞒内容。19世纪的革命一定要让死人去埋

①　《马克思恩格斯选集》第1卷，人民出版社2012年版，第670页。
②　《马克思恩格斯选集》第1卷，人民出版社2012年版，第670页。

葬他们的死人，为的是自己能弄清自己的内容。从前是辞藻胜于内容，现在是内容胜于辞藻。"① 马克思这一重要论断从根本上指明了现代政治哲学应该如何建构政治观念的思想与实践路径，也从根本上变革了政治哲学基于观念来推演现实的传统政治哲学。政治观念作为政治抽象的现实，不是历史的回忆，而是在对现实历史进行逻辑把握之中形成的观念性判断。政治观念以历史唯物主义的科学逻辑来建构其价值逻辑与规范逻辑。而且，政治观念以历史作为具体内容，所以政治观念不再停留于言辞形式与隐喻形像，而是专注于现实的历史内容。即是要将历史现实的时代特征、实践特点和价值特质内化于政治观念之中。比如马克思在这一时期提出的控制资本的"劳动权"观念等。所以，政治观念本质上是对现实历史政治本质的理论表征，是对政治实践的历史唯物主义把握。

更进一步讲，政治观念只有表征政治主体"现实的一切感觉"②，才能驱逐观念的政治想象，才能超越狭隘的阶级视阈与利益取向，才能正视"现代革命成为真正革命的形势、关系和条件"③。马克思特别以伊索寓言中的名段——"这里是罗陀斯，就在这里跳跃吧！这时有玫瑰花，就在这里舞吧！"④ ——来强调政治观念与现实的历史之间的真正关系。在他看来，在波拿巴窃取政权和利益这一政治事件中，一方面是由于资产阶级沉溺于观念地打败敌人而为波拿巴的投机创造了条件，另一方面则提出了无产阶级必须将"现实的一切感觉"表达为自己的政治观念、提升为自己的政治判断。相比较而言，波拿巴之所以可以借"拿破仑"政治标识游走于不同阶级之间轻松地复辟，其原因在于民主派只有自鸣得意的感觉和头脑中固定的观念教条，只有"每个政党都按自己的观点去解释共和国"⑤ 的政治观念和"全体资产阶级借人民的名义进行统治"的政治概念，而没有对二月革命产生的现实、六月失败的原因和"普选权"的废除的政治感觉。而且，政治观念的滥用超越"现实的一切感觉"，造成了诸如"共和国"这样的抽象政治观念、"选举法"这样的政治悖反。可以不夸张地说，波拿巴正是轻松自如地运用了"共和国""议

① 《马克思恩格斯选集》第1卷，人民出版社2012年版，第671页。
② 《马克思恩格斯选集》第1卷，人民出版社2012年版，第673页。
③ 《马克思恩格斯选集》第1卷，人民出版社2012年版，第672页。
④ 《马克思恩格斯选集》第1卷，人民出版社2012年版，第673页。
⑤ 《马克思恩格斯选集》第1卷，人民出版社2012年版，第675页。

会""普选权""选举法"等一系列基于抽象权利的资产阶级政治观念，才可能既获得小农的选票，又不被资产阶级反对。因为，无论是小农阶级还是资产阶级，都是用诸如"共和国"这样的政治观念来直观地表达他们的政治判断，甚至还形成"议会迷"① 这样的政治传统。波拿巴历史回退的"现实"胜利也就自然的必然。但是在马克思看来，"二月革命"提出了"现代革命的总的内容"②，"六月起义"展示了现代政治的主体性力量，这构成了无产阶级最真实的政治体验，而且由于此后的"制宪国民议会"演绎了"资产阶级共和派统治和瓦解的历史"③、"12 月 10 日的选举"抬出了波拿巴、"12 月 2 日"波拿巴拙劣地模仿了拿破仑的"雾月政治"等事件的对照，更凸显了资产阶级政治观念的抽象性与软弱性，以及无产阶级将现实感受也即是现实的历史政治观念化的决心。因此，1848—1851 年的法国，"不是社会本身获得了新内容，而只是国家回到了最古的形态，回到宝剑和袈裟的极端原始的统治。"④ 这一表现为历史倒退的历史进程，一方面表明资产阶级的政治观念在现实历史面前很快达到了理论的限度与实践的顶点，"社会在还未学会清醒地领略其疾风暴雨时期的成果之前，长期沉溺于消沉状态"⑤；另一方面则预示着只有开创一种全新的政治观念，才能真正内化现实的历史，从而超越政治意见对现代革命的把握，形成现代革命的政治观念。

因此，"侄子代替伯父"的政治笑剧，本质上是历史的偶然性与必然性现实际遇之后的历史事实，"拿破仑观念"既是波拿巴借用维系其统治的观念上层建筑，又是法国小农阶级用来表达迷信小块土地的"心理结构上的错置"。就法国革命的历史实际而言，"拿破仑观念"既作为波拿巴又作为小农阶级的政治观念，无非表达了以下事实：其一，阶级意识落后于历史现实的事实；其二，政治观念具有维持政治稳定的功能；其三，历史反复不是因为现实的社会条件不具备，而是政治实践的主体条件尚需建构。所以，虽然二月革命开创的新纪元葬送在波拿巴的政治复辟之中，但是"在这些失败中灭亡的并不是革命，而是革命前传统的残

---

① 《马克思恩格斯选集》第 1 卷，人民出版社 2012 年版，第 946 页。
② 《马克思恩格斯选集》第 1 卷，人民出版社 2012 年版，第 675 页。
③ 《马克思恩格斯选集》第 1 卷，人民出版社 2012 年版，第 678—679 页。
④ 《马克思恩格斯选集》第 1 卷，人民出版社 2012 年版，第 672 页。
⑤ 《马克思恩格斯选集》第 1 卷，人民出版社 2012 年版，第 672 页。

余，是那些尚未发展到尖锐阶级对立地步的社会关系的产物，即革命党在二月革命以前没有摆脱的一些人物、幻想、观念和方案，这些都不是二月革命所能使它摆脱的，只有一连串的失败才能使它摆脱。"① 也就是说，政治观念的更新并不是由于找到某种特定的理论就能解决的，而是政治主体在历史反复中既要深入到历史的内在结构之中，又扎根于历史的现实之中，才有可能真正实现政治观念的变革，才能真正扫清观念的残余，才能真正建构起理解政治本身的知识，而非争论的意见。也正是在这个意义上，马克思历史唯物主义的政治哲学本然地内置了政治观念与历史现实深层交织的理论的范式，既真正承接了现代历史存在方式变革之后的根本政治问题，又创造了一种基于现实历史与历史结构来批判资本主义的政治哲学。

二　利益与政治事件

马克思的《路易·波拿巴的雾月十八日》对波拿巴政变逻辑的利益分析，直接呈现了波拿巴反历史的事实及其唯利是图的丑恶嘴脸，更是对政治事件解释原则的深层哲学探问。恩格斯提出，"把政治事件归结为最终是经济原因的作用"② 是马克思对政治内在因果联系的根本揭示。在直观上看，马克思是将历史唯物主义的根本原则直接运用到了对波拿巴政治事件的历史分析之中，波拿巴政治事件是经济基础决定上层建筑的事实证明。但是，如果我们仔细思索马克思为什么要细致地分析波拿巴窃取政权这一历史事实中不同利益之间的冲突，我们就会发现，利益实际上是历史现实与情势的具体表达，政治事件不仅受到历史总体逻辑的规制，而且更受现实利益的左右。因此，从利益来解释政治事件、批判政治意识形态，一方面意味着马克思历史唯物主义的政治哲学是在现代政治问题的地平上展开的；另一方面则意味着马克思历史唯物主义的政治哲学是从人的现实生活来寻求政治原则、形成政治规范与憧憬政治理想的政治哲学。

① 《马克思恩格斯选集》第 1 卷，人民出版社 2012 年版，第 445 页。
② 《马克思恩格斯文集》第 4 卷，人民出版社 2012 年版，第 532 页。

利益是历史结构、社会局势和政治主体的现实结合点，既从根本上影响着政治事件的基本内容，又决定着政治事件的发展方向。马克思对波拿巴政变的利益分析与哲学批判，是在现代政治哲学"理论总问题"的政治语境中展开的。从利益出发，就是从直接的物质生活出发；以利益来直面政治事件，就是以人现实的政治存在来直面政治事件。利益是政治事件的枢纽，既是政治主体积聚与解散的前提，又是政治事件走向的根据。马克思明确提出，六月事变以后的资产阶级共和派"并不是因有某些重大的共同利益而紧密团结、因而有特殊生产条件而独树一帜的资产阶级集团"①，因而由所谓的共同主义而集结在一起的政治团体，根本不可能主导政治的方向。相反，波拿巴份子因为有"烧酒"和"香肠"倒是轻松地攫取了政权。因为，"在没有一种像英国这样的寡头统治为了得到优厚报酬而替资产阶级管理国家和社会的地方，波拿巴式的半专政就成了正常的形式，这种专政维护资产阶级的巨大的物质利益，甚至达到违反资产阶级的意志的程度，但是它不让资产阶级亲自参与统治"②。利益的现实规定性和政治规范性在此突显得淋漓尽致。其一，现实的利益格局，既是历史发展的结构性特征，又是现实展开的政治性场域。利益体现的规定性，不过是深层历史结构的现实表现而已，其划分出来的阶级、形成的对立、产生的冲突，不过是历史结构与社会现实之间的矛盾而已。其二，现实的利益冲突，既是主体表达政治诉求的方式，又是主体获得利益的政治方式。政治问题的经济解决方案本质上就是承认了主体追求利益的政治合法性，政治主体之间因为利益而建立的关系、发生的冲突、产生的后果，无非是政治主体在历史框架与政治情势中活动的逻辑而已。因此，行使政治权利不过是表达现实利益，维持政治结构不过是保护利益稳定，变革政治方案不过是实现利益追求，政治事件作为政治权利、政治结构和政治方案的集合体不过是利益的政治表达。利益作为抽象与普遍的尺度，使波拿巴政变之中凌乱不堪的权力角逐、混乱不清的政治身份、动荡不定的政治群体"集合"成为整体性的政治事件。

利益是政治主体从事政治活动的社会资格，左右和主导着政治主体

① 《马克思恩格斯选集》第 1 卷，人民出版社 2012 年版，第 679 页。
② 《马克思恩格斯文集》第 10 卷，人民出版社 2009 年版，第 237 页。

的政治选择，弄清楚利益的逻辑就是搞明白政治事件的内在动力问题。马克思认为，1849 年 5 月 28 日到 1851 年 12 月 2 日的议会制共和国解体到波拿巴政变这一由"日历"① 推动的政治事件，"只要更仔细地分析一下情况和各个党派，这种遮蔽着阶级斗争和这个时期特有的面貌的假象就消失了"②。其一，即使是有着复辟共同目的和利益的正统派与奥尔良派，也因为各自物质生存条件的不同、财产形式的差异和利益的对立而彼此分离，或者说秩序党不过是封建阶级实现利益的政治组织。其二，即使是同属资产阶级的小资产者也会因为"自己受到了亏待，自己的物质利益受到威胁"③，而和工人联合起来成为与联合资产阶级对抗的社会民主派，而显示出社会主义的锋芒。其三，即使小资产者以民主的方式来改造社会，但是因为其思想不过是其利益的表达，因此不可能提出更不可能采取超出他们利益和社会地位的解决方案来消灭资本和雇佣劳动。其四，即使自称维护人民权利、关心人民利益的民主党，也因为没有理解利益、不阐释利益而葬送了利益作为口号的政治力量。由此看来，利益从根本上剥去了阶级的政治面具，成为其根本的政治标识。政治群体在政治事件中体现出来的矛盾心理、冲突选择、自我悖反，不过是利益支配下的直观选择和自利行动而已。如果说政治主体的行动是历史转换的关键的话，那么利益就是政治事件走向的现实原因。利益实现的偶然性、利益持存的非连续性、利益变动的必然性使得 1848—1851 年的政治事件只具有"日历"性这一唯一特征。马克思突显利益的历史分析，一方面突显了政治事件的非结构性特质，即政治事件的自然性在于利益的自然性、政治事件的必然性在于现实的追求利益的必然性；另一方面则表明政治事件偶然性与矛盾性背后的历史现实性，即正是利益的纠葛与利益的矛盾，才使政治事件不断表现偏离一般结构的表象，才使政治主体在阶级身份的限定下做出与阶级"共同利益"不一致的政治选择。

　　利益和需要是把人连接起来的"惟一纽带"④，既是自然的必然性，又是政治事件发生的经常的经济社会结构。正如黑格尔所言，利益纷呈

---

　　① 《马克思恩格斯选集》第 1 卷，人民出版社 2012 年版，第 692 页。
　　② 《马克思恩格斯选集》第 1 卷，人民出版社 2012 年版，第 695 页。
　　③ 《马克思恩格斯选集》第 1 卷，人民出版社 2012 年版，第 697 页。
　　④ 《马克思恩格斯全集》第 3 卷，人民出版社 1995 年版，第 185 页。

的市民社会不是"需要和理智的国家"①。《路易·波拿巴的雾月十八日》之所以被看作是对法国政治史分析中最具学术价值的著作②，一方面在于马克思以利益为分析原则回答了如何理解社会经济条件尚不具备但政治条件异常发达的市民社会的问题，另一方面则在于马克思在对波拿巴窃取政权的政治事件的分析中，以利益为原则真正将政治问题拉回到现实的人的活动和历史之中。在谈及六月起义失败之后秩序党的政治策略的时候，马克思特别强调了一个观点，"每当社会的统治者集团范围缩小时，每当比较狭小的利益压倒比较大的利益时，社会就得救了。"③ 这样的政治悖反贯穿着波拿巴政变事件的整个过程。那么，为什么一个仅有三年的政治事件，各种阶级都能够接连登台演出而又迅速覆灭呢？因为，"在 1848 年革命中，无产阶级、小资产阶级的山岳党人与资产阶级的共和派、秩序党、保皇党，作为历史代言人，都想以本阶级的名义冒充全社会的普遍利益与普遍意志，都想代表整个社会的发展方向，但最终都不仅代表不了历史，甚至于连自己阶级的利益都失去"④。究其根本原因，每个阶级所宣称的利益不过是自己狭隘的利益，每个阶级拯救的社会不过是保护其私人利益的社会。这样一种与现代社会经济结构发展脱节的利益观念主导各种政治势力的政治选择，只能造就一个开历史倒车的复辟的政治事件发生。小农阶级为维护利益支持波拿巴、资产阶级为巩固利益变成"波拿巴派"，一方面使波拿巴在政变之前获得了政治权力，另一方面更为波拿巴政变事件创造了政治条件，这一切都是因为资产阶级的利益和小农的利益这些现实的经济结构使然。因此，置于经济学语境，表达人现实需要的利益就成为了解剖政治事件的政治哲学概念。

因此，不触动利益格局的任何政治行动，都不可能真正解决现实的政治问题，最多只可能解决政治责任的推诿。我们统观波拿巴政变这一政治事件就会立即发现，在既定的利益格局之下，一部分无产阶级与另一部分无产阶级对立、一部分资产阶级反对另一部分资产阶级、不同阶

① 《马克思恩格斯全集》第 3 卷，人民出版社 1995 年版，第 185 页。

② ［法］傅勒·弗朗索瓦：《马克思与法国大革命》，朱学平译，华东师范大学出版社 2016 年版，第 88 页。

③ 《马克思恩格斯选集》第 1 卷，人民出版社 2012 年版，第 697 页。

④ 刘怀玉：《祛除历史能指的幽灵，解开历史代表问题之谜——马克思〈路易·波拿巴的雾月十八日〉之当代解读》，《洛阳师范学院学报》2004 年第 1 期。

级之间的杂糅组合与分道扬镳一直是政治常态。马克思在批判资产阶级的政治虚伪的时候说："资产阶级时刻都为最狭小最卑鄙的私人利益而牺牲自己的全阶级的利益即政治利益，并且要求自己的代表人物也作同样的牺牲；但现在它却哀叫无产阶级为了自己的物质利益而牺牲了它的理想的政治利益。"① 正是马克思以利益为基底对"让所有人都到感惊但没有一个理解"的政治事件之微观政治哲学分析，才真实批判了波拿巴政治事件对法国革命的回退，并阐释这一政治事件之于无产阶级的政治教益。即，只有深入历史的一度之中，洞见政治事件与利益之间的互释才能真正理解现代政治史上波拿巴政变历史退步的"进步"：无产阶级通过失败真正理解了自己的政治本性，成为现代革命的主体力量，认识到改变生产关系、重建利益格局对于政治变革的根基性意义。

三　阶级与政治逻辑

阶级分析法是马克思透视波拿巴政变事件史现实状况与内在逻辑的根本方法。通过阶级分析，马克思在对资产阶级代议制民主元批判②的基础上深刻地揭示了资产阶级革命的历史局限性和小农阶级政治意识的保守性，阐发了无产阶级社会革命取代资产阶级政治革命的必然性。总体上讲，马克思以阶级分析具体回答了资本主义代议制民主的政治代表是谁以及为谁的问题，对波拿巴政变中阶级力量变化的过程、阶级矛盾对立的成因、阶级斗争产生的后果等进行了现实的考察与历史的批判，对无产阶级的政治现实与政治前景作了科学的判断。以阶级分析对政治逻辑的深层次揭示，一方面是对资本主义制度政治经济结构性缺陷的历史唯物主义把握与政治哲学批判；另一方面则是对无产阶级政治状况和政治未来的历史唯物主义断定。

马克思认为，波拿巴政变事件史中"皇帝"被不同阶级周期性"迎娶"，原因不在于波拿巴的"拿破仑观念"、侄子身份和政治手腕，而在

---

① 《马克思恩格斯选集》第 1 卷，人民出版社 2012 年版，第 747 页。

② 周石峰、冉凌宇：《资本主义代议制民主政治制度的元批判——马克思〈路易·波拿巴的雾月十八日〉新释》，《理论与改革》2020 年第 1 期。

于表述阶级内容、表达阶级结构、表征阶级冲突的政治逻辑本身。即1848—1851 年之间阶级结构使得波拿巴可以把自己标榜为圣西门主义者而代表无产阶级、伪装成宪法的保护者而代表遭受经济危机需要保护的资产阶级、冒充成"拿破仑观念"的实行者而代表小农阶级。阶级身份与阶级利益上的自相矛盾，使得波拿巴不得不以政治阴谋家的魔力不断翻新自己的政治形象、采取不同的政治策略，在不断地发动政变和消灭政变中"自由"地转换自己的代表身份。波拿巴表面无章可循的政治行为并非是其政治才能卓绝的表现，而是政治逻辑与阶级内在一致的表达。其一，任何一个阶级都必须遵循阶级自身对现实与历史的政治理解，采取符合阶级特性和阶级利益的政治行为。民主派对社会的改造不可能超越小资产阶级的生活范围，其政治代表更不可能违背其物质利益与社会地位①。其二，资产阶级的利益的狭隘性使自身内部不断分裂，以至于"资产阶级的意识形态家和资产阶级自己，代表者和被代表者，都相互疏远了，都不再互相了解了"②。波拿巴百变的身份和多重利益的组合自然成其合适的政治代言人。其三，生活条件相同、没有形成现代政治关系和政治意识的小农阶级因为靠与自然交换生存而迷恋"拿破仑观念"，自然不能以自己的名义来保护自己的政治利益，只能借助观念来选择自己的政治代表——波拿巴。其四，由于资产阶级和小农阶级固守自己的政治理解，极力反对社会革命，因此必然推选波拿巴作为自己的政治代表。由此看来，是阶级及其代表的利益推动了波拿巴走向了政治前台，"掌控"着这一时期法国的政治运行状态。

以阶级来破解波拿巴政变史的政治逻辑，明确地阐释了波拿巴"流氓无产者"的阶级身份，使得马克思对法国革命的历史分析真正从政治批判进入了政治经济学批判。在《法兰西阶级斗争》《路易·波拿巴的雾月十八日》中，我们可以看到马克思对无产阶级、金融资产阶级、工业资产阶级、小资产阶级、小农阶级和波拿巴派等当时的社会阶级都有具体而深入的政治经济学分析。可以这样概括，当时活跃于法国革命中的不同政治群体都是由各自经济状况标识为不同的政治势力来展开政治活动的。因此，如果只是揭示其政治活动的逻辑，而不从阶级入手深入到

---

① 《马克思恩格斯选集》第 1 卷，人民出版社 2012 年版，第 698 页。
② 《马克思恩格斯选集》第 1 卷，人民出版社 2012 年版，第 743 页。

各种政治势力的经济状况的话，马克思不可能超越对波拿巴政治事件的编年史分析。不同阶级基于经济状况共同选择同一个"皇帝"，并使由普选权选举产生的代议制民主沦为波拿巴政变的行政工具。其一，马克思以对阶级的政治经济批判还原了阶级的政治本质，具体化了他提出的"一定历史条件"，激活了历史分析对于政治哲学批判的重要意义，使阶级不再成为抽象的政治概念，而是一系列鲜活的人的政治活动所形成的政治存在，这就是为什么在对波拿巴政变事件的历史分析中马克思总是不断提及不同的政治人物阶级身份的根本原因。我们可以明确地看到不同的政治人物作为阶级的代表其实表达的是特定阶级的经济与社会地位。其二，法国资产阶级之所以将资产阶级革命成果拱手送给"以十二月十日会的头目为首的流氓无产阶级"①，是因为资产阶级害怕无产阶级从根本上解决"劳动支配权"的问题。因此，不是资产阶级的政治软弱，而是资产阶级的政治经济学利益使得他们"因偏爱自己的钱袋而反对自己的政治家和著作家，它的政治家和著作家被排除了，但是它的钱袋也在它的口被封死和笔被折断后被抢劫了"②。其三，波拿巴政变的成功表明利益对行政权、对立法权的胜利，实质是落后阶级的经济权力转化成的行政权的胜利。因为波拿巴所仰仗的行政权不过是"土地所有者和城市的领主特权""封建的显贵人物"领取薪俸的特权，是被资产阶级革命改造得更加完备的经济特权，是固守旧制度的小农阶级保护其"法国土地"的特权。

因此，马克思分析波拿巴政变"阶级下行图"③的理论明线，在还原阶级力量变化对政治逻辑影响中展示了历史唯物主义的政治哲学对历史震荡的解释力与批判力。基于波拿巴政变事件的历史唯物主义分析，马克思认为，无产阶级作为解决现代政治问题的主体性力量，只有将政治利益与社会利益统一起来，才有可能使阶级的政治实践与人类历史进步的逻辑统一起来。其一，对波拿巴政变时期的法国而言，虽然小资产阶级民主派的革命愿望远远高于资产阶级共和派，但是其民主主义改变社

---

① 《马克思恩格斯选集》第1卷，人民出版社2012年版，第756页。
② 《马克思恩格斯选集》第1卷，人民出版社2012年版，第757页。
③ 应星：《事件社会学脉络下的阶级政治与国家自主性——马克思〈路易·波拿巴的雾月十八日〉新释》，《社会学研究》2017年第2期。

会的政治方略只能使他们成为"摇摆于资产阶级和无产阶级之间"的群众，失掉革命的阶级本性。其二，在波拿巴政变事件中，立宪派图谋反对宪法、革命派承认拥护宪法、保皇派支持共和国等有悖于政治常理的事实说明是阶级利益主导着政治派别的政治选择。一方面，阶级利益使共和派制定了自相矛盾的宪法，赋予总统反对议会的绝对权力，妄图达到政治的平衡；另一方面，阶级利益使革命派只能在拥护宪法中表达自己的革命意愿；再一方面，阶级利益使得保皇党利用皇帝招牌来弥合奥尔良派和正统派的冲突。因此，阶级下行的政治悖反，使"那些尚未发展到尖锐阶级对立地步的社会关系"真正对立起来，使"真正革命的党"成熟起来①。也就是说随着资产阶级为反对无产阶级并把统治权送给波拿巴的历史回退，既突显了资产阶级共和国统治的无力，必然借助强力的独裁才能维护资产阶级的根本利益，更突显了无产阶级已经走向历史前台提出消灭资产阶级的政治事实，"金融巨头是在削减他们的利润，但是这和无产阶级消灭利润比起来，又算得了什么呢？"② 即是说，无产阶级经过阶级下行的政治锤炼真正坚定消灭私有制的政治观念，树立了从根本上解决政治问题的阶级意识。

---

① 《马克思恩格斯选集》第 1 卷，人民出版社 2012 年版，第 445 页。
② 《马克思恩格斯选集》第 1 卷，人民出版社 2012 年版，第 520 页。

马克思的心理观及其哲学改造

王　波[*]

恐怕很少有心理学家会直接追问什么是意识（心理），更不用说使意识（心理）成为意识（心理）之物是什么，他们做的往往是从日常生活中征用（appropriate）某种现成的心理现象进行科学研究，继而据之发明出形形色色的心理学概念。心理学迫不及待地运用各种新技术和新工具马不停蹄地去殖民每一块"心理"新大陆，一旦给一种日常现象贴上心理学的标签，便以××心理学的名义割据一方。而心理学的受众往往不假思索地对这些看似中立的概念信以为真，以之认识自我和指导生活，终于在日常生活中实现了这些概念（亦即循环效应，looping effect），心理学由此生产了它所要研究的现象，结果所谓的心理学规律还真的是被经验证实了。这意味着心理学不单是对客观事实的描述（descriptive），它更重要的特质在于其规范性（normative）的力量。由此可以说心理学作为一种生产性实践，它生产了自己意图研究的对象及其规律，被试则屈从于心理学的这种统识（hegemonial）力量，被操弄在知识权力话语的魔方中。伽利略断言自然这本大书是用数学语言写成的。现在，我们对自己、他人和世界的理解，关于人类可能生活的书越来越是用心理学写成的。在这个意义上，有学者已经指出，这是心理学对日常生活的殖民化[1]或者心理学化[2]。

* 作者简介：王波，厦门大学哲学系教授。

① Parker, I., *Revolution in Psychology*, Lodon：Pluto Press, 2007.

② De Vos, J., *Psychologisation in Times of Globalisation*, Hove, New York, NY：Routledge, 2012；王波：《西方心理学主体的神奇与腐朽：一种批判式知识考察》，《应用心理研究》（中国台湾）2012 年第 54 期。

这种对自身何以可能的前提和界限无思的心理学化景观，往往使心理学退行到未经先验批判哲学洗礼的前康德状态。它从对象的现成性出发，终于对对象的现成性把握，未曾清理自己的地基就开始建造大厦。这样连康德的那种先验批判把握都做不到，更遑论马克思的政治经济学批判的洗礼。意识或心理不是源初发生的，在很多心理学研究中，它已是石化了的现成之物。意识或心理不能凭借自身得以说明，而其自身恰恰是有待被说明之物。心理学也不是一个自明（self - evident）、自足（self - sufficient）、自我说明（self - explaining）或自治（self - autonomous）的学科，同心理或意识一样，它不能为自身奠基。至少已有如下若干种对心理学自治幻觉的批评：晚期维特根斯坦①式的关于不存在私人语言的分析；赖尔②从语言学角度对笛卡尔身心二元论的范畴错误的批评。通过这两位语言哲学家，心理或者意识被确立为一种语法命题，它并不是必要的"说法"。波普尔③说明了心理学对社会（学）的依赖性；基于马克思与拉康，阿尔都塞④通过质询（interpellation）这一概念揭示了主体如何不是一个实体概念，而是总是等待被意识形态征召才被生产为主体本身。然而以上诸批评不能说是完全建基于源初发生之上的分析，因此最后必须诉诸马克思之运思，"当我们已经考察了最初的历史的关系的四个因素、四个方面之后，我们才发现，人也具有'意识'"，而且"人并非一开始就具有'纯粹'的意识。'精神'从一开始就很倒霉，注定要受物质的'纠缠'"⑤。而恰恰是这些作为源初性因素的"物质"为意识奠基。

我们现在要做的就是在马克思的意义上追问，使这种正在不断心理学化的意识（心理）成为意识（心理）之物是什么，即心理学的前提和界限是什么。这势必将再一次把心理学带回哲学的地基进行锤炼，经过一番政治经济学批判的洗礼再度归来之后，它才能"成为内容确实丰富

————————

①　Wittgenstein, L., *Philosophical Investigations*, Oxford：Basil Blackwell, 1968.

②　Ryle, G., *The Concept of Mind*, New York, Hagerstown, San Francisco, London：Barnes & Noble Books, 1949.

③　Popper, K., *The Logic Of Scientific Discovery*, London：Hutchinson, 1934/1968.

④　Althusser, L., *Ideology and Ideological State Apparatuses*（*Notes towards an Investigation*）*in Lenin and Philosophy and Other Essays*, New York and London：Monthly Review Press, 1971.

⑤　《马克思恩格斯全集》第 3 卷，人民出版社 1979 年版，第 34 页。

的和真正的科学"①。这一运思类似于苏格拉底那种关于使道德成为道德的东西是什么的形而上学"诘问",同时也与康德的先验批判哲学有关,但是最主要的是建基在马克思的政治经济学批判之上。在心理学中,马克思是一条"死狗"。在心理学中谈论马克思,就像在琳琅满目不断换代的苹果电脑时代拿着算盘招摇过市一样。较之于马克思在当代心理学研究中近乎失语的状态,心理学的热闹非凡真是让人羡慕。马克思并不是也不打算成为一位心理学家,在他去世前四年现代心理学才诞生,更不用说像今天这样广泛地中介人们的生活。但这并不意味着马克思没有关注与心理学相关的话题。在青年马克思的作品中,对"心灵"的浪漫主义表达和追慕比比皆是。而在献给父亲的诗作中,他讽刺了"医生的心理学":"谁晚上饱吃一顿团子加面条,他夜里就难免受恶梦的困扰",并同时嘲笑了"医生的形而上学"证伪"精神"和"灵魂"存在的机械唯物主义方法②。成熟时期的马克思基于政治经济学批判所实现的哲学变革,却足以使我们在认识这个日益心理学化的全球空间和现代时间之时受益匪浅。

　　自《关于费尔巴哈的提纲》始,经过《德意志意识形态》,一直到《马克思致安年柯夫》,马克思完成了他的第二次经济学研究。这标志着马克思对政治经济学科学批判基点的形成③。在《德意志意识形态》这部成熟时期的作品中,在分析了作为源初历史过程的物质的生产与再生产、人自身的生产与再生产,以及人与人之间在自然关系之外的客观社会关系之后,马克思最后才提到"很倒楣"的注定要受物质"纠缠"的意识,并直接对意识本身进行了一个界定,"我对我的环境的关系是我的意识"④。要理解这一论断,就必须了解马克思此处的思想史语境和理论对

①　《马克思恩格斯全集》第 42 卷,人民出版社 1979 年版,第 127 页。

②　《马克思恩格斯全集》第 1 卷(下),人民出版社 1979 年版,第 790 页。

③　张一兵:《马克思哲学的当代阐释——回到马克思的原初理论语境》,《中国社会科学》2001 年第 3 期。

④　《马克思恩格斯全集》第 3 卷,人民出版社 1979 年版,第 34 页;马克思、恩格斯:《论费尔巴哈》,人民出版社 1988 年版,第 34 页注 1。其德语原文是"Mein Verhältnis zu meiner Umgebung ist mein Bewußtsein",英译为"My relation to my environment is my consciousness"。马克思在手稿上把这段话划去了,但根据张一兵教授的观点,"这并不是因为它不重要,而是因为它已经在其他地方更确切地展开了(见《论费尔巴哈》第 199、286 页)"。参见张一兵《海德格尔的实际性解释学与马克思的实践意识论——兼答苏州大学王金福教授》,《马克思主义研究》2011 年第 10 期。

手，那就是笛卡尔以来的二元论以及费尔巴哈。就与心理学有关联的意义而言，这决定了马克思不得不两线作战：他不但要击穿笛卡尔以来海德格尔所谓的意识的内在性①，同时还要超越由于对这种内在性的反抗而导致的（但结果仍深陷其内的）意识的机械唯物主义解释。

一　现代心理学的问题式：笛卡尔意识的内在性

笛卡尔发明了现代人，而在某种意义上，现代人就是心理人（Homo Psychologicus）。笛卡尔开创了一种对中世纪和古希腊都极为陌生，对我们却极为熟悉的现代世界图景。如果说之前宇宙秩序被看做柏拉图式的那种理念的具体化，我们周围的世界获得形式的目的就是为了体现这个理念的秩序，而只要发现这种秩序我们就获得了知识，那么笛卡尔试图从他绝对的不懈的怀疑出发，为知识找到一个稳固的阿基米德点。"阿基米德要把地球从原来的位置挪开，移到另外一个地方，只不过要求给他一个固定不动的点。"② 笛卡尔则将自己从充满意义的目的论宇宙中挪开，无限地退到他的心灵之内，终于从中找到了"一件确实的、无可怀疑的东西"，那就是"我"在"怀疑"，是故"我思故我在"。"我思想，所以我存在。这条真理是这样确实，这样可靠，连怀疑派的任何一种最狂妄的假定都不能使它发生动摇。"这是笛卡尔哲学的"第一条原理"。而"我究竟是什么？我可以设想我没有身体，可以设想没有我所在的世界，也没有我所在的地点，但是我不能就此设想我不存在，相反地，正是从我想到怀疑一切其他事物的真实性这一点，可以非常明白、非常确定地推出：我是存在的。我是一个实体，这个实体的全部本质或本性只是思想，它并不需要任何地点以便存在，也并不依赖任何物质性的东西。因此这个我，亦即我赖以成为我的那个心灵，是与身体完全不同的，甚至

① ［法］F. 费迪耶：《晚期海德格尔的三天讨论班纪要》，丁耘译，《哲学译丛》2001 年第 3 期。

② ［法］笛卡尔：《十六—十八世纪西欧各国哲学》，北京大学哲学系外国哲学史教研室编译，商务印书馆 1975 年版，第 148 页。

比身体更容易认识，纵然身体并不存在，心灵也仍然不失其为心灵。"①笛卡尔的自我没有身体，没有场所，乃至没有世界，而只是一种闭锁于内部的作为思想的实体。灵魂的必然的命运就是绝对与世隔绝②。正如泰勒③所言，"自我存在在笛卡尔那里得到证明，而外在一切事物的存在，甚至上帝的存在，都受到了怀疑"。这个自我是自足的、自明的、自治的，它为自身奠基④。而这个自治的我思正是心理学的自治性幻觉的来源。我思同时设定了一个抽象的有广延的实体，把包括肉体在内的物质世界仅仅把握为广延。笛卡尔抛弃了那个充满意义的目的论世界，"于是我就决定把这个世界留给他们去争辩，而只谈一个新世界中所要发生的事。假定上帝现在在想象的空间中的某处创造了一些足够构成一个新世界的物质……然后上帝就不作别的事……让自然依照他所建立的规律活动——看看会发生什么样的事。"⑤ 然而实际上，这个所谓的由上帝创造的只有广延的物质世界，如果不是笛卡尔的我思所设定的，它还能是什么呢？这样，他所谓的世界在根本上不过是名为世界的思想客体⑥，他所

---

① ［法］笛卡尔：《十六—十八世纪西欧各国哲学》，北京大学哲学系外国哲学史教研室编译，商务印书馆1975年版，第153页。

② Ryle, G., *The Concept of Mind*, New York, Hagerstown, San Francisco, London: Barnes & Noble Books, 1949, p. 43.

③ ［加］泰勒：《黑格尔》，张国清等译，译林出版社2002年版，第46页。

④ 按照泰勒（2002）的观点，现代主体是自我规定的，而按照以前的观点主体是在同宇宙秩序的关系中得到规定的。比如，在亚里士多德看来，对这个秩序的沉思是人的最高级活动。实际上，这种自明性的主体正是现代性的根源，从这一阿基米德点出发，它设定了一个只有广延的客观世界。我思是一个不可怀疑的绝对原点，这样作为思维活动的意识也就成了不需要说明的东西，研究这种意识的心理学也就获得了自治的地位。而正是由于这个客观世界质之乃是我思所设定的，因此它不过是名为世界的思想客体。这意味着，现在世界的再现必须被构造出来。观念的秩序不再是某种我们发现的东西，而是我们建构的东西，它必须是一种适应主体要求的秩序。由此，人为自然立法就成为近代形而上学的主题。在这个意义上，研究人或者人性的科学，也就是心理学就成为必要的了。如果说笛卡尔最先提出了一门研究人的科学的必要性，那么正是马克思第一次确立了这门科学的科学性。

⑤ ［法］笛卡尔：《十六—十八世纪西欧各国哲学》，北京大学哲学系外国哲学史教研室编译，商务印书馆1975年版，第157页。

⑥ 笛卡尔假借上帝获得了上帝之眼。在他那里上帝仅仅是一个必要的作为解围之神的假设。所以很自然地，到了唯物主义者斯宾诺莎那里，就开始宣称上帝就其本质而言乃是自然，而自然完全是受决定论支配的，这就是后来用以反对关于心灵的唯心主义的唯物主义基础。而到了拉普拉斯，当拿破仑问他为什么在其关于世界体系的巨著中没有提到宇宙的创造者上帝时，他则公然说："我不需要这个假设。"实际上，在笛卡尔的思想体系中，上帝已经被逻辑性地取消了。

谓的物质在根本上同样不过是名为物质的思想客体。恰恰由于笛卡尔将阿基米德点移至思想内部，地球之外的那个阿基米德点才得以可能。人将世界置入内心之中，自身却处在世界之外无穷远处。这就意味着正是通过笛卡尔，人们才能摆脱作为地球居民的与世界纠缠的状态，真正站在地球之外将它纯粹作为只具有广延的客体进行审视。这个小小寰球不过是我思所设定的仅仅具有广延的物质堆积。

面对这样一个抽象物质堆积的世界，在笛卡尔看来，只有被思想清晰认识的事物才真实存在。在《方法谈》和《形而上学的沉思》两书中，笛卡尔一再强调"拿来当规则看待的那个命题，即凡是我们清楚明白地设想到的东西都是真的"，而"我们的观念或概念，既然就其清楚明白而言，乃是从上帝而来的实在的东西，所以只能是真的"①。继而他又把"凡是我们十分明白、十分清楚地设想到的东西，都是真的"作为"一般的规则"。这意味着只有能被我思所表象的事物才是真实存在的。笛卡尔完全怀疑甚至否认感官和想像力有给予世界的能力，"即便是形体，真正说来，也不是为感官或想像力所认识，而只是为理智所认识；它们之被认识，并不是由于被看见或摸到了，而只是由于被思想所理解或了解了。"②把事物呈现为概念中的事物这种思维活动就是我思的表象活动（vorstellen）。有且只有通过这种表象活动，世界才能作为对象真正被把握，而我们所能把握的也只有这个我思所设定的世界。对象由此只能被封闭在意识领域中，只能被封闭在意识的表象领域中，从而使对象只能通过表象被构成。如果对古希腊人来说，并不存在一种称作对象的东西，而只有"由自身而来的在场者"③，那么笛卡尔前所未有地构造了一种近代形而上学的对象，这种对象是通过表象被构成的。我思的表象活动由此成为先在者，它设定对象。而对象却不能首先由自身出场，而只能被

①　［法］笛卡尔：《十六—十八世纪西欧各国哲学》，北京大学哲学系外国哲学史教研室编译，商务印书馆1975年版，第151页。

②　［法］笛卡尔：《十六—十八世纪西欧各国哲学》，北京大学哲学系外国哲学史教研室编译，商务印书馆1975年版，第166页。

③　［德］海德格尔：《晚期海德格尔的三天讨论班纪要》，丁耘译，《哲学译丛》2001年第3期。

我思所设定。这就是海德格尔所谓"意识的内在性"。在对象是先在地由主体所设定的东西这个意义上，对象是被作为现成之物进行把握的，对象被主体吞没，并被呈现为概念中的事物。

在这样一种意识的内在性中，人、身体与他者都被抛回我思自身，从而被逐出了它们通常活动于其中的世界。笛卡尔说："一把剑在我们皮肤上划过的运动引起疼痛，但这不是让我们意识到这个运动或这把剑的形状的理由。确实，疼痛的感觉，如同我们拥有的颜色、声音、气味或味道的感觉一样，不同于引起它的运动。"① 笛卡尔前一句话否认感觉有给予世界的能力，否认外部世界的实在性，后一句话则将包括身体在内的世界客观化，从而机械地对待它们。在通常的感觉中，无论是疼痛、色彩、声音、气味还是味道，它们都时时提示着那个意向的客体和世界。但是笛卡尔却让我们从世界中抽身出来，摆脱那种与存在深切关联，无法去耦的肉体化视角②，转而退回到心灵内部，将经验本身作为客体进行审视。这一视角对铁钦纳（Titchener，1867—1927）学派来说不可谓不熟悉，当他提出心理学研究要避免"刺激错误"（即把心理过程与被观察到的对象相混淆，误将刺激作为感觉）时，他说的不就是笛卡尔的这种东西么？由此，经验就致命地失去了原本的意向性维度，而只能像一只困兽在皮肤内部左冲右突。正是在这个意义上，布伦坦诺（Brentano，1878—1917）才会提出他的意动心理学（act Psychology），意识总是指向客体的意识，无论这个客体是外部对象还是内部观念，它都与笛卡尔的那种意识的内在性截然不同。这一点深刻影响了胡塞尔（Husserl，1859—1938），正是他与冯特论战，要把心理学家赶出哲学系。冯特被迫

---

① Descartes. "Principles, Part 4", *The Philosophical Works of Descartes*, Cambridge: The Cambridge University Press, 1911.

② 这种肉体视角倾向于将客体视为真正带有疼痛、色彩、声音、气味或者味道的性质。在这个意义上，马克思才说"唯物主义在它的第一个创始人培根那里，还在朴素的形式下，包含着全面发展的萌芽。物质带着诗意的感性光辉对人的全身心发出微笑"。而笛卡尔则将这个诗意的感性的物质变成了我思所设定的抽象的物质，如此，这种被设定的物质不过是名为物质的思想客体，它唯一的性质就是与人无关的广延。而正是由于面对着我思设定的的机械世界图景，怀特海（Whitehead）评论道："宇宙沉闷，失去声响，没有色彩，缺乏芳香；只有无穷无尽的没有意义的物质来来往往。"

写了一本《为生存而斗争的心理学》（1913）作为回应①。在笛卡尔看来，经验不仅无法给予我们世界，反而经常会迷惑我们②。而现在"我们凝视经验，是为了剥夺其力量，这个被迷惑和犯错的根源"③。笛卡尔发现"物不是事件和性质的所在地，事物和事件的真实性质是心灵的"④。无论是疼痛、色彩、声音、气味还是味道（第二性的质），它们都不在对象中，它们只是被闭锁在心灵内部的观念。作为观念它们类似于（作为广延的）第一性的质的观念，但是它们不能表达任何客体中的东西。而那个广延，即属于物质世界的唯一性质⑤，正是由于它不过是我思所设定的东西（笛卡尔是通过我思推论出这种只有广延的物质的），正是由于它不能通过自身出场，所以它不过是名为物质的的思想客体。这就是为什么当洛克致力于区分第一性的质量和第二性的质时，贝克莱才能符合逻

①　这是一个本不应该被忽略的重要的学术公案。在这里必须提到，冯特的心理学实际上是对当时的哲学危机（从笛卡尔就开始深埋下的意识的内在性的危机）的一个回应。随着传统形而上学的领域相继被（研究物质的）物理学、化学，乃至（研究生命的）生物学彻底占据，形而上学的传统领地此番除了灵魂之外所剩无几。正如文德尔班（Windelband）所言，哲学就像那个被女儿们夺去了一切财产然后逐到荒野之中的李尔王。冯特并不像一般的自然科学家那样拒斥形而上学，在他看来，心理学对哲学而言是一门准备性经验科学（propaedeutic empirical science）（Wundt, *Outlines of Psychology*, Leipzig: Engelmann, 1897.）。此判断基于冯特的这样一种观点，"用各种旧学派的唯理主义的方法，脱离自然科学而建立形上学的任何尝试都是徒劳无益的。"（Wundt, *System der Philosophie*, 4th edition, Leipzig: Kröner. vol. 1. 9, 1919a）。冯特试图通过"经验"心理学的研究为哲学的重新调整提供"准备"。这种心理主义的思路非常具有迷惑性，以至于胡塞尔开始也是一个心理主义者，并于1891年出版了《算术哲学》（Husserl, *Philosophy of Arithmetic, Psychological and Logical Investigations – with Supplementary Texts from 1887–1901*. Series: Edmund Husserl Collected Works, Vol. X. Tr. Willard, Dallas, 2003.），将心理学作为数学的基础进行了说明。

这本书引起了弗雷格（Frege, G.）的注意并招致了他激烈的批评，胡塞尔由此才从心理主义的迷梦中醒来。在1900年出版的《逻辑研究》中，胡塞尔与所有将逻辑和心理学归于心理学的企图划清了界线。胡塞尔终于通过现象学找到了应对当时的哲学危机的超逸之途。这个危机正是由笛卡尔开始埋下的，那就是意识的内在性，而现象学回到事情本身的姿态，确实是要逸出这种意识的内在性。而冯特，他始终是从这种内在性出发，并最终停留于其内。

②　笛卡尔举了两个著名的例子，一个是对蜡的经验，另一个是对塔的经验。感觉和想像力不仅无法帮助我们真正把握它们，反而经常让我们产生"错误的判断"。

③　[加]泰勒：《自我的根源》，韩震等译，译林出版社2001年版，第245页。

④　[加]泰勒：《自我的根源》，韩震等译，译林出版社2001年版，第216页。

⑤　由于仅仅把物质世界把握为广延性，整个世界就成为一个同质性的世界，由此月亮之上的科学和月亮之下的科学之间的区别就不存在了。这样，基督教的那种"场所的神圣性"的观念就成了一种可疑的东西。多说一句，布鲁诺（Bruno）不是因为宣扬科学，而是因为否认这种"场所的神圣性"（从太阳系到恒星系之间的物质是同质而均匀的）才被施以火刑的。

辑地推出两者之间并不存在根本的区别：质言之两者都是主观性的观念（存在即被感知）。

　　在这种通过意识的内在性得以确立的主观性观念的基础上，心理学才第一次有可能成为一门独立的学科。心灵现在是观念的排他性地点，因此"我们可以在一种新的意义上称之为'心理的'"①。一种叫"心理"的东西被发明出来，并为它自身奠基。笛卡尔与现代心理学只有一步之遥了。通过意识的内在性，笛卡尔使一种全新的人类学得以可能。而现代人的形象就建基在这种人类学图景之上。就意识的内在性被作为源初的出发点和先在的设定对象的主体而言，现代人就是心理人。这意味着，只有从心理学意义的我思出发我们才可能开始思想和行动，只有通过将对象吞并到我思的心理学表象中来，我们才能够思想和行动，而他人与世界在理论上不过是这种心理学我思的一个可疑的推论。在我思的奠基性的意义上，一切其他存在都先行地被我思所设定。所以，无论是一门具体学科（这就是西方哲学中心理主义的后果），还是一种政治行动（这就是西方政治学中个人主义的后果），它都必须从这种心理学我思开始才能得到完整的说明。笛卡尔的"现代认识论的自我规定的主体因此自然是由同一个运动产生的心理的和政治的原子主体性"②。这种心理人的形象很快就成为西方人自我想像的基础与依归，以及他们发明的各种理论的指导原则。

　　我们已经看到了笛卡尔如何通过海德格尔所指认的意识的内在性创造了一种新的人类学，从而使科学心理学以及其他经验科学的诞生成为可能。正如泰勒说的那样，"17 世纪的现代哲学运动，这个运动将给经验以荣耀。它将认真地对待并千方百计地关注经验的和偶然的外在现实。现代哲学导致了一种欣欣向荣的经验科学。"③ 我们下面要讨论的是，这些以及其他意欲击穿笛卡尔以来意识的内在性的种种努力由于或者对笛卡尔的座架无思，或者超越了笛卡尔的座架，从而走向了何种命运迥异的思想旅程。这里首先要揭示的是对这种意识内在性的最主要攻击，那就是费尔巴哈。我们将看到费尔巴哈是如何通过感性对象性（感性客体）

---

①　［加］泰勒：《自我的根源》，韩震等译，译林出版社 2001 年版，第 285 页。

②　［加］泰勒：《黑格尔》，张国清等译，译林出版社 2002 年版，第 9 页。

③　［加］泰勒：《黑格尔》，张国清等译，译林出版社 2002 年版，第 801 页。

来反抗这种内在性，但最终如何又仍深陷其内而将意识物化的。与之对照，马克思则从费尔巴哈继续前行，通过感性对象性活动从笛卡尔的座架中一跃而出，由此为心理学超越在（笛卡尔设定的）意识内在性之中左右互搏的怪圈创造了可能性。

二　击穿意识的内在性：费尔巴哈的唯物主义方案

　　击穿笛卡尔意识的内在性通常有两种方案。这两种方案看似平淡无奇：一种是唯心主义的，一种是旧唯物主义的。贝克莱就是这样一位典型的唯心主义者，他否认观念在外部世界中还有一个原件，将第一性的质也作为像第二性的质那样的主观观念，这就是著名的"存在即被感知"，从而似乎的确是一举解决了笛卡尔的难题。但是康德不满于冷酷的经验主义者将一切都归结于客体的印象或感觉的集合，他统一了笛卡尔的理性主义和英伦的经验主义。康德不仅从经验上去规范范畴，而且从理性的结构上去规范范畴，这意味着思想建构了经验现实。但是对于康德来说，外在于意识的现实、自在之物是概念难以企及的，自在之物区分于概念所能塑造的表象。最广为人知的唯心主义者当然是黑格尔。对康德来说是心灵的建构的东西，对黑格尔来说则变成了一个本体论的基础。黑格尔将概念作为万物的基础，而理念是设定现实的东西。马克思说，"在黑格尔的体系中有三个因素：斯宾诺莎的实体①、费希特的自我意识以及前两个因素在黑格尔那里的必然的矛盾的统一，即绝对精神。第一个因素是形而上学地改了装的、脱离人的自然。第二个因素是形而上学地改了装的、脱离自然的精神。第三个因素是形而上学地改了装的以上两个因素的统一，即现实的人和现实的人类。"② 黑格尔通过将斯宾诺莎的实体理解为主体，亦即把它理解为从康德、费希特发展起来的自我意识，从而内在地实现了思维与存在的统一。但是实际上，黑格尔对

---

　　① 这里的实体乃是近代唯物主义所谈的物质，即作为实体的自然界，或自然界的实体化。当马克思说从前一切唯物主义的根本缺陷在于，只是从客体的或者直观的形式去理解事物、现实、感性时，这里所说的客体的或者直观的形式，本质上就正是斯宾诺莎的实体。
　　② 《马克思恩格斯全集》第2卷，人民出版社1979年版，第177页。

思维与存在的对立问题的解决不过是将这种分裂转移到了思维内部。在黑格尔的哲学视图中，世界的本质和唯一主体是绝对的理念，理念为了实现自身而自我对象化为物相，在自然对象和社会历史的物化负载之后，再以具体的丰满的自我意识归于自身。这里要注意的是，黑格尔的绝对理念设定的只是物相，而不是现实的物，黑格尔的对象化就是主体吞没客体，客体是主体设定的物相，从而对象化就是异化。显而易见，唯心主义直接地停留在意识的内在性之中了。

较之于精妙而炫目的唯心主义，致力于跳出意识内在性的旧唯物主义似乎显得有些粗糙。旧唯物主义及其在心理学中的各种变式试图通过将意识归之于物质来解决笛卡尔的二元论，亦即将意识解释为或者是脑的分泌物，或者是腺体收缩、肌肉运动，或者是计算机的信息加工，或者是相应脑区的活动，但结局往往是以客观的名义将意识还原为物质——一种已被笛卡尔的二元论所设定的现成之物或固定之物，由此仍停留于笛卡尔的座架之内，即以将意识的内在性物化的形式从另一端重述了笛卡尔。柯林伍德①辛辣地嘲讽道："通过为自己开巨额支票去支付未到手的资产，唯物主义的科学信誉才得以维持。如果没有实验室里实验的确实性——像生物化学家成功地合成了尿素所提供的那种确定性——像大脑分泌思想正与胆囊分泌胆汁的方式完全一样这种陈述，作为一条宗教教义也许能说得过去，但如从科学角度上看简直就是唬人。"当面对无法做到像物理学或化学处理一种天体运动或化合反应那样确定地处理所谓的心理或者思想这一窘境时，旧唯物主义就以现在科学尚不发达来自我辩解。自从斯宾诺莎在十七世纪提出心理不是脱离身体的某种东西，而是由大脑过程产生的，并且受决定论支配，到拉美特利在十八世纪自然主义地大胆断言人是一架机器，而灵魂只是一个空洞的孔隙，再到十九世纪赫尔姆霍兹毫不留情地鞭笞唯心主义哲学家，并通过生理学研究表明知觉仅仅依赖于肉体物质，最后到二十世纪最后十年野心勃勃地向脑科学进军最后却宣布失败的"脑科学的十年"，唯物主义似乎并

---

① ［英］柯林伍德：《自然的观念》，吴国盛、柯映红译，华夏出版社1999年版，第116页。

没有最终破解意识之谜，至少它未能做到像物理学解释和处理原子活动①一样解释和处理心理活动。

实际上，虽然这种旧唯物主义似乎诉诸与我思正相反对的东西从而反对唯心主义，但这种正相反对却正好是停留于笛卡尔所设置的同一建制中的彼此设定。笛卡尔二元论的实体理论中存在着深重的内部归谬（reductio ad absurdum）：精神只能知道它自身的状况，而按假定物质世界又不是一种精神的状况②。这一点正好说明，笛卡尔那里的物质世界不过是我思所设定的物质世界，实际上它不过是名为物质世界的思想客体，而如果承认了这种物质世界，就意味着同时承认了设定它的那个东西，也就是我思，由此仍然座架在笛卡尔之内。当与笛卡尔通信最多的伊莉莎白公主（Princess Elisabeth of Bohemia，1615—1680）表示她无法理解（非广延和非物质的）灵魂如何能够启动躯体时，笛卡尔就只能开始关心公主的健康了③。质言之，我思根本无法贯穿对象领域去推动对象，所以对象领域只能是被我思所抽象设定的。而当旧唯物主义无批判地从现成性的物出发反对我思时，它一开始就被我思所牢牢捕捉了。旧唯物主义所现成把握的那种物，即一个不依赖于思想，或者不依赖于人的东西（无论这种物是抽象的还是具体的），不仍然是思想所构造或设想的吗？这个现成的物如果不是我思所设定的，它还能是什么呢？作为物性的物性和作为物体的物体恰恰正是我思所构造出来的抽象物，正是相对于我思方才成立的存在物。无论这种物的名字是叫实体，自然界，现象界，物相，外部刺激，行为，信息加工，脑活动还是别的什么东西，它们都是我思所设定的思想客体。由此，旧唯物主义从另一端回到了笛卡尔所开辟的存在论上的现成之物（主体与客体、意识与存在、灵魂和肉体，即使旧唯物主义以后者反对前者）。无论是旧唯物主义将这里的物视为抽

---

① 这里举原子的例子是出于这样一种考虑：尝试唯物主义地解释心理活动的人又会反驳说，意识之谜之所以迟迟未能破解，是因为意识是看不见摸不着的。然而，正如伟大的德国物理学家马赫（Mach，1863—1916）在驳斥原子论的维护者时说的那样"你们看到过原子吗？"（这使马赫成为一位反实在论者）。人们看不到摸不着原子，但这并不妨碍物理学家充分解释、操纵和控制原子的巨大力量。

② ［英］柯林伍德：《自然的观念》，吴国盛、柯映红译，华夏出版社1999年版，第124页。

③ Blom, J. Descartes：*His Moral Philosophy and Psychology*, New York：New York University Press, 1978, pp. 111 – 112.

象的实体，还是具体的一块石头、一棵树、一种肌肉运动或者脑活动，在对物的现成性把握这个层面上，旧唯物主义都倒退到了康德之前的水平，正是据此，马克思才将那些信奉实证主义的旧唯物主义称为非批判的"僵死事实的搜集"①。而为旧唯物主义所沾沾自喜的"客观"概念，似乎是指一种完全脱离人而存在的东西。但是这种脱离了人的存在只有以上帝之眼或者代上帝之眼行事的我思才能看到。在此意义上，所谓的脱离于人而存在的客观物质，不也正是我思所设定的思想客体么？当行为主义者华生直接从现成性的肌肉运动和腺体分泌出发从而反对意识的内在性时，他所说的行为如果不是思想设定的客体，它还能是什么呢？在行为主义从对象的现成性出发的意义上，质言之，行为不过是名为行为的思想物。如果说行为主义通过转换视角否定了第一人称的经验，但结果不过是从另一端肯定了意识的内在性，那么这就像用一般的物质否认一般的意识一样，同样是不成功的。而当认知心理学将意识视为信息加工时，它仍然是由现成的物出发，将人的活动还原为可计算的或可递归的数据运算，由此，它不过是另一种形式更为精细的机械主义②。

　　而正是由于对这种现成性把握的旧唯物主义的不满，才催生了所谓的后经验主义方法论。比如杜恒－奎因命题（Duhen－Quine proposition）的提出。奎因认为，"我们关于外在世界的陈述不是个别地，而是仅仅作为一个整体来面对感觉经验的法庭的。……总的来看，科学双重地依赖于语言和经验，但这两重性不是可以有意义地追溯到一个个依次考察的科学陈述的。具有经验意义的单位是整个科学"③。关于对象的知识是作为一个整体共同面对经验的法庭的，而仅仅从现成的、固定之物出发的事实，并不能证实或者证伪一个普遍的结论。现成性把握的旧唯物主义试图以最简单、最直接和最基本的观察命题为阿基米德点建立稳固的知识大厦的雄心壮志于此遭受了深重打击。反对现成性把握，意味着个别

---

①　《马克思恩格斯全集》第 3 卷，人民出版社 1979 年版，第 30 页。

②　哥德尔（Godel）明确地反对过这种生物学中的机械主义，不过他是从数理逻辑来进行思考的：从物质的随机分布开始，按照物理规律，在地质年代的跨度内形成一个人体的概率几乎等于零。他在回答王浩关于能否造出一台靠材料的性能产生非递归数列的物理机器时，作了否定的回答。参见王浩《哥德尔》，上海世纪出版集团 2003 年版，第 245—246 页。

③　［美］威拉德·蒯因：《从逻辑的观点看》，江天骥等译，上海译文出版社 1987 年版，第 39 页。

命题的真假并不优先于，而是取决于整体的知识体系。杜恒最早在 1906
年就于其《物理学理论的目的和结构》一书中提出了类似的观点。这就
是著名的杜恒—奎因命题。实际上，这样一种反对现成性把握的整体观
在黑格尔那里就已经非常显豁了。在黑格尔的体系中，无所不包的绝对
精神已经囊括了一切对象的边界，乃至这一对象也不过是绝对精神外化
开出的物相，而被现成性把握的东西是一个必将被绝对精神的自我运动
扬弃的环节之一。黑格尔的这种极为彻底的整体主义正是现成性把握的
旧唯物主义的大敌。而马克思正是批判地继承了黑格尔的这种整体观。
马克思的视角就是以特定生产方式界划开来的社会集团，即社会历史的
总体性。这个总体性因为特定的生产方式必然表现为从生产到生活乃至
心理层面的总体性过程。而资本主义生产方式内在地导致生产劳动过程
的碎片化（即高效的、合理的劳动分工），比如在经典的泰勒制中，劳动
被分解为若干动作的连续操作，然后推广到整个生产部门。后来卢卡奇
试图回到马克思的社会历史总体性，坚持一种社会总体性—结构性—关
系性过程的分析视角。卢卡奇早年曾借助韦伯的观察视角指认了这样一
个事实，即资本主义生产方式的合理化进程必然表现为从生产到生产之
外社会生活方方面面的现成性把握的物化过程。这个物化过程渗透至人
们的无意识层面，不仅表现为政治官僚的合理化体系（科层制，机构间
各行其事，不管整体，最大限度降低主体的主观任意性），更是最终表现
为人们日常生活中对于合理化的认同与无意识诉求。这种物化的心理
（无意识）是与资本主义碎片化的生产方式同构的。而这种同构性在哲学
上就表现为以康德为代表的哲学体系（强调认知框架的先验性与可靠
性）；也表现为经验主义与实证主义的认识论路径（强调个体经验的中心
性）。卢卡奇说的这个物化过程产生的认知效应就是：人们习惯性地只见
树木不见森林。因为每个人都安然被置于复杂社会系统中的某个螺丝钉
位置上，由此也习惯于从这个位置看世界，并以为世界就是他在这个位
置现成性地把握的理所当然的样子。这种意识的物化所共同导向的就是
对社会结构与关系总体性（过程的总体性）的埋葬，也是对集体性、总
体性社会改造可能性的否决。

　　旧唯物主义直接从物出发，而这种作为物性的物性和作为物体的物
体恰恰正是我思所构造出来的抽象物，亦即正是相对于我思方才成立的

存在物。虽然试图以物来超越笛卡尔划分的两种实体的对立，并逸出意识的内在性，但是由于仅仅是从现成的、固定之物出发，因而旧唯物主义一开始就停留在思想的圆圈中，质言之，它不过是从另一极确证了笛卡尔以来的意识的内在性，而他们标举的物只是名为自然界的思想客体，无论它的名字是康德的现象界，黑格尔的物相，经验主义的经验客体，还是实证主义的客观实在。由此我们可以总结说，近代哲学唯物主义所把握的物质实体，质言之乃是思想客体，而不是感性客体。它是物的思维形式、概念形式（范畴），是物相，而不是真正的现实的物，不是感性对象。费尔巴哈试图用直观拯救感性客体。在他看来，直观对象根本不从属于意识领域，因而也不从属于意识的表象领域。真正的对象或客体不是通过表象被构成的，它们是与思想客体不同的感性客体。费尔巴哈的直观要求超出意识的表象领域，反对（抽象分裂和分割的）现成性的概念把握。他试图以直观反对抽象，为实践和生活辩护。在费尔巴哈那里，生活与实践就是直观，真实的客体是感性对象性存在。所谓的感性，就是人和自然的感性实在性的统一，而不是意识的内在性所设定的抽象实在性；而所谓的对象性，就是不仅以自然界为对象，还以上帝、他人为对象，由此费尔巴哈特别提出一种类意识的存在作为人的根本特征。总之，费尔巴哈旗帜鲜明地反对笛卡尔和他的我思所设定的一切，"实在，理性的主体只是人。是人在思想，并不是我在思想，并不是理性在思想……因此，如果旧哲学说：只有理性的东西才是真实的和实在的东西，那么新哲学则说：只有人性的东西才是真实的和实在的东西。"[1]

费尔巴哈一方面拒斥始于笛卡尔至黑格尔达到顶峰的、以思维吞噬存在为特征的唯心主义，另一方面攘除那种马克思在《神圣家族》中所批评的"片面的、敌视人的"唯物主义。这种旧唯物主义将人直接地、现成性把握地还原为抽象物质。而这种抽象物质仍然只是名为物质的思想客体，而不是感性客体。"感性失去了它的鲜明的色彩而变成了几何学家的抽象的感性……几何学被宣布为主要的科学。唯物主义变得敌视人了。为了在自己的领域内克服敌视人的、毫无血肉的精神，唯物主义者只好抑制自己的情欲，当一个禁欲主义者。它变成理智的东西，同时以

---

① ［德］费尔巴哈：《费尔巴哈哲学著作选集·上卷》，荣震华、李金山等译，商务印书馆1984年版，第180—181页。

无情的彻底性来发展理智的一切结论。"① 几何学（geometry）的本义是测地术。geo 乃大地之义，而 metry 则意为测量。如果"测地术"这个古老的词本身还蕴含着古希腊的那种人与大地之间的紧密联系，揭示了人仍立足于大地之上（earth‑bound）的存在性勾连，那么在笛卡尔之后，几何学由于它与感性大地脱离所仅剩的抽象性质，由于它对意识的自明性（因而是可靠性或真理性），它从每一个方面表明人类处于地球之外的境况，以及地球和一切可能星球被还原为人的心灵尺度的极端可能性。恰恰由于笛卡尔将阿基米德点移至心灵内部，地球之外的那个阿基米德点才得以可能。人将世界置入内心，自身却处在世界之外无穷远处。此时，正如费尔巴哈所说的，人成为一个对大地毫不关心的，从一个星球飘向另一个星球的流浪者。

但是，由于费尔巴哈是从直观出发，并仅仅是从直观出发，所以当他试图通过直观的感性对象性跃出意识的内在性时，他的直观不过是这种内在性所设定的另一种东西。感性对象性在表面上与意识的内在性的对立之下，再次变成了抽象的物质，它内在地仍然是由自我意识设定的，由此最终成为形而上学内部的东西。问题不在于感性对象性本身，而在于费尔巴哈的出发点仅仅是直观。费尔巴哈有意识地区分了笛卡尔的思想客体与他说的感性客体，清醒地辨别了通过表象被把握的事物与事物自身（回到事情本身）。为了逸出意识的内在性，费尔巴哈一味地强调对象性不依赖于我思的实在性，"没有太阳光的神经的光就像没有你的我，没有男人的女人，反之亦然。把光的主观感觉同客观感觉等同看待，就等于把遗精和生孩子等同看待"② 。他甚至继续推进到这样一种程度，"感性是对象性的，是需要对象的；对象是我的另一半，是我的本质，我也是对象的本质。可喝的水是人的本质。意识与对象在开端就是一个整体了。"③ 正是因为这一点，费尔巴哈的哲学才被讥讽为"我就是我吃的东西"。费尔巴哈试图从意识的内在性中拯救出对象，并将之转移到了直观的感性对象性领域。但他所能凭借的唯一武器就是直观，不幸的是直观

---

① 《马克思恩格斯全集》第 2 卷，人民出版社 1957 年版，第 164 页。

② ［德］费尔巴哈：《费尔巴哈哲学著作选集·上卷》，荣振华、李金山等译，商务印书馆1984 年版，第 553 页。

③ ［德］费尔巴哈：《费尔巴哈哲学著作选集·上卷》，荣振华、李金山等译，商务印书馆1984 年版，第 183 页。

并不是一种自立的不需要说明的东西，由于它缺乏那种立于自身之上的源初性质，所以它无法为自身奠基。所以它仍然是一种思想所设定的抽象的意识。故而，这种直观仅仅是我思所设定的一种理论的活动，而且仍然是对对象的现成性把握。尤其是当费尔巴哈把人的本质理解为"类"，理解为一种内在的、无声的、把许多人自然地联系起来的共同性时，这种类本质如果不是思想所设定的抽象物，它还能是什么呢？

费尔巴哈对笛卡尔所开辟的二元论的贻害也有深刻的认识。他于1846年旗帜鲜明地写作了《反对身体和灵魂、肉体和精神的二元论》，一再强调"感觉与思想、感性与理性、心与脑的分裂应当统一"①。从他一贯的感性直观出发，脑是思想的感性对应物。于是脑被认为是思想的真正现实基础。但除了试图通过当时的脑科学来解剖"思想"之外，费尔巴哈再没有更多的想象力。"对我说来，即主观上说来，是纯精神的、非物质的、非感性的活动，那么就其本身说来，即客观上说来，是物质的、感性的活动。"② 而费尔巴哈所倚重的这种作为精神活动之"本身"的"物质的、感性的活动"所指谓的却只是"脑的活动"。如此，费尔巴哈试图超越笛卡尔以来意识内在性的努力的理论终局就是，它并不比上文曾提到的马克思所讥讽的那种医生的心理学高明多少。脑固然是思想的器官，但是如果思想通过脑的活动就能得以说明，"那么关于思想的科学就会由心理学变成生理学，并且最终应当变成物理学。"③ 如此心理学的确是从根本上被取消了。费尔巴哈所做的不过是将被囚禁在笛卡尔心灵孤岛上的鲁滨逊从松果腺的牢房又投到了脑的监狱。而窥伺这个隐秘监狱并完全把握它的企图在《美丽新世界》这样的反乌托邦小说中昭然若揭。在他们看来，脑内部好像在发生着什么神秘的活动，它主宰了我们的一切现实生活。而一旦能破解其密码，意识研究就会产生决定性的革命，一劳永逸地解决所有现实的难题（比如人们为何有不同的政治态度，并如何控制它），并把握关于人的全部秘密。"新时代的伪科学试图利用计算机技术来破译一些晦涩的暗号……通过这样的一个例子就可以解释

---

① 吴晓明：《形而上学的没落》，人民出版社2006年版，第408—409页。

② ［德］费尔巴哈：《费尔巴哈哲学著作选集·上卷》，荣振华、李金山等译，商务印书馆1984年版，第195—197页。

③ 吴晓明：《形而上学的没落》，人民出版社2006年版，第408—409页。

人类的未来……相信某处存在着一些密码可以破译，无疑同相信某些他者的存在极为相似：总而言之，就是想找到一个能给我们混乱社会生活带来秩序的代理人。"① 被神秘化了的脑活动正是这种代理人，它从脑活动的现成性出发，将人的感性活动主要地把握为脑活动，并以科学的名义使我们拜倒在对其神秘性的解释面前。这方面一个显著而有趣的例子就是凭借《国王的演讲》成为奥斯卡影帝的科林·费尔斯②在顶尖生物学学术期刊《Cell》（细胞）子刊《Current Biology》（当今生物学）上发表的科研论文，他们试图找出脑结构和决定政治态度的心理机制的关系。他们发现，"更强的自由主义与前扣带皮层的灰质体积增加有关，而更强的保守主义与右侧杏仁核体积增大有关"。这一研究似乎让他们野心勃勃，他们认为"这将为在脑结构之上定位高级心理特征，并通过脑功能来解释社会学促动的构造开启了一条崭新的途径"。当费尔斯们试图透过功能性核磁共振（fMRI）找出政治态度的神经基础，并对之进行认知神经心理学解释时，由于仅仅是从对对象的现成性把握出发，他们在一开始就已经弄错了。"不是眼睛看，而是人在眼睛的协助下看。也不是大脑看，而是人在大脑的协助下看。"③ 政治态度只能是被具体的、历史的、现实的政治活动决定的，而不是被脑活动决定的。其实马克思阐述得非常清楚，"不仅五官感觉，而且连所谓精神感觉、实践感觉（意志、爱等），一句话，人的感觉、感觉的人性，都是由于它的对象的存在，由于人化的自然界，才产生出来的。五官感觉的形成是以往全部世界历史的产物。"④ 不仅脑活动是感性对象性活动的结果，乃至脑活动所依赖的器官也是这种感性对象性活动的结果。脑和它的活动并不能为自身奠基，恰恰相反，只有置于具体的感性对象性活动中，前者才能得到完全的说明。当然不能排除有人在定位了高级心理特征的脑结构后，通过控制它来干预政治态度，但是这已经和按住选民的双手不让他们表决相差无几了。将感性对象性活动理解成脑活动，这正是费尔巴哈只能作为马克思

---

① Zizek, S. "You May", *London Review of Books*, 18th March 1999.

② Ryota Kanai, Tom Feilden, Colin Firth and Geraint Rees, "Political Orientations Are Correlated with Brain Structure in Young Adults", *Current Biology*, 2011 (21) (April 26), pp. 677–680.

③ ［德］罗姆巴赫：《作为生活结构的世界——结构存在论的问题和解答》，王俊译，上海书店出版社 2009 年版，第 120 页。

④ 《马克思恩格斯全集》第 42 卷，人民出版社 1979 年版，第 126 页。

的施洗者约翰出现的原因。而如果有人仍然在以科学的名义重复费尔巴哈的错误，这种现象就值得深思了。

三　意识的内在性问题的真正解决：　"感性"的心理学

　　建立在对政治经济学批判的深刻把握之上，马克思公允地评价道："费尔巴哈想要研究跟思想客体确实不同的感性客体，但是他没有把人的活动本身理解为对象性的活动。因此，他在《基督教的本质》中仅仅把理论的活动看作是真正人的活动，而对于实践则只是从它的卑污的犹太人的表现形式去理解和确定。因此，他不了解'革命的'、'实践批判的'活动的意义。"① 马克思与费尔巴哈及之前的旧唯物主义最根本的区别在于：从前的唯物主义的基点是直观的一般对象物质，或者高级一点的感性—对象性的存在②，而马克思通过政治经济学批判走入历史的深层，强调的是人们改变物质对象的历史的、现实的、具体的感性对象性活动。马克思的逻辑起点不是抽象的物质或者意识，而是感性对象性活动。"从前的一切唯物主义包括费尔巴哈的唯物主义的主要缺点是：对事物、现实、感性，只是从客体的或者直观的形式去理解，而不是把它们当作感性的人的活动，当作实践去理解，不是从主体方面去理解。"③ 如果说马克思之前的意识的内在性是通过表象活动来（现成地）把握对象，而之后的马克思则是要通过感性对象性活动来把握对象。（由表象被构成的）对象是一个现代性的观念。唯理论者谈论的物质实体与经验论者和感觉

---

　　① 《马克思恩格斯选集》第 1 卷，人民出版社 1995 年版，第 54—57 页。
　　② 这里需要再强调一遍的是费尔巴哈与之前的唯物主义的根本区别。如果将费尔巴哈降格到与强调一般物质，乃至石头、大脑的优先性的一般唯物主义者相同的层次，那么以他的唯物主义作为马克思思想的所谓三大来源之一既侮辱了费尔巴哈，更侮辱了马克思。在唯物主义与唯心主义的一般对立中，作为物性的物性和作为观念的观念是同一种东西。而且在这种物性的纯粹抽象性意义上，它必定是没有物质的物质。而费尔巴哈所强调的物是感性—对象性存在，而人正是一种感性的对象，由此费尔巴哈正是站到了现实的人的立场上，他"想要研究跟思想客体确实不同的感性客体"（马克思，1995）。而马克思正是跟随费尔巴哈的脚步，并将他的感性的对象推进到了对象性的活动。
　　③ 《马克思恩格斯选集》第 1 卷，人民出版社 1995 年版，第 54—57 页。

论者谈论的物都是由这种表象活动被把握的。而实证主义则从这种表象的现成性出发来把握对象和事实。表象乃是优先于对象的先在者，而对象则是通过表象被把握的作为物性的物性或者作为现成性的对象和事实，它不可能首先由自身而在场。旧唯物论者就是借助于这种物性来反对唯心论者。质言之，在意识的内在性的逻辑内，事物总是被呈现为概念中的事物。这是一种我思的思想活动，（而不是感性对象性活动），由此它是概念的、范畴的、反思的。在这种活动中，不是作为主体的思想吞没客体，就是客体凭借它的物性或现成性否弃主体。马克思的革命性意义在于，他完成了从我思的表象活动向感性对象性活动的跃迁——亦即前概念、前范畴、前反思的哲学存在论改造。感性对象性活动由于其立于自身之上的源初的直接性，它就是自立的不需要说明的东西，感性对象性活动可为自身奠基。而我思却不能为自身奠基。恰恰相反，我思只有在一定的感性对象性活动中才能获得完全的理解，同样，我思所现成性把握的那种客观事实也总是需要在一定的感性对象性活动中才能得以说明。感性对象性活动不仅不预设任何固定和现成之物，而且由于它的前概念、前范畴、前反思的性质，其自身也根本不是某种现成之物。恰恰相反，它要把所有现成的、固定的死结重新解开。它不是闭锁，而是开启。它是疏松的、流动的、多孔的。它是褶皱。感性对象性活动绝不会说主体如何吞没或把握客体（像理性主义哲学，冯特，人本主义心理学那样），或者主体如何被还原为客体（像旧唯物主义，抽象经验论，行为主义，认知神经科学那样），完全相反，它要具体地、历史地、现实地分析在某种朝向对象的感性活动中生成了怎样的主体和客体。所以这里要分清两种对象化，一个是黑格尔的，一个是马克思的。黑格尔的对象化就是主体吞没客体，客体是主体沉沦所设定的物相，所以对象化就是异化。但在马克思那里，对象化就是感性对象性活动，对象并不是先在地由主体设定的东西，毋宁说，主体和客体都是感性对象性活动带来的礼物。我们可以借此分析一下当下颇为流行的各种爱情心理学，如著名的斯滕伯格的爱情三元理论①（Triangular theory of love）。根据马克思的感性对象性活动来谈论爱，就要把心理学的爱和马克思意义上的爱区分开。心理学的爱是范畴的、反思的、现成的、概念的，是对象性的。斯滕伯格先在地将作为亲密关系的爱情分成三个固定的基本范畴：亲密（intimacy）、热情（passion）、承诺（commitment）。基于这三种爱情要素的不同组合，又得出爱情的八种固定形式（Forms of love）：无爱（Nonlove）、喜欢（Liking）、迷恋（Infatuated love）、空爱（Empty love）、浪漫之爱（Romantic love）、伴侣之爱（Companionate love）、虚幻之爱（Fatuous love）、圆满之爱（Consummate love）。对照这份现成的爱情表格就可以针对复杂多变的爱情按图索骥了。而马克思意义上的爱则是前范畴，前反思，前概念的，它是让爱在一定的感性对象性活动中显现自身。易言之，心理学之爱是先设定了爱和爱者，然后沉沦于爱者之爱，马克思之爱回到具体的感性对象性活动中让爱显现自身，从中开出爱者。现实的人与现实的世界感性对象性地以前概念、前逻辑和前反思的方式勾连着。总之，马克思就是从这种感性对象性活动过程本身出发，而不是它的已经石化了的例如作为爱情关系的范畴，或者心理关系的范畴，或者经济关系的范畴，或者所有权关系的范畴当作这一活动本身。马克思是通过感性对象性活动来把握这些范畴和概念的历时性变迁。

马克思的感性对象性活动既没有站在抽象的精神一边，也没有归结为抽象的物质，物质与精神都被放在具体的、历史的、现实的感性对象性活动中被重新审视了。感性对象性活动是马克思哲学的逻辑起点，自然被作为一个先在的物质前提扬弃在感性对象性活动自身的内部。由此康德那种现象界与物自体的对立被真正地解决了。尤其是当马克思要把握的对象不再是感性自然或抽象物质，而是对象性活动创造的社会存在时，这种解决就更容易理解了。马克思所谈论的物质也并不再是工业出现之前直接被给予的自然物质或者物质一般，或者在有限程度上被改变了的物质，而是人类自己创造的社会生活本身。"历史唯物主义中的核心问题决不是人与自然的一般关系，而是人类主体与同样是他们创造出来

---

① Sternberg, Robert J. "A triangular theory of love," *Psychological Review*, 1986, 93 (2), pp. 119 – 135; Sternberg Robert J. "Triangulating Love" in T. J. Oord ed. *The Altruism Reader: Selections from Writings on Love Religion and Science*, West Conshohocken: Templeton Press, 2007, p. 332.

的社会生活中的客观物质力量与发展规律的关系。"① 而且这样一种关系只是在工业出现之后才现实地出现并主宰人类的生活的。仅仅是在工业化进程中，世界才成为一个人的生产的对象世界。进而言之，如果在中世纪，"世界是呈现自然的符号秩序的一本书②"③，通过找出相似性就能解释这种秩序从而打开这本书，但是到了笛卡尔，"对于我来说，没有一件东西比我的心灵更容易认识了"④，结果"终极实在的本质是一本没有向我们打开的书，并且是一本永远不会向我们打开的书"⑤，由此"心灵只能认识它自身生产出的东西，并且在一定意义上始终保持在它自身范围内的隐含假定之上"⑥，那么"关于世界的可知性问题，它在马克思那里，只有在世界是人的产品的时候才有意义"⑦。这样笛卡尔"内省的内在封闭领域"就被彻底地开启了，"我们看到，工业的历史和工业的已经生成的对象性的存在，是一本打开了的关于人的本质力量的书，是感性地摆在我们面前的人的心理学"⑧。

马克思为什么要在这里特别提到心理学呢？要知道，马克思在写下这段话时，现代心理学尚未诞生。然而在意识的内在性这个意义上，马克思所谈论的心理与后来现代心理学之父冯特所研究的心理是同一种东西。两者处在同一种问题式中。马克思所批判的正是笛卡尔以来作为"现代性的原则框架"⑨ 的意识的内在性。正如上文已经论述的那样，

① 张一兵：《文本的深度耕犁》第 1 卷，中国人民大学出版社 2004 年版，第 103 页。
② 按照泰勒的说法，把世界看做一个文本，或者把宇宙看做一部书的这种关于事物的解释性见解在许多前现代社会中曾经起过重要作用。从新教诗人杜巴尔塔斯（1554—1590）在《神的工作日》这样的巴洛克文学作品中所咏歌的"世界是一本对开的书，用大写字母印着上帝的一切伟大著作：每个创造物占一页，每个创造物都在扮演一个良好角色，没有任何缺陷"，到伽利略所谓"自然这本大书是用数学语言写成的"，再到笛卡尔，经过康德，黑格尔，最后到马克思，我们可以看到这本书如何是本来就打开，然后被合上，最后再被打开的历史变迁。
③ ［美］黎黑：《心理学史》，李维译，浙江教育出版社 1998 年版，第 179 页。
④ ［法］笛卡尔：《十六—十八世纪西欧各国哲学》，北京大学哲学系外国哲学史教研室编译，商务印书馆 1975 年版，第 166 页。
⑤ ［加］泰勒：《黑格尔》，张国清等译，译林出版社 2002 年版，第 8 页。
⑥ ［美］阿伦特：《人的境况》，王寅丽译，上海世纪出版集团 2009 年版，第 224 页。
⑦ ［德］施密特：《马克思的自然概念》，吴仲昉译，商务印书馆 1988 年版，第 128—129 页。
⑧ 《马克思恩格斯选集》第 3 卷，人民出版社 2002 年版，第 306 页。
⑨ 吴晓明：《形而上学的没落》，人民出版社 2006 年版，第 5 页。

笛卡尔的内省发现了作为内在感官的意识，"借此，人可以感觉他的感觉，并把他的意识确立为世界实在性的唯一保证。"在这个意义上，阿伦特才会有这样的论断，自17世纪以来，"大部份现代哲学确实是认识论和心理学"[1]。马克思正是由此接着往下说，他所批评的就是这种以意识的内在性为特征的心理学。而如果心理学仍然对工业及其已经生成的对象性存在视而不见，"如果心理学还没有打开这本书即历史的这个恰恰最容易感知的、最容易理解的部份，那么这种心理学就不能成为内容确实丰富的和真正的科学"。也就是说，作为心理学的现代哲学只能停留于贫瘠的形而上学理论态度与认识论取向这个"寸草不生的绝望地基上"[2]。

　　而马克思所说的"感性"的心理学又是什么意思呢？自从沃尔夫指认了两种心理学，即理性心理学和经验心理学以来，由于闭锁于意识的内在性，这两者都是由我思的逻辑设定的抽象的心理学。前者是康德说的那种抽象的没有内容的研究我思的理性心理学，后者是同样是抽象的经验心理学。它包括两种变形，一是将心理过程总体还原为简单观念的英国联想主义心理学（association psychology），二是冯特的意志心理学（voluntaristic psychology）。质言之，两者的研究内容都是我思所设定的（无论是简单观念还是直接经验）。马克思所说的感性心理学正是在与这两种抽象心理学相区分的意义上提出来的。只有抛弃了这种抽象的心理学，心理学才会成为内容确实丰富的真正科学。这种心理学之所以被马克思称为是感性的，是因为它由感性对象性活动为之奠基。正是由于建立在感性对象性活动的基础上，这种心理学就成为历史的科学。所谓的心理只能在具体的、历史的、现实的感性对象性活动中才能真正得到说明。而在批判实证科学停留于对对象的现成性把握这一意义上，马克思

---

　　① ［美］阿伦特：《人的境况》，王寅丽译，上海世纪出版集团2009年版，第253页。《马克思恩格斯选集》第3卷，人民出版社2002年版，第306页。

　　② Russell B. , *A Free Man's Worship in Mysticism and Logic*, 1918, p. 46.

才说，只有一种科学，那就是历史科学①。而作为历史科学的心理学，而

---

① 柯林伍德（Collingwood，1946，1999，2007，2010）也提出过一种历史性的要求，由此成为一个需要特别澄清和认知对待的马克思的理论对手。在《形而上学论》（北京大学出版社2007年版）一书中，柯林伍德指认形而上学为"论述作为普通科学基础的那些预设的科学"。它不是去证实或证伪各种预设，而是回答这样一个历史问题：在各种科学部门中，在它们的连续发展阶段上，实际形成了什么样的预设，以及一套预设如何转变成了另一套。这样一种历史性的视角被贯彻到了他的《自然的观念》与（生前未完成的）《历史的观念》（北京大学出版社2010年版）二书中。在前一本书里，他提出自然科学并不是思想的唯一部门或唯一形式，甚至不是自足和自我包容的思想形式。自然依赖于历史，自然科学为了它的存在依赖于与它不同且不能转变为它的别的思想形式——历史。这一论断促使我们攘斥那种关于心理学的自律性和纯粹性的天真观念，并且有助于理解何谓心理学这门学科自身的历史性，这并不是说心理学是一门具有一个"过去"的科学，而是说心理学不是一门自有永有的学科，实际上，它的主题、方法和哲学都是历史性地被束缚在某个时代的预设之中的。在后一本书中，柯林伍德批评研究人性（心灵）的科学以自然科学为范例，结果走进了死胡同。"人性科学乃是意欲理解心灵本身的一种虚假企图，其之所以虚假则在于它是对自然科学的模拟"。并且，研究自然的正确道路要通过那些叫做科学的方法，而研究心灵的正确道路则要通过历史的方法。"唯一真正的心理科学必定是历史"（Collingwodd，R. G. The I dea of His tory，Oxford，UK：Clarendon，1946）。柯氏的批评对我们来说更是司空见惯：心理学史上谈论心理学的"物理学羡妒"的文章不可胜数。但是柯氏提醒我们这种羡妒本身也是历史性的，如果只是就羡妒批评羡妒，那么我们仍然是错过了真正的靶子：塑造了这种困局的历史性预设。如斯，无论是羡妒，还是对羡妒的批评都失去了历史性，终于迷失在心理学内部零星补缀的方法论争辩中（用一种方法补充另一种方法，这正是自冯特以来一贯的传统，正如我们通常所了解的那样：鉴于实验内省法的不足，冯特提出了民族心理学来补充）。柯氏的意义不在于他为心理学提供了一种新的可供补充的局部方法，而是在于他超拔到历史的高度审视心理学的总体，然后揭示了研究心灵的另一种可能性。（柯林伍德是看不起心理学的，称之为"思想的伪科学"。他认为心理学误用了关于心灵的名词并且混淆了问题，"把一种它那存在和发展并不是自然的而是历史的题材归之于一种准一自然主义的科学。但是如果心理学避免了这个危险并放弃干预严格说来是历史学的题材的那种东西，它就很可能退回到纯粹自然科学里面去，而变成为研究肌肉运动和神经运动的生理学的一个单纯的分支"。一种反历史的、科学的心理学最终只能是研究感觉与情感的生理科学（Connelly and Costal. R. G. "Collingwood and the idea of a historical psychology," Theory & Psychology, 2000 Vol. 10, pp. 147－170）。因为这一点他招致了很多批评，如艾耶尔（Ayer A. Philosophy in The Twentieth Century，New York：Random House，1984.）但是，在柯林伍德将科学知识与历史知识分开（即使最后科学知识还要依赖于历史性的预设）以保卫心灵的地方，在柯林伍德将组成自然世界的事件的过程与组成历史世界的思想的过程从性质上进行区别的地方，马克思声称我们"仅仅知道一门唯一的科学，即历史科学"。这就是我们一再提到的那种把握了感性对象性活动的科学，如此心灵和心理学才能得到真正的理解和对待。如果不立足于这种感性对象性活动，柯林伍德的所谓心灵和笛卡尔的我思有什么区别呢？如果不从这种感性对象性活动出发，柯林伍德的历史学家又如何能够"在心灵里重演各种思想"呢？正是由于柯林伍德未能从感性对象性活动出发，而是从抽象的一般的历史性出发，他的历史的观念才成为一种"高深莫测"的东西。这里还有必要指出一个理解柯林伍德的通常的谬误，那就是将历史性理解为（研究事件的）历史学。当艾耶尔把历史理解为"过去"时，他没有完全理解柯林伍德；当《历史的观念》的中文译者（北京大学出版社2010年版）在关节处将history一般地翻译为历史学时，他没有意识到两者的区别；当《自然的观念》

不是作为实证科学的心理学，才是马克思心目中真正的心理学。

实际上，不要说心理学，甚至连其科学性一直被心理学羡妒的自然科学都只能是"由于人们的感性活动才达到自己的目的和获得自己的材料的"。只要是人去面对自然物质，就永远只能是"从这些自然基础以及它们在历史进程中由于人们的活动而发生的变更出发"①。"至于说生活有它的一种基础，科学有它的另一种基础——这根本就是谎言"②。自然存在总是经过一定的感性对象性活动中介过的历史性的自然存在，乃至如今这种自然存在越来越成为感性对象性活动本身的产品。自然科学的研究对象不是自有永有的（更不要说心理学的研究对象了），它是人类感性对象性活动的结果，因而就其本质而言是历史的。而那个自律的、中立的自然科学的纯粹领域根本就是一个幻想。这并不是说自然科学的纯粹领域依赖于人的主观性，而是说这个领域本身就是感性对象性活动的结果。马克思历史科学的考察方法正是从这种现实的感性对象性活动的前提出发，这种考察方法所把握到的"历史就不再像那些本身还是抽象的经验论者所认为的那样，是一些僵死事实的搜集，也不再像唯心主义者所认为的那样，是想像的主体的想像的活动"③。对心理学而言，心理也总是被感性对象性活动中介过的心理，甚至可以说，心理本身正是具体的、历史的、现实的感性对象性活动的历史产品。

"在土地所有制处于支配地位的一切社会形式中，自然联系还占优势。在资本处于支配地位的社会形式中，社会、历史所创造的因素占优势。"④正如劳动在"资产阶级社会的最现代的存在形式——美国"表现为"历史产物"，而在（工业不发达的）俄罗斯人那里却"表现为天生的

的译者（华夏出版社 1998 年版）在同样的地方将 history 处理成历史，但又在后记中又将自然观念对应于文化背景时，他不知道自己在做什么；当葛兆光在其《中国思想史》（复旦大学出版社 2001 年版）中将柯林伍德的"All history is the history of thought"理解为"柯林伍德把思想史看作唯一的历史"时，他仍然是将历史性理解成了历史学。

① 《马克思恩格斯全集》第 3 卷，人民出版社 2002 年版，第 23—24 页。
② 《马克思恩格斯全集》第 42 卷，人民出版社 1979 年版，第 128 页。
③ 《马克思恩格斯全集》第 3 卷，人民出版社 2002 年版，第 30 页。
④ 《马克思恩格斯全集》第 46 卷（上），人民出版社 1979 年版，第 45 页。

素质"① 那样，心灵现象在工业时代是作为社会和历史产物的"心理"，而在前工业时代却被包含在作为自然的灵魂之中②。且不说西方中心主义之外的"原始人"的"原始思维"③，单就"白种文明"内部而言，无论是荷马史诗中那种作为人身上的生命力的 psyche④，或者古希腊的那种统一了一切生物个别过程的活力"anima"⑤，还是中世纪奥古斯丁的通过"祈求灵魂被主医治"⑥ 内在地走向上帝，并"虔诚地为了上帝而生活"⑦的目的论，乃至到了反现代性的维科⑧追怀的那种"不说我发怒，而是唱我的血液在沸腾"，"把整个心灵沉浸到感官里去"的诗性智慧，都表现出了与现代性的心理完全不同的性质。如果说在前工业时代灵魂还依傍于无论是生命力、上帝，还是其他"坚固"的"实体"，那么现在"一切坚固的东西都烟消云散了"，心理通过自我中介以及研究它的心理学，而不是普遍的"永恒的绝对者"（eternal absolutes），就能获得关于自身的全部秘密。作为一种现代的发明，心理第一次成为一种自明的仅依赖于自身的东西，并以此为中心创造了一个"为我"的环顾世界，而且这个世界必须通过这个"我"才能获得说明。"劳动不仅在范畴上，而且在现实中都成了创造财富的一般的手段"⑨，类似地，现在笛卡尔的自我不仅在范畴上，而且在现实中都成了现代人自我理解的一般的手段。在放弃了那种坚固的作为自然的灵魂之后，作为补偿，各式各样的灵修理论则藏纳了灵魂的残余。吊诡的是，这种依赖于灵魂概念的灵修，从克里希那穆提（J. Krishnamurti）到萨提尔（Satir）治疗，乃至已经臭名昭著

---

① 阿伦特正是由于不能区分这一点，才一般地、无差别地谈论劳动，将之处理成人作为动物的生物生活。

② 这种现象不仅存在于心理学中，乃至在文学作品中都有反映。"古典悲剧以神话为根基，主要内容和风格都是神话的。巴罗克悲悼剧不是以神话为根基，而是以历史为根基，主要内容和风格都是历史的。"本雅明（Walter Benjamin，1892—1940），《本雅明文选》，前言，陈永国、马海良编，中国社会科学出版社 1999 年版。

③ ［法］布留尔：《原始思维》，丁由译，商务印书馆 1995 年版。

④ Snell, B. "Homer's View of Man" in *The Discovery of the Mind: The Greek Origins of European Thought*. Massachusetts: Harvard University Press, 1953.

⑤ ［德］罗姆巴赫：《作为生活结构的世界——结构存在论的问题和解答》，王俊译，上海书店出版社 2009 年版。

⑥ ［古罗马］奥古斯丁：《恩典与自由》，江西人民出版社 2008 年版，第 96 页。

⑦ ［加］泰勒：《自我的根源》，韩震等译，译林出版社 2001 年版，第 216 页。

⑧ ［意］维科：《新科学》，朱光潜译，人民文学出版社 1986 年版，第 98 页。

⑨ 《马克思恩格斯全集》第 46 卷（上），人民出版社 1979 年版，第 42 页。

的谭崔（Tantra）课程所借重的却都是笛卡尔所发明的现代性的"自我"观念。我们马上就会发现，这种前工业灵魂的残余是如何被利用来与资本同谋，疯狂地抽干那些可怜的"平面、无助、无意义、缺乏目的或空虚的"[①] 现代人的血液和财富的。第三世界的现代人正遭受着双重的后殖民，除了发达国家的现代人正在经历的心理学对精神生活的内部殖民之外，他们还要以发达国家的心理学来塑形自己。较之于前现代的灵魂曾经给人类带来的充实与丰盈，空虚还真是一个现代性的心理问题（贝克特的戏剧、萨特的小说不都在思考这一问题么?）可以说，对于中世纪的人而言，普遍存在的空虚的心理几乎是一件不可思议的事情。所以，当埃里克森试图通过现代的心理学认同理论来研究中世纪的青年马丁·路德时，他无疑犯了一个时代错误（anachronism）。埃里克森将路德作为一个经受着青春期晚期和成年早期的认同危机的青年人来研究，这个青年人试图以一种精神方案解决自己正在罹患的冲突综合症，而这种危机促使他发明了一种新神学[②]。但是，对一个浸淫在中世纪的那种作为普遍性的"永恒的绝对者"（eternal absolutes）的灵魂中的人来说，完全建立在个体性的自我概念之上的认同理论是绝对不可想像的事情，前者是由以农业为主导的感性对象性活动所决定的前现代性的灵魂，而后者正是由以工业为主导的感性对象性活动所决定的现代性的心理，两者在认识型上恰恰是不可通约的观念。正如泰勒所说，这种危机"对于路德而言，与其说是围绕着无意义、缺乏目的或空虚的现代含义的，不如说是围绕着严厉的罪感和无可挽回的被逐感的"[③]。现实的工业使作为社会和历史的心理开始占优势，而作为自然的灵魂则渐渐隐退。在德国哲学家博德尔[④]看来，人类可以完全把握的东西只有历史、世界和语言（history, world, and speech）。但他遗漏了一个，这就是心理。如果说前现代的灵魂是人类不可能完全把握的东西（康德早就告诉我们，一切教给我们灵

① Lasch，C.，*The Culture of Narcissism*：*American Life in an Age of Diminishing Expectations*. New York：Norton，1991；Malcolm，J.，*Psychoanalysis. The Impossible Profession*，Vintage Books，1982.

② Erikson，E.，*Young Man Luther*：*A Study in Psychoanalysis and History*，The Norton Library，1958，p. 15.

③ ［加］泰勒：《自我的根源》，韩震等译，译林出版社 2001 年版，第 366 页。

④ Boeder，H. Seditions，*Heidegger and the Limit of Modernity*，Trans. Brainard，M. Albany：SU-NY Press，1997.

魂是什么、上帝是什么的形而上学企图都无可避免地失败了，而且注定要失败），那么现代的心理往往表现为直接的可理解性，作为人自身的产品，心理学家宣称它可以被"描述、预测和控制"。

综上，可以发现意识（心理）不是一个自足自立的概念，它需要在具体的、历史的、现实的感性对象性活动中才能被充分说明。自然科学和心理学的研究对象都是通过历史的感性对象性活动才能被把握的，而不是现成性地给定的。只有通过一定的感性对象性活动，它才能被呈现或者生产出来。所以，当马克思在《德意志意识形态》中考察了四重生产之后，最后才说"我们发现还有意识"，这难道只是偶然性地随便说说么？意识（心理）并不是马克思的出发点，而且马克思已经发现它也不能成为出发点，而肯定只能是最后谈论的东西，意识（心理）要出场，必定要经过层层的历史性的感性对象性活动的中介。

四　马克思心理观的集中体现："我对我的环境的关系是我的意识"

基于以上分析，我们就能理解马克思所说的"我对我的环境的关系是我的意识"之意味。

首先，马克思立足于人的在场性，他的出发点不是先在的自然，而是"我的环境"，也就是（作为人的感性对象性活动的）工业及其生成的对象性存在。而正是由于在费尔巴哈，甚至是前费尔巴哈的霍布斯和拉美特利的地平上，把这种对象性存在理解为感性—对象性的存在，甚至是抽象自然和物质一般，才导致了第二国际思想家机械反映论的错误。他们不明白，"周围的感性世界决不是某种开天辟地以来就直接存在的、始终如一的东西，而是工业和社会状况的产物，是历史的产物，是世世代代活动的结果"①。

其次，马克思强调的是我与我的对象性存在（"我的环境"）的"关系"，而且这种关系是一种"对象性活动关系"。而费尔巴哈哲学的致命

---

① 马克思：《德意志意识形态（节选本）》，人民出版社2003年版，第20页。

缺陷就在于"他从来没有把感性世界理解为构成这一世界的个人的全部活生生的感性活动"①。虽然并非所有的历史阶段都将人与物的关系理解为对象性活动关系，但是只有站在工业文明的高地上才能理解以往的各种"实践"关系，即马克思说的，"人体解剖是猴体解剖的钥匙"。福柯认为古典时代（始于 17 世纪中叶）之前的认识型（épistémè）是"直到16 世纪末，在西方文化知识中一直起着创建者的作用的相似性"。这种相似性无论表现为适合（convenientia）、仿效（aemulatio）、类推（l'analogie）、还是交感（les sympathies），都不过表现了人对完全独立于他的自然的模仿。比如，正是由于乌头"种子是嵌入白色表皮的小小的黑色的球状物，其外形十分类似于罩着眼睛的眼睑的外形"，所以乌头有利于治疗眼疾②。这样一种认识是靠天吃饭的农业文明的必然产物，当人们的感性对象性活动完全依赖于自然的馈赠③时，唯一可能的实践方式就是拜倒在自然和它的创造者（上帝）脚下，而关心真理的观看者则在沉思的一瞥中就能接收到在他面前敞开的实在，真理揭示自身④。而在笛卡尔之后，相似性的感性对象性活动被表象（représentation）活动所取代⑤，通过普遍怀疑，人从世界中无限退缩到自身内部的一个阿基米德点。人在自身之内获得了他存在的确定性，而纯粹的意识活动虽然可能无法确定给予感觉和理性的世界现实，却无可置疑地确定了感觉和理性的真实存在，也就是内在表象活动的真实存在⑥。由此，自然之书从此就向人类封闭了。为了获得真理人不得不将自然放到拷问台上，他巧妙地设计工

---

① 马克思：《德意志意识形态（节选本）》，人民出版社 2003 年版，第 20 页。

② ［法］福柯：《词与物》，莫伟民译，三联书店 2001 年版，第 11、23—38 页。

③ 乃至到了重农学派那里，连地租都被认为是自然的馈赠。"在许多方面非常卓越的重农学派，不也是认为地租不是从人那里取走的贡赋，相反，是自然本身给予所有者的礼物吗？"（马克思，1995）

④ 此时终极实在对人是敞开的，"上帝为了发挥我们的聪明才智，只是在大自然上播下了种种供我们辩认的形式。"（福柯，2001）世界是充满相似性的神秘空间，是一本用相似性的记号书写的大书，而人所要做的就是发现、辩认、译读这些记号，由此真理就会向我们显现出来。

⑤ 福柯基于认识型所作的知识考古学的现实基础必定是这样一种对象性活动的历史变化。

⑥ 吊诡的是，只有在这种看似唯心主义的认识型之基础上，才有可能产生唯物主义的所谓反映论的认识论。因为主客二分只有在这种现代的对象性活动中才可能发生。而直观唯物主义的企图就是将主客二分统一于物质。

具（实验）①，捕获自然，迫使它说出自身的秘密，就像一个违背自身意愿的动物落入陷阱。而数学，由于它对心灵的自明性，成为各门（拷问自然的）科学范畴对象的呈现方式，并透明地中介我们的生活。在否定了笛卡尔之前感官揭示实在的充分性后，我们得到的是这样一个宇宙——"我们对其性质的了解仅限于这些性质影响我们的测量器具的方式"②。普罗提诺所谓"人是万物的尺度"由此再被提及，并第一次获得了现实基础——黑格尔意图以绝对理念把自然一口吞下，而工业则在人类历史上第一次现实地将自然整体吞进自己轰鸣的机器中，并吐出一个完全属人的世界。工业由此就导致了笛卡尔与马克思的同构关系：对前者能理解的只有作为"我思"主体产品的表象，对后者要解决的是主体及其自身产品的关系。如果前者的怀疑导致了主观与客观两个世界的分裂，而黑格尔试图以理念逻辑的圆圈使实体成为主体，从而通过绝对理念回归自身的方式归还世界，那么后者则凭借感性对象性活动再度将两个世界弥合起来。甚至，这种活动具有如此原初性的地位，以至于它先于主观与客观这两个世界的二分，或者说，这样一种区分根本是可有可无的。

再次，工业作为感性对象性活动的特殊形式，也仅仅是社会历史发展到一定阶段的产物，且其自身也将作为历史的环节为人类新的对象性活动所取代。而正是由于不明白这一指认，诸如阿伦特等人才认为马克思不过是接续了笛卡尔的主体主义，将内省转换为劳动③，从"现代早期对个人唯我的生命的强调，转向现代晚期对社会生命和社会化的人的强调"④，即由一群无世界的人类物种成员组成的一个劳动者的大众社会，

---

① 借助实验，借助在人为条件下对一个自然事物形成的"制造"过程的模拟，侵入了自然科学的过程。实验生产着它自己的观察对象，从而一开始就依赖于人的生产能力。人只能知道他自己制造的东西，因为这一信念意味着，对于人不能制造的东西，可以通过猜测和模拟它们的形成过程来认识它们。在实验中重复和重新创造自然的过程时，自然才能为人所知，自然变成了一个过程。（阿伦特，2009）

② ［美］阿伦特：《人的境况》，王寅丽译，上海世纪出版集团2009年版，第235—237页。

③ "在劳动中人尽管也活动着，却被抛回到了自身，除了关心他自己的活着之外什么也不关心，人完全被囚禁在他与自然的新陈代谢中。""劳动动物禁闭在他自己身体的私人性当中，被需求的满足牢牢捕获，这些需求是他无法与他人分享和真正交流的，就此而言，他不是逃离世界的，而是被抛出世界的。"（阿伦特，2009）

④ ［美］阿伦特：《人的境况》，王寅丽译，上海世纪出版集团2009年版，第251—254页。

由此仍然是囿于人为自然立法这样一种无世界性状态，最终"终结于历史上已知的最死气沉沉、最贫乏消极的状态中"。实际上，阿伦特恰恰是把感性对象性活动一般地理解为已经物化了的劳动，把"作为活动的劳动"① 理解为对象性活动的普遍形式，从而将"猴体"理解成了"人体"。

又次，所谓的意识（心理）只是作为人类在一定社会历史条件下特定对象性活动的结果呈现的。一旦理解了这种特定的感性对象性活动，意识（心理）本身也就立即得到了理解，所以"意识在任何时候都只能是被意识到了的存在，而人们的存在就是他们的实际生活过程"②。意识（心理）本身并没有任何神秘之处。由此我们也就能理解马克思为什么说意识"便失去独立性的外观……没有历史，没有发展"③。这并非是说具体的意识没有历史和发展过程，而是在存在论层次明确指认了意识作为对象性活动的结果的非本体地位。只有通过（改变世界的）具体的、历史的、现实的对象性活动，齐泽克所谓的那种意识密码才能真正被我们破解。在马克思看来，意识的内在性正是分工扩大的结果，只有当一些人从体力劳动中解放出来之后，"从这时候起意识才能真实地这样想像：它是同对现存实践的意识不同的某种其他的东西；它不想像某种真实的东西而能够真实地想像某种东西。"④ 意识（心理）正是由此才成为一种具备自身逻辑的神秘力量。所以意识（心理）作为一种现代的发明，它并不能为自身奠基。相反，一旦离开了这种为它奠基的"真实的"具体的感性对象性活动，意识（心理）就会变得无法理解，从而被神秘化，只有被置于对后者的说明中意识才是合法的。由此我们就可以辨剖心理学中关于意识的各种难题。比如，心理学往往困惑于在因果封闭性（causal closure）的物理世界中，心理因果性如何可能。以取消主义者杰克森⑤为代表的副现象主义，认为心理现象是完全没有因果效力的，它只是附加在大脑的某些物理过程之上的一种副现象。质言之，他仍是将脑

---

① 《马克思恩格斯全集》第 46 卷（上），人民出版社 1979 年版，第 253 页。

② 《马克思恩格斯全集》第 3 卷，人民出版社 2002 年版，第 29 页。

③ 《马克思恩格斯全集》第 3 卷，人民出版社 2002 年版，第 30 页。

④ 《马克思恩格斯全集》第 3 卷，人民出版社 2002 年版，第 35 页。

⑤ Jackson, F. "Epiphenomenal Qualia", *The Philosophical Quarterly* 1982（32），pp. 127 – 136.

活动一般地作为感性对象性活动，从而将意识作为只是脑的产物，因此自然无法透视意识的非本体性质。而赖温①曾提出"解释的鸿沟（Explanatory gap）"的概念：关于大脑的物理的或功能的解释和理解与我们关于意识经验的解释和理解之间有一条难以填平的鸿沟。实际上，一旦理解了意识作为感性对象性活动结果的根本属性，这条由笛卡尔的我思所预设的想像中的鸿沟自然就消失了，而且他们更忘了，连这种不断被神话化的脑也是由于感性对象性活动才不断被塑造成形的（Brain plasticity）。当然，赖温的观点值得肯定的地方就是，意识经验的确是不能通过我们对大脑的物理的或功能的理解而直接得到解释的，它只能在一定的感性对象性活动中才能被真正说明。正是在这个意义上，科林·费尔斯的认知神经科学实验犯了自然主义谬误。

这里我们也要对传统的所谓马克思主义反映论做一反思，这一问题与心理学的相关性在于，在主流教科书中，意识被认为是脑对客观现实的主观反映。在这种传统的教科书体系中，马克思的认识论被称为能动的反映论。为了与那种强调物质对意识的机械决定作用的机械反映论进行区别，能动的反映论常常给自己添加许多限制条件，比如主动的，能动的，积极的，甚至实践的。但是，即使附加了一些外在的和形式的补充，但这些补充往往并未实际地参与马克思哲学存在论（ontology）基础性改造的建构。实际上，反映论的正确与否依赖于反映是如何把握对象的。如果对象只被理解为现成的一般抽象物或具体物，那么即使给反映论加上能动的这个限定词，这种能动也不过是外在的。实际上，诸如"能动"这样的名目一般而言并不错，但它能否真正触及马克思哲学存在论改造的根基呢？如果在这里只是做加减法，马克思哲学的核心改造由此只是某个因素多多少或少多少，仿佛加上能动的就万事大吉了，由此马克思的认识论就只能是机械唯物主义加能动性。而这种能动性（主观的、能动的方面）还是被抽象发展了的主观方面，除了主体的自我意识之外它什么都不是，这样最终还是回落到笛卡尔的那个我思上了。实际上，马克思的认识论是一种历史认识论，而非机械反映论。正如我们一再强调的那样，意识（心理）只是作为人类在一定社会历史条件下特

---

① Levine, J. "Materialism and qualia: the explanatory gap", *Pacific Philosophical Quarterly* 1983 (64), pp. 354–361.

定感性对象性活动的结果呈现的。以农业为主导的感性对象性活动所产生的是前现代性的灵魂，而以工业为主导的感性对象性活动所产生的才是现代性的心理。而反映论本身作为认识论的一种形式，也只能在这种历史认识论中才能获得理解：反映论恰恰只能是一种现代性的认识论，笛卡尔为它提供了理论基础，工业为它提供了现实的可能性，因为正是笛卡尔发明了主体是如何表象客体的这种现代认识型，而只有在人类通过工业将整个自然界作为人类的感性对象性活动对象时，才可能产生人类主体与自然客体的二元对立的问题。在笛卡尔之前长期存在的认识型绝非是反映论，而应是前文提到的"相似论"。

最后，随着人类生存的直接物质条件从自然经济（以农业为主导的生产方式）中的自然物质向商品经济（以工业为主导的生产方式）中的社会物质条件的转变，如果在黑格尔那里，绝对理念试图把存在一口吞下，那么现在"物相第一次直接是人类实践的世界图景，人们面对能动的工业（科学技术）实践，更深刻地超越感性直观，面对周围物质世界越来越丰富的本质和规律"①。但是，当人类将自然整体带入人的对象性活动图景时，这种对象性活动却是以物化的形式表现出来，结果意识就表现为物化意识。在黑格尔看来，作为世界本质的理念通过异化为物相从而颠倒地实现自身，由此拿破仑才被认为是骑在马背上的世界精神，亦即理念实现自身的工具。马克思在他的政治经济学批判中发现了这种"理性的狡计"的现实逻辑运演，借此勘破了黑格尔思辨天国的世俗秘密：斯密所谓"看不见的手"正是这个狡猾理念的物化表现，它并不直接出场，而是通过市场中主体的自发盲目活动实现自身。所以马克思才说："资本家本身只有作为资本的人格化才是统治者……而生产资料，劳动的物的条件，也不表现为从属于工人，而是工人从属于生产资料，从属于劳动的物的条件。资本使用劳动。这种简单的关系已经是物的人化和人的物化。"② 作为人的本质力量的物化形式的资本使用劳动，"成为自我意志，成为自为的存在、有意识的目的本身"③，而人却成为资本实现

① 张一兵：《回到马克思：经济学语境中的哲学话语》，江苏人民出版社 2005 年版，第 48、363、599、600 页。
② 《马克思恩格斯全集》第 49 卷，人民出版社 1982 年版，第 116 页。
③ 《马克思恩格斯全集》第 47 卷，人民出版社 1979 年版，第 38 页。

自身目的的工具，"只表现为机器的有自我意识的器官（而不是机器表现为工人的器官），他们同死器官不同的地方是有自我意识，他们和死的器官一起"协调地"和"不间断地"活动，在同样程度上受动力的支配，和死的机器完全一样。"① 这样一种颠倒正是马克思政治经济学批判的深层蕴涵。参照马克思对黑格尔的斯密化，或对斯密的黑格尔化，我们就更能理解拉康为何说"我思故我不在"，"我在我不在处思"。正是因为"在资产阶级社会里，资本拥有独立性和个性，而劳动的个体却被剥夺了独立性和个性"②。如果说在笛卡尔那里，天真的我思主体还具有主动的地位，那么在资本主义之下，除了作为 G—W—G' 过程的"有意识的承担者"③ 之外，他什么都不是。作为亦步亦趋地追随资本大他者的物化意识映像，主体是一个无，一个黑夜，一道无法愈合的伤口，一张海滩上被潮水冲刷得愈加模糊面孔。

　　心理学就是直接从这种现成的物化意识出发的，它与康德意义上的对对象的批判把握都相距甚远，更何况马克思水平上的政治经济学批判把握。信奉现成性把握的实证科学的"目光短浅的经验论者"会认为"在经济生活中的每一个情况、每一个统计数字、每一件素材中都能找到对他说来很重要的事实。他在这样做时忘记了，不管对'事实'进行多么简单的列举，丝毫不加说明，这本身就已经是一种'解释'。即使是在这里，事实就已为一种理论、一种方法所把握，就已被从它们原来所处的生活联系中抽出来，放到一种理论中去了"④。这种所谓"自然科学的'纯'事实，是在现实世界的现象被放到（在实际上或思想中）能够不受外界干扰而探究其规律的环境中得出的。这一过程由于现象被归结为纯粹数量、用数和数的关系表现的本质而更加加强"，"当'科学'认为这些'事实'直接表现的方式是科学的重要真实性的基础，它们的存在形式是形成科学概念的出发点的时候，它就是简单地、教条地站在资本主义社会的基础上，无批判地把它的本质、它的客观结构、它的规律性当作'科学'的不变基础。"而这种现成性把握的实证科学正是资产阶级的

---

①　《马克思恩格斯全集》第 47 卷，人民出版社 1979 年版，第 536 页。

②　《马克思恩格斯全集》第 4 卷，人民出版社 1958 年版，第 482 页。

③　马克思：《资本论》第 1 卷，人民出版社 2004 年版，第 178 页。

④　［匈］卢卡奇：《历史与阶级意识》，杜章智等译，商务印书馆 1992 年版，第 52、53、55 页。

意识形态。

　　羡妒这种实证科学的心理学本身成为对自身的前提和界限完全无批判的、维持现状的工具，并且赞同现状将永世长存的幻想，从而深深陷入资本主义物化意识之中。正是在对物化意识把握的现成性这个维度上，心理学就是对物化意识的观察与规训，它将政治经济学问题予以心理学化的解释，隐蔽地成为资本主义全球布展的狡猾同谋，在世界范围生产自己意图研究的现象及其规律。从深陷于物化意识并维系之这个角度而言，心理学成为资本主义再生产的一个重要环节，作为最具弹性的意识形态机器，它不停地生产着适应资本主义全球体系的市民主体（citizen-subject）。在这个意义上，帕克的指认是正确的，他认为心理学是对异化行为的观察和规训①。在备受推崇的霍桑工厂实验中，哈佛大学的心理学家梅奥②发现劳动的物质条件（劳动内容、劳动环境、金钱刺激等）对产出并没有直接的或者预期的影响，恰恰相反，物质条件的影响是受工人的态度和情感中介的。这意味着，如果在泰罗制时代，工人只是"出卖他的劳动力"，那么现在连他的态度和情感都要"让给资本家来消费了"③。如此泰罗制时代赤裸裸的"经济人"假设就被心理学化成为更"人道"、更隐蔽和更具弹性的"社会人"假设。而这种"社会人"的新变形正是如今炙手可热、冠冕堂皇的"人力资源心理学"（Human resources psychology），乃至"心理资本"（Mental Capital）和各种"积极心理学"（Positive psychology）。它们因为凭借实证科学的手段致力于将人编织进社会化大生产的链条，并促使个体主动与之认同，以及高效地整合各种所谓"心理资源"以获取最大的剩余价值而甚嚣尘上、广受追捧。也正是这一点使心理学成为认同和维持资本主义现状的科技"意识形态"。同时，梅奥还将作为工人反抗形式的旷工、怠工、破坏机器、限制产量进行心理学的解释。工人的不满被认为是现代社会造成的过多的强迫症人格和神经症素质，它导致了对某些特定情境——比如劳动——的夸张的和歪曲的反应。梅奥还叹息工人已经失去了协作的能力，以及

　　① Parker, I., *Revolution in Psychology*, Lodon: Pluto Press, 2007.

　　② Mayo, E., *The Human Problems of an Industrial Civilization*, Cambridge: The MacMillan Company, 1933, p. 158.

　　③ 《马克思恩格斯选集》第2卷，人民出版社1995年版，第89页。

"在工业生产中管理群体与劳动群体之间有效地与全身心地合作的任何特性"。无独有偶，2005—2006 年间美国房地产泡沫破灭，自 2006 年春开始，"次贷危机"开始在美国逐步显现，随后席卷美国、欧盟和日本等世界主要金融市场，造成了持续至今的全球金融危机。在这种严峻的政治经济形势中，时任总统奥巴马说，美国的问题不是政治经济学，而是心理学"共情"（empathy）的缺乏。"共情"本来是一个心理学范畴。英文词"empathy"是 1909 年由铁钦纳自创的。当时他正试图将 19 世纪末主要由德国哲学家和心理学家李普斯（Theodor Lipps）研究的"Einfühlungsvermgen"现象翻译成英语。后来该词又被以"Empathie"的形式回译成德语并沿用至今。奥巴马多次在各种场合阐述过"共情"。在其自传《无畏的希望》① 中，他将其定义为"不只是对同情或者慈善的吁求，它要求的更多，它是一种对站在别人的立场，并通过他们的眼睛来看的呼唤"。奥巴马将"共情"视为自己道德准则的"心脏"和施政的"标杆"。他说："……作为一个国家，我们似乎正遭受着缺乏共情之苦。"奥巴马更断言："更强的共情心将匡正我们当前的政治平衡，以支持这个社会中那些奋斗着的人们。"由此政治经济学现实就被心理学化了。无产阶级的革命叙事被操作成了心理学叙事，卢卡奇以来阶级意识这样的无产阶级主体性被替换成都市白领崇拜"正能量"的幸福心理学和心灵鸡汤，无产阶级解放运动的战略口号"全世界无产者，联合起来！"被替换成"做你自己！"的心理学化质询和凝视，人的解放被替换成以对自我实现作出积极的却是虚假的承诺的各种成功心理学为代表的心理解放，无产阶级的革命议程被心理治疗日程所代替，从而被再次推迟。故而，心理学的合法性就是一个不得不考虑的马克思主义的问题。如果说心理学是特定历史时期出现的异化的同谋和解放的障碍，那么随着人的社会取代市民社会，这种作为"虚假意识"的虚假心理解放，即颠倒了的我对我环境的关系，最终将被人的解放所代替。到那时，这个被封印在躯体内的心理幽灵和塑形了它的生产方式——也就是资本主义——的躯壳将被一起抛弃掉，而这一点恰恰体现了马克思心理观的革命性根本特征。

---

① Obama, B., *The Audacity of Hope*, New York: Three Rivers Press, 2006, pp. 66 – 68.

思想史中的马克思主义哲学

黑格尔思辨哲学对马克思实践哲学的
理论准备

曹典顺[*]

微观意义上理解，马克思实践哲学的理论逻辑就是指实践哲学逻辑，宏观上理解，马克思实践哲学的理论逻辑就是指包含马克思哲学的实践逻辑和历史逻辑的哲学逻辑。由于理论逻辑、实践逻辑和历史逻辑的密切关联性和不可分割性，人们往往不去区分三者的差别而统一使用，即在宏观意义上将三者都冠名为马克思哲学或唯物史观。之所以不去区分三者的差别，是因为理论逻辑、实践逻辑和历史逻辑关注的主要问题都是社会运行问题。事实上，理论逻辑、实践逻辑和历史逻辑关注社会运行问题的视角是有所差别的，理论逻辑是从理论合理性的视角反思和建构社会运行的基本逻辑，实践逻辑是从实践合理性的视角反思和建构社会运行的基本逻辑，历史逻辑是从历史经验性的视角反思和建构社会运行的基本逻辑。对马克思实践哲学的理论逻辑准备的理解，也存在宏观和微观两种理解模式。微观意义上理解的马克思实践哲学的理论逻辑准备，是指马克思实践哲学的理论逻辑形成之前的哲学研究，宏观意义上理解的马克思实践哲学的理论逻辑准备，是指马克思倾其一生对其实践哲学理论逻辑所作的研究。本文对于马克思实践哲学的理论逻辑的理解，是基于微观意蕴上的哲学理解。基于以上逻辑，本文将马克思实践哲学的理论逻辑准备中的问题意识，归纳为三大主题，即思辨哲学逻辑的反思，思辨自由哲学的批判，以及人类解放道路的研究。从思辨哲学逻辑

* 作者简介：曹典顺，江苏师范大学马克思主义学院教授。

反思的视角理解，在大学时期，马克思就已经开始具有哲学意蕴的批判意识，到了写作博士论文时期，马克思在认同黑格尔思辨理性哲学的基本逻辑基础上，提出了属于自己的新见解和新观点。比如，从思辨自由哲学批判的视角理解，与黑格尔将国家看作是家庭和市民社会的前提不同，马克思提出市民社会决定国家的唯物主义观点。从人类解放道路研究的视角理解，马克思认为政治解放只是资产阶级的解放，人类解放才是无产阶级向往的人类自由的实现。需要说明的是，本文出于研究的目的，并不阐释马克思实践哲学的理论逻辑是什么，即根据研究的主题，本书并不去阐释唯物史观的理论存在形态，只是论证马克思为其实践哲学的理论逻辑形成做了怎样的哲学准备。

一　黑格尔思辨哲学逻辑为马克思实践哲学提供方法论准备

黑格尔的思辨理性哲学逻辑，为马克思实践哲学的世界观提供了具有思辨意识的哲学方法论影响，即马克思开始有意识地运用黑格尔的辩证法对现实生活世界中的问题进行哲学的反思和批判，或者说，马克思为社会矛盾的化解探寻现实实践路径。从思辨哲学逻辑的反思维度理解，马克思对黑格尔思辨理性哲学的批判，就是通过理解黑格尔思辨自由观对以个人主体性为基础的现代性自由观的超越[①]，从而对黑格尔自由观的困境进行批判，最终形成对人的自我意识的准确理解。黑格尔思辨自由观对现代性自由观的超越，既是对现代性问题在哲学层面的反思，也是对于自由本质的重新理解。黑格尔认为，自由在个体层面的重新实现，不是通过自由直接还原到个体本身去完成，而是通过绝对精神的自我发展运动导致自由本质在绝对精神内部实现。换言之，因为黑格尔哲学中的绝对精神就是理念本身，绝对精神的发展运动就是理念的发展运动，与此逻辑相统一，自由本质就是在绝对精神意蕴上的展现。黑格尔哲学的思辨性，使得实践个体的自由，通过抽象而进入绝对精神领域之中，

---

① 参见曹典顺《自由的构筑——黑格尔哲学的真实意蕴》，《理论探讨》2009 年第 6 期。

即黑格尔将如何实现个体自由这一问题，转化到对绝对精神的思辨性视域中加以解决。因此，人对自由意志的自觉，在黑格尔思辨理性哲学逻辑中不再是从现实个人角度的自觉，而是从绝对精神中抽象出来的自由意志。也就是说，按照黑格尔思辨哲学的理解，人只有将个体精神从现实实践中抽象出来，自由意志才能够进一步发展。黑格尔曾经对人的自由意志问题做出哲学层面的阐释，即在分析近代哲学中人的自我意识时，他提出，古代哲学与近代哲学之间存在衔接，"古代哲学最后所达到的那个原则，即现实自我意识的立场"①，构成了近代哲学的起点。"中世纪的观点认为思想中的东西与实存的宇宙有差异，近代哲学则把这个差异发展成对立，并且以消除这一对立作为自己的任务。"② 在近代哲学对自我意志的发展过程中，现代性不再仅仅属于社会学或历史学的范畴，在与人的自由观结合时，就变成了哲学的预设，即"现代性依靠借助于对未来自由的许诺，而为自己赋予了合法性"③。这就是说，黑格尔认为现代性自由观的合法性基础不是现实生活中人的自由，而是一种虚幻的、未来的许诺自由，即是一种"流动的自由"，无法固定在现实中人身上的自由。在黑格尔自由观的基础上，马克思认识到，在现代性的自由观中，人的意识永远处于变化与发展的状态，因此，人的自由观会随着意识的变化而产生内在的不确定性，从而导致"个体之间的交往无法'自由'进行"。也就是说，每个人在自由观的不确定性影响下，都将自身目的置于首位，那么便无法避免自己以外的他人的目的变得虚无④，正如黑格尔所说的，"如果他不同别人发生关系，他就不能达到他的全部目的。因此，其他人变成为特殊的人达到目的的手段"⑤，单个人的自由以牺牲他人的自由为前提，单个人以外的他者被看作是达成目的的手段，而不是作为人本身而存在。从这一层面理解，人的分裂、孤立属性在这种自由

① ［德］黑格尔：《哲学史讲演录》第4卷，贺麟、王太庆译，商务印书馆1978年版，第5页。

② ［德］黑格尔：《哲学史讲演录》第4卷，贺麟、王太庆译，商务印书馆1978年版，第5页。

③ 曹典顺：《自由的尘世根基：马克思〈黑格尔法哲学批判〉研究》，中国社会科学出版社2009年版，第14页。

④ 参见［德］黑格尔《法哲学原理》，范扬、张企泰译，商务印书馆1961年版，第197页。

⑤ ［德］黑格尔：《法哲学原理》，范扬、张企泰译，商务印书馆1961年版，第197页。

观中显现出来，现代性自由观的立场意味着人的自由意志的丧失，即看似一部分人主体性的丧失，背后隐含的却是全体人的自由意志的被剥夺。这就意味着，无论是黑格尔还是马克思，对于现代性自由观的批判就应该是必然的。

马克思通过对时下现实生活世界问题的反思，认识到作为实践本体的人无法实现自由的本质，为了消解当时政府的专制制度对人的自由进行剥削、压迫的现实，马克思试图通过对思辨哲学逻辑的反思，以发现能够改变这种状况的国家政权制度。一方面，马克思对黑格尔思辨理性哲学中的合理内核进行了批判性继承。当时的德国，绝大部分学者将伊壁鸠鲁主义、斯多亚主义和怀疑主义看作是历史的衰退，是思想层面的"特殊现象"。但马克思因为深受黑格尔的影响，认为古希腊哲学的这三大典型代表不仅不是倒退，相反，是对亚里士多德哲学研究的推进。如黑格尔所说，这三个典型代表都试图"通过思维获得自我意识的自由"，也就是获得个人的自由①。一定意义上，这体现了个人意识与主体自由性的统一。另一方面，在分析原子运动问题时，马克思仍然立足于黑格尔唯心主义观点。在精神与概念的基础上，通过对黑格尔"绝对精神"这一本原的承袭，提出自我意识是世界的本原，人是基于自我意识的存在而存在的观点，精神的力量也就成为了自然世界的主宰。第三方面，马克思总结出存在于原子运动中的"排斥"这一运动形式。马克思认为"排斥"是与那种把自己看作是直接存在的东西，又或者是抽象个别东西的自我意识相适应的，它是自我意识的最初形式②。自我意识是个体存在的前提，个体间自我意识的差异，在个体共同存在时就体现为不可避免的"排斥"运动。排斥运动是个体成为真实客观存在的客观方式，通过这种运动，个体从主体自身的角度，突破了与真实的客观存在对立的存在。在对德谟克利特与伊壁鸠鲁原子论的差异性进行比较的过程中，马克思采用黑格尔的辩证法对二者进行分析认为，德谟克利特与伊壁鸠鲁的原子论学说中存在必然性与偶然性的对立。德谟克利特所说的原子是

---

① 王浩斌、张亮：《马克思的自我意识哲学：起源、形成与特征——〈关于伊壁鸠鲁哲学的笔记〉和〈德谟克利特的自然哲学和伊壁鸠鲁的自然哲学的差别〉解读》，《江海学刊》2005年第 3 期。

② 《马克思恩格斯全集》第 1 卷，人民出版社 1995 年版，第 37 页。

一种纯粹的质料性的存在，这种原子在虚空中的直线式下降和众多原子冲击的强制性运动，具有盲目必然性。伊壁鸠鲁认为原子是具有能动性的个别自我意识的原型性存在，他反对原子只存在上升和下降两个动作，提出原子脱离直线而产生偏斜运动的合理性，即他认为，这些原子不仅是作为质料的存在，同时还具有自身规定的形式，原子的偏斜运动又使得原子在冲突间产生结合的可能。偏斜运动使原子的运动具有偶然性，在这一偶然性之中，又使得原子个体间以及原子个体中存在着矛盾，而矛盾就是既对立又统一。原子在排斥运动中对立，又在碰撞结合中统一；原子自身运动变化的特性与概念的稳定相对立，运动变化的特性与概念的稳定又在原子个体内部统一。通过分析德谟克利特与伊壁鸠鲁的原子论，马克思进一步揭示出，两者对于认识世界的活动所持的不同态度，即德谟克利特对事物持怀疑的态度，认为感性经验是不可靠的，因此强调实证科学，而伊壁鸠鲁则对事物持独断的态度，轻视实证科学，注重感性经验。马克思在原子论上更倾向于伊壁鸠鲁的原子偏斜运动，在评价两者对待哲学的态度时，认为在伊壁鸠鲁身上看到了哲学研究中真正的自由与满足。正如伊壁鸠鲁所说，"要得到真正的自由，你就必须为哲学服务。凡是倾心降志地献身于哲学的人，用不着久等，他立即就会获得解放，因为服务于哲学本身就是自由"①。哲学就是人的最高理想、最高自由，人只有在哲学中才能找到自我意识。现实自由实现的真实路径离不开哲学意蕴上的反思，实践问题需要依靠实践逻辑来进行阐释。基于对黑格尔思辨理性逻辑的不断反思，马克思将批判的视角转向现实社会中的国家，即开始针对黑格尔思辨哲学的国家观进行批判。

社会实践中人的自由，应当体现在国家意志代表个人的意志，国家的理性与精神就是个人的理性与精神两个方面，因此，个人服从国家意志，就是个人的自我意识的实现。黑格尔的思辨理性哲学逻辑在辩证方法上为马克思指明了探寻人的自由意志的道路，但是，不同于黑格尔将自由理解为绝对精神的辩证运动，马克思自由观的主体是立足于现实生活的现实的人，因而马克思意识到社会现实中的一切存在都应该维护人的自由，而不是剥夺人的自由。马克思在《博士论文》的序言中说，人

---

① 《马克思恩格斯全集》第1卷，人民出版社1995年版，第24页。

的自我意识具有超越"神"的至高无上性，具有绝对的自由。在对古希腊哲学的研究中，马克思通过对原子运动的阐释，给予了自我意识新的阐释。其一，德谟克利特强调原子在虚空中的直线运动，而伊壁鸠鲁在德谟克利特的基础上，提出了原子脱离直线而偏斜的运动，相较于德谟克利特的原子直线运动而言，伊壁鸠鲁承认了"个体"的合理存在。在德谟克利特那里，进行下落运动物体无一例外被看作是运动着的点，这个抽象的点本身不具备独立性①，而只是在"某种定在中——即在它自己所划出的直线中——丧失了个别性的点"②。伊壁鸠鲁通过对原子运动本质的揭示，打破了物体定在之中存在的束缚性，使得物体的独立性得以复归，同时也体现了物质本身存在的斗争性③。其二，从原子的偏斜运动出发，马克思强调人的自我意识同原子能够打破"命运的束缚"一样，也具有摆脱绝对权威"束缚"的自由。自由是"人"的现实自由，因而，他在对伊壁鸠鲁的自我意识自由给予肯定的基础上，也对这种自我意识自由所具有的消极性进行了批判。针对脱离现实的消极自由观，马克思认为，真正的、积极的自由存在于理论精神之外，它通过人在现实世界中的活动成为一种实践力量，因为，人不仅是自然界中的实体，还是社会中的实体，即人的一切精神活动都在指导着社会实践活动。马克思指出，"国家用一些精神的神经贯穿整个自然，并在每一点上都必然表现出，占主导地位的不是物质，而是形式，不是没有国家的自然，而是国家的自然，不是不自由的对象，而是自由的人"④。这就是说，占据社会主导地位的国家理性恰恰是以实现人的自由为前提而存在的。国家作为普遍力量，具有绝对的理性权威，这一权威正是个人自我意识的集中体现。因此，个人服从于国家统治也就意味着个人自由的实现，具有理性精神的国家将人民的利益与自由的实现作为出发点，通过法律制度手段，有效保障人民自由的真正实现。通过对黑格尔思辨理性哲学逻辑的反思，马克思从博士论文的研究撰写中对自由意志阐发了有别于黑格尔思辨自由观的理解。对于人的自由这一重要问题的探讨，使得马克思在接受黑

---

① 参见《马克思恩格斯全集》第 1 卷，人民出版社 1995 年版，第 32 页。
② 《马克思恩格斯全集》第 1 卷，人民出版社 1995 年版，第 32 页。
③ 参见《马克思恩格斯全集》第 1 卷，人民出版社 1995 年版，第 33—34 页。
④ 《马克思恩格斯全集》第 1 卷，人民出版社 1995 年版，第 345 页。

格尔思辨理性哲学基本逻辑的基础上，逐渐形成新的见解，即在对思辨自由哲学的批判中为实践哲学的诞生在理论逻辑层面做了进一步的理论准备。

二　黑格尔思辨自由逻辑为马克思实践哲学提供问题意识准备

马克思实现历史唯物主义转向的标志，体现在马克思对黑格尔法哲学的深入批判之中。在《黑格尔法哲学批判》中，马克思重点论述市民社会与国家的关系，批判黑格尔赋予存在以主体性的存在内涵，从而导致"家庭和市民社会对国家的现实关系被理解为观念的内在想像的活动"①。马克思指出，人首先应该存在于家庭与市民社会之中，其后人才能够获得在国家中的存在，因为，"家庭和市民社会都是国家的前提"②。马克思对国家到市民社会关系的研究，促使马克思提出了市民社会决定国家的唯物主义观点，即完成了对黑格尔思辨自由哲学的批判。马克思认为，在市民社会中，政治解放只是将人从宗教领域中解放出来，人本身并未得到现实的解放，反而受到政治的进一步压迫，或者说，政治又被创造为此岸世界新的"神"。作为马克思这一阶段的理论批判与历史唯物主义转向过程起点的"市民社会"，源于黑格尔，即源于黑格尔认为，"市民社会是处在家庭和国家之间的差别的阶段……整个市民社会是中介的基地"③。这里的"中介"，就包含了从家庭到市民社会的过渡，以及从市民社会到国家的过渡。按照黑格尔的论述，家庭以"爱"为基础，内含精神的"直接实体性"的存在。"爱"就是存在于家庭中的统一意识，因为，原本独立的个体在进入家庭后，便成为精神的直接实体，或者说，脱离了独立的存在，进入一种统一状态。存在于家庭中的个体，其自我意识并没有随着个体性的消解而丧失，而是体现在意识到"我"与"别一个人"的统一的这种与爱相关联的感觉之中。"爱是感觉，即具

---

① 《马克思恩格斯全集》第 3 卷，人民出版社 2002 年版，第 10 页。
② 《马克思恩格斯全集》第 3 卷，人民出版社 2002 年版，第 10 页。
③ ［德］黑格尔：《法哲学原理》，范扬、张企泰译，商务印书馆 1961 年版，第 197 页。

有自然形式的伦理"①，但是这种自然形式的伦理也只能存在于伦理的家庭阶段，到了伦理的国家阶段，人们意识就会由自然形式的"爱"统一于理性的法律内容之中。家庭是以婚姻为基础、以血缘关系为纽带的伦理关系，个体在组成家庭后，消解了个体的独立性，个体也随之成为家庭中的成员。黑格尔认为，在家庭关系中的个体不同于市民社会中的个体，因为，前者拥有基于爱之上的互相依赖性，而后者是纯粹独立的个体。家庭中的成员可以通过家庭分裂的方式，成为市民社会中的独立个体。市民独立离不开与家庭相区别的外部方面的助力。在市民社会中，父母对子女的抚养行为、共同生活行为、教育行为等，就变成了家庭外部的东西，即一种以经济方式衡量的行为。市民社会这一外部方面的行为，源于家庭成员的个体独立性在实体内部的"复归"。子女"被抚养"，以及"受教育"，是这一复归过程产生的基础，其中，最为关键的因素是教育。教育过程本身就包含家庭对子女自由人格的培养。随着子女年龄的增长，自由人格逐步习得，当子女真正成年后，即可获得受法律认可的独立人格，即只有完全具备这一条件后，独立的个体才能够脱离原生家庭，自由获取、支配财产，根据自己的选择组建新的家庭②。需要指出的是，家庭在这种"扩大"中过渡到了市民社会，但家庭依然存在于市民社会中，只是它已经变为市民社会存在的基础，成为了市民社会概念中的"差别的阶段"。个别家庭的特殊性转变成市民社会的普遍性表明，市民社会因此变成了更大意蕴上的"家庭"。在黑格尔所定义的市民社会中，存在两个基本原则，一是"具体的人作为特殊的人本身就是目的"；二是"每一个特殊的人都是通过他人的中介，同时也无条件地通过普遍性的形式的中介，而肯定自己并得到满足"③。市民社会中的中介性，是利己行为存在的根据。其一，人与人之间存在中介性。市民社会中的人把自身看作目的，自身之外不存在目的，都是"虚无"，实现自身目的，仅仅依靠个人的特殊性是无法达成的，还要借助于别的个体，即在普遍的形式中，才可以实现目的的满足。其二，市民社会就是中介。在市民

---

① ［德］黑格尔：《法哲学原理》，范扬、张企泰译，商务印书馆1961年版，第175页。

② 参见［德］黑格尔《法哲学原理》，范扬、张企泰译，商务印书馆1961年版，第190页。

③ ［德］黑格尔：《法哲学原理》，范扬、张企泰译，商务印书馆1961年版，第197页。

社会中，一切特殊性的存在都是合理的，但是也必须受到"理性的节制"，因为，市民社会只是特殊性与普遍性共同存在并发生相互关系的中介。其中，特殊性不仅依赖着普遍性，同时还受到普遍性的制约，形成了一种联系的制度。基于对特殊性与普遍性的认识，以及对市民社会和国家逻辑关系的思考，马克思认为，应当将市民社会与国家分离开来。黑格尔基于市民社会中特殊性与普遍性的矛盾，试图用国家伦理来解决现实问题，其前提是将市民社会与国家分离，但结果却颠倒了市民社会和国家的关系。面对黑格尔忽视市民社会的本质作用，而着重关注国家的这一观念，马克思运用费尔巴哈的唯物主义方法论，成功地揭示出了黑格尔法哲学对市民社会与国家关系的"颠倒"，并对黑格尔思辨唯心主义的法哲学观，即国家观进行了否定。

马克思批判了黑格尔在《法哲学原理》中阐释的国家应该是家庭和市民社会的"外在必然性"和"内在目的"的理念。外在必然性等同于同一性，在法律和利益方面，黑格尔所提出的"外在必然性"就只能被理解为，家庭和市民社会的法律和利益与国家的法律和利益具有同一性，即其中包含着"依存"和"从属"的关系。当然，不仅仅是利益与法律，有关家庭和市民社会的本质规定也依存于、从属于国家之中。作为精神实体性存在的家庭和独立存在的市民社会，它们独立的本质与其依存性和从属性"背道而驰"，所以，马克思认为，"'家庭'和'市民社会'对国家的关系是……一种违反事物内在本质的必然性的关系"[1]。在市民社会中，体现其目的的是一种利己的私人利益和个体特殊的需求，并不是以国家作为其内在目的。黑格尔提出的"外在必然性"和"内在目的性"反映了他无法解决家庭和市民社会与国家关系上的"二律背反"[2]。正是因为此，马克思明确指出，在国家问题上，国家以及家庭、市民社会与国家的关系，都被黑格尔理解为观念与观念的内在想象活动[3]，这是一种"主宾关系"上的"颠倒"。正确认识这一关系，就应该对黑格尔的思想进行"颠倒"，即把家庭和市民社会看作主体，它们才是国家的真实

---

① 《马克思恩格斯全集》第3卷，人民出版社2002年版，第8页。
② 姜海波、徐娜：《马克思为何从政治批判转向社会批判》，《中共浙江省委党校学报》2017年第3期。
③ 《马克思恩格斯全集》第3卷，人民出版社2002年版，第10页。

前提。马克思对黑格尔颠倒的思辨国家观进行批判，一定意义上是受了费尔巴哈"主宾原则"的影响。黑格尔是泛神论的唯心主义逻辑，他认为国家是家庭和市民社会的主体，而马克思基于费尔巴哈唯物主义的立场，将市民社会放回主体位置，使人自由主体的本质得以回归。黑格尔通过逻辑推理，认为绝对精神是哲学思考的主体，现实社会是从绝对精神中抽象出来的。为此，马克思立足于人的本质与社会现实，将黑格尔的主宾关系进行颠倒，即认为社会现实才是哲学研究的主体，观念、逻辑是从现实社会研究中抽象出来的，"家庭和市民社会是国家的现实的构成部分，是意志的现实的精神存在，它们是国家的存在方式。家庭和市民社会使自身成为国家。它们是动力"①。关于国家权力，黑格尔提出"主权在君"，王权就是国家权力的核心。当然，国家中个人意志、"无根据的自我规定"的环节，在君主自身人格的影响下被扩大，这样就必然导致君主权力的滥用与失控。君主作为国家权力的核心，无需对国家承担失控的责任，即"王权就是任意，是虚幻的存在"②。黑格尔认为，个体人格通过自身的规定而使得内容丰富，到了国家的绝对的法中，就变成了国家人格。事实上，在黑格尔崇尚的君主立宪国家中，王权是国家主权的体现，国家权力集中在君主一个人的身上，这就导致专制政体的出现。此种状况下，王权不仅没有被限制和削弱，反而被扩大。马克思否定黑格尔对君主制中内含民主制成分的观点，因为"民主制是君主制的真理，君主制却不是民主制的真理。君主制必然是本身不彻底的民主制，而君主环节却不是民主制中的不彻底性"③。这便是进一步阐明了民主制与君主制的区别，同时也体现了民主制具有为了整体人类的服务及价值，而君主制则是虚伪的存在。现实的人只有在民主制中才能获得人的本质以及实现自由的回归，在君主制中人的异化导致社会中政治、宗教的异化。作为人类物质生活产物的国家、社会，在黑格尔那里被异化，国家成了人存在的前提和原因。这样的颠倒，实质上是对人的现实活动的忽视。不仅不能有助于人获得真正的自由，相反，可能会导致人的不

---

① 《马克思恩格斯全集》第 3 卷，人民出版社 2002 年版，第 11 页。

② 曹典顺：《自由的尘世根基：马克思〈黑格尔法哲学批判〉研究》，中国社会科学出版社 2009 年版，第 83 页。

③ 《马克思恩格斯全集》第 3 卷，人民出版社 2002 年版，第 39 页。

自由。这就是说，在论证了家庭与市民社会关系的基础上，马克思又在国家观上，对黑格尔有关国家权力的论断进行了批判。从历史逻辑的维度理解，真正的历史就是人实践创造的历史。无论是从历史经验性的视角进行反思，还是对社会运行的基本逻辑的建构，人类真实而自由的实践活动，都将作为社会历史研究的对象而存在。黑格尔的国家观脱离了人的现实活动，具有神秘主体的虚幻性；而马克思从人的自由角度出发，站在促进人类幸福的立场上，研究国家和社会的规律。马克思对黑格尔思辨理性的国家观进行的批判成果表明，马克思开始转向历史唯物主义。

在国家与市民社会的关系上，马克思从唯物主义的立场出发，否定了黑格尔将国家看作是家庭和市民社会前提的观念，提出市民社会决定国家的唯物主义逻辑，但马克思对黑格尔思辨自由哲学的批判并没有终止于此，也就是说，马克思对于如何真正实现人的自由问题的研究，还必须进入新的阶段，即马克思又开始了对政治解放思想的批判，并逐步创立了以人为基础的唯物辩证自由观。政治解放的局限性，决定了对政治解放进行批判的必要性。政治解放是"资产阶级从自身的利益出发对市民社会所做的资本主义改造"[1]，即政治解放并未给市民社会中占绝大多数的无产阶级带来真正的自由解放。无产阶级利益的牺牲，只是被作为资产阶级实现自身利益的手段。总之，政治解放充其量属于市民社会中的解放，不属于真实的人的解放，即政治解放是有局限性的解放。那么，政治解放是如何实现的呢？马克思在《论犹太人问题》一文中，通过对鲍威尔思想观点的批判，阐发了关于犹太人解放问题的思考。鲍威尔在面对德国的犹太人渴望"公民的解放，政治解放"[2] 这一问题时，认为德国人在德国都无法获得政治上的自由，犹太人则更没有获得政治自由的可能。鲍威尔在解决犹太人问题时，不仅将这一问题看作是"不以德国的特殊状况为转移的、具有普遍意义的问题"[3]，而且将这一问题同时也看作是宗教对国家的关系问题，以及宗教约束和政治解放的矛盾问题[4]。这即是说，消灭宗教也成为了政治解放的前提。然而，马克思认

① 曹典顺：《自由的尘世根基：马克思〈黑格尔法哲学批判〉研究》，中国社会科学出版社2009年版，第118—119页。
② 《马克思恩格斯全集》第3卷，人民出版社2002年版，第163页。
③ 《马克思恩格斯全集》第3卷，人民出版社2002年版，第165页。
④ 《马克思恩格斯全集》第3卷，人民出版社2002年版，第165页。

为，宗教与政治的对立问题并不是问题的根本，鲍威尔并没有探寻到"当代的普遍问题"。将犹太人问题仅仅局限于政治与宗教的表面对立去批判是远远不够的，还应当对政治解放本身进行批判，而且批判的对象也并不是"基督教国家"，而是"国家本身"。根据鲍威尔的观点，政治解放就是要使得政治从宗教中解放出来。事实上，政治解放并没有把人从宗教中解放出来。马克思指出，像北美地区那些政治解放已经完成了的国家，宗教只是作为世俗局限性的现象而存在，且不与国家的存在相矛盾。不仅仅是宗教，在私有财产方面，即使政治上实现了对私有财产的废除，也没有真正废除私有财产的现实作用。按此逻辑，马克思必须拒绝将世俗问题转化为宗教问题去理解的认知逻辑，相反，宗教问题应当被转化为世俗问题去对待①。马克思在研究人的活动时提出，宗教批判问题在市民社会中应该已经完成，市民社会关注更多的已经是政治解放，但与人的解放相比较而言，政治解放属于不彻底的解放。因为，资产阶级国家中的政治解放，一方面，使人在政治上成为"法人"，但却享受着"虚幻的自由"，即一种幻想性的"政治共同体"中的生活；另一方面，人在市民社会中又被理解为具有利己性目的的、独立存在的个体，但同时却以黑格尔所说的"类的存在物"的方式生活，承受着来自统治阶级的剥削与奴役。马克思在《黑格尔法哲学批判》中也多次强调，"市民社会"与"政治国家"的分离是现代国家诞生的标志②。政治解放虽然具有历史的进步因素，但在实现人真正"现实的、实际的解放"之前，所谓人的解放的最后形式不应该是黑格尔的政治解放，因为，正如马克思所指出的那样，"只有当现实的个人把抽象的公民复归于自身，并且作为个人，在自己的经验生活、自己的个体劳动、自己的个体关系中间，成为类存在物的时候……人的解放才能完成"③。政治解放实质上就是人在市民社会中，个体生活的人如何实现与政治中人的"类生活"之间矛盾的和解。当市民社会中人本应具有的"人权"与政治生活中的"公民权"通过同时复归于人本身时，现实生活中的矛盾冲突能够真正实现和解。

---

① 《马克思恩格斯全集》第 3 卷，人民出版社 2002 年版，第 169 页。

② 参见王志强《〈黑格尔法哲学批判〉与青年马克思的政治哲学建构》，《中国青年社会科学》2017 年第 3 期。

③ 《马克思恩格斯全集》第 3 卷，人民出版社 2002 年版，第 189 页。

在这层意义上理解，马克思经过对思辨自由哲学的批判，脱离了黑格尔的"天国思维"，真正回到现实生活世界，即认识到应该从尘世中去寻求人类解放的道路。对于市民生活中的宗教问题，马克思认为，宗教是不完善的物质世界在理性意义上的补充，即马克思从人的自我意识出发，认识到国家与社会的本质是人，也是人所创立的那个世界①。在人的世界中产生了宗教，也就是相当于在国家、社会中产生了宗教，这是一种颠倒了的世界，一种颠倒了的世界意识②。在宗教中，宗教为社会的罪恶作辩护，妨碍了人看清社会的罪恶，从而导致人失去了现实的人的本质。因此，人的本质必须从虚幻的彼岸世界的神复归到此岸世界的人之上。对宗教本质的准确认识，使得马克思将批判从宗教转向了更深层次的政治，即"对天国的批判"随之变为"对尘世的批判"。马克思在分析落后的德国如何展开革命时认识到，"批判的武器当然不能代替武器的批判，物质力量只能用物质力量来摧毁"③。这就是说，马克思开始在市民社会中探寻可以被人们掌握的物质力量。在改变现实社会问题的物质力量——社会革命到来之前，马克思对理论进行批判是必经之路，因为，理论只要彻底就能说服人，就能掌握群众，进而转化为物质力量——革命的力量。在这一过程中，马克思对黑格尔思辨理性哲学的批判，正是他完成实践哲学理论逻辑准备的重要内容，即随着批判的深入，马克思必然要转向对人类解放的合理性问题研究。

三　黑格尔法哲学框架为马克思　　实践哲学提供研究主题准备

马克思对于人类解放道路的探寻，既是实践哲学建构过程中的一个阶段，更是作为贯穿于实践哲学建构过程的核心。马克思对黑格尔思辨理性哲学逻辑的反思，以及对思辨自由哲学的批判，是为人类解放的实现所做的理论逻辑准备。在马克思提出"市民社会决定国家"的观点后，

---

① 参见《马克思恩格斯全集》第 3 卷，人民出版社 2002 年版，第 199 页。
② 《马克思恩格斯全集》第 3 卷，人民出版社 2002 年版，第 199 页。
③ 《马克思恩格斯全集》第 3 卷，人民出版社 2002 年版，第 207 页。

他将道路探寻的视野转向对市民社会现实问题的反思研究。对政治解放的批判，源于马克思意识到政治解放无法真正实现人的自由。人类解放道路是马克思提出的人类如何才能真正实现自由的一条社会实践道路。对人类解放道路的理解，需要对存在于市民社会中的资本主义的本质进行批判。马克思在这一阶段开始关注与研究政治经济学问题，与唯物辩证法的认知逻辑萌芽具有内在关联，也就是说，马克思之所以研究政治经济学，是因为马克思开始有意识地从黑格尔的唯心主义转向唯物主义①，即"马克思认为，真实的自由只能是尘世的自由，天国中没有人的自由"②。通过对黑格尔思辨理性国家观的批判，马克思将批判的重点转向现实的资产阶级市民社会，并逐渐意识到，市民社会中人不自由的根源存在于社会物质利益的分配问题之中。其一，马克思并不认可犹太人，认为犹太人本质上所体现的就是追求利益、自私自利的资本主义精神。犹太人的宗教信仰，在马克思看来是一种"特殊的"宗教信仰，即犹太人世俗的神就是"金钱"③。所以，马克思认为，解决犹太人问题的根本就是，令犹太人从金钱中解放出来。马克思对犹太人问题的分析，适用于以基督教作为宗教信仰的资本主义社会，因为，犹太人所代表的对金钱高度崇拜的"犹太精神"，实际上已经充斥整个资本主义世界。在资本主义社会，宗教的本质也不再是对上帝的崇拜，而是变成对金钱的崇拜。基于对犹太人和对整个资本主义社会的分析，马克思意识到，要想真正实现人的自由解放就必须消灭给人类带来不自由的根源，而这一根源就存在于市民社会的经济生活之中。对这一根源的批判，需要以对这一根源的政治经济学研究作为前提。其二，在对德国犹太人的本质进行批判的基础上，马克思开始对市民社会中的经济关系及其问题进行政治经济学意蕴的思考。这一思考，经历了由政治经济学问题意识到哲学问题研究的阶段性转变。"莱茵报时期是马克思从现实生活世界出发反思政治经济学问题的开端……克罗茨纳赫时期是马克思将现实生活世界反映出来

---

① 曹典顺：《政治经济学与唯物史观的内在关联》，《中国社会科学》2016 年第 10 期。

② 曹典顺：《自由的尘世根基：马克思〈黑格尔法哲学批判〉研究》，中国社会科学出版社 2009 年版，第 117 页。

③ 参见聂锦芳《再论"犹太人问题"——重提马克思早期思想演变中的一桩"公案"》，《现代哲学》2013 年第 6 期。

的政治经济学关涉问题上升到哲学问题进行研究的开端"①。马克思将理论研究的重心转向了经济学领域，并重点研究资本主义的国民经济学。在研究初期，受到恩格斯的影响，通过对资本主义的现实问题以及对《国民经济学批判大纲》（以下简称《大纲》）的综合性研究，对经济学的各个概念、范畴有了准确的认识。这就为后来深度剖析资本逻辑，进一步揭示存在于资本主义社会现实中的生产以及分配关系，做好了知识准备。恩格斯在《大纲》中曾经指出，存在于资本主义经济关系中的矛盾，是自由贸易体系中不可避免的矛盾，因此，对于资产阶级经济关系中的这一矛盾进行理论反思与批判是必要的。马克思十分赞同恩格斯在《大纲》中对资本主义社会矛盾的分析及其关于资产阶级理论实质的见解，并将之作为资本主义经济学批判的依据。之所以认为恩格斯所批判的国民经济学就是"从商人的彼此妒忌和贪婪中"产生的学说，是因为在资本主义社会中，资产阶级提出的任何理论，其实质都是为资本主义私有制的合理性进行辩护，即这些理论，无论是在内容还是形式上，都揭示了资产主义虚伪外表下对利益的"不择手段"。既然资本主义国民经济学在本质上是对资本主义制度合理性的维护，是具有诡辩性的经济学说，那么，马克思从对资本主义政治经济学问题的反思，转变为对政治经济学的研究批判，体现出马克思在对人类自由解放道路的探寻过程中，始终没有忽视对现实问题的哲学反思。也就是说，马克思对于政治经济学的研究和批判，不应该只是一个单纯的经济学研究，也应该属于哲学视域中的政治经济学研究。

　　政治立场上理解，恩格斯对资本主义政治经济学的批判，与马克思对资本主义现实世界的批判立场一致，即他们都既看清了资本主义的剥削本质，又认识到私有制的存在是市民社会中矛盾存在的根源。资本主义经济学家们能看到私有制所带来的资本主义生产活动的扩大，却看不到私有制下人的价值与自由的丧失。换言之，资产阶级经济学家不但没有否定私有制存在的合理性，反而不断用伪善与诡辩来掩盖私有制对人的剥削与压迫。在资本主义社会，人一味追求物的价值，却忽视人本身的价值，甚至为了争夺物的价值而无视他人的价值。从这一层面理解，

---

　　① 曹典顺：《政治经济学与唯物史观的内在关联》，《中国社会科学》2016 年第 10 期。

私有制造成人与人之间分裂的必然发生。在分裂的过程中，土地、劳动、资本等各种要素之间不断斗争，各要素的内部也形成相互对立的局面。对此，恩格斯指出，"只要私有制存在一天，一切终究会归结为竞争……私有制的最直接的结果是产生分裂为两个对立的方面：自然的方面和人的方面，即土地和人的活动"①。在本质上，一切要素所表现出的对立都是人的对立。资本主义社会中的人，因为追求财富而丧失了自由和自我意识，同时也在竞争与剥削中，不断用金钱消解他人的自由与自我意识。其一，市民社会中的人受到金钱关系的控制。根据金钱拥有量的多少被划分为资本家与无产者，在二者的社会关系中，自由平等变为竞争敌视与压迫剥削。其二，资产阶级的经济学家们用他们的理论证明了"生产永远不会过多"。在这一理论的指导下，资本家无休止地生产，恩格斯根据这一现象预测出资本主义经济危机的必然到来。代表资产阶级利益的国民经济学家们，之所以能够不假思索地提出这样的论断，是因为他们不关注消费者的需要，即不关注人的真实需要，只是将商业活动的重点放在生产上。资产阶级经济学家看不到雇佣劳动力的增加，使得无产阶级队伍的人数不断增加，财富大量集中于资产阶级手中，而无产阶级却变成了资产阶级生产商品的机器。恩格斯从道德的高度对此现象概括为，由于竞争关系的存在，价格产生了永恒的波动，商业因此丧失了道德的最后一点痕迹②，即人本性之中的道德，变成了以金钱为基础的"商业道德"，其实质是与人性相背离的"无人性"。这就是说，资本主义社会中的人们，必定投机取巧、唯利是图，一步步"进化"成资本的附庸。其三，恩格斯批判了马尔萨斯的人口论，认为人口论就是"卑鄙无耻的学说"，是对"自然和人类的恶毒污蔑"，经济学家不道德的程度已经达到"登峰造极"。"人口过剩或劳动力过剩是始终与财富过剩、资本过剩和地产过剩联系着的"③，如果用消灭过多人口来解决资本主义工人失业、商业危机等问题，不仅于事无补，而且会因为问题源头的依然存在，从而使得整个资本主义世界大厦崩塌。人口论的本质就是用减少人口来掩盖资本主义国民经济学的重大缺陷，就是经济学研究方面最大的不科学。

---

① 《马克思恩格斯全集》第 3 卷，人民出版社 2002 年版，第 458—459 页。
② 《马克思恩格斯全集》第 3 卷，人民出版社 2002 年版，第 461 页。
③ 《马克思恩格斯全集》第 3 卷，人民出版社 2002 年版，第 466 页。

针对这一问题，恩格斯提出用"扬弃矛盾"的方法来消灭矛盾，"只要目前对立的利益能够融合……那种认为土地无力养活人们的荒谬见解也就会消失"①。人口的增长伴随着科学的发展，解决人口过剩这一问题，当然不能简单采用消灭人口的方法，相反应该回到科学，回到对资本主义私有制的合理性考察上去解决。恩格斯对资本主义国民经济学的研究，为马克思政治经济学批判奠定了基础，对私有制的进一步批判，成为马克思政治经济学研究的核心内容。

马克思在《手稿》中沿着恩格斯《大纲》的思路，从资产阶级社会的经济事实出发，对"异化劳动""私有财产"以及二者的关系，进行了重点阐释。马克思通过对现实生活世界的研究发现，工人通过劳动生产出大量劳动产品，这些劳动产品进入交换领域后变为商品，在流通的过程中，商品的价值转化为金钱且为资本家所有，然而，在资本家资本积累的过程中，原本生产商品的工人不但没有改善贫穷的状态，反而生产越多越是贫穷。基于这种社会现实，马克思发现了存在于资本主义社会的异化劳动问题。根据马克思在《手稿》中对异化的相关阐述，主体在劳动的过程中，通过对象化活动产生客体，但是客体本身的价值却没有回归主体，反而变成了一种"异己"的力量与主体相对立，并在一定意义上对创造它的主体进行控制。也就是说，这些"异己"的力量不依赖于生产者并与劳动相对立②。对此，马克思指出，劳动的现实化就是劳动的对象化，这种现实化在国民经济学中表现为工人的非现实化③。劳动作为对象化和异化的出发点，首先是人的自由自觉的活动。其一，对象化劳动在本质上就是自然状态下，人们为了满足自身的生活需要而进行的物质生产活动。通过对象化活动生产出来的劳动产品是对象化活动的产物，是人们生存的物质基础。其二，在对象化生产的过程中，由于人的自发性活动，人的价值也通过对象化的产物表现出来。在资本主义的生产过程中，对象化劳动转化成异化劳动，劳动者不是出于自身需要去生产产品，而是在机械化大生产中，作为劳动力反映在生产过程中。其三，对于劳动与产品的真实关系，马克思指出，劳动与它的产品之间的关系，

---

①　《马克思恩格斯全集》第3卷，人民出版社2002年版，第467页。

②　《马克思恩格斯全集》第3卷，人民出版社2002年版，第267页。

③　《马克思恩格斯全集》第3卷，人民出版社2002年版，第267—268页。

就好比工人与他的生产对象之间的关系①，这一关系就是劳动的本质关系。在对象化的劳动生产中，生产的过程和生产的对象都是受工人控制的，是工人发挥主体能动性进行生产的体现。在异化劳动的生产过程中，生产的过程和生产的对象反过来控制了工人，工人被异己的劳动产品所制约，且劳动过程也要受到压迫。异化劳动使工人丧失了人的本能，受到物的控制，即劳动对于工人来说变成了存在于人本性之外的活动，并对人的劳动进行控制，换言之，劳动导致了生产过程中的"物的异化"。无论是劳动产品还是劳动活动，对于"物的异化"来说，其本质都是"人的异化"的结果，因为，劳动归根到底是人的实践活动。同时，劳动被马克思理解为是一种生命活动，一种维持肉体生存需要的手段②。在自然中，人与动物最大的区别就在于此，人以类的存在，拥有最大的普遍性，并且人的生活是基于需要的满足活动，"而生产生活就是类生活……一个种的整体特性、种的类特性就在于生命活动的性质，而自由的有意识的活动恰恰就是人的类特性"③。本质上理解，人的劳动应该是自由的劳动，因为人的创造不同于动物的本能性活动，动物是为了基本的生存，而人拥有高于生存需要的生活需要。在这一需要中，人们可以不受肉体需要的影响。根据精神上的原则、"美"的原则以及"好"的原则，人类进行创造性的生产活动。人的生产应该是在人的"类生活"中，对人的"自由"的表达。然而，在资本主义社会的机器大生产的时代中，人的这种自由是被禁锢的，是无法自由表达的。因为，生产技术的发达使得机器占据了人在生产中的主导地位，在雇佣生产方式中，人变成了机器的"附庸"，劳动也只是由机械化的动作所组成。也正是在这样的生产过程中，人逐渐被机器所"同化"，人的意识已经失去了自由状态。在这样的现状下，人的劳动不是为了生产满足自身需要的生活必需品，而是变成了通过出卖劳动力，使劳动力变成金钱以维持生计。这就导致人逐步丧失自由、丧失人的类本质，这种状态下的人，其创造几乎与动物无异。人与自己的劳动产品、生命活动、类本质相异化导致的是人同人相异化，

① 《马克思恩格斯全集》第 3 卷，人民出版社 2002 年版，第 270 页。
② 《马克思恩格斯全集》第 3 卷，人民出版社 2002 年版，第 273 页。
③ 《马克思恩格斯全集》第 3 卷，人民出版社 2002 年版，第 273 页。

进而也与他人相对立①。马克思所说的人与人相异化，包含人与人自身相异化，以及工人与资本家相异化。资本主义社会现实中，人出卖自己的劳动力，使自己成为工人，忍受着剥削与奴役，使自己生产的产品成为商品，在过程中丧失了人本来的类生活。工人与资本家相异化，就是资本家将工人的劳动视作理所应当，并不断对工人实行压迫与剥削。在这一过程中，工人自身原有的类本质丧失，工人变成了资本家眼中的机器，原本用以创造活动的劳动力本身变成了商品。针对劳动异化的本质，马克思指出，劳动异化与私有财产有着不可分割的关联，即从某种意义上可以把私有财产理解为劳动异化的外在表现，是个人对自然界和对自身外在关系的产物、结果和必然后果②。在当时的资本主义社会，资本主义私有制的存在使得工人的劳动本身与劳动所得的产品，都属于资本家所有，同时，劳动和劳动所得都转化成了资本家所占有的资本，因此，私有财产这一概念是从"外化劳动"的理解中得出的。马克思又认为，"私有财产……是劳动借以外化的手段，是这一外化的实现"③，即资本是私有财产在资本主义社会的展现形式，是通过不断的异化劳动生成的。异化劳动又是私有制产生的原因，同时，随着私有制的稳定，它又会不断促使社会上异化劳动的发生。在私有财产内含的劳动与资本的关系问题上，马克思在《手稿》中，表明了自己的观点，他认为，私有财产的关系潜在地包含了作为劳动的私有财产的关系和作为资本的私有财产的关系，以及这两种表现的相互关系④。资本主义的生产方式使得私有财产不断累积，同时，"私有财产丧失了自己的自然的和社会的特质"，私有财产使得异化劳动纯粹为了追求资本与利益，任何人的关系都消失于其中⑤。因此，作为劳动的私有财产和作为资本的私有财产，就成为资本主义私有制的内核。从这一层面上理解，资本主义社会中人的解放就是在生产领域人的"类本质"回归，而回归过程中最根本的就是私有财产的消灭。

---

① 《马克思恩格斯全集》第 3 卷，人民出版社 2002 年版，第 274 页。
② 《马克思恩格斯全集》第 3 卷，人民出版社 2002 年版，第 277 页。
③ 《马克思恩格斯全集》第 3 卷，人民出版社 2002 年版，第 277 页。
④ 《马克思恩格斯全集》第 3 卷，人民出版社 2002 年版，第 283 页。
⑤ 参见张雷声《马克思的第一部经济学著作的手稿——〈1844 年经济学哲学手稿〉研读》，《思想理论教育导刊》2014 年第 9 期。

自然法、历史法与马克思的历史意识

焦佩锋[*]

一 作为"自然大于历史"的思想史传统

在西方思想史的早期，尤其是在前苏格拉底时期，对自然的敬重和崇拜大于一切，这种本体论传统使得哲学家们普遍以自然作为观察对象并据此对道德、伦理和法律问题作出了一种"类自然化"的解释，这便是人类所理解的最初的"自然的正义"，当然，这种自然哲学也并非绝对纯粹，而是或多或少地有一种神圣性，所以，"在希腊人看来，所有的法律都盖有神的印章"[①]。据此，罗门认为，自然法的概念最初出现于古希腊，古希腊社会各种法律概念的形成之际也是自然法哲学的形成之时，并且，在古希腊这里，自然法大致表现着两种认识论的差异性：第一种表达的是一种"是其所是"的自然状态，城邦的建设也应该体现为这种自然主义功用以及社会成员之间的自愿契约；第二种自然法观念则以一种形而上学观念为基础，它认定，人应该生活在法律之中，当然，这种法律更多体现为一种类自然意义上的合理应当，这是因为，在此背后还有更高更广泛的神作依托，这个神似乎是自然的主宰[②]。

---

* 作者简介：焦佩锋，男，陕西彬州市人，现为中央党校哲学教研部教授，马哲教研室主任，研究方向为西方历史思想史、马克思主义历史理论等。

① 参见［德］罗门《自然法的观念史和哲学》，姚中秋译，上海三联书店 2007 年版，第 4 页。

② 参见［德］罗门《自然法的观念史和哲学》，姚中秋译，上海三联书店 2007 年版，第 7 页。

　　如果上述后一种意义成立，我们便很容易理解为什么苏格拉底至死都要捍卫雅典的法律。在他看来，雅典法律的形而下意义与形而上意义本质相通，遵守这种法律是公民天然的义务，这种遵守意味着秩序和平和。与之相应，在柏拉图这里，雅典的法律依然不可亵渎，据此而建立的社会秩序必然是优良的，对这种法律的遵守必然意味着善的生活。

　　在相反的意义上，智者学派使自然法的权威性受到了质疑。在他们看来，法律并不具有内在价值，因为只有符合自然正当才算正当，所以，我们应该不断向自然进行申诉，城邦的自然秩序与自然本身的秩序不是同一个指向，或者似乎是一种对立，统治者让人民所臣服的法律代表的是统治者自身的利益，而不是一种"万民法"意义上的正当性，这意味着，自然法内部出现了某种裂痕，从赫拉克利特的"万物皆流"到伊壁鸠鲁的"原子论唯物主义"的一脉向我们表明的便是自然法与实证法之间这种分立的可能性，并且，后世的"卢梭、霍布斯、普芬道夫、托马修斯、及历史法学派的追随者以不同的方式混合了两个体系中的要素，他们完全是在重复和发展这些古代的观念"①。

　　以柏拉图对公正问题的讨论为例。柏拉图看到，尽管公正与不公正的问题同时存在，并且，人们之所以选择通过不公正去实现自己的目的，在此过程中甚至对他人乃至公正本身有所损害，以至于人们往往认为不公正可以使自己的利益最大化，可是，柏拉图最终认为，一方面，在现实生活中，坚守公正的人往往身处穷困潦倒、身患重病或苦难不断的境地，但是，时间最终会彰显这类人的公正之心，从而给予他们最终的肯定和回报，"公正的人到了年长的时候，只要愿意就可以在本邦担任官职，就可以从自己满意的家族里娶来妻子，把女儿嫁给他本人满意的男儿"②。其实，这种思想倒也非常符合中国人所说的"善有善报，恶有恶报；不是不报，时候未到"，与之相反，"对于不公正的人我也会说，他们中间的多数人虽然年轻时候不被识破，到了晚年就会被认出来，遭到非议和讥嘲，老来被异邦人和本邦人所不齿，打得半死不活，受到你恰

---

　　① 参见［德］罗门《自然法的观念史和哲学》，姚中秋译，上海三联书店2007年版，第10页。

　　② ［古希腊］柏拉图：《柏拉图对话集》，王太庆译，商务印书馆2004年版，第479页。

当地称之为粗野的酷刑，如鞭笞和烧灼之类"①。在此，柏拉图特意强调了社会时间对彰显公正问题的重要性。在另一方面，柏拉图也认为，公正问题逃不过神的眼睛，即"一个人热切要求做到公正无私，而且尽可能实践一种与神相似的品德，神是不会对他熟视无睹的"②。

对于神义论的自然法，柏拉图坚信不疑。他还专门讲了一个灵魂离开肉体之后的故事作论证。他说，有一个叫爱若的英勇之士在一次战役中阵亡了，在其死后十天尸体被寻获抬回，可是第十二天他在火葬场竟然复活了，而且讲了自己灵魂离开肉体之后的一些见闻。这个爱若说道，他的灵魂和很多灵魂一道游荡，在一个奇异的地方，他看到地上和天上并排着两个洞口，在天地之间坐着一些裁判，他们向亡灵宣读判决书之后，就吩咐公正的走进天国，不公正的进入地下。到了爱若的时候，判官让他向人们传达那里的情况，并命令他仔细地查看和听那个地方的一切。他看到，在天地之间，很多亡灵之间互相交谈，其中，从天上下来的干干净净，从地上上来的蓬头垢面，这些亡灵彼此倾诉自己的过往，从地上上来的泣不成声，从天上下来的则心满意足，关键是，"他们每个人都要为自己过去做的不公正的事受到十倍的惩罚，一百年罚一次，这是因为人寿百年，一千年才能为不公正承受惩罚十回。因此，那些致使很多人丧命、出卖国家和军队、令人们沦为奴隶，或犯有其他这类性质的罪过的人，必须为某一件罪行判处十倍的重罚。他们如果做了善事，表现得公正圣洁，那就要受到同样规模的奖赏。……至于那些虔信神灵、孝顺父母的以及不敬神灵、不孝父母并且亲手杀人的，都要得到更大的报应"③。

以上故事出自于《柏拉图对话集》的"治国篇"。我们认为，这则故事足以代表古希腊哲学对自然法的根本理解，它表明：

其一，古希腊的自然哲学已经包含着鲜明的时间性和历史性，尤其是在柏拉图这里，公正是最高原则，我们可以在世俗生活中基于不公正的念头去实现自己的目的，但是，时间会让这种不公正最终彰显，在灵

---

① ［古希腊］柏拉图：《柏拉图对话集》，王太庆译，商务印书馆 2004 年版，第 479 页。
② ［古希腊］柏拉图：《柏拉图对话集》，王太庆译，商务印书馆 2004 年版，第 479 页。
③ 参见［古希腊］柏拉图《柏拉图对话集》，王太庆译，商务印书馆 2004 年版，第 481 页。

魂所在的彼岸世界，公正与不公正会得到最终审判，这种审判往往会以"十倍"的方式在时间中继续褒奖或惩罚灵魂本身，从而使善恶两类灵魂在天上或地上长期居住。

其二，时间服从于空间，地上服从于天上，肉体服从于灵魂。这里有一个决定与被决定的存在论设定，最高的正义存在于天上，它是一种高度纯粹的理性，它不受尘世的干扰和感染，我们只要相信这件事情，那么，理智的沉思就自然会让我们远离不义，即是说，"此岸的物，只有在其参与永恒的理念之存在，或者只有当人们以其工匠、艺术家尤其是立法者的身份复制这些理念，才成其为物，才存在"①。这便是理念世界和世俗世界之间的决定与被决定关系。当然，这种关系也有时间和历史纵观其中。

古希腊所开启的这种"自然大于历史"的原则一直延伸到中世纪神学之中。在中世纪，哲学充当了神学的婢女，即理性的主要任务在于理解神的实践性和时间性存在。上帝既存在于万物之中，又存在于万物之外，万物的自然生命在表面上有其自身的运行逻辑，它可以为善或者为恶，可是在最终意义上（甚至每时每刻），上帝没有缺位，它只不过要通过这种时间过程让人感受到神的伟大与公正。无论是《旧约·创世纪》中上帝亲手创造的万事万物，抑或上帝选择挪亚并让其造出方舟将可以得救之物带到方舟之中进而发大洪水以惩恶扬善，乃至耶稣自愿被钉上十字架以代人受罪，其表现的都是彼岸世界的最高正义，换言之，在基督教教义中，灵魂和肉体是两对范畴，二者不能一起堕落，也从来没有一起堕落，堕落的只是世俗的人和人的灵魂，与之相对，神的存在从来都是为了让人得到圆满，因为神是按照自己的样子创造了人，人的时间性和神的时间性不是同一个高度和长度。

因而，对人以及生活于其中的社会和国家而言，实证法是需要的，但是，人的局限性决定了实证法的局限性，在基督教的逻辑中，人往往是不可靠的，法对人的约束力往往很有限，所以，实证法必须遵从于自然法，只不过，这个自然法可以是一种自然正义，也可以是一种神义的正义。柏拉图与智者学派的最大区别在于，前者守护的是神义的正义，

---

① ［德］罗门：《自然法的观念史和哲学》，姚中秋译，上海三联书店 2007 年版，第 13 页。

而后者诉诸的是民事的正义，毋宁说，在柏拉图这里，国家是人类的伟大导师，城邦及其法律实现的就是德性和人性，它能使人得到幸福，所以，自然法规定的是实证法；在后者这里，由于相信人类的永恒性，个人的自由是法律的基础，他们似乎想把个人从传统的政教合一的法律框架中解救出来，他们不相信城邦和国家及其法律的永恒性，所以，他们要用人世的实证法对抗普遍的自然法，正是因此，罗门认为，"在智者手里，自然法已经快要堕落成为纯真的政治利益的合理化论证了"①。也正是在这里，我们看到了霍布斯和洛克的影子。

二　历史法对自然法的攻击与改造

施特劳斯指出，"以历史的名义而对自然权利论展开攻击，在大多数情形下采取的是以下的形式：自然权利据称是人类理性所能辨识而又得到普遍承认的权利，但是历史学（包括人类学）告诉我们，根本就不存在这样的权利，我们能够看到的不是那种假想的一致性，而是形形色色、无比之多的有关权利和正义的观念。或者，换句话说，倘若不存在什么确定不易的正义原则的话，也就不存在什么自然权利。然而，历史向我们表明，一切有关正义的原则都是变动不居的。人们只有认识到了这一论证之离题万里，才能理解以历史之名来攻击自然权利的蕴含之所在。"②施特劳斯显然触及到了自然法和历史法关系的根本方面，这一问题的另一种问法必然是：正义是一个彼岸世界问题，还是一个此岸世界的问题？在古希腊、罗马和中世纪，诸多的思想家对这一问题的回答最终借助的都是思想深处的信仰，即是说，"信之不在，道之不存"，更进一步说，从此岸向彼岸、从不公正向公正的过渡最终借助的是对灵魂及其居住其中的彼岸世界的信仰，这不是一个时间概念，而是一个意识概念，所以，问题的关键在于这种人类意识的一致性。

---

① ［德］罗门：《自然法的观念史和哲学》，姚中秋译，上海三联书店 2007 年版，第 17 页。

② ［美］施特劳斯：《自然权利与历史》，彭刚译，生活·读书·新知三联书店 2006 年版，第 10 页。

问题是，在看到了自然的强大以及以国家和城邦的方式组织起来对抗自然以赢得自保之后，人们发现了人自身能力的卓越性，在这个意义上，所谓的人类意识首先是对世俗利益的重视和保护，而不是对彼岸世界永恒正义的思虑和信赖。由此开始，人们对野蛮人和僭主政治的自然权利开始发生怀疑并表示了不信任，反过来说，在恶的思维和行为在现实世界大行其道却并未及时遭受报应的情况下，人们对于自然仲裁逐渐丧失耐心与信心。

因此，施特劳斯基于历史主义对古代的自然权利发起了真正的质疑。他指出，"'所有的人类的同意'决不是自然权利得以存在的必要条件。……人们在证明了没有任何正义原则不是在某时或某地被人否定过的同时，并没有证明说有如何的否定就是正当的或者是合理的。并且，众所周知，不同的时代和不同的民族有着不同的正义观念"①。所以，自然法的历史其实就是把理性世俗化、个体化、相对化和历史化的历史，在此语境中，所谓的善与恶、正确与错误更多具有了世俗的含义，在此过程中，"自然的正义是否存在并为人所普遍理解"以及"历史的正义是否等于正义本身"是两个极为重要的问题，其中，前一个问题代表的是希伯来文明和希腊文明的用神性与理性约束人性的共同性，后一个问题表现的是对世俗的人及其本质的历史性理解，在这个问题上，"习俗之法"要比"神性之法"与"理性之法"重要得多、管用得多，这便是近代政治哲学与古代政治哲学之间的存在论和认识论分野。

我们注意到，在中世纪并经文艺复兴运动和启蒙的神学批判之后，英法德的哲学家们对中古时期的自然法原则表达了普遍化质疑和批判。

例如，洛克就十分肯定人的世俗权力。他声称："任何与人类社会准则相违背或与维持文明社会所必须的道德准则相违背的意见，行政长官都不应当容许。"② 这就是说，适合上帝的一定适合人世，反过来说，人世的道德与上帝的权威不应矛盾，或者说，人的世俗权利是根本，这种权利可以是财产、安全和信仰等多个方面，其言下之意在于，每个人都应当享有同其他人同样的权利，这种权利不仅不可剥夺，而且只能保护，

---

① ［美］施特劳斯：《自然权利与历史》，彭刚译，生活·读书·新知三联书店 2006 年版，第 10—11 页。

② ［英］洛克：《论宗教宽容》，吴云贵译，商务印书馆 1982 年版，第 39 页。

所以，"不论人们信奉的是纯正的宗教还是伪教，都不妨害其臣民的世俗利益——而这些利益是唯一属于由国家掌管的事情"①。他还言辞激烈地追问到："你容许以罗马的方式礼拜吗？也请容许以日内瓦的方式礼拜。你容许在集市上讲拉丁语吗？也请容许那些想讲拉丁语的人在教堂里讲拉丁语。你以为任何人在自己家里跪着，立着，坐着或取其他姿势，或者穿白，穿黑，穿长，穿短这些都是合法的吗？那也就不要把在教堂里喝酒、吃面包和以水施洗定为非法。一句话，凡属法律准许人们在日常生活中自由做的事，也请允许每个教会在神圣礼拜时享有这种自由。请保证任何人不至因为这些原因而蒙受生命、人身、房屋和财产上的任何形式的损害。……教会权威，无论是由一个人行使，还是由许多人共同行使，在各地都是一样的；它在民事方面没有管辖权，也没有任何形式的强制权，它与财富和税收都完全无关。"②

历史往往会从一个极端走向另一个极端。西方自然法的历史的确说明了这一点。以个体的财物权、表决权、信仰权等权利为轴心，我们看到，在古代，人们过于迷信一种纯自然的正义，从而用一种自然主义秩序为自己权利的丧失进行辩护。在天主教一统欧洲之后，人们将个体的权利让渡给了上帝，可是，随着教会的专制和腐败的日盛，人们的财产、尊严和权利被教会阶层戕害和践踏，于是，人们对教职人员和罗马教廷的憎恶日益增加。经历了宗教改革之后，欧洲人的信仰形式发生了改变，不变的依然是对上帝的爱，但是，为了维持公共利益和自身利益，人们开始通过《圣经》与上帝直接对话，于是，为上帝所代表并保障的人的权利变成了心中的正义，在此情况下，教士和权贵阶层存在的合法性和正义性遭到了普遍质疑，世俗阶层及其权利主张又一次通过一种对自然权利的申诉继而对现实的政治国家和权力机制提出了抗辩性要求。

基于这一点，我们认为，洛克追问的更多是"末日审判"没有到来之前的人的权利保障和宗教宽容问题。在他看来，不同信仰和对同一教义的不同理解可以并存，所谓的"异端"无非指的是两种情况：一种是属于同一宗教的人们之间由于某些与宗教法则无关的不同意见的分歧。另一种是与《圣经》明文规定无关的一些意见分歧。用他本人的论述来

---

① ［英］洛克：《论宗教宽容》，吴云贵译，商务印书馆1982年版，第38页。
② ［英］洛克：《论宗教宽容》，吴云贵译，商务印书馆1982年版，第45页。

说就是："对一个基督教会来说，在礼拜和宗规方面，除了是我们的立法者基督或者是使徒们根据神的启示而作的明确诫命之外，再没有任何其他的东西是必要的。"① 可以看出，洛克试图将上帝的教义和使徒的权力予以明确和限制，除此之外的权利都应该被尊重和保护，或者说，这种意义上的"异端"应该被宽容，这与上帝的事业并不矛盾。

但是，在近代自然法传统的转变中，英国和法国的问题意识和思想格局有较大的相似性，这主要表现为对"政教合一"的神权政治的批判以及对个人现实权利的肯定，在这一由神圣权利转向现实权利、由神权政治转向世俗政治以及由绝对主义转向相对主义的过程中，那种为上帝所维系的绝对主义一元化的自然权利得到了解构，而这种世俗社会意义上的自然权利在被建构的同时，关于传统、历史和个体性的法则得到了世俗化确认，在此过程中，历史意识被鲜明地提了出来，这便是施特劳斯所提出的"习俗主义"（conventionalism）对古老的自然权利的否定，这种否定改变了人们的真理观和世界观。

施特劳斯指出，持现代历史观的人认为，自然和习俗之间有着根本的差异，人的世界、人所创造的世界要比自然世界高超得多，所以，所谓的正确并不是由世俗世界上升到形而上的自然世界，也不是参照这个世界对世俗世界进行校正，而是说，世俗世界本身的认知和传统所显现的就是真理，所谓的永恒首先指的是世俗世界本身。据此，按照现代自然权利论者的看法，"所有人类的思想都是历史性的，因而对于把握任何永恒的东西来说都是无能为力的。如果说，对古典派而言，哲学化就是要走出洞穴的话，那么对我们的同代人来说，所有的哲学化本质上都属于某一'历史世界'、某一'文化'、'文明'或'世界观'——那也正是柏拉图所称之为洞穴的。我们把这种观点叫作'历史主义'"②。

因而，"历史学派是作为对法国大革命以及为那场浩劫做好了铺垫的自然权利论的反动而出现的。在反对彻底与过去决裂时，历史学派执着于智慧，认为有必要保存或延续传统的秩序"③。既然注重从传统中寻求

---

① ［英］洛克：《论宗教宽容》，吴云贵译，商务印书馆1982年版，第52页。
② ［美］施特劳斯：《自然权利与历史》，彭刚译，生活·读书·新知三联书店2006年版，第13—14页。
③ ［美］施特劳斯：《自然权利与历史》，彭刚译，生活·读书·新知三联书店2006年版，第14页。

智慧，那么，普遍的恒久的自然法原则就会被高高举起并批判，在历史学派这里，"唯一的一种既能与社会生活相容、又不人人划一的权利就是'历史的'权利：例如，与'人权'相对的英国人的权利"①。这意味着什么呢？这意味着特殊中蕴含着普遍，个体可以表现整体，有时候，对事物的时间过程的观察要比抽象地谈论事物的本质有用得多，因此，"历史学派把卢梭等人的思想倾向变得更趋激烈了。他们强调属于特定时空的东西比之普遍物具有更高的价值。结果就是，那号称为普遍的其实只不过是从某一局促于特定时空的东西派生而来的，它如同属于特定时空的东西一样转瞬即逝"②。

从思想史的脉络看，历史学派对自然法的结构改变是鲜明的，而且这种改变具有巨大的进步意义。在一种较为极端的意义上，它既摧毁了一切关于彼岸性至高至善的纯粹想法，也否定了将某种正义教条推广于万世的专断做法，它怀着善良的愿望相信："人们一旦理解了他们的过去、他们所禀有的遗产和他们的历史处境，他们就能够达到与那些更古老的、在历史主义之前的政治哲学所声称的同样客观的原则。并且，这些原则不会是抽象的或者普遍的以至于会妨害明智的行动或真实的人生，而是具体的或特殊的——它们是适合于特定时代或特定民族的原则，是与特定时代或特定民族相关联的原则。"③ 这即是说，真理是历史的，它服从于漫长的时间和实体化的民族和语言等。

在本论题中，我们指的历史学派主要指的是德国的历史主义，这其中既有哲学家（如赫尔德、黑格尔），也有法学家（如胡果、萨维尼），更有艺术史家（如温克尔曼），还有经济学家（如李斯特、罗雪儿），也有文学家（如歌德）和史学家（如默泽尔、兰克），所有这些人都相信，历史就是本体，是定义事物本质与价值的根本尺度。赫尔德就指出："只有注重传统之链的历史哲学，才是人类真实的历史。若无传统之链，这个世界外在的一切都不过是障眼乌云或可怕的残缺。日夜交替、时光穿

① ［美］施特劳斯：《自然权利与历史》，彭刚译，生活·读书·新知三联书店2006年版，第16页。

② ［美］施特劳斯：《自然权利与历史》，彭刚译，生活·读书·新知三联书店2006年版，第16页。

③ ［美］施特劳斯：《自然权利与历史》，彭刚译，生活·读书·新知三联书店2006年版，第17页。

梭，若在其中看到的只是片片废墟、始而无终、命运大起大落终无恒理，则这是一幅多么可怖的景象！人类成长之链能将废墟造就为广厦，纵使单个的人在其中消失无形，人类精神却是不死。"①

因为在乎历史的活的精神，所以，赫尔德在自然中看到了一种有机发展过程。他以一种富有诗性智慧的语言说道："一篇绿草、一朵小花、树上的一颗果子，还有在最后变成其他动物腹中美餐的动物，和那将它们毁灭、吸收为自身的东西，难道不是一样美丽的有机整体？在时间的翅膀上，万事万物都是过程，匆匆忙忙，你来我往？如果你停下造物的一个轮子，所有的轮子都会停下来；我们称之为'物质'的东西，如果你让其中哪怕一个点静止不动、死寂下去，那么死亡就会无处不在。"②如果说这体现的是一种普遍的有机主义世界观，那么，在关于诗歌的问题上，赫尔德的历史主义思想则更明显。他指出："各民族的诗是变幻无常的海神普罗透斯，依着民族的语言、道德、习性、气质、天候，甚至是口音轻重而变化形貌。民族迁移不居；语言彼此混合、发生变化；人们不断接触新的事物；他们的禀赋朝着不同的方向发展，他们的努力有着不同的目的；即便是舌头，身体那么小的一部分，动起来也不一样；而耳朵渐渐熟悉新的声音。同样，不单在不同的民族间，就是在同一民族中，诗也取了不同的形貌。希腊的诗，在荷马时代乃是不同于朗吉努斯时代。这两个时期诗的概念都是两样。罗马人和僧侣，阿拉伯人和十字军，探究古代事物的学者，不同民族、不同时代的诗人或大众——诗对他们来说意味着完全不同的东西。'诗'这个词本身如此抽象，可以有如此不同的意义，如果没有具体例证的支撑，便如幻影消散于云间。"③可见，具体才是真实的，它意味着生命本身，而当我们用时间来解释生命过程时，历史主义逻辑就自然而然地得到了明确与巩固。

作为历史主义的开创者，赫尔德其实表达的是一种有机主义存在论和多元主义认识论，这对于反击宗教专制主义和纯粹理性主义很有积极

---

① 〔德〕赫尔德：《反纯粹理性——论宗教、语言和历史文选》，张晓梅译，商务印书馆2010年版，第23页。

② 〔德〕赫尔德：《反纯粹理性——论宗教、语言和历史文选》，张晓梅译，商务印书馆2010年版，第139页。

③ 〔德〕赫尔德：《反纯粹理性——论宗教、语言和历史文选》，张晓梅译，商务印书馆2010年版，第145页。

意义。较之于对抽象的正义和纯粹的知识的追求，历史主义更信奉历史
的经验的知识，因而，历史就获得了重要而丰富的意义，换言之，从历
史主义学派开始，任何问题都应被重置于历史的框架下进行理解，因而，
"历史学就被认为是提供了那唯一的经验性的、因而也就是唯一可靠的有
关真正的人、有关人之为人的知识；这种知识既有关于人的辉煌伟大，
又有关于人的悲惨黯淡。既然人所追求的一切都是起始于人而又返回于
人，那么对于人性的经验研究就应该合情合理地具有比之于所有其它对
于实在的研究更为崇高的尊严。历史学——摆脱了所有可疑的或形而上
学的假定的历史学——成了最高的权威"①。这便是历史主义兴起的问题
和学科背景，它使我们对自然法的理解变成了一个具体而相对的历史
过程。

三　马克思：自然史与人类史的有机整合

　　问题是，丰富而完整的历史是否意味着一切，抑或是，历史的正义
如何可能？自古希腊开始的自然法与实证法（抑或万民法）之间的对立
是否足以表达正义问题本身，抑或是，正义问题是一个外在预设还是一
个经验观察？综合欧洲思想中"用理性来统摄经验"和"用经验来统摄
理性"的两类做法，我们认为，自然与历史并不是一个谁高谁低抑或谁
先谁后的问题，而是一个如何看待人的地位的问题。在近代的自然法传
统中，我们看到了诸多思想家对人的世俗权利的尊重，并且，他们也不
遗余力地借助世俗王权来为人的自然权利进行辩护，毋宁说，这体现了
一种理性与历史的综合，但是，在德国历史主义这里，我们总是能够或
隐或现地发现，上帝依然在历史中起作用，而在英法一脉（尤其是埃德
蒙·伯克和德·迈斯特），通过对法国大革命恐怖暴政的批判，他们力求
诉诸传统来为批判现实政治的残暴，这让我们不得不反思：究竟什么意
义上的自然法才是合理而可靠的？在此问题上，马克思的唯物史观将处
于何种地位？这或许是我们讨论历史主义与自然主义问题的一个重要切

---

　　①　［美］施特劳斯：《自然权利与历史》，彭刚译，生活·读书·新知三联书店 2006 年版，
第 18 页。

入点和落脚点。

　　一方面，自然和历史的确存在某种对立，我们应该承认这种对立。在古希腊，限于人自身的脆弱性和活动能力的有限性，人们惊叹于自然的伟大、进行自然崇拜并借此定义"自然正义"的确合乎情理，在这个意义上，我们认同施特劳斯所说的，"古典哲学是在自然的、前科学的认识中为自己提供根据的"①。当然，历史科学的产生毕竟是 18 世纪末期以来的事情，我们在古希腊哲学的背景下谈论历史和自然的关系似乎有点勉强，毋宁说，在古代人的思想世界里，未经人为雕琢的原始的自然的历史才是历史的全部，尽管作为"历史学之父"的希罗多德也曾立志要记载人类的功业，但也仅限于历史知识论和历史认识论，对于历史本体论，他似乎并未为世人提供多少深刻而有益的思考，所以，从古希腊开始，历史学的基本功能就是对神人故事的搜寻、记忆和描述，而在中世纪的漫漫长夜里，历史变成了上帝存在的时间线索与图谱，在此逻辑中，上帝似乎与人类分享着各种故事与情感，换言之，正是因为上帝创造了人，赋予了人以智慧，所以，人的历史在上帝面前不具有独立性和合法性。

　　另一方面，自然和历史也有一致性。即使是在古希腊，城邦生活的秩序与自然世界的秩序绝非不可类比，在此意境中，自然的和谐规约着人事的和谐，在原始自然法的意义上，人们相信，自然的安排便是最好的安排，它意味着，在同一时空环境下人按照自然节律来规划和表现自己的生活具有某种必要性，正是因为看到了这种特点，所以，18 世纪的温克尔曼对古希腊的雕塑和绘画艺术充满了敬意。为了肯定并推崇这种高雅趣味，温克尔曼指出，高雅趣味源于古希腊的天空之下，希腊人时时处处对美的追求，希腊社会对自由个性的释放，这构成了米开朗基罗和拉斐尔等人理解希腊艺术的重要切入点。正如温克尔曼所概括的那样，"希腊杰作有一种普遍和主要的特点，这便是高贵的单纯和静穆的伟大。正如海水表面波涛汹涌，但深处总是静止一样，希腊艺术家所塑造的形象，在一切剧烈情感中都表现出一种伟大和平衡的心灵"②。古希腊著名

---

　　①　参见刘小枫选编《施特劳斯与现代性危机》，华东师范大学出版社 2009 年版，第 178—179 页。

　　②　［德］温克尔曼：《希腊人的艺术》，邵大箴译，广西师范大学出版社 2001 年版，第 17 页。

的雕塑作品《拉奥孔》表现的便是这种意境。在这一雕塑中，面对蟒蛇的缠绕和叮咬，拉奥孔本人没有极度挣扎，而是表现出一种刚毅的严峻，他的面庞虽然因为痛苦而变得扭曲，但是他没有大声呼喊，这种情景让我们看到了雕塑家借助有形的肉体痛苦所表现出来的拉奥孔内心的抑制、坦荡和无怨无悔，这使整座雕像有一种平静、肃穆和庄重的风格，而不是使这种有形的痛苦得到蔓延和扩张。

我们认为，古希腊以来的自然法与实证法（乃至历史法）之间更多是一种空间架构，德国历史主义所强调的历史其实是一种时间勾连。在历史主义视域中，自然问题被放置在两个维度进行讨论：一个是让历史服从于自然抑或让自然服从于历史，另一个是，将历史本身理解为一个有别于自然的自然主义（Naturalism）过程，这个过程是实质其实已经和生物意义的自然没有关系，而是分有了这种特性，即历史内含着与自然相殊异的规律，它意味着，我们已经不需要借助自然来理解历史，而是说，自然就是自然，历史就是历史，自然史就是自然史，甚至说，历史既包括自然史，也包括人类史，甚至包括人类思想和观念的历史。

在上述基础上，马克思主义创始人对历史和自然进行了有机整合。

较之于马克思，恩格斯似乎更重视自然问题，而且在用自然科学的成就和原则阐释马克思的新唯物主义哲学原理和方法的工作上，他的贡献更为卓著。恩格斯曾言："马克思和我，可以说是唯一把自觉的辩证法从德国唯心主义哲学中拯救出来并运用于唯物主义自然观和历史观的人。"① 马克思主义的确源于德国古典哲学，法国唯物主义、黑格尔对自然的理解以及费尔巴哈的自然主义是他们进行哲学革命的基础性素材。恩格斯明确声称："旧的自然哲学，无论它包含多少真正好的东西和多少可以结果实的萌芽，是不能满足我们的需要的。……旧的自然哲学，特别是在黑格尔的形式中，具有这样的缺陷：它不承认自然界有时间上的发展，不承认'先后'，只承认'并列'。这种观点，一方面是由黑格尔体系本身造成的，这个体系认为只是'精神'才有历史的不断发展，另一方面，也是由当时自然科学的总的状况造成的。所以在这方面，黑格尔远远落后于康德，康德星云说已经宣布了太阳系的起源，而他关于潮

---

① 《马克思恩格斯文集》第9卷，人民出版社2009年版，第13页。

汐延缓地球自转的发现也已经宣布了太阳系的毁灭。最后，对我来说，事情不在于把辩证法规律硬塞进自然界，而在于从自然界中找出这些规律并从自然界出发加以阐发。"①

在"原始故事"的意义上，恩格斯既不满足于费尔巴哈对自然现象的直观和记载，也不满足于黑格尔那种用精神统摄自然的做法。在他看来，"精确的自然研究只是在亚历山大里亚时期的希腊人那里才开始，而后来在中世纪由阿拉伯人继续发展下去；可是，真正的自然科学只是从15世纪下半叶才开始，从这时起它就获得了日益迅速的发展。把自然界分解为各个部分，把各种自然过程和自然对象分成一定的门类，对有机体的内部按其多种多样的解剖形态进行研究，这是最近400年来在认识自然界方面获得巨大进展的基本条件。但是，这种做法也给我们留下了一种习惯：把各种自然物和自然过程孤立起来，撇开宏大的总的联系去进行考察，因此，就不是从运动的状态，而是从静止的状态去考察；不是把它们看做本质上变化的东西，而是看做固定不变的东西；不是从活的状态，而是从死的状态去考察。这种考察方式被培根和洛克从自然科学中移植到哲学中以后，就造成了最近几个世纪所特有的局限性，即形而上学的思维方式"②。

可以看出，无论是对于近代的经验主义，还是黑格尔的唯心主义，恩格斯认为他们对自然的理解都具有形而上学性。很显然，马克思和恩格斯都是从整体上理解自然的，而且他们善于把自然的历史和人类的历史进行整体性比对，在此过程中，他们试图发现自然与历史的内在联系，并以此揭示并阐释二者的演化规律。

在马克思看来，和动物一样，人也是自然的一部分，但是，人又将自然作为自己的对象来研究和改造，这是人区别于动物之处。马克思说道："从理论领域来说，植物、动物、石头、空气、光等等，一方面作为自然科学的对象，一方面作为艺术的对象，都是人的意识的一部分，是人的精神的无机界，是人必须事先进行加工以便享用和消化的精神食粮；同样，从时间领域来说，这些东西也是人的生活和人的活动的一部分。人在肉体上只有靠这些自然产品才能生活，不管这些产品是以食物、燃

---

① 《马克思恩格斯文集》第9卷，人民出版社2009年版，第14—15页。
② 《马克思恩格斯文集》第9卷，人民出版社2009年版，第23—24页。

料、衣着的形式还是以住房等等的形式表现出来。在实践上，人的普遍性正是表现为这样的普遍性，它把整个自然界——首先是作为人的直接的生活资料，其次作为人的生命活动的对象（材料）和工具——变成人的无机的身体。"① 因此，"正是在改造对象世界的过程中，人才真正地证明自己是类存在物。这种生产是人的能动的类生活。通过这种生活，自然界才表现为他的作品和他的现实"②。但是，在认识和改造自然的过程中，社会作为一种相对独立的空间得到了实现和巩固，并且，社会反过来成了人与自然发生关系的中介。马克思进一步指出："自然界的人的本质只有对社会的人来说才是存在的；因为只有在社会中，自然界对人来说才是人与人联系的纽带，才是他为别人的存在和别人为他的存在；只有在社会中，自然界才是人自己的人的存在的基础，才是人的现实生活的要素。只有在社会中，人的自然的存在对他来说才是自己的人的存在，并且自然界对他来说才成为人。因此，社会是人同自然界的完成了的本质的统一，是自然界的真正复活，是人的实现了的自然主义和自然界的实现了的人道主义。"③ 在这部手稿中，他还说："被抽象地、孤立地理解的、被固定为与人分离的自然界，对人说来也是无。"④ 在《雇佣劳动与资本》中，马克思又说："为了进行生产，人们相互之间便发生一定的联系和关系；只有在这些社会联系和社会关系的范围内，才会有他们对自然界的影响，才会有生产。"⑤

足可见，马克思的自然观与古希腊的自然观乃至之前的整个自然法和历史主义传统有着鲜明的分别。在自然法这里，永恒的自然正义不仅存在，而且高悬于世俗生活之上，无论是应用于国内还是国际事务，所谓的自然法（Natural Law）总是对应于"永远的善与公正的事物"⑥，只有在这个基础之上，我们才能谈论《罗马法》抑或《上帝之国》所铺垫和实现的正义。在历史主义这里，自然法变成了历史法，也就是说，经

---

① 《马克思恩格斯文集》第 1 卷，人民出版社 2009 年版，第 161 页。
② 《马克思恩格斯文集》第 1 卷，人民出版社 2009 年版，第 163 页。
③ 《1844 年经济学哲学手稿》（单行本），人民出版社 2000 年版，第 83 页。
④ 《马克思恩格斯全集》第 42 卷，人民出版社 1979 年版，第 178 页。
⑤ 《马克思恩格斯选集》第 1 卷，人民出版社 1995 年版，第 344 页。
⑥ 参见［意］登特列夫《自然法——法律哲学导论》，李日章等译，新星出版社 2008 年版，第 16 页。

验性的历史世界是我们寻求正义的资料库。当然，历史主义也没有兑现这种承诺，毋宁说，诸多历史主义者过于放大了特殊的历史，而推翻了普遍的有意义的历史，他们在消解普遍历史意义和原则的同时引发了历史相对主义和历史虚无主义危险。

所以，在一种极致的意义上，施特劳斯指出："'历史过程'本身就像是由人们的所作所为和所思所想织成的一张毫无意义的网，纯粹由偶然造成——就像是一个白痴讲述的故事。历史的标准——也即由这个毫无意义的过程所抛出来的标准，不再能够号称是由那一过程背后的神圣权力赋予了神圣性。唯一能够继续存在的标准，乃是那些纯属主观性的标准，它们除了个人的自由选择之外别无其它依据。从而，在好的和坏的选择之间的分别并无任何客观标准可言。历史主义的顶峰就是虚无主义。要使得人们在这个世界上有完完全全的家园感的努力，结果却使得人们完完全全地无家可归了。"①

对于施特劳斯的上述判断，我们是否赞同？答案似乎没有那么绝对。这是因为，在德国历史主义内部，既有赫尔德、黑格尔和狄尔泰意义上的思辨的历史主义，也有德罗伊森、西贝尔等普鲁士史学派的现实的历史主义，在这中间，还有兰克那种以"如实直书"为客观主义外观而实质上表现的是"上帝之手"的历史主义混合物，无疑，施特劳斯批判的是以史料和历史过程之记载为能事的客观历史主义，可见，他所理解的历史主义也有其片面性。

回过头来看，在马克思这里，历史显然并不直接等于风俗史、战争史、制度史、人口史等具体形态的历史，也不等于借助某种形而上学的原则对这些具体历史的抽象加工或再现。当然，在一种类似于古典自然法的意义上，马克思似乎也认为，自由、平等和公正的信念对于历史具有价值规约意义，但是，他的这些价值观念是启蒙人道主义哲学的产物，它已经经过了启蒙宗教批判环节的过滤，因此，即使马克思相信有某种自然正义，但这种正义也生发于现实的历史过程，正是在此一度，马克思主义抓住并道说出了历史的本质。

---

① ［美］施特劳斯：《自然权利与历史》，彭刚译，生活·读书·新知三联书店2006年版，第19页。

在政治与哲学之间:马克思对西方观念论传统的扬弃

夏　莹*

马克思哲学是整个 19 世纪德国哲学传统自我演进的一个必然结果。但在马克思构筑自身的独特的哲学表达过程当中，由于马克思对于以黑格尔为代表的德国观念论传统的强烈拒斥，使其自身成为了这一传统最具有影响力的批判者。然而马克思在随后所展开的以《资本论》为代表的政治经济学批判却因又一次运用了黑格尔式的写作方式而使其理论显现出了强大的观念论色彩。以至于列宁认为不懂得黑格尔的《逻辑学》，就无法理解马克思的《资本论》，由此带来的问题是，马克思在何种意义上，以及究竟以何种方式批判甚至颠倒了德国观念论？而德国观念论作为西方观念论传统在近代以来的典型形态，马克思对德国观念论的批判是否同时意味着对于整个西方观念论传统的远离？答案并非完全是肯定的。本文将尝试以西方观念论的形成为出发点，借助于重新审视马克思与西方观念论传统的发展脉络，反观马克思哲学在西方哲学史上独特的革命性。

一　西方哲学为何需要"观念论"传统?

西方观念论作为一种思想传统有其特有的发展道路。能够被观念论

---

* 作者简介：夏莹，清华大学人文学院哲学系教授。

所描述的思想史人物占据了西方哲学史的半壁江山，并拥有着诸多不同的理论指向。以至于面对观念论的表达，我们或者只能以一种斯宾诺莎式的"规定即否定"的理论划界方式来获得"观念论"的所指：即观念论是作为一种与唯物论相对峙的理论立场。换言之，观念论与唯物论实质上具有相互依存的关系。尽管观念论的形成常常被溯源至柏拉图哲学，但将柏拉图哲学归结为一种观念论，却肇始于近代。有学者将这一源头追溯到莱布尼茨，认为"观念论者，这个哲学术语好像是由莱布尼茨发明出来的。在回答贝尔（Pierre Bayle）的时候，莱布尼茨批评了'那些人，他们就像伊壁鸠鲁和霍布斯一样，相信灵魂是物质性的。'他补充说，在他自己的见解中，'他已经把伊壁鸠鲁和柏拉图的假说中好的东西结合起来——前者是伟大的唯物论者，后者是伟大的观念论者'"①。同样，唯物论也是伴随着近代以来的市民社会的发展和繁荣而逐渐由一种单纯的享乐主义转变为需要哲学家来认真反思和对待的思潮。德国哲学家新康德主义者弗里德瑞克·阿尔伯特·朗格（Frederick Albert Lange）也于 1860 年代完成了系统的探讨唯物论的专著《唯物史论纲》，在其中，以唯物论的视角重新讨论了西方哲学史。其中，德谟克利特与伊壁鸠鲁代替柏拉图成为希腊哲学的主角，② 唯物史论的界定被与无神论相提并论，它被视为是"把世界的研究导入悟性及冷静的理论之领域"③ 的第一步，这是因为"外部世界的事物比'自我'更接近于自然意识。并且在原始民族的观念中，就连自我也更不与影像的灵魂——半梦半醒的产物，被假设是宿于肉体之中——相结合，却与肉体相结合。"④ 因此将事物做质料化的还原，一方面既是唯物论阐释世界的一个方面，另一方面又是哲学诞生的一个契机。在对世界的阐释当中，唯物论的阐释被朗格视为哲学诞生的最初表现，因为对于朗格来说，支配"文化史发展最初时期之物理的自然观，永不能脱二元论之矛盾与拟人法之幻想。其与避免此

---

① ［美］汤姆·洛克莫尔：《康德与观念论》，徐向东译，上海译文出版社 2011 年版，第 25 页。

② 参见［英］朗格《朗格唯物论史》（上卷）李石岑、郭大力译，河南人民出版社 2016 年版。

③ ［英］朗格：《朗格唯物论史》（上卷），李石岑、郭大力译，河南人民出版社 2016 年版，第 7 页。

④ ［英］朗格：《朗格唯物论史》（上卷），李石岑、郭大力译，河南人民出版社 2016 年版，第 7 页。

等矛盾，把世界作统一的解释，并超越易犯的感官之错误，那最初的尝试，就导入了哲学的领域。"① 换言之，哲学的诞生与将世界做一元化的阐释有着密不可分的关系。而在这一意义上说，被近代思想家们概括为唯物论者的人们实际上不过是用某一质料来对世界做一元论化阐释的学说。然而，在这一点上，观念论与唯物论者究竟在何种意义上是对立，就成为了一个问题：例如当德谟克利特将世界视为由原子构成的，他与柏拉图用"理念"（idea）来阐释世界的本质的根本差异究竟是什么？

　　观念论及其推崇者们围绕"idea"（理念、观念）来建构一种对世界的阐释。在基本形态上总是一元论的。它诞生于柏拉图较为晚期的著作当中，是否带有着一种对古希腊以来哲学的总结与概括的意味。没有柏拉图的讲述，我们对于古希腊哲学的了解将是极其贫乏的，因此古代各种以一元论的方式所展开的对世界的哲学阐释方式最终都可能成为柏拉图观念论形成的一个逻辑环节。在某种意义上说，柏拉图的观念论的提出，建基于两个不同维度的预设：其一，作为理论的预设，此前诸多唯物论所给出的一元论阐释路径让柏拉图发现了哲学一元论的本质性规定，即超越感官之错误，并在前人研究的基础上，将富有质料性的规定进一步抽象为一种形式性规定，idea 是这种形式性规定的一种表现；其二，作为现实的预设，idea 的提出源于一种苏格拉底之死的现实契机，并实际构成了柏拉图对于智者学派的一次彻底的拒斥。两者之间的关联性在于：希腊城邦公民的民主所构筑的是一个相对主义的意见场域，在其中每一个人都成为一种价值的决定者，它是智者学派中的普罗泰格拉所提出的"人是万物的尺度"的践行者，苏格拉底之死最终不仅带来柏拉图对于希腊城邦民主政治的痛恨，同时成就了他被后世所概括的"观念论"的建构。

　　柏拉图观念论的这样两个预设，实际上向我们提出了两个理论问题：第一，与观念论对立的，是否就是同样建基于一元论基础上的唯物论？第二，就柏拉图观念论诞生的现实语境而言，"观念论"与其说是一种哲学形而上学，不如说是一种规范性的实践哲学。

　　对于第一个问题，我们或可从古希腊哲学以来，对于 idea 一词的界

---

　　① ［英］朗格：《朗格唯物论史》（上卷），李石岑、郭大力译，河南人民出版社 2016 年版，第 1 页。

定当中展开进一步的说明。德国学者保罗·纳托尔普就这一词汇的缘起做了精辟的考察，指出就构词上说，id－ea 不过是由看（id－）所引发出的一个抽象名词。只是这一看，总是包含着一种从外在的、可感的形状转向为内在的、显示给精神之眼的趋向。由此，"这个词在其整体本源性和其作用的推动力上都注定会表达和形成下面这一意识：对逻辑性的东西的发现，即对自己的合法性的发现；根据该合法性，思想仿佛在进行观望时塑造出它自己的对象，而不是仅仅将之作为被给予的东西加以接受。"[①] 换言之，idea 似乎是一双逻辑之眼，能穿透感官世界，直观到其背后那些合乎逻辑的本质性规定。但正如我们已经指出的那样，如果我们将 idea 视为柏拉图用以概括世界之本质的一元论要素，如同泰勒斯的"水"、德谟克利特的"原子"、阿那克西美尼的"气"，那么气所构筑的观念论与古希腊的唯物论者并没有本质的区别。但对于柏拉图而言，他其实从根本上已经放弃了用一种单一的质料性的存在者来描述这种透过现象看本质的哲学趋向，而用 idea，这一隐含着某种穿透性视角的观念来直接解释这一哲学趋向本身。因此柏拉图的观念论在这一意义上说并不是此前诸多一元论式阐释世界的形而上学的抽象，而是对这些已经沦为一种哲学形而上学之阐释本质路径的解释：即形而上学式的解释世界的方式只能通过这样一双精神之眼，穿透充满错误的感官世界来完成一次本质的"直观"。

因此柏拉图的观念论中的 idea 本质上是一种无质料的形式化动因。感官世界中存在的事物正是借助于这一形式化的动因才得以成为它所是的形态。由此引发了国内外学界对于这一观念的翻译和讲述的诸多歧义，诸如用"相"抑或"型"（form）来解释 idea 的本质规定，都在以某种方式解释切近这种形式化动因的特质。但不管怎样，柏拉图的观念论都与古希腊时代的唯物论者并不存在本质上的对立，相反，在柏拉图的思想中存在类似于古希腊唯物论的一个注解，这一注解不仅澄清了唯物论形而上学的本质，同时还终结了对这一形而上学之"一元"究竟为何的讨论。

如果柏拉图的观念论并不与唯物论存在着本质上的对立，那么究竟

---

① ［德］保罗·纳托尔普：《柏拉图的理念学说》，溥林译，商务印书馆 2018 年版，第 11 页。

什么才是观念论真正的思想对手？柏拉图观念论诞生的现实语境实际上已经以某种方式对此作出回应。这不仅表现在柏拉图所撰写的苏格拉底的《辩护词》中，充满着对智者学派的讽刺，同时更在于苏格拉底之死所彰显出的相对主义的意见泛滥的残酷现实。因此，当我们将柏拉图的idea放入激发其产生的特定语境当中来反思，由 idea 所构筑的观念论最为直接的对手或许应该是智者学派的相对主义。而这种相对主义总是以近代的怀疑论，甚至当代的后现代主义的存在样态而被不断复活，而与之相应的是德国观念论的诞生与当代以阿兰·巴迪欧为代表的新柏拉图主义的复兴。观念论与相对主义、怀疑论之间的对峙由来已久。

同样，更为重要的是，围绕苏格拉底之死而逐渐形成的观念论彰显了一种特有的思想转变，即将原本对"美德"的追求转变了对于"真"的追求。在《克里同》中，苏格拉底提出了人的行为需要始终受到逻格斯的矫正："即在我所具有的东西中，除了那通过思考而显得对我来说是最好的逻格斯之外，我不听从任何其他的。"① 而将带有强烈理性色彩的逻格斯作为一种行为的法则使有关"正义"与"至善"的问题超出了伦理的范围，转而成为一种"知识论"。又如在《克里同》当中的另一处，苏格拉底更为明确地谈到："最好的人啊，那么我们就绝不应考虑众人将说我们的那些话，而是考虑对正义之事和不正义之事有所领会的那一个人和真本身将说的。"② 真，即真理，在此如同那些懂得什么是正义的行家，可以成为判定正义与非正义之标准。但真理与正义，正如知识与伦理，两个不同的领域在此被等同起来，这一的等同在本质上却是柏拉图之观念论建构的一个必然要求。柏拉图因苏格拉底之死所看到的那些"众人"的"意见"的无效，试图以无条件的合法性去规范这些意见，其方式正是将原本并无真假的人的实践行为，借助于"逻格斯"转变为一种带有真假的知识。当这一转换完成之后，人的行为也由此有了富有绝对价值的至善，并且获得至善的方式也就是获得了真理。由此那些有关于美德的本质、勇敢的本质的追问就同时具有了伦理学与知识论的双重

---

① 译文采用了溥林先生在《柏拉图的理念学说》中注解的译文，参见［德］保罗·纳托尔普《柏拉图的理念学说》，溥林译，商务印书馆 2018 年版，第 22 页注解 1。

② 参见［德］保罗·纳托尔普《柏拉图的理念学说》，溥林译，商务印书馆 2018 年版，第 22 页注解 3。

色彩。由此，作为事物之原型的 idea 也因此不仅是知识论的至真，同时也是伦理学意义上的至善。柏拉图的观念论虽然在其后续的展开中更多地被理解为一种哲学形而上学，但就其诞生于作为公共事件的苏格拉底之死而言，却更应被理解为一种试图规范人之行为的实践哲学。但就柏拉图观念论对后世的影响而言，这种知识论与实践哲学的同一被接纳下来，似乎成为哲学形而上学为成就自身作为全部世界之基础而无需讨论的一个前提。

　　开启了西方观念论之传统的柏拉图，一生中的大部分时间都热衷于投身政治。因此有关正义与非正义的讨论是其思想的核心要点所在。观念论的构筑，不仅源发于对苏格拉底之死，而且还根本左右着"理想国"中各种问题之立场的确立。由此可见，观念论在柏拉图这里从未作为一种纯粹的哲学的形而上学而被对待，尽管这或许可以视为是理性还未成熟的一种标志，因此有关观念论的讨论总是要被杂糅到有关政体制度的设计、家庭和社会的架构过程当中。但无可否认的事实在于，柏拉图书写哲学的最初理想却从未是一个纯粹的理论兴趣。他不断尝试对于当时现实政治的介入就是一个明证①。从这一意义上说，正是古希腊城邦政治的失败召唤出柏拉图"观念论"。因此这一思想的构筑在今天哲学学科分类化的视角之下将呈现出一种近乎不可理解的综合性：即这一观念论包含着将认识论与本体论、实践哲学与理论哲学、政治与哲学的多重融合。例如柏拉图观念论中将 idea 作为外部世界事物的范型而成为一种独立的存在，必然包含着对于外部世界的规范意义的预先设定，由此勾勒出了一般哲学形而上学的诸问题域：知识作为一种对事物之本质的把握和理解，从而成为了可以独立于外部世界之外的一种知识。它已不再仅与人的实践行为，即美德问题相关，它作为外部世界的的本质性规定规范着外部世界所有事物的存在方式。这一观念论在某种意义上是否可能是对柏拉图原初观念论的一种理论的僭越？在西方哲学的发展当中已经变得不再重要，重要的是，伴随着科学的昌明、人类理性的成熟、学科分类的细化，西方哲学家们所赞赏抑或反对的柏拉图的观念论都似乎只能算是其被纯粹化、哲学化，从而也是形而上学化之后

---

　　① 参见［古希腊］柏拉图《理想国》，郭斌和、张竹明译，商务印书馆 2018 年版，"译者引言"第 1—2 页。

的那个柏拉图的观念论。

二　形而上学化的观念论及其自我批判

近代以来的观念论，将观念与现实世界之存在的统一性作为讨论无需置疑的前提而加以确认。在这一意义上说，柏拉图的观念论并非是近代以来的观念论传统的源头。在柏拉图的观念论中，观念的设定是现实经验世界的范型，并让观念与流变的世界之间形成一种对峙的关系。在此，流变的世界与现实世界是否统一的问题，并不占据柏拉图思想的中心位置，观念对于现实而言具有绝对的范导性意义，流变的世界从根本上说，无法与这种范导性的理念完全一致。只是到了亚里士多德之后，后者不再执着于柏拉图这一基于现实政治介入基础上的观念，因此也不再执着于观念与流变之现实的关系。在亚里士多德看来，重要的问题在于如何去本质地把握现实存在的多种样态。为此，亚里士多德构筑了包括实体、数量、性质、关系等十个范畴的范畴篇。这一范畴的设定近乎成为近代形而上学体系建构的基本概念。当然对于观念论传统而言，亚里士多德的重要贡献还不仅在于此，关键在于他在《形而上学》中将这些范畴与现实世界之存在设定了一种绝对的等同性：

"就自身而言的存在的意义如范畴表所表示的那样，范畴表表示多少种，存在就有多少种意义。在这种范畴的表述之中，有的表示是什么，有的表示质，有的表示量，有的表示关系，有的表示动作与承受，有的表示地点，有的表示时间，每一范畴都表示一种与之相同的存在。"①

诸范畴与现实存在的绝对统一性被建立了起来，由此观念，从柏拉图的范导性意义"下降"为表示存在关系的范畴和概念。由此近代的观念论传统才有了它得以展开自身的前提。

近代以笛卡尔的理性主义与洛克的经验主义所设定的观念论传统完成了西方观念论的转变：即将柏拉图作为理论范型的"观念"（idea）转变成为以主体为轴心的对于感性经验世界的一种表象（representation），

---

① ［古希腊］亚里士多德：《形而上学》第 5 卷，苗力田译，中国人民大学出版社 2003 年版，第 96 页。

由此现实世界之存在不再是如柏拉图的哲学一般，被分割为作为事物之范型的观念与对观念模仿的事物，而是被分割为对世界的表象与被表象的经验世界。这种表象主义由此制造出了一个表象世界与被表象世界之间是否统一，以及如何统一等一系列问题。经验主义与唯理论虽然在这一问题上各执一词，实际上却也不过是观念论思潮所包含的一种内在的差异。他们共同分享着一个共识：即他们都试图通过作为表象的观念来认知客观世界的问题，但却从未追问表象的观念与客观世界"是否"具有统一性，即从未质疑追问客观世界之终极根据的合法性本身，而仅仅关注于观念与客观世界"如何"统一的问题。由此形成了独断论的迷梦，被休谟打碎。但休谟却并非对统一之根据给出了回答，相反，他其实只是以彻底的经验主义方式来阐释了因果联结这一形而上学概念，从而彰显出理性认知能力之感性基础。这让康德看到了休谟思想的颠覆性。这一颠覆性不在于休谟为观念论提供的经验主义基础，而在于他从根本上凸显了近代观念论中表象与经验世界之间的存在的一种无法被统一的断裂。被休谟所唤醒的康德所做的工作，并非消解这一问题，如同海德格尔现象学所做的工作一般，而是对这一观念论传统进行了修补的工作。康德对于这一修补工作的说明如下：

"我远未达到赞同他的结论的地步：他的结论之所以产生，只不过是由于他未在整体上来设想自己的问题，……因此，我首先试一下，看能不能普遍低设想休谟的异议，并且马上就发现：因果联结的概念远远不是知性用来先天地思维事物的联结的惟一概念；毋宁说，形而上学完全是由这样的概念构成的。我试图确定它们的书目，而且在我如愿以偿，亦即从一个惟一的原则出发做到这一点之后，我着手对他们进行演绎。从这时起我已确知，它们并不像休谟所担忧的那样是从经验派生的，而是从纯粹知性产生的。"①

这一说明凸显了康德的两项重要的工作，第一，原初用以表象经验世界的观念由一个因果链接的概念拓展到了具有一定数目（被分为四类的十二个范畴）；第二，对这些范畴进行演绎。是后一工作推动了西方观念论随后又一重要转变：即在近代观念论传统中，与经验世界对应的观

---

① ［德］康德：《未来形而上学导论》，李秋零译，中国人民大学出版社 2013 年版，第 5页。

念可以脱离经验世界，成为纯粹知性自我演绎的结果。康德用对物自体的设定回避了观念与经验世界之间能否统一的问题。将物自体排除在知性认知的范围之外，纯化了观念论体系，他以划界的方式让近代以来的观念论由一种存在论彻底转变为一种知识学（即认识论）。哲学家无需再去关注现实世界自身，而更多的应关注的是知识学体系当中诸范畴合乎理性的推演。换言之，一种存在论意义上的观念论被转变为一种知识学意义上的对观念论的批判性划界。

在这一意义上说，康德的批判哲学自身是否是一种观念论体系，就成为了一个问题。观念论自近代以来就总是内涵着观念与现实之间的统一性。而康德的批判哲学则不仅根本上置疑了这一统一性，而且实际上已经打碎了这种统一性。物自体的设定成为一个不能被知性范畴所理解和概括的"剩余物"。同时，更为重要的是，康德同时还将对感性时空观的建构，知性范畴论的演绎都视为是对认知能力的考察，与认知对象本身毫无关系。认识论被更为清晰的被剥离出了存在论的讨论视域之外，由此那些用来认识世界的观念自身与现实本身毫无关系。由此，批判哲学所构筑的鸿沟不仅隔绝了认知理性与实践理性，同时还实际上否定了被亚里士多德形而上学所构建的范畴与现实存在之间的对应关系

但无可否认的一个事实在于，正是基于康德批判哲学对于近代观念论体系的反省，西方的观念论不是式微了，而是得到更为完善的论证。因为首先，康德较之亚里士多德提出了一种更为完善的范畴演绎体系。这一范畴体系的完整性与演绎的合理性，至少在康德自身看来，已经完成了："我们的知性只能借助范畴，并恰好只能通过这种方式和这个数目的范畴才能构成先验统觉的统一，对于这一特性我们提供进一步理由，正如为什么我们恰好有这些而不是任何别的判断功能，或为什么时间和空间是我们可能直观的唯一形式，也难以提供理由一样。"①

因此在康德的自我认知当中，他的范畴论已经将哲学推到了其前提基础之上，不可能再做进一步的推论和发展。这在后来的观念论的完善当中，显然具有相当的示范效应。黑格尔也因此重新开始了范畴论的演绎，只是后者以更为复杂、更为动态的方式来完成这一工作。黑格尔不

---

① ［德］康德：《纯粹理性批判》，邓晓芒译，人民出版社 2004 年版，第 97 页。

满于康德的，不是其纯化了的范畴演绎，——这一点，黑格尔只是以更为彻底的方式加以贯彻——而是这一范畴演绎仅仅作为一种形式和方法，并因此与内容和被认知的对象本身处于外在关系。因此，黑格尔嘲弄了康德批判哲学对近代观念论的知识学改造，"这就好像人们可以带着刀剑棍棒去寻求真理似的"①。将这种脱离了具体内容的单纯的方法论考察比喻为"一个人在跳下水游泳之前，就想到先学习游泳是同样的"②。但同时，黑格尔却对于康德有关知性的图式，即所谓先验的想象力的构造给予了高度的评价，称其为"康德哲学中最美丽的方面之一"③。因为"通过这个联结作用，纯感性和纯知性这两个此前被说成绝对相反的不同的东西就联系起来了"④。换言之，黑格尔在康德的先验想象力中看到了被康德所区分开的内容与形式，研究方法与研究对象获得了一种可能的融合。因此无论是黑格尔的嘲弄亦或是他的赞赏都表明了黑格尔一种基本的理论态度，那就是拒斥康德以批判的姿态所构筑的现实存在（对象世界）与观念（范畴体系）之间的断裂。

后康德时代的西方观念论根本否定了康德的物自体问题，并试图以各种方式将物自体吞并入理性的视域当中。其中雅克比的批判最富影响力，即康德推演物自体的存在本身所依据的正是知性范畴体系当中的因果律，当康德判定这一物自体存在的时候，实际上已经运用知性的范畴的结果，因此所谓不能被理性所认知的物自体实际上本身就是知性的一次僭越性的运用所得到的一个结果。由此，那彰显着观念与现实之间之断裂的物自体本身却是依赖于因果性范畴而被推论出来的，这只能说明物自体，这个不能被观念所把握的剩余，本身就是观念（范畴体系）内在的逻辑结果。而这意味着哲学形而上学在康德的批判哲学之后仍在努力将被康德分裂开了的观念与现实世界重新弥合。

这一弥合的工作在黑格尔的哲学当中被完成。观念（Die Idee）在黑

---

① ［德］黑格尔：《哲学史讲演录》第 4 卷，贺麟、王太庆译，商务印书馆 1978 年版，第 287 页。

② ［德］黑格尔：《哲学史讲演录》第 4 卷，贺麟、王太庆译，商务印书馆 1978 年版，第 287 页。

③ ［德］黑格尔：《哲学史讲演录》第 4 卷，贺麟、王太庆译，商务印书馆 1978 年版，第 301 页。

④ ［德］黑格尔：《哲学史讲演录》第 4 卷，贺麟、王太庆译，商务印书馆 1978 年版，第 301 页。

格尔那里"是自在自为的真理,是概念和客观性的绝对统一。……理念(即观念——笔者注)的实际的内容只是概念自己的表述,像概念在外部的定在的形式里所表现的那样"①。由此可见,黑格尔观念论中的观念(即理念)所意指的不再是近代观念论传统中对事物的"表象",其所意指的是表象事物之概念与被表象的客观世界之统一性。"观念"在黑格尔这里具有了更具原则高度的规定性。思维与存在之间的统一性在黑格尔的"观念"论中实现出来。由此,这一观念也脱离了纯粹的主观主义与客观主义的色彩,而成为了两者动态的、思辨的统一。这是后康德哲学特有的问题域。经验主义抑或唯理论式的观念论,甚至包括康德对观念论传统的批判,都是建立在观念与客观世界,表象与被表象的世界,思维与存在之间的对峙、分裂基础之上,并在此基础上去思考两者的统一性,经验主义抑或唯理论独断地确定了两者的统一性,而康德则批判地否定了两者的统一性。只有到了黑格尔,这一统一性在动态的思辨逻辑当中才获得了自身合理性的证明。黑格尔的逻辑学中动态的范畴演绎。在这一意义上说,观念论虽然都表现为试图用概念来把握世界,但对于前康德时代的观念论而言,把握世界的概念自身无法脱离客观现实去自我演绎,它们总需要回应概念对客观世界的表象在何种意义上是符合于客观世界的,从而为真的。但在黑格尔的观念论中,客观世界成为了概念自我演绎当中必需的一个环节。在动态的思辨逻辑当中,客观世界与概念之间的统一成为观念演绎自身的无预设的循环,由此真理成为了一个过程,一个整体和大全。

黑格尔的这种动态的思辨观念论在其对康德哲学的批判中得到了精彩的阐释。在其《哲学史讲演录》中,黑格尔特别批判了康德有关"纯粹思维的诸客体是没有手段可以认识它们自己的客观存在的",因为"从概念里是推不出存在来的"②。正如想象中的一百块钱与客观现实的一百块钱之间无法根本等同一样。黑格尔看到了他的观念论与康德的非观念论之间的差异:

"存在在他那里仍然是完全外在于概念的东西,但我们却认为存在是

---

① [德]黑格尔:《小逻辑》,贺麟译,商务印书馆2019年版,第399页。
② [德]黑格尔:《哲学史讲演录》第4卷,贺麟、王太庆译,商务印书馆1978年版,第314页。

概念的外在化。在存在中和在概念中，内容是同一的。"①

　　这种内在的统一性所借助于的是黑格尔在所谓"健康常识"中所存在的扬弃的行动："没有人会愚蠢到像康德哲学那样。当他感到饥饿时，他不会去想象事物，而是去使自己吃饱。一切行动都是一个还没有存在的观念，但是这个观念的主观性正在被扬弃中。同样，通过外部的条件，想象中的一百元钱会变成现实的东西，而现实的东西会成为我们的观念。"②

　　黑格尔完成观念论之建构的方式所依赖的正是客观现实运动，这一运动意味着现实的历史理性的介入。因此，虽然"逻辑学"所构筑的范畴体系是黑格尔观念论的呈现方式，但黑格尔最终却将对观念论的讨论落脚到对所谓合乎理性之"现实性"（die Wirklichkeit）的关照，即与现代社会架构直接相关的"法哲学"的关照。因为黑格尔"法哲学"当中触及的国家，正是作为一种合乎理性的现实性。观念论因此而产生了一个自我转变的契机：即从作为形而上学的范畴论演绎，转变为一种指向社会历史现实的理论形态。观念论，由此不再仅仅是一个纯粹哲学形而上学的问题，同时还可能是对于人类社会历史发展有所理解和改变的社会哲学，在其中，现实的政治制度，现实的人的生活都再一次与观念论的运演产生直接的关系。某种观念的设定，诸如国家的观念，再一次成为了人类社会历史现实发展所迫切需要的树立的范导。观念论，在黑格尔这里，近乎回归了柏拉图时代产生观念论的那个源发语境。

三　马克思的批判：激进的误读与政治哲学的回归

　　德国哲学家卡尔·洛维特将马克思与克尔凯郭尔对黑格尔的攻击视为是"把黑格尔统一起来的东西给分开了；两个人都颠倒了它的理性和现实的和解。马克思以政治哲学为批判对象，而基尔克果（又译为克尔

---

　　① ［德］黑格尔：《哲学史讲演录》第 4 卷，贺麟、王太庆译，商务印书馆 1978 年版，第314—315 页。

　　② ［德］黑格尔：《哲学史讲演录》第 4 卷，贺麟、王太庆译，商务印书馆 1978 年版，第316 页。

凯郭尔）的攻击则针对哲学的基督教。"① 这一论断不仅指出马克思与克尔凯郭尔对于黑格尔观念论的批判，同时还实际上交代了这一批判在马克思与克尔凯郭尔那里所采取的不同方式：马克思借助于政治哲学，克尔凯郭尔则借助于基督教所内含的伦理学。

在此，我们必须指出洛维特的这一指认实际上包含着的另一个更为隐蔽的论断：即马克思用政治哲学的建构批判并拆解了作为形而上学的整个西方观念论传统。

西方的观念论传统在黑格尔的观念论中的完成表现为思维与存在获得一种自觉的统一性，这意味着思维不仅与存在统一，同时还能理解自我理解这种统一性。由此，所有观念之外的现实，不管是自然的，抑或历史的都可以抑或是必须被纳入观念体系当中才能被理解、从而被改变。这一观念论体系所代表的正是一种启蒙哲学的完成。人的自由意志得到了最大限度的显现。它所表达的其实是近代以来理性毫无障碍的一次狂飙突进。观念不仅作为现实的规范，指引着现实的发展，而且还成为衡量现实是否可被称为"现实"的一把尺子。因此，黑格尔的现实，在其合乎理性的意义上，最终也不过就是一种观念。而马克思对于黑格尔所代表的整个西方观念论传统的拒斥，严格说来是对这种被理性所吞噬了的"现实"的拯救。

为何马克思会拒斥黑格尔观念论中思维与存在，观念与现实的和解，从而带来对整个西方观念论的批判？这绝非仅仅源于马克思与黑格尔不同的问题意识，如在《关于费尔巴哈的提纲》的第十一条所作出的那种区分，即所谓"哲学家们只是用不同的方式解释世界，但问题在于改变世界"②。相反，当黑格尔以对法哲学的讨论作为他晚年哲学研究的重心之所在的时候，黑格尔的观念论就绝非仅仅试图落脚于"解释世界"。作为生活在 18 世纪末的德国哲学家，黑格尔与其同代思想家都面临着这一时期当中特有的一个"德意志"民族特有的社会现实：即一个统一的德意志文化与哲学的繁盛，却并没有带来一个统一的德意志"国家"。这种思想文化上的先进与政治国家体制上的落后成为了当时德意志思想家共同的时代问题。黑格尔是德国观念论中第一位自觉地将时代纳入哲学思

---

① ［德］卡尔·洛维特：《从黑格尔到尼采》，李秋零译，三联书店 2014 年版，第 183 页。
② 《马克思恩格斯文集》第 1 卷，人民出版社 2009 年版，第 502 页。

考的哲学家，因此他的观念论，严格说来也并非是"睡帽中的革命"，书斋里为了解释世界的概念推演。在这一点上，美国学者特里·平卡德（Terry Pinkard）的观点值得关注："他们（18 世纪末的德意志思想家们——笔者注）绝不是'不关心政治的'，他们在实践上或在政治上也不是无动于衷的。实际上，他们当时正经历着向现代生活的剧烈转变，而这影响了他们对所有事物的理解。为了理解德国哲学，我们必须谨记，如黑格尔所言，真理是整体，观念和社会结构不能被截然区分为两个不同的部分，并且他们是相互从属的，有时会相互适应，而有时则会相互对抗并引发某种改变——而且'改变'在当时的'德意志'的确是流行的。"① 换言之，当时改变世界，近乎成为了德国近代哲学共同的理论诉求，只是对于究竟以何种方式来改变世界，有着完全不同的看法。对于生活在 18 世纪末的黑格尔来说，提出"国家"的概念作为一种理念，本身是一个极为激进的法的规范，其所针对的是分裂中的德意志的社会现实的一种改变策略。

因此，黑格尔的法哲学虽然是一个观念论的产物，但却并非全然是保守的，特别是对于 1830 年代的德国来说，更是如此。他试图用法的观念论建构超越当时分裂的德国已经存在着的市民社会和家庭，后两者都被黑格尔视为是片面的，被限定的，因此是有待扬弃的。

马克思对于黑格尔所持有的观念论的批判起始于黑格尔的法哲学，而非其逻辑学，这也绝非偶然。法哲学是黑格尔用观念论体系来容纳社会现实的主要手段。但由于马克思以记者的身份直接介入到了社会现实，在对《林木盗窃法》的报道中，马克思发现由市民社会的兴起而导致的物质利益的纷争绝非是能够被理性所理解和容纳的。因此当马克思试图在黑格尔的法哲学当中去找寻一种批判社会现实的手段的时候，发现黑格尔特有的和解式的观念论，只能是一种主观的幻想，并不符合真实的社会现实。换言之，正是由于马克思的哲学起点在于物质利益的纷争而非源于合乎理性的逻辑起点，使得马克思一开始就着意于拆解观念论体系的自我和解。因此当他开始在黑格尔的法哲学当中找寻讨论这一物质利益之纷争的社会现实的时候，他却发现黑格尔的法哲学所给出的却是

---

① ［美］特里·平卡德：《德国哲学 1760—1860：观念论的遗产》，侯振武译，中国人民大学出版社 2019 年版，第 3 页。

一个"逻辑的泛神论的神秘主义",在其中"现实性不是被看作这种现实性本身,而是被看做某种其他的现实性。由此可以得出这样的结论:普遍经验的规律不是普遍经验本身的精神,而是别的精神;另一方面,现实的理念的定在不是从自身中发展起来的现实,而是普遍的经验。"①

对于马克思来说,将可被经验到的现实性视为"非现实的",反而将与一种想象中的理念相符合的统一性视为"现实性"是荒谬的。马克思批判黑格尔,打破观念的主要目的是正是恢复哲学家对于社会现实经验的直面及其批判。其基本方式呈现为一种颠倒的形式:例如针对于黑格尔将国家设定为理念,将市民社会和家庭视为有待扬弃的片面性规定,马克思的批判简单而直接:"理念变成了独立的主体,而家庭和市民社会对国家的现实关系变成了理念所具有的想象的内部活动。实际上,家庭和市民社会是国家的前提,它们才是真正的活动者。而思辨的思维却把这一切头足倒置。"② 如果将这种颠倒仅仅被理解为一种决定与被决定的概念互换,那么马克思对于黑格尔的颠倒最终也不过是落入海德格尔对萨特曾有的指责:"一种形而上学的颠倒仍然是一种形而上学。"如果马克思仅仅是用市民社会和家庭替代了国家作为决定性要素,那么马克思并没有打破黑格尔法哲学所构筑的观念论传统。但实际上,市民社会作为德国当时刚刚兴起的社会现实,将其作为决定性要素的关键在于击碎了理念内在统一性。因此对于马克思而言,现实性就是活生生的社会现实本身,而并非是与理性统一的现实性。对于黑格尔来说,马克思所关注的被物质利益所操控的现实只能是理念的一种具片面的定在。

由此,马克思对于黑格尔所完成的观念论体系的批判,严格说来是一种拆解,而非颠倒。那么这是否意味着马克思不再试图为四分五裂的德国现实提出一个激进的理念,如国家,作为改变社会现实的最终旨归?并非如此,马克思对于德国观念论传统的不满,并不在于其对于主体能动性的凸显,甚至也并非在于激进理念的设定,而是在于黑格尔的观念论最终依赖于将所有非理性的客观现实作为理性内在的自我设定,并由此导致了两个结果:第一,客观现实与激进理念的对立仅仅是思维内在的自我对立,这显露出一种成熟的观念论体系特有的理论的天真,而实

---

① 《马克思恩格斯全集》第 1 卷,人民出版社 1956 年版,第 250 页。
② 《马克思恩格斯全集》第 1 卷,人民出版社 1956 年版,第 250—251 页。

际上客观现实中的斗争从未能如思想家对它的理解和设计去发展，相反，它们总是朝向与理性规划并不一致的方向展开自身。第二，由此，客观现实中存在的矛盾与斗争在观念论中被思辨辩证法转变成为了主观思维内在的斗争。其最终的结果是导致了其原有的激进性变成了一种纯粹思维的能动性。当黑格尔以逻辑学的演绎方式来诠释西方观念论传统的完成之后，他的理论在其彻底性上走到了他曾经反对的主观主义的片面性。在这一意义上说青年黑格尔派是将黑格尔的观念论传统推至极致化之后的一种表现形式。而马克思在其自身思想的成长过程中对黑格尔观念论所给出的激进的批判，就其实质性的指向上总是青年黑格尔派。这种激进的误读暗含着一种理论上更为彻底的拯救。如果说青年黑格尔派从黑格尔凸显和解与统一的观念论中拯救出了其激进的"能动性"原则，但却将其囿于自我意识的主观主义藩篱之中，那么马克思则进一步从青年黑格尔派中剥离了其能动性的主观主义色彩，将被观念论所预设的思维的能动性转变为一种现实的能动性。

也正因如此，马克思对于黑格尔的观念论的批判当中包含着诸多显而易见的误读，即马克思是在将黑格尔的观念论矮化为青年黑格尔派的主观主义观念论之后，又对其进行了无情的批判。

例如：在《1844年经济学哲学手稿》中，马克思对黑格尔的批判仅仅围绕的是黑格尔哲学的思辨属性，即思维与存在的预先统一性。于是，在黑格尔那里，对于诸如财富、国家权力等等都仅仅以思维形式获得自身的存在的本质性规定，因此依赖于异化和对象化所触及到的社会现实，最终也仅仅被囿于纯思维的规定当中："因此，全部外化历史和外化的全部消除，不过是抽象的、绝对的思维的生产史，即逻辑的思辨的思维的生产史。"①与之相应的是，黑格尔即便抓住了人的自我产生中劳动所具有的重要意义，但"黑格尔唯一知道并承认的劳动是抽象的精神的劳动"②。并在劳动中完成一种对自我的确证，在其中"他只看到劳动的积极的方面，没有看到它的消极的方面"③。

然而马克思在此对于黑格尔的批判，建基于将黑格尔的自我意识直

---

① 《马克思恩格斯文集》第1卷，人民出版社2009年版，第203页。
② 《马克思恩格斯文集》第1卷，人民出版社2009年版，第203页。
③ 《马克思恩格斯文集》第1卷，人民出版社2009年版，第205页。

接等同于人的本质，人①，在这种简单的颠倒当中，马克思根本上消解了黑格尔"精神"哲学固有的客观性，将一种需要在客观现实当中获得自身确证的客观观念论转变成为了仅仅囿于内在意识的主观观念论。由此，黑格尔哲学与主张自我意识的青年黑格尔派没有了本质上的区别。

在这同一逻辑的关照之下，在《神圣家族》中，马克思进一步揭示了所谓黑格尔的思辨结构的秘密：

马克思说："如果我从现实的苹果、梨、草莓、扁桃中得出'果实'这个一般的观念，如果再进一步想象我从现实的果实中得到'果实'这个抽象观念就是存在于我身外的一种本质，而且是梨、苹果等等的真正的本质，那末我就宣布（用思辨的话说）'果实'是梨、苹果、扁桃等等的实体，所以我说：对梨说来，决定梨成为梨的那些方面是非本质的，对苹果说来，决定苹果成为苹果的那些方面也是非本质的。作为它们的本质并不是它们那种可以感触得到的实际的定在，而是我从它们中抽象出来又硬给他们塞进去的本质，即我的观念中的本质——'果实'。于是我就宣布：苹果、梨、扁桃等等是'果实'的简单的存在形式，是它的样态。"②

对于思辨结构秘密的阐释是如此精彩以至于人们很容易忽视其中所包含的马克思对黑格尔的误读。马克思在此指认了现实存在物的苹果、梨、扁桃是如何被内化为"果实"的概念，并以后者为前者的本质和真理。对这个思辨结构展开的描述无疑是精准的。但问题在于马克思混淆了这样一个事实：思辨结构的提出带有着认识论的底色，思辨结构将概念作为现实的本质，并将现实视为概念的化身，这一原则总是在认识论的意义上具有合法性。因此当马克思极具讽刺地认为哲学家以思辨的方式"创造出"这些果实，即以黑格尔为代表的思辨哲学家"完成了一次创造行动"③ 时，这种批判显然有其偏颇之处，因为这种创造从来不是一个从"无"到"有"、点石成金的神秘行动，而仅仅是在人认知世界的层面上的"创造"。否弃它的合法性，马克思将会让自己的哲学退回到 18 世纪的粗陋的唯物主义。但马克思对于思辨结构的这种近乎倒退式的批

---

① 参见《马克思恩格斯文集》第 1 卷，人民出版社 2009 年版，第 207 页。
② 《马克思恩格斯全集》第 2 卷，人民出版社 1957 年版，第 71—72 页。
③ 具体论述参见《马克思恩格斯文集》第 1 卷，人民出版社 2009 年版，第 279 页。

判彰显了其理论的彻底性，在思辨精神肆虐的时代，这种类似矫枉过正的理论构建也许是唯一有效的选择。①马克思对思辨结构的嘲弄不仅砍断了思维与存在之间的统一性，更为重要的是，它同时凸显了被黑格尔仅仅作为中介的现存的社会现实的优先性。

　　游走在哲学与经济学之间，马克思向唯物主义的这种倒退没有带来粗陋的唯物主义的复苏。相反，当马克思将区别于思维的"存在"归入到"社会现实"的范畴之下的时候，马克思反而重新恢复了与黑格尔的关联。因为正是黑格尔第一次将历史性的思维引入哲学，并在观念论的传统中恢复了"客观性"（现实性）的一席之地，尽管在绝对精神的最终环节上一切都归于思辨逻辑之内，但这种对彻底的主观主义的批判最终帮助马克思在唯心主义与唯物主义之间，在退与进之间找到了属于自己的理论话语。

　　马克思哲学的现实性绝不仅在于他对于资本主义社会的异化现象的洞悉与分析，更为重要的是他探寻到了改变这一现实的现实路径。正因如此，马克思对于观念论传统的批判的目的从一开始就突破了对形而上学的改造，转而带有强烈的政治斗争何以可能的现实指向，原本纯粹哲学的问题在马克思这里被转变为一种政治哲学的问题。它表现在：理论上对"改变世界"的呼唤，在相应的政治话语当中即为"革命"。反之同样成立，当社会现实为马克思的革命提供了鲜活的经验之际，为了以理论的方式去反映这一经验，不仅意味着对于革命事实的分析与讨论，同时还意味着对于这种形而上学的思辨统一性的批判。由此，在《神圣家族》当中，被马克思矮化了的黑格尔及其青年黑格尔派的代表，作为一群观念论者被马克思所批判的重心已从哲学的思辨统一性转向了现实斗争的可能性：

　　被马克思称之为批判的批判者，也就是一群青年黑格尔派的观念论者们"屈从于自己的创造物，他们在幻象、观念、教条和臆想的存在物的枷锁下日益萎靡消沉，我们要把他们从中解放出来"②，因为"照批判

---

　　①　阿尔都塞在《保卫马克思》中曾更为系统地指出青年马克思的倒退："依靠康德和费希特的帮助，马克思退到了十八世纪末；依靠费尔巴哈的帮助，他退到了十八世纪理论历史的重心……"（［法］阿尔都塞：《保卫马克思》，顾良译，商务印书馆 2010 年版，第 18 页）

　　②　《马克思恩格斯文集》第 1 卷，人民出版社 2009 年版，第 509 页。

的批判的意见，一切祸害都只能在工人们的'思维'中。……但是，这些群众的共产主义的工人，例如在曼彻斯特和里昂的工场中做工的人，并不认为用'纯粹的思维'就能够摆脱自己的企业主和他们自己实际的屈辱地位。他们非常痛苦地感觉到存在和思维之间、意识和生活之间的差别。"①

　　对这种差别的强调是马克思用以击碎思辨观念论的典型立场，而它的方式以及其所导致的直接的后果则是马克思的政治哲学转向。由此马克思的语言充满了现实的火药味，显现出一种与纯粹哲学范式的直接脱离：哲学的批判成为现实的斗争，对真理的追求成为了对一个崭新世界的追求。马克思鲜明地指出："把批判和实际斗争看作同一件事情，在这种情况下，我们不是教条地以新原理面向世界：真理在这里，下跪吧！我们是从世界的原理中为世界阐发新原理。我们并不向世界说：停止你那些斗争吧，它们都是愚蠢之举；我们要向世界喊出真正的斗争口号。"②

　　马克思对观念论的批判，让观念论去除了在其发展过程中的形而上学色彩，让哲学再一次成为直面现实社会政治体制的一种思想建构。真理，不是一种思辨形而上学的主旨，而是人类社会现实运动所诉求的对象，在这一意义上，柏拉图曾经构筑观念论的理论初衷被重新复活出来。在这一意义上，马克思批判观念论之后所构筑的思想体系或许并非远离了哲学，而是回到了哲学诞生之初的根本动因：为人类生活共同体探寻一个更好的政治谋划。

---

① 《马克思恩格斯文集》第1卷，人民出版社2009年版，第273页。
② 《马克思恩格斯文集》第10卷，人民出版社2009年版，第9页。

马克思恩格斯研究的
思想史方法及其限度

——与西方"马克思学"的批判对话

张　亮[*]

　　20 世纪 30 年代，也就是马克思逝世半个世纪后，西方"马克思学"的学术发展日趋规范，其思想史研究方法逐渐达到西方学院化研究的普遍水平，先后发展出文献考订法、基于文本的思想阐释法、差异分析法等具有自身特殊性的规范化研究方法，并在近 40 年中表露出一种明显的方法论的"解释学转向"[①]。历史地看，这些思想史研究方法不仅推动了西方"马克思学"的规范化发展，而且通过学术竞争的方式，客观上对苏联东欧以及中国的马克思恩格斯研究的科学发展发挥了促进作用。中国的马克思恩格斯研究之所以能在 50 年左右快速度过"学徒"期，达到今天的科学化水平，从某种意义上讲，与这些方法的"磨刀石"作用有直接关系。不过，值得注意的是，不少国内同行似乎并没有意识到"学徒"期已经结束，依旧亦步亦趋地追随、应用这些方法，仿佛我们曾经是因而将永远是"学徒"！也就是说，中国学术界必须尽快克服不合时宜

　　[*] 基金项目：国家社科基金重大项目"西方'马克思学'形成和发展、意识形态本质及其当代走向研究"（13&ZD070）

　　作者简介：张亮，男，江苏徐州人，南京大学马克思主义社会理论研究中心暨哲学系教授、博士生导师，教育部长江学者（青年学者），主要从事国外马克思主义哲学、马克思恩格斯研究等领域的研究。

　　[①] 张亮：《西方"马克思学"研究方法的历史演替及其当代走向——纪念马克思诞辰 200 周年》，《山东社会科学》2018 年第 1 期。

的"学徒"心态，基于自身足以和西方学界平等对话的科学研究成果，批判继承这些方法，形成具有中国特色的科学方法体系，不负世界马克思主义学术界的期待，将中国建成 21 世纪国际马克思恩格斯科学研究的新中心！

一 过犹不及：文献考订方法及其"神话"

巧妇难为无米之炊。没有充分可靠的文献，再优秀的思想史研究者也只能枉自嗟叹。19 世纪 90 年代初以后，随着欧洲工人阶级政党取得越来越大的政治成功，国际社会主义以及资产阶级学术界都产生了越来越强烈的马克思和马克思主义研究需要，首当其冲的拦路虎就是缺乏必要的马克思文献。作为一位严谨的科学真理探索者，马克思总是以极为苛刻的标准对待自己的作品，因此生前公开出版的著作并不多，但他留下了六大箱手稿遗产。这些手稿遗产的保存状况并不理想，以至于恩格斯花了 1 年时间，才把它们连同马克思的藏书初步整理清楚①。1911 年，奥地利马克思主义者以及当时流亡奥地利的俄国马克思主义学者梁赞诺夫联名提出"维也纳计划"，倡议根据马克思的手稿遗产，运用文献考订方法编辑出版高质量的马克思著作全集，但被德国社会民主党人婉拒。十月革命胜利后，在列宁的支持下，梁赞诺夫终于有机会实现自己当年的学术理想，领导实施《马克思恩格斯全集》历史考订版（MEGA1）的编辑出版工作②。MEGA1 的方法论基础是文献考订方法，就是希望"通过清晰的编排，准确地再现马克思和恩格斯的全部思想遗产"，其应当"提供的是……全部以手稿形式遗留下来的未发表的著作、全部发表过的文章和未完成稿"，"除了发表马克思和恩格斯本人的全部书信外，还发表第三者写给他们的全部书信"，"全部著作和书信都以原著文字发表"③，就这样，凭借 MEGA1 的横空出世，文献考订方法，这一起源于 18 世纪

---

① 《马克思恩格斯全集》第 36 卷，人民出版社 1975 年版，第 129 页。
② 赵玉兰：《梁赞诺夫与〈马克思恩格斯全集〉历史考订版的渊源》，《中国社会科学》2010 年第 6 期。
③ ［苏］梁赞诺夫：《〈马克思恩格斯全集〉历史考订版第 1 版前言》，《马克思主义研究资料》第 29 卷，中央编译出版社 2015 年版，第 221 页。

末19世纪初的西方古典学研究，过去主要运用于马丁·路德、康德等德国"古典"时代大思想家著作编辑出版的规范化方法，被史无前例地运用到了马克思恩格斯这两位具有巨大现实性的伟大思想家身上。

在马克思恩格斯研究中，文献考订方法是一项基础性的方法。只有在运用它编辑整理出来的可靠文本系统基础上，科学的马克思恩格斯思想史研究才不是空中楼阁。具体说来，文献考订方法需要完成下列工作。第一，马克思手稿的文字识别。马克思的书法不仅具有19世纪的特征，而且富于个性，极难识别。只有经过专业人士审慎的识别，马克思的手稿才能从看得见的"天书"转变为可阅读的文本。第二，马克思散乱手稿的文本结构恢复。马克思手稿有的是成本的，有的则是未装订的散页，后者的文本结构很容易被破坏。只有经过仔细的考订，后者被破坏的文本结构才能得到不同程度的恢复，便于思想史研究者使用。第三，马克思手稿创作时序的确定。越是到思想发展的关键时刻，马克思的创作活动就越活跃，会在较短时间内经历剧烈而复杂的变化并留下系列手稿。对于思想史研究来说，这些手稿的创作时序无疑非常重要，但马克思本人通常无暇也无意专门标记它们，只能通过精细的比较鉴别加以确定或大致推定。第四，文稿真实归属的考订。马克思恩格斯曾匿名或者未署名发表过一些文章，出于友谊和相互帮助的需要，他们还曾相互代笔并发表过一些文章，且未留下明确的交代。哪些匿名或未署名文稿是马克思恩格斯创作的？某些署名文稿的实际作者究竟是马克思还是恩格斯？这些都只有经过深入的考订方能确定。第五，历史性的名词、术语、概念等的考订。马克思的手稿创作是历史性的。随着时间的流逝，手稿中涉及的许多人物、著作、器物、事件等会被人淡忘甚至遗忘，术语、概念等涵义会发生或小或大的改变。只有经过必要的考订，这些历史性的名词、术语、概念才能从理解的障碍甚至陷阱，变成准确理解的多元坐标系。

文献考订方法是马克思主义者倡导的，但后来似乎变成了西方"马克思学"的"专利"。第二次世界大战前，西方"马克思学"总体上不怎么关注文献考订方法，一则MEGA1当时的流传不广泛，限制了西方学界对这一方法的了解，二则当时的西方"马克思学"还没有或不愿承认马克思是一位伟大思想家，从内心里排斥用这种过往都是应用于伟大思想家的方法来对待马克思恩格斯的文本。第二次世界大战后，随着苏联马克思主义取得越来越大的成功，西方"马克思学"开始重视这一方法，甚至力图通过运用这一方法达成反对苏联马克思主义的目的。标榜自己是梁赞诺夫 MEGA1 学术传统继承人的马克西米里安·吕贝尔就曾直言不讳地说，他之所以要为梁赞诺夫传统即文献考订方法申辩，是因为"我（吕贝尔——引者注）把它理解为对各种蒙昧主义理论体系的传播在理论上所做的自卫还击"①。20 世纪 70 年代，苏联和民主德国启动新的《马克思恩格斯全集》历史考订版（MEGA2）的编辑出版工作，但西方"马克思学"却拒斥这一运用文献考订方法的最新科学成果，理由是该方法被意识形态渗透了。然而，当苏联解体、东欧剧变、MEGA2 的话语权转移到西方"马克思学"手中后，我们看到，西方"马克思学"却极力标榜文献考订方法是真正的科学方法，同时试图贬抑老 MEGA2，将自己塑造为文献考订方法的唯一合法"传人"②。

　　从梁赞诺夫到西方"马克思学"，从 MEGA1 到老 MEGA2 再到新MEGA2，一个世纪多以来，文献考订方法不断证明自己不可撼动的基础性地位与作用，同时也让我们看到，这一方法也有其不可超越的界限，一旦越界就会膨胀为新的"神话"。首先是文本即目标神话。就像烹饪一样，无论如何强调食材品质的重要性，食客们都清楚，食材再好，也不天然就是美食。无论如何肯定其重要性，我们都必须看到，文献考订方法只是一项重要的基础加工方法，其使命就在于为后续的深加工提供合格乃至优质的原料。但在某些西方"马克思学"家及其国内追随者那里，马克思恩格斯研究的目标不是思想而是文本，仿佛只要有了考订精良的文本，思想就自然呈现了，只要确定了文本的创作过程，思想的发生过程就不言自明了。其次是文本结构与历史重建的完全可能性神话。马克思手稿当然存在客观的、唯一的历史与结构。但这种客观唯一的历史与结构能否得到有效重建，既取决于方法是否科学，也取决于手稿保存现状是否允许。历史地看，马克思恩格斯那些保存现状较好的手稿都已经

　　① Maximilien Rubel, "Preface to the English Edition", in *Maximilien Rubel, Marx, Life and Works*, trans. by Mary Bottomore, New York: Facts On File, Inc. 1979.

　　② 明克勒：《从柱顶圣人到经典作家——对〈马克思恩格斯全集〉历史考订版（MEGA2）的回顾与前瞻》，《马克思主义与现实》2013 年第 5 期。

得到了有效重建，且在学术界形成共识，剩余极小部分保存现状不好的手稿在客观上都不具备有效重建的基础。然而，某些西方"马克思学"家及其国内追随者却偏执地相信，所有手稿的有效重建都是完全可能的！许多无谓的争论因此而生。最后是文献考订的绝对客观性神话。文献考订工作是由具体的学者承担的，无论如何克制，后者的政治与学术态度、立场都不可能完全不影响其工作。就此而言，文献考订无法做到绝对客观。冷战结束前，西方"马克思学"家抨击苏联、东欧学者的文献考订有意识形态性，因而是不科学、不值得信任的。可如今，某些西方"马克思学"家及其国内追随者却标榜自己的工作是绝对客观的，成果是不容置疑的，仿佛他们生活在意识形态真空中似的。

二　适可而止：基于文本的思想阐释方法及其限度

基于文本的思想阐释是近现代西方哲学史和文学史的基本研究方法。该方法把哲学和文学文本从本质上看作世界观或信念的陈述，研究者的任务就是发掘、阐释包含在文本中的世界观或信念，以及它们的形成与发展。这一方法看起来很学术、很"高大上"，其实有非常基础、平常的应用：基础教育中的阅读理解，用的就是这种方法！当然，两者的差别是巨大的。首先，哲学史和文学史研究面对的文本更多样、更复杂，除了公开出版物，还有手稿、笔记、书信、对话访谈记录等未完成、非公开的文本，包含在这些文本中的世界观或信念往往是含糊的、碎片化的甚至是矛盾冲突的，总之，不是轻而易举就能完整把握的。其次，哲学史和文学史的理解主体具有更强的主体性，他们不像未成年人那样犹如一潭清澈的池水，简单地反映、接受文本的倒影，而是像成分不同的酸液，要把文本按照自己的方式进行清洗，然后建构出自己认同的思想世界来。最后，哲学史和文学史研究受时代潮流的影响更深入，例如，弗里德里希·荷尔德林被遗忘了近一个世纪后才被重新发现，列入德国历史上伟大诗人的行列，英国小说家戴维·劳伦斯的《查泰莱夫人的情人》出版后长期被斥为"色情小说"，但最终成功在世界文学史上找到了自己的位置。上述原因最终导致基于文本的思想阐释是一种看似简单然则只有经过长期训练才能掌握的精妙"技艺"。

　　西方"马克思学"对基于文本的思想阐释方法的引入、运用经历了一个较为复杂的变化过程。十月革命前，除了极个别可以使用马克思恩格斯手稿的第二国际理论家外，绝大多数一般研究者都不得不借助前者的阐发，对相当有限的马克思恩格斯文本进行再阐释，在这种条件下，基于文本的思想阐释显然不具有太大的现实性。十月革命后，在苏联的大力推动下，马克思恩格斯文献的编辑出版进入一个新时代，越来越多的文献从上锁的密室里来到研究者的案头，不断丰富思想阐释的文本来源，MEGA1 的出现更是使文本的质量得到有力保障。与此同时，经过 30 多年的发展，进入 20 世纪 30 年代以后，西方"马克思学"的规范化程度也发生质的变化，少数学者开始自觉地要求直接基于马克思恩格斯的文本对他们的思想进行阐释，若干至今仍具有学术价值的论著随之出现，如悉尼·胡克的《对卡尔·马克思的理解》（1933）、《从黑格尔到马克思》（1936）、以赛亚·伯林的《卡尔·马克思的生平与环境》（1939）等。第二次世界大战结束后，基于文本的思想阐释方法在西方"马克思学"研究中日益普及，并与越来越丰富的马克思恩格斯文本相结合，产生了丰富的学术成果，推动西方"马克思学"走向全盛。从文本中研究者究竟希望阐释出什么呢？一般说来，研究者是希望阐释出文本作者客观的因而也应当是唯一确定的世界观或信念及其发展变化。不过，在学术史上存在一种颇为普遍的现象，就是一门学术研究经过长期成熟发展后会出现所谓的"解释学转向"，即研究者不再执着于文本中曾经存在过的那个思想世界，而更在意自己对那个思想世界的主体建构，用中国哲学的话讲，就是从"我注六经"走向"六经注我"。就西方"马克思学"而言，这种转向大约出现于 20 世纪 80 年代初，至 90 年代以后变得逐渐清晰可辨。

　　20 世纪 90 年代末，南京大学张一兵教授针对国内已有基于教科书原理体系阐释马克思文本的传统研究方法，提出"回到马克思"口号①，主张基于文本阐释马克思的思想，在国内学界产生广泛影响，引领、推动国内马克思主义研究方法的根本转变。从根本上讲，"回到马克思"倡导

---

　　①　张一兵：《回到马克思——经济学语境中的哲学话语》，江苏人民出版社 1999 年版。

的文本学研究方法是中国传统优良治学方法的当代创造性继承和转化，与西方"马克思学"基于文本的思想阐释方法确有殊途同归之妙。两者的分野在于，前者具有更强的自我反思精神，拒绝把自己绝对化，从而能够发现后者不能完全自觉的各种界限。

第一，任何阐释都具有内在的不可逾越的"理解的前结构"。基于文本的思想阐释能够通达文本的绝对客观性吗？绝大多数西方"马克思学"家往往不思考或者回避思考这个问题。20世纪的科学哲学家早就发现，即便单纯的观察这种经验活动都"渗透着理论"[1]，更何况阐释这种理性建构活动呢？就其本质而言，基于文本的思想阐释同样是一种具有主体性的再建构活动，渗透在这种再建构活动中的"理解的前结构"是不可扬弃、不可逾越的，会内在限定人们对马克思恩格斯文本所提出的"总问题"，进而大致决定再建构出的思想图景的基本轮廓与趋势。例如，人们通常以为自己面对的是马克思恩格斯的一个一个文本，而事实上人们是以对马克思恩格斯思想发展的总体模型为中介去面对这些文本的。作为"理解的前结构"的总体模型不同，人们解读出来的思想及对它们的判定也就不同。同样的《1844年经济学哲学手稿》，在相信马克思思想发展是一个线性进化过程的苏联学界眼中，和在与苏联学界截然相反、认为马克思思想发展是一个不断倒退、退化过程的西方"马克思学"眼中，形象、地位自然是不同的。为什么我们会认为《1844年经济学哲学手稿》是马克思主义形成过程中的一个高峰，但其本身却是不成熟的、过渡性的？说到底，是因为我们认同的马克思思想发展模式更辩证也更符合伟大思想家的一般发展规律：马克思主义的形成是一个基于两条不同逻辑的多次结构突变过程，《1844年经济学哲学手稿》是这种突变过程中的最高峰，但马克思主义在形成之后的发展则具有更典型的累积进化特征。

第二，思想阐释必须基于文本，但绝不是说文本越多就一定越好。不少西方"马克思学"家及其中国追随者都有文本崇拜心理，一心想占有更多的文本，以为这样就能更好地阐释马克思恩格斯的思想及其变化。对于思想阐释而言，文本越多就一定越好吗？这要看文本的类型。马克思恩格斯数量庞大的文本遗产可以分四种类型。一是马克思恩格斯本人

---

[1]　［美］N. R. 汉森：《发现的模式》，邢新力等译，中国国际广播出版社1988年版，第22页。

生前的公开出版物。这类文本清晰、稳定地展现了马克思恩格斯在特定时间点的思想图景，是人们对他们进行思想阐释的标准剖面。不过，这类文本有点像大海上的冰山，不仅数量少，而且只能看见复杂、庞大过程的局部（特定阶段的思想发展终点）。二是前者的过程性文献，如手稿、准备材料等。这类文本虽然是未完成的，表达的清晰性和思想结构的稳定性也不如前者，但却在基本确定的框架中展现了马克思恩格斯思想发展更丰富、更生动的细节，更便于观察他们的思想生成过程与机制。三是马克思恩格斯的摘录、笔记和批注等自由探索型文本。在这类往往是高度碎片化的开放式文本中，处于理论突破前夜的马克思恩格斯进行着自由而艰难的思想探索，璀璨的思想闪光不时划过黑暗的夜空，令人着迷。它们为何以及如何出现？相互间是否存在联系以及何种联系？这些曾经客观存在过的原因事实上已经退隐到文本碎片间的黑暗中，较难甚至很难再确定把握。四是马克思恩格斯的书信（包括马恩所写的书信以及别人写给他们的书信）。这类文本通常是依附性的，其可利用程度与依附其上的前三类相关文本的保存状况有关。研究马克思恩格斯的思想形成与发展，当然应当基于确定性探索可能性与未知，在充分依靠第一类文本的前提下，综合使用四类文本。但不少西方"马克思学"家及其中国追随者往往不重视甚至不信任乃至排斥第一类文本，迷信、片面倚重第三类文本，结果只能是占有的越多，想象的无限可能性越多，但方位感和确定性越丧失，与其他研究者达成共识也越困难。

　　第三，思想阐释需要回到社会历史语境，但历史事实的细节也绝非越多越好。马克思恩格斯的思想是在具体的社会历史语境中创造、发展起来的，所谓文本也都是在这种社会历史语境中被创作出来的。因此，要想更好地把握文本，不能仅仅以文本为中心，还需要回到文本得以创作的历史语境中去。怎样才能回到过去的社会历史语境呢？这就需要基于充分历史细节的历史语境重建。第二次世界大战后，西方"马克思学"在这个方面做了很多工作，也取得很大成绩。不过，近年来，尤其是进入 21 世纪以来，一些西方"马克思学"家对马克思恩格斯时代的历史细节尤其是私人生活史表现出了越来越强的探求冲动，仿佛这样的历史事实越多越有利于阐释思想似的。这种冲动显然是偏执的。就像历史语境主义思想家昆廷·斯金纳指出的那样，"所有的哲学文本，不管它们有多么抽象，都是一种论战性的介入，都是在参与当时存在的辩论。……如果所有哲学文本都是一种朝向公共领域的社会行动，那么我们最终得到的不是某个个别作家的文本，而是话语。要理解其中一个文本就必须同时理解其他所有文本"①。回到社会历史语境，关键是回到马克思恩格斯与那个时代的思想关系。在马克思恩格斯时代的无穷历史事实中，只有那些与这种思想关系有内在联系的历史事实才是真正有价值的，也才是越多越好的。

第四，思想阐释需要激发主体性，但决不能经由主体性走向主观主义。20世纪80年代以后，西方"马克思学"的"解释学转向"悄然出现。这在很大程度上与解释学、后现代主义思潮等对西方"马克思学"的方法论影响有关。"解释学转向"的亲历者特瑞尔·卡弗就说："伽达默尔和利科的解释学、德里达的解构，以及剑桥的'情境主义者'，都极大地改变了对文献的理解方式，也同时改变了对作者意图、语言本身的地位和重要性以及书写者本人角色的看法等。对马克思的阐释工作有必要与这种后现代思想时代保持同步。"② 就打破文本中心主义、更强激发研究者的阐释主体性而言，西方"马克思学"的"解释学转向"确实发挥过积极作用。不过，当这种转向越走越远时，我们看到，以马克思恩格斯为中心的思想史研究和以自我为中心的思想创造、"照着讲"和"接着讲"的应有界限被突破，应当"照着"马克思恩格斯"讲"的舞台，变成了不同的"马克思学"家放飞自我肆意"接着讲"的秀场。也就是说，激发主体性原本是为了更好地通达客观性，结果，主体凸显了，客体却被遮蔽了。这种主观主义显然不是人们想要的。

三　不语怪力乱神：差异分析方法及其限度

差异分析方法是一种主要由西方"马克思学"发展出来的、用于解

---

① ［英］昆廷·斯金纳：《国家与自由：斯金纳访华讲演录》，李强、张新刚主编，北京大学出版社2018年版，第8页。

② ［美］卡弗：《政治性写作：后现代视野中的马克思形象》，张秀琴译，北京师范大学出版社2009年版，第2页。

释马克思恩格斯思想关系的思想史研究方法。简单地讲，这一方法就是同中挑异，通过罗列对比马克思恩格斯在具体观点表述层次上的差异，否定马克思恩格斯思想的内在同一论，隐射或引申出马克思恩格斯存在差异乃至对立的结论。与科学技术的发展方式不同，哲学社会科学的创新发展较少通过合作方式完成，像马克思恩格斯这样全面深入的理论合作无疑是空前的。那么，应当怎么看待马克思恩格斯的这种合作关系呢？"横看成岭侧成峰，远近高低各不同。"选择不同的视角，自然会看到不同的景观。马克思的女婿保尔·拉法格等在马克思恩格斯教导下成长起来的马克思主义者大多坚信，马克思和恩格斯是一个不可分割的整体，恩格斯"是马克思的 alter ego［第二个我］"①。资产阶级学者则更希望看见两者的差异，甚至臆想两者基于伟大友谊的伟大合作的"虚假性"："1844 年以来，关于凶恶的恩格斯诱骗善良的马克思的小品文多得不胜枚举。它们与另一类关于阿利曼——马克思把奥尔穆兹德——恩格斯诱离正路的小品文交替出现。"②尽管伯恩斯坦在 19 世纪末、卢卡奇在 20 世纪 20年代初就以不同方式提出马克思恩格斯的关系问题，但西方"马克思学"真正开始关注这个问题进而发展差异分析方法，却是 20 世纪 30 年代以后的事情了。那时候，以苏联的巨大成功为背景，形成中的斯大林主义不断强化自己在国际马克思主义阵营中的领导地位，给社会民主主义、新兴的"第四国际"托洛茨基主义带来巨大压力，后两者也不断采取行动，力图通过指认恩格斯是斯大林主义、苏联马克思主义的直接源头来否定后者的理论正统性。这种拍口袋（恩格斯）打驴（斯大林主义）的伎俩很快在受后两者影响的西方"马克思学"家那里得到应用，进而在 20 世纪 60—80 年代成为一种相当流行的研究方法。

　　西方"马克思学"对差异分析方法的应用大致经过三个阶段。第一阶段是局部的差异分析，代表人物是悉尼·胡克。胡克的马克思研究受到卢卡奇和柯尔施的重要影响，重视对马克思辩证法的阐释，反对恩格斯的自然辩证法。在 1933 年的《对卡尔·马克思的理解》中，他只是含蓄地指出，"必须将那种把辩证法用于自然的企图看作同自然主义者的出

---

　　① 保尔·拉法格：《忆马克思》，载中共中央马克思恩格斯列宁斯大林著作编译局编：《回忆马克思》，人民出版社 2005 年版，第 200 页。

　　② 《马克思恩格斯全集》第 36 卷，人民出版社 1974 年版，第 14 页。

发点相矛盾的而予以排除，马克思本人从未谈到一种自然辩证法"①。在 1940 年的《理性、社会神话与民主》中，他则聚焦自然辩证法，不仅认为马克思恩格斯对辩证法的理解不同，而且认为恩格斯对辩证法术语的使用本身就是含混矛盾的，最终将矛头直指苏联马克思主义的辩证唯物主义理论体系，认为"从历史和从分析上来说，相信自然辩证法，这是从普罗提诺到黑格尔的每一形而上学唯心主义体系的中心学说。盛行于今天的辩证唯物主义的差不多每一个变种，都是由有政治动机的形而上学唯心主义在现代科学的肌体上所产的私生子"②。在 20 世纪 60 年代以前，西方"马克思学"对差异分析方法的应用主要集中在辩证唯物主义领域，较少涉及历史观和政治经济学。

第二阶段是系统的差异分析，代表人物是吕贝尔和诺曼·莱文。进入 20 世纪 60 年代以后，西方"马克思学"在马克思恩格斯关系问题上的认识经过量的积累开始发生质变，由局部差异论走向全面差异或对立论。当时有不少著名的西方"马克思学"家表达过近似的观点，其中影响最大的当属吕贝尔 1970 年的"'马克思神话'，或者恩格斯，马克思主义的创立者"③。该文不仅将西方"马克思学"的恩格斯研究推向一个全新阶段，而且也将西方"马克思学"对马克思恩格斯的差异分析从局部推向全面。1975 年，莱文出版《可悲的骗局：马克思反对恩格斯》一书，全面系统阐发了自己关于马克思主义和恩格斯主义对立论的观点，在国际学界引起轰动，也激励了更多西方"马克思学"家运用差异分析方法去找寻马克思恩格斯的系统差异。不过，系统的差异分析显然过于激进，真正能观察到底的，恐怕唯莱文一人而已。

第三阶段是解释学的差异分析，代表人物是特瑞尔·卡弗。按照西方"马克思学"的既有观点，马克思要么是被恩格斯欺骗了，要么是因为经济原因被迫对恩格斯的背离、篡改保持沉默。随着研究的不断推进，人们逐渐发现，这两种看似言之凿凿的观点其实都经不住严谨的思想史

---

① Sidney Hook, *From Hegel to Marx*: *Studies in the Intellectual Development of Karl Marx*, New York: Reynal & Hitchcock, 1936, p. 75.

② ［美］胡克:《理性、社会神话与民主》，金克等译，上海人民出版社 1987 年版，第 224 页。

③ ［法］吕贝尔:《吕贝尔马克思学文集（上）》，曾枝盛译，北京师范大学出版社 2009 年版，第 43—52 页。

拷问。于是，20 世纪 80 年代以后，一方面，马克思恩格斯一致论开始复兴，另一方面，马克思恩格斯差异论、对立论开始变得温和。这一时期最有代表性的马克思恩格斯对立论著作当属卡弗的《马克思与恩格斯：学术思想关系》（1983）。在这本书中，卡弗不仅承认马克思恩格斯的合作关系、恩格斯对马克思的影响，观点表达温和化了，而且开始对差异分析方法进行解释学的改造，强调马克思恩格斯关系问题其实是一个解释学问题，力图将人们关注的差异、对立由文本的客观世界转移到研究者的主观世界中去①。

在马克思恩格斯的思想史研究中，差异分析方法的出现无疑是具有合理性和必要性的，毕竟马克思主义是由马克思恩格斯这两个独立的思想主体合作共同创立和发展出来的，人们需要引入一种不同于研究单个主体的新方法来解决这一新课题。在 20 世纪马克思恩格斯研究史上，该方法的学术贡献也是不容否定的。它犹如一条鲶鱼，以引发学术争论的方式激活了学术界，激励研究者们不断开辟研究马克思恩格斯关系的新角度、不断解决同时代学者提出的新问题，推动我们对马克思恩格斯关系的认识不断走向深入和全面。但是，不管在国际学界，还是在国内学界，差异分析方法事实上都常常受到诟病。个中的原因并不复杂，就是西方"马克思学"家在运用该方法时，往往语不惊人死不休，刻意突破该方法应当固守的一些界限，炮制出一系列耸人听闻的观点，招致人们的质疑与反对。

第一，不应以"有罪推定"为前提。世界上没有两片完全相同的树叶，更不可能有两个完全相同的人。马克思恩格斯存在差异是必然的，比较这些差异也是合理的，问题的关键在于比较的前提是什么的。很清楚，从悉尼·胡克以降，西方"马克思学"是以恩格斯的"有罪推定"为前提进行比较的：马克思恩格斯不仅存在差异，而且是本质上不同的两条理论和政治路线的差异。在他们看来，马克思恩格斯关系犹如"冬虫夏草"：冬天（19 世纪），马克思是活的虫体，恩格斯是寄生其上的真菌；夏天（20 世纪），恩格斯的路线（真菌）反客为主扼杀了马克思的路线（虫体），冒名顶替成为影响巨大的思想力量。有了这种刻板印象，

---

① ［英］特瑞尔·卡弗：《〈马克思和恩格斯〉，还是〈恩格斯对马克思〉——在东京弗里德里希·恩格斯国际研讨班上的演讲》，《江海学刊》2006 年第 1 期。

西方"马克思学"自然像丢了斧子的"邻人"，怎么看恩格斯都像偷斧子的"邻人之子"。然而，等找到斧子后，丢斧子的"邻人"再看"邻人之子"，"动作态度，无似窃斧者。其邻之子非变也，己则变之。变之者无他，有所尤矣。"也就是说，真正有问题的不是恩格斯，而是被"有罪推定"蒙蔽的西方"马克思学"家！

第二，不应无视时代发展的历史变量。1845 年共同创立马克思主义之后，马克思恩格斯的思想发展并没有"终结"，而是继续保持与时代的批判对话关系，因时而化，不断发展：1849 年流亡英国之前是一个时期，他们主要基于欧洲大陆的资本主义发展和社会主义运动进行批判思考；1883 年马克思逝世前是第二个时期，此时他们思考的社会历史基础从总体上转换为了维多利亚时代的英国；在 1883—1895 年这第三个时期里，资本主义经济、政治、社会发展在整个西欧取得巨大成功，工人阶级运动也蓬勃发展起来，这个"新时代"构成了晚年恩格斯理论思考的社会历史基础。有鉴于此，对马克思恩格斯进行差异比较，必须把历史变量充分考虑进去，否则就会出现"关公战秦琼"式的闹剧。但大多数西方"马克思学"家缺乏这种历史意识，只愿意聚焦直接的观点表达进行形而上学的抽象比较。

第三，不应无视马克思恩格斯的理论分工。20 世纪 30 年代以后，随着相关文献的不断出版公开，西方"马克思学"对马克思恩格斯的哲学论述进行了大量比较，结果发现：1848 年以后，马克思很少讨论哲学问题，从基本体系到主要观点，人们所熟悉的马克思主义哲学主要源于恩格斯的论述。怎么解释这个现象？大部分西方"马克思学"家接受了具有阴谋论色彩的差异论或对立论，认为这只能说明马克思主义是由恩格斯"发明"的，马克思不是苏联意义上的"马克思主义者"。到了 70 年代以后，逐渐有西方"马克思学"家觉得阴谋论站不住脚，开始回归常识，承认马克思恩格斯存在理论分工，很多理论表达的差异应当是由不同的分工任务决定的。事实正是如此！1849 年以后，马克思主要承担发展马克思主义的理论创新工作，面对的主要是同时代的资产阶级学术界；与此同时，恩格斯则肩负起了指导国际共产主义运动的重任，主要面向工人阶级群众，开展了大量卓有成效的马克思主义大众化普及化工作。对象不同，需要不同，马克思恩格斯的内容选择和讲述方式自然不可能相同。由是观之，绝大多数所谓差异都能得到合理的说明。

第四，不应恶意揣测人性。马克思恩格斯的伟大友谊令所有知情人感动。马克思女儿爱琳娜·马克思就曾说："关于我父亲和恩格斯之间的友谊，我和其他许多人都已经谈过。这种友谊将来一定也会像希腊神话中达蒙和芬蒂亚斯的友谊那样，成为一种传奇。"① 令人遗憾的是，西方"马克思学"对这种伟大友谊一直心存恶意，想方设法加以诋毁。过去，西方"马克思学"主要是在马克思恩格斯的经济往来上做文章，近半个世纪则转到了恩格斯对马克思著作手稿的编辑出版上来，甚至有学者提出《资本论》第二、第三卷近乎恩格斯的伪作，应当彻底推翻?! 难道晚年恩格斯花费 10 年时间去编辑出版《资本论》第二、第三卷等马克思著作，却不希望真实再现马克思的思想？这显然不符合人性人情的常识！

四　展望具有中国特色的马克思恩格斯思想史研究方法体系

新中国成立后，系统化的马克思恩格斯思想史研究在我国悄然扎根，经过近 30 年的缓慢孕育，最终在改革开放后破土而出，迅速成长、成熟起来。70 年来，我们植根中国悠久的学术研究传统，始终以开放的姿态向国际先进同行学习，不断开拓创新，用了不到 50 年快速度过"学徒"期，成为当前国际马克思恩格斯思想史研究领域中的核心参与者。环顾当今大势，世界历史格局正在经历"百年未有之大变局"，世界马克思主义发展格局正在进行重大调整，繁荣发展马克思主义的重任已不可避免地落在中国身上。"江河万里总有源，树高千尺也有根。"发展马克思主义离不开对马克思恩格斯思想的完整准确理解。深入推进中国的马克思恩格斯思想史研究，奋力开创具有中国特色的马克思恩格斯思想史研究新篇章新境界，历史地成为当代中国马克思主义研究者的一项神圣使命。在充分吸收借鉴包括西方"马克思学"在内的国际先进经验的基础上，

---

① ［英］爱琳娜·马克思·艾威林：《弗里德里希·恩格斯》，载中共中央马克思恩格斯列宁斯大林著作编译局编：《回忆恩格斯》，人民出版社 2005 年版，第 43 页。

创新具有中国特色的马克思恩格斯思想史研究方法体系，也就成为当下一项亟待完成的重要工作。

第一，这个研究方法体系应以马克思主义信仰为基。"笃信好学，守死善道。"中国传统治学之道崇尚知行合一，主张笃信笃行，推进坚定信仰基础上的扎实学术研究。20世纪80年代后，随着马克斯·韦伯"价值中立"说的传入，有人开始怀疑这种传统，仿佛只有去信仰、去意识形态的研究才是真正科学的。这是对韦伯观点的误解。"价值中立"绝不是要求学者放弃自己的社会理想，以超然物外的绝对客观性进入研究领域，而只是要求暂时停止价值判断，以严谨的科学态度从事社会科学研究，负责任地作出自己的行为选择。我们的思想史研究过程应当"价值中立"，即排除任何基于价值观的学术成见对研究活动的干扰，尽可能完整准确地把握马克思恩格斯的思想及其过程。燕雀安知鸿鹄之志？"大贤之深谋远虑，岂庸人所及哉！"不理解、不认同马克思主义革命信仰的人，永远不可能真正进入马克思恩格斯的伟大心灵！只有以坚定的马克思主义信仰为基，这个研究方法体系才能点石成金，成为打开思想之门的钥匙。

第二，这个研究方法体系应当能够引导我们回到思想得以生成的完整历史。"意识在任何时候都只能是被意识到了的存在，而人们的存在就是他们的现实生活过程。"① 要想真正准确把握思想，我们就必须能够回到思想得以生成的"现实生活过程"，即马克思恩格斯思想的时代生活中去。能够回到的历史越相关越完整，我们对思想的把握就会越准确越深入。因此，这个研究方法体系应当能够引导我们回到四重完整历史，即以物质生产方式变革为核心的社会史、与前者相伴而生的科学观念文化史、马克思恩格斯投身其中的无产阶级运动史以及他们创造思想的个人心灵史。

第三，这个研究方法体系应当能够指引我们把握文本中的思想。文本是思想的栖居之所。不见文本，岂能见思想？不过，我们必须明白，"荃者所以在鱼，得鱼而忘荃"。我们的目标是文本中的思想，而非文本本身。西方"马克思学"的教训已经充分说明，文本具有魅惑力，能够

---

① 《马克思恩格斯选集》第1卷，人民出版社1995年版，第72页。

像塞壬的歌声那样迷惑船员的心灵，让后者丧失前进的动力。是买椟还珠、迷失在文本之海，还是以文本为舟、抵达思想的彼岸？这取决于我们的选择。因此，这个研究方法体系应当像奥德赛那样，不仅要能引导我们发现文本、走向文本，更要能引导我们从文本走向思想、透过文本发现思想。

第四，这个研究方法体系应当能够照亮思想的当下。马克思恩格斯的思想是活在当下中国的活思想。"马克思主义的命运早已同中国共产党的命运、中国人民的命运、中华民族的命运紧紧连在一起，它的科学性和真理性在中国得到了充分检验，它的人民性和实践性在中国得到了充分贯彻，它的开放性和时代性在中国得到了充分彰显！"[①] 因此，这个研究方法体系不仅要能照亮思想的历史，还要能为思想的当下提供光明。具体地说，一是有助于史论结合，为马克思主义原理的当代研究传播学习提供帮助；二是有助于关照现实，为发现中国问题、解决中国问题提供支撑；三是有助于创新继承，为我们像马克思恩格斯那样创新理论、发展马克思主义提供指引。

---

① 习近平：《在纪念马克思诞辰 200 周年大会上的讲话》，《人民日报》2018 年 5 月 5 日第 2 版。

德国现代化境遇中的马克思与青年黑格尔派

　　青年黑格尔派的理论运动是把握在哲学中的德国现代化进程。在1835年至1845年这十年期间，以施特劳斯、鲍威尔兄弟、费尔巴哈、卢格、赫斯、施蒂纳、恩格斯、马克思等为代表的德国知识分子，沿着黑格尔哲学的现实化道路，以理论的方式力图参与"德国式的现代问题"的解答之中，探索德国特殊的现代化方案。在以往青年黑格尔派的思想研究中，比较注重的是该学派的主要人物研究、生平传记研究与理论专题研究，但对于青年黑格尔派成员所共同面对的时代议题及其不同解答，缺乏独立且系统的研究，而这或许是理解青年黑格尔派的思想价值、揭示马克思与该学派理论关系的更为切实的途径。为了充分呈现青年黑格尔派思想发展的脉络及其与马克思的互动，如下四个关于德国道路的时代议题是有必要深入阐发的：基督教与现代国家、德国理论与法国政治、政治革命与社会革命、个人与共同体。

一　德国现状：基督教与现代国家

　　青年黑格尔派理论运动的发端是宗教批判，这似乎已经成为过往研究的基本共识。与之相关的另一个常见理解是，这场理论运动经历了从

---

　*　作者简介：韩蒙，中国社会科学院哲学研究所助理研究员。

宗教领域向政治领域的转换，批判对象由基督教转变为普鲁士国家。然而，这种识见并不能一劳永逸地解决如下问题：为什么青年黑格尔派会以宗教批判而非其他领域的批判作为开端？这种宗教批判与政治批判的内在关联及其哲学依据是什么？对于这些问题的回答，需要回到德国的理论传统，特别是黑格尔阐释基督教与现代国家及其关系的具体语境中去。

黑格尔首次讲授宗教哲学以及《法哲学原理》的出版都是在 1821 年。哲学与现实的和解、本质与实存的统一原则在其中获得了具体实施：宗教哲学与基督教现实的和解、法哲学与普鲁士国家的和解。他在《宗教哲学讲演录》中以宗教的理性化阐释为线索，借助存在—本质—概念的逻辑架构呈现了宗教概念的内在推演，即从自然宗教、壮美和优美宗教、知性宗教到完善的宗教即基督教的宗教发展史。在黑格尔眼中，基督教实现了古代东方的抽象普遍性原则与西方的有限个体性原则的辩证综合，是把神性（客观性）与人性（主观性）统一起来的完善宗教①。"上帝认识"与"世俗智慧"、宗教与哲学，具有内在同一性，只是表达方式不同：前者以表象的方式呈现真理，而后者则是通过概念的方式把握真理。

基督教的理性化为黑格尔融合宗教与国家提供了哲学条件。不同于近代哲学家将两者的关系视为欧洲政治中相互对立的"双头鹰"②，黑格尔在"精神"的哲学视野下理解宗教与国家"原是同一物"："在国家中，自我意识在有机发展中找到它的实体性知识和意志现实性；在宗教中，它发现了她自己的真理——作为理性本质性——的感情和表象"，"唯有哲学洞察才认识到教会和国家都以真理和合理性为内容，他们在内容上并不对立，只是形式上各有不同"③。这种形式上的不同，使他看到了基督教之于现代世界的整合效应：在现代国家内部个体的主观性与国家的普遍性之间充当精神粘合剂，这便是由宗教情感塑造的"政治情绪"

---

① 参见［德］黑格尔《宗教哲学讲演录》，燕宏远、张国良译，人民出版社 2015 年版。

② ［法］卢梭：《社会契约论》，李平沤译，商务印书馆 2011 年版，第 149 页。

③ ［德］黑格尔：《法哲学原理》，范扬、张企泰译，商务印书馆 1961 年版，第 277、360 页。

"爱国心"①。在黑格尔构想的现代国家中,基督教被赋予了一种独特的现实性:"只有当宗教存在于国家机构和社会实践当中","宗教只有作为公众生活的一部分,才能赋予理性以实践力量"②。

由于这种独特的现实性,在黑格尔逝世后,他的宗教哲学不仅遭到正统路德派信徒以及浪漫派的攻击,而且引发了黑格尔学派内部的分歧。争论的焦点便是:哲学与宗教的关系,是本质相同的、还是根本敌对的?为此,在黑格尔那里关于合理性与现实性的统一性命题,被分别向左和向右割裂了:老年黑格尔派从本质层面出发,认为只有现实的才是合理的,坚守了老师调和宗教与哲学的方案;而青年黑格尔派面对实存层面的基督教现实时,通过指认只有合理的才是现实的,揭示了当前基督教的危机。自19世纪30年代,德国基督教由于受到浪漫派的影响,逐步弱化宗教的理性化阐释,认为只有通过天启与上帝的直接融合才能达及真理,这种倾向在威廉四世继任普鲁士国王、谢林代替黑格尔成为普鲁士官方哲学家之后成为现实。由此,对于青年黑格尔派而言,用理性调和宗教与哲学的可能性、基督教与现代国家的有机联系被终止了;从宗教哲学转向宗教批判,以否定基督教的历史实存来恢复其理性力量,成为必须直面的现实问题。

在这种情境下,1835年问世的施特劳斯《耶稣传》开启了一场思想运动。施特劳斯保留了黑格尔对宗教的历史理解,并进一步将《福音书》看作是一个民族在特定的发展阶段由集体意识创造出来的,其中的"基督"不再是神圣启示和道成肉身的某一"人格"(Person)即"神人",而是"人类"(Mensch),只有整个人类的活动才能在"有限精神中寓有其无限性"、才能提供神的完整形象;于是,在黑格尔宗教概念推演中作为绝对真理出现的基督教,也只是相对化为人类精神演化中的一个过渡阶段。可见,施特劳斯通过反对老年黑格尔派将基督教理性化乃至绝对化的倾向,将属神的东西置入人类的发展中,从而率先开辟了将上帝复归于人类的阐释路径。

---

① 关于国家与宗教关系中的"政治情绪"问题,参见〔德〕黑格尔《法哲学原理》,第266—280页。

② 〔德〕哈贝马斯:《现代性的哲学话语》,曹卫东译,译林出版社2011年版,第29—30页。

施特劳斯与老年黑格尔派的争论，将青年黑格尔派集结在了宗教议题上，但是真正确立"宗教批判"方式并引领这场运动的是布鲁诺·鲍威尔。鲍威尔通过将基督教视为自我意识的一种宗教形式，看到了基督教将个人从古代宗教中的自然依附性中解放出来的同时，也使得人类服从一个自己所创造的神及其教义，导致了"自我异化"（Selbstentfremdung）；作为异化的宗教形式的基督教，已经成为自我意识进一步发展的障碍。在这个层面，历史就是自我意识克服作为对立面的经验实存的发展史，而实现这种发展的手段是"批判"。"批判"是将理论运用于实存、将对象改变为自我意识的活动："真理必须经受得住批判的烈火，历史现在——通过批判——将在概念中生产出最崇高的真理。"① 以"批判"方式直面基督教的鲍威尔，不仅确立了其在青年黑格尔派宗教批判中的领军位置，而且直接影响了同在"博士俱乐部"的马克思。马克思正是在思考哲学与世界、自我意识与现实的相互作用中介入青年黑格尔派的讨论的。

由柏林大学青年教师和大学生组成"博士俱乐部"的核心话题便是施特劳斯和鲍威尔的宗教批判，他们大部分也是卢格于1837年创办的《德意志科学和艺术哈雷年鉴》（以下简称《哈雷年鉴》）的撰稿人。在卢格的邀请下，费尔巴哈开始了与青年黑格尔派的密切联系，并在1839年在《哈雷年鉴》发表了一篇奠基性的论文《黑格尔哲学批判》。

费尔巴哈是从施特劳斯基督教批判结束的地方开始的。为了从人类自身出发揭示基督教的本质，费尔巴哈在《黑格尔哲学批判》中不再囿于对基督教的诠释，而是直击黑格尔哲学的思辨属性："在最简单的自然物里面也包含最深奥的秘密，然而这些自然物却被渴望彼岸的幻想的思辨者践踏在脚下"②。这其中的秘密就在于，神与人的对立就是类本质与个体的对立的一种神秘变体，基督教是异化了的人的本质。据此，费尔巴哈在《基督教的本质》中将矛头直指宗教本身："鲍威尔将福音书的历史，就是说将《圣经》基督教，或者说得更准确一些，将《圣经》神学作为其批判的对象。施特劳斯将基督教的信仰论和耶稣的生活……就是

① ［德］布鲁诺·鲍威尔：《犹太人问题》，载聂锦芳、李彬彬编《马克思思想发展历程中的"犹太人问题"》，中国人民大学出版社2017年版，第94页。
② 《费尔巴哈哲学著作选集》上卷，荣震华等译，人民出版社1959年版，第84页。

说将教条基督教，或者说得更准确一些，将教条神学作为其批判的对象。而我，却将一般的基督教，就是说，将基督教的宗教作为批判的对象，而作为必然的结果，仅仅将基督教的哲学或神学作为批判的对象。"①

如同黑格尔的宗教哲学与法哲学的密不可分，在青年黑格尔派激烈的基督教讨论背后，是对作为自由理性的现代国家的理论想象。施特劳斯、鲍威尔与费尔巴哈的宗教批判不可避免地包含着政治维度。施特劳斯对于黑格尔学派的左派、右派、中间派的命名，就是参照法国议会政治中左、中、右的流行划分而作出的②；在他号召德国人民投身于宗教批判的事业的时候，"决不是要他们脱离政治，而仅仅是指出了解决政治问题的最安全、最有效的方式。"③ 早期鲍威尔之所以将批判的锋芒限定在基督教范围，是因为他和当时多数青年黑格尔派成员一样，坚信普鲁士国家作为一个理性的国家，会站在批判和科学这边来反对宗教和教条。这种心态也体现在卢格发表在《哈雷年鉴》的《新教与浪漫主义》一文中：普鲁士是在浪漫主义的影响下变得反动的，为此需要像以往宗教改革那样，重新使其成为自由的国家④。就连被马克思批评"强调自然过多而强调政治过少"的费尔巴哈，也在提倡类哲学的话语中包含了反对依据人格上帝观念的复辟政治、利己主义的资本主义精神⑤；这也是日后经过赫斯的理论中介，费尔巴哈被视为德国社会主义奠基者的重要起因。

二　"德法同盟"：德国理论与法国政治

青年黑格尔派宗教批判的政治维度，在普鲁士国内局势转变以及法国政治思想冲击下，逐步凸显为直接的政治批判。自1840年威廉四世上台后，尽管他在思想上倾向于浪漫主义和天主教，但却在1840年到1842

---

① 《费尔巴哈哲学著作选集》下卷，荣震华等译，人民出版社1959年版，第21页。
② 参见［德］施特劳斯《为捍卫我的〈耶稣传〉一书所作的论战文》，转引自［英］麦克莱伦《青年黑格尔派与马克思》，夏威仪译，商务印书馆1982年版，第4—5页。
③ ［德］施特劳斯：《耶稣传》第1卷，吴永泉译，商务印书馆1981年版，第14页。
④ 参见卢格《新教和浪漫主义。论对我们时代及其矛盾的理解》，转引自［法］科尔纽《马克思恩格斯传》第1卷，刘丕坤等译，三联书店1963年版，第164页。
⑤ 参见［美］布雷克曼《废黜自我：马克思、青年黑格尔派及激进社会理论的起源》，李佃来译，北京师范大学出版社2013年版，第108—109页。

年期间放宽了书报检查，这为青年黑格尔派宗教批判和政治批判的开展以及传播提供了便利。面对近邻法国在大革命中塑造的现代国家和政治文明，德国知识分子在理论上谋求"德法同盟"、开辟现代化的德国道路的呼声也愈加强烈。

黑格尔不仅在哲学中理解德国的基督教与现代国家，更为关键的是将其锚定在由现代性开启的世界历史进程中。他认为，启蒙运动和法国大革命标识了"现代"的产生："启蒙运动从法兰西输入日耳曼，创造了一个新思想、新观念的世界"，这个思想原则把我们带到了"历史的最后阶段，这就是我们的世界，我们的时代"[①]。这种自力更生、自己替自己制定规范的准则，正是现代不同于其他时代的地方[②]。面对法国革命的激进态势与德国本土的保守落后之间的"时代错乱"，黑格尔试图在"精神"层面证明德国理论与法国政治具有在现代性事业中的同等地位。这是源于，路德的宗教改革通过消除信仰的外在性，激发了"日耳曼民族的内在性"，使其认识到"人类靠自己是注定要成为自由的"[③]；这种内在性的理论禀赋，有助于德国人在"新教世界"中调和启蒙运动的自由观念，而无须像法国那样在反抗教会的斗争中导向政治革命。这在黑格尔看来，很好地解释了为何德国人总是满足于"平静的理论"，而法国人却企图使它发挥实际效力。

青年黑格尔派构想的"德法同盟"就是在这种世界历史意识中萌发的，他们的先驱是海涅和切什考夫斯基。在 1834 年流亡巴黎期间发表的《论德国宗教和哲学的历史》中，海涅效仿黑格尔的做法，将德国哲学革命与法国政治革命等量齐观："如果人们在康德哲学中看到恐怖主义的国民代表大会，并在费希特哲学中看到拿破仑帝国，那么在谢林先生哲学中就可以看到相继而来的复辟的反动"，黑格尔哲学则是与七月革命关联起来[④]。然而，黑格尔讲授历史哲学之后的十年里，德国政治已经被保守主义支配，受法国 1830 年革命鼓动的自由派运动也遭到猛烈打击，如何使德国的现代国家理论切近德国的保守主义现实，是海涅面临的棘手难

[①] ［德］黑格尔：《历史哲学》，王造时译，上海书店 2006 年版，第 412、413 页。

[②] 参见［德］哈贝马斯《现代性的哲学话语》，曹卫东译，译林出版社 2011 年版，第 8 页。

[③] ［德］黑格尔：《历史哲学》，王造时译，三联书店 1956 年版，第 388、391 页。

[④] ［德］海涅：《论德国宗教和哲学的历史》，海安译，商务印书馆 2016 年版，第 149 页。

题。为此，他不得不求助于重释宗教改革的哲学意义，将感觉主义而非内在性作为新教留给德国哲学的重要遗产①，以此来建立政治行动的可能性。切什考夫斯基在另一个维度回应了海涅提出的问题。在 1838 年出版的《历史哲学导论》中，切什考夫斯基在黑格尔历史哲学所划分的三个时期中看到了认识未来的可能模式，将回溯过往的思辨哲学与指向未来的实践哲学明确区分开来："哲学也必须从理论的高地下降到实践中去。实践哲学，或者更加正确地说是关于实践的哲学（它对生活和社会条件的具体影响相当于两者在具体活动中的运用）——这是哲学普遍的未来命运"，未来的自由将在社会生活层面得到客观的实现，而不像黑格尔那种从未真正摆脱路德教派的内在性含义上的自由②。切什考夫斯基的实践哲学以及他对法国社会主义者傅立叶、圣西门思想的关注，有力促进了青年黑格尔派理论运动的世俗化③，"行动""实践"跃升为这一运动的关键词。

切什考夫斯基反思黑格尔历史哲学的实践路径，无疑启发了此时的赫斯。在写于 1841 年的《欧洲三头政治》中，赫斯展开了对青年黑格尔派的两重反思：第一，作为黑格尔的弟子不应该固执于其哲学体系中的某个原理，这些都是作为思辨认识的"过去的哲学"，相反"黑格尔哲学及整个德国哲学的这个最后阶段已经是对过去的哲学的否定的运动"，是"过渡到行动的哲学""未来的哲学"④。第二，作为未来哲学的行动哲学，将是哲学与现实生活、德国精神与法国行动的协调，"德国的自由和法国的自由是相互作用的，这件事有着现代的本质的倾向"，这种哲学之现代性，就在于它释疑了当年黑格尔、海涅也面临的问题：德国历经宗教改革，之所以尚未获得精神的自由，就在于缺乏"有意识的自由的行动"⑤。携带着对未来哲学的希望，赫斯在 1841 年前后积极参与了《莱茵

---

① 参见 ［德］海涅《论德国宗教和哲学的历史》，海安译，商务印书馆 2016 年版，第 58 页。

② 切什考夫斯基：《历史哲学导论》，转引自 ［以］阿维纳瑞《马克思的社会与政治思想》，张东辉译，知识产权出版社 2016 年版，第 146 页。

③ 这种世俗化就表现在，《历史哲学导论》成为一部青年黑格尔派在"政治上的预言书"，其政治批判获得了实践哲学的支撑。（参见 ［英］麦克莱伦《青年黑格尔派与马克思》，夏威仪译，商务印书馆 1982 年版，第 13 页）

④ 《赫斯精粹》，邓习议编译，南京大学出版社 2010 年版，第 18 页。

⑤ 《赫斯精粹》，邓习议编译，南京大学出版社 2010 年版，第 35 页。

报》的创刊，德国与法国、理论与实践、批判与行动的关系问题，逐步成为以《莱茵报》为阵地的青年黑格尔派内部争论的焦点。

在实践哲学的视域中，社会主义、共产主义作为"法兰西思潮"开始进入德国思想界。伴随社会问题特别是贫困的出现、"富人与穷人的之间的普遍对抗"，以及 1842 年出版的施泰因《当今法国社会主义和共产主义》一书，包括赫斯、鲍威尔、马克思、恩格斯等《莱茵报》编辑和撰稿人对社会主义、共产主义产生了浓厚兴趣。赫斯在科隆组织了一个以共产主义和社会问题为话题的阅读与讨论小组，马克思也在其列，其中阅读的书籍就涵盖了一些同时代法国社会主义者的作品，包括孔西得朗、蒲鲁东、勒鲁等。通过在《莱茵报》上发表多篇关涉贫困问题的文章以及关于社会主义的通讯，赫斯成为青年黑格尔派中推介法国社会主义的思想先锋。马克思正是在赫斯的直接影响下，加入了奥格斯堡《总汇报》与《莱茵报》围绕法国社会主义、共产主义的论战，在认可这是具有"欧洲性的重要意义"① 的同时，坦陈自己对"法兰西思潮"还不具有实际的知识，有待深入研究。与此同时，身处英国的恩格斯则更为强调在工人运动的基础上诠释社会主义理论：不同于在德国"只要囫囵吞枣地读一本施泰因的内容贫乏的书，仿佛就通晓了什么"，在英国"这里一切都是活生生的并且相互联系着，而且有扎实的基础和行动"②。

围绕法兰西思潮与工人运动，马克思与鲍威尔的思想关系也发生着转变。按照赫斯在行动哲学语境中对"过去的哲学"与"未来的哲学"的划分，鲍威尔由于将解放事业系于理论，仍旧是过去式的。面对呼声日高的政治实践，鲍威尔曾劝告马克思说："现在理论乃是实践的最有力的形式"，而后者也呼应道："哲学上的实践本身就是理论的"③。但是，在《莱茵报》期间对德国实际存在的社会问题的广泛评论，已经使得马克思对当时读到的包括鲍威尔兄弟、施蒂纳在内的"自由人"的政治主张感到失望："从理论上泛论国家制度，与其说适用于报纸，毋宁说适用于纯学术性的刊物。正确的理论必须结合具体情况并根据现存条件加以

---

① 《马克思恩格斯全集》第 1 卷，人民出版社 1995 年版，第 292 页。
② 《马克思恩格斯全集》第 3 卷，人民出版社 2002 年版，第 436 页。
③ 《马克思恩格斯全集》第 40 卷，人民出版社 1982 年版，第 258 页。

阐明和发挥。"① 在其中，作为手段的批判活动开始极端化为目的本身，阻隔了理论批判推动实存变革的可能性，使得"批判"的理论活动愈发独立于"群众"的社会运动。马克思就是在这个层面指责"自由人"关于共产主义的探讨，并不是为政治行动服务而只是"单纯追求'最极端的'表现的、空谈的共产主义"②。所以，鲍威尔兄弟与马克思才会在日后面对巴黎工人运动时，针锋相对地提出作为理论活动的"批判的社会主义"与作为革命实践的"群众的社会主义"。

伴随 1842 年末书报检查的加强与《莱茵报》的查禁，黑格尔的现代国家理论与德国落后的政治现实之间的矛盾愈发凸显。在哲学的实践转型与法国社会主义思潮的复合语境中，对黑格尔法哲学进行批判性分析的必要性与费尔巴哈人类学的重要性共同凸显了出来。正是在对费尔巴哈人类学的政治化与社会化理解中，卢格、赫斯与马克思"一时都成为费尔巴哈派了"③。

费尔巴哈在写于 1842 年《关于哲学改造的临时纲要》和次年作为这部"纲要"扩充版的《未来哲学原理》中，以人类学为线索提出了"主谓颠倒""自我异化"和"德法混血"的整套关于"新哲学"的理论设想。他在主词和谓词的颠倒关系中深化了《基督教的本质》的主题：黑格尔思辨哲学的秘密是神学，这种思辨哲学是将超于人之外的的思维作为主词，而真理却是："存在是主体，思维是谓词。思维是从存在而来的，然而存在并不来自思维。"④ 更重要的是，之所以造成这种主谓颠倒，就在于人的存在的自我异化："只有思维与存在的真正统一分裂的时候，只有首先通过抽象从存在中取出它的灵魂和本质，然后又在这个从存在中抽出来的本质中找到这个本身空洞的存在的意义和根据的时候，才能从思维中引申出存在"⑤。根据这两个原则，他回到感性存在及其自我异化根源，指认了"法国人和德国人的混合血统"："只有存在与本质结合、直观与思维结合、被动与主动结合、法国感觉主义和唯物主义的反经院

---

① 《马克思恩格斯全集》第 47 卷，人民出版社 2004 年版，第 35 页。

② 参见《恩格斯对初识马克思的回忆》，《马克思恩格斯全集》第 39 卷，人民出版社 1979 年版，第 452—453 页。

③ 《马克思恩格斯文集》第 4 卷，人民出版社 2009 年版，第 275 页。

④ 《费尔巴哈哲学著作选集》上卷，荣震华等译，商务印书馆 1984 年版，第 102、115 页。

⑤ 《费尔巴哈哲学著作选集》上卷，荣震华等译，商务印书馆 1984 年版，第 115 页。

派的热情原则与德国形而上学的经院派的冷淡态度结合起来的地方，才有生活和真理"①。相较于切什考夫斯基和赫斯的未来哲学，费尔巴哈将融合法德哲学的根本落在了人身上；这种关涉人的新哲学是从基于思维与存在相分裂的思辨哲学（理论）转向了基于存在本身、理论与实践相统一的实践哲学。

三　"现代的自我解放"：政治革命与社会革命

德国与法国的理论同盟、推动哲学的现实化，已经成为包括卢格、赫斯、恩格斯、马克思等德国知识分子的基本共识。对于"从何处来"即否定德国的"旧世界"是没有疑问的，然而，对于"往何处去"即展望德国的"新世界"的讨论尽管热烈却莫衷一是。这种认识分歧，直接体现在卢格与马克思围绕《德法年鉴》"办刊方案"而展开的激烈争论。在马克思眼中，卢格以"自由刊物"为载体力图实现的政治纲领，已经不再符合德国现状；与赫斯和恩格斯的立场相近，马克思也认为德国亟需的是立足市民社会本身的社会革命，这才是"德国式的现代问题"的解决方案。这种对德国问题的不同解答，根源在于他们对黑格尔现代国家理论以及费尔巴哈人类学的不同理解和改造。

黑格尔的现代国家理论是在对法国大革命的反思中确立起来的。法国大革命期间的政治失序、恐怖统治，与其原初主张的理性原则反差甚大。黑格尔在对卢梭的批评中表达了自己的国家理念：卢梭已经察觉到基于个体平等而建立的契约论国家以及作为市民社会中财产保证者的功利论国家的局限，提出要将国家建立在意志之上；然而，这种普遍意志只是单个人的意志的联合，这种国家仍旧被单个人的任性、意见所左右，于是"人民根据抽象思想，从头开始建立国家制度"，"又因为这都是缺乏理念的一些抽象的东西，所以它们把这一场尝试终于搞成最可怕和最残酷的事变"②。为了摆脱抽象理智，黑格尔提出以普遍性的国家统摄市民社会的特殊性的思辨逻辑：现代国家"允许主观性原则在个人特殊性

---

① 《费尔巴哈哲学著作选集》上卷，荣震华等译，商务印书馆1984年版，第111—112页。
② ［德］黑格尔：《法哲学原理》，范扬、张企泰译，商务印书馆2007年版，第255页。

自足的极端中实现出来，而同时又使它回复到实体性的统一，于是在主观性原则中保存着这个统一"①。可以说，为了谋划适合于德国状况的现代化道路，黑格尔在承认法国政治成就和英国社会发展成果的基础上，设想了在国家观上资产阶级与君主制的和解方案。

在 1842 年 8 月写作的《黑格尔法哲学与我们时代的政治》中，受到费尔巴哈主谓颠倒原则影响的卢格，对黑格尔法哲学的理论态度是两重的。一方面，他肯定黑格尔面对市民社会局限性时提出的政治国家方案：黑格尔"明确地把'作为市民社会的需要的国家'与自由国家或其现实相区分，并提出一种前无古人的深刻国家概念"，所以"现时代乃是政治的时代，尽管要让现时代获致充分的政治性，我们仍得做不少工作"②。另一方面，他也在费尔巴哈颠倒黑格尔哲学的意义上进一步指出了其法哲学的颠倒性和非批判性："整个黑格尔哲学转而使自身隔绝于鲜活的历史，偏安于理论的立场而使之绝对化，这也是其法哲学的失败之处"，因此"我们不可能从绝对意义上把握国家并使之超脱于历史，因为每种国家概念（恰如每种特定的哲学）本来就是历史的产物"③。在政治化运用费尔巴哈的人类学方法上，卢格与马克思是相近的，差异在于：前者在政治国家范围内批判国家概念与其具体形式的颠倒关系，推动政治革命；后者则将这一原则普遍化，关注国家与市民社会的颠倒关系，觉察到政治革命的非彻底性。赫斯与马克思在这一点上是一致的。

赫斯在法国大革命形成的国家生活中看到的是普遍存在的"政治二元论"：具体的个人自由与普遍的公共自由之间的分离，"抽象不可能再深化了，二元论达到这样的高度，不能再保障下去。这是急变。即，这是革命和批判主义的开始"④。他从人的自我异化的哲学视角指认这场革命应是"社会"的革命："真正的人只过着类的生活，他不会把个人的、特殊的生存与公共的生存分开"，这种类生活就是"社会"，"一个由这样

---

① ［德］黑格尔：《法哲学原理》，范扬、张企泰译，商务印书馆 2007 年版，第 260 页。
② 卢格：《黑格尔法哲学与我们时代的政治》，《当代国外马克思主义评论》2018 年第 1 期。
③ 卢格：《黑格尔法哲学与我们时代的政治》，《当代国外马克思主义评论》2018 年第 1 期。
④ 《赫斯精粹》，邓习议编译，南京大学出版社 2010 年版，第 93 页。

健全的肢体组成的社会，根本就不会是我们称之为国家的那种东西"①。

通过克罗茨纳赫时期的政治史考察以及对黑格尔法哲学逻辑的人类学反思，马克思也认识到，尽管黑格尔深刻地指认了市民社会与政治国家的分离是一个矛盾，但这只是"现象的矛盾"，而没有深入本质层面："市民社会在这里，在自己内部建立起国家和市民社会之间的关系。"② 市民社会与国家的二元论源于市民社会内部人的存在方式的二重化，即作为私人的市民与作为公民的社会存在物的分离。这是市民社会中人的自我异化的"特有逻辑"。奠基于国家与市民社会相分离的政治解放，只不过是市民社会的政治行动的结果、是体现特殊私人利益的不彻底的解放形式。因此，彻底的德国革命是在市民社会内部实现人的自我解放、使现代世界从私有财产及其利己主义的"犹太精神"中解放出来。这种呈现市民社会自身逻辑、在人的自我异化中寻求自我解放的思路，被马克思称为"社会思想"。与之相反，卢格采用的"政治理智"是在维持市民社会与政治国家的二元论基础上理解社会："政治理智之所以为政治理智，就因为它是在政治范围以内思索的。它越敏锐，越活跃，就越没有能力理解社会缺陷。"③ 面对德国的贫困问题和西里西亚织工起义，卢格认为这只是政治革命尚未完成的表现，而马克思针锋相对地提出：由于国家恰恰是建立在具有特殊利益的市民活动和代表普遍利益的行政管理权力的分离之上，所以一切从国家本身出发的政治举措都是难以深入赤贫的社会根源并予以消除的。

政治革命的有限性预示了社会革命的必要性。赫斯、马克思对市民社会的自我异化根源的剖析，一方面，意味着以国家普遍性为内核的超越方案即"政治解放"将遭遇自身的"限度"；另一方面，也意味着人在市民社会本身之中具有实现自我解放的可能性，这与同样凸显"社会"力量的社会主义和共产主义理路具有相契性。正如施泰因指出的，"过去，一直是国家形成并制约着社会，而现在法国的社会运动，虽然不是完全自觉地，却企图用社会的概念和现实生活来形成并制约国家"④。

---

① 《赫斯精粹》，邓习议编译，南京大学出版社 2010 年版，第 48、49 页。

② 《马克思恩格斯全集》第 3 卷，人民出版社 2002 年版，第 42、97 页。

③ 《马克思恩格斯全集》第 3 卷，人民出版社 2002 年版，第 387 页。

④ Lorenz von Stein, Socialismus und Kommunismus des heutigen Frankreichs, 转引自 ［法］科尔纽：《马克思恩格斯传》第 1 卷，刘丕坤等译，三联书店 1963 年版，第 481 页。

在联合法国社会革命与德国理性革命的实际操作中，赫斯实现了对法国社会主义、共产主义的德国化阐释："虽然把傅立叶与黑格尔联系在一起是不可能的。但尽管如此，正是唯有在共产主义这种共同体的状态（Zustande der Gemeinschaft）中，费希特的根本理念才具有真正的意义和现实的可能性。"① 这种现实的可能性就蕴含于"个体的生命活动的相互交换、交往，个体力量的互相激发"的共同活动、"类活动"② 之中。为此，赫斯强调，人的精神自由只有在共同体状态而非孤立的个体（einzelne Individeun）中才能实现。在相似的语境中，马克思在深入市民社会自我异化的内部的过程中界划了人的原子论存在与人的"共产主义存在"。人的原子论存在就是人在市民社会中的双重性即私人与社会化的人，而人的共产主义存在就是"使人的世界即各种关系回归于人自身"，就是"人认识到自身'固有的力量'是社会力量，并把这种力量组织起来因而不再把社会力量以政治力量的形式同自身分离"③ 的状态。实际上，赫斯与马克思都提到：对于德国而言，社会主义而非政治国家，才是实现"人的高度的革命"的彻底形式。由此，以国家与市民社会的关系为研究对象的"法哲学"分析开始让位于解剖社会中经济活动、政治行动的"政治经济学"与"社会主义"研究。

就政治经济学与社会主义及其思想关系的研究而言，恩格斯在当时青年黑格尔派之中独树一帜。恩格斯对政治经济学的批判，既不同于当时对德国思想界影响颇深的蒲鲁东的所有权批判，也不同于赫斯的货币哲学的人类学底色。按照马克思的说法，恩格斯"在1844年就以他最初发表在马克思和卢格在巴黎出版的《德法年鉴》上的《国民政治经济学批判大纲》引起了注意。《大纲》中已经表述了科学社会主义的某些一般原则"④，这些原则集中表现在：对政治经济学的私有制前提的批判。在他看来，由于"经济学没有想去过问私有制的合理性的问题"，于是陷入了"科学"论证与私有制前提的矛盾之中；并且，基于私有制的竞争关系所导致的生产过剩、商业危机，"必定引起一场社会革命"⑤。实际上，

---

① 《赫斯精粹》，邓习议编译，南京大学出版社 2010 年版，第 113 页。
② 《赫斯精粹》，邓习议编译，南京大学出版社 2010 年版，第 138、139 页。
③ 《马克思恩格斯文集》第 1 卷，人民出版社 2009 年版，第 46 页。
④ 《马克思恩格斯文集》第 3 卷，人民出版社 2009 年版，第 491 页。
⑤ 《马克思恩格斯全集》第 3 卷，人民出版社 2002 年版，第 443、461 页。

当时英国社会主义者汤普逊、布雷已经在反对私有制的基础上考察、利用政治经济学："正如英国社会主义者早就在实践中和理论上证明的那样，反对私有制的人能够从经济学观点比较正确地解决经济问题。"① 对此，恩格斯强调，政治经济学的矛盾也就是私有制的矛盾，有必要为超越私有制的社会革命提供新的政治经济学论证。在这种思想进阶中，马克思与恩格斯逐步成为合作者，具有社会主义原则高度的无产阶级实践成为他们共同的探索方向。

四　德国的社会主义：个人与共同体

在肯定社会革命的意义上，赫斯、马克思、恩格斯将德国人的解放与社会主义本质地关联了起来，而这种关联的可能性尚且有赖于费尔巴哈的人类学，因而形成的是带有人道主义性质的社会主义。这也是德国社会主义区别于法英社会主义的重要标识。如何理解个人与共同体及其相互关系，便成为支持或反对社会主义的青年黑格尔派成员争论的焦点。施蒂纳、费尔巴哈、格律恩、马克思等人之间的对话就是由此而展开的。

人的自由和解放的实现有赖于共同体，是黑格尔与费尔巴哈共有的哲学观点。在黑格尔看来，市民社会是原子论的体系，在这里伦理共同体中个人与类的统一被瓦解了，个人是作为零散的、原子化的私人而相互对立，因而出现了一切人对一切人的战争；国家的意义就在于，使得人们意识到，他们的"特殊满足、活动和行动方式，都是以这个实体性的和普遍有效的东西为其出发点和结果"，在这种情况下，人不仅作为私人和为了本身目的而生活，而是"承认普遍物作为自己实体性的精神，并把普遍物作为它们的最终目的而进行活动"②。这种普遍性是内在于个人的，人的普遍性就在于其共同体的存在方式。黑格尔理解共同体的伦理视角，在费尔巴哈的人类学中获得了批判性的发展："人的本质只是包

---

① 《马克思恩格斯全集》第 3 卷，人民出版社 2002 年版，第 446 页。
② ［德］黑格尔：《法哲学原理》，范扬、张企泰译，商务印书馆 2007 年版，第 254、260 页。

含于共同体之中，包含于人与人的统一之中"①，但是新哲学的主体不再是黑格尔式的抽象理性、绝对精神，而是与人的感性、自然存在不可分离的现实本质。在他看来，与利己的、孤立的个人不同，人的本质只包含在以爱为自然纽带的、我与你相统一的"共同体"（Gemeinschaft）和类存在（Gattungswesen）中，因此哲学的最高和最后的原则，就是人与人的统一。

在这种传统中，赫斯与马克思才会以共同体的视角融合费尔巴哈人类学与法英社会主义，证明社会革命之于德国人的解放意义。正如赫斯在评价费尔巴哈《未来哲学原理》时所说的，"类的人之所以成为现实的人，只因为这是一切的人能陶冶自己，都能发挥自己的能力的社会，即那是一切人都能实证自己的社会。——这个矛盾，只有社会主义才能解决"②。依据费尔巴哈的"类存在"概念、赫斯的"社会"概念，格律恩、皮特曼、泽米希、马特伊、吕宁等德国社会主义者立足"真正的人"，提出了超越法国社会主义的"真正的社会主义"。按照格律恩的观点，"人是世界历史的最后结果。与侈谈工资、竞争、以及对宪法和国家制度的不满相比，这是对待问题的更可靠的——因为这是更切实的——态度。……我们找到了人，即找到了已摆脱宗教、已摆脱僵死的思想、已摆脱一切异己的东西和由此产生的一切实际结果的人。我们找到了纯粹的、真正的人。"③ 在泽米希看来，"真正的社会主义"是对法国社会主义的理论补充：法国人"通过政治走向共产主义"，而德国人则"通过人类学的形而上学走向社会主义"④。

以费尔巴哈为思想源头的"真正的社会主义"遭遇到了来自青年黑格尔派内部的反对声音，特别是施蒂纳、马克思和恩格斯。1844 年 10 月底出版的施蒂纳的《唯一者及其所有物》，是一件十分特殊且重要的理论事件。在该书中，他直击德国人道主义及其社会主义的理论缺陷，引发

---

① 《费尔巴哈哲学著作选集》上卷，荣震华等译，商务印书馆 1984 年版，第 184 页，此处译文有改动，"共同体"（Gemeinschaft）在中文版中被译为"团体"。

② 《赫斯精粹》，邓习议编译，南京大学出版社 2010 年版，第 187 页。

③ ［德］格律恩：《费尔巴哈和社会主义者》，转引自《马克思恩格斯全集》第 3 卷，人民出版社 1960 年版，第 575—576 页。

④ ［德］泽米希：《共产主义、社会主义、人道主义》，转引自《马克思恩格斯全集》第 3 卷，人民出版社 1960 年版，第 539—540 页。

了广泛的争论。马克思、恩格斯也借此契机，在回应施蒂纳的同时，开启了对包括费尔巴哈在内的青年黑格尔派及其社会主义理论的总体反思。

施蒂纳的批判对象涉及费尔巴哈和"真正的社会主义"。在他看来，费尔巴哈的哲学命题——"人是人的最高本质"塑造了新的宗教，因为无论是"人"（Menschen）的提法、主谓颠倒原则还是人的"感性存在"都没有改变一个事实：人的本质仍旧是彼岸的，只是从作为"外部的彼岸"的"神"转移到作为"内部的彼岸"的"人"，费尔巴哈不过是完成了一个从神学到人类学的"易主的过程"①。这种语境中的"人"仍旧是作为抽象的、彼岸的"本质"，凌驾于"现实的人即我（Ich）"之上，个人被迫按照"人类""感性存在"等概念法规来生活。针对马克思《论犹太人问题》的人的解放思路，施蒂纳批评道："为了把我完全与人等同起来，有人发明和提出了要求：我必须成为一个'真正类的存在'。"② 相应的，以这种人类学为支撑的社会主义也面临着施蒂纳的挑战：社会革命尽管具有相对于政治革命的彻底性，但仍旧是"迫使自己屈从于一个劳动者社会的至高权威之下"，"社会"成为了"新的主子"、新的"最高本质"③，"真正的社会主义"自然难逃这种理论上的责难。

面对施蒂纳的指摘，费尔巴哈曾撰文回应过：唯有在人的感性存在中才能理解施蒂纳所谓的个人，这些个人不仅是利己主义者，更是共同体中的共产主义者，"把人的实体仅仅置放在社会性之中——他是社会的人，是共产主义者"④。施蒂纳与费尔巴哈的这场论战，在赫斯和马克思看来，仍旧是停驻在理论层面的"哲学的妄想"；实际上，个人与共同体之间的关系是一个实践中才能解决的理论问题。正如赫斯所说，"从理论上扬弃个别的人和作为类的人区别的尝试，由于如下的原因而全部失败。即，只要实践上没有扬弃人的个别化、个别的人，即使他认识了世界和人类、自然和历史，现实上也只是个别化的人，仍然是作为个别化的人而存在。人们陷入的分离状态，在实践上只有通过社会主义，即人们紧

---

① ［德］施蒂纳：《唯一者及其所有物》，金海民译，商务印书馆1989年版，第35、62页。

② ［德］施蒂纳：《唯一者及其所有物》，金海民译，商务印书馆1989年版，第192—193页。

③ ［德］施蒂纳：《唯一者及其所有物》，金海民译，商务印书馆1989年版，第134、135页。

④ 《费尔巴哈哲学著作选集》下卷，荣震华等译，商务印书馆1984年版，第426、435页。

密团结，在共同体中生活，在其中劳动，并通过扬弃私人所得，才能够得到扬弃"①。马克思也在相似意义上指出，费尔巴哈不过是"把表达现存世界中特定革命政党的拥护者的'共产主义者'一词便成一个空洞范畴"即"人"的谓词②。

　　不过，赫斯与马克思的相似立场并不能掩盖两人思想上的实质差异。尽管在社会革命的人类学论证上，赫斯与马克思都是在类存在层面阐释人的解放的社会主义道路，但是不同在于，马克思是在特定的市民社会批判语境中引入费尔巴哈人类学的：在解构了市民社会与国家的二元关系后，直接面对的是市民社会中现实的人的自我异化而非具有神圣形象的人的自我异化；相应地，建构的是现实的"人的解放"，而非一般性的"人的解放"。马克思已经意识到：德国从抽象的"社会""人"本身出发，将劳动视为理想化的劳动是一种误解，仍旧是"用一种范畴代替另一种范畴"。因此，身处社会关系中的人的解放过程，将是物质生产运动和无产阶级革命运动，而非赫斯强调的伦理性活动。这也是为什么马克思在布鲁塞尔和曼彻斯特全身心投入政治经济学著作的研读中，并与恩格斯一同系统反思德国社会主义的局限性③。

　　马克思和恩格斯在两个思想层面为规划具有科学形态的德国社会主义道路提供了方向。其一，社会主义的理论生成于工人运动的实践。在《莱茵报》时期批评"自由人"以及巴黎时期批判鲍威尔兄弟"批判的社会主义"时，马克思、恩格斯已经觉察到社会主义、共产主义理论离不开法英两国的群众运动；经历了1845年春的政治经济学系统研读和社会主义思想史梳理，他们进一步指认了实践的唯物主义内涵，即物质生产与工人运动。在这个意义上，社会意识是被意识到的社会存在，社会主义意识是在无产阶级运动中生成、变化的；脱离或遮蔽这种社会生活根基的意识、观念、理论都被指认为"意识形态"。所以当"真正的社会主义者"将法国的社会主义文献仅仅作为理论著作进行转译和阐发，而

① 《赫斯精粹》，邓习议编译，南京大学出版社2010年版，第183—184页。
② 《马克思恩格斯文集》第1卷，人民出版社2009年版，第548页。
③ 赫斯的思想处在变化发展之中，他与马克思、恩格斯共同批判"德意志意识形态"，可以视为是一定程度上"力图克服自己是'真正的社会主义'的幻想"。（参见《马克思恩格斯全集》第2版第47卷，第334页；[苏]马利宁、申卡鲁克：《黑格尔左派批判分析》，曾盛林译，社会科学文献出版社1987年版，第196页）

非视为现实工人运动的产物时，便将社会主义理论与德国本土的现实分离开了。其二，借助回应施蒂纳的契机，马克思、恩格斯在人的感性活动特别是物质生产层面指出，"现实的个人"（wirkliche Individuen）不是想象中的个人，而是属于"一定的社会形式"，即在一定的、现存的交往形式和社会关系下进行物质生产的个人。个人所处的共同体具有历史性质，经历着从"虚假的共同体"到"真正的共同体"的转变；个人的存在方式也经历了从"阶级的个人"向"有人格的个人"（persönlichen Individuum）的转型。相反，施蒂纳却使得个人所处的一切现存关系和经济基础失去了其实证内容，作为替代共同体方案的"联盟"，也只是汲取傅立叶关于未来社会组合的设想，把现存的对抗性交往关系"全部搬到他那种给人们带来幸福的'相互协议'的新制度中去"①。

概言之，在德国现代化境遇中，如何批判地接续宗教传统、回应法国政治建制、主动关注工人运动、阐释社会主义理论，都表征了青年黑格尔派成员积极介入现实的理论姿态。这批德国知识分子的主张之所以被马克思批评为"德意志意识形态"，并不在于他们忽视了德国现实，而是在于，以错误的方式理解乃至构想德国现实。德国哲学与现实、理论与实践的关系，在马克思的唯物主义历史观中被自觉把握到了，由此才开辟出以科学社会主义为定向的德国道路。

---

① 《马克思恩格斯全集》第 3 卷，人民出版社 1960 年版，第 487 页。

重思马克思对施蒂纳的批判

马军海[*]

一 施蒂纳之于马克思思想发展的关系

通常在阅读《德意志意识形态》（以下简称《形态》）的时候，大家把研读的目光主要集中在《形态》第一卷第一章"费尔巴哈"部分，甚至以为马克思和恩格斯对费尔巴哈哲学的批判构成了这一时期马克思思想形成和发展的关键。在很长一段时间内，理论界对于《形态》的阅读和研究，不是特别关注到各个章节间的内在关联，也没有特别重视马克思对施蒂纳的批判。尽管马克思在《形态》中花了大量篇幅逐章逐节地去批判施蒂纳，但是这并未引起人们的足够重视。早在梅林写《马克思传》时就提到马克思对施蒂纳的批判占全书很大的篇幅，"恩格斯后来根据回忆断定，单单是批判施蒂纳的那一部分，篇幅就有施蒂纳本人的书那样大"[①]。尽管分量很大，但梅林认为这些文字"冗长烦琐"。"这部著作其实是比《神圣家族》中最枯燥的部分都更加冗赘繁琐的'超论争'。此外虽然这里也有时出现沙漠中的绿洲，但比起《神圣家族》来说要少得多。而当辩证法的锋芒在个别地方的时候，它也很快被繁琐的挑剔和咬文嚼字的争论所代替了。"[②] 在梅林看来，《形态》这一巨著，使马克

---

* 作者简介：马军海，山东临朐人，哲学博士，东北师范大学马克思主义学部哲学院讲师、硕士生导师。

① ［德］梅林：《马克思传》，樊集译，人民出版社1965年版，第144页。
② ［德］梅林：《马克思传》，樊集译，人民出版社1965年版，第144页。

思辩证法的锋芒被遮蔽了。从梅林的评论来看，他当时并未见过和读到"圣麦克斯章"，而是从已经出版的部分推断"圣麦克斯章"的行文是冗赘繁琐的，掩盖了马克思"进行精辟锋利的批判的辉煌才能"。梅林的评论也让许多后来者误以为"圣麦克斯章"并不重要。科尔纽在《马克思恩格斯传》里提到"圣麦克斯章"时指出，"他们的批判占这本书三分之二以上的篇幅。为了几本作为他们论战对象的早已或多或少失去其现实性的著作花费这么多的精力，未免有点小题大做"①。在科尔纽看来，施蒂纳等人的著作早已失去了现实性，马克思和恩格斯过高地估计了施蒂纳等人的作用，他们对施蒂纳等人的批判有点小题大做了，"有时在细节方面扯得太远"。马克思和恩格斯对施蒂纳的批判，主要是"清算自己的过去"，证实自己思想的正确性。"他们对麦克斯·施蒂纳的批判使得他们能够通过反对施蒂纳的学说的办法来更恰切地确定和完成他们自己的学说。"② 科尔纽虽关注到了"圣麦克斯章"，认为马克思和恩格斯是通过批判施蒂纳确立自己的学说，但他对"圣麦克斯章"的评价依然不高。

围绕马克思早期思想发展的线索与逻辑，麦克莱伦更细致地考察了马克思与施蒂纳等人的思想关系。他在《青年黑格尔派与马克思》中提到："与鲍威尔、费尔巴哈和赫斯不同，施蒂纳没有给马克思提供积极的学说；然而他在马克思摆脱费尔巴哈影响的思想发展过程当中，是起过很重要的作用。"③ 与梅林、科尔纽一样，麦克莱伦对"圣麦克斯章"的评价也不太高，认为这一章是"对施蒂纳的冗长而使人厌烦的攻击"④，"'圣麦克斯'这一部分也许写得过于夸张，而不值得阅读，然而却值得问一下，为什么在这里写这一部分。"⑤ 麦克莱伦指示人们关注"圣麦克

---

① ［法］科尔纽：《马克思恩格斯传》第 3 卷，管士滨译，生活·读书·新知三联书店1980 年版，第 252 页。

② ［法］科尔纽：《马克思恩格斯传》第 3 卷，管士滨译，生活·读书·新知三联书店1980 年版，第 269 页。

③ ［英］麦克莱伦：《青年黑格尔派与马克思》，夏威仪、陈启伟、金海民译，商务印书馆1982 年版，第 135 页。

④ ［英］麦克莱伦：《青年黑格尔派与马克思》，夏威仪、陈启伟、金海民译，商务印书馆1982 年版，第 141 页。

⑤ ［英］麦克莱伦：《青年黑格尔派与马克思》，夏威仪、陈启伟、金海民译，商务印书馆1982 年版，第 142 页。

斯章"，不是关注这一章的具体内容，而是追问马克思为何要写作这一部分。为什么马克思和恩格斯要花这么大的篇幅来批判施蒂纳？人们在阅读《形态》时为什么会忽略"圣麦克斯章"？麦克莱伦认为："当我们在叙述马克思思想发展的时候，忽略施蒂纳的一个主要理由是认为在《形态》中，历史唯物主义形成之前，费尔巴哈是最后影响了马克思的人。"①在麦克莱伦看来，恩格斯在《路德维希·费尔巴哈和德国古典哲学的终结》中把费尔巴哈同施特劳斯、鲍威尔、施蒂纳等青年黑格尔派分开，放在后面叙述，这给人们造成了一个误解，即费尔巴哈在施蒂纳之后影响了马克思的思想。人们一直以为费尔巴哈是最后影响马克思的哲学家，麦克莱伦不同意这一理解，他认为正是通过施蒂纳，马克思走出了费尔巴哈哲学的影响。施蒂纳虽然没有给马克思提供积极的学说、直接的影响，但施蒂纳对青年黑格尔派的批判，特别是对费尔巴哈的批判对马克思的思想发展产生重要影响。施蒂纳批判了费尔巴哈的"人是人的最高本质"这一命题，"由于没有人能成为'人'这一观念所意味的东西，这样，人对于个人来说保持为一个崇高的彼岸世界，一个达不到的最高本质，一个神"②。在施蒂纳看来，费尔巴哈虽强调在此岸寻找人的本质，但"人"这一概念依然抽象，人们依然受到束缚，并不自由。"施蒂纳不仅迫使马克思修正了对费尔巴哈的观点，而且通过他所提出的与一切抽象相对立的'创造性自我'这个观念为这一修正提供了某种帮助。"③ 施蒂纳对费尔巴哈哲学的批判，影响和改变了马克思对费尔巴哈的认识。在这一意义上，麦克莱伦认为马克思从施蒂纳对费尔巴哈的批判中汲取了一些因素，进而对马克思的思想发展有所影响，但并不承认在异化劳动等经济思想方面有过直接影响。

随着理论界对《形态》文本构成的深入研究，人们认为施蒂纳在某些方面对马克思的思想发展产生了重要影响，但并没有更多地在马克思哲学革命的意义上深入考察这一影响。广松涉从哲学新地平产生的视阈看待这一时期马克思的思想发展，认为施蒂纳对马克思从异化论走向物

---

① ［英］麦克莱伦：《青年黑格尔派与马克思》，夏威仪、陈启伟、金海民译，商务印书馆1982年版，第141页。

② ［德］施蒂纳：《唯一者及其所有物》，金海民译，商务印书馆2007年版，第158页。

③ ［英］麦克莱伦：《青年黑格尔派与马克思》，夏威仪、陈启伟、金海民译，商务印书馆1982年版，第138页。

象化论起了很重要的作用。"马克思在扬弃 1844 年时的暂定构思，开拓新的地平的时候，不仅是因为自发的成熟，还遇到了外部的冲击。这个外部的机遇便是恰巧发生在当时黑格尔左派内部的激烈的'内部派性'争论，特别是麦克斯·施蒂纳在《唯一者及其所有物》中对整个黑格尔左派所提出的震撼性的内部批判。"① 广松涉认为马克思在开拓新的思想空间的时候，不仅是基于自身思想的探索、发展，慢慢形成和完善自己的思想，使自己的思想达到成熟和定型，还会遇到一些外部的思想冲击。施蒂纳对青年黑格尔派的批判，在 1844 年构成了马克思思想发生变化的外部的冲击。施蒂纳在《唯一者及其所有物》一书中对整个青年黑格尔派特别是对费尔巴哈做了批判，这对当时的青年黑格尔派震动非常大。在此之前，从施特劳斯一直到鲍威尔、费尔巴哈，他们的思想并没有对整个青年黑格尔派提出批判。施蒂纳对当时的青年黑格尔派提出了颇具震撼性的内部批评，引起了很大的反响。在当时的论战中，马克思和恩格斯被视为是费尔巴哈的门徒，他们的思想也没有引起人们的关注。众所周知，《神圣家族》出版之后没有在思想理论界引起预期的反响，只有一些浮皮潦草的评论，马克思本人也不满意。马克思在 1843 年以后，特别是到了 1844 年，他的思想发生了变化。关于马克思思想的这一变化，青年黑格尔派以及当时的理论界并不了解，恐怕也只有恩格斯感受到马克思思想的发生发展。换言之，从马克思自身思想的发展来看，1843 到 1844 年他正要从德国思想的氛围中挣脱出来，开拓自己的思想空间，形成属于自己的思想地平。为了澄清自己的思想，揭露施蒂纳批判的不彻底性，马克思和恩格斯开启了他们对青年黑格尔派的思想清算。可以说，马克思正是经由施蒂纳对青年黑格尔派的批判，开拓了新的哲学地平，而且实现了思想上的跃升。这是广松涉带给我们的启示，但是笔者并不同意他对马克思思想逻辑的理解，即从异化论走向了物象化论。从《形态》的实际内容，以及马克思思想发展的过程来看，马克思对施蒂纳的批判是理解马克思创立"新世界观"不可轻视的环节，它是《形态》写作期间马克思思想活动的重心。要证成这一理解，需要深入思考和具体回答这些问题：施蒂纳的哲学思想何以能够引起马克思如此这般的重视？

---

① ［日］广松涉：《物象化论的构图》，彭曦、庄倩译，南京大学出版社 2002 年版，第 16 页。

马克思通过批判施蒂纳哲学如何走向"新哲学"？这一批判究竟具有怎样的意义？

二 施蒂纳的思想冲击

《形态》作为马克思恩格斯确立"新世界观"的标志性文本，其中的"费尔巴哈章"确实集中体现了马克思恩格斯对"新世界观"的正面阐述。从学界已有的文献学、文本学研究情况来看，马克思恩格斯不是一开始就撰写"费尔巴哈章"，而是从批判布鲁诺·鲍威尔、麦克斯·施蒂纳开始的。据学者考证，"费尔巴哈章"是在马克思批判施蒂纳的《唯一者及其所有物》过程中萌生了批判费尔巴哈以及整个青年黑格尔派的想法，然后把之前在"圣布鲁诺章""圣麦克斯章"中关于费尔巴哈的部分摘编出来，开始从头整理和阐释。从原始手稿来看，"费尔巴哈章"是誊写稿，前后的编辑尚未连贯，全书除了"费尔巴哈章"以外的其他篇章几乎都是接近完成的印刷用稿。正是因为这种情况，围绕"费尔巴哈章"的结构与内容理论界后来出现了诸多版本的编辑方案。在《形态》的文本结构上，我们虽然最先看到"费尔巴哈章"，但是从《形态》的创作过程表明马克思恩格斯从批判鲍威尔、施蒂纳开始的。为此，聂锦芳教授把"圣布鲁诺"视为《形态》的起始篇章[①]。"费尔巴哈章"的出现，源于马克思恩格斯对鲍威尔、施蒂纳的批判。在论战、批判的过程中，马克思恩格斯觉得有必要澄清他们自己的思想，正面阐述自己的认识，就形成了"费尔巴哈章"的内容。从《形态》这一文本的体量来看，马克思恩格斯对施蒂纳的批判是文字篇幅最大的章节，大约占全书十分之七的文字量。马克思恩格斯对施蒂纳的批判构成了批判青年黑格尔派的重点。"在马克思和恩格斯同青年黑格尔派的论战中，他们批判的重点是麦克斯·施蒂纳，而不是布鲁诺·鲍威尔；因为，可以这样说，在《神圣家族》中他们对布鲁诺·鲍威尔已做过清算了；现在来对付鲍威尔，不

---

① 聂锦芳：《在批判中建构"新哲学"框架》，中国人民大学出版社 2018 年版，第 166 页。

过是在后卫战中来对付一个奄奄一息的敌人。"① 为什么马克思恩格斯要花如此大的篇幅和力气批判施蒂纳？

马克思同施蒂纳没有面对面的直接交往，更谈不上私人情谊，马克思对施蒂纳的批判是一场思想的交锋与论战。施蒂纳之所以引起马克思如此强烈的关注，与施蒂纳当时出版的书《唯一者及其所有物》② 密切有关。施蒂纳的思想集中体现在这本书中。在这本书出版之前，施蒂纳在当时的思想理论界并不知名。《唯一者及其所有物》的流布使施蒂纳名噪一时，鲍威尔、费尔巴哈等人给予施蒂纳较高的评价。鲍威尔认为在所有反对他的"纯粹批判"的斗士中施蒂纳是最有能力和最勇敢的，费尔巴哈把施蒂纳说成是"最有才华和最无拘束的著作家"③，恩格斯也认为"施蒂纳在'自由人'当中显然是最有才能、最富独立性和最勤奋的人"④。在《唯一者及其所有物》正式出版前，恩格斯还读到了这本书的校样，在 1844 年 11 月写给马克思的书信中谈到了施蒂纳这本书，对书中提出的观点是比较赞同的。"这位高贵的施蒂纳（你知道柏林的施米特吧，就是那个在布尔的集子里评述过《秘密》的那个人）的原则，就是边沁的利己主义，只不过从一方面看贯彻得比较彻底，而从另一方面看又欠彻底罢了。"⑤ 恩格斯认为施蒂纳在贯彻利己主义方面既"比较彻底"，又"欠彻底"。"施蒂纳的这本书再次表明，抽象概念在柏林人的头脑中是多么根深蒂固。……他还是从唯心主义的抽象概念跌到了唯物主义的抽象概念，结果一无所获。"⑥ 从后来恩格斯写给马克思的书信中，我们得知马克思不是特别同意恩格斯对施蒂纳这本书的评论，不过马克思写给恩格斯的这封信没有留存下来，遗失了。在 1845 年 1 月，恩格斯回马克思的信当中，恩格斯检讨了自己对施蒂纳的认识，并赞同马克思对施蒂纳的认识。"说到施蒂纳的书，我完全同意你的看法。我以前给你写信的时候，还受到对该书直接印象的很大影响，而在我把它放在一边，

---

① ［法］科尔纽：《马克思恩格斯传》第 3 卷，管士滨译，生活·读书·新知三联书店 1980 年版，第 264 页。

② 《唯一者及其所有物》写于 1843—1844 年，1844 年底完成，1845 年出版。

③ 转引自［英］麦克莱伦《青年黑格尔派和马克思》，夏威仪、陈启伟、金海民译，商务印书馆 1982 年版，第 137 页。

④ 《马克思恩格斯文集》第 10 卷，人民出版社 2009 年版，第 26 页。

⑤ 《马克思恩格斯文集》第 10 卷，人民出版社 2009 年版，第 24 页。

⑥ 《马克思恩格斯文集》第 10 卷，人民出版社 2009 年版，第 26 页。

能多多地思考以后，我也发现了你所发现的问题。"① 尽管马克思并不赞同施蒂纳的认识，但是施蒂纳对青年黑格尔派其他成员的批判，特别是对费尔巴哈人本学的批判，引起了马克思极大的兴趣。

从当时思想理论界的评论来看，施蒂纳确实对思想界有很大的冲击和震动。施蒂纳的《唯一者及其所有物》这部作品是对青年黑格尔派特别是费尔巴哈的理论构图的内部批判。当然这也引起了青年黑格尔派的反批判。施里加、赫斯、费尔巴哈等人参与到对这本书思想的评论中。施蒂纳成为了当时思想舆论和思想论战的一个焦点。施里加在《论"唯一者及其所有物"》一文中认为施蒂纳没有超出鲍威尔的自我意识哲学。赫斯在《最后的哲学家》一文中认为，"说唯一者自身不知道自己欲求什么，恐怕会成为有助于'唯一者'的辩解。这样唯一者虽然决心与'批判的批判'论战，但他自身不过是'批判'的奴隶。唯一者不断要求破坏国家，正因为如此总是停留于国家的地盘。唯一者，利用各种语调夸耀向动物界的回归，其结果是主张平和，植物般的生活。""'唯一者'是卖弄小聪明的小孩。"② 相比于施里加、赫斯的批判，费尔巴哈对施蒂纳的回应和批判就显得温和一些。费尔巴哈在《因〈唯一者及其所有物〉而论〈基督教的本质〉》一文中说到："'唯一者'呵！你有没有从头至尾读过《基督教的本质》呢？看来是没有读过。因为，究竟什么东西组成这本书的基本论题、核心呢？正在消除本质的'我'与非本质的'我'之间的分裂，正在于把整个的人，从头到脚，加以神化、也即加以肯定和承认。"③ 施蒂纳批评费尔巴哈把我们分裂为一个本质的"我"和一个非本质的"我"，而且把"类""人"这一抽象、理念描述成为我们的真正实体，以区别于现实的、个体的"我"，费尔巴哈认为施蒂纳并没有理解他的思想，为此他在文中作了自我解释。"告诉你吧，'唯一者'，费尔巴哈既不是唯物主义者，也不是唯心主义者！……在他看来，真理、本质、实在仅仅在感性之中。……那他究竟是什么呢？在思想中的他，便就是在现实中的他，在精神中的他，便就是在肉体、在自己的感性实体中的他。他是人，或者，说得更确切一些——因为，费尔巴哈把人的实

---

① 《马克思恩格斯全集》第 27 卷，人民出版社 1972 年版，第 16 页。

② 《赫斯精粹》，邓习议编译，南京大学出版社 2010 年版，第 200、201 页。

③ 《费尔巴哈哲学著作选》下卷，荣震华、李金山译，商务印书馆 1984 年版，第 423 页。

体仅仅置放在社会性之中——，他是社会的人，是共产主义者。"① 费尔巴哈再一次重述他以往的观点，其实并没有正视和批判施蒂纳的思想。按照广松涉的观点，施蒂纳击中了费尔巴哈的要害，而且施蒂纳对费尔巴哈的批判也刺激到了马克思。

面对存在与本质的统一问题，黑格尔提供了"实体—主体"的自我异化与自我复归的循环构图，青年黑格尔派基本上都是沿袭这一理论构图。费尔巴哈提出了人本学的主张，"当人使'神'（人的本质的异化态）回到自身内部的情况下，在从异化复归到自己的应有状态的场面，费尔巴哈建立了'存在与本质合一'的构图"②。马克思曾一度认为费尔巴哈真正批判了黑格尔哲学，但在广松涉看来马克思在 1845 年前仍处在费尔巴哈的理论延长线上。马克思正是透过施蒂纳的批判，彻底清算了从前的哲学信仰，走向了新世界观。施蒂纳以及当时许多人把马克思看做是费尔巴哈的门徒。施蒂纳说："为了把我完全与人等同起来，有人发明和提出了要求：我必须成为一个'真正的类存在'"③。施蒂纳在《唯一者及其所有物》一书的脚注中标明这一"真正的类存在"的出处是马克思发表在德法年鉴的《论犹太人问题》。这也是全书唯一一处提及马克思的地方。在施蒂纳的眼中，马克思是费尔巴哈的"门徒"，是费尔巴哈主义者，因为马克思在《论犹太人问题》中也使用了"类存在"这一概念。在施蒂纳等人看来，这个概念是费尔巴哈的概念，马克思和青年黑格尔派其他成员没有质的差异，都在一个思想的地平上。在马克思自己看来，尽管费尔巴哈的著作对他产生了非常大的影响，但是他认为自己的思想已经不同于青年黑格尔派、费尔巴哈等人。关于类存在这一概念，马克思认为这个概念不是某种普遍的理念。换言之，马克思不是在外在的普遍的理念的意义上来理解类存在的概念的。马克思批评施蒂纳把关于人的这种普遍理念同人的现实存在对立了起来。马克思觉得有必要向人们澄清或者展现自己的思想认识和青年黑格尔派的根本性区别。

---

① 《费尔巴哈哲学著作选》下卷，荣震华、李金山译，商务印书馆 1984 年版，第 434—435 页。

② ［日］广松涉：《物象化论的构图》，彭曦、庄倩译，南京大学出版社 2002 年版，第 24 页。

③ ［德］施蒂纳：《唯一者及其所有物》，金海民译，商务印书馆 2007 年版，第 193 页的脚注一。

三　马克思对施蒂纳"人论"的批判

　　青年黑格尔派的评论以及施蒂纳的回应，让马克思意识到对施蒂纳批判是有必要的。如何看待施蒂纳的思想，以及他对青年黑格尔派的批判，这引起了马克思的兴趣和重视。在马克思看来，施蒂纳是值得重视的对手。马克思对施蒂纳的批判基本上是对《唯一者及其所有物》逐字逐句的批判。虽然在形式上是逐章逐节的批判，但马克思主要是从人、社会、财产或者所有这三个部分来批判的。在笔者看来，马克思对施蒂纳"人"部分的分析与批判具有前提性与关键性。

　　关于"人"的理解，黑格尔把人作为绝对精神的显现，费尔巴哈认为"人是人的最高本质"，鲍威尔指出"人刚刚才被发现"。施蒂纳批评黑格尔只是把人看作一种绝对精神的显现，剥夺了人类个体的现实性。青年黑格尔派当时最主要的工作就是宗教批判，宗教批判的成果就是把人从宗教当中解放出来了。但是费尔巴哈又把人归于类存在。在他看来，费尔巴哈的"人"其实还是一种自然的"人"；鲍威尔的"人"是自我意识上的"人"，能动批判的"人"。施蒂纳不同意青年黑格尔派的这一认识。青年黑格尔派对人的理解，集中在外部事物上，像"类存在""绝对精神"。施蒂纳在《唯一者及其所有物》一书中主要批判了费尔巴哈关于人的概念。在施蒂纳看来，费尔巴哈关于人的本质的概念仍是一个普遍的理念，仍与抽象打交道，而且它推翻了一种抽象树立了另一种抽象，即从神到人、类。而且这种抽象比以往的那些抽象更坏，因为以往的抽象至少是唯心的和天上的，而现在费尔巴哈则使其降到地上，也就更难摆脱。施蒂纳认为费尔巴哈等人处在理想主义的立场，处在青年的阶段，即处在某种理念某种精神的支配和控制之下，他们所表现出来的思想的倾向是对某种理念或某种精神的崇拜。为此，施蒂纳认为还需要考察一下这一人的最高本质和最新发现，主张要从这种抽象当中走出来。如何从这种对人的抽象当中走出来呢？从"人"走向"我"。简单地说是施蒂纳想使人成为一个自我，成为一个利己主义者，这就是施蒂纳给出的答案。从"人"走向"我"，而"人"恰恰是抽象的，只有"我"才是具体的，确切地说作为利己主义的我，作为唯一者的我才是具体的。

正是基于这样一个认识，施蒂纳把人生或者说人对世界的理解或分为三个阶段：现实主义的儿童、理想主义的青年和利己主义的成人。儿童、青年、成人，分别代表着人对世界的一种不同理解，即现实主义、理想主义、利己主义。在施蒂纳看来，在儿童阶段，人只有"非精神"的兴趣，喜欢玩乐嬉戏，很少苦思冥想。换言之，儿童依附于和沉迷于事物世界、感性世界，同形形色色的"尘世"事物打交道，试图占有事物，但还没有用"精神"来观察世界。青年则采取一种精神的立场，试图占有在事物中所包藏的思想。在施蒂纳看来，人生的第一次自我发现就发生在人从儿童走向青年的阶段。"揭示纯粹思想或追随这种思想，这是青年的爱好。思想世界的一切光辉形象，诸如真理、自由、人道、人等等照耀着和鼓舞着青年的心灵。"① 青年为思想所鼓舞，按照理想的方式来行动，追求纯粹的思想。在这个意义上，施蒂纳认为理想主义是青年的特点。"孩子只有非精神的，即无思想、无观念的兴趣，青年只有精神的兴趣；成人则有着有形体的、个人的、利己主义的兴趣。"② 在青年走向成年的时候，出现了第二次自我发现。人不再按照理想的方式来行动，而是按照利己的方式来行动。人是利己主义的成人，人自我发现为有形体的精神。成人所表现出的"利己主义"，不是人们通常理解的为自己计算、谋利的利己主义，而是自我一致的、自觉的利己主义。

马克思不赞同施蒂纳关于人的三个阶段的理解，并对此进行了批判。施蒂纳把人的三阶段归结为儿童、青年、成人，这是把生物学意义的人之进展归结为人对世界的理解的一种变化和改变。面对施蒂纳对人生的这一理解，马克思认为施蒂纳只是从个人的"自我发现"考察人生的各个阶段，并把人的自我发现归结为一定的意识关系。"意识的差别在这里就构成个人的生活。至于个人身上所发生的、产生意识变化的物质变化和社会变化，施蒂纳自然都不管了。"③ 在马克思看来，施蒂纳只看到了意识的差别，仅从概念出发去划分和概括人生的各个阶段，而没有深入考察物质变化和社会变化。"既然圣麦克斯没有注意个人的物质'生活'

---

① ［德］施蒂纳：《唯一者及其所有物》，金海民译，商务印书馆2007年版，第11页。
② ［德］施蒂纳：《唯一者及其所有物》，金海民译，商务印书馆2007年版，第13页。
③ 《马克思恩格斯全集》第3卷，人民出版社1960年版，第129页。

和社会'生活'，并且也根本没有谈'生活'，所以他完全合乎逻辑地撇开了历史时代、民族、阶级等等，或者，也可以这样说：他夸大了他周围与他最接近的阶级的占统治地位的意识，并把他提升为'人的生活'的正常意识。"① 在施蒂纳那里，人对世界的理解的改变，对世界的不同的理解只是发生在人身上的那种意识的变化。在马克思看来，施蒂纳没有考虑到物质变化和社会变化。

　　这也正是马克思区别于青年黑格尔派的地方。马克思不是从概念出发，而是从人的社会历史过程，从人的现实生活过程，从人的感性的生命活动出发去理解。"施蒂纳自己不知不觉地把某些'青年'、'成人'等在实际上或口头上的创造的关于自己的各种幻想跟这些非常暧昧的青年、成人的'生活'，跟他们的现实混淆了起来。"② 在马克思看来，施蒂纳关于人生历史阶段的划分都是幻想，他把这些幻想同实际的人的生活和他们的现实混淆了。马克思认为施蒂纳对人生阶段的划分，其实是出自于黑格尔。关于人生阶段全部虚构的原型，这些从概念出发虚构出来的东西，早在黑格尔的《哲学全书》第三部"精神哲学"中就出现过。施蒂纳把人生的阶段划分为儿童、青年、成人三阶段，是用一种黑格尔式的正反合的形式向我们描述了人的生活。在施蒂纳看来，儿童作为第一个环节是肯定，人依附于这个感性世界和事物世界。第二个环节是否定，人从这种感性世界之中走出来，要从自然当中挣脱出来，摆脱自然的支配，摆脱自然的控制和统治，回向对纯粹思想的追寻，表现为理想主义，试图弄清楚世界的本质，并且落入了某种理念或某种精神的支配和统治当中去，这是对第一环节"现实主义"的否定。第三个环节是否定之否定，走向了成人。这一阶段克服了自然和精神的统治，表现出一种利己主义。施蒂纳仍然没有走出黑格尔哲学。

　　施蒂纳对人及其所经历的阶段的划分在《唯一者及其所有物》一书中占据相当重要的位置。因为《唯一者及其所有物》整本书都是围绕着这三个阶段来的。施蒂纳关于人生阶段的三阶段划分，把它做了各种各样的转变，在不同的领域里边都有不同的命名。比如，黑人、蒙古人和高加索人；现实主义的利己主义者（通常理解的利己主义者）、理想主义

---

① 《马克思恩格斯全集》第3卷，人民出版社1960年版，第130页。
② 《马克思恩格斯全集》第3卷，人民出版社1960年版，第130页。

的利己主义者（自我牺牲者）和真正的利己主义者（唯一者）；古代人、近代人和我。施蒂纳把他对人及其所经历的阶段的认识运用到所有的领域。马克思指出，施蒂纳的历史是围绕着人生三阶段来兜圈子，"唯一者的全部历史是围绕着儿童、青年和成人这三个阶段兜圈子的，这三个阶段又具有'各种转变'，兜着愈来愈大的圈子，最后直到事物世界和精神世界的全部历史被归结为'儿童、青年和成人'为止"①。施蒂纳把人生的三阶段做了各种各样的转变，因此在历史当中人们看到的是各种各样的被乔装打扮的儿童、青年和成人，但在这些地方看不到社会关系和分工的变化。施蒂纳认为历史是我的活动的产物，自我活动的产物。施蒂纳对人的三个阶段划分，典型地体现了德国哲学的历史观。马克思认为施蒂纳是这种德国历史观的光辉范例。

整个黑格尔派包括施蒂纳在内的青年黑格尔派的一个特点就是从范畴来看待历史，来推演历史的变化。思辨的观念、抽象的观点变成了历史的动力。"历史便成为单纯的先入之见的历史，成为关于精神和怪影的神话，而构成这些神话的基础的真实的经验的历史，却仅仅被利用来赋予这些怪影以形体，从中借用一些必要的名称来把这些怪影装点得仿佛真有实在性似的。"② 以施蒂纳为代表的德国哲人把整个历史的变化都理解为一种意识的变化，即意识对世界的态度的改变。比如，在谈到从古代、中世纪到近代的转变的时候，施蒂纳强调的是意识对世界的那种态度变化，认为古代走向中世纪的时候体现的是把世界灵性化，在中世纪走向近代的时候表现为由宗教意识转向哲学意识。在施蒂纳看来，构成历史动力的是一些思辨的观念和抽象的观点，要想改变历史的话，只需要冲破观念、改变意识。而马克思指出："在任何情况下，个人总是'从自己出发的'，但由于从他们彼此不需要发生任何的联系这个意义上来说他们不是唯一的，由于他们的需要即他们的本性，以及他们求得满足的方式，把它们联系起来（两性关系、交换、分工），所以他们必然要发生相互关系。但由于它们相互间不是作为纯粹的我，而是作为处在生产力和需要的一定阶段上的个人而发生交往的，同时又由于这种交往又决定着生产和需要，所以正是个人相互间的这种私人的个人的关系、他们作

---

① 《马克思恩格斯全集》第 3 卷，人民出版社 1960 年版，第 131 页。
② 《马克思恩格斯全集》第 3 卷，人民出版社 1960 年版，第 132 页。

为个人的相互关系，创立了——并且每天都在重新创立着——现存的关系。……一个人的发展取决于和他直接或间接进行交往的其他一切人的发展；彼此发生关系的个人的世世代代是相互联系的，后代的肉体的存在是由他们的前代决定的，后代继承着前代积累起来的生产力和交往形式，这就决定了他们这一代的相互关系。总之，我们可以看到，发展不断地进行着，单个人的历史决不能脱离他以前的或同时代的个人的历史，而是由这种历史决定的。"①

四 马克思对思辨方法的批评

施蒂纳关于人生的基本认识，也是整个黑格尔左派或者青年黑格尔派的一个想法，他们认为意识和思维构成了人的本质，决定了人的生活，进而也决定整个历史，这是整个青年黑格尔派的思想通病。"我们知道，我们的这位桑乔对这些思想家的幻想抱着根本不可动摇的信念。由于人们的生活条件各不相同，所以他们创造出各种不同的关于自己即关于人的观念，因此桑乔就以为，各种不同的观念创造了各种不同的生活条件，这样一来，这些观念的制造商——思想家——就主宰了世界。"② 马克思指出，在施蒂纳那里，观念、意识、思维主宰了世界。

施蒂纳或者说青年黑格尔派认为意识和思维可以改变世界，甚至创造世界，而且甚至通过思维建构世界。与之不同，马克思认为不可能通过意识、思维去建构世界或者改变世界。既然施蒂纳等青年黑格尔派认为意识与思维可以创造或改变世界，那么他们又是如何通过意识和思维去建构世界或理解世界呢？或者说，他们通过一种怎样的语言叙述来完成对世界的建构或理解的呢？施蒂纳运用"同位语""同义语"，以及"插曲""重复"和"概念—等式的推演"，来完成对世界的理解和建构。正如聂锦芳教授所指出的："施蒂纳处理问题的方式就是，通过对一切现实关系的批判，把这些关系宣布为'人'的异物，而把他同这些关系的

---

① 《马克思恩格斯全集》第 3 卷，人民出版社 1960 年版，第 514—515 页。
② 《马克思恩格斯全集》第 3 卷，人民出版社 1960 年版，第 492 页。

斗争归结为他同他关于这些关系的观念的斗争。"① 施蒂纳通过搬弄语言、词句来建构世界,但如此这般所把握的世界并不是现实世界。在马克思看来,"其实他所吞噬的只是世界上的圣物,而对世界本身他连碰也没有碰到"②。当一切都变成"圣物"或者变成"人"的东西之后,施蒂纳也只是在观念、思维中占有世界。"原来作为所有这些占有形式的基础的这种逻辑实验,只不过是言语的一种形式,即义释,只不过是把一种关系改写成另一种关系的存在方式而已。"③ 施蒂纳对世界的建构与占有所凭借的,仍然都是施蒂纳之前所批评的普遍理念,依然需要实现某种观念上的批判与转换,使作为一般的或者普遍的理念和观念这种东西成为"我"的所有物。这是包括施蒂纳在内的青年黑格尔派的基本思路与解决方式。

在马克思看来,青年黑格尔派"为自己造出关于自己本身、自己是何物或应当成为何物的种种虚假观念","他们按照自己关于神、关于标准人等等观念来建立自己的关系"④。这样的结果就是"头脑的产物不受他们支配","他们这些创造者屈从于自己的创造物","在这种幻像、观念、教条和想像的存在物的枷锁下日渐萎靡消沉"⑤。这既是青年黑格尔派所遇到的问题,也是马克思所面临的问题,为此他们都试图把人们从中解放出来。黑格尔之后的思想界,基本上就是黑格尔哲学一统天下。如何反抗这种思想的统治,如何从黑格尔哲学中超拔出来,如何实现人的解放?面对这一境况,青年黑格尔派走出了各种道路。在马克思看来,费尔巴哈认为我们要用符合人的本质的思想来对待这些幻想观念,布鲁诺·鲍威尔认为我们要教会人们批判地对待这些思想观念,施蒂纳说我们要教会人们从头脑中抛掉这些幻想、观念就可以了。这三种做法都是马克思反对的。马克思认为他们这种做法,都不能实现人的真正解放。马克思把他们的想法称为"天真的幼稚的空想",而且青年黑格尔派的这种思想也不过是"以哲学的形式来重复德国市民的观念",也并不高级,可能甚至都赶不上他们的老师黑格尔。马克思认为他们不过是"自以为

① 聂锦芳:《在批判中建构"新哲学"框架》,中国人民大学出版社2018年版,第303页。
② 《马克思恩格斯全集》第3卷,人民出版社1960年版,第331页。
③ 《马克思恩格斯全集》第3卷,人民出版社1960年版,第338页。
④ 《德意志意识形态》,人民出版社2008年版,第3页。
⑤ 《德意志意识形态》,人民出版社2008年版,第3页。

是狼、也被人看成是狼的绵羊"。这是马克思对青年黑格尔派的形象描述，认为他们其实不过是在同现实的影子作斗争。在马克思看来，青年黑格尔派并没有切中时代现实，只是同现实的影子作斗争。而且他们这些斗争正好迎合了这些带有幻想和精神萎靡的德国人的口味。"有一个好汉忽然想到，人们之所以溺死，是因为他们被重力思想迷住了。如果他们从头脑中抛掉这个观念，比方说，宣称它是迷信观念，是宗教观念，他们就会避免任何溺死的危险。"① 马克思指出，这些青年黑格尔派的好汉们，并没有关注到人、人身体本身的重力，而是仅仅关注人关于重力的思想，甚至认为只要抛掉这些重力思想，人们就能获得解放。在马克思看来，这根本不是真正的解放，因为他们根本就未曾考虑到他们的思想同他们自身的物质环境之间的联系问题。在这个意义上，马克思逐渐发现了青年黑格尔派其实没有走出黑格尔的哲学，没有走出黑格尔的思想体系。马克思说："德国哲学家们在他们的黑格尔的思想世界中迷失了方向，他们反对思想、观念、想法的统治，而按照他们的观点，即按照黑格尔的幻想，思想、观念、想法一直是产生、规定和支配现实世界的。"② 按照黑格尔的体系，观念、思想、概念的产生规定和支配着人们的现实生活、人们的物质世界和人们的现实关系。黑格尔之后的德国哲学接受了黑格尔这样一个理解，而且也没有从中走出，并从中只是截取了黑格尔哲学中的某一部分，既没有达到也没有超越黑格尔哲学。在马克思看来，"黑格尔完成了实证唯心主义。在他看来，不仅整个的物质世界变成了思想世界，而是整个历史变成了思想的历史。他并不满足于记述思想中的东西，还试图描述它们的生产活动。"③ 这是黑格尔和青年黑格尔派很大不同的地方，黑格尔还试图描绘人们的生产活动，尽管是以一种思辨的形式作概念式把握。总之，在马克思看来，青年黑格尔派是从观念出发去理解世界、人类社会与历史。马克思认为如此出发去理解世界，并不能实现人的解放，并不能使解放成为一种可能性。

　　总而言之，马克思通过对施蒂纳的批判，彻底批判了青年黑格尔派的思想，特别是青年黑格尔派那种从观念出发理解世界的研究思路或者

---

① 《德意志意识形态》，人民出版社 2008 年版，第 4 页。
② 《德意志意识形态》，人民出版社 2008 年版，第 5 页。
③ 《德意志意识形态》，人民出版社 2008 年版，第 4 页。

思考方式。科拉科夫斯基认为"马克思既没有根据黑格尔哲学的观点去抨击施蒂纳，也没有通过使个人服从于任何形式的绝对理性、社会或国家去跟施蒂纳至高无上的自我学说相论战，而是发展了他自己的理论概要。这一理论使真正的个性（且不仅仅是幻想的、自我独 立的和自我满足的主体）能够在社会中找到地位而无须牺牲其本质的唯一性"①。马克思确实是按照施蒂纳那本书的结构来逐章逐节地批判，但是马克思既没有根据黑格尔的观点去批判施蒂纳，也没有根据青年黑格尔派的观点，包括费尔巴哈的观点去批判，而是在批判施蒂纳的过程中，逐渐形成了自己的思想理论和主张。我们追踪马克思对施蒂纳的批判，其实就是追踪马克思自己的思想理论和主张。它不仅仅是单纯的马克思对施蒂纳的批判，而是马克思按照自己的思想的方式提出自己的想法。

---

① ［波］科拉科夫斯基：《马克思主义的主要流派》第 1 卷，唐少杰、顾维艰、宁向东译，黑龙江大学出版社 2015 年版，第 172 页。

马克思对黑格尔共同体建构过程中想象力因素的批判

姜海波[*]

马克思对黑格尔政治国家批判的一个重要指向表现在：政治国家作为黑格尔法哲学体系中共同体的承担项，其代表的普遍性没有任何实在性，只是采取了一种"虚构的共同体的形式"（illusoriche Form des Gemeinschaftlichkeit）。作为虚构的共同体，政治国家无法调节公共利益和私人利益之间的矛盾，因此，政治国家只是虚幻的普遍利益的代表，而非真实的普遍利益的代表。而政治国家之所以表现为虚构的共同体的原因在于，政治国家的生成过程不是以对作为其基础的市民社会的现实的批判为前提，而是绝对观念"内在想象活动"（innere imaginäre Thätigkeit）的结果。因此，政治国家只是虚构的幻想，是绝对观念在其内在的想象活动中，演变而成的非现实的定在。此定在，作为绝对观念想象的活动的结果，与"想象的活动"这样一种活动有着密切的关联。可见，想象的活动以及想象力这样一种能力，在黑格尔政治国家的生成过程中，发挥了极其重要的作用。只有对想象力及想象的活动这一领域进行深入的探讨和分析，才能更为清晰地展现为何马克思将虚构的共同体的虚幻性溯源为绝对观念的想象性。通过对想象力的溯源或回溯，也才能更为明确地揭示黑格尔共同体理论的虚构性。

想象力在德国古典哲学那里属于人类学认识能力的范畴。经由启蒙运动的教化，德国古典哲学扬弃了古代神话学中想象力所呈现出的粗野

---

* 作者简介：姜海波，男，杭州师范大学马克思主义学院副教授，硕士生导师。

的、任性的、臆想的特征，将想象力置于理性的限制和约束之下，使其不再是游荡的、狂乱的幻想，而是依据于一定规则的、具有了典范性的人的一种能力。当想象力一旦表现为这样一种能力，在黑格尔那里，它立马同人类的其他认识能力（直观、表象、思维等）一起，伴随着自我意识的觉醒，使理论精神向实践精神、客观精神（法、国家等）过渡。正如马克思批判费尔巴哈抽象的人类学"强调政治太少"那样，现代哲学"除了醉心于自然的人以外，还有醉心于国家的人"①。哲学的现代性要求人类学的研究必须超出人的自然性之外，去关涉人的政治性或国家性。正是对"国家的人"的关注，即对人类学和政治哲学的共同关注，才使哲学具有了现代性。而想象力作为人类学的认知能力之一，在政治国家的生成过程之中，或者说在人与人结成共同体的过程之中，究竟具有何种重要作用，才使得马克思对现代国家哲学的最终表达——黑格尔的政治国家——的批判，着力指向其想象性及由此而来的虚假性，就成为我们研究马克思"虚构共同体"批判的关键。

一　马克思对黑格尔想象力所表象的普遍性的批判

黑格尔之所以让想象力参与到共同体的建构过程中，在于个体与个体之间普遍性意义的建立，需要表象作为中介从外在的感性材料中提取出普遍的东西，来实现对主体对外部世界普遍意义的共享，以确定个体间连结的普遍性。而想象力作为表象阶段的中项，可以"使被直观的、外在的内容从属于提高到了普遍性的被表象的内容"②。通过使直观的、外在的内容普遍化，想象力实现了主体对于客观内容的普遍的统一，并且统一过程由于想象力的参与而获得了主体的自我规定，因而就突破了直接的、朴素的统一而上升为更高阶段上由主体重建的统一。

当然，就表象的内容或想象力的对象而言，黑格尔认为它不仅涵括感性材料，亦包含思维材料，"除了以感性材料为内容而外，表象又能以

① 《马克思恩格斯全集》第 47 卷，人民出版社 2004 年版，第 53 页。
② ［德］黑格尔：《精神哲学》，杨祖陶译，人民出版社 2015 年版，第 235 页。

出自自我意识的思维材料为内容，如关于法律的、伦理的和宗教的表象"①。可见，在黑格尔那里，法律的、伦理的领域亦属于表象的活动领域，也就是说，法律的、伦理的普遍性意义的建构，亦离不开表象的参与。因为，一个个体意志对另一个个体意志来说，同样属于外部材料，而表象阶段就是使外部材料得以普遍化的最初阶段。经由表象的中介，市民社会中的个体由自然的、朴素的等级联合体过渡到反思的、有规定的等级联合体，并向更高阶段的联合体过渡。由此，个体意志的特殊性逐渐进入到种种普遍关系的系统之中。

想象力在个体意志普遍化过程之中的作用就在于"通过它思维地对待直观的对象、即从对象中提取出普遍东西并给以对象以那些应属于自我的规定"②。可见，想象力的功能在于：一方面它可以从特殊的直观内容中提取出普遍的东西，一方面它又可以给予特殊的直观内容以思维性的规定。想象力的此种功能是通过其自身的三种形式而展开的——再生的想象力、联想的想象力、象征的想象力。想象力的再生功能促使直观到的意象（Bild）得以再生，而再生则使得被动的直观意象成为主体内在的东西，属于我自己的东西。想象力的联想功能促使诸多个别的、具体的意象相互联系、相互结合，并通过彼此结合而产生普遍的、抽象的表象（Vorstellung），至此表象得以出现。想象力的象征功能则促使普遍的、抽象的表象得以形象化，并通过符号的产生，而使普遍表象摆脱了具体意象的束缚，实现了不需要直观对象真的在场，就可以达成"感性材料与一个普遍表象的联结的任意性"③。于是，在人们对于外部世界意义的领会和表达，就无须感性之物即时即地的出场，而是可以通过表象④进行随时随地的描述和讨论。在此意义上，"整个政治领域，是一个人造的表象空间，在此，人的行为和言谈都公之于众，以检验它们的真实性，判断它们的价值"⑤。基于表象的产生，人们在社会交往中对于诸政治要素

① ［德］黑格尔：《小逻辑》，贺麟译，商务印书馆 1980 年版，第 69 页。
② ［德］黑格尔：《精神哲学》，杨祖陶译，人民出版社 2015 年版，第 235 页。
③ ［德］黑格尔：《精神哲学》，杨祖陶译，人民出版社 2015 年版，第 245 页。
④ 在黑格尔看来，人们之间的社会交往是借助表象而进行的，"通常的社交闲谈大都是以一种非常外在的和偶然的方式从一个表象扯到别个表象。"参见［德］黑格尔《精神哲学》，杨祖陶译，人民出版社 2015 年版，第 241 页。
⑤ ［美］汉娜·阿伦特：《论革命》，陈周旺译，译林出版社 2011 年版，第 87 页。

的判断和评价得以展开。通过表象进行的社会交往成为人们进入政治领域的初步环节。

　　当然，在黑格尔看来，政治领域若只停留于"人造的表象空间"阶段，那么，人们之间的社会交往是偶然的、任意的，由此构成的政治联结的普遍性是外在的，因为"法律、正义和类似的规定"，"在一般表象之内在的抽象的普遍性的较广基地上，也同样地个别化了"①。黑格尔意识到了表象所建立的联结是个别的和任意的，因此，人们在表象中建立的联系只能停留于表面的形式化，而不具有内在必然性的规定性。个体间内在的、必然的联系的建立，必须突破表象联结的外部性，深入到思想之中去。"哲学除了把表象转变成思想"，并更进一步"把单纯抽象的思想转变成概念——之外，没有别的工作"②。黑格尔通过理性整体的系统化运转拯救了表象世界，表象被进一步上升转变为思想，转变为概念，成为绝对精神的组成部分，而得以扬弃其建立的联结的个别性，使联结转变为内在、必然的联结。并且，表象自身亦是有着绝对精神因素的渗透的，"认为普遍表象的产生是——没有精神的助力"，"那是一个愚蠢的错误"③，绝对精神的普遍性意义被用来补充表象的个别性，绝对精神被内化渗透到表象之中，帮助表象的生成。正是由于绝对精神的助力，表象所建构的外在的、形式化的、松散的联结，才得以保存，并得以进一步提升。

　　然而，也恰恰是由于绝对精神的助力，表象被设定为绝对精神的外部表现。当表象成为黑格尔理性整体化系统中的一个环节时，表象所接触到的具体的、个别的东西被绝对精神通约了。"个别的存在是不真实的"，它"在表象中被固定为一种（理论上的实在）"④。表象从个别事物中提取了普遍性，但由于绝对精神的渗透，个别事物的存在被抽象化为一种理论的实在性，而丧失了真实的存在性。想象力由于其可以"思维地对待直观的对象"，因此其所内含的精神的自我因素更为充足，也更易

①　［德］黑格尔：《小逻辑》，贺麟译，商务印书馆 1980 年版，第 70 页。
②　［德］黑格尔：《小逻辑》，贺麟译，商务印书馆 1980 年版，第 70 页。
③　［德］黑格尔：《精神哲学》，杨祖陶译，人民出版社 2015 年版，第 242 页。
④　《费尔巴哈哲学著作选集》上卷，荣震华、李金山译，商务印书馆 1984 年版，第 70 页。

丧失真实性，"想象力是从生命的王国到精神的冥府去的最可靠的向导"①。想象力作为表象的中项，其所导向的普遍性并非源自有生命的普遍性，而是绝对精神从彼岸的冥府所保证的普遍性，这种普遍性一经产生便取消了外部具体世界的生命性。

当表象的普遍性形式沦为绝对精神的外部设定时，人们通过表象进行论说、判断和评价的政治领域，亦即滑入"精神的冥府"，而失去了生命性。在政治共同体中，人们的生活不再是有活力的和有机的，而是僵死的和无机的，因为个体之间企图超越彼此直观方式的努力（表象）被观念性地思考了，"表象的领域"被"设想为某种观念东西的表现"②。当个体间的关系由观念所设定，个体间的联结就只能是通过观念而进行的抽象的联结，由此，"人们的一切关系都可能从人的观念、想象的人、人的本质、'人'中引伸出来"③，而成为虚构的。当然，黑格尔企图超越单个人对于对象世界的被动直观，而建构出一种政治共同体，其中人们共同的表象对象世界，并在对对象世界的共同表象中，实现自我主导的普遍化的自由。但是，他"企图把表象也看成自由的观念性"，于是"这种表象的自由也只是某种被思考的、直接的、被想象的东西"，它"只存在于表象的形式之中"④。在人们真实的想象彼此之间的关系之前，绝对精神就已经代替人们，理论地想象了彼此间的关系。思考的想象取代了真实的想象，政治表象领域的自由是绝对精神想象的自由，而非人们真实的自由。想象活动的主导者不是有生命的个人，而是无生命的绝对精神，个体自由向普遍性自由的过渡也在绝对精神所主导的外化中失去了生命性和活力，仅仅成为一种形式化的自由。

当我们从个别性转向普遍性时，我们转向了表象，"国家和政治体制都是'表象'"，但是，"在与具体的人类的关系中，表象总是抽象的"⑤。抽象的表象把普遍性推向了由观念所虚构的"精神的冥府"，那么，这一

---

①　《费尔巴哈哲学著作选集》上卷，荣震华、李金山译，商务印书馆1984年版，第217页。

②　《马克思恩格斯全集》第40卷，人民出版社1982年版，第40页。

③　《马克思恩格斯全集》第3卷，人民出版社1960年版，第55页。

④　《马克思恩格斯全集》第40卷，人民出版社1982年版，第40页。

⑤　［法］亨利·列斐伏尔：《马克思的社会学》，谢永康、毛林林译，北京师范大学出版社2018年版，第107页。

问题如何被纠正，具体的人类关系如何得以恢复？重新回到感性的具体性，以此激发政治普遍性的生命力，这是否可行？"在身体的基础上重建一切——伦理、历史、政治、理性等，这是否可能呢？这样一项工程无疑充满着危险：怎样才能使它与关于身体的自然主义、生理主义、感觉经验主义，以及机械唯物主义或虚幻的超验论区别开来？"① 回到感性的具体性无疑是危险的，它容易滑落到未被启蒙的、未开化的人类自然的能力——想象力所引发的身体的生理主义、感觉的经验主义等之中。如此，一种企图超越抽象的政治表象领域的尝试，实则却又回到了单个人的直观。在马克思看来，对抽象的表象和抽象的想象力的真正的扬弃，意味着"你扬弃想象中的对象、作为意识对象的对象，就等于真正的对象的扬弃，等于和思维有差别的感性的行动、实践以及现实的活动"②。对于马克思来说，回到感性的具体性来扬弃抽象的想象和表象，回到的是感性的行动、具体的实践和现实的活动。以此基础"各个个人的全面的依存关系"才不"可以被思辨地、唯心地、即幻想地解释"③，而是得以现实地建构。回到感性的行动中，意味着人的真实的、全面的关系的恢复。

二　马克思对想象力表象主义批判的深化
——对意识形态的历史性批判

以感性的行动为基础的人的全面关系的建构，联结起了个体间关系的真实性，也揭示了绝对精神所主导的人们之间表象的关系的虚假性。黑格尔用表象的普遍性来扬弃单个人的感性直观，然而普遍性由于附庸于绝对精神而失去了生命力和活力，以至于无法真正实现"各个个人在自己的联合中并通过这种联合而获得自由"，而成为"完全虚幻的集体，而且是新的桎梏"④。个人通过联合而达到的普遍的自由被置于"虚幻的

---

① ［英］特里·伊格尔顿：《审美意识形态》，王杰、傅德根、麦永雄译，广西师范大学出版社 2001 年版，第 192 页。
② 《马克思恩格斯全集》第 42 卷，人民出版社 1979 年版，第 237 页。
③ 《马克思恩格斯全集》第 3 卷，人民出版社 1960 年版，第 42 页。
④ 《马克思恩格斯全集》第 3 卷，人民出版社 1960 年版，第 84 页。

集体"中而成为虚构的。并且，随着"虚幻的集体"逐步脱离社会现实，囿于自身而成为独立的力量，人的全面关系的建构就愈加受制于这一桎梏，这就是表象在其普遍化进程中的深化。

马克思指出，德国"思想家和哲学家对这些思想进行专门的系统的研究，也就是使这些思想系统化"，使"思想和观念成为独立力量"①。在他们看来，人们在世界中的表象关系并不应止步于从感性世界中抽取出普遍的东西，而是"倾向于构建一个自足的整体"②，成为独立的力量。表象自认为受到绝对精神的指引而可以独自地发展出一个独立的思想系统，表象的系统化在德国哲学家那里表现为独立化的意识形态。意识形态在其独立化过程中取得普遍利益的形式，在其独自性的领域虚构出法的、伦理的、国家的等代表普遍利益的共同体的形式，并企图使这些共同体的形式也成为独立的领域，进而"由意识相像成为理想的"，"甚至是……神圣的利益"③。可见，黑格尔的哲学作为德国哲学的最终表达，其所追求的共同体的理想形式——政治国家不过是表象的系统化、意识形态的独立化的结果，是自我意识在其追求普遍化过程中的人类学想象。由此，意识形态领域中的虚构的、想象的关系取代了现实生活中人们的真实的、经验的关系，而成为了普遍利益的代表。"意识形态是个体与其真实存在条件的想象性关系的一种'表征'"④。意识形态以一种集体表征的方式，使个体脱离了其真实的存在条件，使得个体与集体生活的关系被表征为一种想象性的关系。

表象在普遍化的进程之中，或者说在共同体的形成过程之中，被系统化地演进为独立化的意识形态，意识形态作为集体的表象来表征群体间的关系。然而，当德国哲学家们将意识形态建构为一个自足的、有权力的整体之时，它就逐渐脱离了和现实生活的关系。"意识形态与实践之间的距离"，即"对现实的表象与现实本身之间的距离。"⑤ 表象的普遍

① 《马克思恩格斯全集》第3卷，人民出版社1960年版，第525页。
② ［法］亨利·列斐伏尔：《马克思的社会学》，谢永康、毛林林译，北京师范大学出版社2018年版，第53页。
③ 《马克思恩格斯全集》第3卷，人民出版社1960年版，第273页。
④ ［斯洛文尼亚］斯拉沃热·齐泽克、［德］泰奥德·阿多尔诺等：《图绘意识形态》，方杰译，南京大学出版社2006年版，第117页。
⑤ ［法］亨利·列斐伏尔：《马克思的社会学》，谢永康、毛林林译，北京师范大学出版社2018年版，第67页。

化进程拉开了意识形态与现实之间的距离，距离的出现意味着意识形态在其独立化的过程中被凝固了。"这样一来，就很容易从这些不同的思想中抽象出'一般思想、观念'等等，而把它们当作历史上占统治地位的东西，从而把所有这些个别的思想和概念说成是历史上发展着的'概念'的'自我规定'。"① 由此，概念的运动取代了现实的运动，成为了历史的基础，个别思想、观念发展为普遍思想、观念的历史进程被规定为绝对概念的自我进展。

当然，不可否认的是，黑格尔通过绝对概念的自我进展，把捉到了以往哲学家所不曾碰触到的历史性（geschichtliche）的东西，"绝对者在实现它自己的'进程'或'道路'中，在通过其各要素的自行展现中，乃是历史的或历史性的"②。随着绝对概念展开自身的运动，历史性的维度展现了出来，由此，法的、伦理的、国家的等属于意识形态领域范畴的进展，就不是历史学（Historie）史料的堆积，而是有了精神的内在的规定性。黑格尔将"这种过渡里所包罗着的思想"作为"'历史'的哲学理解的灵魂"③，在意识形态诸范畴的过渡中包含着思想，因而也包含着理解历史的关键。尽管诸意识形态在黑格尔那里脱离了现实而成为独立的力量，但黑格尔通过绝对概念的"过渡"、变化使得系统化的意识形态获得了内在的动力。总体化的意识形态运动了起来，并展现自己为一个连续发展的历史过程。由此，意识形态不再是过去那般僵化的权威体系或史料的堆积，而是过渡中的思想。意识形态的普遍化过程（政治国家的实现过程）具有了历史性的维度，尽管这一历史性维度是绝对概念逐步达到其普遍性的维度。

然而，作为历史动力的绝对概念的自我进展却遮蔽了历史的真实动力。当历史的动力被置于绝对概念先后逻辑的展开之中，那么，历史就不过是在先的绝对概念与在后的绝对概念的矛盾运动过程。历史的演进被置换为先后逻辑的演进，历史成为过程，但也只是过程。"如果把历史当成一个制造或创造过程的对象，那么必然有这个'对象'完成的时刻，因此如果有人想象他可以创造历史，他就逃避不了这样一个推论，即历

---

① 《马克思恩格斯全集》第 3 卷，人民出版社 1960 年版，第 55 页。
② 吴晓明：《论马克思辩证法的"实在主体"》，《哲学研究》2020 年第 8 期。
③ ［德］黑格尔：《历史哲学》，王造时译，上海书店 2001 年版，第 79 页。

史将会终结。"① 作为过程的历史终会走向终结，而成为非历史的。黑格尔虽然以绝对概念的自我进展抓住了历史性本身，然而，当历史被设定为纯粹逻辑过程的先后进展，他亦终结了历史。黑格尔赋予了历史以哲学性，却使历史的现实性消失了，那么，历史的现实性如何得以恢复？"消灭历史哲学，就不是把它当作幻想和神话来消灭。而是将历史哲学强加给历史的尺度，还给历史本身"，"就是将一个时代的意识归还给那个时代"。② 回到历史本身，就是回到具体的时代，在具体的时代中为历史哲学加给历史的幻想和神话找到现实的基础，找到被绝对概念的逻辑演进进程所遮蔽的历史的真实动力。

　　这一寻找和回溯首先意味着一个断定，即断定意识形态"没有历史，或者——换句话说——是永恒的，即，永远以不变的形式存在于历史……之始终"③，也就是说，意识形态没有自己的独立的、永恒的历史。如若将意识形态的普遍化过程抽象为绝对概念的逻辑进展史，那么这势必导致意识形态随着历史的终结而终结为僵死的、虚幻的共同体。然而，"意识形态本身只不过是人类史的一个方面"④，马克思将意识形态从被绝对概念所封闭的、所终结的状态中拉回到了人类史的层面。通过断定意识形态没有独立的、永恒的历史，马克思使历史回到了具体的人类史。由此，人类史的领域中的诸因素，如想象力、表象、意识形态等都将被非抽象的重新考察，即回到人类历史具体时代的现实生活中来考察。当"德国人通过最后变成人类学的形而上学走向社会主义"，而使社会主义"消融在人道主义中"⑤ 之时，马克思独特地把捉到了人类学的现实基础，从而使社会主义的历史走向摆脱了抽象的人道主义，而真实地呈现在共同体的历史性建构过程之中。

　　通过对绝对精神的概念演进史的层层回溯，马克思将意识形态的诸要素倒回至具体的人类史之中。在具体的人类史之中，去研究人类学的

　　① ［美］汉娜·阿伦特：《过去与未来之间》，王寅丽、张立立译，译林出版社 2011 年版，第 75 页。
　　② ［法］路易·阿尔都塞：《政治与历史：从马基雅维利到马克思》，吴子枫译，西北大学出版社 2018 年版，第 202 页。
　　③ ［斯洛文尼亚］斯拉沃热·齐泽克、［德］泰奥德·阿多尔诺等：《图绘意识形态》，方杰译，南京大学出版社 2006 年版，第 117 页。
　　④ 《马克思恩格斯全集》第 3 卷，人民出版社 1960 年版，第 20 页。
　　⑤ 《马克思恩格斯全集》第 3 卷，人民出版社 1960 年版，第 540 页。

诸要素，意味着人类共同体关系建构的基础是感性的、经验的人类学，而非抽象的、形而上学的人类学。意识形态中观念的关系不过是人们在社会交往中产生的现实的关系的表现。解除了形而上学对人类学的遮蔽和扭曲之后，马克思指出了人类表象关系的真实的起源："处在现实交往中的现实的人创造了经验关系，只是在后来，在事后，人们才把这些关系虚构、描绘、想象、肯定、确认为'人'这一个概念的启示。"①，人们对普遍的"人"的认知是"事后"的，作为前提和基础的是人们在现实交往中创造的人的经验关系，之后才有人们对这一经验关系的描绘（不管这种描绘是肯定的还是虚构的）而产生的表象及其系统化的集合——意识形态。可见，意识形态是"事后"的，"事后"意味着要去追寻意识形态的前提和基础，也意味着意识形态是处于历史的时间次序之中的，意识形态与其现实的前提和基础之间是一种历史关系。意识形态的形成与人们对历史时间的处理有着密切的关联，以至于人们在共同体的生活中必须形成某种共同的表象及普遍的意识形态，来应对历史时间的先后。

三　在历史唯物主义时间序列中的想象力

外部事物在时间中变换，事物的时间性在人们的感官中得以显现，它"被直观的生成：现在、将来和过去（目前等等）"②。时间在感官中的呈现是非连续性的、瞬时的，外部事物在感官直观中显现为现在，也便消失为过去。黑格尔扬弃感官的直观，用回想（Erinnerung）、想象力（Einbildungskraft）、记忆（Gedächtniß）来处理外部事物在时间的过去、未来、现在中的联系。想象力是这一时间序列的中间项，它将回想过去得到的意象再生为属于主体的内容，并通过想象力的联想能力联结为普遍的表象，再创造出象征性的符号，才使得记忆通过符号将现在保存下来。想象力能够突破感性直观中时间的暂时性，将瞬间性的意象结合起来。随着诸意象的结合，也产生了"被保存起来的外部直接空间和时间

---

①　《马克思恩格斯全集》第 3 卷，人民出版社 1960 年版，第 258 页。
②　《马克思恩格斯全集》第 40 卷，人民出版社 1982 年版，第 177 页。

的联系"①。外部时空的直接性得以扬弃，人们对时间的处理通过想象力而获得了持续性。因此，当费尔巴哈批评黑格尔的哲学缺少直观的统一而要求回到直观时，马克思却并不要求回到直观的统一。因为"只要人以直观的方式关注过去或将来，那末这过去和将来就会僵化成一个异在的存在，而在主体和客体之间就会出现现在这个不可逾越的、'有害的空间'"②。以直观的方式对待时间，时间就不再具有持续性，过去、未来僵化为非存在的异在，现在被孤立起来，时间被割裂。在割裂的时间里，主体和外部对象之间无法跨越"现在"，无法实现整体性，只能达到单个人的直观。

可见，马克思赞同黑格尔所表明的"一切发生的事情只是由于它之被接受到表象着的理智里对于我们来说才得到持续性"③。人类的表象能力使得外部发生的事情对于我们而言具有了持续性，时间持续性出现意味着外部世界得以联系起来而获得了统一，并且，这种统一因其在时间的持续性之中而是历史性的。因此，马克思批评费尔巴哈的直观的"类"共同体是不在历史进程之中的，而黑格尔以"精神在时间里的发展"④ 抓住了历史性本身。只是马克思要求黑格尔将被绝对精神占领着的时间还给历史，否则时间将因精神的"绝对性"而"静止"⑤，历史将不复存在。因此，需要探讨的问题是："在被充分阐释的关于历史和历史知识的观念出现之前，时间是如何被表象的"⑥？总体的意识形态究竟如何表象整体的时间才能不使真实的历史被遮蔽？

在马克思看来，总体的意识形态并不是概念或范畴的演绎，"单个人对社会的要求"并不是"由形而上学的两面即个别性和普遍性的虚构的

① ［德］黑格尔：《精神哲学》，杨祖陶译，人民出版社 2015 年版，第 239 页。
② ［匈］卢卡奇：《历史与阶级意识》，杜章智等译，商务印书馆 1999 年版，第 303 页。
③ ［德］黑格尔：《精神哲学》，杨祖陶译，人民出版社 2015 年版，第 236 页。
④ ［德］黑格尔：《历史哲学》，王造时译，上海书店 2001 年版，第 72 页。
⑤ "如果黑格尔哲学是哲学理念的绝对现实性格的话，那么，黑格尔哲学里的理性的静止就必然要以时间的静止为结果。因为时间以后如果和以前一样继续它的可悲的过程，黑格尔哲学就不可避免的要失去绝对性这个宾词了。"参见《费尔巴哈哲学著作选集》上卷，荣震华、李金山译，商务印书馆 1984 年版，第 49 页。
⑥ ［法］亨利·列斐伏尔：《马克思的社会学》，谢永康、毛林林译，北京师范大学出版社 2018 年版，第 65 页。

相互关系引申出来的"，而是"由社会的现实发展所产生的"①。从单个人的直观到普遍的表象，并非源自于个别性范畴和普遍性范畴的推演，而是社会实践变化发展的结果。因此，普遍的表象及其系统化的意识形态的产生并不代表着绝对精神在时间中的进展，而是代表着社会实践的变化发展。意识形态的产生并不在绝对精神的时间进展之中，而是在社会实践的时间进展之中。它不能在社会实践的时间进展之外，超脱于社会实践的变化发展，如此则就像"黑格尔精神只是 post festum〔事后〕在幻想中创造历史"②。马克思反对将历史描述为一种"事后"的精神创造史，他要求历史根植于社会现实的变化发展之中，因此，表象及意识形态亦不能在"事后"拥有自己独立的历史，否则一切精神、表象、意识形态都将成为幻想。人类的表象能力所实现的从个别性到普遍性的过渡，不是"观念在理性中的顺序"，而是"适应时间次序的历史"③。只有当把被绝对精神占据着的时间还给历史，人类才能在现实的历史时间之中产生真实的表象，并且，"那些被人历史地领悟了的瞬间是滋养思想的果实，它包含着时间"④，而非以其"绝对"的思想性静止了时间。

　　时间被直观为瞬间，而瞬间必须被历史地领悟，时间才不至于消失。"过去"的意象在想象力中得以再生，被联结为普遍表象保存为"现在"，并且深化为总体性的意识形态——人类在时间中的这一普遍化过程，必须以历史唯物主义为基础，才不至于使其结果（共同体）被抽象化为独立的力量，成为虚构的。基于历史唯物主义，人类对于过去、现在、未来之整体性时间的表象，才能既打破单个人直观对于过去和未来的僵硬划分，又突破精神的绝对性对时间未来性的终结，使得真正的"变化"得以出现，并成为历史的。"历史主义给予过去一个'永恒'的意象；而历史唯物主义则为这个过去提供了独特的体验。"⑤ 过去作为意象而被捕获，但这并非是"永恒"的意象，而是对于过去的感性体验，这一体检

① 《马克思恩格斯全集》第 3 卷，人民出版社 1960 年版，第 563 页。
② 《马克思恩格斯全集》第 2 卷，人民出版社 1957 年版，第 109 页。
③ 《马克思恩格斯全集》第 4 卷，人民出版社 1960 年版，第 143 页。
④ ［美］汉娜·阿伦特编：《启迪·本雅明文选》，张旭东、王斑译，生活·读书·新知三联书店 2014 年版，第 275 页。
⑤ ［美］汉娜·阿伦特编：《启迪·本雅明文选》，张旭东、王斑译，生活·读书·新知三联书店 2014 年版，第 274 页。

并非是经验心理学的，亦非面向着过去的本质，而是意味着"所有的历史经验实际上都是对历史内容的一种改变，所有从那种经验中得来的理论都是一种通过它自己的生成而改造历史的理论"①。过去的意象作为感性经验的体验之所以必须被保存下来进入表象，并成为理论，仅仅在于过去的经验以自己的生成改变了历史的经验，而过去的理论正是源于过去的经验。

因此，要想让过去的意象成为有意义的，"要想让历史通过它的经验的当前的辩证法回到它自己的过去从而照亮自己；要想让自身中孕育着未来的现在和行动能够有助于建立一种通过自己而照亮过去的科学理论，就必须在过去和历史的当前性之间存在一种深层的、共同的联系"②。也就是说，过去、现在（当前性）、未来之时间的结构序列必须存在一种深层次的共同联系，以此为基础，有效的、真实的普遍性才得以建构，而历史唯物主义正是开启了这一视域。马克思指出："历史不外是各个世代的依次交替。每一代都利用以前各代遗留下来的材料、资金和生产力；由于这个缘故，每一代一方面在完全改变了的条件下继续从事先辈的活动，另一方面又通过完全改变了的活动来改变旧的条件。"③ 通过代际活动的传承，时间之向前和向后的"过程"（Prozesses）得以展开，遗留下来的过去改变了当前，当前又以其改变了的活动来改变着未来。在历史唯物主义的时间进程中，每一代人当前的实践活动既照亮了过去，又孕育着未来，而过去和未来必须参与到当前的实践活动中，才使得过去不再作为一种单纯的意象，未来不再作为一种虚幻的乌托邦。同样，现在也不再是一种瞬间，而是在历史的时间中获得了绵延性，成为增长和发展，个别增长为整体，特殊发展为普遍。黑格尔通过回想、想象力、记忆联结起来的时间的过去、现在、未来，在马克思这里转变为历史唯物主义之现实的活动视域中的时间结构序列，而这一转变使得黑格尔依托时间序列建构的、在绝对精神外壳下的、虚假的普遍联结被击穿，真实的、有效的普遍联结得以出现。

---

① ［法］路易·阿尔都塞：《政治与历史：从马基雅维利到马克思》，吴子枫译，西北大学出版社 2018 年版，第 171 页。

② ［法］路易·阿尔都塞：《政治与历史：从马基雅维利到马克思》，吴子枫译，西北大学出版社 2018 年版，第 173 页。

③ 《马克思恩格斯全集》第 3 卷，人民出版社 1960 年版，第 51 页。

　　因此，个别性在历史时间结构序列中的真实联结，并不表现为黑格尔的"等级"，而是表现为马克思的"阶级"。因为黑格尔仅仅假定了"等级"作为单一性的意志（君王意志）和普遍性的意志（市民社会意志）"在精神上和谐一致"，因此"等级要素的这一环节是政治国家的浪漫幻想，是关于政治国家的实在性或它与自身谐和一致的梦想"①。普遍性的获得并非是由前置的政治国家通过绝对精神来提供保证的，如此黑格尔则就只能通过概念的推演，由市民社会的等级引申出政治上的等级。而马克思却要求回到市民社会等级，因为市民社会等级"会把自己的特殊性变成整体的决定性权力"②，从而形成"一个并非市民社会阶级的市民社会阶级，形成一个表明一切等级解体的等级，形成一个由于自己遭受普遍苦难而具有普遍性质"③ 的阶级，即无产阶级。无产阶级的普遍性质来源于他在市民社会中遭受（Leiden）普遍苦难。遭受苦难意味着这一苦难并非仅仅是过去的意象，而是过去的体验，当然也是当前的体验，无产阶级所反抗的不仅是过去的苦难，也是当下的苦难，不仅为被压迫的过去而战斗，也为被压迫的现在而战斗。无产阶级之所以能够从自身的特殊地位出发产生出代表社会总体的普遍性质，就在于他对于历史进程中对社会总体的体验，因此，普遍的意义只能在社会历史的时间进程中找到，而非从某些超越于历史时间序列的绝对的精神或概念中获得。

　　可见，无产阶级作为社会总体的代表，其总体性的一个维度，表现在无产阶级在历史时间结构序列中对于过去、现在和未来的整体体验。"无产阶级代表总体性（totality）——在对既有现实的彻底否定之中理解现实的过去、现在和未来（可能性的领域）。"④ 无产阶级作为革命的阶级，在对现实进行彻底否定的运动中，将个体遭受的感性特殊性的经验上升为阶级意识要求普遍的解放。这一总体化的上升过程包含着无产阶级对于正在被彻底否定的现实的过去、现在、未来之时间序列的理解，进而使总体化的阶级意识具有了真正的现实历史意义，而黑格尔以其绝对精神的纯粹思辨过程所构建的虚假意识形态，最终只能丧失历史的意义。

---

① 《马克思恩格斯全集》第 3 卷，人民出版社 2002 年版，第 116 页。
② 《马克思恩格斯全集》第 3 卷，人民出版社 2002 年版，第 113 页。
③ 《马克思恩格斯全集》第 3 卷，人民出版社 2002 年版，第 213 页。
④ ［法］亨利·列斐伏尔：《马克思的社会学》，谢永康、毛林林译，北京师范大学出版社 2018 年版，第 25 页。

马克思的关系自然观对康德自然观的继承与超越

魏书胜*

马克思没有系统地阐述他对自然世界的观点，更没有建构起苏联模式教科书中那种关于自然世界的观念体系。苏联模式教科书的自然世界观体系的前康德性质，其思想内容如何通过第二国际思想家借助法国唯物主义哲学建构起来，已经为学界所揭示。马克思的思想文献中关于"人化的自然""人类学的自然"以及"历史的自然"等关于自然观的阐释及经典论述，也已经为学界所熟知。然而，在我们熟知并理解了马克思自然观的实践性、社会历史性之后，能够取代苏联教科书中的实体性"客观"自然观的马克思自然观似乎并不清晰，换言之，我们似乎并没有形成清晰的马克思自然世界观的新观念。马克思的自然观并不是显而易见的存在于其直接谈论自然的思想文本之中，如果仅仅把目光聚集在马克思的文本当中，哪怕是德文的原始文本，也很难说就能把握马克思关于自然世界的观念，施密特和鲍德里亚都是如此。因此，要把握马克思的思想观念，就要把马克思置于更广阔的思想视野中，就要返回德国古典哲学。关于马克思是近康德还是近黑格尔的分歧和争论并不是无意义的问题，这一问题探讨的实质并不在于澄清马克思的思想与谁更接近，而是在于确定从谁看马克思才能更好地理解马克思。康德哲学作为德国古典哲学的开端，他的思想到底如何影响了马克思，是需要首先进行研究的问题。当然，学界对康德哲学特别是其自然观也尚未形成共识，也

---

* 作者简介：魏书胜，东北师范大学马克思主义学部哲学院。

就仍需作为探讨与马克思哲学的关系之前提加以阐释。

一　认识论视阈中的康德自然观

俞吾金教授曾经指出："我们从未认真地消化康德哲学。"① 的确，由于康德哲学的复杂性，多数对康德的研究过快地略过他的自然观而进入他的道德哲学，甚至对"物自身"这一重要的自然观也多在其与自由的关系上进行研究。可以说，要消化康德哲学就不能绕开他的认识论视阈中的自然观。

康德的自然观即在他完成了"哥白尼式"的思想实验之后所形成的对于自然世界的观念。康德的自然观包含两个相互关联的基本要点，一是自然界是在人的先天认识形式中的自然界，"到现在为止，大家总以为我们的一切认识都应该投合对象；但是在这个假定下，凡是想凭借概念先天地建立某种关于对象的东西以扩展我们知识的一切试验，统统失败了。因此大家不妨试验一下，把对象设想成应该投合我们的认识，看看这样是否会把形而上学的任务完成得比较好些；其实这种设想本来就与我们所盼望的更加一致，因为我们正是盼望能有一种有关对象的先天认识，这先天认识能在对象被给予我们之前，先就确立起某种关于对象的东西。这样，我们的设想就同哥白尼最初的思想非常近似"②；二是自然界的自身之所是即"物自身"（也被翻译成"物自体"或"自在之物"）是不可知的，"我们先天的理性认识只涉及现象，而不过问事物本身，自在的事物虽然自身是实在的，但却是我们所不知道的"③，对于第一点，学界对其思想含义的争议不大，因为康德在其《纯粹理性批判》第二版序言中表达得很清楚。虽然康德自比为"哥白尼式"的思想颠倒所形成的自然观是思想实验的结果，但其实这种自然观是一个伟大发现，即作为人的对象的自然界是在人的先天认识形式之中的。做一个或许不恰当

---

① 俞吾金：《重新理解马克思》，北京师范大学出版社 2005 年版，第 196 页。

② ［德］康德：《纯粹理性批判》，王玖兴主译，商务印书馆 2018 年版，第 17—18、20页。

③ ［德］康德：《纯粹理性批判》，王玖兴主译，商务印书馆 2018 年版，第 17—18、20 页。

的判断，如果能理解这种自然观是一个发现，就能理解康德为何是现代哲学的开启者；而如果仅仅把康德的自然观当成一种思想观念，甚至当成是一种唯心主义观念，那就说明持这种观点的人的观念还处于前康德时代。为何会有这种判断，我们马上就会通过对康德自然观的具体阐释进行说明。另一方面，虽然学界一般都认为康德的这种自然观实现了人类自然观从客体中心向主体中心的转变，但这种转变具体如何理解，在康德的学术阐释成果中往往语焉不详，正如洛克莫尔所言"康德的哥白尼主义经常被提及却很少被细致地研究"①。下面我们就对康德自然观的第一个要点进行扩展性的理解性阐释。

如果把康德的自然观称之为"日心说"，那么他所实现的思维方式变革所针对的就是"地心说"意义上的自然观。"地心说"意义上的自然观是说，自然界是在人之外客观地存在的，自然界的客观存在性是由自然界自身决定的，自然界有其自身的确定的规定性，自然科学就是要把握自然界的自身规定性即本质与规律。康德的"日心说"自然观则认为，自然界确实存在着，但是作为人的对象的自然界并不是自然界本身，而是存在于人的先天认识形式之内的自然界，作为自然界自身的"物自身"是不可知的（关于"物自身"问题我们稍后作为康德自然观的第二个要点进行讨论）。

如何对上述康德自然观进行扩展性的理解性阐释？我们可以从人的大脑和人的眼睛在认识能力方面进行类比的意义上来理解。从经验来说，人的眼睛看到的对象界是"真实"的，所谓"眼见为实"，即人的眼睛看到的自然界就是自然界本身，或者说人的眼睛看到的自然界是客观的自然界自身在人的眼睛中的反映。然而，如果按照科学的理论重新思考人的眼睛与自然界的关系，事情就翻转了。从科学对人的眼睛结构的认识来看，人所看到的世界是在人的眼睛结构中的世界，人眼能看到的波长范围为312nm—1050nm，人看到的世界是彩色的也是因为人眼的结构。这就表明，人所看见的世界并不是世界本身，而是在人的眼睛结构中的世界，在人眼结构范围之外的世界是什么样的，是人的眼睛不能知道的。人的其他感觉器官——耳朵、鼻子、舌头、皮肤——与人的眼睛一样，

---

① ［美］汤姆·洛克莫尔：《康德与认知建构主义》，《哲学分析》2014年第8期。

都有自身感觉能力的范围，这些感觉器官所感受到的世界也都是在其自身结构范围内与这种结构有关的部分，在人的这些感觉能力范围之外，人不能知道世界是什么样的。虽然人脑比人的五官更复杂，甚至具有高于感性知觉能力的理性思维能力。但是，一般来说，人脑也是人的感觉器官，从这一点来看，人脑与人的五官同样具有感觉能力，虽然人脑还具有思想能力，但是人类的科学研究还没有研究清楚人脑的能力范围，因而也无法断定人脑的能力是有限的还是无限的，如果是有限的，那就与其他感觉器官没有实质区别。康德的观点是人脑的认知能力是有限的，因而他才竭力去研究这一有限能力的边界，研究包括十二范畴在内的人的先天认识形式的内容。康德对人的认识能力有限的观念来自于数学与物理学等自然科学，实际上，一直到今天在相对论和量子力学的科学知识背景下，多数人的思维还停留在牛顿物理学的范围内，因而难以理解康德的自然观。

如果上面的阐释仍不能帮助理解康德的观念，那么我们通过阐释"物自身"来进一步说明，因为"物自身"与在人的先天认识形式中的自然界密切相关（此处阐释的"物自身"，并不包含如俞吾金教授所说的作为"实践理性的范导性原则"的含义①）。实际上，如果理解了康德所说作为人的对象的自然界是在人的先天认识形式中的自然界的含义，从逻辑上自然就会承认"物自身"不可知。因为，作为人的对象的世界是在人的认识形式中的世界，也就意味着人所认识到的世界不可能是世界自身即"物自身"或"自在之物"，就如同人的眼睛看到的世界只能是眼睛结构内的世界而不可能是世界本身一样，或者反过来说，在人的眼睛结构范围外的世界是人的眼睛看不到的，而且人的眼睛看到的世界也不是世界本身，而只是人的眼睛结构与世界之中的因素的一种关系。同理，在人脑的认识结构之外的世界也是人不能知道的。

康德提出的"物自身"不可知，实际上是发现了自然界的不确定性，这是他的"哥白尼式的革命"中衍生出来的对人类自然观的重大贡献。"物自身"作为真实存在实际上是人的想象，我们可以在理论上想象有"物自身"即事物自身的规定性或事物的自身之所是，但是当康德发现了

①　俞吾金：《康德是通向马克思的桥梁》，《复旦学报》（社会科学版）2009 年第 4 期。

人的自然界的属人性，也就发现了自然界的不确定性，即"物自身"不可知。只有当人的自然界确实不需要依赖人的感知能力而"客观"地确定下来之时，"物自身"才是确定而可知的，但这是不可能的，因为人不能超出自身的认识能力去判断自然界的确定性。

"物自身"并不神秘，无论是否承认"物自身"的存在，"物自身"都是不可知的。对于"物自身"存在争议的原因在于：其一，对"存在"与"是"的关系的混淆。康德承认在人之外的世界的"存在"，即承认世界的客观实在性，这与贝克莱否定世界的客观性是根本不同的，也与休谟等人认为世界只是人对世界的主观感觉这种观念根本不同；在康德看来，世界向人呈现出来的只是在人的感觉及认识能力范围内的要素即现象，世界自身"是"什么是人不可能知道的。就是说，康德并不否认世界的"存在"，但是世界的"是"是不可知的。或许正是在这个意义上，康德只承认"是"的系词属性。"'是'显然不是实在的谓词，也就是说，不是关于可以加给一个事物的概念的某种东西的一个概念。它纯然是对一个事物或者某些规定自身的肯定。在逻辑应用中，它仅仅是一个判断的系词。"① 其二，把自然科学（实际上是以牛顿物理学为代表的经典自然科学）所把握的自然界的"本质"与"规律"当成"物自身"。如果自然科学的理论框架是唯一且永恒不变的，那么把通过自然科学把握到的自然界的"本质"与"规律"当成"物自身"情有可原，但即便是这样，自然科学中把握的事物的本质仍然不过是在人的认识能力之内把握到的自然界的一种确定性，这种确定性是否就"是"事物的自身仍然是人不能知道的。况且，自然科学也不过是人把握自然界的一种方式，并不代表人的全部认识能力。爱因斯坦提出相对论从而突破了牛顿物理学的理论框架，正表明了实际上人自身的认识能力也是不确定的，这一点对于康德而言是时代的局限，康德对人的先天认识形式的研究实际上是基于数学与自然科学的那些确定性理论。对于那些在爱因斯坦相对论提出之前，或者说能在超越牛顿物理学观念的意义上理解相对论观念之前的各种对康德"哥白尼式的革命"观点做出否定和批判结论的各种观点，在学术上都不再有作为支持或反驳文献的意义。其三，以实体思维

---

① ［德］康德：《纯粹理性批判》，李秋零译，中国人民大学出版社 2004 年版，第 392 页。

理解"现象"与"物自身"。按照实体思维,"现象"与"物自身"都是确定不变的,正由于"物自身"的确定性,人类才能通过自身认识能力的提高,通过科学研究成果的积累,最终把握"物自身"。这种观念不过是以自然科学为尺度,加上了时间与实践积累的条件,但是,"物自身"并不是那种固定不变的实体,在科学范围内能够把握到的本质与规律仍是在科学认识能力之内的确定性,仍然不是事物之所"是"的"物自身"。

康德的自然观实际上是以逻辑思辨的方式解决经验论与唯理论的矛盾,在这种理论推论与思想实验中发现了人与自然关系的存在论事实,即人的自然界是在人的主体认知能力之中的自然界。康德的这一发现,使他的哲学成为一道分水岭,之前的哲学属于古代哲学,之后的哲学属于现代哲学。并且,康德的工作从理论上弥合了主客体的绝对对立,从而也就消解了经验论与唯理论、唯物主义与唯心主义的纷争。按照前康德时代的哲学观念难以理解康德的自然观,是很正常的事情。马克思实际上继承和发展了康德的自然观,属于现代哲学,而苏联教科书式的马克思主义哲学则属于前康德时代的哲学观念。

二　马克思自然观的似康德性

马克思的文献中很少谈论康德,特别是在关于自然界的维度。因而,无论从文献学还是文本学的意义上,都很难发现马克思与康德的直接关系。但是,当我们用康德的观念(以主体性为原则的观念)去看马克思的思想时,就能"看"出马克思思想的康德印记,正如同所谓"仁者见仁、智者见智"一样,其实,"仁者"与"智者"的视角之分也符合康德的主体性观念。

马克思自然观最著名的表述是:"被抽象地理解的,自为的,被确定为与人分隔开来的自然界,对人来说也是无。"① 对于这段话中的"无",多数的解释是在价值论意义上解释为"无意义",但也有学者看到了这段

---

① 《马克思恩格斯文集》第 1 卷,人民出版社 2009 年版,第 220 页。

话的存在论内涵①。从存在论的维度来看，马克思这段话的意思是，对人来说，不存在与人分开的自然界，反过来说，人的自然界是与人有关的自然界。显然，马克思这段话是符合康德的主体性原则的。以马克思的这段话为判断标准，我们可以进一步通过以下几段话体会马克思自然观与康德思想原则的一致性。"正像人的对象不是直接呈现出来的自然对象一样，直接地存在着的、客观地存在着的人的感觉，也不是人的感性、人的对象性。自然界，无论是客观的还是主观的，都不是直接同人的存在物相适合地存在着。"②"不仅五官感觉，而且连所谓精神感觉、实践感觉（意志、爱等等），一句话，人的感觉、感觉的人性，都是由于它的对象的存在，由于人化的自然界，才产生出来的。"③"先于人类历史而存在的那个自然界，不是费尔巴哈生活于其中的自然界；这是除去在澳洲新出现的一些珊瑚岛以外今天在任何地方都不再存在的、因而对于费尔巴哈来说也是不存在的自然界。"④ 从这三段话中我们可以发现，在马克思自然观中的自然界，不是直接呈现出来的、先于人类历史而存在的自然界，而总是和人有关的自然界。这些论述中的自然界，还没有直接涉及实践，可以说是在实践之外或隐含着实践的人的自然界，这就意味着，即便没有经过实践加工改造过的人的自然界，也是和人有关的自然界，而不是自在的对人来说是"无"的自然界。当然，人的现实的自然界，就人作为社会性与实践性的存在而言，无论是人化的自然界还是历史的自然界都是通过人类的实践活动塑造的自然界，这种自然界也都是"人本学的自然界"。"在人类历史中即在人类社会的形成过程中生成的自然界，是人的现实的自然界；因此，通过工业——尽管以异化的形式——形成的自然界，是真正的、人本学的自然界。"⑤

以上这些马克思关于自然界的论述，还可以用他在《关于费尔巴哈的提纲》第一条那句名言进行总结性的理解。"从前的一切唯物主义（包括费尔巴哈的唯物主义）的主要缺点是：对对象、现实、感性，只是从客体的或者直观的形式去理解，而不是把它们当做感性的人的活动，当

---

① 杨学功：《如何理解马克思的自然观》，《江汉论坛》2002 年第 10 期。
② 《马克思恩格斯文集》第 1 卷，人民出版社 2009 年版，第 211 页。
③ 《马克思恩格斯文集》第 1 卷，人民出版社 2009 年版，第 191 页。
④ 《马克思恩格斯文集》第 1 卷，人民出版社 2009 年版，第 530 页。
⑤ 《马克思恩格斯文集》第 1 卷，人民出版社 2009 年版，第 193 页。

做实践去理解，不是从主体方面去理解。因此，和唯物主义相反，唯心主义却把能动的方面抽象地发展了，当然，唯心主义是不知道现实的、感性的活动本身的。费尔巴哈想要研究跟思想客体确实不同的感性客体，但是他没有把人的活动本身理解为对象性的［gegenständliche］活动。"① 这段话是马克思实践论观点的经典表达，以往对这句话解说的重点是实践，但对于"不是从主体方面去理解"往往难以理解，通常是理解为实践中的主体性。实践当然是具有主体性的活动，问题是"对对象、现实、感性"如何从主体方面去理解？上面那些马克思关于自然界的论述，恰可以作为"从主体方面去理解"的例证或注脚，反过来，对于马克思那些关于自然界的论述，也恰可以依据"从主体方面去理解"进行理解，而"从主体方面去理解"难道不正是康德的主体性思想原则吗？

马克思的自然观，不仅蕴含如康德自然观中同样的主体性，还与康德一样肯定自然界的存在。马克思谈到："没有自然界，没有感性的外部世界，工人什么也不能创造。自然界是工人的劳动得以实现、工人的劳动在其中活动、工人的劳动从中生产出和借以生产出自己的产品的材料。"② 正是由于他们都肯定了自然界的存在，他们自然观中存在的主体性才不是构造自然界的主观的抽象原则，才不是唯心主义。

我们说马克思的自然观中具有似康德性，既要表明马克思自然观与康德自然观的实质关联，也要表明马克思的自然观已经达到了康德的思想高度，那些退回到前康德时代的自然观不仅没有达到康德的思想水平，更不用说达到马克思的思想高度。我们论证的马克思自然观中的似康德性，只是论证了马克思自然观中的似康德的主体性原则，还没有展开对马克思自然观本身的阐释。要理解马克思的自然观，还需要从马克思对康德自然观存在的问题的解决入手。

三　马克思的关系自然观对康德自然观的超越

康德以思想实验的方式提出的"哥白尼式的革命"和"物自身"

---

① 《马克思恩格斯文集》第 1 卷，人民出版社 2009 年版，第 499 页。
② 《马克思恩格斯文集》第 1 卷，人民出版社 2009 年版，第 158 页。

思想，在思想逻辑上打破了旧的自然观，然而他的思想逻辑并没有帮助他形成超越了以往旧自然观的新观念。也就是说，康德实际的自然观还不是在他的思想逻辑中蕴含的自然观，他的实际的自然观是封闭的自然观和二元论的自然观，这可以通过他相信人的先天认识形式是确定不变的，并且相信自然界具有确定的"物自身"得到证明。这种思想逻辑与思想观念的不一致，可以说是康德自然观当中存在的矛盾或问题。这一问题表明，康德实际的自然观是落后于他的思想逻辑的，是仍处于前康德时代的封闭的实体世界中的自然观。康德之后的费希特、谢林、黑格尔以及费尔巴哈都没有超出康德的封闭的实体自然界，都没有把被遮蔽了的康德思想逻辑中的自然观呈现出来。以康德哲学为起点来看，马克思的自然观是康德思想逻辑中被遮蔽的自然观的呈现与实现，在这一意义上，马克思才是德国古典哲学中的自然观的真正完成，马克思之前的德国古典哲学家都是前康德时代的哲学家，马克思才是后康德时代的思想家。

从思想内容维度来说，马克思的自然观实际上解决了康德自然观的问题。康德自然观的问题首先不在于他的二元论，他的二元论是由他的自然观的封闭性决定的。受实体观念和科学观念的限制，康德相信人的先天认识形式是确定不变的，并且相信自然界具有确定的"物自身"，他所相信的这两个确定性，决定了他的自然观中的自然界是封闭的实体世界。

康德自然观的封闭性问题，是马克思通过形成关于人的生成性思想，从而冲破康德关于人的先天认识形式的确定性观念得到解决的。在马克思看来，人不是本质先在的存在，人是什么是通过人的活动表现出来的，"个人怎样表现自己的生命，他们自己就是怎样。"[1] "人的本质不是单个人所固有的抽象物，在其现实性上，它是一切社会关系的总和。"[2] "无神论、共产主义才是人的本质的现实的生成"[3]。这些观点都表明，在马克思的观念中，人是本质不确定的生成的存在，《资本论》手稿中马克思阐述的人的本质生成的"三形态"或"三阶段"理论，也正是关于人自身

---

① 《马克思恩格斯文集》第 1 卷，人民出版社 2009 年版，第 520 页。
② 《马克思恩格斯文集》第 1 卷，人民出版社 2009 年版，第 505 页。
③ 《马克思恩格斯文集》第 1 卷，人民出版社 2009 年版，第 217 页。

本质的不确定性与生成性的理论表达。这种从总体上对人的不确定性的把握，能够自然而合乎逻辑地涵盖人的认识能力。就是说，对于人的认识能力而言，固然有如同人的五官那种自然的确定性，然而对人的思维来说，或许也存在如同康德所说的先天认识形式，但是在人还没有完成对自身完全的认识之前，康德的先天认识形式就不是人的确定的认识能力，就只能说人的认识能力是不确定的。这种不确定是针对康德的先天观念来说的，在人的后天的实践中能够形成确定的认识形式，但是这种在实践中形成的认识形式是有其条件的，并不是人的普遍的认识能力本身。关于人的认识能力基于实践的历史性生成，或者说关于通过人的实践过程所确定的人的认识能力，列宁作出了恰当的论述："人的实践经过千百万次的重复，它在人的意识中以逻辑的格固定下来。这些格正是（而且只是）由于千百万次的重复才有着先入之见的巩固性和公理的性质。"① 通过列宁的论述我们能够理解，康德所理解的那些先天的认识形式正是通过人的实践历程逐渐确定下来的。这就表明，康德对人的主体认识能力的先天确定性的理解封闭了人的不确定性。相反，马克思所理解的人的历史生成，把人还原回不确定的存在。

一旦马克思从主体的方面突破了康德的确定的人的观念，也就同时突破了康德在客体维度的确定的对象世界观念，也即"物自身"是客体的确定的本质观念，从而把"物自身不可知"的思想逻辑中蕴含的客体的不确定性内涵释放出来。这就意味着马克思从主体和客体两方面都突破了康德的确定性观念，主体的人和客体的自然都回归于自身本然的不确定性之中。面对主体和客体这两个不确定的世界，康德的二元论也瞬间瓦解，因为当主客体的坚固性烟消云散的时候，这两个作为曾经在理论中存在的确定的实体世界之元也随之消解了。在康德以及马克思之前的哲学家们的自然世界观瓦解之时，马克思的自然世界观也就同时出场了。

马克思思想中的世界不再是以往的实体的人的世界与实体的自然世界及其这些实体世界之间的关系。马克思思想中的世界是关系性的世界，在他的关系性世界观中的自然界也是关系性的。马克思的关系自然观可

---

① 《列宁全集》第 38 卷，人民出版社 1986 年版，第 233 页。

以这样表述：作为现实的人的生活世界中的自然世界（也可以说现实的人的感性的自然对象世界，或者作为现实的人的实践场域的自然世界），不是自然界本身，而是人的主体因素与自在自然界中的因素的关系。这种关系性的自然界，虽然既包含自在自然界的因素，也包含人的主体性因素，但不是实体性自在自然和实体性的人的相互作用所形成的关系（这种关系是基于实体二元论的关系），而是在人的主体性因素中的自在自然界，或者说按照人的主体性因素呈现的自然界的因素，也就是说，在马克思的关系自然观中，自然界不是自在的自然界而是在人的主体性因素中的自然界，这种自然界对人来说不是自然界自身，而已经是人的关系了。"对象如何对他来说成为他的对象，这取决于对象的性质以及与之相适应的本质力量的性质；因为正是这种关系的规定性形成一种特殊的、现实的肯定方式。"① 马克思的这段话正是对其关系自然观的最好佐证。

在不确定的自在自然界和不确定的人这两个前提下理解马克思的关系自然观，就会清楚，在现实的人的自然界中，确定的是关系，无论作为现象还是本质，也可以说，作为人的自然界的现象和本质，都是关系。具体来说，我们看到的自然界是在我们能够看到的范围之内的自然界的内容，同时，自然界中的那些存在的内容对人而言"是"怎样的又与人以怎样的主体感知或认知形式或结构去把握这些内容有关。比如，朱光潜先生在《我们对于一颗古松的三种态度》中谈到的那棵古松②。那棵古松在自在自然的方面是确定的，但确定的只是能够呈现在我们的感官之内的部分，这已经不是树的实体本身而是树对人呈现出来的那些因素，这些因素是在人的感官能力之内的，在人的感官之外的那些因素，对于人而言虽然存在，但人无法知道，而且人也无法知道在人的感官之内的因素是否是树的那个"自身"；并且，树对人的呈现也并不是向所有人呈现所有因素，而是按照人的认识角度与认识能力向人呈现其因素的，当我们用实用、科学、美学三种角度去看这棵树时，树就向我们呈现木料属性、植物学属性与审美属性这些内容，而且这些内容对于观看者来说都是真实的。马克思也讲到："五官感觉的形成是迄今为止全部世界历史

① 《马克思恩格斯文集》第 1 卷，人民出版社 2009 年版，第 191 页。
② 朱光潜：《谈美》，安徽教育出版社 1989 年版，第 13—21 页。

的产物。……忧心忡忡的、贫穷的人对最美丽的景色都没有什么感觉；经营矿物的商人只看到矿物的商业价值，而看不到矿物的美和独特性；他没有矿物学的感觉。"① 对于上面的例子，我们依据马克思的关系自然观很容易理解，因为从关系论的视野来看事物，我们看到的事物不再是事物本身，而是我们与事物的关系。

从康德哲学的视野来看，马克思不过是把康德思想逻辑中蕴含的自然界和人的不确定性呈现出来。康德的思想逻辑源于"物自身不可知"，"物自身"作为自然界的本质不可知，就表明人所要把握的自然界之"是"是不可知的，这种不可知也就意味着自然界对于人而言是不确定的。作为自然界中的存在，人"是"什么也是不可知的，因而人也是不确定的。就是说，在康德的"物自身不可知"的思想逻辑中蕴含着"自然界和人都是不确定的"思想内容，但这一思想内容被前康德时代的自然的确定性观念遮蔽了。马克思的自然观突破了康德自然观的封闭性，从康德思想的逻辑来说是对这一逻辑中的自然观的呈现和实现，在这一意义上，马克思的自然观是康德思想中隐含的自然观的完成。但是，马克思对康德自然观的突破或完成并不意味着必然会形成关系自然观，换言之，马克思的关系自然观并不是突破康德以及前康德时代的封闭的自体观的必然结论。马克思形成关系自然观从而实现对康德自然观的超越，在根本上是基于"实践哲学"对"理论哲学"的超越。

仅仅从"实践哲学"和"理论哲学"的性质上，我们就可以说马克思哲学超越了康德哲学。在"实践哲学"的视阈中，以往"理论哲学"中由认识论造成的主体与客体的二元对立，以及由这种对立所引发的一切哲学问题都烟消云散了。从"实践哲学"理解马克思的关系自然观，就能发现，马克思的关系自然观不是一种理论想象或理论建构，而是对人的现实实践所处的世界的理论把握。也就是说，马克思的关系自然观是对人的实践世界的真相的发现或把握。这种对世界真相的发现是不可能在"理论哲学"中实现的，康德及其之后的哲学家之所以难以突破封闭的自然观，从根本上说就在于难以突破"理论哲学"的传统。因而，马克思基于"实践哲学"得出的关系自然观才实现了对康德自然观的超

---

① 《马克思恩格斯文集》第1卷，人民出版社2009年版，第191—192页。

越。在马克思开创的"实践哲学"意义上，马克思的自然观以及全部哲学已经获得了自主性，不必再回到以往哲学的逻辑中为自己定位，既不必围绕康德也不必围绕黑格尔"旋转"，而是可以以自己为中心"旋转"了。

实践理性的辩证历险：从康德到马克思[*]

唐　瑭[**]

　　在马克思主义哲学研究领域，一直存在着客观主义与主观主义的研究线索，并表现为对理性认识与行动实践能否兼容之争。由此，学界形成了"如何理解旁观理性与行动实践关系"的研究问题，并成为马哲学术研究的热点之一[①]。与之相应，从马克思主义哲学溯源角度，通过德国古典哲学与马克思主义哲学的比较研究来探讨旁观理性与行动实践的关系，进而形成近康德与近黑格尔的马克思主义哲学阐释，成为探讨旁观理性与行动实践关系的重要研究方向。然而，还不仅于此，"欧美学界对马克思哲学的解释模式从 20 世纪 50 年代末期开始发生了一个明显的变化：从纯粹的理性模式转变为理性主义与浪漫主义的统一"[②]。由此，在康德与黑格尔之间不被重视的费希特、浪漫派与马克思的关系研究亦被学者挖掘出来。费希特的思辨之行，浪漫派（以弗里德里希·施莱格尔为代表）的感性之行，原本是后康德哲学家对康德实践理性的发展，却被当今哲学工作者引入旁观与行动的探讨中，并影响到如何理解马克思主义哲学中的理性与实践关系。基于此，本文首先从有限空间中理性者

　　[*] 本文系作者主持的国家社科基金青年项目"马克思政治哲学视阈下的'人类命运共同体'研究"（18CZX005）之阶段性成果。

　　[**] 作者简介：唐瑭，厦门大学哲学系副教授。

　　[①] 王南湜：《改变世界的哲学何以可能（下）——一个基于行动者与旁观者双重视角的构想》，（《学术月刊》2012 年第 2 期）、何中华：《解释世界和改变世界：是补充还是超越？》，（《天津社会科学》2019 年第 3 期）等论文围绕这个问题进行了探讨。

　　[②] 刘森林：《启蒙主义、浪漫主义与唯物史观》，《南京大学学报》（哲学·人文科学·社会科学版）2010 年第 3 期。

与行动者并存的角度探寻康德划界的意义；其次在行动与旁观的错位中重思费希特理论探索的意义；再次从旁观者如何转向行动者的解读视域中发现后康德哲学家的理论症结；最后从社会历史性角度反思历史过程与旁观、行动的关系，并致力于阐明马克思主义哲学对于解决"旁观者何以转化为行动者"难题的理论启示。

一　思辨之行：从康德的"划界"到费希特的"行动"

主体是作为一个能动主体参与历史，还是作为一个被动的主体旁观历史？在西方哲学史中成为一个问题，肯定不是源于亚里士多德。亚里士多德将实践活动与理论活动分配到不同世界之中，在他那里，旁观者与行动者的关系问题是被"不变世界"如何生成"可变世界"的问题所代替的。然而，随着近代西方哲学的认识论转向，这一问题被逐步凸显。当笛卡尔为理论世界寻求确定性的知识论基础时，主体的理性前提被强调。但是，这种强调并不一定会给人的行动带来应有的根据与动力，反而"将人视为观察者，或者彻底的理性存在者"，[①] 这类具有理性知识基础的人成了历史旁观者。

这一状况到康德那里才有所改观，"在反笛卡尔的视域下，康德将人理解为一个活动的存在"[②]。不过，康德的理论初衷是对知识合法性地位的捍卫，即从对无限理性的怀疑到对有限理性的划界，进而为有限的活动提供知识论基础。启蒙主义关心的理性问题被分配到旁观者的认识过程中，并在认识领域中强调认知"个体"是一个有限的认知主体。由于"个体"的有限性，个体就难以拥有整体的、绝对的认识。认知主体只能在有限的端点去认知，"而不是预知在客体中于一切回溯之先什么就自身而言被给予"[③]。人也因此从绝对理性的旁观者转化成有限空间的理性者

① ［美］汤姆·洛克莫尔：《费希特、马克思与德国哲学传统》，夏莹译，北京师范大学出版社 2018 年版，第 193 页。

② ［美］汤姆·洛克莫尔：《费希特、马克思与德国哲学传统》，夏莹译，北京师范大学出版社 2018 年版，第 166 页。

③ 《康德著作全集第 3 卷：纯粹理性批判（第 2 版）》，李秋零编，中国人民大学出版社 2004 年版，第 339 页。

乃至行动者。

不过，康德同时指出，这种自主认识并不意味着没有规律可循，认知仍然是建立在自然规律基础上的，有其因果性特征可察。"这种因果性就自己在显象中的结果而言展示出一条规则，按照这规则，人们就能够根据其方式和程度来得知该因果性的理性根据和行动，并对该人的任性的主观原则做出判断。"① 依循这样的理性规则，主体能在行动中表现出自由的行动。

我们发现，康德在捍卫知识合法性的同时，为人的自由行动进行了划界。但后世的哲学家们则不甘心停留于此。他们试图把自由的行动引向现象界，引向现实的人类社会实践。在他们看来，康德对认识对象的划界，无疑对自由行动的界限进行了限制。要扩展自由行动的界限，就得突破认识的限制。但是，这样的改造会改变原先设定的边界，或者说，基于特定限制的旁观与行动关系将被重塑。

对于康德的划界，真正提出挑战的是费希特，他试图从人类对人与社会关系的认知与使命角度来突破这一限制。在他看来，人有着认识人类社会发展规律与完成人的使命的任务。然而，人的使命与客观规律之间的冲突使得人不能完成其使命。究其原因，则在于自在的人由于自身感性存在与理性存在的分离，产生感性存在与理性存在之间的冲突与矛盾。也就是说，感性总是受到"非我"的支配而不能持续获得自由，自我总是受到外在于自我的力量影响，导致自我的不一致。但另一方面，"人的最高冲动就是力求同一，力求完全相一致的冲动；为了使他能永远自相一致，还要力求使他之外的一切东西同对这一东西的必然性概念相一致"②。

可见，这种"自相统一"的历险何其艰难！人作为有限的理性存在者，很难达到同一，只能无限地接近，并不断地基于自我的原则改造非我。由此，将"力求同一"作为人的使命显然不可能是个体之为，它不仅在改变着"非我"，它还要改造其他个体，并"从积极的方面决定着社

① 《康德著作全集第 3 卷：纯粹理性批判（第 2 版）》，李秋零编，中国人民大学出版社 2004 年版，第 362—363 页。

② 《自由的体系——费希特哲学读本》，梁志学选编，商务印书馆 2008 年版，第 109 页。

会冲动,这样,我们就得到了社会的人的真正使命"①。换言之,人真正的使命不是为己的,它还要促成社会成员的同心同德,从更高的绝对性角度反思作为社会的人能否完成真正的使命!只是,费希特的理论出发点是"人的自由",他希望不断摆脱本能和感性层面的自由,走向真正理性层面的自由。由是,确定行动知识原理的费希特首先将人作为"旁观者",即人必须理解自身处境,跳出历史之外,把握历史方向,找寻自身使命,之后再作为一个行动者积极投入历史之中,进而把自己融化在整个历史潮流中。这样,人创造的历史既是自由创造,又是理性的必然。

费希特以自由与理性的统一完成了个体作为历史主体与历史活动之间的关联,即个体必须认识到历史规律并主动把自己置身于历史潮流之中,才能获得其生存之意义。我们发现,追求理性与自由统一的费希特并没有忽视行动,而是基于理性之思去行动。正是基于这样的视角,费希特的自我行动之"自我"就更具有普遍性色彩。一旦将这样的自我行动付诸历史现实,行动就成了行走在地面上的理性不断展开的一个环节。这又回到康德之前笛卡尔的立场,即个体成为被理性审视的个体,旁观者地位被相应抬高。

在费希特这里,行动实践与旁观理性的对立反而一再以旁观者面目出场,这与费希特的理论初衷有违。一方面,费希特希望通过突破感性对理性,非我对自我的限制,追求人的自由与使命的统一,进而完成人与社会,主客体之间的统一。这种统一的理论初衷是"自由行动",只不过他是用知识论话语隐晦表达其行动的愿望。所以,这种"行动"的本质仍是本原行动,或者说,是绝对自我意义上的行动。另一方面,费希特拒斥行动基于我思的基础,拒斥将确定性认作知识的必要条件②,并在主体性与客体性区分的基础上理解行动与旁观,就此而言,费希特的思路与康德的思路十分相近。所以,笔者认为,虽然费希特没有简单否定康德之"划界"并回到康德之前的理性主义,但这样的行动终究是一种思辨意义上的行,行动的感性色彩没有被突出,"旁观者"掩盖了

---

① 《自由的体系——费希特哲学读本》,梁志学选编,商务印书馆2008年版,第114页。

② 参阅 [美] 汤姆·洛克莫尔《费希特、马克思与德国哲学传统》,夏莹译,北京师范大学出版社2018年版,第136页。

"行动者"。

二　感性之行："从旁观转向行动"的再次出发

那么，如何从"旁观者"转向"行动者"呢？我们看到，仅从费希特的自我行动是很难突破"思辨之行"的；而要从"思辨之行"中突破出来，就要对行动赋予更多感性色彩，特别是从有限主体角度复原行动轨迹。虽然费希特也强调行动，但他的"行动"依旧是一种"思辨之行"，真正的行动并未诞生。如何实现真正的行动，成为摆在德国古典哲学家面前的难题。与费希特同时期的弗里德里希·施莱格尔试图从感性行动的角度解决"旁观者"如何转化成"行动者"的难题，但这样的理论尝试是否可行呢？

施莱格尔是德国早期浪漫派的重要代表人物，他从两个方面来反思历史中"旁观与行动"的关系。第一，他反对仅从理性视角出发来理解行动。他认为，"想要对所有事物加以判断是一个巨大的错误，或一个轻微的罪恶。"①若仅从理性视角出发，行动者的行动不仅不可能，旁观者的认知亦是认知的假象。第二，他主张从有限性角度把握历史。在他看来，启蒙以降的理论家乐于偏废感性与有限性，导致我们没有从有限性角度去反思历史与理性，进而把握历史中的行动与旁观。

施莱格尔并不排斥对普遍理性与无限整体的追求，他在主张诗与哲学综合的同时，更希望通过感性体验来把握普遍性，从有限性角度来把握历史中的行动与旁观。换言之，他接着费希特的讨论，从另一个角度来探讨"旁观者何以转化为行动者"。为此，他从两个方面对这个问题进行了论述。

第一，基于第一性的确定性知识再行动是否必要？这种确定性立场虽然遭到费希特拒斥，但在他的理论中并没有真正摒弃。他和其他观念论哲学家一样，从一个独断的命题出发构建体系，并用这样的体系为世界、为所有事物建立基础。可是我们看到，这样的哲学体系屏蔽了历史

---

① Friedrich Schlegel, *Friedrich Schlegel's Lucinde and the Fragments*, Minneapolis: University of Minnesota Press, 1971, p. 154.

发生过程中丰富的感性事实，其行动总是从观念体系原理出发。在施莱格尔看来，真正的哲学应该"像史诗一样，总是从中间开始"①。也就是说，真正的行动不是从头到尾地跟随理性节奏推进，而是从历史过程的中间去行动！或者说，真正的行动并不是由行动之外的知性来推动，行动者首先得考虑有限存在者自身的受限性，这种受限性恰恰是主体处处受到局限的自我感觉（Selbstgefühl），正是这种感觉让主体如此渴求无限和知识，并展开有限主体追求无限的行动。

第二，旁观者的理性是对历史本身真正的旁观吗？费希特虽然强调从社会历史角度理解活动，但是在绝对观念论视角生成的旁观者却忽视对历史本身的审视。为此，施莱格尔试图激活主体感性存在的意义，恢复历史行动者的形象。他认为，如果把历史当作一个客体对待，就会在历史之外生成一个绝对的审视者；而作为有限理性存在者的个体做出任何超越性的、绝对性的判断都可被视为独断。换言之，历史被当作客体的时候，必然预设了一个能审视全部历史的主体；虽然这个主体想要依靠自己理性的能力不断上升直至把握整个历史，但他逃脱不了自身的有限性。实际上，当这个主体认为自己具备了这样的理性能力，或者说，这种理性能够使其把握历史的时候，这个主体的认识并没有提高，反而形成了一个封闭的判断，并把一切历史限定在这个主体所处的知识条件中，进而得到所谓的"知识"。

所以，作为"旁观者"的实践实际上是有局限的！因旁观者固有的有限性，诸如，旁观者总是在一定的历史条件下做出这样的判断，旁观者实际上没有注意到自己仍处在历史之中。这样，视差之见会由此产生，旁观者的"理解"与真实的历史过程发生断裂，旁观者并没因此获得其本应具有的视角。

施莱格尔进而认为，我们与历史是共生的关系，我们随着历史一同变动或生成。所以，我们不能知性地思，而要感性地活！只有这样，人本真的完整性与其魅力才会突显出来，个体才能成为掌握自己命运的行动者。为了更好地阐释这种从个体出发的"创造者"哲学观，他用总汇性（Universalität）取代普遍性（Allgemein），进而用总汇性统摄历史中的

---

① Friedrich Schlegel, *Friedrich Schlegel's Lucinde and the Fragments*, Minneapolis: University of Minnesota Press, 1971, p. 171.

个体和片段。与之相应，个体的历史活动构成整体性的历史。世界是不断在生成的总汇性，而总汇性又是包含了一切个体的整体，是由个体构成的整体，而且由于个体的不断创造，总汇性自身也在不断成长。

施莱格尔的理论意图并非只针对观念论，他真正的意图则是希望从思辨体系中走出一条行动者创造的感性活动历史，形成一条"感性之行"道路。但是，这并不意味着这种由个体历史构成的总汇性就能突破形而上的束缚，或者说能扬弃"思辨之行"。究其原因，乃在于施莱格尔从感性整体出发的行动很可能走向另一个理论极端，即在整体的行中忽视主体活动功能性存在的界限。换言之，这种充满诗性的总汇性的主体活动很可能成为实质性的主体活动，而这一点恰恰被它的后继者黑格尔进一步发挥。

黑格尔早年研究的自然哲学，就表现出不同于机械物理观的、充满生机的、主客统一的整体世界观。在法哲学研究中，黑格尔强调"国家"，就是希望把相互分离的、知性的、自私自利的市民整合为一个统一的、有机的生命伦理共同体。概言之，无论早年的自然哲学还是晚年的法哲学研究，黑格尔都受到这种浪漫主义方法的影响，即从整体性框架中整合主客关系。在这种方法视域中，活动主体即实体，实体即主体，功能性的活动主体变成实体性的存在。然而，在具体的社会历史实践中，活动着的人与观念的人总是产生新的对立与冲突，由此"旁观者"不得不再次出场。

由上观之，"旁观者"向"行动者"的两次转变均以失败告终。哲学家们都希望在旁观与行动的讨论中兼容理性与实践，并能突破理性的限制而为行动开拓更广的空间。但在真正的"行动"中，行动者被旁观者"俘虏"直至"变节"，最终让旁观者占据上风。由是，仅仅从行动本身的现实感角度确认行动，仍然无法完成"旁观者"向"行动者"转化。

三　历史唯物主义：破除主客统一的冲动

如果说施莱格尔的"感性之行"是对费希特的"思辨之行"的反转，那么这种转向侵蚀了行动背后的理念（规律）。黑格尔从总体性角度统一理性规律与自由活动，可看作对这一问题的再解决，但症结在于又一次抬高了"旁观者"的地位。不同于黑格尔的解决方案，洛克莫尔则认为，以人的活动为中介的马克思哲学将"旁观者"与"行动者"置于平行关系，从理性与活动的辩证关系中找到连接二者的中介①，解决了"旁观者何以转化为行动者"的难题。那么，马克思恩格斯在解决思路上与德国古典哲学家们有何异同？洛克莫尔的解读是否准确？应该说，对这一问题的解决，德国古典哲学家的相关方法论思路的确影响过青年时代的马克思与恩格斯。但这是否成为马克思恩格斯后来解决这一难题的方法论前提？这是需要我们认真检视的问题。

马克思早年曾受到将人与物质视为一个整体的德国哲学家科布·伯麦②的影响。在《神圣家族》中，马克思引用过伯麦的话，强调物质的痛苦。在马克思看来，"物质的原始形式是物质内部所固有的、活生生的、本质的力量，这些力量使物质获得个性，并造成各种特殊的差异。"③ 事实上，伯麦这种朴素的哲学观影响了德国浪漫派乃至黑格尔。受黑格尔的影响，《莱茵报》时期的马克思开始从整体主义视角理解有机共同体中的个人活动，在他看来，"个人以整体的生活为乐事，整体则以个人的信念为乐事。"④

问题在于，当马克思和恩格斯不再从有机共同体而是从具体的历史出发讨论人的活动时，这种整体主义视角仍然存在并有效吗？在《德意志意识形态》中，马克思和恩格斯对费尔巴哈的唯心主义历史观进行了批判，"当费尔巴哈是一个唯物主义者的时候，历史在他的视野之外；当他去探讨历史的时候，他不是一个唯物主义者。"⑤ 有学者就此认为，马克思和恩格斯是从主客统一视角终结了费尔巴哈的主客分离思路。因为在马克思和恩格斯看来，"当把'对象'理解为'物'而非'概念'的时候，必须也同时不能把'主体'理解为'对象'之外的某种'旁观者'，反而，主体与客体应该被理解成'同一个体系'的两个不同方面：

---

① 参阅汤姆·洛克莫尔、臧峰宇《启蒙的路径与马克思政治哲学的观念资源》，《北京行政学院学报》2016年第6期。

② 伯麦，又译成波墨（1575—1624），被黑格尔称为"德国第一个哲学家"。

③ 《马克思恩格斯全集》第2卷，人民出版社1957年版，第163页。

④ 《马克思恩格斯全集》第1卷，人民出版社1956年版，第217页。

⑤ 马克思、恩格斯：《德意志意识形态》节选本，人民教育出版社2003年版，第22页。

既不可能设想一个独立存在于客体之外的主体，也不可能设想一个独立存在于主体之外的客体"①。换言之，主体与客体在马克思主义的"历史活动"中得到统一。

然而，直接从主客统一的视角来理解历史唯物主义，进而延续德国古典哲学的整体主义视角来理解活动，很难揭示马克思主义哲学相较于德国古典哲学而言的革命性变革。实际上，马克思和恩格斯的理论探索不同于德国古典哲学家之处在于，他们是在革命实践中发现问题并反思理论与实践之差异的。所以，他们在《神圣家族》中还特别强调，行动者的历史是革命者的历史，"如果说能够代表一切伟大的历史'活动'的革命是不成功的，那末，其所以不成功，是因为革命在本质上不超出其生活条件的范围的那部分群众，是并不包含全体居民在内的特殊的、有限的群众。"② 由是，就不能仅从主客统一的活动中去理解这样的"历史"，还要从现实历史性角度去理解革命活动的产生、发展及趋势。

马克思早年受到赫斯等人的影响，没有进一步考察自由自觉活动背后的现实历史性。但随着理论探索的深入，马克思开始从现实的一定生产力中考察人类活动与历史的关系。"在人们的生产力发展的一定状况下，就会有一定的交换〔commerce〕和消费形式。在生产、交换和消费发展的一定阶段上，就会有一定的社会制度、一定的家庭、等级或阶级组织，一句话，就会有一定的市民社会。有一定的市民社会，就会有不过是市民社会的正式表现的一定的政治国家。"③ 基于这一历史唯物主义原理，我们就不会直接从主客统一的视角来理解行动与旁观的关系，而会从历史的内在矛盾中理解活动。

由此，马克思和恩格斯从科学社会主义角度重新揭示了活动在革命实践中的意义，并批判了受德国浪漫派影响的早期德法社会主义思潮。这些社会主义思潮包括浪漫的社会主义、真正的社会主义，以及封建的社会主义。它们表面上反资本主义、反启蒙主义，但实际上，这些社会主义思潮可以为不同的阶级服务。它们既可以为破产的手工业者服务，

---

① 恩格斯、马克思：《德意志意识形态 I·费尔巴哈 原始手稿》，孙善豪译注，台湾联经出版事业公司 2016 年版，第 xiii 页。

② 《马克思恩格斯全集》第 2 卷，人民出版社 1957 年版，第 103—104 页。

③ 《马克思恩格斯全集》第 27 卷，人民出版社 1972 年版，第 477 页。

甚至还可以为反动的封建贵族服务。虽然这些早期德法社会主义运动的行动者也在进行所谓的"革命"实践，但这类实践与历史客观规律相脱节，成为会"批判"却没有历史基础的革命实践。"批判的空想的社会主义和共产主义的意义，是同历史的发展成反比的。阶级斗争越发展和越具有确定的形式，这种超乎阶级斗争的幻想，这种反对阶级斗争的幻想，就越失去任何实践意义和任何理论根据。所以，虽然这些体系的创始人在许多方面是革命的，但是他们的信徒总是组成一些反动的宗派。这些信徒无视无产阶级的历史发展，还是死守着老师们的旧观点。"① 概言之，仅仅从行动或者从主体感受性角度理解活动，并在此基础上所建构的社会主义理论很有可能是脱离历史的，进而成为与现实的革命实践相脱节的形而上想象。

由上观之，仅仅从历史经验角度强调历史是人参与的活动，只是对事实本身的复述。而一旦从主客体角度考察"行动者"，则会发现行动主体与行动实践存在着错位。质言之，在具体的历史活动中，行与思之间总是存在断裂与分离。为此，黑格尔将功能性的主体活动转换成实质性的实体，在总体性框架中实现了费希特、施莱格尔未竟的理论憧憬——主客统一。这种主客统一的理论冲动体现在费希特基于理性的"自相统一"，施莱格尔从有限中追求无限等理论形态中。马克思主义哲学则超越了这些理论形态，它从现实历史性角度来理解主客关系，由此建构的科学社会主义理论扬弃了主客统一的活动视角，进而从历史内在矛盾角度诠释了革命实践与历史规律的关系。

然而，马克思和恩格斯所扬弃的理论视角却在20世纪被重新拾起，这起始于对黑格尔主客统一辩证法加以继承与转化的卢卡奇。卢卡奇从总体性角度寻求总体性辩证法的主体——具有历史意识的无产阶级。阿多诺则从对启蒙理性的反思转向审美救赎，"总体人的辩证法"由此受到挑战，黑格尔主义的马克思主义出现理论危机。所以才会有上文提到的20世纪50年代末期欧美马克思主义哲学研究的理论转向，即由理性主义与浪漫主义的统一代替了传统的理性主义阐释模式。

但是，马克思主义哲学并不是理性主义与浪漫主义的合题。究其根

---

① 马克思、恩格斯：《共产党宣言》单行本，人民出版社1997年版，第60页。

本，它并未在主客体直接统一的基础上理解"旁观者"与"行动者"的关系，而是从历史唯物主义视域出发对"旁观者"与"行动者"的关系展开历史发生学的解读。它和浪漫派不同，不是去探索不被理性、物化所负的行动过程，也不同于费希特，去追求自由使命与理性规律的绝对统一。换言之，马克思主义哲学并不是德国古典哲学的简单翻转。它的突破之处在于从唯物史观角度重新理解"旁观者"与"行动者"的关系问题，而不是从物化现实与自由实现中选择一端或基于物与人融合的哲学观进行理论创构。这种哲学观为我们理解旁观与行动的关系提供如下启示：

第一，马克思主义哲学终结了近代德国传统哲学从非现实历史性角度探讨旁观理性与行动实践关系问题的解读范式。无论是理性的思辨之行还是直接行动的感性之行，"旁观者"与"行动者"之名都没有被真正坐实。之所以会出现这种情况，主要原因在于这些哲学家们没有以分析社会历史矛盾为切入点来考察行动。如果基于历史内在矛盾去考察行动，主体的对象化行动就不只是"行动之行"，它还将被纳入特定的社会历史形态中来加以考量。这样，行动便不再是一个笼统的、固定的概念，而是一种具体的历史的行动；旁观亦不再是理性主义哲学家特有的权利，旁观理性会从具体的历史形态中思考旁观主体与客观环境的关系。秉持有这样的历史观，就能理解现实历史性对于审视旁观与行动关系的重要性。"马克思的批判理论以一种复杂的方式，分析了资本主义社会中体系与行动之间的互相建构，这一分析并未将体系与行动间的对立确立为超历史的存在，而是将这一对立及其对方的基础定立在现代社会生活的特定形式之中。"① 当然，检视马克思主义哲学在行动与旁观关系问题上的历史观突破只是研究的第一步，受黑格尔影响的卢卡奇也试图从历史性角度探寻安置历史意识的行动主体，却没有从特定的生产方式视角去探讨作为表征的行动与特定的社会关系之间的关联性，"旁观者何以转化为行动者"的问题仍然在主客统一的形而上框架中被思考。由此，我们就不得不反思受黑格尔哲学影响的马克思主义哲学阐释模式。黑格尔哲学的确能统合"思辨之行"与"感性之行"，扬弃以空疏理智或抽象知性为

① ［加］莫伊什·普殊同：《时间、劳动与社会统治：马克思的批判理论再阐释》，康凌译，北京大学出版社 2019 年版，第 185 页。

基础的主观思想的"不自足性",但它在抽象上升到具体中忽略了现实历史发生过程的复杂性与异质性,将不断涌动的历史内在矛盾简化为历史性与现实性的结合,对本质与实存统一的现实缺乏历史发生学的考察。

第二,马克思主义哲学从历史发生学角度考察行动与旁观的关系,进而从方法论层面提升了处理旁观理性与行动实践关系的哲学理论格局,以历史性的视角终结了形而上的视角,这为理性与实践的兼容提供了可能。但是,这并不意味着要从历史性的角度来整合理性主义与浪漫主义。黑格尔曾经尝试过这样的结合,却忽视了理想与现实、理论与实践、"实在主体"与"思维具体"之间的异质性错位。换言之,现实的历史活动不可能达到一种像黑格尔哲学一样的终极理想状态。[1] 因此,我们在重视历史内在矛盾的同时,更要正视活动主体的有限性与阶级性,避免产生理性与实践的错位,进而妥善处理旁观与行动的关系。这就要求我们从阶级的视角进一步提升行动者的层次。由是,所谓的"行"就不是仅基于理性的"行",也不是只在人的完整性前提下感性之"行",而是居于历史矛盾中承载历史发展规律的伟大斗争。进而言之,在由马克思主义经典作家揭示出的人类历史发展规律的层面上,旁观者的理性转变成了由无产阶级的实践来体现的客观规律。这样,马克思主义哲学不仅为解决行动与旁观的难题提供了崭新的历史观,还为无产阶级的伟大斗争提供了方法论支持,同时解决了康德以来的实践与理性的难题。简言之,在马克思主义哲学那里,"旁观者"如何转化为"行动者"的问题在现实的历史过程得到提升与转化,并成为改造世界的重要方法前提。

需要进一步说明的是,费希特、施莱格尔与黑格尔的哲学观虽互为不同,但在"旁观者"如何转向"行动者"问题上,他们都有着追求主客统一的理论冲动。这也的确为20世纪以来一些西方理论家抗争"工具理性",扬弃"物化"提供了理论支持。遗憾的是,他们大多采用与费希特、施莱格尔和黑格尔一样的思维方式思考旁观与行动的关系,没有看到马克思主义哲学相较于德国古典哲学而言的革命性变革与历史性进步。康德之后的理论家延续康德的实践理性问题,从伦理实践角度而言,他们的理论探讨有一定的合理性。马克思主义哲学从历史唯物主义角度重

---

[1]　参阅王南湜《马克思哲学的近康德阐释（下）》,《社会科学辑刊》2014 年第 5 期。

新思考旁观与行动的关系，对活动的阐释亦不再采取德国古典哲学的思考模式，而是将活动嵌入历史内在矛盾之中，并由此引发了历史观与方法论两方面的革命。质言之，马克思主义哲学从历史观与方法论两个层面考察了旁观与行动的辩证关系，从理论上为如何看待历史活动提供了崭新的视角，从实践上为创造历史的人民提供了方法论支撑。也就是说，马克思主义哲学通过妥善处理旁观与行动关系，解决了实践与理性的难题。综上，我们必须明确后康德哲学与马克思主义哲学的理论界限，特别要区分他们讨论的问题域差别，谨防用德国古典哲学资源对马克思主义哲学过度阐释，避免将马克思主义哲学研究德国古典哲学化。

德国古典哲学与国外马克思主义

论法国尼采主义的激进现代性批判意义[*]

——以德里达、德勒兹、福柯、利奥塔与列斐伏尔为例

刘怀玉^{**}

一 尼采从德国到法国的理论旅行

很久以来，西方学术界，包括国内学术界对尼采的理解，基本来自于德国移民的美国学者瓦尔特·考夫曼（Walter Kaufmann，1921—1980）的解释版本的影响之下。他在《尼采作为哲学家、心理学家与敌基督者》①这本名著中把尼采描绘成存在主义的先驱，一位反体系论的工具箱式的哲学家。考夫曼在战后为恢复尼采作为哲学家的声誉做了有价值的工作，尽管为此付出的代价是对尼采作了"去政治化"的处理。

但实际上，尼采在战后整个西方思想界是被"政治化"、甚至被"左翼化"了的。正如艾伦·布卢姆所说，德国哲学在本土并没有导致一场真正意义上的政治革命，虽然导致了俄国甚至中国革命，不似法国哲学导致了本国的政治革命。而德国哲学与法国哲学在美国却导致了一种价值观上与文化观上的革命，也就是虚无主义。可以说正是韦伯、尼采这些新思想家在美国引起了多元主义的实用主义。正像在欧洲大陆由于尼

---

* 本文系"马克思主义社会发展理论的当代重大问题研究"（19ZDA020）阶段性成果。

** 作者简介：刘怀玉，南京大学哲学系教授。

① Walter Kaufmann, *Nietzsche*: *Philosopher*, *Psychologist*, *Antichrist*, Princeton University Press, 1974. 应当说，在汉语学界考夫曼影响更大的著作是由他编著的《存在主义：从陀斯妥也夫斯基到沙特》一书（陈鼓应、孟祥森译，商务印书馆 1987 年版）。

采与马克思的结合，而导致了索雷尔这样《论暴力》的社会思潮："无产
阶级革命是一次扎根于部落道德的原始价值的再发现"，"社会主义是一
个道德问题，它提供了一种重估人类行为的新方法"①。在美国，尼采与
马克思的结合导致了一种意想不到的后果，这就是尼采的"左翼化"或
者左翼的"尼采化"。也就是说，马克思主义本来已经由于苏联教条主义
而在西方一度变得一片名声狼藉，但由于与尼采的结合而成了盛行一时
的作为"价值批判与重估"的意识形态批判理论。正是通过与尼采的或
者其他非理性主义的结合，马克思主义在西方成了一种富有生命力的文
化价值批判哲学。"现在流行的做法就是把马克思与黑格尔和尼采—海德
格尔混在一起。""马克思主义者的变体所做的不懈努力把马克思非理性
化了，而且把尼采也变成了左翼分子。"②但"人们在马克思那里发现的解
放的欢快，最终变成了失去保护的恐惧"③。也因此，由于把马克思与韦
伯和尼采结合起来，西方马克思主义才既没有像马克思那样的乐观，也
没有像韦伯那样的悲观。

　　在中国语境下，尼采的传播与影响从晚清以降到新中国成立之前经
历了一个漫长的、但基本上积极肯定的"温和"④的或启蒙现代性意义上
的理解过程⑤，随后，国内学术界对尼采的解读在二十世纪五、六十年代
处于苏联的高度政治化解释影响之下⑥，即新中国成立之后经历过一段彻
底否定的理解时期。但无论如何，都没有发展到法国与美国语境下与马
克思相结合的那样一种成为主流的左翼批判理论的接受形态与地步。

　　二十世纪八十年代以后，陈鼓应与周国平先生因袭英语学术传统，
也把尼采理解为存在主义者。当然周先生更受海德格尔的后形而上学式
尼采哲学观影响，而陈先生则将其与老子和庄子相提并论。陈周二人作

---

　　①　［波兰］莱泽克·科拉科夫斯基：《马克思主义的主要流派》第 2 卷，唐少杰等译，黑
龙江大学出版社 2016 年版，第 142、169 页。

　　②　［美］艾伦·布卢姆：《美国精神的封闭》，战旭英译，冯克利校，译林出版社 2007 年
版，第 177 页。

　　③　［美］艾伦·布卢姆：《美国精神的封闭》，战旭英译，冯克利校，译林出版社 2007 年
版，第 152 页。

　　④　［澳］张钊贻：《中国"温和"的尼采》，北京大学出版社 2011 年版。

　　⑤　黄怀军：《现代中国的尼采阐释与思想启蒙》，知识产权出版社 2011 年版。

　　⑥　［苏］斯·费·奥杜也夫：《尼采学说的反动本质》，允南译，上海人民出版社 1961 年
版。

为汉语界最著名的尼采专家，他们的评价口吻，总体上是具有人文情怀的存在主义者、自由主义者的尼采形象①。但接下来的德国哲学史式解释模式自然不可低估其影响（这主要是卢卡奇的《理性的毁灭》一书与勒维特的《从黑格尔到尼采》这两部哲学史的名著，也包括阿多诺与霍克海姆的《启蒙辩证法》）以及哈贝马斯的《后形而上学思想》，但最重要的德国哲学史解释模式当然是来自于海德格尔的《尼采》（在其中孙周兴等②学者自然功不可没）以及作为其翻版的列奥·施特劳斯的政治哲学化之"尼采"（刘小枫先生无疑是重要推动者）③。接下来在汉语世界对尼采的理解与接受则处于法国尼采主义的解释模式的决定性影响之下，而这自然又是透过美国发明的"法国理论"④的棱镜再生产出来的。事实上，欲理解法国马克思主义乃至于后马克思主义后现代主义，离开尼采在法国的接受史、理解史与被重新发明史，这是不可能的。实际上，法国存在主义马克思主义之急剧衰落，后现代主义盛行一时与新尼采主义的兴起直接相关。

　　总体而言，法国尼采是作为一种具有解构主义策略的书写风格而被接受的。其中弗洛伊德精神分析和索绪尔的语言学以及尼采关于语言的隐喻与转喻的论述形成了法国的后结构主义思想资源。尼采的权力意志、价值重估哲学不再作为一种解放性的主体哲学，而作为一种回到主体之前的多元差异的元语言状态的哲学。福柯的"人之死"是尼采"上帝之死"的继续，福柯的"物之死"与"词之生"是尼采的透视主义的继续。由于尼采的权力意志，马克思的生产关系再生产概念与弗洛伊德的欲望概念成了瓦解根深蒂固的近现代形而上学主体哲学与历史哲学的思想武器。从此，主体性、历史性的认识论哲学让位于一种新的后历史主义，用保罗·利科的话来说，由于揭示了语言的隐喻性与转喻性特征，本真的主体的生成过程与走向终极目的的历史概念，让位于无意识结构

---

　　① 周国平：《尼采与形而上学》，新世界出版社 2008 年版；陈鼓应：《悲剧哲学家·尼采》，台湾商务印书馆 1992 年版；《尼采新论》，上海人民出版社 2006 年版。

　　② 孙周兴：《未来哲学序曲——尼采与后形而上学》，上海人民出版社 2016 年版；陈君华：《深渊与巅峰——论尼采的永恒轮回学说》，上海人民出版社 2004 年版。

　　③ ［美］朗佩特：《施特劳斯与尼采》，田立年等译，上海三联书店、华东师范大学出版社 2005 年版。

　　④ ［法］弗朗索瓦·库塞：《法国理论在美国：福柯、德里达、德勒兹公司以及美国知识生活的转变》，方琳琳译，河南大学出版社 2017 年版。

之中的考古学即多元性结构并存重叠的历史话语①。由于尼采,法国人重新发明了主体话语与历史话语。科耶夫试图终结的历史在尼采的透视主义、多元主义的权力哲学瓦解与颠覆下,变成了多维多元的结构性的历史,变成了冲决历史目的论逻辑闸门的、汹涌澎湃的、一泻千里的、可能的语言实践与文本书写欲望之流。

二　用尼采反对与取代黑格尔或马克思:德里达、德勒兹、福柯与利奥塔的后现代批判意义

按照权威的说法②,法国对尼采的接受分两个阶段,第一个步骤是法国对尼采的解释,代表人物及作品是让·格兰尼尔(Jean Granier)六百多页巨著《尼采哲学中的真理问题》一书,以及寇夫曼的《尼采与隐喻》。他们共同把尼采看成是元语言哲学家,即认为修辞学先于任何形而上学的语言而存在。哲学家其实都是用笔来跳舞的书写者。第二个步骤与阶段是法国的尼采主义浪潮。而法国尼采主义运动之中最有影响的大师有四个。这四个人借尼采的名义表达其后结构主义思想。尼采并不是他们的研究对象,而只是他们文本的参考系,主要有:"对解释的强调,对二值性即二进制、二元论思想的批判,关于权力与知识的关系,强调生成与过程甚于存在与存在论,以及判断过程中的标准缺席的必然性等"③。按照姓氏首字目排列顺序,依序而下。

(一)　德里达:文字学与形而上学的解构

他像一位文字禅师(赵一凡先生很形象地称他像是金庸武侠小说《天龙八部》中歪打误撞破了珍珑棋局的虚竹和尚)④。他的"尼采"最

---

① 〔法〕保罗·利科:《解释的冲突》,莫伟民译,商务印书馆 2008 年版,及《弗洛伊德的哲学》,汪堂家等译,浙江大学出版社 2017 年版。

② 载 *The Cambridge Companion to Nietzsche*, edited by Bernd Magnus, Kathleen Higgins, 〔美〕伯恩·马格努斯、凯瑟琳·希金斯编《尼采》(剑桥哲学研究指针)(英文版),三联书店 2006 年版)。

③ 〔美〕伯恩·马格努斯、凯瑟琳·希金斯编:《尼采》(剑桥哲学研究指针)(英文版),生活·读书·新知三联书店 2006 年版,第 334 页。

④ 赵一凡:《西方文论讲稿:从胡塞尔到德里达》,三联书店 2007 年版,第 363 页。

为关注的问题是"符号、解释、游戏与风格"。在其眼里,尼采的独特之
处首先在于提出一种不具有在场真理的符号概念。他所进行的解释只能
被描述为对游戏世界愉快的肯定。德里达要求我们记住尼采的写作风格
是多元性的。他在自己早期著作《文字学》以及《哲学的边缘》特别是
《马刺:尼采的风格》《阐释签名(尼采/海德格尔):两个问题》等著作
中,从尼采那里学习到了作为对二元论价值结构颠覆的解构主义政治书
写策略。由于重估一切价值的方法论,以及权力意志概念,德里达消融
了海德格尔对存在论的复辟,取而代之的是强调一种无限差异化、延迟
化的多元性的语言游戏过程,认为尼采哲学作为解释学,其核心是让意
义的解释从作为显现在场的真理信仰中解放出来。德里达用书写的方式
颠覆了善与恶、真与假、存在与生成、现象与本质、中心与边缘、主体
与客体等等僵化的结构等级,取而代之的是一种踪迹的游戏:既在场又
缺席;药的游戏:既治病又有毒;增补的游戏:既剩余又匮乏。他向我
们展示出一个充满着差异开放的意义生成世界。德里达写道:自从亚里
士多德把哲学作为形而上学或"元物理学",提出把"存在之存在"作为
哲学研究之最高原则之后,西方哲学史或形而上学史便成了一部"元学
史","元喻史",一系列终极实体,"最高存在者"(存在、本质、主体、
上帝、物质、人……)相互置换的历史,"成为由这些隐喻和换喻构成的
历史"①。上帝、人、声音、主体、实体、历史的一元论以及由此导致的
二元论等级世界,在克服形而上学的白色神话学过程中被瓦解了,哲学
与文学的边界被瓦解了,主体被边缘化了。对于马克思主义来说,德里
达的意义在于通过瓦解主体性历史哲学,深化丰富的历史的复杂性差异
性与矛盾性内涵。历史辩证法的认识论核心思想是认为,任何一种社会
生产方式和存在都是有限的,都是必然灭亡的,任何一个社会结构和生
产方式和以往的历史都不是一个简单连续性的、统一历史过程的一个阶
段性表现。它往往是和以往的东西以及未来的东西具有着结构性差异和
断裂的。构成历史发展本质的,不是每个历史时代连续的一般性和共同
点,而恰恰是"区别于这个一般共同点"的"差异"②。据此,德里达进

---

①　[法]雅克·德里达:《书写与差异》,方长宁译,生活·读书·新知三联书店2001年
版,第504页。
②　《马克思恩格斯文集》第8卷,人民出版社2009年版,第9页。

一步引申说:"并不存在一种单一的历史,一种广义的历史,而只有在记载它们的型式、律式与模式上各种不同的历史——相间隔的、有区分的历史。"① 德里达的"尼采观"被他的两位杰出女弟子斯皮瓦克与寇夫曼分别创造性运用于后殖民主义现代性批判与隐喻性语言批判之中。限于篇幅另文讨论。

(二) 德勒兹:文字游牧与后现代地理②

他像一名在高原上疾奔的骑士。他把权力意志改造成为欲望的机器、游牧的国家。传统的形而上学的帝国被"去地域化"流动的差异的欲望——反抗高原或平台所摧毁。

首先,德勒兹运用尼采主义反对与改造马克思主义。由于尼采,德勒兹从精神分析学角度瓦解了资产阶级的主体的父亲专制形象,也由于德勒兹,他一面与利奥塔一起试图瓦解作为直线论目的论一元论历史哲学宏大的叙述逻辑,另一方面他又通过突围一元论而重新激活与发明了新的历史唯物主义话语。这就是将历史从强制的时间帝国中变成流动着的地理想象与叙述,空间与历史的分立变成了后历史的空间化的历史。詹姆逊极其敏锐地指出,德勒兹是后现代理论大师中唯一一位与马克思真正对话的、彻底发展马克思的人,从而是赋予马克思真正重要思想史地位的人③。他用马克思的前资本主义社会类型学想象,试图瓦解历史唯物主义一元论。德勒兹通过尼采与弗洛伊德重新发明了马克思的生产概念,使之成为欲望生产理论,从而在一种扩展了生产本位主义意义上重构了历史唯物主义。在通过把马克思的物质生产概念发明为一种多元主义的意识形态生产概念过程之中,使历史唯物主义走向一种更加"唯物"与更加"历史"的唯物主义。他们通过欲望机器的生产发现了马克思的

---

① [法]雅克·德里达:《多重立场》,佘碧平译,三联书店 2004 年版,第 65 页。

② 以下内容与观点参看希瑞夫特:"尼采的法国遗产",载 [美]伯恩·马格努斯、凯瑟琳·希金斯编《尼采》(剑桥哲学研究指针)(英文版),生活·读书·新知三联书店 2006 年版;[美]凯尔纳、贝斯特《后现代理论:批判性的质疑》,张志斌译,中央编译出版社 2011 年版;[法]雅克·比岱等编《当代马克思辞典》,许国艳等译,社会科学文献出版社 2011 年版;以及希瑞夫特:《激活尼采:以德勒兹为例》,载汪民安、陈永国编《尼采的幽灵》,社会科学文献出版社 2001 年版等著作。

③ 参见 [美]詹姆逊《德勒兹思想中的马克思主义与二元论》,载王逢振主编《詹姆逊文集》第 1 卷,中国人民大学出版社 2004 年版。

历史之外的一种完全相反的历史：一种地理历史唯物主义，回归大地的唯物主义。他们是比通常的具有本质主义还原论色彩还要全面的唯物主义，它们并没有抛弃历史而是要求一种更具历史色彩的历史。也就是把各种偶然事件与场面情境放到比叙述逻辑与本质抽象更加突出与根本位置上的唯物主义，一种随机的唯物主义，一种赤裸的唯物主义，一种并不再具有最终决定论的唯物主义。在反抗资本主义的强制的同一体的历史过程中，寻找新的历史进程与语言概念实践方式的唯物主义，这是让抽象概念变成流动的具体过程与现实的唯物主义，这是黑格尔的"精神现象学"的复活，在批判旧的概念世界上发现新的感性的哲学现实的世界。

其次，通过尼采瓦解与改造黑格尔的辩证法。德勒兹同其他法国后现代理论家们的黑格尔式思维传统最明显的区别就是，黑格尔的扬弃是以一种更高的综合方式解决了二元对立，而德里达则将二元对立追溯到更为原始的超验性的非概念的二元论或差异性，德勒兹则在某种二元论框架内进行工作，这种二元论不是试图解散而是试图繁殖二元概念。尼采以一种非对立的方式来利用二元概念，而他未将此问题主题化，而德勒兹则公开承认并运用这种二元论，走向某种多元主义的一元论。对德勒兹而言，反黑格尔式的争论刺激了他对尼采的研究。德里达用尼采来对付海德格尔。德勒兹则把尼采视作是对黑格尔辩证法的论战性回应。这种回应是从尼采中发现的肯定的否定性来反对黑格尔的否定的辩证法或否定的肯定性。德勒兹专注于尼采的主动力量与被动力量之间的质的差异，他坚持认为超人直接缘自于他或她对奴隶的被动力量的主动否定能力。

最后，通过尼采、黑格尔与马克思，重建一种激进的后现代政治哲学与伦理学[①]，后现代意义上的重复与差异、一元与多元二重奏的辩证法。在德勒兹的后期著作中，尼采的文本体现了一种解域化的政治的可能性。与旨在发现意义的解释学不同，也与意在追求能指嬉戏的结构主义计划相反，德勒兹强调的是编码、解码与再编码。编码过程无论是法律的、契约的还是体制的，对德勒兹来说都构成了政治存在。德勒兹称，尼采的原创性部分存在于他发现的一种新型逻辑，就其格言是传递力量

① Guillaume Sibertin - blanc, State and Politics Semiotexte 2016. ［澳］保罗·帕顿：《德勒兹概念：哲学、殖民与政治》，尹晶译，河南大学出版社 2018 年版。

而非表达意义而言，它是抵制编码的。

承认差异，但又不把这些差异设想为对立方的内在标记，这样一种多价一元论或者多元论观点是尼采与德勒兹计划的一个中心联结点。这是力—关系世界而不是一元论实体世界。当尼采宣称一切都是权力意志时，他使我们的注意力离开物质，主体与事物，而转向物质间的关系，按照尼采的意见，这是力的关系，引力与驱力、统治力与与臣服力、施力与受力等等。如果尼采有一种形而上学，那么它就是动态与过程的形而上学，这些过程与变化，将是力的过程，变得更强或是更弱，增强或是积弱，对尼采来说，是变化而非死亡才是无以摆脱的，因此他倡导的目标不是寻求存在而是力争生命的资产变得更强而非更弱，更多的征服而非屈服。

德勒兹双重性地利用尼采的权力意志，而卷入了一个计划：这里的权力意志被理解为力的差异，而非像海德格尔那样，理解为对存在者的存在这样的形而上学问题的回答，海德格尔按照存在的逻辑，按照本体论逻辑来理解权力意志，而德勒兹则在肯定与否定的差异逻辑内来定位权力意志。肯定与否定的差异逻辑则有利于解释与评估主动与被动的力量，权力意志因而是在谱系学而非本体论的层面上活动，是在两种力量的质与量的差异层面上，是在这两种力所携带的不同价值的层面上活动，而不是在存在与存在者的层面上活动。

一方面从形式上把权力意志改造成为多元论统一体或者说差异的谱系学；另一方面则从内容上把权力意志哲学改造成为欲望的生产哲学。德勒兹把尼采这个怀疑大师置于弗洛伊德与马克思之上，把马克思的权力与弗洛伊德的欲望结合起来。像福柯一样，德勒兹认识到欲望与权力的亲密而多样的配对性而没有将欲望主体化。他首先将欲望概念与权力意志联结起来，"欲望是生产性的"这个洞见由他对权力意志的反思发展而来。这一反思依据的就是主动力量与被动力量的生产性。他拒绝把欲望解释为缺乏：欲望是基础结构的一部分，像尼采的权力意志那样，是生产性的。尼采试图把权力意志多样化以便使它的显现形式也多样化，即既是产品也是生产者，既是一元论也是多元化。与此相仿，德勒兹也想让欲望多样与多价化。尼采既强调最强烈意志的必要性，但承认虚弱意志是需要的，德勒兹也承认欲望既是毁灭的也是压抑性的。其次，他把欲望机器作为尼采的权力意志的机械的、功能主义的转译而导引出来。

一个欲望机器就是欲望意志的一个功能装置。德勒兹的目标就是将欲望置于功能主义的词汇之中，置于机械索引中，从而避免具体意愿、自我、无意识中的欲望的人格化主观化。总之，德勒兹把尼采的权力意志转化为欲望机器，把尼采的生物主义改变成机械主义，把尼采的"一切都是权力意志"变成"一切都是欲望"，尼采肯定的强健的权力意志变成肯定的欲望生产。

由于德勒兹，我们可以设想到辩证法的三层意义：第一，强势的、神学大写式的、绝对知识意义上的单义性的辩证法（永远完不成的"大写字母"的辩证法），第二，情景式的历史式的总体性的多义性的辩证法，以及第三，德勒兹式的非辩证、甚至反辩证法之中隐藏的弱义性辩证法（从黑格尔的总体性强制之中逃逸出来的康德式的二元论的辩证法）。写到这里，不能不说，德勒兹用以对付黑格尔与马克思的尼采，已经变成了休谟与康德了。

（三）福柯：权力谱系与后现代史学 ①

他像内科医生，像尼采意义上的作为未来哲学家的诊断师。他用权力哲学继续了尼采的权力意志哲学，用权力谱系学取代了尼采的道德谱系学，用多元主义的透视差异哲学瓦解了辩证法的二元论，求真意志、求知意志、求权意志融为一体。传统的僵硬的实体性的形而上学本质世界，被一种流动着生命欲望身体反抗的存在论所取代。福柯以考古学去代替历史。所谓考古就是对传统思想的主题——连续性、传统、影响、原因、类比、类型学等的全然漠视。考古学只对历史中的裂缝、非连续性与断裂性感兴趣，是对意识历史中的多种时代之间的差异而不是类同感兴趣。传统历史学家对连续性的兴趣不过是一种时间广场恐怖症。福柯受益尼采之处多多，但基本可以简化为二：一是尼采从力量关系理解权力对福柯产生了巨大的影响，使他得以超越政治理论中普遍盛行的司法权力观，尝试从另外的角度思考权力；二是尼采批判现时代的形而上

---

① 以下内容与观点参看希瑞夫特"尼采的法国遗产"，载［美］伯恩·马格努斯、凯瑟琳·希金斯编《尼采》（剑桥哲学研究指针）（英文版），三联书店2006年版；［美］斯蒂芬·贝斯特、道格拉斯·科尔纳《后现代理论：批判性的质疑》，张志斌译，中央编译出版社2011年版；以及希瑞夫特"激活尼采：以德勒兹为例"，载汪民安、陈永国编《尼采的幽灵》，社会科学文献出版社2001年版等著作。

学，批判它赋予主体特权的做法（被解释为理性的、自由的、同时被非历史化、抽象化的主体）深刻地影响了福柯以及他阐释人类自由与创造性问题的方式。对于福柯而言，尼采是一个权力哲学家，尼采的权力哲学之所以对于政治哲学很重要，恰恰是因为它是反政治哲学或者说它第一次不受政治理论学科限制而分析权力问题，而马克思还局限于政治经济学范畴研究政治问题，即生产关系。

福柯对于权力的思考完全是唯名论的。于他而言，实体意义上的权力并不存在，我们不需要分析实体存在的权力机构，而是分析权力运作的过程，福柯坚持反对占主导地位的关于权力的司法模式的解释，权力并不是司法意义上的那种否定性、禁止性的而是生产性的，主体优先于权力的西方形而上学假设遭遇到福柯的拒绝。

现代西方政治思想向来依据一种权利哲学提出政治哲学的根本问题，它问什么是权力的限度，如何将权力赋予权力以便限止权力的使用与滥用，福柯提出相反的问题，权力的规则如何在真理话语的生产过程中经由权力关系得以实现？什么是政治哲学中隐藏于真理意志背后的权力意志？自中世纪以来政治理论家始终致力于诉诸君权理论来确定权力的合法性，但在这种现代政治思想的权力话语背后，福柯发现一种隐藏的权力话语。

福柯得益于尼采，超越了现代性政治理论的基本司法模式与理论范式，而从多重关系角度界定权力。权力哲学的特点是它激进而令人惶恐不安，宣称权力生产人类的主体，而且远非构建一个中立的参照点，所谓的自由的不受拘束的自足的现代性主体，完全是由权力与规训所组成的。

正是这种非形而上学的、非目的论的理解主体的方式启发了福柯的权力哲学。福柯承认，阅读尼采的经验具有决定性意义，使他从现象学弟子身份、从主体建构性的观念中解脱出来。通过尼采，他深化了尼采颠覆形而上学传统中的主体优先于权力的工作，他得以展示出主体的尼采式解构对思考后现代的自我概念何以至关重要。始于笛卡尔的主体性形而上学是自律的，是权力的决定者，而实际上主体是各种各样权力的产物。这种权力形式是一种规训。当然，我们不得不说，福柯过度诠释尼采很多，尼采并不绝对反对司法主体与主体性的作用。

福柯是一位对启蒙思想史做过最深刻批判的思想史家。他曾经借鉴尼采关于历史与人生的三种关系，而指出历史感有三种用法：第一，瓦解纪念碑式历史，与尼采一样，福柯反对统治欧洲两千多年的柏拉图式的历史学模式。而提出用戏仿模式来破坏所谓真理性历史的偶像。并与那些作为回忆与认可的历史学主题针锋相对；第二，福柯也尼采一样，与盲目崇拜文献文本的好古式历史学分庭抗礼、势不两立，在福柯眼里，所谓的连续的主体的历史主体与身份纯粹是一种知识与道德上的强制虚构；第三，福柯挪用尼采的批判性历史概念，提出献祭的用法，这就是破坏真理，与作为知识的历史针锋相对。在福柯看来，知识考古学与权力谱系学与传统历史学根本区别就在于，使历史摆脱与"记忆"模式的联系，使历史成为一种"反记忆"，并在历史上展现出一种完全不同的时间空间即"异托邦"①。

（四）利奥塔：尼采的差异政治、崇高美学与重写现代性

他像一位怀素式的书法家，像尼采意义上的作为未来哲学家的艺术家。他从康德的判断力的审美经验与维特根斯坦的语言游戏以及尼采的对主奴关系的标准的颠覆中找到瓦解现代性叙述逻辑的差异化策略。哲学并不是评判是非的价值标准。正像康德的判断力批判实际上取消了理性批判的标准而只有感觉想象力的判断力，尼采的权力意志论把这种审美的判断力推广到一切方面，所谓的判断力其实就是超越一切边界与等级强制的一种想象力。我们不可能作为一个纯粹的旁观者进行价值判断。我们置身于判断的冲突之中。世界上从此再也没有绝对唯一合法的公正法则与标准，而只有欲望的力比多式的经济学与公正的游戏。世界只是一个不可公度的无法解决差异性的意义世界，一个无底棋盘上的游戏。不存在真理只存在对真理的欲望，不存在真理只存在着对真理的解释的欲望，剩余的只是差异。世界并没有本质的矛盾只有无本质的差异。世界并没有什么不可以欲望的，欲望是最终极意义上的生产，而欲望生产其实就是对虚无的欲望与生产。欲望之为生产如同权力意志之为生产，是一种无的生产，一种作为无而存在的既剩余又缺失的存在论。

---

① 参看杜小真选编《福柯集》，上海远东出版社 2003 年版，第 146—165 页。

　　利奥塔是以瓦解现代性宏观叙事而著称的后现代主义理论家①。像尼采宣布"上帝已死"或者科耶夫宣布"历史已经终结"那样，他在发出"现代性理论已经终结"的口号之后，又提出了"重写现代性"这个著名主张。他在借鉴弗洛伊德的基础上，认为有三种现代性叙述的方式。第一种是"重复"的逻辑，它频频地浮现在被压抑的主体的心头，是某种难以言表的不受主体意识模式所控制的结构，无意识的情绪让这些男男女女们强制性地千篇一律地做一个动作。比如俄狄甫斯所作所为皆逃脱不了自己杀父娶母的悲惨命运。第二种是回忆性或者复仇性书写模式。这是标准的现代主义记忆的模式。与古典式的无知的宿命悲剧有所不同，这时或这里的男女主人公们开始意识到，他们再也不能受制于匿名的结构、命运或传统的摆布了，于是千方百计地去寻找让他遭受痛苦不幸的原因或真相。寻找凶手/起源与结果成为他最关心的事情。在他看来，传统马克思主义的无产阶级革命解放叙事逻辑就属于这种剥夺"剥夺者"的复仇性回忆性书写模式。而利奥塔自觉采纳的是第三种"修通"（durcharbeitung/working through）途径，欲以此方法来重写现代性。在利奥塔看来，重写现代性并不需要"从头开始"，或者说找一个绝对真实的零度状态的史前史起点，也大可不必像弗洛伊德式给病人提供的那种顺势疗法，即通过谈话让受压抑的病人回忆起那被压抑的无意识的过去；重写类似于尼采的那种既是差异又是重复的"相同者的永恒轮回"：既是回归又是想象未来的双重性过程。重写并不像书写者与读者普遍期待的那样，能够还原或再现最初的场景或本来面目。"重写"过程与其说它像普鲁斯特式对逝去往事在回忆，不如说它像尼采笔下那种天真无辜的孩子一样在游戏与忘却；正像尼采所说，真正的历史是于人生有益的"快乐的知识"，而不是提供关于过去的沉重的道德知识。重写现代性说到底乃是一种突破规则、创造现在与未来的艺术活动②。

---

　　①　参看［法］让－弗朗索瓦·利奥塔《后现代状况》，车槿山译，南京大学出版社2011年版。

　　②　参看［法］让－弗朗索瓦·利奥塔《非人——时间漫谈》，罗国祥译，商务印书馆2000年版；［美］西蒙·莫尔帕斯：《导读利奥塔》，孔锐才译，重庆大学出版社2014年版；周慧：《利奥塔的差异哲学：法则、事件、形式》，重庆大学出版社2012年版。

三　列斐伏尔:在黑格尔—马克思—尼采的三位一体中批判现代性

(一)列斐伏尔:一位被忽略的法国尼采研究先驱

他很像是一根"导线",连接着 20 世纪的一场又一场社会运动,一个又一个社会思潮以及一代又一代人。列斐伏尔,这位思想史上不幸的被遗忘者与失踪者,想通过重新发明黑格尔—马克思—尼采来拯救现代性,他把黑格尔视为现代性的国家理论家,把马克思当成现代性社会理论家,让尼采成为现代性文化理论家,想通过这三个人的连接实现他心目中都市社会中的自治社会主义梦想。

如果说以上所言及的几位理论大师均是以把黑格尔、马克思与尼采这些现代性批判理论大师的立场对峙起来作为思考前提,并以不同方式走上了"近尼采式"的后现代主义思想道路;那么,列斐伏尔则一方面采取让这三位理论大师共存与比较的研究方式来理解现代性的复杂与矛盾特征,另一方面也是以"近尼采的"方式[1],让这三位大师处于一种后现代性的共时性的差异性的辩证博弈关系之中。当然,这种关系并非黑格尔式正反合的辩证扬弃关系,也非马克思的从抽象到具体的辩证法方式,更不是以上几位法国理论大师那种后形而上学解构方式,而是一种差异性的多维透视的空间辩证法方式。

(二) 黑格尔、马克思与尼采:无法超越的现代性阴影王国

1975 年列斐伏尔写了一本让黑格尔、马克思与尼采共同相遇的著作[2]。"三位巨星惺惺相惜,让那些小的行星黯然无形,它们高悬在星球

---

① 关于列斐伏尔的尼采主义本质研究最好的文献可参见 Andy Merrifield:"Lefebvre, Anti-logos and Nietzsche: An Alternative Reading of the Production of Space", in *Antipode* 273, 1995, pp. 294 – 303。

② H. Lefebvre, *Hegel Marx Nietsche, ou Le Royaume des Ombres*, Paris:Casterman, 1975;*Hegel, Marx, Nietzsche Or the Realm of Shadows*, translated by David Fernbach, London. NewYork, Verso, February 2020.

之上，我们在其阴影中翩翩起舞。"① 这段神秘的隐喻文字颇有些孙悟空逃不出如来佛手心的感觉。他在此书的一开头提出如下判断：第一，"现代世界是黑格尔式的"②。黑格尔阐发了民族国家政治理论，并将其每一结论发挥到了极致，他力主国家至高无上的现实和价值。在原则上，黑格尔主义是知识和权力的结合，它让其合情合理合法。黑格尔将知识和权力的融合合法化，前者服从于后者。组织有效率和有约束的暴力，包括战争，在国家中加入和竞争，前者在完全互惠的情况下为后者辩护，并将看似自发的政治秩序（家庭、工作和职业等）结合在一起。根据黑格尔的说法，理性的、宪法的国家有一个阶级基础：中产阶级。而农民和工人，工人阶级和生产者都不能成为国家的支柱。在这个中产阶级中，官员是通过选择或竞争来招募。一个久经严峻考验的有能力的官僚机构，是国家真正的社会基础。

　　第二，"现代世界是马克思主义的"③。因为数十年来各国政府与公共组织普遍关注的焦点是经济增长，经济增长被视为国家存在和独立的基础，因此，也是工业化和大生产的基础。这由此带来了工人阶级（生产者）与民族国家关系的问题，以及知识和生产的新关系以至于知识与控制生产的权力之间关系中的一些问题。知识是否从属于权力，而且国家能否永远存在，这既不明显也不肯定。在一个世纪的时间里，工业及其影响改变了世界，就是说，社会改变的程度超过了思想、政治项目、梦想或者乌托邦。这或多或少是马克思所预见和预测的。对马克思来说，社会能够而且必须吸收所谓"人"现实的另外两个层面，即一方面吸收政治和国家（失去其主导性质和消亡），另一方面吸收经济、生产力（在社会内部组织，根据生产者自身、工人的利益进行理性的管理）。社会主义和共产主义的特点，一方面是国家及其首要地位的终结，另一方面是经济及其优先地位的终结。在"政治—经济—社会"三位一体中，马克思强调社会，他发展了社会的概念。

---

① H. Lefebvre, *Hegel Marx Nietsche*, *Or the Realm of Shadows*, London. NewYork, Verso, 2020, p. 48.

② H. Lefebvre, *Hegel Marx Nietsche*, *Or the Realm of Shadows*, London. NewYork, Verso, 2020, pp. 1 – 2.

③ H. Lefebvre, *Hegel Marx Nietsche*, *Or the Realm of Shadows*, London. NewYork, Verso, 2020, p. 2.

第三，"现代世界是尼采式的"①。如果有人想要"改变生活"，那就是尼采，尽管这句话本身出自于兰波。如果有哪个人想要"一切从现在开始"，那么就是尼采。对现状的抗议与挑战从四面八方爆发出来，个人的生活及其生活经验被重新得到伸张，以抵抗政治的压迫、抵制"生产主义"和经济主义。当一项政策没有遭到另一项政策反对时，抗议就在诗歌、音乐及戏院中得到支持，也会在对超常人群的希望和期待中得到支持：超现实主义、超自然、超人。让很多人担心的是文明，而不是国家或社会。尽管政治的力量宣称他们凌驾于普通经验之上，使社会属于从属地位并获得对艺术的控制，但艺术代表着辩论的保留，是一种抗议的资源。不管是何物推着它走向衰落，它代表了尼采式抗争的炽热精神：为顽强保卫文明而反抗国家、社会和道德的压迫。

在此书中，列斐伏尔指出：三位哲学家的思想之间虽然充斥着不可调和的冲突性张力，却共同构成了我们理解现代世界的"三位一体星丛"。黑格尔意识到现代国家与市民社会及其理念处于现代性和现代社会的核心位置，因此在黑格尔那里家庭、市民社会与国家是一个东西，黑格尔建构了一个绝对理念式的国家乌托邦，这是黑格尔哲学中"理性的象形文字"，这种形象在现代世界已经成为普遍的现实。如果黑格尔的思想确实聚焦于一个单词、一个概念：国家，而马克思高度重视社会性的，重视社会，建立了现代性的社会批判理论，他揭示了社会的起源、发展变化的历史唯物主义规律，并且批判了资产阶级社会的内在矛盾结构，揭示了总体革命的可能性，为人类解放以及新社会理想打开了可能性道路。尼采思考的是文明及其价值，代表现代性批判的文化文明批判道路，他宣告了西方几千年文明的内在根基即人类理性的毁灭，扭转了从亚里士多德哲学以来对身体与生命体验的无视，并且在感知的、构想的与活现的三重辩证法意义上重建了身体哲学。"超人"正是尼采对决定与偶然、重复与差异、节奏与理性诸多二元对立范畴进行解构的结果，它不是传统的主体主义或者自我中心主义，而是关乎理想社会形态与总体人的未来诗学哲学。

总之，"三颗巨星，一个星丛。他们的光辉有时一同闪耀，有时令对

---

① H. Lefebvre, *Hegel Marx Nietsche*, *Or the Realm of Shadows*, London. NewYork, Verso, 2020, pp. 2 – 3.

方相形见绌。他们之间会产生干扰，有时他们投射更强的光有时则相反。他们起起伏伏，更靠近彼此或是相隔甚远。一个人看似现在占优势，转眼又换成另一个人"①。

（三）以尼采为归宿，实现黑格尔—马克思—尼采三位一体的现代性批判

由上所述，列斐伏尔认为，我们不必在黑格尔、马克思与尼采三位哲学家中做出非此即彼的选择②。作为闪耀在人类知识天空中的三颗星星，它们最终在空间中相遇了，构成了相辅相成的现代性批判之"三位一体星丛"，辩证地映照着现代社会文明的内在矛盾结构及其可能性的未来图景。但是他们神圣智慧的光环被阴影遮蔽从而使得人类失去了前进的指引，如今我们需要重新找到通向光明的入口和出口。

（1）"三位一体"第一个成果就是形成了不同于苏联教科书体系的一种存在主义的人本主义的辩证唯物主义，其结果是面向日常生活批判的追求日常生活解放的总体人的辩证法思想。晚年列斐伏尔在总结其日常生活批判思想来源与发展过程时，认为早年日常生活批判概念是黑格尔的"异化的扬弃"、马克思的"总体人"与尼采的"超人"思想的结合，三者中的每一位都为了实现对现代生活的全面彻底批判做出了自己独特的贡献：黑格尔提供了某种分析意识发展的历史框架，马克思则提出了批判工业社会组织与国家拜物教的工具，而尼采则完成了对社会文化道德价值观与道德命令禁律的根本性超越，从而使马克思所梦寐以求的那种创造历史的总体性生命激流得到了复活。黑格尔的三段论式的否定之否定的历史逻辑统一辩证法，以及马克思的以物质生产关系逻辑演变为中轴的宏观历史辩证法，被改造成为尼采式的生命意志与审美意志永恒轮回的瞬间性总体辩证法。

（2）列斐伏尔中期的"三位一体"思想表现之一是元哲学。元哲学无非是把马克思的政治革命实践哲学改造成为日常生活诗创批判实践理

① H. Lefebvre, *Hegel Marx Nietsche*, *Or the Realm of Shadows*, London. NewYork, Verso, 2020, p. 4.

② H. Lefebvre, *Hegel Marx Nietsche*, *Or the Realm of Shadows*, London. NewYork, Verso, 2020, pp. 195 – 203.

论。青年马克思的"哲学的世界化就是世界的哲学化"，即哲学要规划建构整个世界的普遍理性主义—浪漫主义理想，在他的元哲学中变为哲学对日常生活的筹划。以往哲学均倾向于贬低非哲学的日常生活，马克思哲学革命就是要重新获得生活对哲学认识的主导地位。

但马克思的实践概念仅仅是如下的工具性的互动行为：劳动活动，政治功能，社会各阶级的互动，分析的与逻辑的合理性，技术与官僚制度。这个实践概念漏掉了一大批的人类经验。列斐伏尔所补充的是一个他所称之为古希腊式的、也是存在主义式的概念："诗性创作"，即人的本质体验与创造。所谓诗创活动，就是指人对周围自然界的一种取用与栖居的关系活动，是一种创造的活动。"并非所有的创造性活动都是诗创的，但诗创的肯定是创造性活动的。"① 他一方面强调经典马克思主义的具体社会实践是一个不可或缺的工具，但又认为，它在理解日常生活的丰富性与复杂性方面却是捉襟见肘、无能为力的。在他看来，人类的实践并不局限于通过重复的工具性活动（生产）而对外部自然的一种功用性改造，它还包括"爱、激情，身体，感受——充沛过剩的创造力、冲动激动与想象实践……诗创活动"②。此时，尼采发挥了重要的作用。尼采是继海德格尔之后的重要人物。列斐伏尔自称元哲学的计划以激进的方式加入尼采所理解的"元"，暗示尼采本人是元哲学家。与尼采一样，不是仅仅追求传统哲学的隐喻，列斐伏尔的元哲学抵制它们并寻找新的隐喻和思想，追求一种更好的批判意识世界——尤其在日常生活中能意识到自己。他的元哲学也被认为是马克思主义与存在主义的综合③。因此，列斐伏尔的元哲学旨在以尼采的艺术创造欲望意志与马克思的哲学世界化实践的融合。

（3）列斐伏尔晚期的现代性之"三位一体"的最重要成果之一就是以《空间的生产》为标志的构建构起来的三元空间辩证法：黑格尔的精神生产的空间表象论、马克思的物质生产空间论以及尼采的文化批判式

① Henri Lefebvre, *Metaphilosophy*, trans. Stuart Elden and David Fernbach, Verso, 2016, p. 8.
② Rob Shields, Lefebvre, *Loveand Struggle*, Routledge, London and New York 1999/2005, p. 100.
③ Mark Poster, *Existential Marxism in Postwar France*, Princeton University Press, 1975, p. 257.

的表征性空间论①。

　　三元空间辩证法在一定意义就是从"历史的终结论"到"空间的转向"。黑格尔把国家看作是历史的终点，是一种空间性思维，他认为历史发展到国家这个阶段历史就终结了，人类在国家空间的统治下生活，在列斐伏尔看来这是一种静止的空间思维。马克思重新让历史复活了，通过无产阶级革命批判资产阶级国家的机器，赋予了一个新的未来，历史维度的复活。但是尼采又重新让空间变成一个根基性的存在。他关注的不是暂时性背景下看似变化多端的现象，而是在不同时间中所出现的重复性、循环性和同时性现象。尼采式的空间并没有保留黑格尔派关于空间是历史时间的产物与残余这个观点的单一特征。正如尼采的空间与黑格尔的空间毫无共同之处一样，尼采的时间与马克思的时间同样如此。列斐伏尔将黑格尔、马克思与尼采之间关于空间的各种论题与假设进行对质，然后让三者相结合。首先使国家在全世界范围内得到巩固和加强。现代国家推进并强加自身为国家的各种社会团体与各种空间的一个稳定的中心，强化了一个将各种冲突与矛盾终结的逻辑。同时，在同一个空间中还有另外一些强大的反抗力量，因为国家的理性化及其种种技术与规划设计的理性化，激起了反对的力量。随着诸多战争与种种革命、失败与胜利、冲突与骚乱，现代世界与尼采的悲剧观极其相符。此外，工人阶级一如既往地在走自己的道路，仍然是革命的主力军，摆脱阶级斗争是不可能的，三者的势力均衡现在已经达成。工业化国家的工人阶级正在选择的既不是无限期的成长与积累，也不是导致国家消亡的暴力革命，而是劳动自身的萎缩。这表明马克思主义不会消失②。

　　在《空间的生产》一书接近结尾处他如是写道：未来的人类解放是空间解放，人类的革命道路与超人的英雄之路在空间的十字路口相会了，

　　①　Henri Lefebvre, *The Production of Space*, translated by Donald Nicholson - Smith, Blackwell Ltd, 1991, p. 24, pp. 134 - 140; Christian Schmid, "Henri Lefebvre's Theory of the Production of Space, Towards a three - dimensional dialectic", in *Space*, *Difference*, *Everyday Life*: *Reading Henri Lefebvre*, Edited by Kanishka Goonewardena, Stefan Kipfer, Richard Milgrom, Christian Schmid Routledge, New York and London, 2008, pp. 27 - 45.

　　②　Henri Lefebvre, *The Production of Space*, translated by Donald Nicholson - Smith, Blackwell Ltd, 1991, pp. 23 - 24.

至此马克思与尼采将续写新一页的故事①。而他在《黑格尔、马克思与尼采》一书结尾处写道："这个规划拒绝进入致命的虚无结果——黑格尔式的空间，在那里国家在运转，那是国家自我建立和显示自己的空间。而那作为人类的作品和产物的空间从阴影中浮现，活像一颗从日蚀中出现的行星。"②

总之，列斐伏尔的"三位一体"思想把黑格尔、马克思和尼采三者共时态统一，既不是传统哲学意义上的马克思否定尼采，也不是后现代意义上的尼采否定马克思。列斐伏尔在此基础上把马克思尼采化，用尼采的文化批判取代列宁的政治革命，用永恒轮回的生活辩证法取代历史辩证法。列斐伏尔理想中的创造实践并不在于一种政治解放或社会生产力的解放，而是满足于一种艺术创造，即他本人所言的"诗创实践"，这就是他心中的元哲学。列斐伏尔的诗创实践与萨特的"谋划"、尼采式的"权力意志"及马克思的"人的全面自我实现"密不可分，也可以说是马克思主义与存在主义的结合。后来的《空间生产》与《节奏分析》则又把尼采化的马克思进一步都市化身体化后现代主义化。阿尔都塞以弗洛伊德主义对马克思主义多元决定论化，而列斐伏尔则通过尼采把马克思后人本主义化。列斐伏尔通过马克思的政治经济学批判与尼采的身体生活哲学的结合找到了资本主义压迫的微观形式，马克思式"总体人"的解放期盼被他变成尼采式的"超人"美学境界，即超越人与自然的僵硬对立的二元论认识论窠臼，而走向了挣脱一切理性羁绊的理想境界。

四　简短的结论

综上所述，我们可以得出这样初步认识：

第一，要把尼采从马克思主义最凶恶的敌人阵营中带向马克思主义哲学革命的同路人，尼采是青年黑格尔派的最后代表，是19世纪德国哲

---

① Henri Lefebvre, *The Production of Space*, translated by Donald Nicholson - Smith, Blackwell Ltd, 1991, p. 400.

② H. Lefebvre, *Hegel Marx Nietsche*, *Or the Realm of Shadows*, London. NewYork, Verso, 2020, p. 203.

学史的一个大师。用勒维特的话来说，从黑格尔到尼采，这就是全部 19 世纪德国哲学史，德国哲学的实现与终结其最终环节是尼采。

第二，尼采与马克思一样都是西方近代以来市民社会意识形态与文化哲学的最彻底与深刻的批判者，马克思批判的是自私自利与异化劳动意义上的资产阶级，而尼采批判的则是基督教与资产阶级的道德人，马克思的理想是自由全面发展的未来人，尼采的目标则是超人，马克思与尼采都是 19 世纪的人本主义的唯物主义哲学家。

第三，尼采是今天所谓的现代性批判与西方马克思主义的思想先驱，没有尼采就不可能有韦伯与齐美尔这些现代性理论家，也就没有在齐美尔与韦伯影响之下的西方马克思主义尤其是法兰克福学派。

第四，尼采是后现代主义理论的创始人，是西方最为深刻的基督教虚无主义的彻底批判者，也是近代以来启蒙主义宏大叙事的最早的终结者。

浪漫反讽与实践辩证法

刘森林[*]

随着讲求"诗和远方"的"浪漫主义"重新成为人们关注的焦点，曾被界定为非理性主义、逃避现实、没能力负责与担当的"浪漫主义"，在一个节奏加速、任务繁重、合理谋划至上的年代，正在试图重新赢得新的定位空间。对于在历史上与浪漫主义（德国早期浪漫派）打过交道的历史唯物主义来说，理解这一问题的关键，与其说是立场、观点，不如说是方法。道路与方向固然重要，但方法与策略更为关键。浪漫反讽与实践辩证法，作为德国早期浪漫派和历史唯物主义各自方法论的核心，理应在探究两种理论的关系时首先受到重视。反讽被黑格尔、克尔凯郭尔视为浪漫主义哲学和美学的核心思想，它与辩证法的共同点也引起研究者的浓厚兴趣[①]。在本文的篇幅内，我们将立足历史唯物主义来探讨浪漫反讽（以弗·施勒格尔和诺瓦利斯为主）与实践辩证法（或唯物辩证法，以马克思为主）的关系。这种关系由于马克思指出作为浪漫反讽源头的苏格拉底反讽"即一种辩证法的圈套，通过这个圈套，普通常识应该摆脱任何僵化……达到它本身所包含的内在真理"，同时强调"在我们这里，作为一般内在形式的反讽，是弗里德里希·冯·施勒格尔当作某种哲学而提出来的"[②]，而且这种反讽与费希特的自我哲学内在相关，而显得更有探讨价值。浪漫反讽与实践辩证法有什么区别和联系？浪漫反

---

* 作者简介：刘森林，山东大学哲学与社会发展学院。

① ［德］曼弗雷德·弗兰克：《德国早期浪漫主义美学导论》，聂军等译，吉林人民出版社2006年版，第279页。

② 《马克思恩格斯全集》第40卷，人民出版社1982年版，第139—140页。这里的 Ironie 一词原译为"讥讽"，本文统一改为"反讽"。

讽给实践辩证法带来了什么样的冲击和影响？实践辩证法如何超越了浪漫反讽？浪漫反讽在实践辩证法面前显得纯粹主观、虚妄而没有任何价值吗？在与浪漫反讽的对峙中，实践辩证法能获得什么启示？通过浪漫反讽与实践辩证法的关系探究，如何进一步深入理解历史唯物主义对早期浪漫派的理论推进与哲学超越？

一　整体性和跨学科性：自我内生还是社会历史建构？

　　主要由弗·施勒格尔新创的"反讽"几乎是最能体现早期浪漫派思想特征的概念。虽然诺瓦利斯、奥·施勒格尔对此有一些不同看法，但丝毫不影响它的地位和影响。相比于苏格拉底、阿里斯托芬的反讽概念，浪漫反讽早已超越了修辞学和诗学的意义，在一种哲学与诗学统一的意义上获得了一种独特品格。从根本上说，浪漫反讽与辩证法虽然都起源于苏格拉底对话，因而对崇高、整全、无限的"至善"目标有共同的追求，但与辩证法着重于更多参与者及其活动规则、着重逻辑和理性的保障与功效不同，浪漫派在把反讽提升到哲学高度的同时，却把辩证法着重的规则、逻辑、理性视为通向生硬与僵化的东西，因而在坚持诗与哲学统一、坚持不同于辩证法的自身规则的同时重视发展反讽的诗性方面，更加强调它所追求的无限之神奇、生成和非固定性，视当下与特定为局限，蔑视尘世与功利，强调非概念性、丰富性、生成性、无限性，并对当下的既成存在和声称能凝拢起一切的那种传统哲学本体存在都予以嘲讽。早期浪漫派拒斥传统形而上学，希望通过哲学与诗学的融合来改造传统哲学，使哲学不再那么高高在上，那么远离感性与大地，那么绝对、冷峻、严酷和僵化。浪漫反讽力欲打破桎梏，"俯视一切，无限地越过有限物的限制"①，意味着上升到超越了片面性达到高度综合之上的境界，因而可以在已经超越了的某个层面和角度之间自由转换（所谓"一个理念就是完善到反讽境界的概念，就是绝对反题的绝对综合、两个争论不

---

① Friedrich Schlegel, *Werke in einem Band*, Carl Hanser Verlag Wien München 1971, S. 11.

休的思想之间不停的自我创造着的转换"），以及反讽并不意味着完美无缺、自足完满，而是深知处在追求无限的过程中，"包含并激励着一种有限与无限无法解决的冲突、一个完整的传达既必要又不可实现的感觉"，以至于其中包含着悖论，甚至"反讽就是悖论的形式"，因而需要自己不断超越自己的要求①。在这些方面它都显得跟辩证法有诸多的共同点和类似性。苏格拉底式反讽往往预示着早已达到某种深度思考只是深藏不露不同，对于追求无限完满的浪漫反讽来说，"只要是在没有进行完全系统化的哲学思辨的地方，就应该进行和要求反讽"②。无止境的反讽仍充当通达无限的过渡中介，为了保持思维活力，使思维时刻处于一种向前推进的运动之中而不至于固化、僵化，为此就需要不断否定自身，更加诉诸无限的生成，需要不断地否定和创造。虽然这种永远都在生成、永远不会终结的无限性很容易陷入永远都难以确定的可能性，陷入"一种不可命名、没有轮廓、没有形状的东西"甚至"什么也不是"的境况之中无以自拔，从而出现自我高蹈但面临虚妄空无之深渊的尴尬境地，连弗·施勒格尔自己也承认这一点（"想要追求无限的人，却不知道自己到底要什么。然而，这个句子倒过来就说不通了"③），不过，只要不过度诉诸哲学分析，致力于诗与哲学统一的浪漫反讽还是具有显明的特色与贡献。当弗·施勒格尔把反讽分为粗狂的反讽、精巧的或细腻的反讽、超级精巧的反讽、戏剧反讽以及反讽的反讽时，丰富多彩的形式更凸显了这一点④。他提倡把反讽上升到与诗学统一的哲学高度，反讽的确获得了比以前更大、更有意义的讨论空间。

　　作为哲学形式同时散发着诗性光辉的反讽，就是浪漫主体深入未被污染的"远方"去体悟、感受、唤醒、刺激、磨炼自我，保持、恢复、重塑自我的个性与创造性，使自我推进和完善到未分裂、未被污染、生动、灵性、个性、创造性的原我（Ur‒ich）水平，并立足于此对正在失去整体统一性和崇高性，变得破碎、固化、日益物化与异化、日益平庸的现代性现实（包括自然和社会）作出批判，再通过浪漫诗的创作来改

---

　　① 分别参见［德］弗·施勒格尔《浪漫派风格》，李伯杰译，华夏出版社2005年版，第72、57、50页。

　　② ［德］弗·施勒格尔：《浪漫派风格》，李伯杰译，华夏出版社2005年版，第49页。

　　③ ［德］弗·施勒格尔：《浪漫派风格》，李伯杰译，华夏出版社2005年版，第50页。

　　④ ［德］弗·施勒格尔：《浪漫派风格》，李伯杰译，华夏出版社2005年版，第225页。

变、覆盖、替代被污染的当下现实，重建现实的统一性、有机性、生动性、灵性与神奇。继承费希特对康德"自在之物"的拒斥，不满于费希特在自我与非我的关系中建构自我，径直通过自我内在的不断反思来无限达求原我的浪漫派之路，就像本雅明所说，"这个原本自我是绝对物，是无限充实的反思的总和。如已指出，反思的充实性是施雷格尔的反思概念与费希特的关键区别之所在"①。但这种自我练就的过程其实并不排斥外在的刺激与唤醒；只是这个能刺激和唤醒反讽主体的外在必须是未被污染、未曾分裂的存在才行。只有这样的外部存在才能刺激、磨炼、唤醒、养育、成全、促成反讽主体。这种"外在"只存在于"远方"，从郊外的自然到传统文化的遗存，从可以发掘考古的古典遗迹到遥远的古印度，有太多的"远方"值得去感受、亲临和沐浴其中。面对自然、社会共同体的破碎和受损，浪漫反讽"自己的中心在自己心中"②，因而致力于通过内在自我的打磨、通过内在力量的凝聚、生发和创造性释放来嘲讽批评对象，来改造、覆盖、替代嘲讽对象，把自我的苏醒、凝练、培育、重建以及释放视为关键中的关键。如果说费希特的自我是无意识地通过非我来获得界定，浪漫反讽的自我就只能自己有意识地建构自身，通过无限充实的不断反思，通过无限的关联，这个自我得以不断完善并趋向绝对，成为原我，恰如菲利普·拉库－拉巴尔特、让－吕克·南希所说，"哲学像诗歌那样实现自我——完善自我、完成自我、落实自我"③。作为反讽主体的自我永远在完善之中，也就是永远在不完善之中——虽然它的完善需要在与世界的接触中通过某种被刺激、唤醒等环节实现，但终归是自我内在的运作。从本质上说，自我是无关乎世界的、是内在的存在。

由此，浪漫反讽长期以来就被观念论辩证法批评为主观主义。"主观主义"的评价很容易把浪漫反讽之方法、程序、手段、做法的价值与效果遮蔽甚至否定掉，本雅明所说的正是由于把反讽视为"一种纯粹的主

---

① ［德］本雅明：《经验与贫乏》，王炳钧、杨劲译，百花文艺出版社 1999 年版，第 51 页。

② ［德］弗·施勒格尔：《浪漫派风格》，李伯杰译，华夏出版社 2005 年版，第 112 页。

③ ［法］菲利普·拉库－拉巴尔特、让－吕克·南希：《文学的绝对》，张小鲁、李伯杰、李双志译，译林出版社 2012 年版，第 14 页。

观主义的表达", 才导致对它的过高评价①, 改变不了这一点。黑格尔就批评浪漫反讽式 "一切客观的自在自为的东西都是虚幻的"②, 认定 "这种信念的原则不值一文, 而在这种最高标准中占支配地位的只是任性"③, 由此浪漫反讽被视为任性、主观、空洞④。以至于, 浪漫反讽被视为逃避现实, 而不是改造和推进现实。也就是说, 作为方法的反讽虚弱无力、虚妄无效。恰如加比托娃指出的, 以往的研究者们 "由于继承了黑格尔评价浪漫主义哲学及反讽的传统, 往往只注意到与苏格拉底反讽相比浪漫反讽具有极端主观主义"⑤ 的一面, 而忽视、遗忘了浪漫反讽的客观性以及具有的其他积极价值。长期以来, 我们受观念论辩证法的影响, 把观念论辩证法 (主要是黑格尔理念辩证法) 对浪漫反讽的批评以某种形式接受下来, 甚至把理念辩证法与浪漫反讽的对立等同于实践辩证法与浪漫反讽的对立, 把理念辩证法对浪漫反讽的批评视为实践辩证法对浪漫反讽的批评, 却对浪漫反讽对观念论辩证法的批评不予重视, 对浪漫反讽与实践辩证法共同批评观念论辩证法, 批判观念论辩证法抽象, 容易陷入僵化、形式主义、泛逻辑主义, 容易陷入传统形而上学等视若罔闻。实际上, 浪漫反讽与观念论辩证法都是实践辩证法曾经吸收和超越的对象, 实践辩证法对理念辩证法有继承超越关系, 在批评浪漫反讽方面确有共同点, 但实践辩证法对浪漫反讽也有继承超越关系, 两者在批评观念论辩证法方面同样具有不可忽视的共同点。

为此, 浪漫反讽首先特别强调自我保持崇高理想, 保持不被污染、不被分裂的纯洁、非破碎状态的意义。力图把整个世界浪漫化的浪漫派, 其核心特征 "是它对于理想或无限的永恒追求、持久渴望, 它存在于同自然的完全统一当中。"⑥ 这个理想是范导性理想, 虽然永远无法彻底实现, 但具有永恒的范导和启示意义。在这个意义上, "反讽在于认识到即

①　[德] 本雅明:《德国浪漫派的艺术批评概念》, 王炳钧、杨劲译, 北京师范大学出版社2013 年版, 第 101 页。

②　[德] 黑格尔:《美学》第 1 卷, 朱光潜译, 商务印书馆 2008 年版, 第 83 页。

③　[德] 黑格尔:《法哲学原理》, 范扬、张企泰译, 商务印书馆 1982 年版, 第 160 页。

④　参阅匡宇《反讽与辩证法——论黑格尔对早期浪漫派的批判》, 载《外国美学》第 27辑, 江苏凤凰教育出版社 2017 年版, 第 21—35 页。

⑤　[俄] 加比托娃:《德国浪漫哲学》, 王念宁译, 中央编译出版社 2007 年版, 第 101 页。

⑥　[美] 弗雷德里克·拜泽尔:《浪漫的律令》, 黄江译, 华夏出版社 2019 年版, 第 184页。

使我们无法获得真理，我们依然必须永远为之奋斗，因为只有那样我们才能接近它"①。无论是无条件与有条件之间不可解决的冲突感，还是由于视角的局限、概念的有限导致完全沟通的不可能性，都把反讽导向对整全、无限的永恒追求。一旦滞留于特定的局限、藩篱之中，就会陷入僵化、平庸、狭隘、固化和被动，从而丧失反讽的姿态和潜能。所以，反讽就是要在当下既存中看出灵动、生成、无限、整全，看出平庸者看不出的韵律、跃动和即将发生的对界限与限制的不断突破，能够把僵死的当下跟无限的未来联系起来，能够把当下之中蕴含着的潜能掘动起来，能够把它引向富有意义的远方，让它们不断地生成、不断地突破、不断地跃升、不断地丰富、不断地完善、不断地整全、不断地发展。

这样一来，浪漫反讽尤其重视总体、无限和长远，谴责启蒙运动只盯住当下和细小的东西②；谴责现代性造就的碎片化、分裂及其固化与僵化。固守当下有限的、破碎的、局限的存在，对于浪漫反讽是最无法接受的。它迫切地从中逃脱出来，走向对整全、统一、无限、有机、神奇和崇高的追求。弗·施勒格尔说，反讽诗人更在乎无限，认为"那个绝对的、热情奔放的、彻头彻尾物质的机智所具有的价值和尊严就是无限的"。对于反讽诗人而言，"最优秀的乃是看见无限"③。在浪漫反讽的眼里，自然、社会（共同体）、精神都是无限的。就自然来说，"只有承认了自然的无限、神奇和神秘，人才可以重新找到诗意的语言，把自己从平庸中解放出来，'全面发展人的天赋和力量'。也只有在无所不包的信仰的前提下，科学和艺术的发展才不为'有限'所累，朝着'创造力'、'无限'、'无限的多样'、'神圣的个性'和'全能'发展。这便是诺瓦利斯浪漫诗学的核心内涵。"④就共同体和精神来说，更是如此。

浪漫派、观念论辩证法、实践辩证法虽然都推崇整体性、无限性，但观念论辩证法如黑格尔的整体性是一种精神本体论的整体性，一切都

① ［美］弗雷德里克·拜泽尔：《浪漫的律令》，黄江译，华夏出版社 2019 年版，第 185 页。
② 如柯勒律治说，"我认识的一些接受理性教育的人……他们对细节的关注很敏锐，但是当他们看到宏伟的事物，却都头脑空洞、无话可说。"参见［英］蒂莫西·C. W. 布莱宁《浪漫主义革命》，袁子奇译，第 20 页。
③ ［德］弗·施勒格尔：《浪漫派风格》，李伯杰译，华夏出版社 2005 年版，第 79 页。
④ 谷裕：《隐秘的神学——启蒙前后的德语文学》，华东师范大学出版社 2008 年版，第 276—277 页。

可以归结为精神本体之上，而且这种整体性是神秘的、存在于人之上和之外的。实践辩证法的整体性跟浪漫派推崇的整体性类似，是一种既建立在自然又建立在实践基础上的整体性。它不会将自然和社会都归结为本体，不管这本体是精神的活动还是劳动。它一方面会把整体性关联于自然，另一方面又把整体与创造着的实践活动联系起来，因而这整体性既不存在于人之上也不存在于人之外，却存在于创作实践之中。浪漫派虽然非常推崇立足于原我的艺术创作，并用这种创作来反对现代性的碎片化、固化生存，但他们推崇的诗首先是自然，然后才是人为的。恰如弗·施勒格尔所说，自然是一首诗，"这种诗才是原初的、真正的诗。若没有这种诗，肯定也就不会有言词组成的诗"①。弗·施勒格尔尤其反对费希特把自然降格为"恒常静默、静止不动、缺乏一切变化、运动和生命，即死亡"的状态；反对费希特把自然贬斥为一种"死寂的感性世界或纯粹的反思沉淀"，成为一种"无限发展的精神的纯粹约束和局限"，甚至成为"真正的非存在"。诺瓦利斯甚至还进一步批评施勒格尔兄弟不够重视自然，低估了艺术属于自然②。与通常人们把一切财富的创造与劳动关联起来不同，马克思明确指出，"劳动不是一切财富的源泉。自然界同劳动一样也是使用价值（而物质财富就是由使用价值构成的！）的源泉，劳动本身不过是一种自然力即人的劳动力的表现"③。显然，在肯定自然、拒斥传统形而上学本体论方面，实践辩证法与浪漫反讽具有更多类似性。如果把实践辩证法的整体性用黑格尔的本体论模式理解，在黑格尔把一切存在都归于绝对精神本体的地方换上"劳动"或"实践"，显然就是把整体视为同质性的、外在于人的神秘整体了，这是混同观念论辩证法与实践辩证法。正如普殊同指出的，这是用"劳动"或"实践"本体论替代黑格尔的"精神"本体论，是把整体性视为完全由劳动所建构的、完全正面的存在，只是资本主义把它遮蔽和碎片化了、社会主义随后会把它实现出来，这种卢卡奇的解释模式其实是对马克思的黑格尔化。与黑格尔不同，马克思不把这种整体性归之于单一的本体（哪怕是

---

① ［德］弗·施勒格尔：《浪漫派风格》，李伯杰译，华夏出版社 2005 年版，第 170 页。

② 参见［德］恩斯特·贝勒尔《德国浪漫主义文学理论》，李棠佳、穆雷译，南京大学出版社 2017 年版，第 174、186 页。

③ 《马克思恩格斯选集》第 3 卷，人民出版社 2012 年版，第 357 页。

"劳动"或"实践"也不行），也不把它视为外在于自然和人的神秘存在。"马克思对整体性的批判具有历史特殊性，它没有混合实然与应然；它没有以本体论的方式来处理整体性问题；也就是说，它既未在本体论上肯定整体性的超历史存在，又未否认整体性的存在……在马克思的批判中，整体性具有历史特殊性，其展开的方式指向了其被废除的可能性。"① 那种借助于抽象的中介得以展开的整体性，那种可以归结为精神本体的辩证过程，按照普殊同的看法，绝不是实践辩证法，而只是黑格尔的观念论辩证法。它借助资本所建构的整体性其结构、运作模式都是需要改造调整的，这种"整体性的废除带来了可能的、截然不同的、非整体性的社会管理形式及其对应的政治形式"②。在这方面，当浪漫派批评启蒙理性主义把社会整体性导向严格、绝对、僵化的结构，因而单纯地拒斥这种强制结构，认定它否定个性与创造性的地方，实践辩证法试图在这种具有强制性的结构中找到社会进步的基础，找到为改变、调整、超越这种强制性奠定基础的东西。它会与浪漫反讽一样拒绝黑格尔站在历史总体也就是上帝的角度读出整体性及其过程的必然性，并冷漠地对待这种具有必然性的强制结构的立场。它明白，"社会关系是由结构化的实践形式建构的，它获得了一种准独立的存在状态，并使得人们服从于特定的准客观的强制"③。这种强制只是暂时性的，而不具有也不应该具有永恒性。探寻使之具有暂时性的主体力量和实践策略是至关重要的。

　　同时，浪漫派的整体性要求一种跨学科的视野，这是对实践辩证法产生积极启发、实践辩证法因此继承和超越它的另一点。浪漫派的跨学科诉求首先意味着哲学与诗学的统一。传统哲学过于追求神圣和崇高的存在，设置了过多的界限，诗才更喜爱大地，更欲打破界限。弗·施勒格尔强调"只有凭借诗与哲学的结合，总汇性才能达到和谐。孤立的诗和孤立的哲学的作品，无论怎样包罗万象，怎样完美，似乎也缺少最终

---

① ［加］莫伊舍·普殊同：《时间、劳动与社会统治 马克思的批判理论再阐释》，康凌译，北京大学出版社 2019 年版，第 93 页。

② ［加］莫伊舍·普殊同：《时间、劳动与社会统治 马克思的批判理论再阐释》，康凌译，北京大学出版社 2019 年版，第 92 页。

③ ［加］莫伊舍·普殊同：《时间、劳动与社会统治 马克思的批判理论再阐释》，康凌译，北京大学出版社 2019 年版，第 92 页。

的综合"①。在浪漫诗的眼里,一切的界限都是限制和困囿,都要打破。界限的打破就意味着整全性追求上的突破,意味着无限性的进一步靠近。浪漫派是要打破自然、艺术、社会与国家的界限,要让他们都变成是浪漫化的存在。艺术创造力与自然生产力、社会生产力都应协调一致,同步前进。如果自然和社会的生产力系指生产艺术作品或精神作品的能力,而不只是生产物质财富的能力,那它们无疑都隶属于艺术创造力。恰如拜泽尔所言,"浪漫诗的深广度,早期浪漫派的诗的概念必须在其普遍的哲学和历史背景中并在这一深广度上来理解"②。

　　浪漫派从诗与哲学的统一,进一步走向与宗教的统一。在诺瓦利斯那里,甚至还要进一步走向与科学、工程学的统一。跨学科的视野是反讽与实践辩证法共同的追求。浪漫反讽给予辩证法的一大启示在于,不能仅仅在哲学的框架内理解,而必须放在一种多学科的视域内才能更完整和本质地呈现自己,必须在一种跨学科的整合中才能运作和发展。仅仅在哲学层面上理解,会造成明显的遮蔽、遗漏和限制。超越传统哲学的视界,在一种更为宽阔的视野内,从一种跨学科的整体性视野中思考,特别是不再排斥却要融合给予特殊性、个性、具体性以重要地位的诗学,是浪漫派改造传统哲学的跨学科视野尤为值得肯定之处。考虑到它远早于强调感性、现实的后观念论哲学,这一点尤为重要,尤其值得马克思主义哲学吸收和重视。实践辩证法不能仅仅在哲学层面上理解,它必须在一个更大的跨学科视野内才能得到充分的展现。浪漫反讽给予实践辩证法的这个重要启示,我们开发重视得还远远不够。不过,与实践辩证法相比,浪漫反讽的跨学科视野有一个明显的缺陷,就是对经济学、社会学的蔑视与拒斥,并且基本上局限于人文学科,即使像诺瓦利斯突破人文学科拓展到更大的科学范围,也依然否定排斥经济学与社会学。这种缺陷与遗漏在实践辩证法看来至为关键,反映了浪漫反讽初遇现代性的天真和不成熟。

---

① [德] 弗·施勒格尔:《浪漫派风格》,李伯杰译,华夏出版社 2005 年版,第 107 页。
② [美] 弗雷德里克·拜泽尔:《浪漫的律令》,黄江译,华夏出版社 2019 年版,第 39页。

二　跨学科视野的扩展及其辩证效果

对无限、整体、长远、真理的追求，是浪漫反讽与实践辩证法共同的特征。随着知识的进步和扩展，随着社会各领域各种能力的增长，辩证过程需要关注和解决的难题与漏洞不断增长。辩证法的目光需要高度紧盯这些变化，并随之进入更多的领域、层面和角落，去捕捉力图隐藏起来的问题和机会。最初的辩证法基本上是在言语层次运作和展开的，实践辩证法则最突出地在社会合作的复杂结构中获得呈现，而这个结构的辩证性质需要倾注更多精力的研究才能发现。互相否定、自相矛盾的情况，不但在语言层面上存在着，更愈来愈在社会合作层面上呈现出来。一个人按照这个目标和策略能做成的事，更多人参与进来，形成一个社会结构之后，会在数量增加、结构复杂到一定程度后发生本质性的巨大变化，使得每个人都做不成了，甚至得到跟当初诸个体的动机目标完全相反的后果。这就是辩证法的核心范畴"矛盾"所表达的境况，它虽然在前现代世界就偶有发生，但只有在现代社会背景下才大量发生。随着现代性延展的进一步推进，能够使之呈现出的现代视野不断扩大，需要的跨学科视界日趋增大。遗憾的是，浪漫反讽看不上经济学和社会学，只愿在诗学、艺术、哲学、宗教、科学这些知识的统一中建构自身。

浪漫反讽之所以看不上经济学、社会学分析，主要原因有二：一是经济学在浪漫派眼里低俗、浅薄、狭窄，并且对崇高、对人造成遮蔽和危害；二是现代经济的运作致力于埋没个性，塑造异化、物化的问题；浪漫派由此不愿滞留于经济社会的体制之中，总是希望从中超脱出来。它把生产关系及其合理化视为物化、异化、阻碍和敌视个人创造性的象征。把个人主义的原子化个人视为丧失（个人与自然、人与人）有机性和崇高性的象征。他们希望保留共同体及其崇高的道德理想维度。反讽需要立足这种维度，以提供确保批判、反讽的根基与家园。这种维度在宗教中保留着，所以，他们对待宗教就不像启蒙辩证法那样予以一味否定，而是保留某种肯定。在浪漫派看来，不去计算成本、不是出于外在责任去维护和追求的价值，才是真正的价值，这些价值只有在真正的宗教中存在。哲学与诗都跟宗教一起维护无限和崇高。"诗只追求无限，蔑视尘世的功利和文化，而这正是宗教中所包含的真正的对立。"①相比之下，经济学却具有铜臭味。虽然弗·施勒格尔肯定"每个人都有其经济学的本能，这种本能应该受到训练"，但经济学的狂热分子"他们除了需要之外什么也不理睬，除了功利之外对什么都没有兴趣，他们走到哪里，哪里的一切就变得浅薄，沾染上手工业的味道，甚至连宗教、古人和诗也一样不能幸免"②。在他的眼里，经济学没有宽阔的兴趣和视野，狭窄得很，也没有诗性的创造性、没有不那么在乎成本核算的诗性思维，却只有精打细算、只有成本核算、只有冷静甚至冷酷的算计。更不用说经济学主张的创新了，似乎经济学思维只会模仿，不会创新："诗和哲学中的模仿者，其实是迷途的经济学家。"③对经济学的蔑视充斥于反讽之中，而无限所具有的崇高性、非尘世性非常明显地体现出来，它预示着诗的品格。即使没有有效的方法，诗歌和反讽也不会向功利、尘世低头、妥协。诗所具有的崇高品格，反讽所具有的超验性品格，跟辩证法对经济学的接纳、对世俗成就的依赖和高度评价现成十分鲜明的对比。"哪里有政治或者经济，哪里就没有道德。"④这说明，浪漫派的思想还没有受到现代性的深刻浸染，没有得到现代性的洗礼。经济、社会的结构分化和组织方式都是现代性的具体展开所拓展的崭新领域。不深入这样的领域，就径直通过道德洗礼达到完善与最高级，那是前现代的幻想。通过政治经济学批判的实践辩证法经过了这样的洗礼，是更现代更成熟的思想。而浪漫反讽则是最为初始的现代性实验，虽天真，却不够成熟。

马克思波恩大学的老师奥·施勒格尔在《启蒙运动批判》一文中旗帜鲜明地指责启蒙与经济的结盟："左右启蒙运动者的乃是经济的原则，所以这个原则也是精神的，只能解决尘世间事务的能力，即身陷于纯然的有限性囹圄之中的理智"，这是"使善（真仅是其中的一部分，一个方面）臣服于功利的这种本末倒置的思维方式"⑤。那些促使经济发展、提

---

① ［德］弗·施勒格尔：《浪漫派风格》，李伯杰译，华夏出版社 2005 年版，第 111 页。
② ［德］弗·施勒格尔：《浪漫派风格》，李伯杰译，华夏出版社 2005 年版，第 97 页。
③ ［德］弗·施勒格尔：《浪漫派风格》，李伯杰译，华夏出版社 2005 年版，第 97 页。
④ ［德］弗·施勒格尔：《浪漫派风格》，李伯杰译，华夏出版社 2005 年版，第 117 页。
⑤ ［德］奥·施莱格尔：《启蒙运动批判》，载孙凤城编《德国浪漫主义作品选》，人民文学出版社 1997 年版，第 376 页。

升经济效率的举措，在这种立场的眼中必然就是"启蒙运动要把所有人都同样地套进一定的市民义务的牛枙中，套进职业的、职务的、然后是家庭生活的枙中"①。诺瓦利斯也非此即彼地质问哲学与经济学哪个更实际，"哲学不能烤面包——但是，它能为我们提供上帝、自由和不朽——现在哪种更实际——哲学或经济学？"② 在他的眼里，显然自由和不朽比面包更重要。显然，在这方面，不用说后来的马克思，就是康德、费希特都比早期浪漫派更接受现代性的政治、经济、社会层面的进步。正像平卡德指出的，康德都深受苏格兰启蒙运动的影响，期望一个自由的政治秩序，"而早期浪漫派成员几乎没有受到苏格兰或英国观念的影响。如果说有的话，那就是他们特别倾向于将英国的观点看做粗暴的、俗气的、纯粹商业性的，因而看不到'更高'的真理……尽管他们不希望恢复旧社会秩序，但他们仍然将其中的大部分要素作为他们的模式"③。

对世俗、尘世的否定，使得浪漫反讽有些好高骛远，使得浪漫反讽的否定曲高和寡。如刘聪所说，"浪漫反讽的理论重心不在于关注终极目标的合法性，而在于反讽主体消除有限、排斥现实的否定过程"④。这种否定使它游离于现代性的真实土壤，随风飘荡、无根漂浮。它批评辩证法如此可能被尘世和世俗纠缠住，以自己的"高贵"衬托辩证法的"平庸"，但辩证法更有越来越充足的理由批评它的虚妄和不食人间烟火。

在观念论辩证法中就得以呈现的主奴辩证法，已经衬托出浪漫反讽的单纯。主奴辩证法意味着对满足欲望、需要的经济生产活动的高度肯定，因为奴隶就是靠劳动来赢得跟主人类似的肯定性品格的。主人的价值定位来自愉悦和自身的主动或肯定；而奴隶的价值定位来自被动的应对、来自会拉低崇高目的的基本欲望和需要的满足、来自对失败和沮丧的摆脱，即来自否定主人的肯定而确立的肯定，或曰"否定之否定"。从传统的主人立场看，"辩证法因而必须被描述为'怨恨的意识形态'，因

---

① ［德］奥·施莱格尔：《启蒙运动批判》，载孙凤城编《德国浪漫主义作品选》，人民文学出版社1997年版，第381页。

② ［德］诺瓦利斯：《夜颂中的革命与宗教》，林克等译，华夏出版社2007年版，第164页。

③ ［美］特里·平卡德：《德国哲学1760—1860：观念论的遗产》，侯振武译，中国人民大学出版社2019年版，第171页。

④ 刘聪：《反讽结构的样式与马克思实践辩证法的旨趣》，《马克思主义与现实》2013年第1期。

为它假定了否定之否定等于肯定。"① 浪漫派虽然没有明确说出这个意思，但明显蕴含着它。奴隶的肯定跟经济意义上的劳动密切相关，奴隶靠劳动赢得实在的肯定性品格。这种品格是通过对主人价值的否定获得的，是一种迂回的否定之否定的肯定性。恃才傲物的浪漫反讽是不信任这种迂回、变相的肯定性，不屑于向它看不上的任何存在低头和妥协。文森特概括的"一方面是一个独立灵魂的高贵，另一方面是一个嫉妒和诽谤的心灵的卑微"② 可以标示主人对奴隶的反讽态度，或者浪漫反讽与其批评的那种辩证法的不同之处。浪漫反讽想必一定会斥责黑格尔的主奴辩证法过于抬高奴隶劳动的重要性，斥责奴隶靠经济活动赢得跟哲学、诗、宗教和道德平起平坐的崇高价值地位，以至于把原本崇高的肯定降低为流俗的否定之否定。后来由尼采发挥的这个道理，把原本崇高的肯定跟否定这种肯定得来的"否定之否定"意义上的肯定在层次上明确区分开来，认定后者是一种向世俗和功利投降的降低，是一种冒充的崇高，一种需要价值重估（重新审视和批判）来还原真相的虚妄形而上学。按照这一逻辑解释主奴辩证法，就意味着，奴隶视任何差异为威胁，视一切差异为对立面，是因为他害怕、恐惧任何的异在他者，他没有直面人生不可避免会遭遇的焦虑、挫折的足够勇气和能力。主人不会如此，对他来说，差异就是差异，不会构成对立面，差异完全可以认可、尊重、协作。霍克海默、阿多诺在《启蒙辩证法》中就以自己的方式反复诉说这个道理。显然，这个道理与浪漫反讽、与尼采一脉相承，尽管尼采和霍克海默、阿多诺总躲避着不愿承认。从浪漫派到尼采、卢卡奇，一直存在对经济活动的不重视、贬斥，对主奴辩证法的不认可。

马克思进一步提升了主奴辩证法中的辩证法力量，在拒斥主奴辩证法的精神本体论基础之后，在自然和社会历史两个维度上合理拓展了辩证法，一方面通过给予自然足够重要的位置来化解、约束劳动本体论，另一方面通过生产力、政治组织、思想观念诸层面的先进性连接，进一步提升劳动的功能力量，把劳动辩证法从传统形而上学和简单性、神秘

---

① ［法］文森特·德贡布：《当代法国哲学》，王寅丽译，新星出版社 2007 年版，第 213 页。

② ［法］文森特·德贡布：《当代法国哲学》，王寅丽译，新星出版社 2007 年版，第 215 页。

性之中解放出来。而这一切，都是通过政治经济学批判来完成的。

首先，马克思的辩证法会非常感兴趣于经济学，试图从经济活动中获得辩证的结构与力量，也相信经济合作、经济活动中蕴含着、孕育着有助于自由与解放的辩证力量。用洛维特的话说，马克思对资本主义的分析"是一种将经济的存在和意识辩证地结合在一起加以把握的表达"①，是一种辩证法，这种辩证法最明显的特征就是经济分析和人的分析的整体结合。只有把经济学纳入进来，在对人的基本欲望、需要的多学科分析中，才能找到理解现实的道路，而不是继续局限在被有意美化和简化的人文传统中自恃清高，就像尼采要把心理分析纳入进来继续拆解这种局限一样。在马克思看来，贬斥经济学，往往会道德主义地看待社会变迁，陷入狭隘、单纯、肤浅的朴素道德主义。在批评蒲鲁东"保存好的方面，消除坏的方面"的辩证法时，他严正地指出，"谁要给自己提出消除坏的方面的任务，就是立即使辩证运动终结"，从而导致"辩证法没有了，代替它的至多不过是最纯粹的道德而已"②。

在《哲学的贫困》中，马克思已经不同于《1844 年经济学哲学手稿》中以自由自觉的类本质来批评财富创造的立场，认为经济学不能单纯地用道德的眼光予以否定。以批判的眼光看待政治经济学，不是单纯地否定，而是肯定亚当·斯密和李嘉图代表的古典经济学家的积极意义，肯定他们把资产阶级生产关系"表述为范畴和规律并证明这些规律和范畴比封建社会的规律和范畴更便于进行财富的生产"③。有了这种思想底蕴，他特别批评经济学的浪漫派对贫困、阶级对立漠不关心，却立足于道德、崇高来蔑视财富和财富创造者，认为这种"浪漫派属于我们这个时代"，批评他们"自命高尚、蔑视那些用劳动创造财富的活人机器。他们的一言一语都仿效他们的前辈，可是，前辈们的漠不关心只是出于天真，而他们的漠不关心却已成为卖弄风情了"④。可见，自命崇高、看不上经济生产、无视贫困问题是浪漫派的顽疾。这在其早期是一种无意识的天真，日后成为少年的敏感与不适应，青壮年后就成为拒斥进步的落

---

① ［德］卡尔·洛维特：《韦伯与马克思》，刘心舟译，南京大学出版社 2019 年版，第 55 页。

② 《马克思恩格斯全集》第 4 卷，人民出版社 1958 年版，第 146、147 页。

③ 《马克思恩格斯全集》第 4 卷，人民出版社 1958 年版，第 156 页。

④ 《马克思恩格斯全集》第 4 卷，人民出版社 1958 年版，第 156 页。

后与顽固了。与此相反，转向唯物辩证法的马克思恩格斯早已超越了这些阶段。在《德意志意识形态》中，马克思恩格斯批评当时已陷入极端的晚期浪漫派与现代发展已经"反动"了，"反动派特别是历史学派和浪漫主义学派，也像桑乔那样，都认为真正的自由就是独自性，例如提罗耳的农民的独自性，个人以及地方、省区、等级的独自发展。"① 施蒂纳甚至放弃了早期浪漫派与自然、与社会有机统一的宝贵思想，把一切物质、精神、社会的外部存在都视为虚妄的"无"，仅仅在个我的内在性中挖掘潜能，独自应对一切变化。与早期浪漫派下相比，失去自然、共同体和上帝支持和庇护的"唯一者"自我更加虚幻无力。所以，马克思恩格斯同时批评施蒂纳的独自性就是德国小资产阶级软弱无力的表现和自我粉饰。而这种浪漫性，像马克思先前所说的，就是幻想的意思②。如果说早期浪漫派这么做是无意识、天真，后来的浪漫派这么主张就是落后、跟不上新时代发展了。正如马克思恩格斯所指出的，"'思想'一旦离开'利益'，就一定使自己出丑"③。离开经济生产，现代社会的运作是无法想象、无法理解的。只有在现代经济生产的复杂运作中，只有不断缩短必要劳动时间，才能给自由、全面发展等崇高价值的实现奠定基础、准备条件，开辟空间。因为，"生产力的这种发展（随着这种发展，人们的世界历史性的而不是狭隘地域性的存在已经是经验的存在了）之所以是绝对的实际前提，还因为如果没有这种发展，那就只会有贫穷的普遍化；而在极端贫困的情况下，就必须重新开始争取必需品的斗争，也就是说，全部陈腐的东西又要死灰复燃"④。经济运行也是一个十足的辩证过程，只要积极介入，终能孕育出支撑崇高价值实现的基础与空间来的。撇开经济辩证过程的浪漫反讽是无法找到一个现实的历史支点和发展空间的。

　　马克思坚信，社会生产关系的不断进步会不断促进社会生产力的发展，生产关系的合理化运作及其释放出来的越来越高的生产力水平，两者之间的矛盾互动，会逐渐孕育出一个辩证结构，这个结构能释放自由和解放的潜力，为自由和解放奠定越来越雄厚的社会物质基础。所以，

---

　　① 《马克思恩格斯全集》第 2 卷，人民出版社 1957 年版，第 103 页。《马克思恩格斯全集》第 3 卷，人民出版社 1960 年版，第 358 页。

　　② 《马克思恩格斯全集》第 1 卷，人民出版社 1956 年版，第 105 页。

　　③ 《马克思恩格斯全集》第 2 卷，人民出版社 1957 年版，第 103 页。

　　④ 《马克思恩格斯全集》第 3 卷，人民出版社 1960 年版，第 39 页。

人的物化，人与人之间关系通过物与物之间的关系体现出来，对于马克思来说具有历史的必然性和特定历史区间内的进步性，不能像施勒格尔兄弟那样认定其阻碍自由和创造，也不能像施蒂纳那样把一切外在的物质、精神、社会的结构性力量都视为阻碍自由的消极力量。相反，物化体系在一定历史阶段内具有提高生产力、促进效率和公平水平提高的积极性意义。虽然现代化日益扩展，把更多的人纳入全球化体系之中，分工水平不断提高的现代人势必要通过统一置换为无差别的一般人类劳动，也就是置换为一种抽象的"物"才能在现代生产、交换、消费体系中展现自己。因而，物化不仅系指现代社会中人往往要通过物来表达，人与人的关系要通过物与物的关系来表达，而且，为了促进效率和公平，这种社会关系之物的系统整合日益向着法制化、严格化、精确化、程序化、形式化、对事不对人化以至于数字化、符号化、智能化方向发展。马克斯·韦伯视之为现代社会的宿命，马克思视之为三大社会形态依次更替中不可避免的，在"以物的依赖性为基础的人的独立性"第二个社会形态，也就是"形成普遍的社会物质交换、全面的关系、多方面的需要以及全面的能力的体系"的相当长时间内具有历史合理性的存在。只有在发展实现自由个性的第三个社会形态下，才会逐渐丧失合理性，被一种新的社会结构所取代①。只有通过囊括哲学、经济学、社会学、政治学、历史学等多学科的政治经济学批判，才能贴切地理解这个辩证结构和辩证过程。从历史唯物主义角度看，正是由于拒斥经济学、社会学的视野，现代社会合作和发展的辩证性、复杂性无法进入浪漫反讽的视野，浪漫派无法理解。浪漫派的跨学科视野存在天然的盲区。在这盲区内，浪漫派的现代性天空一片漆黑。

所以，虽然从目标和立意来看，浪漫反讽与实践辩证法的差别似乎没那么大；但从方法、程序、策略上说，差别就急剧扩大了。按照我的理解，虽然反讽与辩证法都高度关注整体性，但各自的动机和目标却各不相同。浪漫反讽追求整体性是为了突破界限和限制，达求更大的视野，以发现存在于自然、社会和精神中的统一与崇高，而辩证法对整体性的追求是为了发现矛盾、问题，以求得对矛盾与问题的理解和解决。对于

---

① 详见拙作《物化与物象化：马克思物化理论再思考》，《物化：文化之思还是经济社会整体之思？》分别载《哲学研究》2013 年第 1 期、2019 年第 5 期。

浪漫反讽来说，问题存在于被局限起来的藩篱之中；局限于特定区域，是没有生命力的，是造就不出、唤醒不了灵性自我的。而对于辩证法来说，局限在藩篱之中，满足于特定区域的祥和，会洋洋自得、自娱自乐，会看不到问题与矛盾的。为了发现和解决矛盾、问题，辩证法需要关注更大范围的存在境况，需要盯住矛盾被推远的角落之处。浪漫反讽是初遇现代性、不解风尘的翩翩少年，对自己不喜欢但无法逃避的现代现实宁愿避开也不愿直面，虽然满怀理想、具有远大志向，却难以抵御各种风暴、曲折，难以取得更多的进展。它需要进一步成熟，需要独自承担生活的重担，才能作出成熟的判断。

　　这样一来，如果说，卢格反对浪漫主义是因为黑格尔在《美学讲演录》中以批判的方式、海涅在《浪漫派》中以文学方式给浪漫派送了终，① 那么，马克思恩格斯则以既继承又批判的态度，以经济学、社会学与哲学、诗学相结合的方式，在一个更大的跨学科视野内给早期浪漫派做了历史定位，并终结和超越了它。如果说卢格的送终是一种简单否定，马克思恩格斯的终结就是一种继承和超越。继承首先、主要是对没有获得真正求解的问题的继续求解，是以新的理论和方法对问题的推进和更好解决；其次是对一些立场、观点的继承，如批判传统形而上学、人与自然的有机统一等，但伴随这种继承的都是更为深刻的进一步论证。

三　规则与结构的力量：实践辩证法 对两种反讽辩证法的提升

　　德·曼依据"彼此相关的而不是各自独立的"三种方法来理解弗·施勒格尔的反讽：第一种是增加文本感染力、强化艺术吸引力的一种手段；第二种是"自我中的相等距离，是自我的复制，是自我中的特别结构，在这里自我从一定距离进行自我观照"，是自我反身对前一个自己的嘲讽，被德·曼称之为"自我辩证法"；而第三种则是"把反讽的要素或

---

① 《马克思恩格斯全集》第 8 卷，人民出版社 1961 年版，第 307 页。

反讽的结构放入历史辩证法中考虑"①。除了第一种，第二种与第三种都是德·曼后来的称呼。德·曼的看法反映了反讽与辩证法极容易发生交叉的亲近关系，意味着从反讽过渡到辩证法并不困难，只是浪漫反讽自身完不成这种过渡。

黑格尔更多是在德·曼上述第一个层面看待浪漫反讽。他认为，"苏格拉底用反讽的方式所处理的，只是那种类型的意识，而不是理念自身。反讽仅仅是用来反对人的一种谈话态度。除了用来对人以外，思想的本质运动却是一种辩证法"②。显然，他把反讽仅定位在思维形式层面。当他谈到同事 K. W. F. 索尔格对弗·施莱格尔浪漫反讽的评价，把"思辨考察的运动脉搏"看做弗·施勒格尔观点中"真正辩证的一面"③ 时，仍然在形式与内容、主观与客观双重维度上把浪漫反讽与辩证法对峙起来。黑格尔的意思是，费希特从绝对自我出发建构普遍性和客观性已经把主体的任性作为原则了，弗·施莱格尔还进一步撇开非我对自我的限制，撇开普遍性，径直在个我的无限反思完善中，在自我确信中追求最高的存在，那只能陷入客观的东西"马上在我的眼前消失"、"我凌空飘荡，俯瞰广阔无垠的空间，唤出各种形态，而又把它们消灭"的"主观性最高形态"④。跟马克思在哲学层面看待浪漫反讽不同，黑格尔并不认可弗·施莱格尔对浪漫反讽的哲学提升，甚至认为弗·施莱格尔对浪漫反讽的哲学识见还不如 K. W. F. 索尔格。

马克思显然在哲学层面看待弗·施勒格尔的浪漫反讽，虽然并不认同这种哲学视野的效果和深度。他曾论及苏格拉底反讽"即一种辩证法圈套"，认为"在我们这里，作为一般内在形式的反讽，是弗里德里希·冯·施勒格尔当作某种哲学而提出来的。但是在客观上，就内容而言，不论是轻蔑乃至憎恨普通常识的赫拉克利特，还是认为万物产生于水的泰勒斯（尽管任何一个希腊人都知道他不能单靠水生存），抑或是费希特及其创造世界的'自我'（尽管连尼古拉也知道他不能创造世界）——总

① ［美］保罗·德·曼：《反讽的概念》，载刘纲纪主编《马克思主义美学研究》第 6 辑，广西师范大学出版社 2003 年版，第 314—315 页。

② ［德］黑格尔：《法哲学原理》，范扬、张企泰译，商务印书馆 1982 年版，第 156 页。

③ ［德］黑格尔：《法哲学原理》，范扬、张企泰译，商务印书馆 1982 年版，第 156 页注②。

④ ［德］黑格尔：《法哲学原理》，范扬、张企泰译，商务印书馆 1982 年版，第 160 页。

而言之，凡坚持内在论而反对经验个人的哲学家都会使用反讽"①。在这里，反讽显然是与主体内在论联系在一起的，是贬斥、否定、看不上感性经验现实的"唯心论"。反讽是内向性的，固守并遵从某种跟经验现实对立的主观原则，这种主观原则既可以是哲学也可以是诗学的立场，它构成哲学或诗学的高傲、高蹈、高远。它不愿从迥然不同的经验现实中汲取肯定性力量，它也不相信经验现实中存在着这种力量。在这种反讽的眼里，正在发生的外在经验不断致力于遮蔽原本的纯粹、有机性、统一性，并塑造分裂、原子化、物化与异化。由此而论，越向外探寻，必将越失望。向外探寻的目的只能是内在主体发出的反讽、批判。正在发生的外在经验现实只能是嘲讽和批判的对象。马克思在这里对浪漫反讽的批评已经超越了黑格尔在《法哲学原理》中仅仅把反讽视为一种谈话方式、尚未触及哲学层面的看法。

　　真正把浪漫反讽从形式推进到内容层面，从主观性推进客观性层面，而且像德·曼所谓深入到历史辩证法之中的第三种理解，只有马克思才能做到。因为只有实践辩证法才能超越狭隘的内在论，在一种更大的相互关联和相互促动中确定、拓展和丰富自己，把主体放在一个牵涉到更多存在的自然—社会境域中理解，认定只有在这样的复杂环境中，靠与他者的互动、相互刺激、相互成全才能成为自己，因而，与自然存在、社会存在的复杂互动就需要在处理与这些存在的关系中高度重视规则、程序、过程、细节，重视在互动—行动整体中看待自己及其与其他存在的关系，并且高度重视自我反思。

　　苏格拉底的辩证法就是在对话、商谈中展开的，虽然局限在对话、思维领域，却也早已超越了个人内在性，使得涉及和规范对话者的思维规则、规律日益凸显其重要性，"由于思想进入辩证法维度之中，就有可能把思想规律置于一个更缜密的尺度的区域中"②。在辩证法看来，辩证过程的顺利开展需要合理的规则、严格的步骤和要求颇高的表达方式进行约束。众所周知，黑格尔的理念辩证法更为讲求中介以及诸中介环节构成的辩证系统。理念辩证法是一种"思想在自身之中把他和对象纳入"

---

　　①　《马克思恩格斯全集》第40卷，人民出版社1982年版，第139—140页。此处"讥讽"改为"反讽"。

　　②　［德］海德格尔：《同一与差异》，孙周兴等译，商务印书馆2011年版，第125页。

进来的，"在这种辩证法中，那种不可把握的扬弃中介着自身，并且就这样一边自己把自身释放成为自身，一边想把自身把握成对其自身的中介。"① 如果说，谢林都不认为黑格尔这种"让这种自身中介着的思想能自己在自身之中把握着完成自身"的方法足够有效，实践辩证法就更是如此了。

马克思的实践辩证法除了不会像弗·施勒格尔和诺瓦利斯那样仅仅在自我内部反思的无限推进中施展无限性，也不会像谢林和黑格尔那样设置一个纯粹自我规定的自我、存在或上帝作为起点，而是在《德意志意识形态》中确立一个现实的出发点。这个出发点是"有生命的个人的存在"，也就是"现实的个人"，即"从事活动的，进行物质生产的，因而是在一定物质的、不受他们任意支配的界限、前提和条件下活动着的"个人②。出发点的确至关重要：它既是一个自然存在，又是劳动或实践；既意味着作为人与社会历史基础的自然，又意味着大规模现代性创造的劳动、实践。——作为存在是一种生成，作为生成又是一种无限的存在。但它不是一个单纯的、万物归一意义上的本体，而只是一个出发点而已；它没有万物归一的意义，不具有涵盖、浓缩一切的能力。当马克思说 财富的源泉既是自然又是劳动时，当马克思说自然既指非人化的存在又指一种特殊的"自然力即人的劳动力"、还可以指这种力的对象化作品"人化自然"时，都凸显了这一点。虽然《资本论》设立的出发点是作为一般规定的"商品"，但是应该以"从抽象到具体"方法来看处于起点的一般规定。由于这一般规定又以之前的那个"从具体到抽象"阶段为前提，所以实践辩证法的出发点归根结底仍是后观念论视域中的直接现实存在。《资本论》所呈现的辩证法仍然体现了从抽象到具体的方法论之路上一环套一环，由一系列中介构成的严格步骤、严密系统，的确凸显了辩证法的复杂性、系统性以及形式和内容的完整性、无限性。在辩证法把解决问题的关键寄予这个环环相扣、步骤严密、结构复杂完整的过程之时，浪漫反讽却把希望寄予浪漫主体的灵性、才气、全面性，寄予灵性与才气不被严格固化的规则所限制，不被固定的套路所困囿之上。诺瓦利斯

---

① ［德］瓦尔特·舒尔茨：《德国观念论的终结》，韩隽译，中国人民大学出版社 2019 年版，第 154 页。

② 《马克思恩格斯选集》第 1 卷，人民出版社 2012 年版，第 146、151 页。

就说："真正的诗人无所不知——他是一个微型的真实世界。"① 固守与特定领域和套路，不是天才所为。有了天才，分隔与固化就会终结，一切皆被打通。通不通、灵不灵、创生不创生，都靠天才之为。"只是由于缺乏天才和睿智，各门科学才分隔开来——它们之间的关系，对理智而言是太复杂，对愚钝而言又太疏远。"②弗·施勒格尔直接就说，诗的原则跟辩证法的原则不一样：诗"勿须约定，也不用规则，他们的谈话一般都会自行调整，使诗成为他们聚会的对象、起因和中心"③。辩证法却不是这样，它有更多人的参与，为了维持秩序和效率，它必须要有约定，必需合理、有效的规则限定，必须履行固定的套路。每一个参与辩证过程的主体，不但必须具有见识、知识、见解，而且还必须遵循规则，尊重他人并对他人保持开放的合作态度。无组织的合作就会象萨特在《辩证理性批判》中分析的那样，在规模和时间扩展到一定程度时就会走向自悖谬，走向当初参与者们欲求的东西的反面，而自己的参与行为恰恰构成了这种荒谬结果的塑造者和促动者。所以，为了防止这种自悖谬（即矛盾）的产生，就必须强化参与辩证群体的各个主体都必须遵循的规则，强化规则的合理性和约束范围的及时跟进，防止出现制度约束不了的层次、范围和漏洞。辩证过程的复杂性、规模的日益扩展，特别是在现代性背景下向着全球性扩展所造成的结果，使得辩证过程的规则约束成为至关重要的关键因素。从更大视野来看，问题的关键不是规则的僵化，而是合理规则的缺乏。随着现代性背景下外推能量的提升和手段的多样化，自悖谬的矛盾往往就诞生在更大的范围之内。这与仅靠天才个人就能完成的反讽迥然不同。不用说一个，就是几个天才也无法改变。这样一来，浪漫反讽与辩证法的对比度更加扩大。

实践辩证法是要在更广泛的社会空间内看待对话、商谈，绝非仅仅局限在思维领域，而要在经济、政治、社会层面上看待辩证结构的形成和作用。这使得辩证法的规律、规则从思维介入经济政治社会层面，使得辩证法与社会历史演进的过程日益融为一体，因而势必对恃才傲物的

---

① ［德］诺瓦利斯：《夜颂中的革命与宗教》，林克等译，华夏出版社 2007 年版，第 124 页。

② ［德］诺瓦利斯：《夜颂中的革命与宗教》，林克等译，华夏出版社 2007 年版，第 161 页。

③ ［德］弗·施勒格尔：《浪漫派风格》，李伯杰译，华夏出版社 2005 年版，第 171 页。

反讽主体产生了重要的影响。反讽主体不得不受制于辩证法的社会规则，不得不遭遇到这种规则及其依附的制度架构。不仅仅思维结构、思维规律，而且社会结构、社会规则体系、社会规律也成为了唯物辩证法的内在要素，成为它必须高度重视、缜密处理的东西。辩证法不得不牵涉、考虑、处理众多复杂性、结构性、互动性的因素与力量，不得不确立并按照某些规则来行事，而无法仅仅由得个人主体去行事。辩证法和反讽都要在思维以及进一步的创造实践中把自己追求的东西展示和实现出来，但不同的是，辩证法设置了诸多规则和步骤，只有通过这些环节、步骤，遵循这些规则，并通过积极地实践介入才能走向并达到目标，完成辩证的过程。在辩证法的眼里，规律、规则是客观本有的，不是主观可以改变的。就像马克思在《资本论》中所说，"一个社会即使探索到了支配它运动的自然规律，——本书的最终目的就是揭示现代社会运动的经济规律，——它还是既不能跳过也不能用法令取消它自然发展的各个阶段；但是它能缩短妊娠期和减轻分娩的痛苦"[1]。客观的逻辑、规律，客观力量是问题解决的基础，无论凭音乐、绘画、诗歌与艺术去做怎样的描绘，都无法改变。对此，伯林的如下评论是对的："黑格尔的以及马克思的新理性主义，试图对浪漫主义不加约束的主观主义及其自我崇拜加以反拨，努力在无情的历史巨力之中，或是在人类精神的演化法则、抑或生产力和生产关系的发展法则之中，找出客观的标准。"[2]

就浪漫反讽的主张者弗·施勒格尔和诺瓦利斯而言，浪漫反讽则不看中，甚至不需要这些严密、严格的规则与步骤。虽然还不能说他拒斥所有规则，但它的确拒斥现实世界中的冷酷僵化的规则，拒斥容纳更多人参与进来所适用的对话辩证法的规则，更拒斥社会历史辩证过程中的客观规律与规则。如果辩证法要从对话、思维、语言层面进展到社会世界，力图从社会世界的内在结构及其发展中确立涉及范围更大的规则、规律，浪漫反讽必然更加拒斥。他们接受的，只是诗本身的规则。原因在于，浪漫派不再欣赏古典主义的摹仿策略，不再主张艺术模仿自然，而是主张艺术高于自然，甚至按照艺术重释自然，视自然为本来即艺术

---

① 马克思：《资本论》（法汉译本），中国社会科学出版社1984年版，第4页。
② ［英］以赛亚·伯林：《扭曲的人性之材》，岳秀坤译，译林出版社2009年版，第200页。

的存在，具有创造力的人就是自然，或者"他把具有创造力的自然这一原则定位于人，于人的'内心'，于'知性直觉'——这些术语都似乎皆意指想象力。自然在人内心反映的特殊方式决定了他的艺术活动"①。浪漫诗才能有利于创造性的发挥，只有浪漫诗的规则才能给浪漫诗人的才情留出足够发挥空间，正如恩斯特·贝勒尔所指出的："我们所踏入的诗歌的世界有其自己的法则、比例、关系和准则，它们意义非凡，超越了现实世界。"② 浪漫反讽寄予希望的艺术世界比现实世界、比传统辩证法的对话言语世界、比古典主义的艺术世界都率性和自由得多。这三种世界都给反讽主体设置了过多过重的固化规则，需要反讽主体在更多种的可能性、无法预料的诸多事件中完成多重跨越，根据不同的情境进行诸多的即兴作为，创造性地完成可以期待的目标。弗·施勒格尔在《谈诗》中对"无需约定，也不用规则，他们的谈话一般都会自行调整，使诗成为他们聚会的对象、起因和中心"③ 倾心不已。从不可通约的个体性出发，他不能容忍任何法则高于富有个性、创造性的个体之上。按照平卡德的看法，对于弗·施勒格尔来说，"真正自我立法的行动者必然能够自行设定所有规则，甚至包括用于设定规则的规则和那些设定这些规则的规则，即使他们也必须回应他们的周遭世界"④。标准和规则只能在有利于个性、创造性的意义上被确定，绝不能成为约束个体的预先规则，虽然每个个体也都是有限的。当他说"诗的开端，就是中止合理思维着的理性的过程和法则，把我们自己重新置于想象力创造的美的迷惘以及人类自然原初的混沌之中"⑤，就对诗性思维寄予了更高的期待。这种期待的可能性的确存在，但这可能性是好的可能性，不好的可能性同样存在。没有固定规则、步骤、环节约束的反讽，可能富有灵性地跨越向前，也可能空走一场，徒具形式地表演走过场。浪漫反讽的成就，几乎都取决于反讽主体的才情和灵感。浪漫反讽不看重、不需要这些严格规则与步

① ［德］恩斯特·贝勒尔：《德国浪漫主义文学理论》，李棠佳、穆雷译，南京大学出版社2017年版，第81页。
② ［德］恩斯特·贝勒尔：《德国浪漫主义文学理论》，李棠佳、穆雷译，南京大学出版社2017年版，第78页。
③ ［德］弗·施勒格尔：《浪漫派风格》，李伯杰译，华夏出版社2005年版，第171页。
④ ［美］特里·平卡德：《德国哲学1760—1860：观念论的遗产》，侯振武译，中国人民大学出版社2019年版，第164页。
⑤ Friedrich Schlegel, *Werke in einem Band*, Carl Hanser Verlag Wien München 1971, S. 502.

骤的原因还在于，它不仅可能导致机械与僵化，还势必导致神圣的消解，使得自然世界与社会世界空旷寂寥、干瘪平庸。诺瓦利斯说，"诸神及其追随者消失了——大自然空旷寂寥，了无生机。干瘪的数字和严格的规范用铁链将它束缚起来。"① 反讽占据一个崇高点的前提就是共同体维系的神圣还将存在，诸神不能死亡。诸神死亡的后果就是艾兴多夫深深忧虑的"信仰的王国已经终结/古老的辉煌正在毁灭/'美'转过脸去哭泣/我们的时代是这样的冷酷"。这就更凸显了好结果所需的更多、更高、更难达到的前提条件。

　　从某种意义上说，早期浪漫派甚至在两种意义上也有自己的辩证法。一是对苏格拉底传统辩证法的继承与发扬。同属早期浪漫派成员的施莱尔马赫，曾在古希腊传统辩证法的意义上力主对话和理解的辩证法。他把辩证法视为"引导谈话的艺术"②，或者相互理解的艺术，强调只有通过对话和与他人的相互理解、分享才能获得知识。而理解需要高度重视文本整体（上下文）和创作者、理解者生活整体的作用，只有在文本整体和生活整体的基础上，理解才更有可能和效果。在这个意义上，浪漫派的对话辩证法已经触及到了创作者与理解者的现实生活整体，只是终究没有进展到经济社会层面的生活，没有把辩证法视为包含这个层面甚至以这个层面为基础和主体的那种辩证结构的提炼和升华。浪漫反讽触及到的第二种辩证法是，它推崇无限，并且把这种推崇落实到对固化、狭隘、世俗的当下否定和对理想世界不顾一切的激进创造之中。无论以当下追求无限还是不顾一切的激进创造，都跟实践辩证法的批判精神、实践精神具有一定联系，至少从形式上极为类似。但是，浪漫反讽对当下现实的激进否定有些过头，而且找不到现实的基础和方向，反而陷入不顾一切的抽象否定和没有基础的纯文本的运作之中，即使还没有达到后来陀思妥耶夫斯基在《地下室手记》中描绘的地下室人那样，既找不到理想的方向又找不到现实的根基只能躺在地下室阴暗的床上进行纵横驰骋的运思想象，但除了还抱有天真的理想之外，确立不起坚实根基，

---

　　①　[德]诺瓦利斯：《夜颂中的革命和宗教》，林克等译，华夏出版社2007年版，第38页。

　　②　Manfred Frank（Hrsg.），*Friedrich Schleiermacher Dialektik Band 2*，Suhrkamp Verlag Frankfurt am Main 2001，S. 47.

只能在文本运思和艺术创作层面施展创造这两点已经比较接近了。恰如维尔纳·科尔施密特所说,浪漫"反讽就是极端价值否定与非凡创造行为的综合体"①。通向无限的马不停蹄的流动使得浪漫反讽没有根基、不着边际,势必流入虚无。无尽的创造也至多局限于文本的再造、艺术的创作层面。浪漫反讽展现的否定、创造、主体性基本是在自我主体内部的主观生发,它能对象化、客观化到艺术作品上,能造成一定的影响和效果,但终归非常有限。之所以如此,就是因为浪漫反讽的主体"普遍具有上帝的一切特征"②,被赋予无所不知、无所不能、创造力十足、能自足完满等特征,由此就决定了他还不是现实的人。它意识不到,反讽主体施展创造所需的自然基础和社会基础并不是每个人都能具备的,更不是每个人都能施展的。无论在自然本能方面,还是在经济社会层面,反讽主体没有真正立足于现实的大地。虽与浪漫反讽之法不同,但黑格尔的辩证法也是通往无限和完满所借助的一种方法。伯格勒曾针对1804年的黑格尔指出,"他发展出来一种思想,把一切有限物体以及人类知识和行动之个体形态与绝对者联系在一起,却并没有声明有一种科学之'方法',即目的论式的自我完成的有限和无限者之'辩证法'。"③ 实际上,他的辩证法恰恰就是作为通向绝对者的方法。黑格尔的辩证法跟浪漫反讽的方法具体内容和运作方式差异很大,但共有一个目的,即通达绝对和无限,实现整体的圆满,完成最终的汇聚和融合。而这恰是实践辩证法所明确反对的。在马克思的眼里,脱离现实根基的绝对完满是旧形而上学造物,属于幻想范围的存在。上帝死后,旧形而上学终结之后,我们重视的只能是现实的当下。任何以许久的未来、最后的圆满为理由对现实的剥夺、摧残都是虚妄的意识形态,都怀有不可告人的目的。实践辩证法追求的不是最终的圆满和汇聚,而是当下现实的每一个进步和成就。任何把辩证法跟绝对存在理性起来的企图,都是违背实践辩证法

---

① Werner Kohlschmidt, "Nihilismus der Romantik", in:Dieter Arendt(Hrsg.), *Der Nihilismus als Phänomen der Geistsgeschichte in der wissenschaftlichen Diskussion unseres Jahrhunderts*, Wissenschaftliche Buchgesellschaft Darmstsdt1974, S. 83.

② Werner Kohlschmidt, "Nihilismus der Romantik", in:Dieter Arendt(Hrsg.), *Der Nihilismus als Phänomen der Geistsgeschichte in der wissenschaftlichen Diskussion unseres Jahrhunderts*, Wissenschaftliche Buchgesellschaft Darmstsdt1974, S. 84.

③ [德]奥拓·珀格勒:《黑格尔和虚无主义讨论之开端》,载刘森林、邓先珍编《虚无主义:本质与发生》,华东师范大学出版社2020年版,第97页。

的。没有现实基础的未来甚至是不能言说的！① 实践辩证法最终的理想目
标只是一个原则、理论描绘的蓝图，其价值远远不如当下的现实运动更
为重要。当马克思恩格斯说共产主义只是一种运动，"工人阶级不是要实
现什么理想，而只是要解放那些由旧的正在崩溃的资产阶级社会本身孕
育着的新社会因素"②；强调"共产主义对我们来说不是应当确立的状况，
不是现实应当与之相适应的理想，我们所称为共产主义的是那种消灭现
存状况的现实的运动。这个运动的条件是由现有的前提产生的"③，突出
地表明了这一点。

如此看来，辩证法并不只是追求无限性，无限性的追求要有现实当
下的经验基础，要有具体有效的科学方法，目标也不是导向绝对的圆满
或一种绝对存在。辩证法跟绝对存在永远是批判关系，绝不是拥抱关系。
辩证法跟无限永远是具体、科学的关系，不是抽象、诗化的关系。只有
这样，实践辩证法才能跟浪漫派意义上的辩证法以及黑格尔的辩证法区
分开来。

不仅如此，针对浪漫反讽之法，实践辩证法更加强调结构、规则在
其中非常重要的实践运作过程。只有把现代经济社会生活的内在矛盾、
辩证结构与过程视为辩证法的根基和主要内容，历史唯物主义的辩证法
才得以形成，并取得成效。而伴随着社会结构、规则、规律甚至表达这
种社会关系结构和规则的"物化"才能成为实践辩证法的重要范畴。与
只遵从未被污染、未发生分裂的"原我"因而势必高蹈的浪漫反讽不同，
辩证法必然会把高蹈的浪漫主体看不上、但对自然和社会的改变做出重
大贡献的普通劳动者纳入自身，并视为极为重要的参与者甚至决定性力
量。"历史活动是群众的事业，随着历史活动的深入，必将是群众队伍的
扩大"④。在浪漫反讽依靠天才人物才情的地方，实践辩证法寄希望于
"现实的人"，"即生活在现实的实物世界中并受这一世界制约的人"⑤，
或者"是从事活动的，进行物质生产的，因而是在一定的物质的、不受

---

① 参见拙作《回归自然与超越自然：重思"自然历史过程"论》第 2、3 部分，《哲学研
究》2016 年第 7 期。
② 《马克思恩格斯选集》第 3 卷，人民出版社 2012 年版，第 103 页。
③ 《马克思恩格斯全集》第 3 卷，人民出版社 1960 年版，第 40 页。
④ 《马克思恩格斯全集》第 2 卷，人民出版社 1957 年版，第 104 页。
⑤ 《马克思恩格斯全集》第 2 卷，人民出版社 1957 年版，第 245 页。

人意支配的界限、前提和条件下活动着的"人①。这种现实的人所驱动的现代社会经济过程早已扩展为一种全球化的整体。由此，就像海德格尔所说，"辩证法在今天乃是一种世界现实，而且也许就是这种世界现实"。这是指，"劳动被思考为辩证过程的基本特征，通过这个辩证过程，现实的变易展开和完成它的现实性"②。在这个意义上，辩证法已经超越了反讽，把反讽置于一个特定的空间之内。辩证法与反讽的对峙不再是等量级的，浪漫反讽要面对的这个辩证过程已经太强大了。当然，如前所述，对这个日益强大的辩证过程，辩证法对其作出历史性肯定的同时，也诉诸担忧和批判。无论肯定还是批判，对它的内涵、哲学性质、关涉到的学科视野都与浪漫反讽、辩证法各不相同。在拒斥传统形而上学本体论、肯定自然的地位等方面，实践辩证法与浪漫反讽有一定的类似性。

这样看来，浪漫反讽与实践辩证法分别表示一种看待现代性的方式：作为一种处理工业化、现代化、全球性文明拓展的方式，实践辩证法在历史肯定的前提下对越来越复杂有效的规则制度体系，对其中出现的异化、物化、个性压抑、全面发展被抑制甚至被否定，特别是复杂整合导致出现的越来越隐蔽的矛盾自否定等问题甚为忧虑，希望通过扩展视野、提高思维层次来认识、把握这些难题并予以实践求解。在这种求解中，它对这些现代性难题提出自己的立场、看法并相应地制定自己的应对和改造方案。而浪漫反讽则从内在原生主体出发对地方性文化的被否定、个体被越来越严密的制度所规训和俘虏、人与自然有机统一体被破坏、个体与共同体统一被破坏等等现代性境况表达一种坚定的不满和简单的拒斥。

不过，以上所论并不意味着浪漫反讽与实践辩证法的截然对立；更不意味着浪漫反讽一无是处。浪漫反讽视个性为一种自然；而且个性也不是与共同体对立的理由，反而必须与共同体建立一种有机统一的和谐关系。人与自然的统一，个性与共同体之间的有机统一，是浪漫派的主张，也是马克思实践辩证法的主张。

浪漫反讽另一个可取之处在于，在发动、唤醒、促成主体性时，不能单靠容易刻板甚至僵化的规则与制度，也可以采取灵活性、多样性的

---

① 《马克思恩格斯选集》第 1 卷，人民出版社 2012 年版，第 151 页。
② ［德］海德格尔：《同一与差异》，孙周兴等译，商务印书馆 2011 年版，第 127、134 页。

手段与方法。如果说，个性自我的创造性是浪漫反讽对辩证法的第一个提醒或补充，诗性力量的引入和灵活运用，则是第二个提醒或补充。

反讽的灵活多样性与辩证法的规范固定性形成鲜明的对比。在这方面，观念论辩证法的抽象性是马克思与浪漫派都明确予以批评和反对的。马克思也批评思辨哲学贬低经验具体、抬高从经验具体中概括出来的抽象本质，甚至使抽象本质"具有了一种超自然的意义，把它们变成了纯粹的抽象"①。马克思恩格斯在《神圣家族》中批评鲍威尔兄弟及其伙伴时，对"批判的批判""反对一切有生命的东西、一切感性的东西、一切感性的经验、反对所有一切实际的经验"② 这种思辨辩证法予以斥责。这与浪漫派批评观念论哲学、批评其哲学不与诗结合因而走向抽象的原则是一致的。马克思恩格斯指出，思辨辩证法的奥秘就是，把抽象出来的本质视为实体，进而"把实体了解为主体，了解内部的过程，了解为绝对的人格。这种了解方式就是黑格尔方法的基本特征"③。马克思的实践辩证法向一切经验、感性的存在敞开胸怀。当马克思波恩大学时的老师奥·施勒格尔声言"只有以象征的方式，通过图像和符号"才能把无限带入当下成为显像，让人们"在物中看到一种形象化的不可穷尽性"④时，当浪漫主义者进一步认为，不能只靠理念、逻辑说明，"只有借助声音与形象、梦境与幻境，才能打开'理解的大门'（这种有感召力的语言正是浪漫主义者钟爱的）"⑤ 时，实践辩证法完全可以在一定程度上予以接纳。贝多芬的音乐、德拉克罗瓦的绘画虽也具有一定的抽象性，但总是更具生动性，更能唤醒诸种沉睡的情感，调动起理性、理念之外的更多力量，更能发挥主体性精神，更能唤醒、刺激、提升自我的主体创造性。浪漫反讽具有并轻易采取和调动的多样性手段、形式，无疑值得汲取和借鉴。当诺瓦利斯说"哲学家只是规范一切，确立一切，诗人则解除一切束缚"，因而诗的语言更丰富生动、富有音韵，而哲学的语言可能

① 《马克思恩格斯全集》第 2 卷，人民出版社 1957 年版，第 74 页。
② 《马克思恩格斯全集》第 2 卷，人民出版社 1957 年版，第 26 页。
③ 《马克思恩格斯全集》第 2 卷，人民出版社 1957 年版，第 75 页。
④ 奥·施勒格尔：《艺术理论》，载［法］菲利普·拉库－拉巴尔特、让－吕克·南希《文学的绝对》，张小鲁、李伯杰、李双志译，第 294 页。
⑤ ［英］蒂莫西·C. W. 布莱宁：《浪漫主义革命：缔造现代世界的人文运动》，袁子奇译，中信出版集团 2017 年版，"导论"第 XIII 页。

贫乏、使用"用滥了的言语",效果不如诗性语言,甚至"诗不啻是哲学的英雄。哲学将诗提升为原理。哲学教我们认识诗的价值。哲学是诗的理论。哲学告诉我们诗是什么:诗是一和一切"① 时,他并不是毫无道理的。当浪漫主义作家声称贝多芬是真正的桎梏打破者、能唤醒无尽的渴望和想象,并意味着浪漫主义的精髓,甚至"音乐在所有艺术形式中是最为浪漫的,甚至可以说音乐本质上是浪漫的"②,当莱纳德·威洛比说"浪漫主义者希望通过音乐来达到绝对真理……"③ 只要不过于极端,无疑是富有启发性的。浪漫反讽融合诗与哲学的努力,值得辩证法重视和借鉴。实践辩证法的良性发展,无疑可以从浪漫主义极为重视富有生动性、感性、情感存在的这些特长中获得助益和启发,对于辩证法防止单调、僵化、刻板,具有积极意义。

四　简要结论

看来,无论在视野、力度还是在可操作性、参与度、开放性等方面,实践辩证法都超越了反讽。实践辩证法的这种品格是建立在吸取反讽的优点和缺点从而扬弃反讽的基础之上的。浪漫反讽的历练、启发,以及正反两方面的提醒,都有助于辩证法完善和丰富自身。实践辩证法对浪漫反讽的超越以某种继承为前提。这种继承主要是对浪漫反讽意识到但没有获得真正求解的问题的继续求解,对虽然正确但缺乏深入论证的立场、观点的进一步推进,以及以新的理论和方法对浪漫派已有所意识的那些问题和观点的推进和更好的解决。

由于这种超越,立足于实践辩证法而言,浪漫反讽缺少足够的社会互动、过于孤傲,过于依赖灵动的自我而缺乏可靠的客观手段和力量,以及套路过少,应用范围有限(仅仅在文学艺术领域更有灵光而在其他领域缺少功力)。浪漫反讽对独断主义、僵化的拒斥具有积极作用,但也

---

① ［德］诺瓦利斯:《夜颂中的革命与宗教》,林克等译,华夏出版社 2007 年版,第 134—135 页。

② ［英］蒂莫西·C. W. 布莱宁:《浪漫主义革命》,袁子奇译,中信出版社 2017 年版,第 205—206 页。

③ ［英］蒂莫西·C. W. 布莱宁:《浪漫主义革命》,袁子奇译,中信出版社 2017 年版,第 46 页。

往往陷入无休止的否定，达不到积极的建设性效果，甚至陷入悖论。"和古代怀疑主义者一样，反讽所表现出的像神明一般肆无忌惮的能作为一种反对所有独断主义和僵化思想的有效工具。但反讽也如同古代的先驱那样，始终处在否定的结果中，终止于悖论中。"最后导向虚无的否定①。被马克思批评的施蒂纳可以在这里作典型的注脚。虽然施蒂纳不是纯然的浪漫派，没有像早期浪漫派那样在自然—自我—上帝的三者关系中保持某种平衡，而是撇开自然和上帝仅仅单纯、孤傲地伸张自我，以至于脱离了自然和"上帝"所象征着的崇高维度的存在，使"唯一者"光怪陆离、孑然一身。在凸显、伸张个性、创造性自我方面，在展现这种浪漫自我否定一切的虚无化效果方面，施蒂纳比浪漫派还要浪漫一些。他对孤傲自我的极致性推崇，通过否定一切的"无"展现出来的虚无主义，把浪漫反讽的逻辑与效果推向了难以复加的地步。

浪漫反讽与实践辩证法具有各自的风格和适用范围。在起源、目标和各自的主张等方面也有诸多的共同或类似之处。作为一种教育人、塑造人、提升人的手段和方法，都要求立足高远超越现存、特别是超越自我，都意味着肯定性命题必伴随着另一个否定性命题，意味着抽象概念与具体概念之间的差异和矛盾，意味着相关的知识通过这种肯定与否定、抽象与具体之间的互动和整合得以发展。作为哲学，都积极拒斥传统形而上学，拒绝万物归一的传统本体论，而都在主体与自然、实践的互动中确立动力。这些共同之处有些是前后衔接、辩证法超越反讽的方式发生和保持的，有些则是因为共同的发生地和目标追求而来的。但辩证法对浪漫反讽的超越不是彻底的否定和拒斥，而是各个层面的提升和改变。无论如何，两者具有诸多的内在联系是无法否认的。

这种内在联系首先建立在浪漫反讽与实践辩证法有一个共同对手（观念论辩证法）的基础上。恰如舒尔茨所说，德国观念论哲学反思模式真正的本质就是辩证法，辩证法"即只有它才能做到的、以符合理性的方式阐明了只能由其自身来说明的、处于'绝对理念'和'基于绝对理

---

① ［德］克劳斯·费维克：《黑格尔的艺术哲学》，徐贤樑译，商务印书馆 2018 年版，第85 页。

念而存在的存在者'之间的那种必然的思想关联的方法"①。作为反思模式的结晶，这种辩证法内部由一系列的中介构成，内部规则严密、环节步骤顺序严格、系统密不透风、形式简洁完美，虽然强调内在的自我运动，但终归局限在形而上学的存在论层面，无法完全落实到现实的经验层面，造成体系"同辩证思维的基本规律相矛盾"、导致"革命的方面就被过分茂密的保守的方面所窒息"②，并因而对实践主体性造成颇大的压抑，为实践主体性开辟的作用空间非常有限。批评观念论辩证法的这种特质，开启实践创造性的巨大空间，是浪漫派与马克思都一致强调的重点。

浪漫反讽与实践辩证法都对康德、黑格尔基于理念锻造的观念论辩证法持批评态度。虽然康德的理念辩证法是为了限制理性脱离经验基础的应用，把知性的使用限制在经验范围之内，而黑格尔则是要基于理念的完整和完美来追求一种宏大的理想世界，辩证法于是就成了通达这一世界的方法手段。不过康德与黑格尔都是把辩证法与理念的功用联系在一起。与此不同，浪漫反讽与实践辩证法都致力于使辩证法回归现实世界，切断与理念世界的关联，而走向与具体存在的连接。只是由于浪漫反讽找不到切实的方法，最终还是诉诸更加内在的自我和远离现代性的无限远方而不够现实，失去自己一度努力寻求的经验基础。

这就意味着，除了相互对照、相互批评，反讽与辩证法还可以结合，相互取长补短。而且这种结合与吸取不是一次性的，是不断进行的。辩证法需要时刻面对反讽，不能一次性地超过对手就一劳永逸、洋洋自得、万事大吉，而应该时刻准备、谦虚谨慎、不断完善。如果说弗·施勒格尔虽批评抽象辩证法，但仍希望反讽与辩证法结合；他并不拒斥辩证法，只是希望辩证法给反讽做配合；那么，实践辩证法也可以在必要时让反讽来给自己做配合，而不必一概完全拒斥反讽。至少在提醒、防止成为观念论辩证法方面，浪漫反讽仍然具有不可替代的地位和价值。

弗·施勒格尔和诺瓦利斯对观念论辩证法的如下批评对于实践辩证

---

① ［德］瓦尔特·舒尔茨：《德国观念论的终结》，韩隽译，中国人民大学出版社 2019 年版，第 8 页。

② 参见《马克思恩格斯选集》，人民出版社 2012 年版，第 3 卷第 399 页、第 4 卷第 224 页。

法始终是个有益的提醒：观念论辩证法过于死板、固化，过于依赖和依存于理念、概念、理性，局限于某种固定的套路，局限在理性的范围与力量之内，不如浪漫反讽生动、丰富、灵活，容易导致规则固化从而产生消极作用，容易在对经济、世俗性的肯定中陷入对它们的过度依赖从而陷入平庸甚至低俗，容易跟传统形而上学一样排斥诗学、艺术，也就是排斥以前是诗学才会关注的感性具体的东西。只要处理得当，这些提醒完全可以吸收以促进实践辩证法的良性发展。实践辩证法自然除了对浪漫反讽的不足和缺陷提出更多批评，也应该吸收浪漫反讽对观念论辩证法的批评来促进自身在以下几个方面的良性发展：第一，辩证法不能太死板、被动和僵化，不能只讲理念和逻辑，甚至陷入机械的模式和套路，像恩格斯在《反杜林论》中批评杜林所说"执行助产婆的职能"的辩证法①，以及像马克思在《资本论》二版跋中谈到的叶·瓦·德·罗别尔提责备辩证法用固定的模式处理事实，推导出"辩证"结论，从而"形而上学地研究经济学"②。实践辩证法应时刻关注生动、具体、经验，以至于跟情感和艺术贯通起来。第二，辩证法不能只是哲学，还需要向更多的学科开放。仅仅在哲学层面理解实践辩证法是会造成颇大的遮蔽，并可能使自身走向抽象、死板和僵化的。实践辩证法不但要使哲学和经济学、社会学、政治学结合，也要跟诗学、文艺结合，改变传统哲学看不起诗学的积习，做到真正的跨学科，真正在跨学科之中实现更高水平的统一、融汇和有机性。第三，不能在关注、重视现实和世俗存在中陷入其中不能自拔，还必须时刻不能忘记把它导向崇高、理想和远方！

　　作为两种应对现代性的方式和立场，浪漫反讽与实践辩证法既有共同、相似之处，也有本质的分歧。除了通过批判指出浪漫反讽的缺陷和不足，实践辩证法还应充分吸取浪漫反讽对观念论辩证法的批评而丰富完善自身，保持自身敏锐的感受力和旺盛的生命力。

---

① 《马克思恩格斯选集》第 3 卷，人民出版社 2012 年版，第 513 页。
② 《马克思恩格斯全集》第 44 卷，人民出版社 2001 年版，第 19 页。

葛兰西实践哲学的历史内在性概念

——《狱中札记》对历史唯物主义的理论贡献

罗　骞　唐解云*

在对马克思主义哲学的阐释中，存在着一种顽固的倾向，这就是将马克思的哲学革命看成是对唯心主义哲学的简单颠倒，马克思主义哲学的落脚点和本质规定落在了唯物主义的一般原则上，落到了"自然科学的唯物主义"[①]立场上。似乎只有坚持一种外在于社会实践关系的物质概念和自然概念，才能够称得上是合格的马克思主义者。这种理解看起来能够找到经典作家的某些语句作为支撑，但就其实质来说，马克思主义哲学立足于唯物主义的同时又超越旧唯物主义的本质掩埋在这样一种顽固的、却又看起来最为合乎常识的理解之中。马克思到底是退后到黑格尔统一性哲学之前的抽象极端上，坚持一种朴素的物质外在性概念，还是说在黑格尔的统一性哲学之后重铸了统一性哲学的基础，扬弃了旧唯物主义的朴素外在性？这个问题不单纯是一个思想史的问题，而是涉及对马克思主义哲学基本原则和理论实质的确定问题。更为重要的是，这是一个涉及我们今天在什么样的思想视域中推进马克思主义哲学的发展问题。通过二十世纪哲学和马克思主义哲学本身的发展史，我们可以清晰认识到，虽然马克思主义哲学肯定物质的外在性和先在性，坚持世界

　　* 作者简介：罗骞，中国人民大学哲学院教授、博士生导师；唐解云，中国人民大学哲学院博士研究生。本文根据罗骞在武汉大学哲学院所作同名讲座的录音加工整理而成。

　　① 马克思和恩格斯都在批判的意义上使用过这一概念。参见《马克思恩格斯全集》第44卷，人民出版社2001年版，第429页；《马克思恩格斯文集》第4卷，人民出版社2009年版，第284页。

的物质统一性，认同唯物主义的一般原则，但这种对唯物主义一般原则的肯定并不是马克思主义的本质特征，不是马克思主义哲学超越旧唯物主义因而成为其自身的创新之处。相反，批判旧唯物主义的抽象客观性是历史唯物主义的基本立场，也是马克思主义吸收唯心主义的主体性原则扬弃旧唯物主义的关键之处。在二十世纪马克思主义哲学发展史中，葛兰西《狱中札记》提供的实践哲学思路，可以说是处理这一问题的关键路径。在这一文本中，葛兰西以"历史内在性"概念批判抽象的客观性，立足于实践的统一性思想，扬弃主观与客观、内在与外在、物质与意识、思维与存在之间的抽象对立，揭示了历史唯物主义超越一般唯物主义的本质之处，充分地肯定和阐述了马克思主义哲学的实践性和历史性原则。这一揭示尽管缺乏严密的系统性，甚至存在某些矫枉过正的方面，但它从根本上抓住了马克思主义哲学的精神原则，值得我们关注。

一　对抽象客观性的批判

用抽象的唯物主义颠覆唯心主义，回到对物质世界的肯定，对先在性、外在性的肯定，顶多是停留在自然科学的唯物主义上。它只是表明了唯物主义的一般立场，或者说共同立场。作为唯物主义者，马克思坚持这一立场，比如在《1844 年经济学哲学手稿》中就曾顺带地提出："没有自然界，没有感性的外部世界，工人什么也不能创造。"[1] 但是，对于物质世界抽象的外在性和客观性的强调不是马克思主义的本质特征，也不是扬弃唯心主义的真理，更不能体现马克思主义哲学的创新性和独特性。马克思突出的自然是工业和历史的产物，重心是区别于自在自然的"人化自然"概念[2]。在近代唯物主义那里，对于物质世界先在性和客观性的强调到了无以复加的地步，他们甚至认为"大脑和意识的关系，就像胆囊分泌胆汁的关系"[3]，以此来强调意识的派生性。这种对"物

---

[1] 《马克思恩格斯全集》第 3 卷，人民出版社 2002 年版，第 269 页。
[2] 《马克思恩格斯文集》第 1 卷，人民出版社 2009 年版，第 528 页。
[3] 诸如德国的福格特、美国的拉希里、荷兰的摩莱肖特等人的"意识分泌说"。

质"外在性和先在性的抽象强调，完全脱离了人类实践的对象性关系，坚持一种抽象的客观性观念。他们甚至没有思考过，这种关于物质世界的理解本身是人类认识的产物，是人类生活实践的产物。对这种抽象的外在性和客观性观念，葛兰西批判指出："他们'相信'外部世界是客观真实的。但问题在于：'相信'的根源是什么，'客观'一词的决定性价值是什么？事实上，这种信仰有其宗教根源，即便是持这种信仰的人对宗教本身并无兴趣。"① 在葛兰西看来，抽象的唯物主义与宗教具有等同的思想结构，它们都以信仰的方式坚持绝对的客观性立场，而对这种立场缺乏理性的反思。我们知道，在基督教神学的观念中，上帝创造了一个在人之前的、先在的、绝对外在的世界，因而世界上的一切都是现成的，被编好了目，一劳永逸地规定好、设计好的永恒世界。在这样一个世界里，人类的实践创造性完全被排斥掉了，人相应地成为被动的存在物。很显然，马克思主义哲学从本质上超越了这样一种唯物主义的观念，这一点早已在《关于费尔巴哈的提纲》第一条中清晰地揭示出来了。葛兰西延续了马克思批判旧唯物主义的思想路线，亦即从实践的方面、主体的方面去批判抽象的客观性。

葛兰西以一种质疑和探索性的口吻追问到，"似乎可能存在一个置身于历史和人类之外的客观性。但是，谁是对这种客观性进行判定的法官呢？谁能使自己采取这种'宇宙本身的观点'呢？而这样一种观点又意味着什么呢？的确可以说，在此我们所论述的正是上帝观念的残余，正是一种神秘形式的未知上帝概念的残余。恩格斯关于'世界的统一性在于其物质性，这是由哲学和自然科学的漫长而艰难的发展所证明的'这一论断所包含的正确概念的种子在于，为了证明客观实在，它求助于历史，求助于人，客观总是指'人类的客观'，它意味着正好同'历史的主观'相符合，换句话说，'客观的'意味着'普遍地主观的'"②。只有从人类的认识和实践出发，才能揭示存在的客观性。也就是说，客观性是相对于人类存在的客观性。离开人类存在的客观性只是一种观念的抽象。马克思主义谈论的客观性是人类生存实践中的客观性，而不是一种自在的外在性和先在性。正因为从实践出发理解客观性，理解存在世界，马

---

① ［意］葛兰西：《狱中札记》，曹雷雨等译，河南大学出版社 2016 年版，第 354 页。
② ［意］葛兰西：《狱中札记》，曹雷雨等译，河南大学出版社 2016 年版，第 358—359 页。

克思主义才从根本上改变了唯物主义的形态。物质世界和关于物质实践的观念都被理解为在实践中展开的过程，而不是自在的绝对存在和绝对观念。在这个意义上，才有葛兰西讲的"客观的"乃是指普遍的、历史地主观的东西。任何一种对于外在世界的客观性证明都是立足于人类生存实践的对象性意识，因此是在科学、哲学等等各种立足于实践的对象性意识中得到证明的。离开对象性意识和对象化活动，追求绝对的外在性必然会回到"我相信"这样一种非批判的信仰立场。

　　葛兰西坚决地反思和批判了抽象的客观性立场。葛兰西指出："形而上学唯物主义的'客观的'观念显然意指一种甚至存在于人之外的客观性。但当人们断言即使人并不存在，某种现实也会存在时，人们或者是在用隐喻说话，或者是落入到一种神秘主义中去了。我们只是在同人的关系中认识现实，既然人是历史生成的，那么认识和实在也是一种生成，客观性同样如此，等等。"① 人们只能在生存的历史中把握世界，关于世界的认识只能是历史中的相对性认识。因此，客观性就不再是自在的绝对的客观性，而是一种与主体性存在相关的对象性②。葛兰西对抽象客观性的批判符合和抓住了马克思思想的特征。马克思强调对象性的物质概念，强调人化的自然。《1844 年经济学哲学手稿》指出："非对象性的存在物是非存在物"③，《德意志意识形态》进一步反问"如果没有工业和商业，哪里会有自然科学呢?"④ 换言之，人们生活于其中的自然是人通过对象化活动改变了的对象性的自然界，是社会历史当中的自然，人们关于自然的科学认识也受到工业和商业等人类实践活动的中介。虽然马克思强调了自然界对人类创造性活动的前提性和重要作用，坚持唯物主义的一般立场，但这并不是马克思思想的本质内容。以实践的、历史的观点扬弃抽象的客观性，才是马克思哲学的本质。在这个意义上，物质本体论只是马克思要批判地吸收的理论对象，而非其理论

---

　　① ［意］葛兰西：《狱中札记》，曹雷雨等译，河南大学出版社 2016 年版，第 359 页。
　　② 德文中被翻译成客观性的"gegenständliche"这个词本来就可以翻译成"对象性"，而不是绝对的、外在的、自在意义上的"客观性"。
　　③ 《马克思恩格斯文集》第 1 卷，人民出版社 2009 年版，第 210 页。
　　④ 《马克思恩格斯文集》第 1 卷，人民出版社 2009 年版，第 529 页。

本质①。

　　马克思曾经精辟地指出："任何极端都是它自己的另一个极端。抽唯灵论是抽象的唯物主义；抽象唯物主义是物质的抽象唯灵论。"② 在马克思看来，成为极端这一特性，必然包含在与它对应的极端的本质之中，因此它对另一个极端并"不具有真正现实的意义"③。很显然，抽象的唯物主义只是站在与唯心主义（唯灵论）对立的极端上，抽象本体论的精神和物质都不是现实的、真正感性的存在。马克思主义哲学则通过实践概念扬弃了本体论的抽象，进入感性的现实存在。马克思主义哲学超越旧唯物主义的地方，就在于对抽象客观性的批判，将旧唯物主义所坚持的抽象客观性转化为立足于实践的历史内在性问题。正是因为立足于实践概念批判抽象的客观性，葛兰西将马克思主义哲学称为实践哲学。

　　正是在这个意义上可以说，实践哲学概念的启用并不只是为了躲避法西斯主义的检查，而是对马克思主义哲学的一种实质性的阐释。因此，我们不能简单地将实践哲学视为马克思主义哲学的分支或者部门。这一概念避免了批判唯心主义之时，落到对抽象客观性的朴素坚持上。肯定物质世界的客观实在性，以唯物主义批判唯心主义和宗教，并不是马克思的任务，而是"启蒙思想家"的任务。用近代唯物主义原则批评唯心主义，强调唯物主义的自在世界，根本没有达到马克思哲学的高度。我们应该记住马克思在《黑格尔法哲学批判·导言》中的话："就德国来说，对宗教的批判基本上已经结束。"④ 在《1844年经济学哲学手稿》中马克思也指出："社会主义是人的不再以宗教的扬弃为中介的积极的自我意识"⑤。在马克思看来，在完成对宗教的批判并确立了唯物主义的一般原则之后，理论的基本任务已经转变为对社会、政治、经济生活领域的现实批判。因为问题的关键在于物质自然如何存在，如何在实践中相对于人而存在，如何在社会历史性的关系中存在。唯物主义因此进入到历

---

　　① 罗骞：《告别思辨本体论——论历史唯物主义的存在范畴》，华东师范大学出版社2014年版，第54页。
　　② 《马克思恩格斯全集》第3卷，人民出版社2002年版，第111页。
　　③ 《马克思恩格斯全集》第3卷，人民出版社2002年版，第112页。
　　④ 《马克思恩格斯文集》第1卷，人民出版社2009年版，第3页。
　　⑤ 《马克思恩格斯文集》第1卷，人民出版社2009年版，第197页。

史唯物主义的阶段或者说形态①。

在历史唯物主义思想视域中，关键的问题是社会历史成为基本存在范畴。社会历史是在物质世界中由人的实践所建构的，超越物性世界的存在过程和存在空间。简言之，它以物质世界为基础并且仍然处在物质世界之中，但本质上已经超越物性世界，具有不同于物质世界的特性。马克思所关注和批判的，就是这样一个超越实存的领域，而不是纯粹研究自在世界的运动发展之科学。马克思关注的根本不是自在的物质世界是否存在并且是否可以认识的问题。在这个意义上，葛兰西的如下说法是异常深刻并且切中要害的："实践哲学承继了内在性哲学，但清除了它的所有形而上学装置，并且把它带到了具体的历史领域之中。"② 这就从根本上揭示了马克思主义哲学超越抽象唯物主义的统一性特征，将它定位到后黑格尔哲学的视域之中。当然，实践哲学在瓦解形而上学装置的时候，在以实践为基础的历史领域中揭示辩证的统一性，因此不同于黑格尔哲学的思辨统一性。这就是葛兰西的历史内在性概念。

二　立足于实践的历史内在性

葛兰西在列举有待研究的问题时指出，要"考察一下实践哲学是怎样从这三种活生生的思潮的综合中清除了先验性和神学的一切痕迹，而取得新的内在性概念的"③。葛兰西的意思是，马克思哲学通过综合当时人类思想的三大成就，即德国古典哲学、法国空想社会主义和英国政治经济学，实现了三者的相互贯穿，形成了一种新的内在性哲学。这种新的内在性哲学立足于生活实践，是政治、经济和以哲学为代表的精神领

---

① 我们同意杨耕教授对唯物主义三种形态的新的划分方法，即自然唯物主义、人本唯物主义，然后是马克思主义的实践唯物主义。当然，杨耕教授等认为实践唯物主义、历史唯物主义和辩证唯物主义是统一的，相互贯穿的，而不是三种主义。（萧前、杨耕：《唯物主义的现代形态》，中国人民大学出版社2012年版，第56页。）在我们看来，以实践统一性概念为基础的历史唯物主义是扬弃自然唯物主义和人本主义唯物主义的真理。只要坚持唯物论、辩证法、实践性和历史观的相互贯穿，至于用辩证唯物主义、历史唯物主义或者实践唯物主义来称谓马克思的哲学，这是一个术语的问题。

② ［意］葛兰西：《狱中札记》，曹雷雨等译，河南大学出版社2016年版，第364页。

③ ［意］葛兰西：《狱中札记》，曹雷雨等译，河南大学出版社2016年版，第312页。

域三者相互融合构成的统一性哲学，并非思辨哲学的内在统一性，当然也不是抽象唯物主义的外在客观性。由人类生存实践构成的社会历史领域，本质上是一个统一性的领域。它既是以物质的自然界为基础，同时又因为精神的能动性而超越了自然的物质世界，表现为以实践为基础的开放的建构过程。实践哲学的根本对象是社会历史领域，或者说实践哲学讲的存在就是"社会历史"。社会历史概念作为基本的存在论范畴，一方面以自然的物质世界为基础，同时又以人化自然的概念超越了抽象的客观性，将存在理解为实践中介的过程，存在概念成为一个立足于实践的总体性和内在性概念。所以，实践概念作为根本的统一性范畴，根本上超越了旧唯物主义与唯心主义这两种基本的本体论形态。由于实践概念的引进，历史唯物主义的存在论以社会性和历史性为基本视域，成为一种历史内在论。这种历史内在论意味着存在论哲学发展的新阶段。

　　简而言之，我们可以将存在概念划分为三大历史形态：第一，传统的、前现代的本体论哲学认为存在是抽象的同一性实体，是经验时空之外的绝对自在。在这个存在概念中，思维和存在的关系问题还没有进入反思性的意识。也就是说，"人类思维中的存在是否是存在本身"这一问题没有受到怀疑，关于存在的各种概念被直接等同于存在本身，被看成外在于人的自在本体我们称为存在概念的直接性形态。第二，自近代以来，存在与思维、物质与意识、自然与精神观念发展成二元对立的局面。一方面是外在物质存在，另一方面则是内在精神意识，这就使得"思维中的存在是否是存在本身"，"思维能否与存在建立起同一性"就成为哲学的根本问题，哲学从传统的本体论向认识论转变，我们称之为存在概念的反思形态。在这种抽象的二元建制中建立统一性哲学成为了近代哲学的基本任务①。以绝对精神为基础建立其思辨的统一性哲学，既是黑格尔的基本成就，也是其根本局限。第三，马克思批判地继承了黑格尔哲学的统一性概念，但他不再以精神概念为基础建立存在与思维的思辨同一性，而是将哲学拉回现实的大地，将生活的现实作为哲学的基地，突出地强调生活实践中存在与思维辩证的统一性。这就是葛兰西《狱中札记》中提出的历史内在性概念的基本内涵。立足于历史性的实践概念，

---

　　①　［德］黑格尔：《哲学史讲演录》第4卷，贺麟、王太庆译，商务印书馆1978年版，第5、7页。

相互外在的物质与意识，或者思维与存在的对立就被彻底地瓦解了，存在概念不再是被看作抽象的物质本体或者内在反思性的我思，而是社会历史中由人的对象性活动和对象性意识展开的具体过程。我们称之为存在概念的实践统一性形态，以此概念为基础的存在论则称为能在论，本质上就是以实践为中介的历史内在论。"马克思历史唯物主义中的那个历史概念就是这种存在论高度的存在概念。"①

葛兰西称马克思的哲学为"一元论"。他说："'一元论'这个词是什么意思？它肯定既不是唯心主义的一元论，也不是唯物主义的一元论，而是具体历史行为中对立面的同一性，也就是与某种组织化（历史化）的'物质'，以及与被改造过的人的本性具体地、不可分割地联系起来的人的活动（历史—精神）中的对立面的同一性。"② 这个基本的对立面就是思维和存在、物质与意识。马克思早在《1844 年经济学哲学手稿》中表明要用实践的观点解决这种"抽象的对立"问题。社会历史作为现实存在就在物性世界之中，但本质上又超越了物性世界，是由实践建构的超越物性世界的存在领域和存在空间。作为人类实践展开的辩证过程，历史就是物质与意识、存在与思维之间开放的循环过程，我们称之为存在论循环③。马克思在《黑格尔法哲学批判·导言》中说过，"光是思想力求成为现实是不够的，现实本身应当力求趋向思想"④。社会历史作为存在领域就是思想与现实之间这样一种循环往复的过程。人类的生存实践不断地改变现实环境，改变的现实环境又影响人类的实践和意识。当然需要强调的是，这里的"循环"并不是起点和终点同一的封闭过程，而是在实践中开放的、面向未来的可能性过程。马克思哲学基于实践的统一性突出存在和思维辩证发展过程中的社会性和历史性。正是在这个意义上，"实践哲学以历史主义的方式思考自身，也就是，它把自己看成是哲学思想的一个暂时阶段"⑤。

---

① 罗骞：《超越与自由——能在论的社会历史现象学》，北京师范大学出版社 2019 年版，第 499 页。这里关于存在概念三种历史形态的划分，参见该书第 10—20 页。

② ［意］葛兰西：《狱中札记》，曹雷雨等译，河南大学出版社 2016 年版，第 284—285 页。

③ 罗骞：《能在论及其历史唯物主义的根据——阐释后形而上学存在论视域的初步构想》，《吉林大学社会科学学报》2020 年第 1 期。

④ 《马克思恩格斯全集》第 3 卷，人民出版社 2002 年版，第 209 页。

⑤ ［意］葛兰西：《狱中札记》，曹雷雨等译，河南大学出版社 2016 年版，第 315 页。

马克思《关于费尔巴哈的提纲》第八条曾经指出："全部社会生活在本质上是实践的。"① 只有以实践为中介，才能敞开社会生活的问题域，存在才会被理解为社会历史的现实，社会历史才会被看成主客体辩证实践中展开的动态总体。葛兰西正确地指出："内在性概念是由德国古典哲学提出来的，借助于法国政治和英国古典经济学，它被翻译成历史主义的形式。"② 在这里，葛兰西准确地揭示了马克思内在性概念的思想渊源和本质特征，揭示了它与黑格尔内在性概念的联系和差异。以实践为基础的历史内在性认为，社会的经济、政治和精神生活构成相互贯穿的动态总体，应该从现实生活的生产和再生产来理解意识观念的形成及其在这个动态历史总体中的相互关系。这就走出了黑格尔哲学观念的内在性，以实践概念为基础贯穿了相互分离的英国的国民经济学、法国的社会主义和德国古典哲学，使之相互批判地建构了一种内在性的历史哲学，或者说一种批判的总体性的历史科学。

马克思根本不是在政治、经济和哲学领域内分别实现了变革。葛兰西指出，马克思以当时最为发达的三个领域为基础，让这三部分创造性地相互综合、融入、相互扬弃，从而形成辩证的总体性思想。马克思的思想并不是这三个组成部分的堆积或者拼接。这三者不是以构成部分的方式存在于马克思思想中的，不是部分与部分之间的关系。不是先有马克思主义哲学，接着将其用于经济学，然后得出社会主义学说。按学科建制的方式分化地理解马克思的思想，不能正确地揭示马克思思想内部要素之间相互贯穿和相互克服的关系，不能深入地理解马克思主义具体概念的深刻含义，更不能很好地揭示马克思主义内在的同一性③。可以说，葛兰西的历史内在性概念和对马克思主义总体性的强调早就揭示了马克思跨越学科分化的思想方向，也为以总体性视角把握马克思哲学的本质特征和理解马克思主义理论中的具体问题指明了方向。比如说马克思主义理论中的异化概念作为一个总体性的范畴，就不能单纯在哲学、经济学或者政治学的范围内得到正确的理解。取之于哲学的异化概念成

---

① 《马克思恩格斯文集》第 1 卷，人民出版社 2009 年版，第 501 页。

② ［意］葛兰西：《狱中札记》，曹雷雨等译，河南大学出版社 2016 年版，第 310 页。

③ 参见罗骞《马克思的现代性批判及其当代意义》，上海人民出版社 2007 年版。在这里，我详细阐释过三个部分如何相互克服。

为了贯穿哲学、经济学和政治学并且克服了各自领域内理论局限的范畴，它具有了独特的马克思主义内涵和意义。通过对异化理论的阐释，德国古典哲学的思辨观念论传统、政治经济学中非批判的实证主义，以及社会主义思潮的空想性质都被克服了。思想的统一性建立在以实践为基础的社会历史之中，而非在抽象的客观性或者思辨的内在性之中。

葛兰西在《狱中札记》中指出："看来似乎只有实践哲学才是唯一可靠的'内在论'概念。一切具有思辨性质的历史主义理论尤其值得重新考察和批判。"① 黑格尔的内在性是建立在思维的内在性基础之上的，葛兰西显然是延续着马克思辩证地批判黑格尔的正确路线，试图批判黑格尔哲学思辨性的同时，像马克思一样在实践思维的基础上汲取黑格尔内在性和统一性哲学的成果，批判抽象的客观性。葛兰西甚至指出："可以写一部新的《反杜林论》，从这种观点出发，这将是一部《反克罗齐论》，它不仅把反对思辨哲学的论战，而且也把反对实证主义的、机械主义的论战，同反对变了质的实践哲学本身的论战结合在一起。"② 在这个提示性的表述中，可以清晰地看到葛兰西对当时各种片面立场的理论自觉。这种理论上的高度自觉不仅指向了当时的主要思潮，而且自觉地指向了被他称为实践哲学的马克思主义哲学的变了质的形态。在葛兰西看来，应在新的思想基础上阐释马克思主义哲学，阐释马克思主义的历史唯物主义。历史内在论可以说是重新阐释历史唯物主义的关键范畴。

三　以实践为基础的历史内在论的理论意义

奠定在实践基础上的马克思主义哲学，作为对旧唯物主义和唯心主义的双重超越，是一种统一性的、内在性的哲学。我们可以称之为实践基础之上的历史内在论。正是在这个意义上，我们认为马克思主义的哲学是历史唯物主义。立足于实践概念，历史地理解物质的同时唯物主义地理解历史，理解观念和意识的发展，因此历史与自然之间、物质与意识之间并不存在抽象的对立。历史唯物主义的本质概念不在于"唯物"，

---

① ［意］葛兰西：《狱中札记》，曹雷雨等译，河南大学出版社 2016 年版，第 283—284 页。
② ［意］葛兰西：《狱中札记》，曹雷雨等译，河南大学出版社 2016 年版，第 284 页。

而在于"历史"。就像葛兰西指出的那样："人们忘记了在涉及一个非常普通的用语（历史唯物主义）的情况下，人们应当把重点放在第一个术语——'历史的'——而不是放在具有形而上学根源的第二个术语上面。实践哲学是绝对的'历史主义'，是思想的绝对的世俗化和此岸性，是一种历史的绝对人道主义。追踪新世界观的这条线索，人们必须沿着这条路线。"① 这种历史性的强调，像我们多次指出的那样，当然不能否定唯物主义的一般原则，而是要求在唯物主义一般原则的基础上将唯物主义提升和推进到历史实践的层面。"历史唯物主义"这个概念本身就意味着统一性：一方面，历史唯物主义作为唯物主义必然反对封建迷信、宗教神学和一切形式的唯心主义，此时它必然坚持一般的唯物主义原则，同一切唯心主义划清界限；另一方面，历史唯物主义强调历史性概念，强调人类实践对物质世界的中介，将社会历史看作人类实践基础上超越自然必然性的可能过程，因此要求历史地、社会地理解世界，从而超越了旧唯物主义的形态。正是在这种意义上，葛兰西对抽象客观性的批评，以及对历史内在性的阐释，对我们深刻地揭示和把握历史唯物主义的基本性质，在新时代推进马克思主义哲学的阐释具有十分重要的意义。

首先，历史内在性概念揭示了历史唯物主义区别于一般唯物主义的基本特征。对于一般唯物主义的批评、对于抽象客观性的批评，落脚点在于将感性世界视作为社会历史的产物、人类实践的产物。葛兰西明确地指出："对于实践哲学来说，'物质'既不应当在它从自然科学中获得的意义上来理解，也不应当从人们在各种唯物主义形而上学中发现的任何意义上来理解。……物质本身并不是我们的主题，成为主题的是如何为了生产而把物质社会地历史地组织起来，而自然科学则应相应地被看做本质上是一个历史范畴，一种人类关系。"② 历史唯物主义恰好就在于不是从自在存在的、抽象客观的意义上看待世界，不是停留于自然科学的唯物主义的视角当中，而是以一种实践的观点、社会历史的观点去看待整个世界的，并以此考察人与人、人与物之间的关系。葛兰西对抽象客观性的批判，突出了历史唯物主义超越旧唯物主义的本质之处。

其次，历史内在性思想揭示了历史唯物主义的历史性原则，抓住了

---

① ［意］葛兰西：《狱中札记》，曹雷雨等译，河南大学出版社 2016 年版，第 379 页。
② ［意］葛兰西：《狱中札记》，曹雷雨等译，河南大学出版社 2016 年版，第 380 页。

历史唯物主义作为世界观的本质特征。传统的思辨本体论是以"还原主义""逻辑中心主义""本质主义"等思维方式为基础的，这种思维方式导致绝对主义和独断论，忽视事物在具体时空中的相对性和有限性，追求绝对普遍的存在和真理①。然而，事物的存在和关于存在的认识都是具体的，脱离了具体的绝对普遍只是观念的绝对抽象。因此，问题的关键在于以实践为中介内在地贯穿于认识论和存在论的一切领域，以一种历史性的眼光来把握事物和关于事物的认识。葛兰西从"物质"概念、"自然"概念等入手，坚持将自然纳入人类活动当中的"人化自然观"和"历史自然观"，亦即要求历史地、社会地理解物质世界。同时，他还反复强调要坚持历史主义的原则，把握事物和观念在历史发展中的意义和性质。

再次，历史内在性思想坚持实践辩证法，抓住了历史唯物主义的存在概念的内在逻辑。历史内在性强调的是主客体相互作用的历史辩证法。这是历史唯物主义的基本逻辑。葛兰西批评克罗齐的主体辩证法是抽象的、脱离历史的辩证法，强调了实践辩证法的基本意义。那种关于自然自在自动的辩证法概念当然是成立的，但是没有揭示和体现马克思主义辩证法思想的先进性和革命性。马克思曾经指出："整个所谓世界历史不外是人通过人的劳动而诞生的过程，是自然界对人来说的生成过程。"②以实践为基础的辩证法概念，突出了历史的统一性，人类社会历史根源于对客观世界的超越和建构，是一种有意识、有目的的存在状态和存在过程。作为实践中展开的可能性过程，客观规律性与主体目的性一道构成了生存实践的内在环节，构成了由物质与意识辩证统一的现实世界。葛兰西认为，实践哲学的辩证法是人与自然、主体和客体、物质与精神相统一的辩证法，是历史实践中对立面的统一过程。这种内在性的统一概念在超越黑格尔思辨辩证法的同时，超越了非主体性的自在辩证法的逻辑，坚持了历史唯物主义超越自然唯物主义的思想方向。

葛兰西在突出和强调历史内在性的时候，目的在于借助黑格尔的统一性批判马克思主义哲学阐释中抽象客观性的倾向。在突出马克思主义

---

① 关于思辨本体论基本特征的阐释参见罗骞《思辨本体论的基本规定及其超越——兼论历史唯物主义在存在论历史中的意义》，《教学与研究》2020 年第 3 期。

② 《马克思恩格斯文集》第 1 卷，人民出版社 2009 年版，第 196 页。

哲学本质特征的同时，葛兰西一定程度上也忽视了马克思主义哲学的基础和出发点。这主要表现在他批判抽象客观性、阐释历史内在性概念的时候，未充分重视唯物主义的一般原则和自然辩证法概念的合理性，突出马克思主义超越旧唯物主义的同时没有明确地阐释马克思主义哲学的历史出发点，只是强调马克思主义哲学超越旧唯物主义的本质特征，而没有揭示这一辩证扬弃中作为思想原则得到确证和继承的方面。正是这一点使得葛兰西像《历史与阶级意识》的作者卢卡奇一样，有时被批判者指责为唯心主义者。如果我们同情地理解这些西方马克思主义者的话，可以说这种对马克思主义哲学出发点的忽视情有可原。他们站在统一性哲学的立场上批判将马克思主义还原到一般唯物主义，因此才没有强调马克思的唯物主义立场，而只是突出了超越旧唯物主义的方面。就像当年马克思宣布宗教的批判已经结束，无神论成为马克思主义的基本立场，而不是马克思主义理论的阐释重心和任务一样。固然葛兰西等人的此种忽视可能带来理论的混乱，但决不能因此低估他们在突出马克思主义哲学本质性方面的积极贡献。

我们如何对待黑格尔辩证法

陈立新[*]

本文的题目，是《1844 年经济学哲学手稿》使用的一个追问，其义一目了然。当今的哲学研究者大都高度认可黑格尔哲学尤其是其辩证法思想的宏富内容和思想意义。问题在于，黑格尔辩证法的意义是不是现成地摆放在我们的面前，让我们可以现成地享用？黑格尔之后的很多阐释者，透过黑格尔艰涩思辨的文本，试图从黑格尔的智慧体系中获得滋养，"从绝对者的领域的最高监督以及著名的辩证法的无所不通的威力那里给自己弄到一些什么东西"[①]，擘画了思想史上一道亮丽的风景线。伽达默尔颇得要领地指出，我们今天仍然生活在黑格尔所阐发的社会现实之中。在思想史上受到如此这般持续关注的实情实际上标明：黑格尔的读者参与了黑格尔辩证法意义的生成，黑格尔辩证法的意义不可避免地在读者的阅读和使用中呈现出来。正是这样，马克思这一追问的有效性可谓历久弥新。吴晓明教授的新著《黑格尔的哲学遗产》，基于深切领悟马克思哲学存在论革命的主旨与意义，把视线指向现实生活世界，独具匠心地阐述了马克思经由黑格尔的哲学深思而切中时代深处的思想成就。我们就此可知，黑格尔的辩证法正是在面向现实生活世界、参与时代问题中才展露出蓬勃的生机和广阔的前景，马克思毫无疑问在思想史上建树了一座解读黑格尔哲学、直抵黑格尔辩证法真谛的思想路标。

---

[*] 作者简介：陈立新，同济大学人文学院教授。

① 参见［法］奥古斯特·科尔纽《马克思恩格斯传》（Ⅰ），三联书店 1963 年版，第 78 页注 70。

一　卢卡奇在存在论上的失守与教训

在思想史上，马克思拯救和改造了黑格尔哲学的巨大遗产，有着引导读者把握和体会黑格尔辩证法意义的优先性。推而论之，在马克思之后，讨论黑格尔哲学（包括其辩证法）的意义，不能绕开马克思先期在存在论意义上实施的改造，探讨马克思的哲学思想（包括其辩证法），不能无视黑格尔思想的真正影响。在面对无产阶级革命运动处于低潮的历史性遭遇中，卢卡奇最早感受到并最先在实践中处理这种关系。我们从卢卡奇这一范例中可以获得弥足珍贵的启示。

卢卡奇非常明白，解决资本时代的生存困境，只有具备了成熟的阶级意识的无产阶级，才能承担并完成如此重任。卢卡奇不仅高度认同马克思的理论掌握群众就会变成物质力量的判断，而且还特别强调理论掌握群众的"方法"尤其重要，只有方法得当，理论才能真正掌握群众，从而转变为"革命工具"。为了唤醒无产阶级的阶级意识，唯有依靠马克思主义辩证法这一武器。在研究马克思主义辩证法时，卢卡奇把马克思与黑格尔相对读，这一思路符合思想史发展的实际进程，无疑是合理的恰当的。卢卡奇究竟是如何展示马克思与黑格尔的思想关联呢？

在卢卡奇看来，如果不了解马克思与黑格尔的关系，就不能真正掌握马克思主义的辩证法。以《历史与阶级意识》为例，我们提炼了卢卡奇在这方面的三种观点。其一，"马克思直接衔接着黑格尔"。卢卡奇提醒人们注意，马克思"整整一系列经常使用的有决定意义的范畴都是直接来自黑格尔的《逻辑学》"，"马克思对黑格尔的批判是黑格尔自己对康德和费希特的批判的直接继续和发展"。在此基础上，卢卡奇明确指出，马克思的辩证方法"坚持不懈地继续了黑格尔竭力要做而未能具体做到的事情"，同时也"留下了著作体系的尸骸，供追腐逐臭的语文学家和体系炮制者去分享"。诸如此类的表述，表明卢卡奇无视马克思与黑格尔的异质性，把马克思等同于黑格尔。其二，认同并高度评价马克思关于不要把黑格尔看作"死狗"的告诫。卢卡奇觉得，许多优秀的马克思主义者忽略了马克思这一态度，连恩格斯和普列汉诺夫的努力也未能奏效，以至于黑格尔思想中富有价值的方面没有得到真正的利用。为了贯彻马克思的这一要求，卢卡奇发挥了恩格斯的观点，提出要摧毁黑格尔哲学"体系的'死'的建筑"，"把黑格尔思想在方法论上富有成果的东西作为对现在不可缺少的精神力量拯救出来"，剥离其中富有生命力的成果，使之"能够再次成为充满活力和有效的力量"。其三，强调马克思对黑格尔的超越。卢卡奇指出，"马克思采纳了黑格尔方法的进步方面，即作为认识现实的方法的辩证法"。但是，黑格尔没有认识到"历史的真正动力"，马克思在如何对待现实这个问题上与黑格尔分道扬镳了，用现实的实践活动终止黑格尔辩证法的"概念神话"。不过，在深究黑格尔陷入"概念神话"的原因时，卢卡奇居然认为，黑格尔在构造哲学体系的时候，历史动力表现得不是十分清楚，以至于黑格尔"不得不把民族及其意识当作历史发展的真正承担者"，从而选择了"民族精神"的神话①。

从这些归纳可以看出，卢卡奇对于马克思与黑格尔关系的理解和判断，表现出十分明显的左右摇摆和不确定性。由之而来的后果我们是可以想象得出来的：无论是对马克思主义辩证法基本精神的判断与阐扬，还是对黑格尔辩证法的积极吸收，都未能达到本来可以达到的程度。卢卡奇所念兹在兹的无产阶级阶级意识觉醒一事，并没有如其所愿地实现。我们当然不能指望卢卡奇孤身一人能够完成如此宏愿，但从哲学上澄清其何以失足则十分重要和迫切。问题的症结在于是否意识到马克思与黑格尔在存在论原则上的差异，是否承认马克思在存在论上对于黑格尔哲学的革命性变革，是否能够把握马克思的存在论创制。像卢卡奇这样，夷平马克思与黑格尔的存在论分殊，想当然地以黑格尔为凭借来"恢复马克思理论的革命本质"，这就在哲学立场上犯下了原则性的错误。只有在存在论根基处厘清马克思与黑格尔的区别，马克思对黑格尔思想资源的利用才能毫无遮蔽地与我们照面。卢卡奇在何处失足了呢？

卢卡奇后来在《历史与阶级意识》"新版序言"中承认犯了一个"根本的和严重的错误"："《历史与阶级意识》跟在黑格尔后面，也将异化等同于对象化。"只是这篇"序言"意识到对象化"事实上是不可能从人类社会生活中消除的"，卢卡奇才开始把对象化和异化区分开来："对

---

① 参见［匈］卢卡奇《历史与阶级意识》，杜章智等译，商务印书馆 1999 年版，第 16、33、43—44、67—68 页。

象化是一种人们借以征服世界的自然手段，因此既可以是一个肯定的、也可以是一个否定的事实。相反，异化则是一种在一定的社会条件下实现的特殊的变种。"卢卡奇明言，这种区分"完全动摇了那种构成《历史与阶级意识》特点的东西的理论基础"。这一"理论基础"上的差距是如何造成的呢？还是卢卡奇自己道破了真相："这显然是因为我一直是根据我自己的黑格尔主义的解释来阅读马克思。"① 使用黑格尔主义的眼镜，试图以"比黑格尔更加黑格尔的尝试"来恢复马克思理论的革命本质，卢卡奇并没有在马克思的存在论境域中进行理论思考。"卢卡奇对黑格尔将对象化和异化混同在总体上不加批判，这绝不是偶然的，尽管事实是，马克思在这方面的理论成就呈现在《历史与阶级意识》的作者所深知的著作中（例如，《资本论》和《经济学手稿》的原始导言），而不仅仅在20世纪20年代早期还没出版的《1844年经济学哲学手稿》中。"② 这就是说，在理解和阐释马克思主义辩证法时，《历史与阶级意识》是存在偏差的，而且是存在论境域上的严重偏差。正是这样，卢卡奇不仅疏离了马克思主义辩证法的本体论根基，而且错失了黑格尔辩证法的巨大遗产——社会—历史现实观，以至于对于无产阶级阶级意识的强调和建设落入主观主义窠臼之中③。

马克思在批判异化劳动时独具匠心地区分了对象化和异化，堪称人类思想史上的重大事件。在马克思看来，"劳动的产品是固定在某个对象中的、物化的劳动，这就是劳动的对象化。劳动的现实化就是劳动的对象化"④。作为劳动者本质力量的自我确证，对象化是一切劳动之共性，没有对象化的劳动是不可想象的。如果劳动者创造的产品反过来成为奴役劳动者的力量，劳动者沦为产品的奴隶，那么，这样的劳动对象化就是异化。所以，对象化是劳动的肯定方面，异化是劳动的否定方面。在马克思以前及其同时代，绝大多数批判仅仅止步于指责异化作为劳动过程的否定性质。这就自觉不自觉地把异化默认为永恒的"人类状况"，默认"有害的""造孽的"异化劳动成为天经地义的事实。在这种情况下，

---

① 参见［匈］卢卡奇《历史与阶级意识》，杜章智等译，商务印书馆1999年10月第1版，第19、34页。

② ［英］I. 梅扎罗斯：《超越资本》（上），中国人民大学出版社2003年版，第429页。

③ 参见吴晓明《黑格尔的哲学遗产》，商务印书馆2020年版，第28、178、299页。

④ 《马克思恩格斯全集》第3卷，人民出版社2002年版，第268页。

资本主义社会不合理的东西却有了形式上的合理性，现实生活中最关本
质的东西却在这类文化哀婉式的批判中遭到了遮蔽。这是以十分激进的
表达形式走向为现实异化进行粉饰的"无批判的实证主义"。与此相反，
马克思在区分对象化和异化基础上开展的批判，切中了现实生活世界的
基本事实，道说了生活世界之实情，由此展开的批判才能深入到历史的
本质性中，开启了哲学走向现实生活世界的现实道路。就此而言，在发
现和阐明社会现实这一标志着哲学发展的新方向新原则的关节点上，马
克思与黑格尔关乎问题之根本地相遇了，我们在此毫无例外地感受到一
种本质上的关联。这正是马克思在新的存在论境域中透视黑格尔辩证法
所达到的积极成果。

二　作为推动原则和创造原则的否定性的辩证法

在马克思主义思想史上，卢卡奇把深厚的历史意识与真诚的现实关
切相结合，最敏锐地领悟到马克思与黑格尔之间的关联并力图在最关本
质的方面予以建设和推进，最深刻地阐述了辩证方法之于马克思主义学
说的决定性意义，也最令人惋惜地在存在论原则上出现了不应该出现的
失守。卢卡奇作为一个特点突出且富有说服力的案例，彰显了前述马克
思追问的现实针对性：如何对待黑格尔辩证法根本不是一种余兴或旁出，
而是具有存在论意义上的重要性，判明并超越黑格尔辩证法的本体论
（存在论）基础则是所有工作的前提。马克思从黑格尔的辩证法中引申出
具有巨大历史感的社会现实领域，这是黑格尔的辩证法被揭示出来的最
大成果，更是辩证法被马克思的存在论创制所贯通之后稳固确立起来的
基本境域。据此，我们顺理成章地聚焦这个问题：为什么是作为"推动
原则和创造原则"的"否定性"的辩证法？

在黑格尔哲学语境中，"否定性"与"绝对主体"的"自我活动"
息息相关。这三个概念的动态连接大体上就是黑格尔辩证法的基本构成，
毋宁说也是我们理解和阐释黑格尔辩证法的关键词。

"绝对主体"意味着黑格尔的哲学立场。

所谓绝对，简单地说就是"无对"，就是指只可能与自身相关的性

质，所谓与自身相关，是指绝对从自身出发，经过自己的异在又回到自身。黑格尔对此有着精到的阐述："精神已向我们表明，它既不仅是自我意识退回到它的纯粹内在性里，也不是自我意识单纯地沉没到实体和它的无差别性里，而是自我的这种运动：自我外在化它自己并自己沉没到它的实体里，同样作为主体，自我从实体〔超拔〕出来而深入到自己，并且以实体为对象和内容，而又扬弃对象性和内容的这个差别。"① 这就是众所周知的"实体即主体"论断："一切问题的关键在于：不仅把真实的东西或真理理解和表述为实体，而且同样理解和表述为主体。"② 进而言之，作为实体，主体既包含"知识自身的直接性"，也包含着"作为知识之对象"的那种直接性，从而主体还有一个"树立对立面"的本质要求。唯有在这种意义上组建的"自身的同一性"或"在他物中的自身反映"，才是"绝对的真理"，而原始的"自身等同性"则不具备如此之品质③。绝对真理既然必定拥有如此这般的品质，那么，它作为主体的活动，决不能在自身理性之外假借形式或权力来证明自身。换言之，理性自身有着足够的力量和内涵而自我支撑。

"自我活动"是绝对主体的基本存在性质。

依照"实体即主体"的哲学立场，精神的活动一定不会假求于外的某种力量，理性自身具有"活力"。理性不像有限行动那样需要求助于"外来的素质"去创造一切统摄一切，这就是理性的"无限的素质"。理性自己供给自己的营养和参照，不需要从给定根据中获得营养和活动的对象，理性就是万物的"无限的内容"，是万物的"精华"和"真相"。理性是"实体"，还有着"无限的形式"去推动这些内容。只是由于理性并在理性之中，一切现实才能存在和生存。理性是自己预设的唯一的、绝对的、最后的目标，并自我授权地在自然和精神宇宙中开展这一目标，使之从内在源泉到外在特征都能够由潜在性变为现实性。这就是唯有理性才具有的"无限的权力"，是真正的、永恒的、绝对的权力。理性正是

---

① 〔德〕黑格尔：《精神现象学》下卷，贺麟、王玖兴译，商务印书馆1979年版，第271页。

② 〔德〕黑格尔：《精神现象学》上卷，贺麟、王玖兴译，商务印书馆1979年版，第10页。

③ 参见〔德〕黑格尔《精神现象学》上卷，贺麟、王玖兴译，商务印书馆1979年版，第10—11页。

因为拥有如此这般的内在品质，便能够成为世界的"灵魂"和"共性"①。

在此基础上，我们能够明白，"实体作为主体，本身就具有最初的内在必然性，必然把自己表现为它自在地所是的那个东西，即把自己表现为精神。只有完成了对象性的表现才同时是实体回复到自身的过程，或者是实体变成自我〔或主体〕的过程。"② 就此可以发掘精神作为"绝对主体"之"自我活动"的两个内在的建设性向度。一方面，精神的自我把捉："精神不仅知道它自在地或按其绝对的内容说是怎样的，也不仅知道它自为地按其无内容的形式说或从自我意识方面看是怎样的，而且知道它自在和自为地是怎样的。"③ 这就是说，精神不仅知道自己，而且知道自身的否定亦即自身的"界限"。另一方面，精神基于"内在的冲力"的自我造就：精神不仅不惜"牺牲自己"而扬弃自身的主观性，而且必定要扬弃对象的片面性，具有绝对信心去建立主观性和客观世界的同一，从而重建自身为绝对主体，并能够提高这种确信使之成为真理④。

从精神"自我活动"之要义来看，精神只有作为自己回复到自己的变化过程才真正是精神。这就是说，精神在它的异在本身里也就在它自己本身，精神是"依靠自身"的存在，是"自为存在"，亦即是自由的存在。既是这样，精神就要使一切外在之物都变成"为我而存在"之物。"那种在精神中作为他物而继续存在的东西，或者是未被消化，或者是死物；如果精神让这种东西作为外物存在于自身里面，那么精神就是不自由的。"⑤ 精神的"自我活动"既然本质重要地蕴涵着"为我而存在"的必然要求，实质上表达了精神以建构或设定为内涵的创造性。

"否定性"是辩证法的基本性质和展开方式。

黑格尔认为，辩证法不单纯是思维过程，而是概念本身或绝对理念的发展。更为重要的，辩证法构成了世界的自发的自我发展。这是因为

---

① 参见〔德〕黑格尔《历史哲学》，王造时译，上海书店出版社1999年版，第9页。
② 〔德〕黑格尔：《精神现象学》下卷，贺麟、王玖兴译，商务印书馆1979年版，第269页。
③ 〔德〕黑格尔：《精神现象学》下卷，贺麟、王玖兴译，商务印书馆1979年版，第262页。
④ 参见〔德〕黑格尔《小逻辑》，贺麟译，商务印书馆1980年版，第410页。
⑤ 〔德〕黑格尔：《哲学史讲演录》第3卷，贺麟、王玖兴译，商务印书馆1959年版，第384页。

"绝对主体"作为辩证法的存在论基础，乃是世界的主宰和真形相。于是，事物通过变为它的对立面，解决矛盾而发展为综合，达到更高的存在状态。这是一个不断开展直至达到完善的过程。所以，"辩证法是现实世界中一切运动、一切生命、一切事业的推动原则。同样，辩证法又是知识范围内一切真正科学认识的灵魂"①。按照黑格尔辩证法的基本精神，一般的否定性或否定的东西直接进入实体之中，改造实体性，使之成为活动的主体性。于是，辩证法不仅把否定的东西确定为推动的原则，而且还把它理解为"自身"（Selbst）。这样的辩证法当然就被名之为"否定性"的辩证法："如果这个否定性首先只表现为自我与对象之间的不同一性，那么它同样也是实体对它自己的不同一性。看起来似乎是在实体以外进行的，似乎是一种指向着实体的活动，事实上就是实体自己的行动，实体因此表明它自己本质上就是主体。"② 海德格尔认为，"黑格尔也把'思辨辩证法'径直称为'方法'。用'方法'这个名称，它既不是指一个表象工具，也不仅仅是指哲学探讨的一个特殊方式。'方法'乃是主体性的最为内在的运动，是'存在之灵魂'，是绝对者之现实性整体的组织由以发挥作用的生产过程。"③ 这里的"生产过程"用语，正是对黑格尔辩证法蕴涵的"推动原则"和"创造原则"的切中肯綮的评价。

从黑格尔本人的论证中，我们可以把握其辩证法的存在论基础及其存在方式。值得深思的是，从"实体即主体"之自我活动的展开过程中确立辩证法的实体性的内容，呈现并说明"事情活生生的本质"，黑格尔切入问题的思考深度、深邃的历史意识、关注现实的思想指向，皆无与伦比，令人敬佩。这样的成就，固然与黑格尔个人的卓越才华分不开，但根本动因仍是超越个人并引领个人的现实力量。黑格尔就富有洞见地提出，哲学的真正出现，在于与现实的和解，理解和把握现实。马克思更明确地概括为："哲学不仅在内部通过自己的内容，而且在外部通过自己的表现，同自己时代的现实世界接触并相互作用。"④ 因此，我们站立在黑格尔宏伟严密的哲学体系面前，需要透过黑格尔用于搭建哲学体系

---

① ［德］黑格尔：《小逻辑》，贺麟译，商务印书馆1980年7月第2版，第177页。

② ［德］黑格尔：《精神现象学》上卷，贺麟、王玖兴译，商务印书馆1979年版，第24页。

③ ［德］海德格尔：《路标》，孙周兴译，商务印书馆2000年版，第507页。

④ 《马克思恩格斯全集》第1卷，人民出版社1995年版，第220页。

的逻辑"脚手架"，把辩证法这颗"真正的珍珠"拿到阳光中来。

马克思在评价黑格尔的作为推动原则和创造原则的否定性的辩证法时，就指出其"伟大之处"："黑格尔把人的自我产生看做一个过程，把对象化看做非对象化，看做外化和这种外化的扬弃；可见，他抓住了劳动的本质，把对象性的人、现实的因而是真正的人理解为人自己的劳动的结果。"① 抓住人的自我生成，抓住现实生活过程，这就是深入活生生的社会现实之中。黑格尔的哲学特别是其辩证法的伟力就不言而喻地呈现出来。正是这样，我们可以从马克思这一论断中提炼表达这样一个判断：黑格尔无比深刻的辩证法乃是社会现实"抽象的、逻辑的、思辨的表达"。

三　辩证法的革命性改造与创造性推进

恩格斯指出："像对民族的精神发展有过如此巨大影响的黑格尔哲学这样的伟大创作，是不能用干脆置之不理的办法来消除的。必须从它的本来意义上'扬弃'它，就是说，要批判地消灭它的形式，但是要救出通过这个形式获得的新内容。"② 我们已经阐述，黑格尔辩证法的意义不是现成呈现出来的，而是需要剥离黑格尔哲学的存在论基础，在崭新的存在论境域中才能得以澄明。必须承认，这项创举首先要归功于马克思。马克思合理对待黑格尔哲学的科学态度为我们树立了榜样，同时绽露了唯物辩证法的要义。

其一，用"实在主体"置换"绝对主体"。

众所周知，按照黑格尔的设计，"辩证法是绝对主体之主体性的生产过程，并且是作为绝对主体的'必然行为'的过程"③。黑格尔把思辨方法看作实体之为主体的内在运动，并随着绝对精神主宰世界而同时成为世界的"灵魂"，作为实体和主体的绝对精神能够认识和把握这一过程。不消说，辩证法就是"实体即主体"原则实际展开的运动过程，也就是

---

① 《马克思恩格斯文集》第1卷，人民出版社2009年版，第205页。
② 《马克思恩格斯选集》第1卷，人民出版社2012年版，第229页。
③ ［德］海德格尔：《路标》，孙周兴译，商务印书馆2000年版，第506页。

绝对主体的自我活动过程；只要没有这种绝对主体的自我活动，就根本不会有辩证法。这就是思辨辩证法的思辨逻辑。一旦费尔巴哈拉开了批判绝对精神的帷幕，"绝对主体"的瓦解就是不可逆转的过程，一个新时代的来临便指日可待。这里的问题在于：当黑格尔哲学的本体论基础被证明是神秘化的思辨幻觉而已然需要解构的时候，黑格尔的辩证法能否获得实质性的保留？这种保留工作是在什么样的本体论基础上进行的①？

马克思独具慧眼地指出，黑格尔的绝对精神是被形而上学改了装的"现实的人"和"现实的人类"，意识在任何时候都是被意识到了现实生活过程，在新的存在论原则高度洞穿了近代哲学所持守的意识内在性本体论原则的秘密。正是这样，马克思从"劳动"与"人的自我产生"的本质关联中批判地阐释和彰显黑格尔辩证法的否定性要义时，就用现实感性的"实在主体"承载和重启辩证法的"自我活动"之特质，实现了对于"绝对主体"的格式塔式转换。在马克思理论思考的语境中，"实在主体"乃是特定的、既与的、具有实体性内容的"社会"，而不是抽象的社会，不是关于社会的抽象规定或知性范畴②。结合马克思的"首先"应当避免重新把"社会"当作抽象的东西同个人相对立、个人是"社会存在物"的特意提醒③，"实在主体"也可以看成是现实的人的社会存在。这样的"实在主体"，毫无疑问才是现实发挥作用的真正的"自我活动者"。

其二，开启走向生活世界的现实道路。

伽达默尔认为，黑格尔开辟了一条理解人类社会现实的道路。黑格尔在论述历史理性的开展中为我们展示了这一成就。黑格尔说："解释历史，就是要描绘在世界舞台上出现的人类的热情、天才和活力。"不消说，黑格尔清晰可见地关注那些有着"个别兴趣"和"自私欲望"的个人。这些个人虽然是人类芸芸众生中影响"极为有限"的一员，但他们是"社会的特殊单位"，总是"从自己的理解、独立的确信和意见来献身于一种事业"，从而构建了现实生活世界。正是如此这般高度器重人的热情的能动作用，黑格尔在哲学上深切表达了追求自己切身利益的人类感

---

① 参见吴晓明《黑格尔的哲学遗产》，商务印书馆 2020 年版，第 84、86、89 页。

② 参见吴晓明《黑格尔的哲学遗产》，商务印书馆 2020 年版，第 95 页。

③ 参见《马克思恩格斯文集》第 1 卷，人民出版社 2009 年版，第 188 页。

性世界，让充满生机活力的现实生活过程展露在人们的眼前。当然，黑格尔不会无原则地关注人们的需要、热情和才能，他把"人类的热情"与绝对理念并称为"世界历史的经纬线"，不过是表明绝对理念是"原则"和"最后的目的"，人的热情和激情则是"原则"的"实行"和"实现"。换言之，在人类历史广阔的画面上，展示出一幕幕波澜壮阔的"戏剧"和表演，莫不是绝对理念利用人的热情作为实现其目的的工具而已。这正是"理性的狡计"①。这表明，黑格尔虽然深刻辩证地揭示了富有内容的活生生的生活世界，却用厚实的思辨逻辑构造把社会现实严密地遮蔽起来。

马克思高度认同并充分吸收黑格尔关于哲学把握社会现实的相关思考，创造性地阐明"任何真正的哲学都是自己时代精神上的精华"，把哲学关注现实的原则落到实处。马克思毫不妥协地针对黑格尔哲学原则实现了存在论原则的根本转变，走上一条面向现实生活过程、讲述现实生活故事的思想道路：透过繁芜丛杂的社会生活现象，抓住人类"生产物质生活本身"的"第一个历史活动"，形成了认识和把握社会生活及其本质的基本方法；坚持物质生产或经济发展乃是人类历史存在和发展的基础，又同时强调社会上层建筑对于物质生产的反作用；坚持个人只有在共同体中才能获得全面发展其才能的手段，强调"每个人的自由发展是一切人的自由发展的条件"；发现并概括了人类历史的一般发展规律，又肯定了东方社会应当探索不经过资本主义"卡夫丁峡谷"的发展道路。诸如此类的基本观点证明：马克思已然在现实的人的社会存在中阐发辩证法的真谛，历史唯物主义与唯物辩证法原本就是具有必然联系的理论学说。可以相信，经过马克思的努力，辩证法走向现实生活世界，已经成为保持自身的生命线和"绝对命令"。正是这样，卢卡奇把主体和客体的相互作用、理论与实践的统一归结为"辩证法的决定性的因素"，把"改变现实"当作辩证法的"中心问题"，把马克思的辩证法称之为"革命辩证法"。

其三，拒绝"非批判的实证主义"。

在黑格尔看来，绝对精神作为真实的主体（抽象思维是其现实运行

---

① ［德］黑格尔：《历史哲学》，王造时译，上海书店 1999 年版，第 13、23—24、28 页。

方式），是正常的状态，一切不同于抽象思维的对象化都是不正常的，是应该予以扬弃的异化。"对象性本身被认为是人的异化的、同人的本质即自我意识不相适应的关系。"这就是把对象化等同于异化，扬弃异化就是克服对象。而且，不仅要扬弃真正的异化，也要扬弃一切的对象化。只是对象的"对象性的性质"，对自我意识来说成为一种障碍和异化，对象复归于自我意识就是人的本质复归于人本身。对象本身对意识说来是正在消逝的东西，人也就成了一个"非对象性的、唯灵论的存在物"。在马克思看来，这是一种"非批判的实证主义"或"虚假的实证主义"①。就黑格尔把对象化看成是思维自身发展的必要环节来说，这是对对象化的肯定或实证的研究。然而，把异化等同于对象化，肯定对象化也就肯定了异化，不自觉地为真正的异化如私有财产进行辩护，这是"非批判"的缺陷。这一批判外观下所包裹的非批判的态度，意味着认识社会现实的不彻底性。黑格尔之后那些形式主义地运用辩证法、痴迷于游离现实生活世界的空乏议论，正是从此获得了一个哲学方法论上的重要凭借。实证主义理念恰好是典型的代表。

　　实证主义对于黑格尔的批判，开启了声势浩大的"叛离黑格尔"的哲学运动，在主导理念上对于当代哲学人文科学的发展产生深远的影响。柯林武德认为，"实证主义可以定义为是为自然科学而服务的哲学"，"不过是把自然科学的方法论提高到一种普遍的方法论的水平之上而已"。②按照实证主义的理论取向来看，一切真正的人类知识都包含在科学——当然是指知性科学——的范围之内，唯有科学才是真正知识的唯一来源，唯有科学方法才能造福于人类的生活。从此出发，所有的实证主义哲学家都主张，哲学可以在科学范围内，在诠释科学和服务科学的方面发挥有益的作用。凡是科学方法不能解决的问题，哲学必须满足于让其永无答案，哲学不能声称具有任何可以获得科学无法获得的知识的手段。深究起来，实证主义赖以立足的经验证实原则，根据在于依赖自然科学事实的客观性。这种客观性，通常意指"两个或两个以上胜任的科学家从同样的证据出发，会得到同样的结果"。例如，"物理学思维的主要前提

---

① 参见《马克思恩格斯文集》第 1 卷，人民出版社 2009 年版，第 204、206、212 页。
② ［英］柯林武德：《历史的观念》，何光武、张文杰译，中国社会科学出版社 1986 年版，第 143、152 页。

假设，就是所有的物理学家都持有的；而对物理学问题科学地进行思想，也就是按照它们去进行思想"①。问题在于，"自然科学的'纯'事实，是在现实世界的现象被放到（在实际上或思想中）能够不受外界干扰而探究其规律的环境中得出的"②。这就暴露了实证主义在主导观念上的限度，以及实证主义理念的适用范围。然而，以孔德为代表的实证主义，固守自己的哲学信条，漠视现实生活的多样化，脱离生活实际，最终沦为事实上的非批判的、无立场的、单向度的理论说教，成为发轫于批判黑格尔却终止于分享黑格尔哲学原则的实例，成为当代思想对待辩证法的一个十分突出和醒目的反证。

从存在基础上把生活与科学分开，马克思把这种做法斥之为谎言。解构实证主义不切实际的教条，让科学实现其服务人类生活的本务，依然是当代人生存实践必须解决的重大现实问题。揭露黑格尔哲学"虚假的实证主义"以及"虚有其表的批判主义"，有助于充分发挥其辩证法的建设性意义，深化理解马克思"实在主体"辩证法的深意。

---

①　[英]沃尔什：《历史哲学——导论》，何兆武译，广西师范大学出版社 2001 年版，第 97 页。

②　[匈]卢卡奇：《历史与阶级意识》，杜章智等译，商务印书馆 1999 年版，第 53 页。

黑格尔自我意识的辩证进路及其批判

潘　斌[*]

自我意识是黑格尔哲学的核心问题，意识只有成长为自我意识才能踏上精神之旅，只有成为"自在且自为"自我才能构造、克服与扬弃对象世界而进入到自由状态。黑格尔为了清晰地呈现自我意识的精神旅程，集中而深刻地梳理和解析了自我意识的三种形态：斯多亚主义、怀疑主义与苦恼意识[①]，但它们都无法实现自我意识所面临的二元论难题。马克思对黑格尔自我意识问题的进入、认知与批判实质上开启了一条重新理解与思考意识难题的道路。

一　精神之旅中的自我意识

自我意识在黑格尔精神现象学中处于一个极其重要而又奇特的位置，一方面精神的本质就在于自我意识，"一部《精神现象学》就是精神作为自我意识的发生、发展及其最终达到绝对统一的历史，没有自我意识，精神只是一个空洞的形式，现象只是一些抽象的资料，是自我意识实现

---

　* 作者简介：潘斌，华东师范大学哲学系教授、博士生导师。
　① 对于"Unglückliches Bewusstsein"一词汉译有多种，贺麟、王玖兴译本（上海人民出版社 2013 年版）译为"苦恼意识"，邓晓芒在《黑格尔〈精神现象学〉句读》（第 3 卷）中译为"不幸的意识"，先刚译本（人民出版社 2013 年版）译为"哀怨意识"。在上述版本比较之后，本文引文基本都采用先刚译本，但"Unglückliches Bewusstsein"一词笔者认为还是沿用贺麟先生译法"苦恼意识"更加妥当贴切且传神达意。

了它们的统一。"① 但另一方面，自我意识与精神旅程的其他环节又没有处在前后相继的时间序列之中，感性确定性、知觉与知性三个阶段构成了意识的三个环节，在知性与理性之间正好插入了"自我意识"，自我意识是意识向理性过度的桥梁，"自我意识是精神的概念，意识只有在自我意识那里才获得它的转折点"②。然而，这并非是说先有意识再有自我意识，自我意识是意识的高级进阶。实际上意识和自我意识只有逻辑上的先后关系而并无时间上的前后序列，也即是说意识本质上就是自我意识，只不过是没有被意识到的意识。"没有自我意识就没有意识，每当我们意识到的时候，我们已经有了自我意识，但这个时候，我们还不知道，还不自觉。"③ 一方面，所有意识都是自我意识，自我意识与意识的区别在于主体是否自觉到、是否意识到这是关于自我意识的意识；另一方面，自我意识必定是意识，但意识并不必然就直接成为自我意识，它只有自觉地将意识着的自我进行对象化，并在自我的有限性与目的的无限性的对立统一中，意识才是朝向自由的自我意识。

如果对黑格尔《精神现象学》中反复提及与不断讨论的自我意识概念做一区分，则可分为广义的自我意识与狭义的自我意识。前者是普遍的自我意识，涵盖了整个精神的范围，包含了主观精神、客观精神与绝对精神在内。狭义的自我意识是个体的自我意识，它以抽象的人为出发点，每一个自我意识的存在都是在自我与对象的两极对立之间的折返往复。对此，黑格尔以主奴辩证法隐喻了主人与奴隶之间为了相互承认而进行的生死较量，其背后的动力与目标是自我意识。就其逻辑理路而言，它遵循了黑格尔"正题—反题—合题"的三段论式进路：（1）首先从抽象的自我意识出发，虽然它具有普遍性、绝对性与无限性，但其具体规定性的匮乏导致了内容的空洞贫乏，不得不外化并分裂为特殊的意识经验。（2）从普遍化的自我意识分裂为特殊的意识经验，是自我意识必经的发展环节。囿于内在的有限性，众多特殊的自我意识面临利益冲突甚至生死较量，如果个体化的自我意识不被有效引导与规范将极有可能陷

---

① 高全喜：《论相互承认的法权——〈精神现象学〉研究两篇》，北京大学出版社 2004 年版，第 121—122 页。

② ［德］黑格尔：《精神现象学》，先刚译，人民出版社 2013 年版，第 117 页。

③ 邓晓芒：《黑格尔〈精神现象学句读〉》第 3 卷，人民出版社 2016 年版，第 1 页。

入共同毁灭的野蛮状态。（3）绝对的自我意识避免了特殊的自我意识因冲突与分裂所导致的解体与崩溃，它是黑格尔精神史中的逻辑预设。其内在的绝对性前提使得普遍意识与个体意识、抽象意识与具体意识之间既相互冲突而又能辩证统一。但不是所有的自我意识都能自觉地经历与完成这三个环节的转化，即便具有了自我意识也不是就必定能够踏上精神之旅。自我意识展示的是自由意志，自由意志追求的是自由实现，而到达这一目标的前提就是经受与超越主奴关系。为此，黑格尔梳理了精神史上成为自我意识但却未能实现自由的三种典型性的意识形态：斯多亚主义、怀疑主义与苦恼意识，分析了这三种自我意识的本质特征与思想形态，特别是对于自我意识如何进入、克服和超越对象意识进行了剖析，其目的在于揭示这三种意识形式的缺陷与不足，而唯有以理性为根据与旨趣，自我意识才能真正踏上精神之旅而朝向自由实现。

二　回到自身之内：斯多亚主义

斯多亚主义是古希腊时代著名的哲学流派，又称斯多葛学派，与柏拉图的学园派、亚里士多德的逍遥学派、伊壁鸠鲁学派并称为希腊四大哲学流派，其创始人是来自塞浦路斯岛的著名哲人芝诺，因其在雅典集会广场的廊苑①聚众讲学而得该名。芝诺、西塞罗、塞涅卡、奥勒留等都是斯多亚学派的代表人物，虽然各个代表人物之间观点各异，但至少有两个基本共识：（1）自然法思想。它认为世界万物之所以秩序井然、各安其职，是因为受一个普遍法则的统一支配，这个被称为"自然法"的普遍法则其实是逻各斯、理性或命运，自然界、人类社会与政治生活都受"自然法"的制约。（2）个体主义思想。人类生存的至上目标是什么？斯多亚主义认为是有德行的生活，过上德行生活的关键在于自我的"不动心"，即不受外界欲望的诱惑、不畏强权力量的干扰，听从自己内心的召唤与德行的引导去做符合德行的事情。

斯多亚主义对理性的遵崇与对自我的执念使其成为后世自我论的思

① "廊苑"也即艺术活动的"画廊"，希腊文为 stoa，对应的英文为 stoic，汉译是随音译为斯多亚学派，或斯多葛学派。

想来源，这也促使黑格尔将其列为自我意识分析的首要对象。"自我意识的自由在历史上第一次出现就是在斯多亚学派那里，或者说真正自由意识的起点在人类精神史上要从斯多亚主义算起。"① 斯多亚主义的意识是独立的自我意识，意识表现为思维的本质，是在辩证运动中不断生成的意识，它已经包含了作为对象的他者的意识，这个他者是与自我有区别的对象性存在。他者如何表现本质是自我意识面临的核心难题，"在斯多亚主义的自我意识看来，本质既不是另一个自我意识，也不是一个纯粹而抽象的自我，而是那个本身就包含着一个他者（亦即一个思想中的差别）的自我"②。本质是包含了差别的自我，而自我必须要跳出对物的依赖性而返回到自身之内，斯多亚主义者也身体力行这一思想要义。

作为一种独立的自我意识的斯多亚主义从形式上非常干脆地拒绝了被对象或他者所奴役、束缚的状态，它绝对拒绝任何对物的依赖性，返回到纯粹内心世界中去寻找自由意识。黑格尔说"斯多亚主义是另外一种自由，它从一开始就直接摆脱了奴隶状态，退缩到思想的纯粹普遍性里面"③。返回到自身之内实际上是把自我与对象、思维与存在、主体与客体之间纷繁复杂的外在对立性问题转化为自我的内在同一性问题，试图用先验的同一性来解决经验的冲突性，这种返回到自我的视角来解决经典的二元论难题是一条屡被试及而饱含争议的方法路径。无论是逻各斯，还是理念甚或上帝，都是远离了现实生活世界的抽象主体，最终只能以空洞的概念来统摄具体的内容，思维自身的一致性流于形式而空无内容。"这（斯多亚主义）仍然是一种空无内容的思维。思维的这种自身一致性始终只是一个纯粹的形式，在其中没有任何东西得到规定。它脱离实存，完全退缩回自身之内，没有成为一种对于实存的绝对否定。"④

虽然自由是斯多亚主义伦理学的根本概念，但它是没有被差异所显现、没有得到生命充实的自由，仅仅是抽象的自由概念而不是活生生的自由本身。斯多亚主义认为拥有自由的人必定摆脱了所有的错误的欲望，自由的人必定是驯服了欲望的人。奴隶之所以是缺乏自由的人，因为它

① 邓晓芒：《黑格尔〈精神现象学句读〉》第 3 卷，人民出版社 2016 年版，第 1 页。
② ［德］黑格尔：《精神现象学》，先刚译，人民出版社 2013 年版，第 129 页。
③ ［德］黑格尔：《精神现象学》，先刚译，人民出版社 2013 年版，第 128 页。
④ ［德］黑格尔：《精神现象学》，先刚译，人民出版社 2013 年版，第 129 页。

们为恶所主宰，只有贤人才能达到不受欲望束缚的境地，也只有贤人才能获得完全的自由①。虽然不是人人皆可为尧舜，但探讨自由的目的是为人类的自由意识确立一个可资借鉴与学习的典范。晚期斯多亚主义者提出，人的自由就是心灵的宁静，保持自然的理性。虽然返回自身的斯多亚主义敞开了一条解决二元论困境的道路，但自我意识还尚未真正觉醒，自我论的极致必然导向唯我论或怀疑主义。

三　"偶然的紊乱"：怀疑主义

1803 年黑格尔在他和谢林共同创办的《批判哲学杂志》上发表了《怀疑主义与哲学的关系》，这篇耶拿时期的重要论文标志着黑格尔准备从怀疑主义的视角检视以往的哲学传统与成果从而为创立新的哲学体系奠基，他把怀疑主义视为通向真正哲学的过渡阶段。在 1807 年出版的《精神现象学》中他主张从自然意识走向真正知识是一条怀疑之路，"自我意识在这条道路上失去了它的真理。所以，这条道理可以被看作是一条怀疑之路，或更确切地说，一条绝望之路：但凡在这条道路上发生的，没有什么是不能加以怀疑的。"② 极端的意识自主性必然要表现为怀疑主义，它对一切作为对象出现的他者都进行质疑、否定，根据人类认识能力的限度划分，最终区别为可知论的怀疑论与不可知论的怀疑论。

黑格尔将古希腊哲人皮浪视为第一个将怀疑主义理论化、课题化的哲学家，但其实皮浪怀疑主义的重要思想来源是早期智者派的高尔吉亚。高尔吉亚怀疑主义思想以对非存在进行论证的三个命题著称：（1）无物存在；（2）即使有某物存在，我们也无法认识它；（3）即使我们可以认识某物，我们也无法把它告诉别人。这三个命题紧密围绕着主体与客体、思维与存在、语言与对象如何统一的问题展开，深刻地影响了两千多年来的哲学发展与形态转向，三个命题的哲学史效应分别是催生了哲学的本体论转向、认识论转向与语言学转向。辩证法的核心是否定性，而否

---

① 石敏敏、章雪富：《斯多亚主义（Ⅱ）》，中国社会科学出版社 2009 年版，第 122—124 页。

② ［德］黑格尔：《精神现象学》，先刚译，人民出版社 2013 年版，第 50—51 页。

定的前提与本质正是怀疑本身，故黑格尔说："辩证法是一个否定的运动，……这个否定运动就是怀疑主义，作为自我意识的一个环节，它绝不会在不知其所以然的情况下看到它的真实对象消失在眼前。"① 他者如何表现本质？斯多亚主义承认作为对象的他者的必要性，认为包含差异的他者是主体的来源与支点，但为了摆脱对外在物的依赖而不得不返回到自我世界之中。怀疑主义则认为"他者是完全无关本质的，根本不独立的。思想转变为一种整齐划一的思维，目标是消灭这个包含着众多规定性的世界"②。因此斯多亚主义和怀疑主义都是具有独立性的自我意识，但斯多亚主义承认主奴关系，认同他者是以有限的方式在表达本质，而怀疑主义则是彻底地否定了他者。在其看来，他者表面上表现为岿然不动，其实是变动不居的特殊性，主体通过保持"不动心"而否定对象、回归自我。相互承认的主奴关系更多地是奴隶一厢情愿的幻想，矛盾的天平难以实现相互平等的承认，最终还是要倾向到主人这边，康德意义上的道德律令实质上表现为主人的诫命与奴隶的顺从。

但自我意识的精神之旅又不得不经历怀疑之路，没有怀疑就不会有否定的环节，没有否定就产生不了差别与对立，继而在否定之否定中的扬弃与统一就无法完成。斯多亚主义的自由是自由的概念、自由的意识，它为了逃避经验中的自由必须返回到自我的意识自由，但逃避了经验的自由也就丧失了具体的、现实的自由。怀疑主义从经验存在出发又不断否定经验，在辩证的否定中获得了一般意义上的经验，这种更高层次的经验如果能被形式化就可以提升为真理。但怀疑主义与怀疑本身是有差别的，怀疑本身是一种否定性的思维方法与逻辑认知环节，它的目的是在主体与客体、思维与存在、理论与现实之间实现同一性，但被过度诠释与自觉放大的怀疑主义则倒向了"为了怀疑而怀疑"。为此黑格尔批判怀疑主义是一种"偶然的紊乱""意识的狂躁"，实质是一种自相矛盾的意识。他说："怀疑主义实际上并不是一个自身一致的意识，而是一种完全偶然的紊乱，一种不断制造出混乱的眩晕状态。"③ 这种任意的怀疑主

---

① ［德］黑格尔：《精神现象学》，先刚译，人民出版社 2013 年版，第 131 页。
② ［德］黑格尔：《精神现象学》，先刚译，人民出版社 2013 年版，第 130 页。
③ ［德］黑格尔：《精神现象学》，先刚译，人民出版社 2013 年版，第 131—132 页。

义不是绝对的普遍意识，而是偶然的个别意识，它以彻底否定的方式取消了全部个体性与一切差别性，这种自我意识还处于兽性生命的状态，还是远离自由而处于迷失中的自我意识。"正因如此，怀疑主义是一种无意识的狂躁，来回奔走在两个极端之间：一头是自身一致的自我意识，另一头是偶然的、紊乱的、造成紊乱的意识。……它本身同样是一个双重的、自相矛盾的意识。"①

黑格尔曾经形象地描绘了这种激进的怀疑主义，将其比喻为两个刚愎自用而又无知无畏的年轻人之间的相互抬杠。当人们需要一致性的时候，他们就拿差别性作为根据，而当人们讨论差别性的时候，他们又拿一致性说事。好比是两个人之间彼此否定，一个人说是 A，另外一个就说是 B；而当一个人说是 B 的时候，另外一个人又要说是 A。这么做不过是通过自相矛盾来取得相互矛盾的乐趣，实质是误解了否定性的真正意涵而歪曲化为"为了怀疑而怀疑"，这导致怀疑主义蜕变为一种二元分裂的自我矛盾。一方面，作为独立的自我意识，怀疑主义坚信与自我相对立的他者不能表现本质，经验对象的有限性使其不断被否定，正是在质疑与否定对象的过程中知识与真理才不断被把握与探求。另一方面，极端的否定与过度的批判导致自我与对象的同一性不仅始终无法建立，反而不断被质疑与解构直至陷入不可知论，怀疑主义虽能自觉意识到这一二元论困境但又无力解决。黑格尔批判怀疑主义"它实际上是一个意识，但却有两个表现方式。现在，这个新的形态是一个自为存在着的、双重的自我意识，也就是说，它既知道自己是一个自我解放的、持久不变的、自身一致的意识，也知道自己是一个完全紊乱的和颠倒的意识，同时还意识到了这样一种自相矛盾"②。显然，黑格尔批判怀疑主义的理论动机与其对康德哲学不可知论的批判息息相关，怀疑主义自身也存在着诸多思维局限与理论误区，但怀疑主义本身所蕴含的探索性精神与批判性品格恰恰是与辩证法精神高度一致。

---

① ［德］黑格尔：《精神现象学》，先刚译，人民出版社 2013 年版，第 132 页。
② ［德］黑格尔：《精神现象学》，先刚译，人民出版社 2013 年版，第 133 页。

四　自我的分裂：苦恼意识

斯多亚主义的自我意识无视个体性的存在，直接返回到了自我的内在世界，这一罔顾经验性存在而浸没于概念的进路日益趋于唯我论困境。怀疑主义的自我意识稍有差异，一方面承认外在他者的客观存在，但另一方面又在不断否定他者的过程中否定自身，以一种双重分裂的自我矛盾存在，虽避免了唯我论困境但却又滑向二元论、不可知论。但正是"所有这些缺陷集合成了基督教的'苦恼意识'，它失去了对于世界和人类的信任，而之具有在不可到达的'彼岸'形式上的绝对"①。青年黑格尔虽然不是从宗教进路推演出"苦恼意识"发生的必然性，但他认为怀疑主义的否定性进路是辩证法的方法论工具，它比斯多亚主义更接近作为理性确定性的真理。怀疑主义割裂了纯粹思维与个体性的有机关联，贯通到底的怀疑主义不可避免地导向自我意识的二元分裂，而将这种双重分裂的自我矛盾上升为完全自觉的自我意识，并意图重新恢复纯粹思维与个体性的内在统一，正是苦恼意识。"自我意识的内在的双重化已经是一个既定事实，但还没有达到内在的统一，而这就是哀怨意识，即意识到自己是一个双重化的、完全自相矛盾的本质。"② 斯多亚主义、怀疑主义与苦恼意识都是人类精神经由意识进入自我意识，但尚未进入理性之前的意识形态，在三者之中苦恼意识比斯多亚主义、怀疑主义更为成熟但又更为复杂，因为苦恼意识既综合了前两者的优点但又未能从根本上解决前两者的疑难即同一性问题，自我意识为此陷入了分裂的痛苦与哀怨之中。

苦恼意识的分裂之痛与哀怨之苦在于，一方面它意识到它的本质存在于作为对象的他者之中。在自我的虚妄不实与对象的本质实存之间构成巨大逆差，颠覆了自我意识引以为荣的自主性，自我的确证不在自我之中而要返求他者以证自我；另一方面，求证自我的过程是自我与他者、

---

① ［美］施泰因克劳斯编：《黑格尔哲学新研究》，王树人等译，商务印书馆1990年版，第29页。

② ［德］黑格尔：《精神现象学》，先刚译，人民出版社2013年版，第133页。

主人与奴隶之间的生死较量，但赢得斗争既不能消灭对方亦不能由此收获幸福。因为在这样的斗争中每一方赢得胜利的同时也即意味着另一种失败，它自以为在胜利中完成了同一，殊不知恰因为它的对手所丧失的东西而导致同一性解体。正因如此，主体与客体、有限与无限、思维与存在的二元分裂始终持存并贯穿于意识活动的全部，苦恼意识一直以既完整又分裂的形式存在。黑格尔总结道："哀怨意识本质上既是一个完整的不可分割的意识，同时也是一个双重化的意识。也就是说，它存在着，表现为一个自我意识对另一个自我意识的观审，它同时作为这两个自我意识存在着，而且二者的统一也是它的本质。但是，就它自己而言，它还不知道自己就是这个本质，还不知道自己就是二者的统一。"① 苦恼意识的苦恼正在于，它是一种意识到自我分裂的自我意识，而在这种分裂中意识是其所不是，不是其所；行其所不能，止其所能之。

既然苦恼意识是自我意识二元分裂的结果，实际上它本身就是同时并存的两种意识：（1）持久不变的意识。持久不变的意识是本质意识，它的目的是追求普遍性、绝对性、无限性；（2）变动不居的意识，它是非本质意识，特征是个别性、相对性、有限性。或者也可以说"苦恼意识有两个对立的环节：动变意识与不变意识。前者是个体意识、有限心灵、此岸意识；后者是普遍意识、无限心灵、彼岸意识"②。这两种意识相互对立、互相斗争，每一方都视自己为本质性存在而对方为非本质性存在，都意图通过否定对方而确证自己存在的真实性。这两种意识的对立是持久不变者与个别性的对立，虽然彼此排斥甚至进行生死较量，但这两种意识并不是分属于两个截然不同的主体的心灵所拥有，而是一个心灵的两个不同的本质环节。也就是说，持久不变的意识与变动不居的意识之间相互斗争甚至生死较量实质上是一个自身之内的自我搏斗，类似于至高武功中的"左右互搏。"③ 在相互搏斗中，意识希望能"超脱"而达到本质意识即持久不变者这边，但自我意识之为自我意识正在于其

① ［德］黑格尔：《精神现象学》，先刚译，人民出版社2013年版，第133页。
② 高全喜：《论相互承认的法权——〈精神现象学〉研究两篇》，北京大学出版社2004年版，第217页。
③ 在金庸武侠小说《射雕英雄传》中，老顽童周伯通创制了独门绝艺"左右互搏术"，其练武要领是：修炼是要"左手画圆，右手画方"；与聚精会神的传统范式不同，使用"左右互搏术"时强调"分心二用"，左右手使两种不同的武术套路。

能"超脱",而一旦超脱了意识就直接意识到了个别性,到达了作为持久不变者对立面的变动不居这边,本质意识也就同时成为非本质意识。苦恼意识的苦恼也正在于,持久不变者总是伴随着个别性,个别性也总是与持久不变者相伴随,对应的关系也即是本质意识与非本质意识、绝对性与相对性都是相互共存的。意识到他者也即意识到自我,意识到个别性也即意识到普遍性,这两种原本两极对立的意识却内在结合在一起。

对立两极如何和解?作为持久不变者的本质意识与作为个别者的非本质意识之间遵循着一条严格的"正题—反题—合题"的辩证思路:(1)普遍意识(本质意识、持久不变的意识)与个别意识(非本质意识、变动不居的意识)的对立斗争;(2)个别意识内部的相互斗争;(3)个别意识与普遍意识的和解。这是一条符合"普遍性—特殊性—个体性"的逻辑进路,而消融了普遍性与特殊性两极对立的结果是作为绝对精神的个体性,这时个体性就是被克服、被扬弃的普遍性。对立两极之间经历着三个环节,相应地普遍意识与个别意识之间也用三种不同的方式实现着分离与统一。

第一种结合方式是,持久不变者的意识(本质意识)与个别意识(非本质意识)彼此排斥、相异相争。第二种结合方式是,持久不变者的意识(本质意识)也不得不外化为个别意识、非本质意识,这一阶段实质是无数自利的个别意识彼此厮杀。这一思路类似于霍布斯在《利维坦》中阐释国家产生的缘由时所描绘的野蛮图景:当无数自私自利的人们为了争夺有限的生存资料而陷入"人对人像狼对狼一样的状态时",为了避免人类的共同毁灭而订立契约并在基础上产生了现代政治国家。同样如果对每一个自利的自我意识不加约束与规范而任意妄为,则意识王国将面临崩溃甚至解体的险境。前两种结合方式的缺陷使得黑格尔转而寻求第三种结合方式,即个别性与普遍性、非本质意识与本质意识的和解,这是否定之否定的结果。它克服与扬弃了原初的普遍意识与特殊的个别意识之间的二元对立,以"合题"的形式实现和解,在斗争与和解的双重缠绕中意识转变为精神,自我意识克服了苦恼意识的"苦恼"而步入理性精神的王国。

五　虚假的克服：走出自我意识的幻象

对于个体性存在、经验性他者或者对象世界，斯多亚主义保持"不动心"状态最终返回到自我世界；怀疑主义既对外在他者"动心"而承认经验性存在的意义，但又通过怀疑性立场否认其通达真理的可能性。苦恼意识综合了前两者的优势，即既承认经验性他者的存在意义，也肯定主体性自我的认知能力，又自觉意识到对象与主体、个体性与普遍性、有限性与无限性两者之间既相排斥、相互分离而又彼此相依的本质属性。它尝试弥合二者的分裂而促进其有机融合，超越苦恼意识的"苦恼"而进入精神发展的理性阶段，但却又始终无能为力、劳而无功。三种意识形态历经了"不动心"到"动心"再到"心有余而力不足"的三部曲，细致而精微地刻画出自我意识在走向理性阶段之前，是如何不断自我否定、扬弃与重构的冒险之旅。

在苦恼意识中，作为持久不变者的本质意识与作为个别者的非本质意识之间产生了生死较量，如果最终不能和解与统一，那么苦恼意识及其相伴随的痛苦、哀伤、迷惘、怨恨、绝望等情绪将充斥为自我意识的全部内容，由黑暗心灵与虚无主义所主导的自我意识是绝不能步入理性精神的。当然，黑格尔无愧于辩证法大师的桂冠而以自己独特的逻辑思维与思辨方法对自我意识进行了解构与重构，以"置之死地而后生"的方式使意识与精神历尽磨难又死而复生。

作为苦恼意识的自我意识，由于二元分裂导致意识与精神陷入死亡的绝境，意识的每一次行动都走向了其反面，占有即是失去、生存即是毁灭、享受变成了哀怨。原本意识以为通过劳动和享受就能获得现实性但现在发现这仍旧一个无能的尝试，被逼入两难绝境的苦恼意识不得不重新思考如何进入现实性、如何实现同一性的难题。为此，黑格尔娴熟而巧妙地运用了"理性的狡计"。

从显性视角而言，苦恼意识面临着宗教转向，"分裂意识的努力就承担着这样一个任务，即断绝与那个纯粹的、无形的持久不变者的关系，仅仅与一个有形的持久不变者（亦即上帝）相关联"①。为了实现宗教转向，意识必须在现实性层面做出自我牺牲，放弃在对象世界中确证自身的企图，它具体表现为："第一，它（意识）放弃了它自觉的独立性已经获得的真理；第二，它放弃了那些曾经通过劳动而占有的外在财富；第三，它通过绝食和苦行把曾经到手的享受再次完全舍弃。经过一系列的环节到最后，经过一个肯定的环节，意识终于以一种真实而又完整的方式认识到了内在自由和外部自由，认识到现实性是它的自为存在。"② 令人惊奇的是，苦恼意识在做出了现实性的牺牲之后，不再将欲望与劳动的行动看作为自己的行动，反而真正地摆脱了苦恼，现实性也经历了被放弃而又失而复得的奇妙旅程。

宗教转向能拯救苦恼意识吗？青年黑格尔显然不相信用宗教神秘主义就能简单粗暴地解决自我意识的难题，如果将上帝或神抬出来就能解决人类思维的终极问题，那么显然低估了黑格尔哲学的创造力与想象力。超越苦恼意识必须要解决有限与无限、人与神、主体自我与对象世界的矛盾与冲突。

从隐性视角而言，黑格尔用理性替代了上帝，用绝对知识取代了神学大全，用理性的一元论来克服自我意识的二元论困境。有限与无限、主体与对象的矛盾被化归为人与神、人与世界的矛盾，而"人与神的和解就是绝对理性自身的神性（神的逻各斯）与自身的人性（人的逻各斯）的和解，人与世界的和解则是绝对理性自身的自觉（主观）理性与客观理性的和解。神与人的同质同性、世界与人的同质同性，都只不过是绝对理性自己与自身的同质同性。"③ 黑格尔不愿用神性、大全、至善、道德等来弥补与融合对立两极之间的差异，这种自欺欺人的做法根本克服不了苦恼意识的苦恼症结。身处过渡阶段的自我意识还是"自身确定性的真理"，是尚未发育成熟的不健全的自我意识，它的下一阶段应是"理性确定性的真理"。虽然苦恼意识是自在自为的独立意识，但若从精神之旅的长征来看，它又不过只是通往理性阶段的一个中介。"苦恼意识就是

---

① ［德］黑格尔：《精神现象学》，先刚译，人民出版社 2013 年版，第 136 页。

② ［德］黑格尔：《精神现象学》，先刚译，人民出版社 2013 年版，第 143 页。

③ 章忠民：《"上帝之死"与黑格尔的"苦恼意识"》，《复旦学报》（社会科学版）2013 年第 1 期。

一个中项，把抽象思维与个别意识的个别性联系在一起。"① 正是通过中介作用，持久不变的本质意识与变动不居的非本质意识才互为对象，纯粹的抽象思维与具体的个别存在才相互关联。作为中介的苦恼意识，不仅担负了两极之间沟通的桥梁作用，还在于它本身就是实体性存在，是自在自为的独立意识。中介之为中介，也必然要被克服与扬弃，相应的苦恼意识不是意识发展的终极状态，克服与超越苦恼意识正是意识发展的逻辑必然。

随着苦恼意识转向理性精神，意识与他者、自我与世界的关系就被重构，从原来的否定性关系转向肯定性关系，意识也开始告别怀疑之路而踏上真理之路。意识不再盲目地寻求消灭自己的现实性、经验性，而是将其看作就是自己的本质，现实世界就是意识世界、精神世界，只能在这个世界里面经验到自己。理性精神就以唯心主义的方式先验预设了自我与对象、普遍性与现实性、有限性与无限性的同一。

究其本质，黑格尔是用逻辑本体论取代、消解与重构了一切实体，是在逻各斯中心主义的基础上实现理性的自我和解，看似推翻了由宗教神学与传统哲学所奠立的权威，但实质上是将理性精神、绝对观念重新树立为新的偶像，这不过是一个"祛魅"之后又重新"返魅"的过程。"苦恼意识"在黑格尔的精神之旅中可能只是一个沉重的片段、一条折返的歧路，但它却是弥漫在整个现代社会的哲学气息，充满着生存的焦虑、意义的虚无，走出"苦恼意识"的苦恼正是现代性批判与重构的内在必然。马克思在理解和消化黑格尔哲学的精髓之后，深刻地指出黑格尔哲学秘密不过是泛逻辑主义与神秘主义。"不是意识决定生活，而是生活决定意识"，无论黑格尔如何过度诠释理性的功能与意义，只要理性精神没有建基在现实生活世界之上，只要是忽视了特定的社会状态与历史境遇，它至多不过是理性思维的辩证想象而已。在解决自我与对象、普遍性与个别性、无限与有限的两极对立时，马克思既自觉地克服了主客二元论的思维范式，又与黑格尔的观念论进行了清算。从自然史、社会史与人类史的视角出发，将抽象的自我意识回溯到具体的感性活动中，将客观理性精神建立在人类历史进步的基础之上，从实践活动的途径来解决苦

---

① ［德］黑格尔：《精神现象学》，先刚译，人民出版社 2013 年版，第 137 页。

恼意识的"苦恼",并由此创立了唯物史观与实现了哲学革命。海德格尔对此也不吝溢美之词,认为"马克思深入到历史的本质性的一度中去了,所以马克思主义关于历史的观点比其余的历史学优越"。无论时代如何发展、历史如何变迁,自我意识始终是人之为人的本质所在,自我意识的哲学反思始终是人类思维的核心问题。

超越历史性与历史主义之争

——"公共性"视域内唯物史观的理论变革及其意义

袁祖社[*]

"公共性"叙事和言说是当下中国社会历史新时期，人文社会科学研究领域带有范式变革意义上的主导性的新话语。受此一广义公共哲学的理论背景的影响，20世纪90年代中期以后，包括中国在内的全球社会，有关公共事业、公共产品、公共（行政）管理、公共空间、公共社会（实践）、公共文化、公共价值、公共伦理、公共精神等问题，成了一个集中而热门的焦点性话题，形成了影响幅面不断扩大的"公共性文化气象"甚或"公共性学术运动"。

公共性之思显然承载并预示着理论理想和现实期许，那么其多维度呈现的更为深层的意蕴究竟是什么？它是以何种载体得以展现和表达自身的？我们当下所谈论的"公共性"究竟是何种类型、何种意义上的公共性？不难发现，对其深层意义的揭示、阐释，当代唯物史观理论无论在基本的理论觉识、介入方式，还是在主题辨认与言说深度上，都尚未给出与我们这个时代哲学的认知水平相匹配的、真正令人满意的答案。

---

* 作者简介：袁祖社，男，1963年生人，现任陕西师范大学哲学与政府管理学院院长、教授、博士生导师。

一　有关人类生存和发展的“公共性”
　之思的逻辑前提及其现实意涵

　　人类作为一种社会性的、合群性的实践存在物，其类群意义的基本前提和主要标志，是以文化共同体为基质的“公共性存在本体”的确立。本体论意义上的“共在”“共生”，实践论意义上的“共创”，价值论意义上的“共享”等所体现和表达的，无一例外都是人作为一种公共性存在物的主体性追求所在。依据哈贝马斯的考证和认定，柏拉图的《理想国》和马克思主义经典作家之“自由人联合体”的目标，都是此意义上的公共性之思的产物①。

　　从起源上讲，“公共”“公共领域”最早可以追溯至古希腊。对于其原初涵义的理解，必须与对古希腊“城邦”含义的诠释相结合。亚里士多德明确指出：“（一）凡有权参加议事和审判职能的人，我们就可说她是那一城邦的公民；（二）城邦的一般含义就是为了要维持自给生活而具有足够人数的一个公民集团。”② 希腊的城邦社会本质上就是“公共生活”，并具体体现在许多方面。以雅典为例，其公共生活就被分成了三类。一类是和公民参与城邦政治生活密切相关的空间。希腊意义上的所谓市政广场。市政广场又称“阿果拉”，是个大型的活动空间，类似于现代的广场，许多大型的市政建筑物都分列在市政广场周围，从而构成为公共生活的中心区域。约翰·B. 汤姆森曾说：“在古希腊，公共领域首先是由言论组成，由位于同一地点的口语对话交流中产生的不同的论点、意见和观点的评价所组成。”③ 第二类是宗教性的公共空间，雅典卫城是该公共空间的代表。第三类是文体性的公共空间，满足人们通过竞争获得荣誉并展示自己身体的要求④。

　　希腊以后，尤其是文艺复兴、启蒙运动以后，随着资本主义制度的

----

　　① ［德］尤根·哈贝马斯：《公共领域的结构转型》，曹卫东译，学林出版社，第 131 页。

　　② ［古希腊］亚里士多德：《政治学》，吴寿彭译，商务印书馆 1965 年版，第 113 页。

　　③ ［英］奥利弗·博伊德－巴雷特·克里斯·纽博尔德：《媒介研究的进路：经典文献读本》，汪凯、刘晓红译，新华出版社 2004 年版，第 316 页。

　　④ 赵立行：《古希腊人的公共生活》，《文化学刊》2008 年第 5 期。

确立，公共、公共领域概念的理解和诠释，逐渐变得较为确定。据于尔根·哈贝马斯的考证，在辞源学意义上，欧洲大陆主要国家——英、法、德关于"公共"一词的明确使用，基本上始于 17、18 世纪启蒙运动前后。具体来说，英国社会始于 17 世纪中叶。法语中的"publicité"是从英语中来的，只是到了 17 世纪末方普遍使用。德国社会最晚，18 世纪才使用"公共"这一表达。辞源学的公共性所体现和对应的，是当时欧洲资产阶级经济、政治社会现实。作为一个实体性的生活领域，在当时背景下，公共性具有一定的独立性，表现为与"私人领域"相对立的"公共领域"。1791 年法国宪法关于"公共领域"做出了如下相对准确和清晰的界定："思想和意见的自由交流是最可宝贵的人权之一。人人享有言论自由、写作自由和出版自由，但要对滥用法律所规定的这种自由承担责任。"不难看出，作为一个特定社会历史发展和变革相一致的具有历史性、生成性的概念，公共性的涵义是具体的、现实的，其典型意义，只有到了现代资产阶级社会才得以确定，它是一个从本质上有别于以往一切封闭、保守的社会开放的公共性空间，藉此，所有具有平等权利的公民可以就一切公共事务展开自由交流，相互讨论。

概括地讲，公共性作为特定社会历史条件下的一种理性的公共性、公开性使用与认同，具有普遍意义。在当代社会中，公共性的基本涵义，至少有以下三个方面：一是政治国家层面——国家公共性。这一层面的公共性主要是指埃莉诺·奥斯特洛姆意义上"公共事务的治理之道"。即使在完全市场化社会环境中，一方面，由于垄断、信息不对称、公共品和外部性等，也会导致"市场万能神话"的破灭，出现"市场失灵"；另一方面，政府虽然能够有效弥补市场的不足，实现公平。但同时也存在着由于政府层级所带来的信息失真、官员寻租、激励扭曲、官僚组织的交易成本失灵的情形。奥斯特洛姆提出了基于"多元利益"冲突与协调基础上的基于"公共价值"的治理智慧，强调政府应依照全体公民的意志和制度共同体的共同利益，从保证公民利益的基本点出发，制定与执行公共政策。"公共性"的获取及其保证，内摄了政府的政策制定与执行的公平公正性，包括了公民的利益能否通过民主的程序得到表达与整合等①。到 20 世纪 80 年代为止，"公共性"这一称谓关联着所谓普遍性意义的"社会福祉"，主要被用来表达诸如国家、地方自治体之政策理念的基础和出发点，表征政府行政活动正当性；二是（公民）社会的公共性——市民公共性。这一层面的公共性主要是指"有我的""社群共同体"关系新质的理性熔铸和建构，是在公民社会间共同的、公开的意味下来探讨"公共性"的本质。在《政治自由主义》中，罗尔斯指出："公共理性是一个民主国家的基本特征。它是公民的理性，是那些共享平等公民身份的人的理性。他们的理性是公共的善，此乃政治正义观念对社会之基本制度结构的要求所在，也是这些制度所服务的目标和目的所在。于是，公共理性便在三个方面是公共的：作为自身的理性，它是公共的理性；它的目标是公共的善和根本的正义；它的本性和内容是公共的。这一点由社会之政治正义观念表达的理想和原则所给定，并有待于在此基础上进一步的讨论。"② 在罗尔斯看来，"公共理性的观念属于秩序良好的宪政民主社会的一种构想。公共理性的形式和内容——其为公民所理解的方式及其对于公民之间政治关系的阐释如何——是民主观念自身的组成部分。"③ 从历史背景来看，从 20 世纪 90 年代以来，由于人类活动造成了自然环境、生活环境的破坏，人们逐渐地开始怀疑作为国家的东西的"公共性"。与此同时，也逐渐地开始提出市民共同的、公开的意味的"公共性"。如果说国家层面是我们在一般意义上使用的广义的公共性概念，那么市民意义就属于狭义的公共性概念。它是与私密性相对应的概念，以具有能够在比较广泛的社会人群中进行相互交流和沟通，可以获得某种普遍认可的属性作为特征；三是文化公共性。

身处新全球化的时代，我们面临着历史性现实境遇内文化多元化和不同价值之间的一种激烈冲突与较量的现实，它带来了一系列严峻而急迫的问题。透过诸多纷繁复杂问题的表象，我们时代的真问题正逐渐浮出地表，它的实际呈显，就是理查德·罗蒂所谓"我们是谁"的追问以及法国当代著名思想家阿兰·图海纳"我们能否共同生在"的深深的忧

---

① ［美］E. 奥斯特罗姆：《公共事物的治理之道》，余逊达、陈旭东译，上海三联书店 2000 年版，第 32、370 页。

② ［美］罗尔斯：《政治自由主义》，万俊人译，译林出版社 2000 年版，第 225—226 页。

③ ［美］罗尔斯：《公共理性观念再探——公共理性与现代学术》，生活·读书·新知三联书店 2000 年版，第 1 页。

虑。其现实指向则在于，人类能否以一种新的"社会理性"，构建一个新
质的"世界共同体"，和平、和睦、和谐地共处于一个地球之上？当代人
类思想所面对的，是"后哲学时代"由于"技术困境"和"价值虚无"
所导致的普遍的文化失度和失控的复杂情势。"文化公共性真实"的危机
及其重建作为我们时代人文学术的真问题，其深层关切，直指"文化公
共性"理想筹划的新根据。而文化公共性的实质，就是海德格尔意义上
"对总体性在场和可获得性的追求"的旨趣。除此以外，汉娜·阿伦特所
谓"公共世界"、伽达默尔所谓"公有现实"、哈贝马斯的"交往理性"、
罗尔斯的"重叠共识"、现象学宗师胡塞尔晚期为回应欧洲科学的危机而
提出的"主体间性"思想等，也都可以视为围绕此一问题所做的智识性
意义的努力。

二　唯物史观视域内公共性问题
之思的历史与理论逻辑

公共性问题之思，其理论和现实旨趣，直接关涉合乎人类本性的文
化与价值形态的先验根基，直指现代社会社群共同体关系新质、合理存
续方式、优良制度的设计与安排方式，以及民众对于一个可欲、可得、
可享的理想生活方式的理性吁求。

置身社会公共生活虚实间杂的万象，我们更需要透过公共性的话语
喧嚣，探究隐置其后的东西。对公共性问题进行唯物史观意义的哲学追
问，其最现实的目的，就是要明确"公共性"自身属马克思主义价值立
场的问题。这个问题进一步展开的就是，人类历史的真实本质究竟是什
么？历史是通过何种方式逻辑地获得其各不相同的本己存在样态和定式
的？简单地讲，以往关于历史，我们经历了前现代性的"自然主义解释
方式""神话—宗教的解释方式"、现代性意义上的"科学—批判理性的
解释方式""人本哲学的解释方式"、马克思主义立足生产—劳动的"实
践的解释方式"，以及其他如分析哲学的、现象学等的解释方式等，从而
形成了各不相同的历史观念，造成了形态各异的历史生活现实和图景。
客观地讲，马克思以前以及马克思同时代，在历史观问题上，人类思想

理论之所以陷入深深迷误的一个至关重要的原因，在于其观察、理解和诠释社会历史事实的时候，采取了单一观念本位支配下静态的、抽象的形而上学的思维范式，"自然""神灵""理性"等相继充当过解释主体。这些观念和逻辑一旦被选定，就会被强加给历史。其结果，原本是实践生动性、具体复杂性的社会历史活动本身就会被无限简化，成为主观认定的某种单一观念的展开，而其他一切更有效、更直接、更根本的要素，以及呈现方式就被遮蔽了。

基于公共性理论范式之社会历史观问题上实践的人学价值观念的介入，针对的是近代抽象的自然历史观、神学历史观，以及理性主义历史观的弊端，规定了马克思主义经典作家所创立的社会历史观的革命性质。一方面，新历史观立足人类从"自然史"转化为"社会史"以后的存在与发展真实，将全部社会生活、人的存在和发展本身视为一个关系体，力求从自然与社会、个体与社会、社会内部的各种关系生成的角度，呈现人类生存与生活的真实。强调、突出并坚持关系维度，是马克思主义经典作家能够拨开历史重重迷雾，以清晰的历史理性，洞悉社会历史真相，在还社会历史以本来面目的过程中，发现社会历史的基本矛盾，揭示社会历史的规律，从而实现社会历史观的深刻变革；另一方面，此一新的历史观旨在表明，社会历史活动的真理，就生成于人们改变世界以及自我改变的一切活动之中。历史的变迁、变革，是与人类社会历史发展的整个过程完全一致的。实践活动的水平、质量，在一定意义上影响甚或决定着社会历史的全貌。脱离特定历史时代人们的社会实践活动，去抽象地言说历史，只能扭曲历史，背离历史的本真。这里，最值得一提并必须引起我们关注的是，马克思主义经典作家致力于新的社会公共本体的寻索，立足无产阶级和广大人民群众的对象性、超越性的实践活动——社会历史意义的自主创造与自为拥有，以"自由人联合体"为新共同体理想，以人的自由全面发展为生存目标基础上的新公共性的哲学主张。在浩繁的思想史探索所提供的各种答案中，我们认为，唯有马克思意义上真实的实践的"公共性"吁求，才真正契合了历史的属人和人属的主体性本质。换句话说，唯有实践性理解和坚持了的这种公共性，才真正堪称历史的真正价值本体。一部人类社会历史，其实可以被视之为合理而恰当的公共性观念的展开和实现过程。

　　总之，马克思的唯物史观所澄明的，是有关社会历史发展之公共性实践的真理性内蕴。其所彰显的，是人类生存之公共价值优位的社会进化与选择逻辑，即社会历史活动本身所内在具有的公共性特质、历史的人学目的论性质。在此种新的实践的价值理性视域内，社会历史并非个别人、特殊利益集团之主观任性行为和自由意志的实现场所。历史是人民群众的事业，实现的是彻底的社会革命和人类解放的宏伟目标。

　　作为对以往历史解释的颠覆和重构，当代社会正遭遇关于历史的后现代性的"泛文化—符码的解释方式"。历史唯物主义的当代研究，面临着由当代人类活动所造成的新的历史现实和新的生存境遇，即：人类生活各领域、各层面之普遍的公共性追求正在成为引导历史向真、向善、向美演进的新的路标和界碑，质言之，公共性本身正在成为人类当代历史的前所未有的新的特质。与此同时，关于历史的公共性思考范式，也正在成为一种全新的历史理解和历史解释方式。显然，就公共性问题的固有理论资源和表达语式来讲，并非当代中国学术界的理论贡献，但这并不妨碍不同学科使用这一思想诠释各自学科的问题，从而以自己的方式，触摸历史和人性的真实。那么，究竟如何理解"公共性"的多重含义？在现代社会里究竟如何划分公共领域与私人领域、区分公共事务与私人事务？面对中国自身的文化传统和政治现实，又如何建构一种有关公共性问题的哲学？这种哲学和"天下为公""克己奉公""大公无私""灭私兴公""立党为公"等种种在中国历史上起过或正在起活跃作用的观念之间，有何关涉，与公共理性、公共观念、公共权力、公共财产、公共物品、公共服务、公共管理等范畴之间又有何联系等等？

　　一如"现代性""后现代性"在中国学术界出场时的多面相与跨时空共时态呈现对中国思想界智识的诘问和挑战一样，自 20 世纪 90 年代以来，公共性问题、公共性话语及其思考范式在当代中国的渐次呈现方式，同样具有复杂性，其间充满了令思想界难辨真伪的诡异和悖论性现实。一方面，伴随着市场化现实和全球化实践的全面推进，和国际社会一样，中国社会面临着急需解决的大量公共性问题。因此，有关公共性的理论话语很快从多层面呈共时态彰显，如公共管理的公共性、财政公共性、传媒公共性、艺术公共性、房地产的公共性、教育公共性等；另一方面，受自由主义观念规导的全球化的单向扩张，更由于消费社会和消费文化场景中业已成为强势的资本逻辑和"符码化"逻辑的存在和支配、宰制性作用，使得当下中国社会从一开始就出现因知识"公共性"维度的迷茫所产生的文化公共性的危机。

西方思想背景下的公共性理论是和社会结构分化过程中政治国家和市民社会以及与之相应的"公共领域"与"私人领域"的二分为前提和基础的，它所证成的是契约自由、个体自主、自律与社会自治的资产阶级的社会秩序与治理方式。因此，以这种方式所获得的公共性，必然带有其先天的不足和缺陷。在反思批判的意义上，这种性质的"公共性"并没有反映和体现文明社会的真精神和实质性追求。

全球化背景下和历史场景中的当下中国社会的改革开放和市场经济实践，作为公序良俗的现代公共性社会的创制过程，催生了一系列"公共性话语"，如"以人为本"的科学发展观和"和谐社会"建设，尤其是社会主义核心价值体系的构建等，所有这些都表明，当下中国社会正以自己的方式，以充分的实践和理论资质，实际地催生并化育一个使"公共性"以中国方式出场和附着的载体。但另一方面，客观地讲，从中国的社会历史传统和现实着眼，我们其实尚处在"公共性"的初级实践和启蒙性阶段。为着将有关公共性启蒙的理论之思引向深入，为了在言说公共性问题时能有一个共识性的交流平台，我们必须明确公共性问题赖以产生、存在和发挥作用的历史根基及其思想语法。因为，"公共性"和公共领域之成为当今世界人文—社会科学领域的热点话题，并非空穴来风，而是直接缘于20世纪80年代末90年代初社会主义国家的转型。

三 实践的公共性叙事范式下 唯物史观理论的现实关切

公共性作为现代共同体公共生活的德性基质，本是孕生于普遍的人类历史中的一个不争的制度德性构成。其涵义虽几经变迁，但自始至终贯彻着一个一以贯之的东西：人类对有关公共事物的存在理据、治理之道及其价值实现方式的合理性、正当性和有效性的不懈求索。

公共性问题的凸显，公共性实践以及公共性社会的出现，以及当今社会历史主体普遍的公共性意识的觉醒，从多个方面为历史唯物主义提供了一种理解当代社会深层结构变迁以及关系改制与重组的文化新视角。在某种意义上可以说，人类文明演进至今，公共性正在以自己的方式，从根本上改写、造就我们时代的新的历史现实和情境。

依照此一理解，公共性问题所实际关切和指向，至少可以从以下三个方面得到说明：一是历史意义的制度理性澄明；二是社会生活的组织之道与中国社会公共生活性形态问题；三是现代公民社会个体"公民性人格"的价值生成问题。

首先，公共性之于新的社会历史时代的意义，其实质就是是历史意义的制度理性澄明问题。这意味着我们必须以唯物史观理论对现代公民社会的意义做全景观照和深刻透析。对历史唯物主义的研究来说，要真正发挥公共性理论对当代社会现实的解释力，避免解释过度和失度，那么就必须思考这样一个问题：导致公共性问题丛生的真实的、真正的原因是什么？当代人类的社会实践是否或者在何种意义上创造出了一个新质的生存共同体现实，以及与我们这个时代相匹配的社会历史主体——人的公共性存在表征。

马克思所创立的历史唯物主义，致力于对其所生存于其中的资产阶级市民社会及其文化冲突关系的批判和超越。就其学科变革和学说新创意义的思想理念支撑而言，是以其对历史所做的实践的公共性把握及其相应的文化价值追求，而从根本点上与以往的旧历史观彻底区别开来了的。与经典作家发现和创立科学唯物史观的时代不同，当今时代人类所生存于其中的"历史"，无疑是全球化、市场经济与公共社会的历史，使这样一种历史样态成为可能的理论基础，仍然是强大的自由主义、个体主义、功利主义以及愈演愈烈的现代消费主义，这种社会所遵循的生存逻辑，依然是个人权利、福利和享受最大化。在此，我们仅以鲍德里亚基于对马克思时代"生产逻辑"与"资本逻辑"的反思，所提出的现代"消费社会"的"符码逻辑"以及"拟像化现实"等理论为例加以说明。对马克思的商品理论我们都不陌生。马克思将商品的价值分为使用价值与交换价值，鲍德里亚在此之外又增加了"符号价值"的分析。在这种符号价值中，商品的价值是以它们带来的声誉以及它们展现社会地位与权力的方式来衡量的。鲍德里亚认为，马克思把使用价值当作一种外在于交换价值的乌托邦，没有意识到，在资本主义市场体系中，使用价值恰恰是由交换价值中介的，使用价值只是交换价值的借口。在鲍德里亚看来，将使用价值作为最后的承诺独立出来，源自于物质生产的思维方式，而物质生产在消费社会中，已经被媒介生产所取代。如果说在物质社会中，实体性的东西是基础，而在媒介生产中，符号、符号的差异与等级关系构成的"物体系"反而是主体的身份认同、真实感来源。这样，我们来到了"类像"的时代。所谓类像，与摹本（copy）有什么不同呢？其中最关键的差别就在于："原本"与"模型"。摹本是对原本的摹仿，原本乃真、源头，摹本则被标定为次级的存在。类像则是那些没有原本的东西的摹本，或者说，它是一种模型的大规模生产。比如说汽车，一次生产一万辆，那么，这一万辆都是一模一样的，并没有一个所谓原初的真实的汽车。在类像的世界里，模型和符码构造着经验结构，并销蚀了模型与真实之间的差别。原本不重要了，什么是原本，我们不得而知。就像置身于一间装满玻璃的屋子，如果一切都是类像，那么幻觉与现实就会混淆起来。一切都成为形像，成为文本，没有涉指物，没有外在的客观世界。超真实世界来临了！在这个世界里，类像开始构造现实本身，类像模型变得比实际的制度还要真实，不仅类像与真实之间的区别越来越困难了，而且，模拟出来的东西成了真实本身的判定准则。这样，现实的界限开始崩溃，真实崩溃在类像里，意义内爆在媒体中，媒体和社会内爆在大众中，信息与娱乐、影像与政治之间的界限均告内爆。一个可怕的黑洞，将所有的东西吞噬其中。

但同时也要注意到，由于当代人类公共生活范围的不断扩大，因此，受文明社会进步逻辑的内在必然性的驱使，当代历史正以自己的合规律性和合目的性的方式，向我们呈现出愈来愈明显的"公共性"新质素。譬如，针对人类中心主义、消费主义的反思而出现的生态中心主义，及其所倡导的"生态文明""生态伦理""生态正义"，所表达的其实就是"生态公共性"的生存理念；又如，针对狭隘的个人主义、功利主义所宣扬的"个人利益的天然合理性"，现代社群共同体主义等对共同体利益的强调和践行等。

以公共性的方式对历史意义做制度理性澄明，我们首先必须注意到下述重要历史事实。那就是，一个显在的不争的现状是，在历史上，传统中国本来是一个缺乏公共物品、公共服务的国度，中国社会曾经呈现过一盘散沙的状态，是一个公共性极度缺乏的社会。当然，中国不乏被放任的自由，但却并没有允许和鼓励人民参与公共事务的观念。当然，毋庸置疑，这个传统特征在社会主义历史阶段已经有所改变。固然，民间社会中生存的普通民众，本来是"一盘散沙"，因此需要强调"公共性"，需要进行群众动员。但是在"动员体制"下，民众还是处于被动状态，并没有真正的参与。如此，所谓的"公共性"就只能是国家意义上的，与"社会"的理解和感受却未必等同。也就是说，中国本来不乏以赛亚·伯林意义上的"消极自由"意识，但由于没有公共性，结果不得不通过国家来形成公共性。但这样做的结果，真正的公共性未必形成，而普通百姓的消极自由却又没有了。在改革开放的过程中，传统的消极自由又恢复了，并开始受到欧美消极自由观念的影响，产生了一些变化，有了一些新的现象，但"积极自由"还没有出现，新的公共性还没有形成。我们所面临的文化公共性现状就是如此。由于只有片面的、甚至是畸形的消极自由，权力结构始终未能改造，结果机会的平等得不到充分保障、竞争的公平得不到充分的保障、分配的正义得不到充分保障，导致社会两极分化越来越严重。这就使得新的公共性更难以建立，积极自由的实现变得更加困难。

那么，当代转型中国社会的制度安排和设计究竟如何才能建立体现和贯彻公共理性关键是要推动现代"市民社会"的发育和壮大，承认个人的主体性，承认民间自治机制，让自由选择和自我负责成为新型法治秩序的基础。这就意味着必须实质性地发育中国特色的社会"公共领域"与"公共空间"，形成区别于传统政治国家意义上的新质"社群共同体"与话语的自主表达场域，并逐渐形成其与"私人领域"之间的良性互动关系状态，让新的公共性从公民之间平等互动的关系以及自治机制中产生出来。这就意味着可以批判地借鉴当代西方共和主义自由观。共和主义自由观在私权中嵌入"他者"和社会化的契机，所以不限于消极自由。与此同时，它又与"动员型政治"相区别，充分发挥公民个体的主观能动性。哈贝马斯说："所谓'公共领域'，我们首先意指我们的社会生活的一个领域，在这个领域中，像公共意见这样的事物能够形成。公共领域原则上向所有公民开放。公共领域的一部分由各种对话构成，在这些

对话中，作为私人的人们来到一起，形成了公众。"① "资产阶级公共领域
首先可以理解为一个由私人集合而成的公众的领域，但私人随即就要求
这一受上层控制的公众领域反对公共权力机关自身，以便就基本上已经
属于私人，但仍然具有公共性质的商品交换和社会劳动领域中的一般交
换规则等总是同公共权力机关展开讨论。"② 所谓公共空间的概念，应当
按领袖—民众的二元逻辑，分为下列三个理论级位：一是规训（宰制）
空间：以古典集权政治（政权或教权）为控制轴心、由大数量民众所热
烈拥戴的垂直空间；二是主导空间：近代知识精英及其民众追随者共同
构成的斜面空间，具有某种威权性，但普世的人本价值已融入基础语法；
三是对话空间：哈贝马斯所描述的现代市民空间，也就是建立在自由、
民主、平等价值上的中产平民的水平空间。以上三种公共空间构成历时
性的演进过程，同时又成为共时性的理论模板，成为我们描述现代社会
的基本模型。其中，规训（宰制）空间最为悠远，可以径直上溯到秦帝
国时代；主导空间虽然源于古希腊城邦社会，但在文艺复兴之后才发育
成熟；而哈贝马斯所描述的，则是公共平台发育的现代形态，描述着战
后德国及其整个西欧中产阶级社会的基本面貌。中国社会的公共空间发
育线索，经历了从第一时期向第二时期的转型。而我们现在正处于这两
种形态的混合型之中，距离哈氏模型还路途遥远。

　　其次，努力求解社会生活的组织之道，发育健康、合理、完善的中
国社会公共生活性形态。在考察"产生于国家现代化进程中的公共生活"
这一问题时，有学者注意到了其近代渊源，认为近代的理论存在着这样
一个逻辑：在公共生活与私人生活相分离的前提下，如果将公共生活视
为一种目的，就可能会对私人生活造成极大的挤压，而现代社会的一切
努力都是在于保障私人生活和促进个人自由。所以，就会提出把公共生
活定位在工具性地位上的要求。然而，公共生活的工具化也带来了问题。
"公共"的内涵遭到肢解，它大多时候都只能以"公众"的形态出现。或
者说，在公共生活工具化的情况下，人们是分不清"公共"与"公众"

---

　　① ［德］尤根·哈贝马斯：《公共领域》，汪晖译，载汪晖、陈燕谷主编《文化与公共性》，
生活·读书·新知三联书店 1998 年版，第 125 页。
　　② ［德］尤根·哈贝马斯：《公共领域的结构转型》，曹卫东译，学林出版社 1999 年版，
第 25 页。

的。因此，"公共意识"也就逐渐被磨灭了，由于公共生活难以带来公共利益的实质改善，人们也就不再关注公共利益，而只希求个人利益的满足。因此，公共生活在成型的同时也面临着转型的挑战。①

20世纪80年代末90年代初，随着商品经济的发展和90年代初社会主义市场经济的蓬勃发展，世俗化的潮流逐渐占据了主导性的支配地位，并开始按照自己的面目重塑人们的文化心理和现实生活的状况。人们开始重视日常生活，注重此岸感和个人感，功利主义和个人主义相融合，构成了现代世俗文化的基本样态。随着历史语境的变迁，80年代启蒙话语也逐渐失去了往日的批判能力，无法应对和回答新的现实问题。

正是基于对西方近代公共生活非正常形态的警惕，因此，对于当代中国社会的公共性问题，必须持最为现实的立场，着眼于从民生、民权和民心三个方面分别考量。在民生方面，我们必须发展经济，强国富民，而这需要市场经济的机制；在民权方面，我们需要限制公权、保护民权的制度机制，使我们的政府管理更民主和更有效，使我们的人民生活得更自由、平等和有尊严；在民心方面，我们需要复兴中国的传统文化，把那些具有普遍价值的文化发掘、整理出来，并加以现代的诠释和升华，使之抚慰我们的灵魂，安顿我们的心灵，充实我们的精神，化育我们的德性。这三个方面分别涉及的是经济系统、政治领域和生活世界②。

政府、市场和社会是社会生活组织化的三种选择，中国改革道路反映了三种组织化机制的变动轨迹。中国改革发端于全能政府的控制逻辑，在经历了政府有限化、市场回归和社会的生产后，逐渐形成了政府、市场和社会互动的公共治理模式。政府、市场和社会的合作共治成为未来社会生活组织化的基本逻辑。中国改革带来了社会生活变迁，这种变迁既反映在社会生活方式上，又表现为社会生活内在逻辑的转变。社会生活不同于个人生活，在于社会生活是组织化的。因为这种组织化而使社会成员共同生活，走出"丛林法则"处于共生状态。中国三十年的改革，早已改变了计划体制下"政治控制一切"的社会运行机制。个体逐步从集体中得以解放，变为具有主体性的个人。然而，整个社会并没有因此

---

① 张康之等：《产生于国家现代化进程中的公共生活》，《浙江社会科学》2008年第2期。

② 参见高鸿钧《无话可说与有话可说之间——评张伟仁先生的〈中国传统的司法和法学〉》，《政法论坛》2006年第5期。

变得无序，社会成员重新以一种不同于传统的方式组织起来。换言之，在改革过程中，中国社会生活组织化逻辑发生了变革。正是在此背景下，国家与社会关系成为分析中国改革以来权力运行逻辑转变的主导性范式。政府与市场尽管主要是围绕经济生活展开的，但经济生活往往与社会生活融合在一起，社会关系"嵌入"在经济体系之中。因而市场仍不失为一种社会生活的组织方式，市场交换把人与人联系起来构成"局部秩序"。亚当·斯密所言的"无形之手"不仅配置经济资源，同时也调节人与人之间的关系，协调社会生活。

政府、市场与社会是人类社会生活组织化的三种方式。它们在社会领域的具体表现形式为"公共组织""私人组织"和"社会组织"，这三种组织也被称为社会上的三大部门。三种组织之间的结构优化与功能匹配是一个社会实现良好秩序的有效前提。中国改革的历程正反映了三者之间逐步走向结构优化与功能匹配的变动轨迹。具体而言，中国改革道路发端于"全能政府"，在政府放权的过程中，市场化进程得以推进，市场经济逐步发展。随着政府有限化与市场回归，独立的社会空间形成，呈现"社会的生产"。

最后，是形成区别于普通民众和一般大众的现代公民社会的合格主体——新社会"公众"。这是一种新质的公民社会历史主体——公共性的共同主体——个体"公民性人格"诞生和成长实践。著名思想家阿伦特曾痛心地指出，在现代西方消费社会，公共事务的参与、公民责任、公民美德的展示这些在古典时期被视为最高价值的东西被颠覆，人不再被看成是政治的存在。生活的最高价值不是表现在公共领域或政治生活中，不是表现为公共责任的践履，而是表现为在市场上、消费方式上追逐"私人利益"。

中国社会正在经历一个以公共性需要的不断高涨和满足为标志的前所未有的文化转型，一个市民的社会和大众文化的时代正在到来，社会公众要求改变原有的文化结构，希望在公共领域体现自己的文化权利和要求。二十一世纪，将是一个公共生活的世纪，一个公众的世纪。公共生活所呈现的，是普通民众集体性公共意志和公共精神。公共生活的所彰显的"公共意志"，不是长官意志、不是有钱人的意志、更不只是社会精英们的意志。社会公共生活，首先是民众生活其中的社会性的精神生命的承载者，其次是它的历史性的文化生命的昭示者。当然，必须引起我们注意的是，公共性之于中国社会，还只是一种生成着的文化意象，还没有一种相对的普遍性定在。

中国社会的公共性建立，呼唤新的"公众群体"的出现。"在一般的社会观念里。公众与大众是不一样的，前者意味着理性、客观和批判性的态度，而大众意味这非理性、狂热和盲从的态度。"随着公共领域的讨论所出现，中国社会正出现一个新的公众群体，这个公众群体不同于传统的知识分子共同体，它们不再是单一的、甚至一元化的学院背景，而是由形形色色的社会个体在不同的亚文化群体中，通过公共交往和社会争论，形成通过正当途径为各自利益角逐的利益共同体，"这个利益共同体不再像知识分子共同体那样标榜一个超越的、神圣的价值准则，也不假惺惺地宣称绝对中立和客观性的原则，他们成为一个个遵循社会理性逻辑和游戏规则，强调对话、博弈和妥协过程的'小众群体'，这种小众群体慢慢地正在汇聚成对传统公众概念的颠覆性力量。"① 现代民主公共政治的参与者和营建者是公众。公众不是一般意义上的"老百姓""大众"或"消费者"，而是具有充分自我利益和自由选择意识，积极参与到不同范围公共事务中去的大众或消费者。

公共性表征的是现代公民的生存原相，是现代公民文化价值理念的自主呈现方式，多方地关涉着现代公民个体的德性良知的规训和化育方式，并构成其"公民性人格"的实质性内容。从文明社会的演进趋势来讲，判断一个社会美好与否的基本依据和标准，就在于看其是否体现了社会发展的公共性驱使，以何种方式、在何种意义上满足着社会的公共性需求。当然，对中国这样的后发现代化和后发民族来说，还常常面临着一个过去传统的"公共性"较西方更急剧地崩溃或丧失的困境，以及面对既要坚持自己的民族个性和国家利益，又要承担某种现代社会的共性的矛盾，所以，不得不做出更大的努力，来恢复或重建一种新"公共性"。但是，不管文化公共性重建的情势多么严峻，毕竟，在中国，随着一个真正的公共性社会的到来和公共领域及新公众群体的出现，理性公众参与到公共生活中去的主动性将大大加强，公共生活与公众的距离将越来越近，公共生活的权力将真正下放到新公众群体的手中。一个社会

---

① 参见唐小兵《"公众"突围与文化"转身"》，《文化学刊》2007 年第 1 期。

很难保证人人都具有公共性需求和公共性精神，但他/她不可避免地会参与公共生活。无论如何，只要大多数人能够做到以公共生活和公共规范的践行为自觉追求，便会逐渐形成一种文明的秩序和有教养的氛围，从而期待一种公众共同追求的高品质生活。

一般智力与解放的乌托邦:当代西方左翼主体理论的再反

——基于马克思恩格斯对"脑力劳动无产阶级"及其历史使命的阐释

孙乐强[*]

20 世纪 90 年代以来，随着所谓"知识经济"的兴起，智力和知识在经济发展过程中的作用越来越突出，如何理解智力与阶级逻辑的关系，就成为当代西方左翼关注的焦点话题之一。在此背景下，以自治主义和认知资本主义为代表的左翼思潮基于智力、非物质劳动和知识生产等问题，提出了不同于传统无产阶级的"诸众"（multitude）、"认知无产阶级"（cognitariat）和"认知工人"（cognitive worker）理论，在当代西方学界产生了重要影响。这促使我们不得不重新思考下列几个问题：马克思恩格斯是如何理解智力与阶级的关系的？脑力劳动与体力劳动之分是他们界划阶级的主导逻辑吗？什么是恩格斯所说的"脑力劳动无产阶级"？后者与西方左翼所说的"诸众"和"认识无产阶级"存在何种关系？只有澄清这些问题之后，我们才能正确认识和评价当代西方左翼的主体理论。

---

* 作者简介：孙乐强，南京大学哲学系教授。

基金项目：国家社科基金项目"当代西方左派对马克思'机器论片断'的理论重构与社会批判范式的当代转型研究"（17BZX031）、国家"万人计划"青年拔尖人才资助项目"新世纪以来国外马克思主义发展趋势和重大问题研究"的阶段性成果。

一　智力与阶级逻辑的重塑：自治主义和认知资本主义的主体理论

　　自治主义流派认为，马克思的工人阶级和无产阶级理论是依据物质劳动界定的。在后福特制时代，随着一般智力和非物质劳动的崛起，传统的工人阶级已经退居次要位置，由一个全新的社会主体即诸众所代替。不过，在诸众的界定标准上，自治主义流派内部也存在一些差异。哈特、奈格里、拉扎拉托等人更强调生命政治和非物质劳动维度。在福柯那里，生命权力和生命政治还是两个比较含混的概念，有时指代同一个意思，即权力对人口和生命的调节与控制。到了拉扎拉托、奈格里等人这里，这两个范畴得到了明确区分，演化为有着明确内涵的两个对立范畴。在他们看来，所谓生命权力是指资本或国家权力对生命的控制，它对应的是资本或国家的权力逻辑。而生命政治则是生命的生产与主体的生成学，是超越生命权力的主体逻辑。在他们看来，非物质劳动生产的是知识、信息、情感、文字等等，这种非物质产品不可能通过机器生产出来，只有依靠主体自身的生命才能完成。因此，他们认为，非物质劳动在本质上是一种生产和再生产着主体以及主体间社会关系的生命政治劳动①。而所谓诸众就是那些从事非物质劳动和生命政治生产、从而能够超越生命权力逻辑的新型主体。

　　与他们不同，维尔诺反对这种脱离原初语境的过度诠释，既不同意把生命权力和生命政治僵硬地划分开来，也反对把"生命政治"建构为一种积极的主体政治学。在他看来，所谓生命政治就是资本和国家权力对生命的管理和控制②。因此，他并不主张从生命政治维度来界定诸众，而是诉诸"一般智力"。这一范畴来自马克思的《1857—1858 年经济学手稿》。在马克思的语境中，这一范畴是有着特定内涵的：它不是个人智力的简单相加，而是人类社会长期发展和积累起来的总体智力和"一般

---

① Michael Hardt, Antonio Negri, *Multitude*, New York: The Penguin Press, 2004, p. 109.
② ［意］维尔诺：《诸众的语法》，董必成译，商务印书馆 2017 年版，第 103 页。

社会知识"①。而维尔诺则从主体维度对这一范畴进行了后现代重构,将其理解为主体自身所具有的一切能力和潜能,包括认知、交往、情感、语言交流、思考、想象等等②。在此基础上,维尔诺认为,在后福特制时代,一般智力已经取代了过去的体力,成为一种"普照的光"和"特殊的以太",成为理解当代资本主义社会结构的根本基础。如果说人民以国家意志为单一基础,阶级以经济关系和生产关系为统一标识,那么,诸众则是以一般智力为主导依据,"诸众对'一'做了重新定义。实际上这个'许多'需要一个统一的形式,需要作为'一'存在。但这里的关键是:这种统一不再是国家;而是语言、智力、人类共有的才能。这个'一'不再是承诺,它是前提。统一不再是万物向其汇聚的什么(国家、领袖),像人民的那种情况;而是理所当然地作为背景或必要前提。必须把这个'多数'看成是共享经验的、泛型的、普遍的个性化。因此,与之相应,我们必须设想'一'远非结论性的东西,也许可以看作一个基础,允许存在差异的基础,或者允许这个许多,被视为存在着的许多的政治—社会存在的基础"③,换言之,在诸众身上,"一"与"多"的关系已经发生了重要变化:这里的'一'不再是传统形而上学式的永恒不变的本体论承诺,而是主体自身所具有的现实智力和潜能本身;这里的"一"不再是抹杀一切差异的至高无上的"本质",而是可以被普遍个体化、差异化的类属性。

对于这种理解,认知资本主义流派(cognitive capitalism)提出了质疑和批评,认为诸众在本质上仍是一个非常含混的概念,并没有清晰厘定不同阶层的核心特征。在此背景下,弗朗哥·贝拉蒂(Franco Berardi)、博当(Yann Moulier‑Boutang)、韦塞隆(Carlo Vercellone)等人主张用"智力无产阶级"(intellectual proletarian)、"认知无产阶级"和"认知工人"来取代传统的无产阶级和诸众范畴。

他们从劳动力和创造力(invention‑power)的区分入手做了新的阐释。他们指出,物质劳动主要生产有形物,它可以借助机器体系来完成,在这一过程中,资本对劳动的剥削主要表现为资本吮吸体力劳动力进而

---

① 《马克思恩格斯全集》第 31 卷,人民出版社 1998 年版,第 102 页。
② [意] 维尔诺:《诸众的语法》,董必成译,商务印书馆 2017 年版,第 84 页。
③ [意] 维尔诺:《诸众的语法》,董必成译,商务印书馆 2017 年版,第 29 页。

实现价值增殖的过程，这是一种以死劳动为主导的资本积累形式。但到
了当代资本主义社会，生产的主导形式已经从价值链低端的物质生产转
换为价值链高端的知识生产，知识、信息、思想、情感等的生产不可能
靠机器和固定资本来完成，只有依靠主体自身的创造力或集体大脑才能
生产出来。此时资本更加强调对创造力、一般智力和集体智力的剥削，
这是一种用知识来生产知识、用创造力来生产活知识的过程，或者说是
一种以知识积累为核心的资本积累过程。在此基础上，博当进一步指出，
如果说体力劳动力在生产过程中被消耗并凝结在最终产品中，那么，对
于创造力来说，"这种活劳动除了部分作为能量被消耗并凝结到下一个循
环的新机器中，还有一部分将继续作为生产资料存在于整个生产周期"①。
对资本来说，这种活劳动已不再是传统意义上的劳动力，而是一种更加
高级的"创造力"，它已经凸显为当代资本积累过程中不可替代的"活资
本"（living capital）和"智力资本"（intellectual capital）②，成为价值创
造的主导来源。依据劳动力和创造力的区分，博当区分了两种不同的剥
削，即1级剥削和2级剥削：1级剥削主要是指资本对体力劳动力的剥
削，2级剥削则是指资本对创造力的剥削。前者是工业资本主义的核心特
征，后者则是认知资本主义的核心特征；前者是界定传统无产阶级的核
心标准，后者则是界定认知无产阶级和认知工人的主导尺度③。就此而
言，认知资本主义并不像自治主义流派那样放弃了阶级逻辑，而是力图
在新的语境中重塑阶级逻辑。

　　不过，博当指出，由于智力和知识的差异，决定了认知工人还达不
到自为阶级的层次，而是一个参差不齐和等级分化的自在阶层。"虽然知
识成了原材料，但却导致了真正的'阶层'分化（这些划分催生了以2
级剥削为特征的新的剥削形式）。因此，知识引发了一种比工业社会更加
显著的、更加强烈的排他性。"④ 一般智力和创造力的差异，必然催生劳
动差异，从而在劳动者内部出现阶层分化。

　　依据1级剥削和2级剥削的划分以及被剥削者的自由程度，博当实现

---

① Yann Moulier – Boutang, *Cognitive Capitalism*, Cambridge：Polity Press, 2012, p. 93.
② Yann Moulier – Boutang, *Cognitive Capitalism*, Cambridge：Polity Press, 2012, p. 93.
③ Yann Moulier – Boutang, *Cognitive Capitalism*, Cambridge：Polity Press, 2012, p. 94.
④ Yann Moulier – Boutang, *Cognitive Capitalism*, Cambridge：Polity Press, 2012, p. 131.

了对不同阶层的划分。具体而言，主要包括以下几种类型：（1）奴隶和农奴。他们遭受 1 级剥削，完全没有自由。（2）体力工人。与奴隶、农奴不同，他们已经摆脱了人身依附关系，是自由身，可以自由地出卖自己的劳动力，但与前两者一样，他们在剥削层级上仍处于 1 级剥削。（3）受雇的职员、公职人员和领薪的艺术家等。他们作为劳动力和创造力遭受双重剥削，不过，与自由出卖劳动力的工人不同，他们类似于仆人，没有自由。（4）认知无产阶级和网络无产阶级（pronetariat）等。如果说传统工人阶级是资本主义物质生产过程的主力军，那么，狭义上的认知无产阶级和网络无产阶级则是资本主义知识生产过程的主要力量之一，他们不仅生产知识商品，同时也创造着剩余价值；他们不仅作为劳动力遭受 1 级剥削，同时也作为创造力遭受 2 级剥削。不过，与公职人员不同，他们属于自由的雇佣劳动者。（5）独立的自主从业者。他们是自由身，不会遭受 1 级剥削，但可能会遭受 2 级剥削。（6）依赖于市场的认知工人。这类工人不是作为体力劳动力而是作为创造力被剥削的，不过，由于他们完全依附于市场，要依靠市场来维持自己的生计，因此，他们是不自由的。（7）自由从事创造性活动的认知工人。这类人已经摆脱了 1 级剥削，主要受 2 级剥削。不过，与狭义的认知无产阶级和依赖市场的认知工人不同，他们拥有稳定的工资或其他收入，不需要为了生存而屈从于市场或资本的专制，因此，他们不再是依附性的认知工人，而是真正意义上的自由从事创造性活动的认知工人①。

以此来看，在认知资本主义看来，认知工人和认知无产阶级在内涵和阶层构成上还是存在明显区别的，前者要比后者更宽泛。在当代资本主义社会，所有认知劳动者都属于认知工人的组成部分，而认知无产阶级则是认知工人中的直接雇佣工人；或者说，认知工人是内部存在等级划分的认知阶层，而认知无产阶级则是直接出卖自己的创造力、受资本支配并创造剩余价值的那部分认知工人。在他们看来，虽然认知资本主义社会中也存在体力劳动力和传统意义上的无产阶级，但他们已经不再是认知资本主义社会的主导力量；认知工人和认知无产阶级已经取代了前者，成为认知资本主义时代解放斗争的新主体。

---

① Yann Moulier-Boutang, *Cognitive Capitalism*, Cambridge：Polity Press, 2012, pp. 96-97.

二　智力引发的新矛盾与新的斗争策略

在"机器论片断"中，马克思认为，随着一般智力的发展，财富的创造将越来越取决于科学和技术的运用，较少地取决于劳动时间，一旦劳动下降到一定程度，劳动价值论便会失去效力，交换价值生产制度和资本主义制度就将崩溃了。当代西方左翼认为，当代资本主义的发展实践证明，马克思当年的判断"毁誉参半"：一般智力的发展并没有像马克思预想的那样导致交换价值生产制度和资本主义制度的崩溃，反而催生了一种以一般智力和知识价值论为基础的资本主义新形态。不过，在他们看来，当代资本主义虽然超越了工业资本主义形态，但它并没有克服资本主义的内在矛盾，而是在更高的层次上再现和发展了这种矛盾，并在此基础上提出了新的斗争策略。

首先，是智力的公共性与智力的国家化和资本化之间的矛盾。维尔诺认为，一般智力是主体自身的能力和潜能，而知识则是人类智力客观化的产物，它们在本质上都属于人类的共有之物。这种公共性构成了一般智力和知识的本质属性。然而，在当代西方社会，智力与现有的生产制度和国家权力的结合，导致了智力的双重异化。一方面是智力的公共性与智力的资本化之间的悖论。维尔诺指出："智力一旦联系到雇佣劳动，其典型的公共性也就会受到控制和扭曲。这种公共性一遍又一遍地以其生产力的角色被唤起；而又一遍又一遍地以其公共领域的角色（从该词的恰当意义上说），当作潜在的政治行动的根源、当作不同的原则被镇压下去。"① 智力是社会合作的基础，这种合作的范围要比劳动所能确定的合作范围更加广泛。然而，在资本主义条件下，智力的合作却不是主体自主结合完成的，而是以雇佣劳动为中介被迫建构起来的，结果，智力失去了自己的自主性和公共性，"扮演了资本主义合作行动最杰出的资源……情况走向了反面，由于智力的出现成为劳动的技术前提……由此带来的是：反过来却将智力纳入了作为工厂管理体制特征的管理准则

---

① ［意］维尔诺：《诸众的语法》，董必成译，商务印书馆 2017 年版，第 85 页。引文有所改动。

和层次结构"①。经过这种转化,所有的智力劳动者都被取消了自主性,被纳入"等级体系紧密的关系网"②,导致了智力主体在个性和人格上的双重臣服。另一方面,是智力的公共性与智力的国家化之间的悖论。维尔诺指出:"智力在被开拓成生产力的同时,其独具的公共性也被劳动剥夺了自身的真实表达,只能通过行政机构肥厚性增生的方式在国家范围内做间接的体现。行政管理不再是政治议会制,而是国家性的核心:但实际上就是如此,因为行政管理体现了一般智力的独裁聚结,是知识和控制之间的融汇点,是过度合作的倒影。"③ 随着知识在行政管理中的具体运用,国家本身不仅合理化了,智力也逐渐被国家化了,"霍布斯清楚每一个单独个体的天赋人权转移到至高无上的统治者手里时绝对权力合理化的原则;另一方面,我们该谈智力的转移,更精确地说:智力本身的、不可约的公共性转移到国家的行政管理"④ 中去了,致使智力的公共性逐步萎缩。

其次,是死知识与活知识之间的矛盾。在马克思看来,资本主义物质生产过程的颠倒性主要表现为死劳动与活劳动之间的颠倒。认知资本主义认为,马克思的这一判断只是针对物质劳动过程而言的,如果基于知识生产和认识劳动过程,马克思的这一诊断就远远不够了。博当指出,在认知资本主义时代,资本若要实现对这种创造力、一般智力和集体智力的剥削,再把活劳动聚集在生产线上,将他们的智力完全对象化在产品中或转化为死劳动的组成部分,已经远远不够了。对资本来说,更为关键的是,要始终保持对活劳动自身的这种活的创造力的剥夺,而不是把它们变成完全客观化的"死知识"⑤。因此,如果说工业资本主义的矛盾表现为资本所代表的死劳动与活劳动之间的对立,那么,在认知资本主义时代,"传统工业资本主义下的死劳动与活劳动之间的对立,让位于一种新的对抗形式,即资本的死知识和劳动的'活知识'之间的对立"⑥。

① 〔意〕维尔诺:《诸众的语法》,董必成译,商务印书馆2017年版,第85页。
② 〔意〕维尔诺:《诸众的语法》,董必成译,商务印书馆2017年版,第86页。
③ 〔意〕维尔诺:《诸众的语法》,董必成译,商务印书馆2017年版,第85—86页。
④ 〔意〕维尔诺:《诸众的语法》,董必成译,商务印书馆2017年版,第86页。
⑤ Yann Moulier – Boutang, *Cognitive Capitalism*, Cambridge: Polity Press, 2012, p. 94, p. 163.
⑥ Carlo Vercellone, "From Formal Subsumption to General Intellect: Elements for a Marxist Reading of the Thesis of Cognitive Capitalism", *Historical Materialism*, Vol. 15, No. 1, 2007, p. 33.

再次，是知识产权私有化与知识生产社会化之间的矛盾。认知资本主义指出，在马克思恩格斯生活的时代，知识产权问题还没有出现，因此，他们所说的生产资料私有制主要是指物质生产资料私有制。然而，到了当代资本主义社会，知识产权及其私有化问题，已经成为当代资本主义社会不可回避的重大问题。如果说维尔诺主要从智力和知识的公共性与排他性之间的悖论，剖析了当代资本主义的社会矛盾，那么，认知资本主义则更进一步，重点分析了知识产权私有化所导致的新矛盾。他们指出，随着全球化和全球产业结构的调整，当代资本主义的大企业和公司不断抢占全球产业价值链的中高端环节，进而形成了以知识和创新力为核心的资本积累模式①，这是一种"全新的资本原始积累阶段"②。如果说工业资本主义是用商品来生产商品，那么，认知资本主义则是用知识来生产知识，用活人来生产活知识。在这种条件下，知识生产或者说生产知识的认知劳动已经在实际上从属于资本了。资本通过剥夺认知工人的创造力进行知识生产，并以产权的形式将他们的合作成果或集体智力成果私有化，一方面实现了对他人智力劳动成果的剥夺，建构了一种新的知识产权关系；另一方面"通过人为制造资源的稀缺性来阻碍知识的进步……阻断知识积累和传播过程的源头"③。因此，要揭示当代资本主义生产过程的内在矛盾，不仅要考察物质生产资料私有制与生产社会化之间的矛盾，更要系统揭示资本主义知识产权私有化与生产社会化之间的内在矛盾，实现对知识产权私有化的政治经济学批判。

自治主义和认知资本主义流派认为，在新的历史条件下，社会主体变了，资本主义社会矛盾也变了，那么，斗争策略也必然要随之改变。自治主义和认知资本主义流派结合新的社会矛盾，分别从诸众和认知工人的角度，提出了新的斗争策略。

首先，合作自治和生命政治的回归。一提到劳动生产力的发展，通常流行的解释是斯密的劳动分工理论，它指的"是生产同一种商品的各个不同部分的许多工人在一个资本的指挥下的协作，其中商品的每一个

---

① Yann Moulier - Boutang, *Cognitive Capitalism*, Cambridge: Polity Press, 2012, p. 56.

② Carlo Vercellone, "From Formal Subsumption to General Intellect: Elements for a Marxist Reading of the Thesis of Cognitive Capitalism", *Historical Materialism*, Vol. 15, No. 1, 2007, p. 33.

③ Carlo Vercellone, "From Formal Subsumption to General Intellect: Elements for a Marxist Reading of the Thesis of Cognitive Capitalism", *Historical Materialism*, Vol. 15, No. 1, 2007, pp. 34 – 35.

特殊部分要求一种特殊的劳动，即特殊的操作，每一个工人或每一组工人，只是完成某种特殊的操作，别的工人完成其他的操作，如此等等。"①这种分工并不是工人自愿、自主形成的，而是在资本的主导下被迫建构起来的。在这种分工中，工人的合作只可能形成一种屈从于资本的总体生产力，而不会生产出工人的主体性和自主性。自治主义和认知资本主义认为，斯密的劳动分工理论用于解释物质生产劳动是有效的，但对于智力劳动、认知劳动和非物质劳动而言，显然已经不适用了。如果说从机器大生产到福特制时代，资本主义物质生产过程都力图把人变成机器的附属物，实现劳动过程的去主体化，那么，后福特制时代的劳动过程则恰恰相反，而是要充分调动人的主体性、积极性和创造性。如果说传统的物质劳动生产的是物和物质商品，而这种物的生产完全可以通过机器来完成，即使把人变成物也无关紧要，事实上也的确如此，那么，当代非物质劳动生产的则是知识、信息、情感、文字等等，这种非物质产品是不可能通过机器完成的，只有依靠主体自身的合作才有可能。因此，要生产非物质产品，若再按照斯密的分工理论，把劳动者固定在特定的程序和生产线上，显然是无法实现的；更重要的是，不同于体力劳动，非物质劳动、智力劳动和认知劳动本身就需要主体的参与，并在劳动过程中生产和再生产着主体以及主体间的社会关系（合作、交往、情感等等）。所以，即便非物质劳动者之间的最初合作是在资本的主导下被迫建构起来的，但在劳动的过程中，"资本决不能对生产合作关系加以组织"②，而主体自身就会生产出来一种外在于资本的全新的合作形式，实现从资本逻辑主导下的被迫合作到主体自主合作、从生命权力到生命政治的逻辑转变。

其次，不合作主义和退出。智力如何才能摆脱资本和国家权力的制约，回归自身的公共性呢？维尔诺指出："只要将自己与商品生产和雇佣劳动之间的榫接拆开，自己就是自主的公共领域。另一方面，资本主义生产关系的颠覆只能随着非国家运行的公共领域的建立、随着依靠一般

---

① 《马克思恩格斯全集》第 47 卷，人民出版社 1979 年版，第 301 页。

② Michael Hardt, Antonio Negri, *Commonwealth*, Cambridge/Massachusetts：The Belknap Press of Harvard University Press, 2009, p. 140.

智力的政治共同体的建立方能体现出来。"① 而要实现这一转变，诸众需要新的斗争策略，即"不合作主义和退出"②。不合作主义是诸众政治行动的基本形式，是"对更深地忠于国家的控制表示不情愿"，"不合作的发源地并不只存在于表达抗议的社会斗争里，而且尤其存在于那些表达背叛的地方"③。换言之，不合作主义不只是一种口头上的抗议，而是以实际行动表达对权力的"反叛"；"不是提意见，而是退出"④，即所有诸众联合起来，努力改变游戏规则，不断从资本和国家权力的运作机制中退出来，使自身的智力和潜能回归公共属性，实现对一般智力的共同占有，进而"阻止这种充裕的知识'转移'到国家行政权力中去，阻止它的结构作为资本主义企业的生产资源"⑤。

再次，认知工人与网络的联合。对创造力的剥削构成了认知资本主义的核心，而知识产权私有化是资本主义知识生产过程的必然产物。那么，认知工人如何才能摆脱这种剥削呢？认知资本主义流派将其寄托于认知工人和网络的联合。他们认为，"今天，价值的核心即生产劳动最为典型的特征是大脑的创造性活动"⑥，而要完成对这种创造力的剥削，再像泰勒制和福特制那样采用等级化的合作模式是不可能实现的，必须借助现代网络信息技术，充分调动认知工人的积极性和主体性，实现从垂直式合作模式向水平式合作模式的转变，"创新成为可能的组织形式就是水平式合作，而后者只有借助于互联网和数字化工具才有可能。没有水平式合作，就没有创新，或者就谈不上创新；没有互联网，组织去中心化的水平式合作的成本就是天文数字；没有计算机和数字化工具，考虑到人类大脑贫乏的计算能力，记忆能力和信息处理效率就是低下的和有限的"⑦。只有借助现代信息技术，人类大脑才能结为一体，形成集体脑和集体智力，散发出巨大的创造力。而当资本借助于这种合作形式来剥夺认知工人创造力的时候，也就开启了一种冲破资本主义生产关系的新

① ［意］维尔诺：《诸众的语法》，董必成译，商务印书馆 2017 年版，第 87 页。译文有所改动。
② ［意］维尔诺：《诸众的语法》，董必成译，商务印书馆 2017 年版，第 88 页。
③ ［意］维尔诺：《诸众的语法》，董必成译，商务印书馆 2017 年版，第 89 页。
④ ［意］维尔诺：《诸众的语法》，董必成译，商务印书馆 2017 年版，第 89 页。
⑤ ［意］维尔诺：《诸众的语法》，董必成译，商务印书馆 2017 年版，第 91 页。
⑥ Yann Moulier - Boutang, *Cognitive Capitalism*, Cambridge：Polity Press, 2012, p. 163.
⑦ Yann Moulier - Boutang, *Cognitive Capitalism*, Cambridge：Polity Press, 2012, p. 163.

路径。或者说,互联网和信息通讯技术的发展,为认知工人摆脱资本主义雇佣劳动机制提供了技术支撑。博当指出,随着认知工人与现代信息技术的融合,所有认知工人会在网络中联合起来,形成一个巨大的"人力云",每个认知工人完全可以通过互联网找到工作,不必再像以前那样受制于特定的工作环境,受制于特定的资本,从而形成一种全新的工作机制,这必将对资本主义雇佣劳动制度产生巨大挑战。更为重要的是,认知工人本身就是由不同等级构成的认知阶层,在现实中联合起来的可能是较为渺茫的,而借助于互联网,恰恰可以打破内部等级的划分,实现创造力的真正联合。一旦到了这一步,所有认知工人就会重新占有自身的创造力和集体智力,从而冲破资本主义生产关系的牢笼,破除知识产权及其私有化的限制,实现知识生产的社会化联合和知识财富的真正共享。

总之,一句话,他们的策略就是:所有的非物质劳动者和诸众联合起来,重新占有一般智力,实现主体自治!所有的认知工人和认知无产阶级联合起来,成为自身创造力和集体智力的主人!

三　智力与阶级存在何种关系:
马克思恩格斯的诊断

如何看待当代西方左翼关于智力与阶级关系的认识呢?要回答这一问题,我们必须首先厘清马克思恩格斯对这一问题的判断。

第一,智力是划分等级和阶级的依据吗?在阶级社会中,脑力劳动与体力劳动的分工往往是以阶级对立的形式表现出来的,因而很容易形成这样一种印象:脑力劳动者似乎属于统治阶级,体力劳动者似乎属于被统治阶级。这种认识在一定的历史时期是有其合理性的,但如果将体力劳动和脑力劳动之分上升为马克思恩格斯界定阶级的主导尺度,就有些言过其实了。阶级是一个经济范畴,它是依据生产关系和社会关系做出的本质划分,而智力不过是人自身所具有的一种共有属性,并不是划分阶级逻辑的依据。用马克思的话来说,智力是"我和大家共有的、我和大家在同样程度上具备的属性,既不构成我的性格,也不构成我的特

长，也不构成我的特殊本质"，因此，"智力并不使人成为等级代表制的
成员，它只是使等级代表制的成员成为人"①。在此基础上，马克思得出
了一个重要结论，即"智力决不是等级的特性"，相反，"等级是智力的
特性"②。智力是人类的共有属性，而等级和阶级则是社会范畴，共有的
类属性不可能成为等级和阶级身份的主导尺度。反过来，作为人的类属
性，智力会由于所处的生产关系和社会关系不同而被赋予特殊的社会属
性，从而具有特定的形式和特定的内容，而那些拥有智力的人会由于他
们所处的地位和关系不同而被划分为不同等级。换句话说，智力不是划
分等级和阶级的尺度，而等级和阶级反过来却是理解智力的作用形式及
其特性的重要标准；不是使等级和阶级"去适应智力，而是使智力适应
它"，正像一个钟表匠，不能根据自己的钟表来校正太阳，而只能根据太
阳来校正他的钟表一样③。

　　第二，智力在资本主义物质生产和非物质生产领域中的作用形式是
什么？由于资本主义生产方式的限制，智力的作用形式也呈现出自身的
特殊性，马克思恩格斯分别从物质生产和非物质生产领域展开了具体分
析。就物质生产领域而言，马克思恩格斯认为，资本将会充分利用和占
有社会积累起来的智力和科学知识，将其转化为机器体系和固定资本，
进而实现对物质生产过程的智力控制，导致大部分产业工人沦为机器体
系的附属物，实现社会智力与劳动过程的分离④。对这部分产业工人而
言，他们的劳动过程逐渐退化为越来越单调的去智力化的体力劳动，而
这部分产业工人也构成了马克思恩格斯所说的现代工人阶级的主力军。
但是，我们能否断言说马克思恩格斯意义上的无产阶级就是指产业工人
呢？答案是否定的，这就涉及非物质劳动问题。

　　当马克思恩格斯将视角从物质生产领域转移到非物质生产领域时，
他们看到了智力的新作用形式，即非物质劳动和精神生产问题。他们将
这种生产分为三种类型：第一种是资产阶级及其代言人的智力劳动。每
个时代占统治地位的思想都是统治阶级的思想，"因此在这个阶级内部，

---

①　《马克思恩格斯全集》第 40 卷，人民出版社 1982 年版，第 338 页。
②　《马克思恩格斯全集》第 40 卷，人民出版社 1982 年版，第 339 页。
③　《马克思恩格斯全集》第 40 卷，人民出版社 1982 年版，第 343 页。
④　参见孙乐强《马克思"机器论片断"语境中的"一般智力"问题》，《华东师范大学学
报》2018 年第 4 期。

一部分人是作为该阶级的思想家出现的，他们是这一阶级的积极的、有概括能力的意识形态家，他们把编造这一阶级关于自身的幻想当做主要的谋生之道"①。这类非物质劳动者构成了统治阶级的代言人。第二类是自主从事精神生产的人。他们的智力还没有从属于资本逻辑。他们可以充分发挥自己的聪明才智和特长，自主从事科学研究和艺术创作等各种非物质生产活动。第三类是屈从于资本权力的智力劳动者。许多当代左翼学者都批评马克思，说他忽视了非物质劳动领域中的剩余价值生产问题，如维尔诺指出，在马克思看来，没有提供终端产品的非物质劳动，"在极大程度上就不能说生产性（剩余价值）劳动。马克思实际上接受了这样一个等式：没有终端产品的劳动＝个人私人服务"②。实际上，这种指责是没有根据的。熟稔《共产党宣言》的人应该会清楚地记得马克思恩格斯那充满睿智的诊断："资产阶级抹去了一切向来受人尊崇和令人敬畏的职业的神圣光环。它把医生、律师、教士、诗人和学者变成了它出钱招募的雇佣劳动者。"③ 熟读《资本论》及其手稿的人，应该记得"香肠工厂"和"教育工厂"的类比④，应当记得马克思关于教师、演员、艺术家、作家、画家等所做的分析：对于他们的受众而言，他们并不是雇佣劳动者，但当老板雇佣教师来赚钱、企业主雇佣演员或艺术家来发财致富时，对于雇佣他们的老板或企业主而言，他们的非物质劳动就是一种生产剩余价值的雇佣劳动，他们也就是现代意义上的生产工人。

　　第三，智力与劳动力、工人阶级存在何种关系？在马克思看来，劳动力是资本主义生产方式建立的前提。所谓劳动力是指在劳动过程中消耗的体力和智力的总和，而工人阶级主要是指靠出卖劳动力来维持生计的现代雇佣工人。结合马克思恩格斯关于物质生产和非物质生产领域的分析，可以看出，一个人不论是作为体力劳动力还是作为智力劳动力，只要他为资本家创造剩余价值，他就构成了马克思恩格斯所说的现代雇佣工人的组成部分。这也再次表明，体力与智力之分决不是马克思恩格斯界划无产阶级和工人阶级的重要标准，体力与智力的比重只是影响直

---

① 《马克思恩格斯文集》第 1 卷，人民出版社 2009 年版，第 551 页。
② ［意］维尔诺：《诸众的语法》，董必成译，商务印书馆 2017 年版，第 66 页。
③ 《马克思恩格斯选集》第 1 卷，人民出版社 2012 年版，第 403 页。
④ 《马克思恩格斯全集》第 44 卷，人民出版社 2001 年版，第 582 页。

接劳动的具体形态，但并不能颠覆劳动力作为体力和智力之和的总体逻辑。体力劳动者和脑力劳动者能否成为马克思恩格斯意义上的无产阶级，并不取决于他们的智力水平，也不取决于他们拥有多少知识，而是根源于他们在生产关系中所处的位置。在阶级社会中，体力劳动与脑力劳动之分在本质上只是从属于阶级逻辑的附属因素，它们在理解无产阶级和工人阶级的阶级构成时具有重要意义：靠出卖体力劳动力为主的物质生产者构成了体力劳动无产阶级，而那些受资本支配的脑力劳动者在一定程度上构成了恩格斯所说的"脑力劳动无产阶级"① 的组成部分。

有了上述梳理，下面我们就来评论一下当代西方左翼的主体理论。

首先，物质劳动与非物质劳动之分绝不是界划无产阶级和诸众的标准。哈特、奈格里基于物质劳动和非物质劳动之分，将从事前者的体力劳动者界划为马克思恩格斯意义上的无产阶级，而将从事生命政治劳动的非物质劳动者界定为不同于传统无产阶级的诸众，进而在无产阶级和诸众之间挖了一条无法弥合的鸿沟，这本身就是非法的。马克思恩格斯意义上的无产阶级和生产工人不仅包含部分体力劳动者，也包括部分从事非物质劳动的人。随着当代资本主义生产方式的转型，脑力劳动和智力无产阶级的比重的确日益上升，但这只不过是无产阶级构成结构上的变化，而不是阶级逻辑本身的消退问题。因此，当他们基于生命政治和非物质劳动，宣告马克思的阶级逻辑和工人阶级理论过时时，显然犯了经验主义错误。在这方面，认知资本主义有一定的合理性，他们基于资本与认知劳动的关系，提出了认知工人和认知无产阶级范畴，在一定程度上坚持了马克思主义的阶级逻辑，是值得肯定的。更为重要的是，即便在非物质劳动的内部，也存在不同性质的非物质劳动，而他们却抛开生产关系和社会关系分析，将所有非物质劳动者统统纳入诸众的范畴之下，这样就把资产阶级及其代言人、部分自由的非物质劳动者和马克思恩格斯意义上的"脑力劳动无产阶级"混淆在一起了，完全是一种超阶级的折中逻辑。

其次，一般智力也绝不是区分工人阶级与诸众的标准。与哈特、奈格里略有不同，维尔诺将一般智力理解为诸众背后的"一"。实际上，这

---

① 《马克思恩格斯全集》第 22 卷，人民出版社 1965 年版，第 487 页。

也是不合理的。按照维尔诺的界定，一般智力不再是马克思意义上的社会总体智力，而是每个个体所具有的一切类属性。照此逻辑，早在原始社会，一般智力就存在了，那么，所有人也就都成了维尔诺所说的诸众了，这显然是非法的。如马克思所说，作为类属性，智力决不是等级的特性，更不可能是划分等级和阶级的主导尺度。就此而言，维尔诺以一般智力为标准，将诸众理解为一般智力的拥有者，以此来界划传统无产阶级与现代诸众的差异，这一做法本身就是有问题的。在这一点上，认知资本主义流派做了更为细致的理论分析，将认知劳动者划分为认知工人和认知无产阶级，在一定程度上实现了对智力作用形式的具体分析。然而，他们的缺陷也非常明显：他们把马克思恩格斯意义上的第一种非物质劳动者纳入认知工人的范畴之中，模糊了资产阶级思想生产者和认知工人之间的界限。

再次，劳动力与创造力并不是线性对立的二元逻辑。为了突出当代资本主义劳动的认知特性，认知资本主义流派在劳动力范畴之外重新创造了一个新的范畴即"创造力"，并将二者视为两种不同的逻辑机制：前者指代体力劳动力，后者指代智力创造力，并以此为基础，区分了两种不同的剥削逻辑，这在一定程度上有助于揭示当代资本主义的发展演变及其运行机制。不过，这种线性的二元划分本身就是建立在对劳动力内涵的曲解之上的，劳动力本身就是体力和智力的总和，所谓创造力本身就是劳动力的一部分，而不是独立于劳动力的外在逻辑。在这点上，维尔诺的判断是正确的："'劳动力'是什么意思？劳动力意味着生产的潜力。潜力，也就是天资、能力、活力……谈到劳动力我们就隐指了各种能力：语言能力、记忆力、能动性等。"[①] 生命之所以凸显为政治和权力的中心，归根结底在于生命是劳动力的载体，"凡是有生命政治存在的地方，就涉及人类存在的潜力维度进入最前沿，进入直接经验：不是说过的话，而是说话的能力本身；不是实际上已经完成的劳动，而是通用的生产能力。只有，也只能在劳动力的名义下，存在的潜力维度才会显而易见。"[②] 生命政治化的秘密在于生命的经济化。维尔诺的这一判断揭示了生命政治学的秘密所在，是值得肯定的。

---

① ［意］维尔诺：《诸众的语法》，董必成译，商务印书馆 2017 年版，第 104 页。
② ［意］维尔诺：《诸众的语法》，董必成译，商务印书馆 2017 年版，第 108 页。

四　恩格斯的忠告：脑力劳动无产阶级的历史使命

在 1893 年《致国际社会主义者大学生代表大会》的信中，恩格斯指出："希望你们的努力将使大学生们愈益意识到，正是应该从他们的行列中产生出这样一种脑力劳动无产阶级，他们负有使命同自己从事体力劳动的工人兄弟在一个队伍里肩并肩地在即将来临的革命中发挥巨大作用。过去的资产阶级革命向大学要求的仅仅是律师，作为培养他们的政治活动家的最好的原料；而工人阶级的解放，除此之外还需要医生、工程师、化学家、农艺师及其他专门人材，因为问题在于不仅要掌管政治机器，而且要掌管全部社会生产，而在这里需要的决不是响亮的词句，而是丰富的知识。"① 这封信虽然简短，但它包含的思想却非常丰富，即便在今天读来，仍然具有不可忽视的当代价值。

首先，什么是恩格斯所说的"脑力劳动无产阶级"？上面我们从劳动力理论入手，阐述了脑力劳动无产阶级的第一层内涵，即那些受资本支配并创造剩余价值的脑力劳动者（上面提到的第三类非物质劳动者）。但这并不是"脑力劳动无产阶级"的全部内涵，除此之外，还包含另一个重要维度。马克思指出："为自己的家园而奋斗的功利主义的智力，跟不顾自己的家园为正义事业而斗争的自由的智力当然是不同的。服务于某个特定目的、某种特定事物的智力同支配一切事物和只为自己服务的智力是有根本区别的。"② 作为类属性，"智力不是寻求满足的自私的利益，它是普遍的利益"。③ 作为脑力劳动者，他们的智力究竟是服务于私人利益的功利主义智力，还是为人类正义事业而不懈奋斗的普遍智力，也是界划脑力劳动无产阶级的一个重要标准。在资本主义条件下，"由于自然科学被资本用作致富手段，从而科学本身也成为那些发展科学的人的致富手段"④。在第二类非物质劳动者中，那些为了发财致富而从事科学研

---

① 《马克思恩格斯全集》第 22 卷，人民出版社 1965 年版，第 487 页。
② 《马克思恩格斯全集》第 40 卷，人民出版社 1982 年版，第 339 页。
③ 《马克思恩格斯全集》第 40 卷，人民出版社 1982 年版，第 340 页。
④ 《马克思恩格斯全集》第 47 卷，人民出版社 1979 年版，第 572 页。

究的部分智力劳动者，由于没有摆脱私人利益和功利主义的羁绊，还无法达到恩格斯所说的脑力劳动无产阶级的层次；相反，那些为了人类解放事业而不懈奋斗的智力劳动者，也构成了脑力劳动无产阶级的重要组成部分。

其次，无产阶级革命为什么需要脑力劳动无产阶级？资产阶级革命时代是一个需要巨人而且产生了巨人的时代，他们的历史使命是为现代资产阶级统治打下基础；同样，无产阶级革命时代也需要自己的巨人，从而为无产阶级和人类解放打下基础，没有科学理论作指导，就不可能有无产阶级革命的成功。无产阶级同样需要自己的政党，需要自己的非物质劳动者，需要自己的思想生产者。更为重要的是，无产阶级同样需要一般智力和知识，需要培养自己的医生、工程师、化学家和其他专门人才，为未来国家和社会治理等提供了丰富的知识储备和人才基础。就此而言，无产阶级革命不仅需要体力劳动无产阶级，也需要脑力劳动无产阶级。

再次，脑力劳动无产阶级应当担负何种历史使命？脑力劳动无产阶级要摒弃智力的功利主义形式，站在无产阶级立场之上，同体力劳动无产阶级一道并肩作战，为人类解放和无产阶级革命贡献自己的智力。从这个角度而言，当代西方左翼知识分子始终坚持对资本主义的批判立场，揭示当代资本主义社会矛盾，力图为新的历史条件下的主体解放提供新的策略，就此而言，他们的智力努力是值得肯定的。不过，他们似乎遗忘了恩格斯的忠告：脑力劳动无产阶级应当同体力劳动无产阶级并肩战斗。虽然自治主义和认知资本主义都承认体力劳动无产阶级仍是当代资本主义社会结构的重要组成部分，但在斗争主体的认证上都把体力劳动无产阶级抛掷脑后，似乎主体解放只需要依靠诸众和认知工人就行了，这恰恰是行不通的。在全球化日益发展的今天，若没有无产阶级政党的领导，没有科学理论的指导，没有统一的阶级联盟，单纯依靠所谓的诸众自治或少数知识精英的联合，就妄图逃脱资本主义生产关系和国家权力的强制，注定只能是一种后现代主义的奇思幻想。① 就像马克思当年告

---

① Tony Smith, "The 'General Intellect' in the *Grundrisse* and Beyond", *In Marx's Laboratory*: *Critical Interpretations of the Grundrisse*, ed. Riccardo Bellofiore, GuidoStarosta and Peter D. Thomas, Leiden/Boston: Brill, 2013, p. 227.

诚的那样，在农民占据主导的国家中，如果无产阶级革命不能得到农民的支持，注定会成为一种孤鸿哀鸣；同样，在体力劳动无产阶级占据较高比重的国家中，如果诸众和认知工人的斗争得不到体力无产阶级的大力支持，注定会沦为一种"茶杯里的风暴"或"象牙塔里的革命"。

　　最后，社会主义需要什么样的智力劳动者？社会主义也需要"医生、工程师、化学家、农艺师及其他专门人才"，需要教育家、思想家、科学家和艺术家等等。但我们所需要的是能够站稳人民立场、为社会主义现代化建设奉献智慧的智力劳动者，而不是那些以智力来谋取私利的精致的利己主义者；我们所需要的是以普遍利益为己任的智力劳动者，而不是以私人利益为中心的功利主义的智力劳动者。

从上帝之死到真诚信仰:恩格斯与克尔凯郭尔

刘森林　　冯　争*

启蒙理性与宗教信仰之间的冲突由来已久。在宗教实力强大的背景下,启蒙理性的力量从宗教内部突破,演化为与基督教信仰的外在冲突。当启蒙理性的力量在某种范围内、层次上声势浩大之时,就会从外部批判基督宗教。青年黑格尔派就处于这种情境之下。如果我们采纳卡尔·洛维特的看法,克尔凯郭尔(或译祁克果、基尔克果)也属于青年黑格尔派①,这个学派对基督教的批判就既有外部批判也有内在批判。宗教批判一向是近代启蒙的核心内容,而尼采后来正式提出的上帝之死又是这种批判的核心内容,恩格斯和克尔凯郭尔在这里就构成外部批判与内部批判的两个典型。洛维特在论说马克思与克尔凯郭尔时曾说,虽然两人对上帝的态度迥异,但两人"无论在概念上还是在历史上都是休戚与共的,都是黑格尔的一个反题。他们把'存在的东西'把握为由商品和货币决定的世界,把握为充满了讥讽和无聊的'轮作'的实存。黑格尔哲

---

　* 作者简介:刘森林,山东大学哲学与社会发展学院教授,教育部长江学者特聘教授;冯争,山东大学哲学与社会发展学院马克思主义哲学专业 2017 级博士生。基金项目:本文系国家社科基金重大项目"马克思与德国古典哲学关系的拓展性研究"(19ZDA019)、国家社会科学基金项目"现代虚无主义思想史与批判史"[19AZX004] 的阶段性研究成果。
　① 他选编的《黑格尔左派文选》就包括海涅、卢梭、赫斯、施蒂纳、布鲁诺·鲍威尔、费尔巴哈、马克思、克尔凯郭尔的文章。参见 Karl Löwith (Hrsg.), *Die Hegelsche Linke*, Friedrch Frommann Verlag 1962。

学的'精神王国'成为劳动和绝望世界里的幽灵。"① 把这里的马克思换成恩格斯，应该毫无问题。在他们对传统基督教的批判中，激进批判的焦点何在？他们彻底否定宗教吗？基督教有值得肯定之处吗？如有表现在那里？"上帝之死"是要摧毁一切信仰吗？如果不是，上帝之死后的信仰如何对待？如何生成确立？如果批判不是为了解构，而是为了重新确定价值信仰，这种重新确立何以可能？鉴于恩格斯在早期和晚期都有基督教批判的论文，我们把恩格斯作为外部批判的代表，而把克尔凯郭尔作为内部批判的代表。通过两者的对比来展现青年黑格尔派基督教批判的多样性和复杂性，展现上帝之死引发问题的继续思考。

一　肯定中的否定：克尔凯郭尔对基督教世界的批判

早期恩格斯作为青年黑格尔派成员，曾对基督教持坚定的批判态度。这种态度非常类似于稍后的尼采。在发表于《德法年鉴》的《英国状况——评托马斯·卡莱尔的"过去和现在"》一文中，针对卡莱尔宗教式、上帝死亡引发英国社会精神空虚、失去灵魂、贪得无厌、利欲熏心的担忧和批评，"恩格斯批评卡莱尔对空虚的根源找得不对。空虚不是基督教的衰微、上帝之死导致的，相反，却是基督教一诞生就内含着的，是上帝确立那一刻起就孕育了的。上帝本身就意味着空虚，上帝本身就是空虚的表现和产物。这跟尼采的如下看法是相当接近：上帝本身就代表着不能直面现实，意味着用虚幻替代现实，是一种软弱无力的象征。"② 恩格斯的看法很清楚，上帝之死不是空虚的来源，上帝诞生才是。被虚构出来的"上帝"才代表着最大的幻想。"空虚早已存在，因为宗教是人使自我空虚的行为。现在，当掩盖这种空虚的紫袍褪色，遮蔽它的烟雾消失之后，令人惊恐，对此，你感到奇怪了吗？"③ 感到奇怪是因为不了解宗教产生的根源，不了解上帝的社会基础。一旦了解了这一点，就会明

---

① ［德］洛维特：《从黑格尔到尼采》，李秋零译，生活·读书·新知三联书店 2006 年版，第 217—218 页。
② 参见刘森林《上帝之死与不死》，《山东社会科学》2014 年第 8 期。
③ 《马克思恩格斯全集》第 3 卷，人民出版社 2002 年版，第 518 页。

白,现实资本主义社会只是真实呈现了上帝本来的秘密,而不是把好好的上帝击倒了。启蒙哲学揭露了这些空虚的根基,揭露了"所有这些慌言和不道德现象都来源于宗教,宗教伪善、神学是其他一切谎言和伪善的蓝本,所以我们就有理由像费尔巴哈和布·鲍威尔首创的那样,把神学这个名称扩大到当代一切谎话和伪善"①。显然,青年恩格斯这些观点都是青年黑格尔派启蒙哲学的正常观点。当他用"神是什么? 德国哲学就这样回答问题:神就是人"② 来回应卡莱尔的宗教恢复论时,就直接使用了费尔巴哈的理论。显然,无论是青年恩格斯的宗教批判,还是卡莱尔对宗教式微的深深忧虑,都把问题的直接根源、批判的矛头指向了日益庸俗、世俗化的资本主义社会。区别在于,卡莱尔把这个直接根源当成全部,恩格斯则在直接根源之外还挖掘出更深远、更根本的缘由。直接而论,这个现代社会发生的快速变迁导致了宗教的式微,彰显了价值的低俗化、深度和高度的降低以及内在性的亏空。宗教批判连带着时代批判,甚至就是时代批判的表现和内容所在。不仅对青年恩格斯如此,对克尔凯郭尔也是如此。

早在尼采喊出"上帝已死"之前,卡莱尔、青年恩格斯都已感受到它走近的脚步。大体同时期的克尔凯郭尔和陀思妥耶夫斯基也窥探到上帝被基督教世界遗弃的事实。陀思妥耶夫斯基后来借宗教大法官之口指出,宗教大法官和教会以上帝的名义接受凯撒的剑并以上帝的名义实施凯撒的统治,他们将上帝的国建立在面包、奇迹、神秘与权威之上,人们拥护的不是上帝,而是凯撒。换言之,在上帝被启蒙理性驱逐之前,它早已在教会的内部名存实亡,而启蒙理性只不过加剧了上帝死亡的速度,并且撕掉凯撒的面纱露出真容而已。与卡莱尔寻求神圣者的替代,青年恩格斯欢呼上帝之死寻求新人代替上帝不同,克尔凯郭尔与陀思妥耶夫斯基一样,通过批判跟世俗存在纠缠在一起甚至公开追求世俗权力、功利的世俗教会,对上帝之死做出了独特的思考。

基督教自诞生以来就与世俗世界相分离,甚至对立。在《新约》中,耶稣不止一次与世俗划清界限,"凯撒的物当归给凯撒,神的物当归给神"(马可福音12:17)。这种圣俗分离的态势在宗教改革中被逆转。克

---

① 《马克思恩格斯全集》第3卷,人民出版社2002年版,第518页。
② 《马克思恩格斯全集》第3卷,人民出版社2002年版,第521页。

尔凯郭尔认为，马丁·路德的宗教改革使神圣与世俗发生交汇与融合，这一融合也加速了宗教的衰颓，使得基督教最终成为"最典型的世俗智慧与异端"①。克尔凯郭尔与路德在思想上的关涉十分复杂，抛开信仰方面的纠葛，前者对路德宗教改革导致的政治变革与世俗化的后果深恶痛绝并大加批判。路德否定了教会和教皇的权威，并试图树立起《圣经》的权威，但是他对《圣经》真理的捍卫，并没有在普通信众中激起强烈的共鸣，反而促使他们更多地向世俗生活敞开，世俗成为支配人们生活、信仰的主要原则，正如克尔凯郭尔所言，路德对基督教的改革是一种调正，而后，调正的意义不复存在，路德的调正转变为混乱。在对路德的批判中，克尔凯郭尔意识到他所处的 19 世纪，伴随着理性批判与知识教育而发生的，是社会不断的世俗化，神圣崇高的宗教在理性化的进程中日益趋近世俗力量和世俗欲望，神性日益式微，世俗化的力量驱逐、战胜、取代了曾经神圣崇高的力量。

青年克尔凯郭尔判定自己所处的时代是一个激情冷却的时代，"在这个时代，人在有限的社会环境中仿佛完全石化了似的"②，平庸市侩而颓惰无力，妒忌取消了热忱、袖手旁观的闲谈与宣传取消了行动、金钱取消了人的位格，而"勇敢与热情，转变为一种巧计"③。人们之所以会陷入激情冷却的状态。基督教的上帝"死"了，新的偶像诞生了，人摆脱了宗教的束缚，却又陷入理性（主要指工具理性）的窠臼。无论是普通民众还是基督教都要按照理性的程式打磨自己，普遍性、世俗性、政治性、一致性等成为规范民众与宗教的重要标准，如克尔凯郭尔所言，"今日之世，人民到处都获得一种谨慎为人的规矩，有一种现成的尺码，便利人去判断是非"④。人们可以且只能凭原则、规则、约定俗成的习惯进行思考、决策，人的主动性、个性与创造性被这种程式化的原则性所取代，人的生存逐渐与知识、与他人、与规则融为一体，其内在自我越来

---

① 《祁克果日记》，孟祥森译，台北：水牛出版社 1986 年版，第 287 页。

② ［丹］克尔凯郭尔：《论反讽概念》，汤晨溪译，中国社会科学出版社 2005 年版，第 246 页。

③ ［丹］克尔凯郭尔：《论今日的时代》，载《祁克果的人生哲学》，香港：基督教文艺出版社 1990 年版，第 4 页。

④ ［丹］克尔凯郭尔：《论今日的时代》，载《祁克果的人生哲学》，香港：基督教文艺出版社 1990 年版，第 2 页。

越萎靡。克尔凯郭尔所说的"内在自我"是一种充满激情与热忱的昂扬状态,这种激情与热忱可以转化为行动,内在的激情与热忱恰恰是维系人与他者关系的联合原则。随着内在自我的萎靡,激情与热忱渐趋冷却,人与他者之间的关系变得空洞化。

具体而言,在理性的加持下,人与他者之间的相处必须符合理性原则,这样一来,内在的激情与热忱就失去了其作为"联合原则"的效力,一种看似宽容原宥的精神充斥在各种关系之中,君民之间、亲子之间、师生之间的矛盾、冲突、敬畏、权威,甚至男女之间的情爱都成为"等闲",成为一种抽象的持续,这种关系的结构并没有实质的内容填充,就像故障了的钟表,虽仍旧可以报时但却离奇的混乱。对此,斯坦利·R. 摩尔(Stanley R. Moore)指出,人与人之间真实的内向性关系被一种消极的紧张状态所取代,其中他者不是"你",而是"它",构成对"我"的一种威胁,并且,在这种紧张状态中,自我变成从外部判断关系的反思性的第三方。

同样的情况也发生在宗教领域,人对信仰的虔诚、对上帝的虔敬日渐消失。人们不再从一个人的主观内在和行动来判断其是否是基督徒,而是以个体的外在属性,例如职业、家庭、国家等,或者外在性的客观表现,例如读《圣经》、参加礼拜、受洗等作为判断基督徒的标准。如此一来,基督徒便像生产线上批量生产的商品,宗教信仰渐趋程式化。问题在于那些按照固定程式量产的基督徒内心是否存有对上帝的虔敬?是否依然对生命怀抱热忱?克尔凯郭尔的回答显然是否定的,假基督徒的内心毫无虔敬与热忱,反而沉浸在自欺与互欺之中,他们亦不再专注于个人的拯救,而导源于单一个体内在激情的信仰就外在化、泛化为政治概念、社会习气等客观形式。如此,"基督徒"成为一种政治身份,一个社会符号,而不是与上帝立的约;做基督徒成为一种时尚,至多是一种风俗,而不是信仰。

在思想领域,思想家们更是抽离了信仰本身所诉求的主体性、激情以及无限关切,并将基督教变成一种其可靠性有待确证的"历史性真理",使基督教由一种内在的激情转变为一种客观性的知识。上述种种以基督教为核心进行的活动恰恰是对基督教的瓦解,他们以基督徒的名义挖空了基督教本身。

犹有甚者，在理性与民主运动的加持下，人们要求一种取消一切对立、冲突与差异的"平等"，在人神关系方面同样如此。随着启蒙的推进，人与神之间的力量格局发生倒转。我们可以在青年黑格尔派的宗教批判中直观地了解到这种人神之间力量格局的变更，青年黑格尔派深受启蒙理性的鼓舞，他们对启蒙理性抱有殷切的期望。费尔巴哈从自然主义视角将基督教的绝对的上帝溶解为人，将人提升至神，并以类取代上帝；施蒂纳更为彻底，他以独自性的唯一者消解了一切的神圣性与超验性。在具体的实践中，上帝依然是在场的，但这种存在至多作为人的装饰品而在，会众需要什么，牧师就讲什么，而上帝就变成什么，上帝成了人的"玩物"，他们按照自己的世俗需要，将"基督教弄成剧场式的娱乐品……官式的布道虚假地呈现宗教、基督教，使它像是仅为安慰、幸福等等"[1] 剧场结束后，他们继续在"基督徒"的身份下追名逐利、庸庸碌碌、精明算计。在克尔凯郭尔看来，这种基督教是一种劣质的、虚假的基督教，是一种披着神圣外衣的妖魔，借用费尔巴哈的话来说，基督教低下了它高贵的头颅并舍弃了其贞洁性，如果基督教还存在的话，那么它已经疲倦了、荒芜了，它成为"胆怯的、意志薄弱的、迎合人心的、献媚奉承的、伊壁鸠鲁式的基督教"[2]。

众所周知，克尔凯郭尔以维护本真基督教的名义对基督教世界进行了全面的批判，为此，他与基督教会的关系彻底破裂。尽管与教会存在分歧，但他从未对宗教与信仰产生丝毫质疑，并毫不动摇地将本真的基督教信仰视为时代的唯一拯救。至于他所坚持的基督教是否是基督教，这一信仰的对象是否就是基督教的上帝，研究者们可能会有不同的看法。

二　否定中的肯定：恩格斯论基督教的价值何在

就像盖伊所说，与宗教的关系是启蒙运动的核心问题。但跟法国启蒙运动不同，德国启蒙并不都尖锐地批评基督教，启蒙与宗教之间并不是以往所认为的水火不容："通过不断地把自己与基督教传统联系起来，

---

① 《祁克果日记》，孟祥森译，台北：水牛出版社1986年版，第255页。
② ［德］费尔巴哈：《基督教的本质》，荣振华译，商务印书馆2016年版，第7页。

启蒙获得了稳定性。但是它的思想尖锐性丧失了——或至少是钝化了，而在欧洲的其他地区，这种尖锐性造就了革命行动性的启蒙运动。早期的启蒙思想家们不是作为反叛者，而是在文字和形象上作为学者出现的"①。越来越多的研究表明，世俗化运动与其说是从外部注入宗教的，还不如说是从内部展开的。如果把克尔凯郭尔算进青年黑格尔派之中，这种状况在这个学派中亦是如此。启蒙与宗教之间的关系在学派内部就不再是以前认为的那样截然对立。恰如伊格尔顿所言，"虽然启蒙运动充斥着科学、本质、理性、进步和社会改造等观点，宗教却是最接近其核心、最易激起其敌意和道德恐慌的事物。"②启蒙运动对宗教的反对，反对的首先是宗教的政治社会效果、功能，其次是宗教的论证、宗教的根基，以及对信仰的垄断和封闭。启蒙运动并没有否决信仰，只是转移、调整了信仰。卡西尔说得对，"启蒙运动最强有力的精神力量不在于它摈弃信仰，而在于它宣告的新信仰形式，在于它包含的新宗教形式。"③ 他提醒我们，万不可被启蒙运动表面上对宗教的反抗所迷惑，"看不出当时所有的理智问题都与宗教问题融合在一起，并且前者始终如一地从后者汲取最深刻的灵感。"④ 问题的关键不在于信仰的有无，而在于信仰什么，以及信仰的性质、趋向和功用。"德国启蒙哲学瓦解的不是宗教，而是宗教的先验基础和先验深度，并由此向其他的追求开放。"⑤ 启蒙思想家并非都是无神论者，即使他们激进地信奉理性，仍然可能保持着某种宗教信仰。"大多数理性的狂热信徒亦然保持着某种宗教信仰"⑥。以至于伊格尔顿干脆断言，启蒙运动激烈反对宗教，跟启蒙运动对人性都有积极评价这一观点一样，都是虚构的⑦。何况，早期启蒙运动对基督教的尖锐批判

---

①　［美］彼得·盖伊：《启蒙时代》，汪定明译，中国言实出版社 2005 年版，第 149 页。

②　［英］特里·伊格尔顿：《文化与上帝之死》，宋政超译，河南大学出版社 2016 年版，第 7 页。

③　［德］卡西尔：《启蒙哲学》，顾伟铭译，山东人民出版社 1996 年版，第 132 页。

④　［德］卡西尔：《启蒙哲学》，顾伟铭译，山东人民出版社 1996 年版，第 132 页。

⑤　Ernst Cassirer, *Die Philosophie der Aufkarung*, Felix Meiner Verlag GmbH Hamburg 2003, S. 143.

⑥　［英］特里·伊格尔顿：《文化与上帝之死》，宋政超译，河南大学出版社 2016 年版，第 13 页。

⑦　［英］特里·伊格尔顿：《文化与上帝之死》，宋政超译，河南大学出版社 2016 年版，第 17 页。

却是以继承基督教的线性时间观、普遍历史观念、改造提升"千年王国"论为基本前提的，直到尼采才有所改变。

换言之，在启蒙理性所主导的世俗化进程中仍蕴含着宗教的因素，克尔凯郭尔对此也颇为认同。他指出，尽管宗教与政治的出发点和目的地都不一样，但其实宗教的主张与世俗的至高追求相一致，宗教的神性天国是人们绝顶向往的美梦，宗教为人类提供了为之奋斗的"元始型格"，尘世只不过是这一"元始型格"中的一部分，即相对型格，而且每一型格的实现都要历经千辛万苦。克氏看到了基督教理念在历史、社会、政治中的贯彻与施行，却对这种贯彻持质疑态度。以平等为例，克氏强调无论是世俗还是宗教都以平等为价值旨趣，但是世俗永远不会实现完全的人类平等，因为它以不平等为触发条件，其本就包含种种差别，若世俗实现了完全的平等，即其形式毁灭之时，只有循着宗教之道，才能达至真正的、本质的唯一的人类平等。克尔凯郭尔从个体生存的视角出发，在肯定基督教的同时以历史进步必然的阵痛否定了人类社会的历史，然而，跳过人类社会的漫长斗争，企图通过上帝达至平等显然是一种脱离历史、社会现实的乌托邦，是一种精神领域的自我欣赏，更是对现实苦难的逃避。对此，恩格斯持不同态度。

如果说青年恩格斯批评基督教殊为激烈，那么晚年恩格斯就有更为冷静的思考。他不再仅仅从理论角度批评基督教，反而从实践角度、从所发挥的某些社会功能视角肯定基督教可能起的积极作用，从而更为全面地看待基督教的历史作用。在《反杜林论》中，与同时期的尼采相比，恩格斯并没有彻底否定《圣经》的作用，他认为原始基督教的平等观可以为无产阶级平等观服务。无产阶级的平等观"起初采取宗教的形式，借助于原始基督教，以后就以资产阶级的平等理论本身为依据了"[1]。恩格斯在这里提到的原始基督教的平等观主要涉及原罪的平等和作为上帝选民的平等。这种基督教平等观可以作为无产阶级平等观借助的资源和形式，就像可以利用资产阶级平等观所谓"平等不仅是表面的，不仅仅在国家层面上实行，更应该在社会经济领域中实行"一样。无产阶级平等观可以视为资产阶级平等观的进一步发展，也可以视为早期基督教平

① 《马克思恩格斯选集》第 3 卷，人民出版社 2012 年版，第 484 页。

等观更进一步的发展。在这种原始基督教平等观与无产阶级平等观的融洽关系中,存在着传统与未来的弥合关系。

晚年恩格斯强调要用历史眼光看待基督教。在1894年撰写的《论原始基督教的历史》中,他致力于比较原始基督教和早期工人运动的类似性及区别。文章一开始就致力于探寻"原始基督教的历史与现代工人运动有些值得注意的共同点"①。两者都是被压迫者的运动,两种运动的主体都受压迫、排挤、放逐,都被当作敌人。原始基督教"最初是奴隶和被释奴隶、穷人和无权者、被罗马征服或驱散的人们的宗教",跟"工人的社会主义都宣传将来会从奴役和贫困中得救"一样。在表达这种一致性时,恩格斯甚至把原始基督徒说成是"纯粹由奴隶构成的当时的工人阶级"②,把基督教说成是"社会主义",只是囿于历史原因,它"只能希望在彼岸世界,在天国,在死后的永生中,在即将来临的'千年王国'中实现社会改造,而不是在现世里"而已③。也就是说,区别只是基督教致力于到虚幻的彼岸世界中寻求解救,"基督教是在死后的彼岸生活中,在天国里寻求这种得救,而社会主义则是在现世里,在社会改造中寻求。"④ 恩格斯的意思是,基督教只是个形式,背后隐藏着"实实在在的现世利益";是这种实际利益决定着反抗者斗争的性质和面貌。反抗强权与特权、争取平等,成了基督教反抗运动与共产主义的共同点。恩格斯甚至引用了厄内斯特·勒南"如果你想要知道最早的基督教会是什么样子,那就请你看看'国际工人协会'的一个地方支部"这样的话。

在进一步的分析中,恩格斯甚至还谈到了早期基督教运动与早期社会主义运动中混杂着一些骗子、有很多宗派等方面也是一样的。"最初的基督徒也像我们最初的共产主义工人支部那样,对于一切投合他们口味的东西都无比轻信,这就使我们甚至无法肯定,我们的新约中是否满意掺杂着佩雷格林给基督徒们写的'大批圣书'中的某个片断。"⑤《圣经》特别是其中的新约,突出地表现着上述幻想甚至欺骗。值得注意的是,恩格斯在这里也跟尼采一样把《圣经》批判的重点不是放在旧约、耶稣

① 《马克思恩格斯选集》第4卷,人民出版社2012年版,第327页。
② 《马克思恩格斯选集》第4卷,人民出版社2012年版,第327页。
③ 《马克思恩格斯选集》第4卷,人民出版社2012年版,第328页。
④ 《马克思恩格斯选集》第4卷,人民出版社2012年版,第327页。
⑤ 《马克思恩格斯选集》第4卷,人民出版社2012年版,第333页。

基督而是放在新约、放在保罗这里。通过对写于公元 67 年至 68 年的《约翰启示录》的典型分析，恩格斯希望探究"使原始基督教后来得以发展成为世界宗教的那种根本观念"①，如何通过希腊哲学走向世界、成为一种"能吸引群众"的"世界宗教"，希望从这里得到使无产阶级社会主义运动从地方性、国别性走向世界性的启示和经验，以此显示原始基督教与早期社会主义运动的类似性。这种类似性比《反杜林论》中强调原始基督教的平等观可以为无产阶级平等观服务，甚至于无产阶级的平等观"起初采取宗教的形式，借助于原始基督教，以后就以资产阶级的平等理论本身为依据了"更加凸显了社会主义理论的历史基础，更加凸显了作为无产阶级启蒙产物的社会主义理论与历史传统的联系，凸显了无产阶级启蒙跟历史传统的紧密联系和本质区别。恩格斯的如下论述包含着更多的意思：

"起初极其强大的尘世作斗争，同时又在革新者自己之间作斗争，这既是原始基督教教徒的特点，也是社会主义者的特点。这两个伟大的运动都不是由领袖们和先知们创造出来的（虽然两者都拥有相当多的先知），两者都是群众运动。而群众运动其起初的时候必然是混乱的；其所以混乱，是由于群众的任何思想开始都是矛盾的，不明确的，无联系的；但是另一方面也是由于先知们起初在运动中还起着的那种作用。这种混乱表现为形成许许多多的宗派，彼此进行斗争，其激烈至少不亚于对共同外敌的斗争。在原始基督教是如此，在社会主义运动的早期也是如此，尽管这会使那些在根本无统一之可能的情况下宣扬统一的好心的庸人感到非常难过。"②

或许我们可以继续沿着恩格斯的逻辑做些补充发挥。因为基督教在传播自己的教理方面积累了丰富的经验，特别是分学术研究、大众传播两个层面，同样的教理分学术和大众两个版本的做法为启蒙运动、为马克思主义思想的教化与传播提供了重要启示。就像伊格尔顿指出的，席勒、费希特、柯勒律治等都希望启蒙哲学不要仅仅滞留于精英范围，要向民众普及。而在这方面，基督教可以提供丰富的经验启示。因为"基督教的突出优势就在于存在学术（神学）的版本和普通大众（信仰实践）

---

① 《马克思恩格斯选集》第 4 卷，人民出版社 2012 年版，第 337 页。
② 《马克思恩格斯选集》第 4 卷，人民出版社 2012 年版，第 339 页。

的版本；虽然两者偶有冲突，它们仍然被一起限定在宗教组织内部"①。启蒙运动也应该做两个版本，不要把精英层面的怀疑论、批判传达给无法合理把握的大众。可惜，在英国，"柯勒律治哀叹受过教育的阶层已然放弃了他们作为社会领导者的职责，被启蒙思想的怀疑论、唯物论、不可知论颠覆了。"② 但后来证明，大众信仰与启蒙哲学不能相容。德国的观念论哲学更没有解决好这个问题。在这方面，他们甚至都不如基督教。"唯心主义未能成功以一个世俗化的宗教来替代正统的基督教。"③观念论哲学始终太晦涩，不扎根现实生活；或者说，它只是理论，不触及实践和生活，无法很好地落实到实践和生活。在这方面，观念论哲学曲高和寡，不值得马克思主义哲学效仿，却必须警惕、避免和引以为戒。观念论哲学充其量让大众崇敬，却难以让大众理解。虽然观念论哲学家比如费希特也曾努力让大众理解，并不以高傲的姿态面对大众，但效果也极为有限。其中一个非常突出的表现形式就是观念论哲学过于宏大，过于依靠崇高、伟大的东西，却不在乎和关心实际的个人，认为这样的个人太渺小了，不足以成就所追求的理想目标。这被克尔凯郭尔视为观念论哲学的一大弊端。他指出，以黑格尔为代表的观念论哲学依然停留于思辨领域，他们并未真正触及现实，未触及人的生存，就像克尔凯郭尔说的，"一个思想家建立起一个巨大的建筑，一个体系，一整个包容了'存在'和'世界历史'的体系；而如果我们去观察他的个人生活，那么我们就会惊奇地发现这种可怕而可笑的情形：他自己并不住在这个巨大的、穹窿的宫殿里，而是住在旁边的一个工棚里，或者一个狗窝里，或者至多是在一个门房里……他宁可借助于'处在谬误之中'来完成这体系"④。让哲学落实于人的现实生存，使哲学从现实生活出发，达到理论与实践的有机融合，是恩格斯与克尔凯郭尔的共同旨趣。

浪漫主义也想弥合学术与大众这两个层面，试图通过哲学与诗学的

①　[英] 特里·伊格尔顿：《文化与上帝之死》，宋政超译，河南大学出版社 2016 年版，第 94 页。

②　[英] 特里·伊格尔顿：《文化与上帝之死》，宋政超译，河南大学出版社 2016 年版，第 94 页。

③　[英] 特里·伊格尔顿：《文化与上帝之死》，宋政超译，河南大学出版社 2016 年版，第 104 页。

④　《克尔凯郭尔文集》第 6 卷《畏惧与颤栗 恐惧的概念 致死的疾病》，京不特译，中国社会科学出版社 2013 年版，第 454 页。

融合来解决观念论哲学曲高和寡的问题，在崇高的天空与现实的大地之间建立融洽的关系，因而对通俗化、大众化心向往之，却不曾真正实现这种关系。立志要从现实生活出发改造传统哲学的马克思主义哲学立志要解决这个问题，对于要实现的社会改造理想来说，也是必须做到的。在马克思主义哲学理论的创造性研究与大众化理解之间，既要保持义理的一致，又要保持各自的学理性与通俗性特色，并保持良性互动。按照恩格斯的上述分析，在这方面，完全可以从基督教的做法中获得启发，虽然马克思主义哲学要研究和传播的真理跟基督教传播的教义不可同日而语。

这意味着，合理的基督教批判不能仅仅立足于思想价值本身来看待宗教，而应该从其发挥的社会功能、所具有的社会价值等方面来看待基督宗教。基督教的义理研究与大众传播、组织、社会基础都可以给社会主义运动以有益的启示。基督教即使在思想上不能成立，也不能否认它在传播、组织群众，在发展历程的成败得失方面对社会主义运动具有正反两方面的启示和启发价值。这是晚年恩格斯给我们的提醒和启示。

三　走向真诚信仰的关键

看来，不管是恩格斯的外部批判，还是克尔凯郭尔的内在批判，启蒙对宗教的批判都没有绝对化，更没有彻底否定信仰的价值和力量。问题应该不在信仰的有无，而在于走向真正信仰的关键何在？他们一个主张真正的信仰是个体内在性的挖掘和深化，与激情内在相关，发生在特殊个体身上；另一个主张真正的信仰存在于新的社会性力量中，与科学理性内在相关，并以群体的形式呈现并在群体中生成和演化。

对克尔凯郭尔来说，"1840 年，现存政治与社会状态的世界从根本上开始崩溃"①，面对宗教世俗化、大众化的洪流对基督教神圣价值的席卷，面对绝对关系失坠后相对关系的崩解，面对抽象"公众"的崛起以及个体性的丧失，他并未丧失信心，信仰是其对时代加以批判之后寻找的方

---

① ［德］洛维特、沃格林等：《墙上的书写》，田立年、吴增定等译，华夏出版社 2004 年版，第 91 页。

向，是他为时代寻找的灯塔。

上帝与信仰是克尔凯郭尔的永恒诉求，也是后世思想家对其加以诟病的地方。尽管克氏在其作品中丝毫不吝啬对亚伯拉罕和约伯的赞美，但我们认为宗教、上帝只是克尔凯郭尔呈现出来的表象，时代危机下的个体生存才是其思想内核，他所坚持的基督教信仰既不是中世纪狂热化的基督教，也不是日渐世俗化的基督教，亦不是原始的基督教。相反，他以个体生存的不确定性、时间性与敞开性解构了基督教的历史与人类社会的历史，他所坚信的基督教更多地是一种经生存论解读的基督教，他对上帝的悖谬式信仰更多地是信仰生存。在克尔凯郭尔看来，"基督教是精神；精神是内在性；内在性是主观性；主观性本质上是激情，在其最大程度上是对永福的一种无限的和个体关切的激情"①，精神、内在性、主观性、激情、无限与个体构成了克氏对基督教定性的关键词，那么，这一系列关键词的承载者是谁？答案是个体的人。人是什么？他指出，"人是精神。但是，什么是精神？精神是自我。但什么是自我？自我是一个'使自己与自己发生关系'的关系"②。自我是如何被设定的呢？克尔凯郭尔认为，这个自我无法自我设定，只能通过一个"他者"而被设定，这一他者是上帝。故而，克尔凯郭尔对基督教的规定性与对人的规定是相通的，他将信仰、上帝镶嵌到人之为人中，人成为自我的过程也就是成为基督徒的过程，同理，一旦缺失了信仰的成分，人将堕入绝望的深渊，因此，对于他而言，信仰必须存在，它是人之为人的必须，同理，信仰必须切合生存，否则信仰将成为异端。在克尔凯郭尔的文本中，生存事关个体，而信仰是对个体生存的无限关切；生存是面向未来的敞开，真理也并非如柏拉图所言是面向过去的回忆；生存是时间性的当下，信仰的对象必然不是超越时间的彼岸；生存是时间中的永恒，上帝则是存在的完满与永恒，"上帝不是某种外在的存在，上帝就是无限本身"③，走向上帝，也就是个体生存的自我超越。因此，我们可以说克尔凯郭尔保

① 《克尔凯郭尔文集》第5卷，《最后的、非科学性的附言》，王齐译，中国社会科学出版社2017年版，第18—19页。
② 《克尔凯郭尔文集》第6卷，《畏惧与颤栗 恐惧的概念 致死的疾病》，京不特译，中国社会科学出版社2013年版，第419页。
③ 《克尔凯郭尔文集》第5卷，《最后的、非科学性的附言》，王齐译，中国社会科学出版社2017年版，第127页。

留了基督教的内核，并将其与个体生存相融合，而这种融合的结果便是他所坚守的信仰。

从克尔凯郭尔对于人的定义来看，他更为注重人内在的精神世界，精神在他看来是人之为人的根本，是相比于动物的优越之处，笔者认为，他对基督教世界的批判与其说世俗、功利、政治、权势等玷染了原始基督教，不如说侵犯了人的精神世界，是人的精神，甚至可以说人的生存的世俗化、程式化与物化，尽管克尔凯郭尔没有提出物化这一词语，但是他对时下与时人的批判有异曲同工之妙。激情与决断是克尔凯郭尔所有文论的关键词，而激情、决断与热忱正是时代与时人所遗失的，他们被外在的东西所包裹，将自己等同于金钱、物质、荣誉，将自己畏缩在公众的名义之下，克氏在《非此即彼》（上卷）中的"间奏曲"开篇引用法国诗人贝利松的警句："宏业、知识、名望；友谊、快乐和美好；全都只不过是风是烟；更好一点的表述就是：全都是乌有。"① 这种由知识、宏业、金钱等构建起的不朽是一种一触即逝的虚幻，其间充斥的是精神的陷落与生存的紧缩，与科技、知识爆炸性增长相对应，人的生存逐渐沦为科技、数学等理性存在的附庸，正如同时期的马克思所说的，"我们的一切发明和进步，似乎结果是使物质力量成为有智慧的生命，而人的生命则化为愚钝的物质力量"②。不可否认的是，启蒙理性使得主体对外部世界、客体有了更清晰、更丰富的认知，在理性和资本的加持下，人的主体性不断地得到凸显，但是理性对神圣、崇高的消解使得人们的内心世界变得黯淡无光，呈现崇高世界坍塌的虚无主义局面。

如果单纯的以永恒拒斥现世又将重蹈传统形而上学之覆辙，因此，他寻求的内在自我的同一是永恒与现世（或者说时间）的同一。对克尔凯郭尔而言，信仰不是幻想的避难所，而是全然托付，面向上帝的全然托付指的就是全然进入生存，进入现实，他并不是尼采所批判的"背后世界论者"，相反，他批判那些为了所谓的永恒而放逐现世生存的修士，他强调，永恒就在于时间之中，瞬间，便是永恒进入时间的决断。

面对崩溃瓦解的时代，克尔凯郭尔反对外在世界的行动，就像洛维

---

① 《克尔凯郭尔文集》第2卷，《非此即彼》上卷，京不特译，中国社会科学出版社2009年版，第2页。

② 《马克思恩格斯选集》第1卷，人民出版社2012年版，第776页。

特所说的，面对崩溃的世界，"基尔克果决心从普遍世界的崩溃状态返回
到同自身的关系，返回到自己内在的'自身存在'。"① 克氏认为，只有
内在世界的丰满才能改变人与物之间的这种关系，而"外在世界的行动
的确可以改造生存（像皇帝征服了全世界并且使人民成为奴隶），但却不
能改造个体自身的生存，外在世界的行动的确可以改造个体的生存（像
一个人从中尉变成皇帝、从犹太小贩变成百万富翁或者诸如此类会发生
的情况），但却不能改造个内在世界的生存"②。面对客观化、物化、程
式化、世俗化的时代，克尔凯郭尔选择在内在性中保证自我的同一，以
内在自我和内在同一作为克服物化、客体化等问题的方案，他试图以内
在世界的丰满化解资本主义社会中人的生存危机，但是这种内在性的同
一并不能克服物化、世俗化、程式化等问题。克尔凯郭尔不屑于历史中
人类为自由、平等而作出的牺牲，但是伊甸园里的自由与平等也并非绝
对的，通过邻人之爱实现的自由祥和只不过是一个幻象，所谓自己与邻
人、与上帝之间的关系，只不过是他与自己的对白，上帝只是一种内在
性的信念，是一种敞开的且悬设理性的至上、至善、至真、至美。克尔
凯郭尔所坚信的内在行动在他看来有多切近现实（个体生存的现实），就
有多远离现实（社会现实和个体生存的现实），洛维特指出，克尔凯郭尔
批评浪漫派的自我、主观性，"不是因为它缺乏一种普遍的世界和客观
性，而是因为它缺乏彻底的主观性。"③ 此外，克尔凯郭尔将应对时代危
机的重任交托于孤独个体，那么，这一个体性的主体就更可能无助、
无力。

　　对于恩格斯和克尔凯郭尔而言，信仰属于主体性范围，都是一种主
体性努力的成果。与克尔凯郭尔那单纯个体内在的热情主体不同，恩格
斯的主体性是一种与作为主导趋势的社会历史规律，与代表着先进性的
生产力、组织、思想理论不可分割地联系在一起。在克尔凯郭尔把完全
外在的客观真理变成主体内在的东西，把普遍真理变成非人际之间的个

---

① ［德］洛维特、沃格林等：《墙上的书写》，田立年、吴增定等译，华夏出版社 2004 年
版，第 91 页
② 《克尔凯郭尔文集》第 5 卷，《最后的、非科学性的附言》，王齐译，中国社会科学出版
社 2017 年版，第 358 页。
③ ［德］洛维特、沃格林等：《墙上的书写》，田立年、吴增定等译，华夏出版社 2004 年
版，第 95 页。

人主体特殊性存在之时，恩格斯把真正信仰的关键确立在另外一种主体性之上。这种主体性首先是对客观规律的认知和把握，然后再是确立最先进的理论或者与之结合，再就是对最先进的组织的参与。

　　恩格斯与马克思的确常在无理由、无根据的盲从、偏信意义上使用"信仰"一词，如指责施蒂纳的"无限信仰"，把他"'迄今为止的历史'，只是'精神的人的历史'"之论判定为"这就是信仰"①。在《流亡者文献》中，恩格斯指责巴枯宁主义者把革命词句变成了宗教咒语，使"理论成了信仰，参加运动成了祭祀"②。鉴于当时的处境中这类"信仰"泛滥，他们也就不愿意把自己的理论说成一种"信仰"，甚至"理想"都不愿意。马克思明言"工人阶级不是要实现什么理想，而只是要解放那些由旧的正在崩溃的资产阶级社会本身孕育着的新社会因素"③。恩格斯与马克思在《德意志意识形态》中强调："共产主义对我们来说不是应当确立的状况，不是现实应当与之相适应的理想，我们所称为共产主义的是那种消灭现存状况的现实的运动。这个运动的条件是由现有的前提产生的。"④ 正是要表明共产主义是一种立足于现实社会的科学理论，是通过对现实社会矛盾的解决以推动其向前发展的运动。这一点晚年恩格斯说得更加清楚："共产主义现在已不再意味着凭空设想一种尽可能完善的社会理想，而是意味着深入理解无产阶级所进行的斗争的性质、条件以及由此产生的一般目的。"⑤ 由此而论，他们致力于把对共产主义非理性的信念甚至盲从，发展为科学基础上的科学信念。马克思在《哥达纲领批判》中说"资产阶级的'信仰自由'不过是容忍各种各样的宗教信仰自由而已，工人党却力求把信仰从宗教的妖术中解放出来"⑥，就突出表明了这个意思。当恩格斯说："我们有义务科学地论证我们的观点……争取欧洲无产阶级，首先是争取德国无产阶级相信我们的信念"⑦ 时，也是同一个意思。这个信念，关于社会主义、共产主义的信念，就来自对现

---

①　《马克思恩格斯全集》第 3 卷，人民出版社 1960 年版，第 151 页。
②　《马克思恩格斯选集》第 3 卷，人民出版社 2012 年版，第 308 页。
③　《马克思恩格斯选集》第 3 卷，人民出版社 2012 年版，第 103 页。
④　《马克思恩格斯全集》第 3 卷，人民出版社 1960 年版，第 40 页。
⑤　《马克思恩格斯选集》第 4 卷，人民出版社 2012 年版，第 203 页。
⑥　《马克思恩格斯选集》第 3 卷，人民出版社 2012 年版，第 376—377 页。
⑦　《马克思恩格斯选集》第 4 卷，人民出版社 2012 年版，第 203 页。

代社会发展规律的认识和把握。"现代社会主义必获胜利的信心，正是基于这个以或多或少清楚的形式和不可抗拒的必然性印入被剥削的无产者的头脑中、可以感触到的物质事实，而不是基于某一个蛰居书斋的学者的关于正义和非正义的观念。"① 对这种必然性、规律的认知、把握、结合、参与是需要不断随着情况的发展变化不断积极学习和调整的，是永无止境的主体性努力过程。鉴于马克思恩格斯所处的时代"信仰"往往是神学家的口头禅，"理想"常常是空想社会主义的口头禅，他们都不愿用这两个词来界定共产主义信念。现在的环境不一样了。撇开当时的具体语境，立足于当代在"信念"意义上使用"信仰"一词的话，那也可以把共产主义信念解说为共产主义信仰，而且这种信仰还是最为合理、最有根据的信仰。对于恩格斯来说，确立真正信仰的道路必须基于对社会历史的科学认知，基于对客观规律的把握之上。但社会历史规律对于他们来说，绝不是外在于无产阶级实践的绝对外在的东西，而只是一种已经生成并不在调整变化着的主导趋势。恰如马克思所说，"一般规律作为一种占主导地位的趋势，始终只是以一种极其复杂和近似的方式，作为从不断波动中得出的、但永远不能确定的平均数来发生作用。"② 主导趋势意味着"必然有某些起反作用的影响在发挥作用，来阻扰和抵消这个一般规律的作用，使它只有趋势的性质"③，意味着还有非主导型的趋势与之并行竞争，需要实践主体根据复杂的客观境况和主客观条件予以规整、引导、争取，做出各种积极努力，需要真正的信仰和真实的努力。真正的信仰跟社会历史规律、跟阶级群体的形成和做出的各种实践努力密切关联在一起。众所周知，上述两段话都出现在恩格斯整理出版的《资本论》第三卷中，恩格斯在这里对马克思的观点高度认同。

与恩格斯不同，克尔凯郭尔却在"持续地处于生成进程之中"④ 的个体生存中看待希望和信仰。他认为，仅仅依靠自己的力量，不仅不会成为自我，反而陷入绝望，"'成为自己'只有通过'与上帝的关系'才能

---

① 《马克思恩格斯选集》第 3 卷，人民出版社 2012 年版，第 537 页。
② 《马克思恩格斯全集》第 46 卷，人民出版社 2003 年版，第 181 页。
③ 《马克思恩格斯全集》第 46 卷，人民出版社 2003 年版，第 258 页。
④ 《克尔凯郭尔文集》第 5 卷，《最后的、非科学性的附言》，王齐译，中国社会科学出版社 2017 年版，第 58 页。

达成。"① 信仰作为一种内在的确定性，它预期无限性。主体性是整个现代世界的根基和灵魂，但只有信仰才能把主体立起来，立在某种方向之上。就像前面所说的，信仰的对象是生存，在他的眼里，存在本来就是荒诞的，只有藉着激情（对生存的信仰）才能战胜这种荒诞，如他若言，悖论和热情是最为相配的两个情人，"存在着的个人通过这种悖论而达到存在的极点。② 但对恩格斯来说，真正信仰的确立绝非个人之事，而是必然与现代社会新的组织和变迁方式内在关联在一起。不理解现代社会快速更新和进化自身的机理，是无法躲在一个孤立的内在性空间内确立起真正有效果的信仰的。

虽然克尔凯郭尔明白"古时候，只有少数人了解真理，而现在所有人都了解，但是就内心性而言情况正好相反"③，但他还是以内在的行动取消外在的行动，他坚信内在的自我是应对时代危机的唯一路径，然而他对内心性的强调却走向了另一个极端。虽然克尔凯郭尔和恩格斯都致力于把黑格尔的理性贯彻于生活之中，并视之为时代的任务，但克尔凯郭尔用个别人的内在性替代马克思恩格斯的外在社会关系，他理解的这种贯彻对象是个人，而绝不是群众。在他看来，公众是一种没有领导的领导者，影响并控制处于其中的"个体"，他们借助于数量上的"多"增加自身的力量，隐藏并转移自身的怯懦。体系、人类、基督教世界中都是这样的东西。超越普遍性的个体是克氏信仰的主体，只有与群众对立的个别性才有可能是崇高的存在，才能走向真诚的信仰。在对个人的信任和寄予希望方面，他与施蒂纳的"唯一者"、鲍威尔的"自我意识"一致，都对"大众"表达了一种不信任，而跟马克思恩格斯对峙起来。

但资本主义时代的危机并不仅仅是个体的生存危机，同时是一种社会危机，尽管克尔凯郭尔强调个体在现世的生存，他依然割裂了人的社会性与个体性。"人的本质不是单个人所固有的抽象物，在其现实性上，

---

① 《克尔凯郭尔文集》第 6 卷，《畏惧与颤栗 恐惧的概念 致死的疾病》，京不特译，中国社会科学出版社 2013 年版，第 441 页。

② ［丹］索伦·克尔凯郭尔：《主体性即真理》，载胡景钟、张庆熊主编《西方宗教哲学文选》，第 365 页。

③ ［丹］索伦·克尔凯郭尔：《主体性即真理》，载胡景钟、张庆熊主编《西方宗教哲学文选》，第 360 页。

它是一切社会关系的总和"①，个体的生存离不开社会的支撑，没有外在环境的整体变革，个体内在世界的丰满在强大的科技、资本、影像等社会力量面前也只能表现为一种无力。

当克尔凯郭尔把真正信仰赋予热情个体的内在性之时，恩格斯则赋予无产阶级的群体联合，他把对共产主义的真正信仰确立在无产阶级对于最先进的生产力、最先进的理论、最先进的组织的参与、掌握和实践之中。正是在对最具先进性的生产力和理论的靠拢和参与之中，在对先进人群的交往、学习、靠拢之中，共产主义信仰才会得以发生并得以不断牢固，"联合的行动，至少是各文明国家的联合的行动，是无产阶级获得解放的首要条件之一"②。在恩格斯的眼里，克尔凯郭尔式的鹤立鸡群不会被欣赏，只会导致孤掌难鸣。

尽管信仰的承担者不同，不过情感、瞬间的重要性对于恩格斯和克尔凯郭尔来说是类似的。无产阶级不仅依靠理性，也需要革命的激情。对于历史唯物主义来说，时间绝非是均匀的，某些特殊的瞬间具有更为突出的重要意义。克尔凯郭尔赋予瞬间更大的价值，声称主体自我没有永恒的历史可以依托，只能在瞬间中不断超越。恩格斯在肯定历史连续性、重视所有历史积累的积极意义的基础上，也对矛盾爆发的特殊历史时刻寄予更大的希望，并在革命主体解决矛盾推进历史前进的基础上赋予这个瞬间更大的价值。在重视热情和瞬间、告别单纯的理性主体和均匀等值的线性时间方面，恩格斯肯定会有限度地对克尔凯郭尔的如下看法表示赞赏："存在的主体只能在瞬间体会到无限与有限的统一性，这种统一性超越了存在并且这一瞬间恰是热情的瞬间。拙劣的近代哲学总是轻蔑热情。而对存在于时间中的个人来说，热情乃是存在的极致。在热情中，存在的主体通过想象的永恒性而变成了无限，同时，他又仍旧是他自己。"③ 对于恩格斯来说，存在的极致肯定不是单纯的热情，而是热情与理知基础上的实践统一。即使是彰显突出价值的瞬间，也可能是其他时间长期的集聚和累积所致，这个瞬间与其他时间不是对立冲突的，

---

① 《马克思恩格斯选集》第 1 卷，人民出版社 2012 年版，第 135 页。
② 《马克思恩格斯选集》第 1 卷，人民出版社 2012 年版，第 419 页。
③ 〔丹〕索伦·克尔凯郭尔：《主体性即真理》，载胡景钟、张庆熊主编《西方宗教哲学文选》，第 357 页。

只是时间非均匀性的复杂分布而已，因为所有的时间都在为瞬间的爆发和提升做着准备，都对特定瞬间的集聚有所贡献。

　　尽管共产主义社会是在对历史与现实的反思中得出的科学认识，但它更是一种行动、实践，行动、实践势必面临诸多的考验、困难，可能经受犹疑、彷徨、绝望的侵袭而达至坚信，由此使得激情十分必要。克尔凯郭尔赋予信仰和激情更本质的关联，"信仰的确定性完全体现在信仰相信不确定性，也就是悖谬，或者更通俗地说，相信激情"①。恩格斯会在赋予信仰更多理性根基的基础上给予激情足够的位置和空间。存在是激情、信念（仰），也是实践、斗争；除此之外，克尔凯郭尔会加上受难，恩格斯会再加上理性与联合。

---

　　① 尚杰：《任性、悖谬与信——读克尔凯郭尔的〈哲学片段〉》，《世界哲学》2013 年第 6 期。

马克思主义哲学形成史问题域中的"青年恩格斯"

周嘉昕[*]

围绕马克思主义哲学形成史研究，国内学界已经进行了较为充分的探讨。本研究的着眼点和可能的创新之处在于：从"青年马克思"研究的未尽探讨出发，结合"青年恩格斯"的思想发展和实践探索历程，回顾马克思恩格斯走向历史唯物主义的历程，并尝试在若干基本问题上拓展对马克思主义哲学的理解和阐释。这些问题包括：（一）马克思恩格斯以不同方式实现了从唯心主义到唯物主义的转变，我们该怎样理解作为这一转变结果的唯物主义？（二）最初面对政治经济学时，马克思恩格斯各自具有怎样的问题指向，他们的政治经济学研究与哲学变革之间具有怎样的理论关联？（三）在马克思看来，恩格斯"从另一条道路得出同他一样的结果"，那么这"另一条道路"具有何种特殊性，对于我们丰富唯物史观的理解具有怎样的意义？

一 从"青年马克思"到"青年恩格斯"

马克思主义哲学形成史的研究同马克思主义哲学方法论的理解息息相关。有怎样的马克思主义哲学方法论理解，就会形成怎样的马克思恩格斯早期思想发展认知。当然，在不同的历史阶段上，这种理解和认知

---

* 作者简介：周嘉昕，南京大学哲学系教授。

也为马克思恩格斯文献的占有情况所左右。回顾 20 世纪马克思主义哲学研究的历史演进，"青年马克思"问题构成了马克思主义哲学形成史讨论的重中之重。以之为理论锚点向前追溯，可以发现"青年马克思"或"两个马克思"争论或明或暗都挑战了马克思恩格斯晚年开始，经第二国际到苏联早期马克思主义研究中形成的马克思主义哲学形成史叙事模式。向后延伸，可以看到这一争论在 20 世纪 70 年代后嬗变为"马克思恩格斯"问题的讨论。其中，"青年恩格斯"问题既因为恩格斯晚年对马克思主义形成过程的理论总结，又因为"青年马克思"研究中未尽的讨论，而凸显出特殊重要的理论价值。

1859 年出版的《〈政治经济学批判〉序言》〔以下简称《序言》(1859)〕应该算是马克思为数不多回顾自己早期思想发展的一篇代表性文献。从中我们可以发现这样一种"青年马克思"的思想发展叙事：从《莱茵报》时期遭遇"对物质利益发表意见的难事"，到批判黑格尔法哲学并决心解剖"市民社会"，进而研究政治经济学并得到唯物主义历史观这一"总的结果"。今天看来，马克思这里主要集中在"自己研究政治经济学的经过"上，因而《序言》(1859) 并未涵盖马克思早期思想发展的全部细节。比如，《神圣家族》就未被专门提及。19 世纪 70 年代后，在总结宣传马克思主义的过程中，恩格斯留下了《卡尔·马克思》《反杜林论》《马克思墓前的讲话》《路德维希·费尔巴哈和德国古典哲学的终结》(以下简称《费尔巴哈论》) 等作品。在这些作品中，恩格斯除了用"两个伟大发现"来概括马克思一生的功绩外，还对马克思和自己的早期探索进行了说明。有趣的是，在《卡尔·马克思》一文中，恩格斯的回顾并没有论及《德意志意识形态》(以下简称《形态》)，而是专门提到了《神圣家族》。

之所以存在这样一个细微的差异，一方面可能是由于《卡尔·马克思》一文旨在向大众介绍马克思的生平传略，因此概述公开发表的著作更为妥当；另一方面则可以在《费尔巴哈论》的一处说明中找到答案。在该书 1888 年单行本序言中，恩格斯提到："在这篇稿子送去付印以前，我又把 1845—1846 年的旧稿找出来看了一遍。其中关于费尔巴哈的一章没有写完。已写好的部分是阐述唯物主义历史观的；这种阐述只是表明当时我们在经济史方面的知识还多么不够。旧稿中缺少对费尔巴哈学说本身的批判;所以,旧稿对现在这一目的(论述马克思黑格尔关系)是不适用的。"① 这里,涉及一个关乎马克思主义哲学方法论和形成史理解的关键问题。即费尔巴哈在马克思恩格斯思想转变中的作用问题,或者说马克思恩格斯早期思想发展中的唯物主义转变问题。

正如恩格斯在《费尔巴哈论》中所提到的那样,1841 年"费尔巴哈的《基督教的本质》出版了。它直截了当地使唯物主义重新登上王座,……这部书的解放作用,只有亲身体验过的人才能想象得到。那时大家都很兴奋:我们一时都成为费尔巴哈派了。马克思曾经怎样热烈地欢迎这种新观点,而这种新观点又是如何强烈地影响了他(尽管还有种种批判性的保留意见),这可以从《神圣家族》中看出来"②。而"费尔巴哈没有走的一步,必定会有人走的。对抽象的人的崇拜,即费尔巴哈的新宗教的核心,必定会由关于现实的人及其历史发展的科学来代替。这个超出费尔巴哈而进一步发展费尔巴哈观点的工作,是由马克思于 1845 年在《神圣家族》中开始的"③。

遵循马克思恩格斯的总体判断,经过普列汉诺夫、梅林、列宁等理论家的研究和阐释,从第二国际到苏联早期的马克思主义研究中,形成了这样一种观点:在马克思恩格斯的早期思想发展中,存在一个从唯心主义向唯物主义,从革命民主主义向共产主义转变的过程。在此过程中,费尔巴哈的唯物主义发挥了重要的中介作用。回到 20 世纪 20、30 年代,指导苏联马克思恩格斯文献遗产整理和研究工作的,正是这样一种"黑格尔—费尔巴哈—马克思"的叙事逻辑。1924 年,《形态》手稿被整理发表出来时,大卫·梁赞诺夫最为关注的是马克思恩格斯从"现实的人道主义"到"科学共产主义"的理论过渡。1927 年《1844 年经济学哲学手稿》(以下简称《手稿》)第三笔记本与《黑格尔法哲学批判》一起公开问世时,它之所以被"误认为"是"《神圣家族》的准备材料",也是同马克思批判改造黑格尔唯心主义辩证法的理解结合在一起的。

然而,马克思早期著作的出版却在西方世界产生了一个令人意想不到的结果。伴随《手稿》的公开出版,出现了所谓的"青年马克思"争

---

① 《马克思恩格斯选集》第 4 卷,人民出版社 2012 年版,第 218—219 页。
② 《马克思恩格斯选集》第 4 卷,人民出版社 2012 年版,第 228 页。
③ 《马克思恩格斯选集》第 4 卷,人民出版社 2012 年版,第 247 页。

论或"两个马克思"争论。利用《手稿》阐发人本主义"青年马克思"的这样一种理论思潮，在 20 世纪 50、60 年代达到了顶峰。悉尼·胡克就曾其描述为"马克思的第二次降世"。然而，这样一种过分关注《手稿》、片面强调人本主义异化批判的思路，自身存在无法克服的理论困境，同时也无法获得马克思文本研究的充分支撑。因而，当苏联马克思主义理论家奥伊泽尔曼、拉宾、巴加图利亚等人围绕马克思早期思想和著作展开深入研究，西方马克思主义者阿尔都塞就人本主义青年马克思展开针锋相对的批判后，这样一个思潮就逐渐归于沉寂了。

1970 年，马克西米利安·吕贝尔发表了《"马克思传奇"，或恩格斯，马克思主义的创始人》。之前隐含在人本主义"青年马克思"话题背后的，对于苏联马克思主义理论的挑战，开始为"马克思恩格斯关系"问题的讨论所承接。客观来说，就像"青年马克思"问题的讨论刺激了 20 世纪 50、60 年代的马克思主义哲学哲学形成史研究一样，70 年代后"马克思恩格斯关系"问题的讨论也推动了恩格斯思想研究的开展，并且到 1995 年前后，以纪念马克思逝世一百周年为契机达到了一个高潮。在围绕恩格斯生平、著作和思想的研究中，存在两个话题的焦点：一是晚年恩格斯的理论贡献；二是青年恩格斯的思想发展。

就前者来说，因为恩格斯在马克思主义形成发展传播中的特殊地位，讨论往往集中在三个方面。其一是恩格斯在《反杜林论》《费尔巴哈论》以及晚年历史唯物主义书信等著作中，对马克思主义的总结和概括问题；其二是以"自然辩证法"为焦点的，有关恩格斯对辩证法的理解及其与马克思关系问题的争论；其三是对恩格斯编辑整理的《资本论》第二、第三卷的评估问题。就后者来说，虽然"青年恩格斯"的最初发现可以追溯到 20 世纪 20、30 年代古斯塔夫·迈耶尔的理论工作，但是从 20 世纪 70 年代以来，"青年恩格斯"的讨论因为相互缠绕的两个原因呈现出特殊重要的理论价值。一方面，无论是主张"恩格斯是马克思主义的创始人"，还是批判这种观点，都需要对恩格斯自身的思想发展及其与马克思的关系做出说明；另一方面，"青年马克思"研究中涉及的诸多理论问题，可以且需要结合"青年恩格斯"的考察得到进一步的说明。

简单说来，由"青年马克思"问题所提出，并且因为"马克思恩格斯关系"问题而愈发凸显的，需要回到"青年恩格斯"来回答的理论问题主要有三：第一，马克思 1843 年到达巴黎后，恩格斯 1842 底前往曼彻斯特后，实现了从唯心主义向唯物主义、从革命民主主义向共产主义的转变。那么，该如何理解这样一个唯物主义的转变？特别是当马克思恩格斯的早期著作呈现出不利于这一判断的文本证据时，我们该如何理解唯物主义转变的内涵和意义？第二，按照恩格斯的概括，马克思一生实现了唯物史观和剩余价值理论两个伟大发现而这两个伟大发现都是在政治经济学批判中获得的。那么，政治经济学批判与哲学世界观变革之间存在着怎样的关联？以《国民经济学批判大纲》（以下简称《大纲》）为切入，比较《大纲》与《手稿》的异同，或可以为这一问题的回答提供更为全面的视角。第三，用马克思的原话来说，恩格斯"从另一条道路（参看他的《英国工人阶级状况》）得出同我一样的结果"，即唯物史观。这样，我们该怎样理解恩格斯走向唯物史观的"另一条道路"？两条道路的比较，对于我们今天深入理解马克思主义的哲学革命又将具有怎样的启示？

二　唯物主义转变的过程和意义

在既有的马克思主义哲学形成史研究中，一个被普遍接受的观点是：在马克思恩格斯的早期思想发展中，存在一个从唯心主义向唯物主义转变，进而制定唯物史观的过程。按照《序言》（1859）的说法，马克思在巴黎开始研究政治经济学，在布鲁塞尔继续研究，得到了一经得到就用于指导自己的研究工作的总的结果。恩格斯则从另一条道路得出同马克思一样的结果。1845 年春，马克思恩格斯决定共同阐明自己的见解与德国哲学的意识形态的见解的对立，写作了《德意志意识形态》手稿，达到了自己弄清问题的主要目的①。因此，就唯物史观的确立来说，《关于费尔巴哈的提纲》和《德意志意识形态》的写作是一个相对明确的理论标志。但是就唯物主义的转变而言，尽管马克思在《资本论》第二版跋等文献中多次强调了自己的方法和黑格尔唯心主义辩证法截然相反，恩

———

① 参见《马克思恩格斯文集》第 2 卷，人民出版社 2009 年版，第 591—593 页。

格斯在《费尔巴哈论》等著作中专门强调了唯物主义转变的意义，特别是费尔巴哈曾经起到的解放作用。但无论是在概念界定上，还是在文本依据上，唯物主义转变都存在许多亟待澄清的理论问题。

从第二国际到苏联早期的马克思主义理论家，一方面出于对唯物史观方法论的捍卫，另一方面也是受制于马克思恩格斯早期文献占有的不足。在强调马克思恩格斯的唯物主义转变过程中，往往以概述的方式强调马克思恩格斯在1843年之后实现了从唯心主义向唯物主义的转变，但对于1843和1844年间马克思恩格斯的方法论转变细节缺乏充分的说明。我们知道，克罗伊茨纳赫时期和巴黎时期的马克思，曼彻斯特时期的恩格斯，本身在思想观点上的转变过程就十分复杂。特别是《黑格尔法哲学批判》《手稿》《巴黎笔记》等对于我们理解马克思这一时期思想发展的重要文献，直到1930年前后才公开问世。甚至于在这些文献中，还存在"唯物主义"术语的不同用法。这就给我们理解马克思的唯物主义转变提出了不小的挑战。

立足《莱茵报》时期的政论文章、《黑格尔法哲学批判》手稿、《德法年鉴》和《手稿》，我们发现：在1844年8月底，也就是在巴黎与恩格斯第二次会面之前，马克思对"唯物主义"这个术语主要是在贬斥甚至是否定的意义上使用的。举例来说，在《关于林木盗窃法的辩论》和《本地省议会选举》等文章中，马克思以贬义的方式使用了"下流的唯物主义""唯物主义者"等说法。这与《序言》（1859）中提到的"对所谓物质利益发表意见的难事"有关。从批判私有财产出发，《黑格尔法哲学批判》手稿和《论犹太人问题》仍然是在市民社会利己精神的意义上来界定"唯物主义"这个用语，出现了"粗陋的唯物主义""市民社会的唯物主义""抽象唯物主义"等表述。在《手稿》［对黑格尔辩证法和整个哲学的批判］的开头部分，尽管马克思在同"法国唯物主义"相比较的意义上，认为费尔巴哈"创立了真正的唯物主义和实在的科学"①，但他还是坚持认为"彻底的自然主义或人道主义，既不同于唯心主义，也不同于唯物主义，同时又是把这二者结合起来的真理"②。

马克思在《手稿》中的"唯物主义"用法，在很大程度上接近于费

---

①　《马克思恩格斯全集》第3卷，人民出版社2002年版，第314页。
②　《马克思恩格斯全集》第3卷，人民出版社2002年版，第324页。

尔巴哈的理解。尽管《费尔巴哈论》中曾提到 1841 年费尔巴哈《基督教的本质》的出版了,"直截了当地使唯物主义重新登上王座",但至少在1845 年之前,费尔巴哈更多把自己的哲学观点称为"人类学""人本主义"或"自然主义",而回避"唯物主义"这个术语。例如,费尔巴哈在 1845 年 6 月《维干德季刊》第二期上发表的《就〈唯一者及其所有物〉谈〈基督教的本质〉》一文,就强调自己"不是唯物主义者,也不是唯心主义者,也不是同一性哲学家","是共同的人,即共产主义者"①。对此,瓦托夫斯基的观点具有一定的借鉴意义。他认为:没有充分的证据证明是费尔巴哈为青年马克思提供了唯物主义;黑格尔之后,费尔巴哈所实现的哲学变革在于从人的感性出发的辩证法;即便在 19 世纪 50 年代,费尔巴哈认可并接受了摩莱肖特的生理学唯物主义,但是他的出发点仍然是感性②。

上述观点似乎与晚年恩格斯的《费尔巴哈论》有所冲突。显然,问题不是简单通过发现恩格斯与马克思的差异就能解决的。为了更好地说明事情的原委,让我们先来回顾一下恩格斯早期文献中"唯物主义"这个术语的使用情况。恩格斯最初提到"唯物主义"时,与马克思《莱茵报》时期的"下流唯物主义"的用法相类似。《时代的倒退特征》《谢林和启示》等文章只是偶尔提到了"唯物主义",也都带有否定的含义。有趣的是,在恩格斯 1839 年 6 月 15 日致格雷培的信中,还手绘了一幅名为"高贵的现代唯物主义"的漫画。画中典型的现代工商业资本家形象,恰与马克思笔下的"市民社会的唯物主义"相吻合。即便是在《德法年鉴》上的《大纲》中,恩格斯对"唯物主义"仍然持一种批判的态度。他说:18 世纪的"一切革命都是片面的并且停留在对立的状态中","抽象的唯物主义与抽象的唯灵论相对立","唯物主义不抨击基督教对人的轻视和侮辱,只是把自然界当作一种绝对的东西来代替基督教的上帝而与人相对立"③。在 1844 年初完成的《英国状况。18 世纪》一文中,恩格斯第一次对 18 世纪唯物主义进行了系统的论述。在他看来,"18 世纪科学的最高峰是唯物主义,它是第一个自然哲学体系";"反对基督教的抽象主

---

① 转引自《马克思主义研究资料》第 1 卷,中央编译出版社 2013 年版,第 23 页。
② 参见 Marx W. Wartofsky, *Feuerbach*, Cambridge University Press, 1977, pp. 18 – 21。
③ 《马克思恩格斯全集》第 3 卷,人民出版社 2002 年版,第 443 页。

体性的斗争促使 18 世纪的哲学走向相对立的片面性", 其表现就包括
"唯物主义同唯灵论的对立"①; 以唯灵论为原则的德国哲学革命和以唯物
主义为原则的法国政治革命, 必定通向一场更广泛的革命、更有深远影
响的革命, 即社会革命。

这样, 我们可以看到: 在马克思恩格斯合作撰写《神圣家族》, 对法
国唯物主义和英国唯物主义的革命意义进行系统的论述, 并在马克思撰
写《关于费尔巴哈的提纲》, 批判包括费尔巴哈在内的旧唯物主义, 阐发
新唯物主义之前, 青年恩格斯与青年马克思一样, 都对唯物主义在总体
上持一种批判性的理论态度。但是无论是马克思, 还是恩格斯, 一方面
他们此时所拒斥的唯物主义, 并不能等同于他们后来在唯物史观意义上
所理解的"唯物主义", 也并非 1848 年革命之后德国出现的, 伴随自然
科学发展而兴起的庸俗唯物主义; 另一方面, 在他们的早期探索中, 也
就是上文所列举的例证中, 又存在两种不同的"唯物主义"用法, 一是
特定等级受物质利益左右的"下流的、粗陋的唯物主义", 二是 18 世纪
的唯物主义。简言之, 当我们讨论马克思恩格斯的唯物主义转向时, 就
应该自觉区分四种不同的"唯物主义"术语: (1) "下流的、粗陋的唯
物主义"; (2) 18 世纪的法国唯物主义; (3) 19 世纪 50 年代后, 费尔巴
哈与之同流的以毕希纳、摩莱肖特为代表的庸俗唯物主义; (4) 马克思
恩格斯在有关现实的人及其历史发展的考察中所获得的科学世界观方
法论。

也正是从上述区分出发, 我们可以进一步澄清费尔巴哈在马克思恩
格斯早期思想发展中的解放作用了。首先, 从 1841 年《基督教的本质》
出版到 1845 年秋马克思恩格斯开始写作《德意志意识形态》, 费尔巴哈
的主要贡献是从人类学或人本主义出发进行的宗教批判。"费尔巴哈在他
第一次坚决地站出来反对黑格尔时以清醒的哲学来对抗醉醺醺的思辨。"②
其次, 费尔巴哈的人本主义与当时 18 世纪以来英国和法国兴起的唯物主
义在批判宗教神学、走向社会主义的意义上是"同路人", 因此, 当"对
现存宗教进行斗争的实现需要, 把大批最坚决的青年黑格尔分子退回到

---

① 《马克思恩格斯全集》第 3 卷, 人民出版社 2002 年版, 第 527—528 页。
② 《马克思恩格斯文集》第 1 卷, 人民出版社 2009 年版, 第 327 页。

英国和法国的唯物主义"① 时,《基督教的本质》"直截了当地使唯物主义重新登上王座"。再者,结合《费尔巴哈论》的写作背景,特别是在十九世纪下半叶工业资本主义发展以及自然科学突破的社会历史条件中,面对以"经济唯物主义"为代表的庸俗观点的泛滥,恩格斯意在借助于批判费尔巴哈,来阐明马克思主义哲学的方法论本质,通过回顾马克思主义的形成过程,在时代化、大众化的语境中捍卫、宣传马克思主义。因此,学界用"人本主义唯物主义"来定位马克思恩格斯早期思想发展中的费尔巴哈,可以被看作是一种历史和理论的有机结合。在此基础上,我们可以更为清晰地阐明青年恩格斯在唯物主义转变中的历程和作用。

对于青年恩格斯来说,"唯物主义"术语的使用存在一个从类似"下流的唯物主义"的贬义用法到将唯物主义和社会革命关联起来的转变过程。这一转变的关节点发生在他 1842 年底达到英国之后。一方面,恩格斯已经受费尔巴哈《基督教的本质》影响转向了人本主义,并在同样持人本主义立场的赫斯影响下,走向了共产主义,寻求社会革命。另一方面,在社会革命道路的探索中,通过考察英国的工业革命和社会主义运动,恩格斯在"物质利益和原则"关系的分析中,发现了经济事实的历史决定性作用。英国和法国 18 世纪以来兴起的唯物主义,因为同时具有批判宗教神学和关注经济事实双重属性,便不仅进入了青年恩格斯的理论视野,而且成为他推动社会革命的重要思想资源。在这个意义上,青年恩格斯向唯物主义的转变,既不是简单接受了费尔巴哈的"人本主义",也不是径直走向了 18 世纪英国和法国的唯物主义,而是在进行宗教批判斗争和寻求哲学革命现实道路的进程中,开辟了一个从感性和经验出发,关注现实的人及其历史发展的新论域。毋庸讳言,在恩格斯曼彻斯特时期的著作中,这样一种"新唯物主义"的探索仍然受到人本主义的羁绊。也应看到,就"唯物主义"的发现以及为这一术语注入新的内涵而言,青年恩格斯在一定时期内、一定程度上成为青年马克思的思想引领。

---

① 《马克思恩格斯选集》第 4 卷,人民出版社 2012 年版,第 228 页。

三　政治经济学批判与新世界观的萌芽

正如马克思在《序言》（1859）中所提到的，"法的关系正像国家的形式一样"，"它们根源于物质的生活关系"，对"这种物质的生活关系的总和"的解剖，"应该到政治经济学中去寻求"①。在政治经济学研究中，马克思得到了"一经得到就用于指导自己的研究工作的总的结果"，即唯物史观。从 1843 年 10 月马克思移居巴黎到 1845 年秋在布鲁塞尔与恩格斯合作撰写《德意志意识形态》，马克思围绕经济学研究留下了多本《巴黎笔记》《布鲁塞尔笔记》（包括《曼彻斯特笔记》）。1845 年春，马克思离开巴黎前往布鲁塞尔不久后，就写下了"包含着新世界观天才萌芽的第一个文件"《关于费尔巴哈的提纲》。同年 4 月初，马克思已经向从巴门来到布鲁塞尔的恩格斯叙述了大致已经完成了的唯物史观②。因此，马克思在巴黎时期的政治经济学研究便成为我们考察唯物史观形成过程的主要依据。其中，《手稿》因其丰富的理论内容和相对独立的文本形态，成为理解这一问题的关键文本。

基于《手稿》的文本形态和思想内容，上世纪 80 年代以来，形成了一种越来越具有影响力的观点：在《手稿》中存在着人本主义异化批判逻辑和从客观现实出发的科学逻辑两条线索，虽然在第一笔记本中马克思提出并运用异化劳动概念来解释私有财产这一国民经济学没有说明的事实，但是在第二和第三笔记本中，这种人本主义的逻辑呈现出弱化的趋势，随着国民经济学研究的开展，从客观现实出发的科学逻辑逐渐增强。当然，围绕这一观点仍然存在许多需要进一步讨论并澄清的问题。比如青年马克思最初接触、研究政治经济学的经过，人本主义异化劳动的思想来源，政治经济学研究中如何发现现实的人及其历史发展等等。考虑到马克思是《大纲》在《德法年鉴》上发表后开始与恩格斯"不断通信交换意见"，在《手稿》的写作过程中又曾专门进行摘录，并多次称赞这部著作"内容丰富而有独创性"，是"批判经济学范畴的天才大纲"，

---

① 《马克思恩格斯文集》第 2 卷，人民出版社 2009 年版，第 591 页。
② ［苏］弗·阿多拉茨基主编《马克思生平事业年表》，三联书店 1977 年版，第 48 页。

有理由期待：结合《大纲》，我们可以更好地理解《手稿》以及政治经济学研究在唯物史观形成中的作用。

较之马克思，恩格斯对政治经济学的研究要略早一些。1842 年 11 月，恩格斯来到英国。1843 年春夏，恩格斯阅读了约·瓦特、托·卡莱尔、约·韦德、沙·傅立叶等人的著作，开始了解政治经济学学说。1843 年 9 月底或 10 月初到 1844 年 1 月中旬，恩格斯应赫斯之约为《德法年鉴》撰写了《大纲》。在《大纲》的写作过程中，青年恩格斯主要利用的是 1828 年版的斯密《国富论》。以该版编者麦克库洛赫所作的导言为基础，恩格斯概述了国民经济学的历史，特别是从重商主义到自由主义的发展，得出国民经济学建立在私有制（私有财产）基础上这一结论。在他看来，"私有制产生的最直接的结果就是商业"，而"商业形成的第一个范畴是价值"①。基于国民经济学有关生产费用三要素的说明，恩格斯具体探讨了私有制基础上三大阶级即土地占有者、资本家和工人之间的竞争和垄断的结果，分析了供求关系变化、人口问题、社会分化、人的相互奴役和堕落、科学和机器的影响等问题。然而，青年恩格斯受麦克库洛赫的影响，未能准确区分斯密、李嘉图在价值理解上的差异，仍然从抽象的实际价值和交换价值，或者说生产费用与效用的关系出发来理解价值问题。

客观说来，青年恩格斯对国民经济学的批判仍带有强烈的青年黑格尔主义哲学色彩。《大纲》的行文中渗透着费尔巴哈的影响以及隐性的人本主义立场。举例来说，在讨论生产费用的要素时，恩格斯坚持"劳动是生产的主要要素，是'财富的源泉'，是人的自由活动"②。在论及价值这种"原初的东西"和"它自己的产物"价格二者之间的颠倒关系问题时，恩格斯专门提到了费尔巴哈的文章《关于哲学改革的临时纲要》，并强调"这种颠倒构成了抽象的本质"。在论述竞争的结果时，恩格斯特别关注马尔萨斯的人口论，因为"这种理论向我们指出，私有制如何最终使人变成了商品，使人的生产和消灭也仅仅依存于需要"③，以及竞争制度如何屠杀人。此外，也正如恩格斯自己后来指出的那样，《大纲》

①　《马克思恩格斯全集》第 3 卷，人民出版社 2002 年版，第 446、449 页。
②　《马克思恩格斯全集》第 3 卷，人民出版社 2002 年版，第 458 页。
③　《马克思恩格斯全集》第 3 卷，人民出版社 2002 年版，第 468 页

"还完全是以黑格尔的风格写的"。这在恩格斯有关"价值是生产费用对效用的关系","地租是土地的收获量即自然方面和人的方面即竞争之间的相互关系"① 等表述中体现得尤为明显。

当然，从马克思恩格斯成熟时期的政治经济学批判观点出发批评《大纲》有点不尽人情，这也并非我们的本意。我们更关心的是通过比较《大纲》与《手稿》，特别是二者写作方式和理论观点上的异同，更为具体微观地阐明马克思恩格斯早期思想探索过程中，政治经济学研究之于新世界观萌芽的理论意义。

首先，从人本主义异化劳动理论的提出过程来看。如果说《大纲》从私有制、商业和价值出发，展开对国民经济学的系统论述，并分析私有财产基础上竞争所导致的非人结果，体现了青年恩格斯对政治经济学历史和理论的系统把握的话，那么《手稿》第一笔记本直接分三栏写作，讨论工资、资本的利润和地租之间的关系，就显得有点"另类"了。对此的解释，要么是青年马克思不太熟悉国民经济学的逻辑演进，要么是他有着明确的理论目标。我们的观点是后者。从第一笔记本的第 22 页开始，马克思基于三大阶级相互关系的实证分析，提出了异化劳动概念来解释说明私有财产的本质，提供了一种从哲学高度概括批判国民经济学的理论方法。更进一步，考虑到马克思在《黑格尔法哲学批判》中已经发现黑格尔国家学说的秘密是"私有财产的神秘主义"，特别是市民社会的私有财产同"道地的私有财产"即地产之间的含混和折衷，以及《论犹太人问题》中对私有财产基础上市民社会内在分裂的批判，有理由认为，作为私有财产批判的异化劳动理论，不仅是国民经济学批判的总结，而且是对黑格尔法哲学的人本主义批判的完成。

其次，从现实的人及其历史发展的发现来看。提出"异化劳动"作为私有财产的前提和原因，本身已经是对国民经济学的一种哲学批判，但是在《手稿》第三笔记本中又出现了一个长篇的片段［对黑格尔的辩证法和整个哲学的批判］。这就显得有点突兀了。结合第三笔记本的写作过程，我们可以发现：马克思对黑格尔的批判并非一个完整独立的文献，在写作上这一片断可以被划分为三个阶段。第一阶段在直接的意义上，

___
① 《马克思恩格斯全集》第 3 卷，人民出版社 2002 年版，第 451、455 页。

是作为青年马克思论述共产主义的第（6）个要点而出现的。也就是马克思站在费尔巴哈的立场上，为批判施特劳斯和鲍威尔，打算对《现象学》和《逻辑学》有关辩证法的叙述，以及"现代批判运动同黑格尔的关系略作说明"①。第二和第三阶段则同马克思论述共产主义的第（7）个要点［私有财产和需要］以及［增补］［分工］等片断交叉写作完成。在此过程中，一方面马克思认识到"黑格尔站在现代国民经济学家的立场上"，"在抽象的范围内""把劳动理解为人的自我产生的行动"②，同时，他发现黑格尔将"普遍异化的必然结果"的"特定概念"和"固定的思维形式"作为抽象过程的环节联贯起来了③。另一方面，马克思也发现，面对诸如"需要"这样的经济学范畴，国民经济学内部也会存在不同的理解甚至是争论。换言之，在现实的物质生活中，人的需要本身也不是一个独立的抽象存在，而是同特定的生产对象、生产方式，或者说经济关系关联在一起的。

这样，在《手稿》第三笔记本的最后，我们已经可以隐约看到《提纲》第六条的影子："人的本质不是单个人所固有的抽象物，在其现实性上，它是一切社会关系的总和。"④ 只不过，在以私有财产为基础的国民经济学以及黑格尔的思辨辩证法中；在"人的本质普遍异化"的状态中，特定概念范畴与思维形式背后的现实的社会关系被掩盖了起来，甚至以神秘主义的方式被描绘成抽象过程的各个环节。也正因如此，费尔巴哈人本主义的理论局限，唯物主义历史观的新的理论地平，开始呈现在青年马克思的面前。在这个意义上，不得不承认：虽然恩格斯较早地接触到政治经济学问题，《大纲》也启发并影响了马克思的政治经济学研究，特别是《手稿》的写作，但是就"到政治经济学中去寻求对市民社会的解剖"，走向唯物史观这条理论路径而言，青年恩格斯在理论上的敏感性和思考的深度显然不及青年马克思。当然，恩格斯在完成《大纲》之后，主要的精力放在了对英国工业革命的经济事实以及英国工人阶级状况的经验研究上。也正是在这个意义上，马克思所言不虚："自从弗里德里

---

① 《马克思恩格斯全集》第3卷，人民出版社2002年版，第312页。
② 《马克思恩格斯全集》第3卷，人民出版社2002年版，第320、332页。
③ 《马克思恩格斯全集》第3卷，人民出版社2002年版，第333页。
④ 《马克思恩格斯文集》第1卷，人民出版社2009年版，第501页。

希·恩格斯批判经济学范畴的天才大纲（在《德法年鉴》上）发表以后，我同他不断通信交换意见，他从另一条道路（参看他的《英国工人阶级状况》）得出同我一样的结果。"①

四　走向唯物史观的另一条道路及其理论启示

对于走向唯物史观的"另一条道路"，恩格斯晚年是这样描述的："我在曼彻斯特时异常清晰地观察到，迄今为止在历史著作中根本不起作用或者只起极小作用的经济事实，至少在现代世界中是一个决定性的历史力量；这些经济事实形成了现代阶级对立所由产生的基础；这些阶级对立，在它们因大工业而得到充分发展的国家里，因而特别是在英国，又是政党形成的基础，党派斗争的基础，因而也是全部政治历史的基础。……当我1844年夏天在巴黎拜访马克思时，我们在一切理论领域中都显出意见完全一致，从此就开始了我们共同的工作。1845年春天当我们在布鲁塞尔再次会见时，马克思已经从上述基本原理出发大致完成了阐发他的唯物主义历史理论的工作，于是我们就着手在各个极为不同的方面详细制定这种新形成的世界观了。"②

在这一叙述中，我们可以发现三个理论事实：第一，青年恩格斯在曼彻斯特时期，通过对英国工业革命现实的观察，发现经济事实在现代世界中凸显为一个决定性的历史力量。第二，这些经济事实构成了现代阶级对立、政党斗争和全部政治历史的基础，"决不是国家制约和决定市民社会，而是市民社会制约和决定国家，因而应该从经济关系及其发展中来解释政治及其历史，而不是相反"③。第三，尽管在1844年8月底9月初的巴黎，马克思和恩格斯已经基于"一切理论领域中的完全一致的意见"，开始了"共同的工作"，但是唯物主义历史观的详细阐发和制定，在严格的意义上，应该被视为是1845年春天二人在布鲁塞尔第三次会面之后的事情。

---

① 《马克思恩格斯文集》第2卷，人民出版社2009年版，第592—593页。
② 《马克思恩格斯选集》第4卷，人民出版社2012年版，第202—203页。
③ 《马克思恩格斯选集》第4卷，人民出版社2012年版，第202页。

　　基于上述事实，我们尝试做出进一步的分析：在 1844 年 8 月 28 日马克思恩格斯第二次会面之前，他们所取得的"一致意见"，用前者的表述就是"法的关系正像国家的形式一样"，"它们根源于物质的生活关系"，用后者的表述就是"经济事实在现代世界中是一个决定性的历史力量"。1844 年夏天开始，马克思恩格斯开始的"共同工作"就是撰写《神圣家族》，批判鲍威尔的自我意识哲学。也正是在这样一种"一致意见"的取得、"共同工作"的开展中，费尔巴哈的人本主义与英国法国的唯物主义实现了理论的交汇，构成了青年马克思和青年恩格斯走向唯物史观的重要理论环节。然而，正如我们在有关马克思恩格斯思想发展中唯物主义转变和费尔巴哈影响的讨论，《大纲》《手稿》理论逻辑的考察中，所提到的那样，1843、1844 年间的两位思想家身上，或隐或现地折射出人本主义的方法论印记。这种印记甚至在《神圣家族》中仍有所体现。《关于费尔巴哈的提纲》和《德意志意识形态》才明确地对费尔巴哈的人本主义方法进行了批判和清理。那么从雷让斯咖啡馆的会面到布鲁塞尔的合作之间，马克思恩格斯是如何走出人本主义，走向唯物史观的呢？

　　依据马克思"参看《英国工人阶级状况》"的提示，《英国工人阶级状况》显然是我们把握恩格斯的"另一条道路"的核心文本。立足《英国工人阶级状况》以及恩格斯回到巴门后与马克思的通信，我们倾向于认为：青年恩格斯对人本主义的克服，对现实的人及其历史发展的考察，首先得益于他对工业革命这一当时最大的经济事实，最具决定性的历史力量的考察，并且在他有关英国工人阶级生产生活状况和共产主义社会主义实践的经验观察中获得了直接的理论支撑，同时也反映在他论及施蒂纳《唯一者及其所有物》时所引发的有关概念范畴抽象的批判之中。

　　正如我们在回顾青年恩格斯的唯物主义转变时所提到的那样，在恩格斯达到英国之后，就已经开始注意到工业和机器在社会生活中的作用问题，并曾经将英国称为"工业国"，指出"工业国"所引发的是"社会革命"。但也应该看到的是：在最初的介绍和分析中，青年恩格斯更为关注的是英国 1842 年大罢工之后的共产主义和社会主义运动。也正是在此过程中，恩格斯围绕利益和原则的关系问题发生了思想上的细微转变。一方面，他质疑不列颠人"讲不明白""所谓的物质利益""总是有意无意地为引导着历史进步方向的原则服务"①。另一方面，他也承认在英国，"革命的开始和进行将是为了利益"，但"只有利益能够发展成为原则"，"革命将不是政治革命，而是社会革命"②。然而，在《德法年鉴》上的两篇文章中，即便青年恩格斯已经从物质利益的分析走向了私有财产的批判，他的思想仍然呈现出隐性的人本主义特征。例如，在《国民经济学批判大纲》中，恩格斯只是到了文章的最后才在资本和土地反对劳动的斗争中所具有的特殊优越条件的意义上，谈到了科学和机器的作用，并准备在"揭露经济学家"的伪善的意义上讨论"工厂制度"。

　　与《国民经济学批判大纲》从私有制基础上的商业和竞争分析引出机器和工厂制度叙述方式不同，《英国工人阶级状况》是从历史的研究和现实的观察出发，完整地勾勒了工业革命，进而说明工业无产阶级的生产生活状况及其历史地位的。这样一种分析已经不满足于从清醒的哲学，而是从清醒的实证历史科学出发，批判醉醺醺的思辨了。首先，青年恩格斯对工业革命的进程、对于社会结构的影响及其历史意义进行了清晰的说明。霍布斯鲍姆认为，《英国工人阶级状况》一书是最早在工业革命概念基础上进行系统分析的著作，这是恩格斯的一个开拓性成就③。其次，恩格斯有力地证明了：工业革命的发生，创造了工业无产阶级的典型形式。工业革命"推动了整个市民社会的变革，它的世界历史意义只是现在才开始被认识"。"英国是发生这种变革的典型地方"。"只有在英国，才能把无产阶级放在它的一切关系中并从各个方面来加以研究"。④正如列宁所说，恩格斯"第一个指出，无产阶级不只是一个受苦的阶级，正是它所处的那种低贱的经济地位，无可遏止地推动它前进，迫使它去争取本身的最终解放"⑤。

　　对于工业革命的系统分析和无产阶级历史地位的考察，也推动了恩格斯有关阶级斗争和工人运动实践的思考。在恩格斯刚刚达到英国时，秉持的是从人本主义立场出发的哲学共产主义观念。因而，恩格斯在

① 《马克思恩格斯全集》第3卷，人民出版社2002年版，第407—408页。
② 《马克思恩格斯全集》第3卷，人民出版社2002年版，第411—412页。
③ ［英］霍布斯鲍姆：《如何改变世界》，吕增奎译，中央编译出版社2014年版，第87页。
④ 《马克思恩格斯文集》第1卷，人民出版社2009年版，第388页。
⑤ 《列宁选集》第1卷，人民出版社2012年版，第91页。

1843 年曾拒绝了持"平均主义"共产主义观念的正义者同盟的邀请，而对同样具有人本主义色彩的欧文主义者则抱有好感。随着研究的推进，以《英国工人阶级状况》为代表，恩格斯更加重视经济事实基础上的阶级斗争，更加关注英国的社会主义和宪章运动在实践中的融合，而对欧文式社会主义者理论原则的抽象性进行了批判。恩格斯指出：英国社会主义者的原则是"如此抽象"，"他们不承认历史的发展"，他们"只承认和过去毫无联系的抽象的人的发展"①。在这里，我们已经可以看到青年恩格斯对"理论原则的抽象性"以及"抽象的人"的批判。考虑到虽然恩格斯对英国工厂制度的经验考察是在 1844 年上半年进行的，但是《英国工人阶级状况》一书的写作是在 1844 年 9 月至 1845 年 3 月完成的。这里所谈及的对"抽象的人"的批判，就可以同恩格斯马克思有关施蒂纳《唯一者及其所有物》的通信联系在一起。

1844 年 11 月，回到巴门的恩格斯读到了施蒂纳的《唯一者及其所有物》，随即致信马克思。在这封信中，他专门提到了概念范畴的抽象性问题。在谈到费尔巴哈时，恩格斯指出"费尔巴哈的'人'是从上帝引申出来的"，"这样，他的'人'无疑还带着抽象概念的神学光环"。恩格斯对赫斯的批评是，"他谈到理论问题时，总是把一切归结为范畴，所以他也就因过于抽象而无法通俗地写作"。因此，"我们就必须从经验主义和唯物主义出发，我们必须从个别物中引申出普遍物，而不要从本身中或者像黑格尔那样从虚无中去引申"。就《唯一者及其所有物》而言，"施蒂纳的这本书再次表明，抽象概念在柏林人的头脑中是多么根深蒂固"②。结合上文对《手稿》第三笔记本的分析，青年恩格斯对概念范畴抽象性的批判，既同青年马克思显示出意见的一致，同时也具有"另一条道路"的独特性。这就是从工业革命的经济事实出发，在经济关系中理解工业无产阶级的现状和未来，进而反思人本主义的抽象性，强调从实践的唯物主义出发，批判拘泥于抽象概念范畴的唯心主义。这种超越了人本主义的唯物主义，本身是从现实的经济事实或者物质生活关系出发的，关注现实的人及其历史发展，因而也是历史的、批判的。

综上所述，尽管青年恩格斯与青年马克思的家庭背景、成长经历、

---

① 《马克思恩格斯文集》第 1 卷，人民出版社 2009 年版，第 471、472 页。

② 《马克思恩格斯全集》第 47 卷，人民出版社 2004 年版，第 329、330、330、331 页。

学术兴趣不尽相同，并且在走向唯物史观的过程中经过了不同的道路，但是二者身上却体现出内在的一致性。这就是：以人类解放为崇高理想目标，在社会现实及其历史运动的探寻中克服唯心主义，走向唯物主义，确立唯物史观。在此过程中，马克思恩格斯在艰苦的实践探索和理论思考中，不仅实现了哲学方法的变革，而且将哲学研究、政治经济学批判和社会主义实践内在结合起来，在工业资本主义现实的批判性理解基础上推动了新的理论形态建构，实现了理论话语的变革。在此过程中，我们也真切地感受到：马克思恩格斯早期思想发展中的思想转变，特别是他们走向实践的、历史的唯物主义的思想探索，本身是一个既坚持调查研究、实事求是，又勇于解放思想、自我革命的内在统一的进程。我们有理由期待：重新回顾青年恩格斯的思想探索和实践经历，将帮助我们进一步澄清既有青年马克思研究中的若干问题和疑惑，更加系统全面地把握马克思主义哲学形成发展的历史进程，在马克思主义时代化大众化的发展历程中更加深入地理解马克思主义哲学的方法论本质及其当代意义。

论黑格尔、恩格斯、马克思三种
辩证法之别

郝立忠[*]

唯物主义辩证法就是整个马克思主义哲学，它与黑格尔辩证法的区别已经不仅仅是"唯物"与"唯心"的区别，而是"传统形而上学"与"唯物主义辩证法"这两大哲学基本形态的区别。马克思的辩证法与恩格斯的辩证法虽然也有明显区别，但同属于"唯物主义辩证法"这一哲学基本形态。而当前国内学术界在认识唯物主义辩证法的时候常常把马克思和恩格斯创立的唯物主义辩证法混同于黑格尔的辩证法，这是非常不应该的。

一 黑格尔的概念辩证法

对于黑格尔的概念辩证法，大家都十分熟悉，但很少从哲学基本形态的高度来审视它，也很少从思维模式和逻辑工具的角度来审视它，这都不利于我们准确地把握它与唯物主义辩证法的本质区别。

（一）思维模式

作为传统形而上学的集大成者，黑格尔的概念辩证法虽然已经蕴含了"辩证法的一般运动形式"，却仍然没有摆脱传统形而上学的常见思维

---

* 作者简介：郝立忠，山东师范大学马克思主义学院教授。

模式。这种思维模式主要有以下几个特征：

1. 先验的理论前提：从概念、原则、思想出发

传统形而上学坚持从概念、原则、思想出发，建立绝对的体系。黑格尔的先验前提就是自己思维的绝对正确性。

这种思维模式容易导致理论与实际相脱离，其总体特征就是用孤立、静止、片面的观点看问题。

2. 两极分立的二分思维

（1）两极对立，要么肯定，要么否定，不存在第三种选择

这种思维模式可以表示为：A 或 B，是一种点性思维。

（2）两极分立，单向决定

不再非 A 即 B，但永远是 A 决定 B 或 B 决定 A。

这种思维模式可以表示为：A > B，仍然是一种点性思维。

3. 单向逻辑推论和单向决定思维

（1）线性单向决定

这种思维模式可以表示为：A→B 或 A→B→C→D……，是一种线性单向决定思维。

（2）单向决定的圆圈

这种思维模式看起来是抛弃了两极对立的思想，但实际上是由单向决定而形成的圆圈。如黑格尔就主张从理念的自我运动产生出精神。他始终把精神、理念放在不可动摇的首要位置，放在决定一切的位置，从而形成单向决定的圆圈。

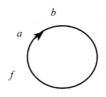

这种思维模式可以表示为：这是线性单向决定思维的特殊形式，思维模式仍然是线性单向决定：A→B→C→D→……→A，但有所改良。恩格斯在《路德维希·费尔巴哈和德国古典哲学的终结》中谈到这种思维模式时说："人们已经知道，自然界处在永恒的运动中。但是根据当时的想法，这种运动是永远绕着一个圆圈旋转，因而始终不会前进；它总是

产生同一结果。"

黑格尔的逻辑学就是一系列范畴的单向决定形成的圆圈，是理念从自身出发而回到自身的圆圈。在他那里，理念是决定一切的，既是圆圈的逻辑起点，也是终点，并且不会被任何其他的概念所替代。

从哲学形态学的高度来看，传统形而上学的思维模式并不是一无是处的。一般而言，传统形而上学思维模式的适用范围主要是人们的日常生活和对自然科学等进行分门别类的研究，即人们直观性或习惯性地认知世界和解释世界的领域。人们在建构哲学叙述体系（或表达体系）、塑造主观世界、选择人生道路和处理个人的日常事务的时候，都必须从原则出发、从经验和习惯出发，划清事物的界限，是就是，不是就不是，这是必须坚持的，不容得有丝毫犹豫，否则世界就失去了秩序、失去了稳定性、失去了判断是非的标准。

关于这一点，亚里士多德认为："每一事物之真理与各事物之实是必相符合。"① 黑格尔则把"康德以前的形而上学"看作是"思想对客观性的第一态度"，认为尽管"它还没有意识到思想自身所包含的矛盾和思想自身与信仰的对立"，"但这种形而上学只有就哲学史来说才可以说是某种过去了的东西；就其本身来说，即单纯用抽象理智的观点去把握理性的对象，却仍然一般地总是出现的。"② 道理很简单，在日常生活中，生活有条理，用稳定、持续、肯定的态度对待生活，这不仅是难以避免的，也是十分必要的。

不过，正如恩格斯所说，"形而上学的考察方式，虽然在相当广泛的、各依对象性质而大小不同的领域中是合理的，甚至必要的，可是它每一次迟早都要达到一个界限，一超过这个界限，它就会变成片面的、狭隘的、抽象的，并且陷入无法解决的矛盾"③。也只因为如此，在黑格尔看来，"康德以前的形而上学"一旦面对事物的矛盾和发展时，就显得不够用了，就必然为高级的思维模式——概念辩证法所取代。

但是，由于黑格尔的概念辩证法并没有从根本上摆脱传统形而上学的思维模式，仍然是局限于"纯粹的思想领域"，依靠逻辑推论建立绝对

---

① ［古希腊］亚里士多德：《形而上学》，吴寿彭译，商务印书馆1959年版，第33页。
② ［德］黑格尔：《小逻辑》，贺麟译，商务印书馆1980年版，第94—95页。
③ 《马克思恩格斯选集》第3卷，人民出版社2012年版，第396—397页。

体系，导致理论与实际相脱离，在本质上仍然是一种形而上学的思维模式，从而被马克思斥为"汇集了思辨的一切幻想"①。在《黑格尔法哲学批判》中，马克思批评黑格尔："具体的内容即现实的规定成了形式的东西，而完全抽象的形式规定则成了具体的内容。国家的各种规定的实质并不在于这些规定是国家的规定，而在于这些规定在其最抽象的形式中可以被看作逻辑学的形而上学的规定。真正注意的中心不是法哲学，而是逻辑学。哲学的工作不是使思维体现在政治规定中，而是使现存的政治规定消散于抽象的思想。哲学的因素不是事物本身的逻辑，而是逻辑本身的事物。不是用逻辑来论证国家，而是用国家来论证逻辑。"② 马克思进一步说："黑格尔把现代欧洲立宪君主的一切属性都变成了意志的绝对的自我规定。他不说君主的意志是最后决断，却说意志的最后决断是君主。第一个命题是经验的。第二个命题把经验的事实歪曲为形而上学的公理。"③

（二）逻辑工具

黑格尔把康德及其以前的形而上学称为"旧形而上学"和"知性形而上学"。这种形而上学的逻辑工具是形式逻辑，严格遵守同一律、矛盾律和排中律，拒斥矛盾。这在近代以前的西方哲学中表现最为典型。为了扬弃知性形而上学的独断论孤立、片面的思维方式，黑格尔主张建立理性形而上学，即"思辨哲学"。所谓思辨，就是运用理性去把握对象，运用逻辑推导而进行的纯理论、纯概念的思考。而"思辨哲学"则是从概念出发进行纯粹逻辑思维，以推演出客观实在及其规律的哲学。"思辨哲学"依据辩证逻辑，正视矛盾，承认矛盾，认为内在矛盾是理性发展的动力。它建立在理性逻辑的基础上，是具体的逻辑，辩证的逻辑。黑格尔的"思辨哲学"，依据肯定—否定—否定之否定的辩证逻辑，建立起一套由正题、反题、合题组成的概念推演体系，把传统形而上学推向了它的最高峰。它的根本缺陷是虽然承认矛盾，但仅运用于概念推演，从而导致理论与实际相脱离。

---

① 《马克思恩格斯文集》第1卷，人民出版社2009年版，第213页。
② 《马克思恩格斯全集》第3卷，人民出版社2002年版，第22页。
③ 《马克思恩格斯全集》第3卷，人民出版社2002年版，第34页。

黑格尔辩证法具有它的"合理内核",即"辩证法的一般运动形式",就是"用全面、联系和发展的眼光看待事物",这是马克思主义辩证法与古代朴素辩证法和德国古典哲学中的唯心主义辩证法的共同特征,只是辩证法的其他两种形态在面对理论与实际关系问题时不能把这一特征贯彻到底而已。在《资本论》第二版跋中,马克思称赞黑格尔"第一个全面地有意识地叙述了辩证法的一般运动形式"①,正是从这个意义上讲的。

二　恩格斯的自然辩证法

恩格斯创造的自然辩证法,是按照事物的本来面目认识世界的结果,是客观世界规律的正确反映。它强调主观辩证法是客观辩证法的反映。

这种辩证法是唯物主义辩证法的认识论基础,即恩格斯在《自然辩证法》里所说的"辩证法"。它与《哲学大辞典》里所说的"唯物辩证法"是一致的,共包括三大部分:(1)用来研究自然界、总结自然界和自然科学发展的普遍规律的"自然辩证法";(2)用来研究社会、总结社会发展的普遍规律的"历史辩证法"(历史唯物论、唯物史观);(3)用来研究思维、总结思维发展的普遍规律的"辩证逻辑"。这仅仅是唯物主义辩证法的认识论部分,而不是它的主体。其内涵可用恩格斯《反杜林论》中的定义来表述:"辩证法不过是关于自然界、人类社会和思维的运动和发展的普遍规律的科学。"② 这种界定是基于辩证法的一般形式和一般意义上的唯物主义对唯物主义辩证法进行理解,基本上是给黑格尔的辩证法加上唯物主义的"基础",即承认黑格尔认识到的三大规律和若干对范畴不是头脑的产物,而是对客观世界运动和发展规律的反映。至于对唯物主义辩证法如何观察和分析事物,如何具体、科学地解决现实矛盾则很少论述。

在《自然辩证法》中,恩格斯则把辩证法称作"同形而上学相对立的关于联系的科学",认为自然辩证法是阐述"辩证法这门同形而上学相对立的关于联系的科学的一般性质",并进一步指出:"辩证法的规律是

---

① 《马克思恩格斯选集》第2卷,人民出版社2012年版,第94页。
② 《马克思恩格斯选集》第3卷,人民出版社2012年版,第520页。

从自然界的历史和人类社会的历史中抽象出来的。辩证法的规律无非是历史发展的这两个方面和思维本身的最一般的规律。它们实质上可归结为下面三个规律：量转化为质和质转化为量的规律；对立的相互渗透的规律；否定的否定的规律。"① 并且说"此外，凡是稍微懂得一点黑格尔的人都知道，黑格尔在几百处地方都善于从自然界和历史中举出最令人信服的例证来证明辩证法规律"②。也就是说，在他看来，自然辩证法的规律是关于自然、社会和思维本身的最一般规律——自然辩证法的研究对象也是整个现实世界，而不仅仅是自然和自然科学。这里的"自然"，是哲学意义上的"自然"，是包含"社会和思维"在内的"自然"，而不仅仅是自然科学意义上的"自然"。在《自然辩证法》全书内容的安排上，恩格斯除了讲"各门科学的辩证内容"之外，还讲了"自然界和社会"，也正是出于这个原因。

因此，上海辞书出版社 2007 年版的《哲学大辞典》，将"自然辩证法"定义为"研究自然界和自然科学发展一般规律以及人类认识自然和改造自然的一般规律和方法的学科"③，无疑是极大地缩小了恩格斯"自然辩证法"研究的对象范围。至于该辞典进而把"科学技术哲学"解释成"当代自然辩证法的新范式"，并把"自然辩证法"详细阐释条目归到"科学技术哲学"的学科条目之下，认为自然辩证法包括"自然界辩证法""自然科学辩证法""自然科学研究的辩证法""自然科学各部门的辩证法"，更是进一步压缩了"自然辩证法"的对象范围。

此外还必须看到，恩格斯论述的自然辩证法，在三大规律和诸多范畴的表述上与黑格尔基本一致，但在"立脚点"上却与黑格尔大不相同。因为在恩格斯看来，"黑格尔的著作中已提出一个虽然是从完全错误的出发点阐发的、却无所不包的辩证法纲要"④。恩格斯认为：自然科学上反对黑格尔的论战，在对黑格尔有大致正确理解的范围内，仅仅针对以下两点：唯心主义的立脚点和不顾事实而任意编造体系。在黑格尔的辩证法中，正像在他的体系的所有其他分支中一样，一切真实的联系都是颠

---

① 《马克思恩格斯选集》第 3 卷，人民出版社 2012 年版，第 901 页。
② 《马克思恩格斯选集》第 3 卷，人民出版社 2012 年版，第 902 页。
③ 《哲学大辞典》上卷，上海辞书出版社 2007 年版，第 942 页。
④ 《马克思恩格斯选集》第 3 卷，人民出版社 2012 年版，第 877 页。

倒着的："黑格尔的出发点：精神、思维、观念是本原的东西"，"而现实世界只是观念的摹写"①。而与黑格尔相反，自然辩证法"在自然界和历史的每一科学领域中，都必须从既有的事实出发，因而在自然科学中要从物质的各种实在形式和运动形式出发；因此，在理论自然科学中也不能构想出种种联系塞到事实中去，而要从事实中发现这些联系，而且这些联系一经发现，就要尽可能从经验上加以证明"②。

也就是说，在恩格斯看来，马克思的辩证法与黑格尔的辩证法除了黑格尔唯心主义的立脚点和不顾事实而任意编造体系以外，另一个重要区别就是应用的领域不同：黑格尔是运用在超验的领域，而马克思则是应用到一种经验科学即政治经济学的事实上去。英国哲学家罗素、美国哲学家 M. 怀特以及国内的马克思主义哲学教科书，也都是持有这样的观点。

三　马克思认识和改造世界的辩证法

马克思原创的"唯物主义辩证法"，把辩证法上升到认识世界和改造世界的关系、理论与实际的关系的高度，强调从最广大人民根本利益出发去认识世界和改造世界。

（一）认识世界的方法论

马克思的认识世界的方法论，即马克思在《〈政治经济学批判〉导言》中所说的"政治经济学的方法"，毛泽东在《实践论》和《矛盾论》等著作中论述的正确认识世界的方法，在《中国社会各阶级的分析》和《湖南农民运动考察报告》中所运用的、在《反对本本主义》和《〈农村调查〉的序言和跋》中所强调的"时时进行实际调查"③"向社会作调查"④的方法。这里需要强调的是，马克思的"政治经济学的方法"，恰

---

①《马克思恩格斯选集》第 3 卷，人民出版社 2012 年版，第 878 页。
②《马克思恩格斯选集》第 3 卷，人民出版社 2012 年版，第 878 页。
③《毛泽东选集》第 1 卷，人民出版社 1991 年版，第 115 页。
④《毛泽东选集》第 3 卷，人民出版社 1991 年版，第 789 页。

恰是马克思在《〈资本论〉第二版跋》中所描述的"我的方法"的重要组成部分——按照事物的本来面目去认识事物的方法，即关于认识世界的辩证法。在这里我们必须注意的是，传统的马克思主义教科书之所以把这种方法仅仅视为经济学的研究方法，恰恰是由于把唯物主义辩证法的认识论基础等同于整个的唯物主义辩证法所致。

（二）马克思改造世界的方法论

唯物主义辩证法改造世界的方法论，主要是马克思在《关于费尔巴哈的提纲》《德意志意识形态》和《共产党宣言》中提出的改造世界的方法。其要旨主要有以下两点：一是要用现实的手段改变现实的环境和制度，二是坚持为大多数人谋利益的人学立场，两者缺一不可。其中，一切从占人口绝大多数的人民群众的根本利益出发去认识世界和改造世界，是唯物主义辩证法最为鲜明的理论特色，是唯物主义辩证法与黑格尔辩证法、费尔巴哈的人本学唯物主义以至现当代西方哲学相区别的关键。毛泽东的《论持久战》《中国革命和中国共产党》《新民主主义论》《在延安文艺座谈会上的讲话》《论联合政府》《论人民民主专政》等著作，都集中体现了这种改造世界的方法。

坚持认识世界和改造世界相统一，在认识世界的基础上改造世界，是马克思创立的唯物主义辩证法的根本理论特征。如前所述，马克思系统地谈论自己的辩证法与黑格尔辩证法的区别，不是在其他地方，而是在《资本论》第一卷第二版跋里，恩格斯在《自然辩证法》中，也认为马克思的功绩就在于重提辩证法，并在《资本论》中把这个方法应用到一种经验科学即政治经济学的事实上去。这里需要说明，尽管马克思重点研究的领域是经济社会领域，但并不代表唯物主义辩证法只能适用于这一领域，它仍然能够与恩格斯论述的"自然辩证法"一样，适用于包括自然、社会和思维在内的整个"世界"。美国哲学家 M. 怀特认为"把这一方法生硬地推广到其他领域，特别是物理学、生物学和数学上，其所得的结果往往是全然荒谬的"[①]。他之所以这样说，仅仅是由于他把马克思的"唯物主义辩证法"看成了黑格尔的"正题""反题""合题"的

---

① ［美］M. 怀特编著：《分析的时代——二十世纪的哲学家》，杜任之主译，商务印书馆1981年版，第9页。

"辩证格式"而已。实际上,这种做法早在杜林那里就有了。

这里应该注意的是:虽然马克思创立的"唯物主义辩证法"与恩格斯阐述的"自然辩证法"应用领域基本相同,但二者的区别也非常明显,主要表现在三个方面:

其一,在性质上,恩格斯阐述的"自然辩证法"强调的是世界的联系、发展和规律,而不是认识世界的方法和过程、改造世界的方法和过程,因而仍然是概念辩证法,是在科学地解释世界;马克思创立的"唯物主义辩证法"强调认识现实世界的方法与改造世界的方法,强调认识世界和改造世界统一,因而是认识世界和改造世界的方法论。

其二,在功能上,恩格斯阐述的"自然辩证法"着重于对自然、社会和思维的存在和发展规律的描述。而马克思创立的"唯物主义辩证法"着重于对自然和社会的改造。

其三,在目的上,恩格斯阐述的"自然辩证法"坚持的是客观性立场,旨在取得真理性的认识,为改造世界奠定基础。而马克思创立的"唯物主义辩证法"坚持的是人民大众的立场,坚持以最广大人民的根本利益为立足点和出发点,为最广大人民群众谋利益、求解放。

四　三种辩证法与"马克思主义辩证法"的三个层次

"马克思主义辩证法"或"马克思主义的辩证法",是指自马克思主义产生以来马克思主义经典作家从各个层次理解和使用的"辩证法"的统称,而不是专指由马克思创立的"唯物主义辩证法","唯物主义辩证法"与"自然辩证法"都是"马克思主义辩证法"的组成部分,它们之间既相互联系,又相互区别:"自然辩证法"是"唯物主义辩证法"的认识论基础,仅仅是"唯物主义辩证法"的一个组成部分或一个方面,而"唯物主义辩证法"则是一个包含"自然辩证法"在内的独立的哲学基本形态。

从目前国内学术界对马克思主义辩证法的理解来看,"马克思主义辩证法"可以划分为三个层次:

第一个层次,我们通常在一般意义上所说的"辩证法",即马克思在

《资本论》第一卷第二版跋中所说的"辩证法的一般运动形式",或黑格尔辩证法的"合理内核"。

第二个层次,唯物主义辩证法的认识论基础,即恩格斯在《自然辩证法》中论述的"自然辩证法"——"辩证法是关于普遍联系的科学"。

第三个层次,马克思主义辩证法的最高层次,即马克思在研究他所在时代资本主义社会的过程中所创立的"唯物主义辩证法"——一种认识世界和改造世界相统一的方法论。

唯物主义辩证法的三个层次,相互依赖,共成一体。没有唯物主义辩证法的认识论基础,认识世界的方法和改造世界的方法就失去了最基本的理论支撑;没有认识世界的方法,改造世界的方法就不能发挥作用;没有改造世界的方法,认识世界的方法也就失去自身的价值;没有认识世界和改造世界的方法,唯物主义辩证法的认识论基础就成了纯粹的概念体系,就很难与传统形而上学真正划清界限。

从哲学形态学的角度看,在马克思主义辩证法的三个层次中,"辩证法的一般运动形式"是最初级的层次;恩格斯创立的"自然辩证法"(唯物主义辩证法的认识论基础),是高一级的层次。一方面,三者的形成经历了一个由低级向高级的发展过程,高级层次包含了低级层次所不具有的功能;另一方面,高级层次必须以低级层次为基础,必须包含低级层次的功能于自身当中。也就是说,在马克思主义辩证法的三个层次中,马克思创立的"唯物主义辩证法"属于最高层次,是唯一能够全面代表马克思主义哲学基本精神的辩证法。恩格斯创立的"自然辩证法",局限于认识世界的范围,只是唯物主义辩证法的认识论基础;而"辩证法的一般运动形式",虽然也仍然为马克思创立的唯物主义辩证法所遵循,但在内容和功能上则与马克思创立的唯物主义辩证法相去甚远。因而,目前国内学术界笼统地使用"唯物主义辩证法"一词来概括"马克思主义辩证法"的三个层次,这是很不恰当的,很容易造成对唯物主义辩证法的错误理解。

五　国内外哲学界对唯物主义辩证法的误解

对于唯物主义辩证法的三个层次,传统的马克思主义哲学教科书或是分三个部分在"辩证唯物主义"（"认识论"和"辩证法"）和"历史唯物主义"中分头表述，或是在"认识论""方法论""价值论"中分头表述。但不论怎么表述，都极大缩小了唯物主义辩证法的外延，影响了对唯物主义辩证法的准确把握。

在对马克思主义辩证法的三个层次进行区分的基础上，我们还要注意一些西方著名哲学家对唯物主义辩证法的误解，譬如：

罗素在其撰写的《西方哲学史》中认为："马克思的历史哲学是黑格尔哲学和英国经济学的一个掺和体。"① "马克思把他的历史哲学纳入了黑格尔辩证法所提出的模子"②，"把马克思纯粹当一个哲学家来看，他有严重的缺点。他过于尚实际，过分全神贯注在他那个时代的问题上。"③ 在这里，由于他只把传统形而上学作为唯一的哲学基本形态，这就导致了他把马克思的唯物主义辩证法混同于黑格尔的唯心主义辩证法、把马克思哲学的理论特征看成马克思哲学的严重缺点，从而得出了错误的结论。

无独有偶，美国哲学家 M. 怀特在《分析的时代》一书中，也认为黑格尔影响了马克思："出色地把黑格尔思想的纯粹辩证法方面运用到历史哲学上的是马克思，他把资产阶级当正题，它引起了工人阶级的出现作为反题，而他们之间的斗争被设想为归于综合。"④ 马克思 "真正把这个体系翻转过来，……在他发现的辩证法中割下它的唯心主义的头而为它按上唯物主义的脚。这就是马克思的由辩证唯心主义到辩证唯物主义的转化。"⑤

但是，罗素和怀特都没有看到，马克思的唯物主义辩证法的最重要之处就在于：（1）理论前提——从现实出发；（2）建立于实际调查之上的研究方法；（3）人民大众的立场。

---

① ［英］罗素：《西方哲学史》下卷，何兆武、李约瑟译，商务印书馆 1963 年版，第 342 页。

② ［英］罗素：《西方哲学史》下卷，何兆武、李约瑟译，商务印书馆 1963 年版，第 343 页。

③ ［英］罗素：《西方哲学史》下卷，何兆武、李约瑟译，商务印书馆 1963 年版，第 343 页。

④ ［美］M. 怀特编著：《分析的时代——二十世纪的哲学家》，杜任之主译，商务印书馆 1981 年版，第 8 页。

⑤ ［美］M. 怀特编著：《分析的时代——二十世纪的哲学家》，杜任之主译，商务印书馆 1981 年版，第 9 页。

　　目前国内通行的马克思主义哲学教科书，虽然在对唯物主义辩证法的理解上比罗素和怀特大有进步，但仍然将马克思创立的唯物主义辩证法与恩格斯创立的自然辩证法相提并论。在上海辞书出版社 2007 年版的《哲学大辞典》里，将"马克思主义辩证法"诠释为"即'唯物辩证法'"①，并进而借用恩格斯在《反杜林论》中所说的"辩证法不过是关于自然界、人类社会和思维的运动和发展的普遍规律的科学"② 一语，将"唯物辩证法"界定为"关于自然、人类社会和思维的运动和发展的普遍规律的科学"，实际上是把恩格斯阐释的"自然辩证法"与马克思创立的"唯物主义辩证法"混为一谈了，这显然不够全面和准确，亟需予以纠正。

---

① 《哲学大辞典》上卷，上海辞书出版社 2007 年版，第 75 页。
② 《马克思恩格斯选集》第 3 卷，人民出版社 2012 年版，第 520 页。

论恩格斯历史合力论的"近康德"阐释

——以"曼德维尔悖论"的哈耶克阐释为参照

王时中*

一 "经济决定论"还是"意志能动论": 恩格斯历史合力论的双重阐释

众所周知,人类社会与自然界之间存在着根本的差异,因此人类社会的发展方式与自然界的发展规律也不一样。如果说充斥在自然界中的,全是没有自觉意识的、盲目的动力,其一般规律就表现在这些力量偶然的相互作用之中。但在社会历史领域中,"任何事情的发生都不是没有自觉的意图、没有预期的目的"①,且每一个人都是基于自己的愿望、激情、私利,甚至是各种邪恶的怪想展开社会交往的。吊诡的是,虽然活跃的个体似乎都具有明确的主观设想,但社会历史的发展却呈现出与个体的设想大相径庭,甚至是恰恰相反的结果。这就构成了社会历史发展的动力之"谜"。要解开这个"谜",至少有两个问题需要回答:第一,在个人的"激情""思虑"甚至是邪恶的动机与社会历史发展的之间是否存在一定的关联?第二,如果有的话,这种关联机制是否可以构成一种与自然科学规律不同的规律?这两个问题正是恩格斯"历史合力论"所探讨

---

* 作者简介:王时中,南开大学哲学院教授。

① 恩格斯:《路德维希·费尔巴哈与德国古典哲学的终结》,《马克思恩格斯选集》第4卷,人民出版社1995年版,第247页。

的问题。

恩格斯对第一个问题做了肯定的回答。他在《路德维希·费尔巴哈与德国古典哲学的终结》中，引用了黑格尔关于"恶是历史发展的动力的表现形式"来批评费尔巴哈哲学的肤浅，进而肯定了黑格尔将"恶"视为人的本性具有的重要意义：一方面，历史的进步总是对传统的、陈旧秩序的叛逆，但这种叛逆性的力量在产生之初，在道德上总是被视为恶的；另一方面，自从阶级对立产生以来，特别是资产阶级产生并发展起来之后，视"金钱"为"上帝"，对财富的追求催发了人的恶劣的情欲、贪欲与权势欲，正是追求这些欲望的满足，促进了整个社会的繁荣与发展。因此，个人的"恶"与社会的发展之间必然存在着内在的关联。

针对第二个问题，恩格斯指出，社会历史领域表面上是各种偶然性的主观愿望在起作用，但是"这种偶然性始终是受内部隐蔽着的规律支配的，而问题只是在于发现这些规律"①。"旧唯物主义"与以黑格尔为代表的"历史哲学"均没有恰当地揭示这些"历史规律"：旧唯物主义以"君子"与"小人"之争来看待历史，从来不去追问历史规律之后的动力是什么以及"动力的动力"是什么；以黑格尔为代表的历史哲学从超出"历史"之外的哲学意识形态寻找动力，这种所谓的"动力"肯定是虚幻的。因此，这两种哲学都是"非历史的"。恩格斯基于英国、法国阶级斗争的现实，认为当时的社会关系已经非常简化，历史发展的脉络也非常清晰。其主要的特征就是，除了土地贵族、资产阶级之外，工人阶级作为第三个战士也登上了历史舞台："这三大阶级的斗争和它们的利益冲突是现代历史的动力，至少是这两个最先进国家的现代历史的动力。"② 如果要继续追问这些阶级是怎样产生的，其答案则必然归结为经济利益的冲突。于是，恩格斯的结论便是："一切政治斗争都是阶级斗争，而一切争取解放的阶级斗争，尽管它必然地具有政治的形式（因为一切阶级斗争都是政治斗争）归根到底都是围绕着经济解放进行的。"③

若将历史发展的动力简单地归结为政治斗争，然后又将政治斗争的根源归结为经济利益之争，就可能带来理解的误区。因为经济毕竟不能

① 《马克思恩格斯选集》第 4 卷，人民出版社 1995 年版，第 247 页。
② 《马克思恩格斯选集》第 4 卷，人民出版社 1995 年版，第 250 页。
③ 《马克思恩格斯选集》第 4 卷，人民出版社 1995 年版，第 251 页。

等同于政治，两者之间存在的是一种"非对称性关系"。更重要的是，由于任何理论的抽象，本身就具有强大的同一性与统摄性，这种"非对称关系"在一个系统化的理论内部是很难廓清并予以保持的，因此，很多理论研究者便极易将经济因素的决定作用贯彻到底，从而消解了政治层次上的相对独立性与能动性。有鉴于此，恩格斯在 1890 年致约·布洛赫的信中重申了历史的"经济决定论"与"意志能动论"之间的"辩证关系"：一方面在"归根到底"的意义上强调经济基础的决定作用，而不是仅将其视为唯一的决定性因素，否则，历史就变成了"毫无内容的、抽象的、荒诞无稽的空话"①；另一方面恩格斯提出了"历史合力论"，强调历史发展的合力作用，即单个意志的相互冲突产生了相互交错的力量，类似于有无数个力的平行四边形，由此产生一个意志的合力。从这个意义说，"历史总是像一种自然过程一样地进行。"②

恩格斯对社会历史发展之谜的提炼与回应方案，在马克思主义发展史上产生了深远的影响。如有些论者为"历史合力论"构造出精致的矢量结构或者数理模型（直线式的、上升式的、螺旋形上升式的模型），有些则试图对其修正（如阿尔都塞的"多元决定论"），更多的论者则着力论证"决定论"与"能动论"的统一，认为历史进程是物质条件与个人意志及其合力的统一、社会历史发展是必然性与偶然性的统一、历史进程的实现方式是历史运动的一般规律与特殊表现形式的统一、创造历史的主体是群体合力与客体合力的统一等等。总体而言，这些阐释路径的焦点，是围绕着"经济决定论"与"意志能动论"的关系展开的：何种因素占据主导？两种关系何以协调？由于"意志能动论"所坚持的个体意志与"经济决定论"所坚持的理性法则之间的对立，涉及到哲学史上"理智主义"与"意志主义"传统之间的长期论争，因此，我们认为，要真正破解历史之"谜"，还需要认真对待这两条传统之间的"拉锯"与演变形式，以获得一个处理"意志能动论"与"经济决定论"之间、个体性与普遍性之间关系更为宽广的视角。正是在这里，曼德维尔对"公""私""善""恶"之间关系提出的独特见解，便首先进入了我们的理论视角。

---

① 《马克思恩格斯选集》第 4 卷，人民出版社 1995 年版，第 696 页。
② 《马克思恩格斯选集》第 4 卷，人民出版社 1995 年版，第 697 页。

二　从"历史合力论"到"曼德维尔悖论"：
以理智主义与意志主义的区分为视角

曼德维尔在《蜜蜂的寓言》中提出"私人的恶德，公众的利益"的命题，在学界广为人知，该命题对公与私、善与恶之间"反比关系"的揭示，被称为"曼德维尔悖论"。从提出伊始，这个"悖论"就引起了道德家们的义愤与批判。我们以下在"公""私""善""恶"之间的关系中，首先考察曼德维尔理论的典型特征，然后在一个更为宽广的坐标中对"曼德维尔悖论"与"恩格斯历史合力论"的双重阐释路径做一个可能的类比。

我们可以将"公""私""善""恶"四个元素构造成四对"词组"："私恶"与"私善"；"公善（公益）"与"公恶（公害）"。这四对词组能且只能构成四种关系，我们分别以 A1、B1、A2、B2 表示。试列举如下：

A1 位置表示"私善"与"公善（益）"的内在统一性。在这种观点看来，"公""私"之间是正相关的，"私德"应该服从于"公德"，服从"公德"的"私德"是"私善"，反过来说，不服从"公德"的"私德"那是"私恶"，而"私恶"必然导致"公恶"。在这个意义上，表示"私善"与"公善"之内在统一的 A1 与"私恶"与"公恶"之内在统一的 B2 是一致的。在曼德维尔的时代，持这种观点的典型代表是沙夫茨伯里。在沙夫茨伯里看来，一切符合公共利益的行为都是符合"美德"的行为，而自私自利的、不顾公共利益的行为，则是"恶德的行为"。他因此主张："一个具有深刻理解力的人，遵照良好理性的规则，不仅会在道德剧、艺术作品和大自然里发现美丽或道德美，而且也会受更从容、更情愿地接受自己理性的支配，如同优秀的骑手用缰绳驾驭训练良好的马那样。"①

---

①　［荷］曼德维尔：《蜜蜂的寓言》第 1 卷，肖聿译，商务印书馆 2016 年版，第 272 页。

	公善（公益）	公恶（公害）
私善	A1	B1
私恶	A2	B2

很明显，主张"私恶"可以导致"公益（公善）"的曼德维尔，是处于 A2 的位置。在曼德维尔看来，沙夫茨伯里对人性的估计未免太高了："人那些美好的、善良的品质，并不能使人比其他动物更具有社会性；不仅如此，没有我们所说的（天性中的与道德上的）恶德的帮助，要将任何群体提高到一个人口兴旺、赋予繁荣的民族，亦是完全不可能的；即使做到了，也绝不可能维持下去。"① 至于沙夫茨伯里所谓的"事物的美丽或者道德美优越之处及其真正的价值"，在曼德维尔看来，很多情况下都是说不清楚的；即使说清楚了，也会因时而变；而那些没有发生改变的，也不过是一些"荒诞的空想而已"②。

沙夫茨伯里与曼德维尔的对立，恰恰体现了思想史上的"理智主义"与"意志主义"传统之间的对立③。在莱布尼茨—沃尔夫以来的理智主义传统看来，预先存在着一个人的自由意志不能改变的道德秩序，人的自由只是去选择理性所认识到的善恶秩序，而趋善避恶就是人应该做的事情。与之相对，从霍布斯—普芬多夫以来的"意志主义"传统，则强调"个体意志"优先于"理性"。显然，曼德维尔对"私恶"与"公益"之间关系的处理，特别是对"私恶"的高度重视，表明他是处在"意志主义"的传统之中。

值得注意的是，与曼德维尔所处的 A2 位置相对的 B1 位置，也有一种相应的理论思潮，这就是二十世纪的基督教哲学家尼布尔的观点。与曼德维尔一样，尼布尔也反对"私德"与"公德"之间、"私恶"与"公恶"之间的"理智主义"关联方式。但与曼德维尔将人性视为"邪恶"不同，尼布尔认为，人的本性中有"自私"与"非自私"两种冲动：前者主要表现为生存意志、权力意志与自我维护；后者主要表现为人追求永恒的能力与其他生命达致和谐的能力。但社会群体（包括国家、

---

① ［荷］曼德维尔：《蜜蜂的寓言》第 1 卷，肖聿译，商务印书馆 2016 年版，第 272 页。
② ［荷］曼德维尔：《蜜蜂的寓言》第 1 卷，肖聿译，商务印书馆 2016 年版，第 289 页。
③ 吴彦：《法、自由与强制力：康德法哲学导论》，商务印书馆 2016 年版，第 61 页。

民族、阶级、团体等）主要表现为自私利己的倾向。因此，群体道德低于个体道德："当群体与个体的私利在共同的冲动中结合在一起而不是谨慎地分别表达各自的利益时，这种群体自利的形式就会非常明显地表现出来，并且会造成严重的后果。"① 正是基于这个区分，与曼德维尔主张以"私恶"致"公益"的"反比关系"不一样，尼布尔认为在"私善"与"公恶"之间存在着可能的相关性，即"道德的人"遭遇到了"不道德的社会"。尼布尔此来批判宗教领域与世俗领域中的道德主义者。因为这些道德主义者主张，以自我为中心的个人倾向能够与宗教良知、理性发展的增长相匹配，且这一匹配的过程"必然会在所有的人类社会与群体之间建立起社会的和谐"②。不难发现，这种道德主义正是"理智主义"传统的表现形式。尼布尔借助"道德的人"与"不道德的社会"之间的区分，来批判资本主义的社会的不公正，并提出，可以通过宗教信仰、人类理性与社会强制三个方面的力量，来解决社会问题与消除社会的不公正。

综上所述，我们以"公""私""善""恶"为元素，构造了四种组合形式，并分别考察了每一种组合形式所代表的理论观点。在四种理论形式中，曼德维尔主张的以"私恶"致"公益"与沙夫茨伯里主张的以"公德"统"私德"是恰相反对的，而与尼布尔主张的"私善"遭遇"公恶"的观点却存在着相似性。两者都可以归为"意志主义"的传统之下。但与尼布尔不同，曼德维尔首先是从私人的邪恶的本性出发，而尼布尔从个体的生来就具有的正义感与同情心出发；其次，尼布尔借此区分以批判社会的不公正，而曼德维尔则是要探讨从"私恶"出发，达致"公益"的可能性。

如果我们基于"理智主义"与"意志主义"这两条传统的区分，再来考察恩格斯"历史合力论"的双重阐释路径，不难发现，"经济决定论"的阐释路径可以归结到"理智主义"的传统之下，因为在经济因素的归根到底的决定论的意义上，人的意志自由是隐而不显的；而"意志

---

　　① ［美］尼布尔：《道德的人与不道德的社会》，蒋庆等译，贵州人民出版社1998年版，"导论"第3页。

　　② ［美］尼布尔：《道德的人与不道德的社会》，蒋庆等译，贵州人民出版社1998年版，"导论"第4页。

能动论"的阐释路径则可以归入到"意志主义"的传统之下，因为能动论所强调的多元意志之间的互动关系，恰恰是"理智主义"所"力所不逮之处"。于是，恩格斯"历史合力论"的"经济决定论"与"意志能动论"的双重阐释，与"曼德维尔悖论""尼布尔社会批判论"便可以纳入同一个理论坐标中予以考察。我们下面将继续沿着"理智主义"与"意志主义"的区分视角，考察哈耶克对曼德维尔悖论所做的"进化主义"阐释路径，然后我们以此作为参照，来考察恩格斯历史合力论的推进路径。

三　协调"私恶"与"公益"的制度生成：哈耶克对曼德维尔悖论的"进化主义"阐释

曼德维尔对"公私"与"善恶"之间反比关系的揭示，引起了道德学家的极大愤慨，被称为一个"畸形"的理论①。这种"畸形理论"的完整表述应该是："私人的恶德若经过老练政治家的妥善管理，可能被转变为公众的利益。"② 曼德维尔明确指出，他所理解的"人"，既不是犹太人，也不是基督徒，而仅仅是人，即"处于自然状态、并不具备真正神性的人。"③ 其实质是"精明的动物，亦是一种格外自私而顽固的动物。"④ 这个意义上的人性，也是曼德维尔所谓的"社会性"，其特点就是邪恶的与可憎的品性。由这样的人组成的社会，显然不是一个充满美德的社会，因此，问题的关键在于协调各种恶德。正是在这里，政治制度就发挥着极为重要的作用："各种卑劣的成分聚合起来，便会构成一个健康的混合体，即一个秩序井然的社会，因此，政治智慧的惊人力量殊堪嘉许。"这种力量的作用正是在于，"娴熟地管理每一个人的恶德，以造就全体的伟大及世间的幸福。"⑤ 曼德维尔所预设的"老练政治家的妥善管理"这个前提，恰恰是被很多国内外研究者有意或者无意忽略掉了。

---

① 〔荷〕曼德维尔：《蜜蜂的寓言》第2卷，肖聿译，商务印书馆2016年版，第25页。
② 〔荷〕曼德维尔：《蜜蜂的寓言》第1卷，肖聿译，商务印书馆2016年版，第312页。
③ 〔荷〕曼德维尔：《蜜蜂的寓言》第1卷，肖聿译，商务印书馆2016年版，第30页。
④ 〔荷〕曼德维尔：《蜜蜂的寓言》第1卷，肖聿译，商务印书馆2016年版，第32页。
⑤ 〔荷〕曼德维尔：《蜜蜂的寓言》第1卷，肖聿译，商务印书馆2016年版，第3页。

而哈耶克对曼德维尔悖论的阐释，也正是围绕着"人们的不同利益相互协调的制度如何生成"这个问题展开的①。

在哈耶克看来，人们之间的利益的一致，既不是自然的，也不是人们有意为之的，而是自发生成的制度的结果②。因此，曼德维尔的历史性贡献不在于经济领域，也不在于伦理学领域，更不在于心理学领域，而是在于他关于"私恶"与"公益"之间关联机制的揭示，表明社会制度不是人有意建立起来以便协调不同的个人利益的，而是自发演化而成的。换言之，个人在追求自己的目标时，无论是出于自私还是利他，都会产生一些始料未及甚至截然相反的结果。于是，整个社会秩序，甚至整个文化，都不是以这种文化为目的的个人努力的结果，而是通过并非有意发明、只是因成功的生存而发展起来的各种制度、习惯做法和规则。在哈耶克看来，相对于"得势的建构论理性主义者"，曼德维尔"第一次完整地提出了有序的社会结构——法律和道德、语言、市场、货币以及技术知识的发展——自发生长的经典模式"③。即人类通过生存斗争，逐渐使得自己超越了野蛮的动物，通过相互保护而形成了社会，这就"标志着秩序的进化及自发形成这两个孪生观念在近代的一次明确突破"④。

哈耶克所谓的"自发秩序"，既不同于某种"决定论"，因为人类行为有意造成的事情都是"人为现象"；但又不同于"能动论"，因为这些人类行为的结果不是人类有意设计出来的。哈耶克称其为"进化论的理性主义"（进化主义），以与"建构论的理性主义"（建构主义）区分开来。后者认为，"既然是人类自己创造了社会和文明中的各种制度，那么，他为了满足自己的欲望或需求，肯定也能够根据自己的意愿去改变它们"⑤。在"建构主义"的视角中，"不但所有的文化都是精心建构的产物，而且如此设计出来的一切事物，必然优越于所有那些单纯自发的事物"⑥。哈耶克的理论对手，就是这种建构主义的理论观点。而曼德维

① 哈耶克不是第一个自觉探讨这个问题的思想家，在此之前的斯密、康德与黑格尔均对此有着明确的表述，如斯密的"看不见的手"、康德所谓的"非社会的社会性"、黑格尔的"理性的狡计"。

② 《哈耶克文选》，冯克利译，凤凰出版传媒集团2007年版，第512页。

③ 《哈耶克文选》，冯克利译，凤凰出版传媒集团2007年版，第505页。

④ 《哈耶克文选》，冯克利译，凤凰出版传媒集团2007年版，第502页。

⑤ 《哈耶克文选》，冯克利译，凤凰出版传媒集团2007年版，第534页。

⑥ 《哈耶克文选》，冯克利译，凤凰出版传媒集团2007年版，第508页。

尔在"私恶"与"公善"之间构造的"非常规"关联机制，切合了哈耶克对建构主义的批判思路。

综上所述，哈耶克将曼德维尔纳入到其所主张的"进化主义"一脉中，揭示了"曼德维尔悖论"中所隐含的"法权制度"的前提，这大大地拓展了我们对曼德维尔悖论的理解深度。事实上，曼德维尔在《蜜蜂的寓言》中曾经多次强调了"私恶"与"公益"之间"法权制度"的重要性。在"前言"中，曼德维尔就说："法律与政府之于公民社会的政治团体，有如生命精神及生命本身之于生命造物的自然群体。"① 而法律所处理的人与人之间的社会性关系的前提，不是在于人追求合作、善良天性或者怜悯友善，相反，而是"人的那些最卑劣、最可憎的品质"②。曼德维尔在《抱怨的蜂巢，或骗子变作老实人》的诗歌中明确表示，只有经过以法权为标尺的"正义"的修剪约束，恶德才可能带来好处。"善正是从恶中萌发生长，有如雏鸡从鸡蛋中破壳而出一样。"③

在随后的"评论"之中，曼德维尔甚至将"国家政体"比作一只盛着"潘趣酒（Punch）"的"碗"。所谓"潘趣酒（Punch）"，是指由葡萄酒、烈酒、柠檬汁和水混合而成的饮料。曼德维尔以此类比社会生活中的各种品德及其相互关系："贪婪就是这碗酒里的酸味剂，挥霍则会使碗中的酒变甜。而大众的无知、愚蠢和轻信，则是这碗酒中的水，漂浮其上，索然无味。智慧、荣誉、坚毅乃至人类的其他高尚品质，则被从人性的糟粕中人为分离出来，成为光荣的火焰，并被提炼升华，凝结为一种高尚的烈性因素，而应当被比喻为白兰地。"④ 正是这些多种多样的成分的有机混合，才能够制作出一种无比美妙的饮料。如果只是啜饮其中的一种或者几种成分，必定会难以下咽：其中的柠檬精太酸，而糖又过甜；白兰地太烈，而水又索然无味。也只有基于"国家政体"这只碗，老练的政治家有效地调配各种成分，"才能得到口味高雅人士的喜爱与赞赏"⑤。正是基于法权关系的前提，通过老练政治家的调和，社会中的贪欲与挥霍便可以视为是医学中两种相克的"毒药"。"倘若它们的相克矫

---

① ［荷］曼德维尔：《蜜蜂的寓言》第1卷，肖聿译，商务印书馆2016年版，第1页。
② ［荷］曼德维尔：《蜜蜂的寓言》第1卷，肖聿译，商务印书馆2016年版，第1页。
③ ［荷］曼德维尔：《蜜蜂的寓言》第1卷，肖聿译，商务印书馆2016年版，第73页。
④ ［荷］曼德维尔：《蜜蜂的寓言》第1卷，肖聿译，商务印书馆2016年版，第86页。
⑤ ［荷］曼德维尔：《蜜蜂的寓言》第1卷，肖聿译，商务印书馆2016年版，第86页。

正了它们各自的毒性，它们便能够互为帮助，并且常常可以混合成为良药。"①

基于法权制度在"私恶"与"公益"之间的枢纽地位，曼德维尔并没有忽视私人的恶德所可能导致的恶果。他一再声明，"我绝非鼓励恶德"②，如果一个国家能够杜绝那些不洁的罪孽，那当然是这个国家无与伦比的福分。但问题恰恰在于，"这些罪孽是无法杜绝的"。针对"私人的恶德"所必然具有的短视与狭隘的缺点，曼德维尔呼唤立法机关与明智的立法者必须予以坚决的矫正。如果说就个人而言，"人人都想赚小钱、做速效的生意，怀疑一切，除了相信自己的眼睛、不相信一切，这样的人被看作最为谨慎，与他们打交道时，每每只遵循一个原则，即以魔鬼为后盾的邪恶原则，人们不肯种植橡树，因为橡树要生长 150 年才适合砍伐，而是愿意盖房，指望房子的寿命不超过 12 年或 14 年"③。借用培根的说法，这只不过是"扭曲的智慧"（Left - handed Wisdom）而已。但是，任由这种智慧的蔓延，必然导致社会的混乱，因此，曼德维尔呼唤立法机关应当建立一些伟业，"它们必须是时代的产物，也是巨大劳动的成果，并使世人相信，立法机关的每一项举措，都是对下一代人的热切关怀"④。其目的是使得王国中那些"不稳定的天才"和"性情多变者"稳定下来。

四　哈耶克"进化主义"的困境：以理智主义与意志主义的康德式综合为视角

哈耶克阐释曼德维尔悖论的"进化主义"坐标，依然可以纳入"理智主义"与"意志主义"传统这个框架之下。但哈耶克对"理智主义"与"意志主义"的对立实现了某种综合，具体表现在他改造了古希腊以来的"自然秩序"与"人为秩序"的二分法，构造了"社会自发衍生秩

---

①　［荷］曼德维尔：《蜜蜂的寓言》第 1 卷，肖聿译，商务印书馆 2016 年版，第 86 页。
②　［荷］曼德维尔：《蜜蜂的寓言》第 1 卷，肖聿译，商务印书馆 2016 年版，第 77 页。
③　［荷］曼德维尔：《蜜蜂的寓言》第 1 卷，肖聿译，商务印书馆 2016 年版，第 269 页。
④　［荷］曼德维尔：《蜜蜂的寓言》第 1 卷，肖聿译，商务印书馆 2016 年版，第 269 页。

序"的观点。以下我们沿着哈耶克对"自然秩序"与"人为秩序"之区分的批判，考察他是在何种意义上得出其"进化主义"的观点的，然后再借助于康德法权哲学的坐标，重新思考哈耶克进化主义的得失，以寻求恩格斯历史合力论的阐释坐标。

在哈耶克看来，亚里士多德以来关于"自然秩序"与"人为秩序"的区分，将所有现象区分为"自然的"与"人为的"：前者是表示独立于人类行为的事物，后者表示人类行为造成的事物。但在人类社会生活的语境中，"自然的"又可以用来表示未经人类设计而产生的事物，而"人为的"则可以表示因为人类设计而产生的事物，因此，"自然的"与"人为的"区分便存在着混乱。"他们会把某种社会制度说成是'自然的'，因为它从来不是有意设计的，同时又会把这同一个制度说成是'人为的'，因为它是由人的行为造成的。"① 特别是在表达"法权制度"这种"特殊对象"时更是如此：法权制度既是"人为的"，但是一旦形成，又是不以人的意志为转移的特殊存在。这就意味着，在"自然的"与"人为的"区分之下，在"完全独立于人的行为这个意义上的自然现象"和"人类设计的产物与这个意义上的人为或习俗现象"中间，必须"插入第三个类别"，以"涵盖我们在人类社会中发现的、应当由社会理论承担起解释任务的全部出乎意料的模式和成规。"② 这就是哈耶克所主张的"进化主义的社会秩序观"。但传统的"社会"与"自然"概念已经不足以表达这种秩序观的"进化主义"特征：因为"社会"一旦被视为"社会人格化"的结果，便带有了"浓浓的"建构主义意蕴，显然无法表征一种"自发秩序"的意义；同样，"自然法"中的"自然"这个概念在十七世纪之前，也曾经被用来表示那些不属于人类意志的产物的秩序或者规则，但随后被建构主义解释为理性设计的产物，也已经丧失了其"自然而然"的意义。③ 在哈耶克看来，对人类行为的"意外结果"，即任何行动者都未设想的行为中自发形成的秩序或成规予以清晰的解释，是一项长期以来没有得到重视的工作："无论是公元前 5 世纪的希腊人，还是

① 《哈耶克文选》，冯克利译，凤凰出版传媒集团 2007 年版，第 506 页。
② 《哈耶克文选》，冯克利译，凤凰出版传媒集团 2007 年版，第 459 页。
③ 《哈耶克文选》，冯克利译，凤凰出版传媒集团 2007 年版，第 460 页。

随后两千年里它们的后继者，都没有发展出一种系统的社会理论。"① 只有到了 18 世纪，弗格森才明确指出："各国摸索出一些典章制度，那固然是人类行为的结果，却不是因为实施了人类的设计。"② 即社会的制度虽可归因于人的行为，却不可归因于人的有意设计。在这一条被忽视的思想暗流中，曼德维尔、孟德斯鸠、休谟、塔克、弗格森与斯密、门格尔等作出了他们的贡献。哈耶克特别指出："只有在休谟的著作里，曼德维尔努力的意义才完全得以彰显，而且正是通过休谟，他才产生了持久的影响。然而在我看来，把自己的一生主要观念传给休谟，已足以使曼德维尔无愧于思想大师这一称号。"③

由此可见，哈耶克在批判"自然秩序"与"人为秩序"的二分法中，构造了"社会的自发衍生秩序"这一特殊的对象，进而对曼德维尔作了"进化主义"的阐释，这种阐释揭示了法权制度在处理"公私""善恶"关系中的关键意义，也显示了制度的自发性特征，这就大大推进了"理智主义"与"意志主义"的区分。但是，当哈耶克将"建构主义"与"进化主义"对立起来，进而批判"建构主义"的能动性时，却又面临着很多"困境"：如果"制度"是自发自生的，那么，为什么有些制度能够带来社会的繁荣，而另外一些制度何以不能呢？是制度造就了社会繁荣，还是社会繁荣成全了制度的产生？如果制度之间存在着差异，我们以什么来判断这些制度的优劣高下呢？哈耶克却只能以"碰巧"来说明④。当他说，法律不是某个聪明的立法者设计，而是在漫长的试错过程中成长起来的时候，那么，有限的个人能否描述这个漫长的试错过程呢？哈耶克的回答是否定的，这就与他对法律的进化主义描述自相矛盾。按照这样的逻辑，"进化主义的自发衍生秩序"便是一个人类所创造、但人类却不可知的"黑箱"。这个问题也被成为"库卡萨斯问题"："假定哈耶克依循休谟理论而认定个人理性在社会生活中只具有限的作用，那么哈耶克的理论又如何有可能在为自由主义提供系统捍卫的同时，而不沦为他

---

① 《哈耶克文选》，冯克利译，凤凰出版传媒集团 2007 年版，第 459 页。
② 《哈耶克文选》，冯克利译，凤凰出版传媒集团 2007 年版，第 458 页。
③ 《哈耶克文选》，冯克利译，凤凰出版传媒集团 2007 年版，第 516 页。
④ 《哈耶克文选》，冯克利译，凤凰出版传媒集团 2007 年版，第 512 页。

所批判的唯理主义的牺牲品?"① 正是在这个意义上，我们认为哈耶克在以"进化主义"批判"建构主义"时，矫枉过正，忽视了"建构主义"中所包含的人类自由意志之能动性及其重要意义，因而有待继续推进。正是在这里，康德在法权哲学中对"理智主义"与"意志主义"的综合方案，就进入了我们的理论视野。

如果说"理智主义"传统上的理性，还是一种康德所说的"理论理性"，在这种理性秩序中，其实并无真正的个体自由可言；而"意志主义"传统上的意志，还主要是一种情感、激情或者感觉，就其本身而言却并不是理性的，"因为它只是隐藏在背后的一种驱动力而已，这种活动倘若没有一种理性的指导就是盲目的甚至危险的，就好比一个船长没有航海地图和指南针的指引就必然会偏离航线而陷入危机一样"②。就"法权制度"的阐释来说，在理智主义的传统中，"自然法"是一种通过人类理性而被认识到的、先天给予的自然法则，因此它是普遍必然的，不是人所创造的；而按照意志主义的传统，法是意志的产物，"自然法"是上帝意志的产物，而人法是人类意志的产物，法是由人所创造的，那么，它就是偶然的。正如哈耶克所揭示的，如果在"自然"与"人为"之区分框架之下来考察"法权制度"，那么就会陷入一个二律背反："如果法是一种属于自然的对象，那么它就是一种不依赖于人类意志并进而对我们具有普遍效力的东西；而如果法只是习俗的一种产物，那么它就会随着我们的意志的改变而改变。"③

而康德以"人为自己立法"的观念，实现了对"理智主义"与"意志主义"的"跨越性批判"：一方面，使得"理智主义"意志化，另一方面又使得"意志主义"理性化。前者使得"法"摆脱了理智主义的独断论，从而使得法不是成为外在强制的而使其成为自我构造的东西；后者使得法摆脱经验主义的意志论，即不再受到个人欲望等的限制，从而使得法成为实践理性的产物而不是感性冲动的产物。在此基础上，康德展现出一种全新的"法权制度"阐释路径："法是一种理性的东西，同时

---

① 邓正来：《规则·秩序·无知——关于哈耶克自由主义的研究》，三联书店2004年版，第106—107页。

② 吴彦：《法、自由与强制力：康德法哲学导论》，商务印书馆2016年版，第71页。

③ 吴彦：《法、自由与强制力：康德法哲学导论》，商务印书馆2016年版，第197页。

也是人类所创造出来的，亦即是自己强加到自己身上去的，而不是自然
或者上帝所强加的。"① 换言之，"法"是"实践理性"的产物，或者说，
是被理性化了的"意志"产物。从这个意义说，哈耶克所构造的"社会
的自发的秩序"，不过是在普遍必然性的意义上对康德"实践理性"的
"法权制度"的单向度阐释而已。

五　在纯粹的"实践理性"与不纯粹的"理性存在者"之间：恩格斯历史合力论的"近康德"阐释

如上所论，我们在"理智主义"与"意志主义"的区分坐标中，一
方面认为哈耶克超越了古希腊以来的"自然秩序"与"人为秩序"的二
分法，挖掘了"社会制度之自发衍生秩序"这一新对象，从进化主义的
视角出发将曼德维尔悖论的阐释推向了一个新的阶段；但另一方面，基
于康德对理智主义与意志主义的综合，我们发现，哈耶克的"进化主义"
固然较为深刻地揭示了"法权制度"的普遍性、必然性与自发性，但他
忽视了其中所蕴含的能动性与强制性特征，因而在解释现实社会生活时，
存在着难以自圆其说的理论困限。这也意味着，要走出恩格斯历史合力
论的"经济决定论"与"意志能动论"的阐释误区，还不能停留在哈耶
克对曼德维尔的"进化主义"阐释路径中，而应该接受康德"实践理性"
的纯粹性批判基础上对"法权制度"的论证成果，探讨一种新的阐释路
径的可能性。

如上所论，康德所谓的"实践理性"之所以是纯粹的，是因为他排
除了自然的要素或经验的要素，为法权制度提供了这样一种基础，"这一
基础既能够与我们自己的自由选择相一致（free choice），又能够满足普
遍必然性之要求，也就是说，这一基础既能够体现人的意志活动中的自
主性（autonomy），又能够体现人类理性活动中的普遍必然性（universal

---

① 吴彦：《法、自由与强制力：康德法哲学导论》，商务印书馆 2016 年版，第 198 页。

necessity)"①。但问题在于，人作为"理性存在者"，固然拥有一种纯粹的实践理性能力，可以统一起"纯粹的意志"与"实践理性"。然而，人类又是一种"有限的理性存在者"，因为人并非上帝，人类的选择行为会受到感性的冲动或者外在刺激的影响，并不是必然与普遍的道德法则相一致，"甚至经常与它冲突"②。因此，如何处理纯粹的要素与经验的要素之间、纯粹的"实践理性"与有限的理性存在者之间的关系，既是推进康德法权哲学的基本问题，也应该成为恩格斯历史合力论的阐释坐标。

具体在康德那里，人被视为"有限的理性存在者"，至少有两个意义：一方面，人是一个理性存在者，是一个"本体的人"；另一方面，人是一个物理性的存在者，是一个"现象的人"。作为本体的人与人之间的关系，是一种自由意志之间的关系；而作为现象的人与人之间的关系，则是受制于物理学法则。而物理性存在的基本特征就是"力"，"力"具有强制性。由于人的自然属性既使他人对于他的侵害得以可能，也使阻止他人对于他的侵害得以可能。因此就需要物理性因素——力的限制。相对于道德的"自律"，法权意义上的外在强制是一种"他律"。但是，这种强制性与所有人的自由是协调的，且"相互的强制"与"权利的法则"是协调的③。正是从这个意义说，恩格斯"历史合力论"的当代阐释，就应该沿着康德所揭示的"纯粹"的实践理性与不纯粹的、有限的理性存在者之间的区分坐标予以推进。如果这个坐标能够成立，那么，我们可以回过头来重新考察恩格斯在致布洛赫中的信中对历史合力论的原初论述。

在恩格斯看来，"根据唯物史观，历史过程中的决定性因素归根到底是现实生活的生产和再生产"④。因为人们总是在以往生产的基础上展开生产与再生产活动的，因此，以往历史活动的成果，就是不以个人的意志为转移的客观存在。但是，作为社会历史发展的成果，经济只是其中

---

① 吴彦：《法、自由与强制力：康德法哲学导论》，商务印书馆 2016 年版，第 266—267页。

② ［德］康德：《法的形而上学原理——权利科学》，沈叔平译，商务印书馆 1991 年版，第 17 页。

③ 王时中：《〈资本论〉的前提批判——以康德的权利科学为坐标》，《吉林大学社会科学学报》2016 年第 2 期。

④ 《马克思恩格斯选集》第 4 卷，人民出版社 1995 年版，第 695 页。

的一个基础性方面，还有其他相关的发明，如"政治的、法律的和哲学的理论，宗教的观点以及它们向教义体系的进一步发展"①。除此之外，恩格斯并没有否认人的能动性。因为这些历史成果，必须通过人的意志活动才得以表现出来的，而历史中的每一个意志，也会在意志的相互冲突中表现自身。于是，多元个体的意志与实践理性之间的交融，便产生了一个又一个的合力，其中既有统治阶级的力量，也有被统治阶级的力量，"这样就有无数互相交错的力量，有无数个力的平行四边形，由此就产生出一个合力，即历史结果，而这个结果又可以看作一个作为整体的、不自觉地和不自主地起着作用的力量的产物。"②

由此观之，"经济决定论"或者"意志能动论"的失误，就在于没有理解康德"实践理性"层次上对理智主义与意志主义的综合成果，因此，"经济决定论"将"实践理性"做了一种决定论的阐释，抹杀了人的意志自由及其能动性力量。事实上，这恰恰是马克思恩格斯所批判的、占统治地位的意识形态所要做的事情。因为"统治阶级的思想在每一时代都是占统治地位的思想"，为了把他们的思想普遍化、抽象化，在现实生活中必须将他们自己的利益说成是社会全体成员的共同利益，"就是说，这在观念上的表达就是：赋予自己的思想以普遍性的形式，把它们描绘成唯一合乎理性的、有普遍意义的思想"③。而"意志能动论"在反对"经济决定论"的口号下，将人的意志拔高到超乎历史的层次，实则是抛弃了人类活动所创造的文明成果，因此，这种"意志自由"不过是一种空想。其失误在于无视康德"实践理性"中已经对人的自由意志作了"非经验化"与"纯粹化"处理，因而这种观点无法理解"意志"是可以与"理智"结合在一起的。只有接受"意志"与"理智"的可能结合，我们才可以理解恩格斯所说的："我们自己创造着我们的历史，但是第一，我们是在十分确定的前提和条件下创造的。其中经济的前提和条件归根到底是决定性的，但是政治等等的前提和条件，甚至那些萦回于人们头脑中的传统，也起着一定的作用，虽然不是决定性的作用。"④

---

① 《马克思恩格斯选集》第4卷，人民出版社1995年版，第696页。
② 《马克思恩格斯选集》第4卷，人民出版社1995年版，第697页。
③ 《马克思恩格斯选集》第1卷，人民出版社1995年版，第100页。
④ 《马克思恩格斯选集》第4卷，人民出版社1995年版，第696页。

　　回到开头的论题，我们把恩格斯历史合力论的"经济决定论"与"意志能动论"阐释路径，纳入哲学史的"理智主义"与"意志主义"传统之下，然后援引康德对理智主义与意志主义的综合路径，以哈耶克对曼德维尔悖论的进化主义阐释路径为参照，彰显了恩格斯历史合力论蕴含的两个元素：一个是实践理性的元素，一个是多元意志的元素。但这也意味着，康德固然在一定程度上实现了"理智主义"与"意志主义"的综合，却留下了"纯粹的实践理性"与"不纯粹的有限理性存在者"之间的新的二元区分。正是在这个意义上，我们认为，继续保持"理智主义"与"意志主义"传统的区分框架，进而在此传统的"拉锯"中寻求可能的综合与调和方式，既是推进康德法权哲学研究的途径，也是深入恩格斯历史合力论阐释的理论坐标。

超越与创新:从黑格尔《历史哲学》到恩格斯历史合力论

左亚文[*]

恩格斯晚年历史合力论思想是在批判地吸收和扬弃德国古典哲学特别是黑格尔《历史哲学》的基础上提出来的,二者的关系究竟是怎样的?黑格尔《历史哲学》中关于"合力论"的本质内涵是什么?恩格斯在哪些方面对其进行改造和创新?在现代条件下我们应该从哪些方面超越和发展历史合力论?本文拟对这些问题展开具体的探讨,以期在历史与现实的逻辑联结上厘清和阐明历史合力论提出的思想动因、理论源流和时代创新。

一 历史的经纬线:人类意志与内在观念的交织

黑格尔《历史哲学》是由三个基本观念构成的辩证统一的理论体系,其中包含了丰富的历史合力论思想。

其一是"精神"的一般特性。黑格尔将"精神"或"世界精神"看作是世界历史的基础和灵魂,它的本质或本性就是自由。"自由本身便是它自己追求的目的和'精神'的唯一的目的。"② 因此,一部世界史"无

---

* 作者简介:左亚文,男,湖北通城人,武汉大学马克思主义学院教授,博士生导师,哲学博士,主要从事哲学原理和马克思主义发展史研究。

② [德]黑格尔:《历史哲学》,王造时译,生活·读书·新知三联书店1956年版,第58页。

非是'自由'意识的进展，这一种进展是我们必须在它的必然性中加以认识的"①。这是"精神"作为历史本质规律的客观性的表现。"精神"的主观性则显现为人的自我意识对于自由的由不自觉到自觉的逐渐认识和转化的漫长过程。

其二是"精神"的自由本质发展为一个世界所用的手段或方法。"精神"作为抽象的内在观念，必须通过意志——最广义的人类活动才能实现。按照黑格尔的说法，"精神"创造历史，就好比一个三段式，"活动是它的中间名词，它的一端是普遍的东西，就是'观念'，它休息在'精神'的内部中；另一端，就是一般的'外在性'，就是客观的物质。活动是中心，普遍的、内在的东西从而过渡到'客观性'的领域。"②"精神"在世界历史中的实现就表现为这种"三段式"的不断推演，黑格尔将其称之为理性的"狡计"。

其三是"精神"在有限存在中全部实现的形态即国家。"精神"通过人的活动这个手段来实现的目的是什么，这个目的在现实社会中的形态又是怎样的？从表面看，是个人意志所指向的直接目的和结果，但从整个历史的发展来看，从真正的客观现实来看，主观的个人意志是和历史本质的合理意志结合在一起的。这种将二者结合起来的现实的形态就"是那个道德的'全体'，就是'国家'"③。所以，国家是前两个基本因素即"精神"与其所使用的手段的"客观统一"或"客观存在"。黑格尔认为，一个人只有在现实的国家中才享有真正的自由，而且也才"有一种道德的生活"，因为自由不是放纵和任性，它"必须承认、相信、并且情愿承受那种为'全体'所共同的东西"④，一般认为国家束缚和限制了人的自由的观点是肤浅的。

黑格尔正是在对上述三个基本思想或历史的三个基本要素的理论阐释中论证了其历史合力论，尽管他没有使用这一概念，但是其主要内容

---

① 〔德〕黑格尔:《历史哲学》，王造时译，生活·读书·新知三联书店1956年版，第57页。

② 〔德〕黑格尔:《历史哲学》，王造时译，生活·读书·新知三联书店1956年版，第65—66页。

③ 〔德〕黑格尔:《历史哲学》，王造时译，生活·读书·新知三联书店1956年版，第78页。

④ 〔德〕黑格尔:《历史哲学》，王造时译，生活·读书·新知三联书店1956年版，第78页。

和观点却是十分清楚明白的。

首先，从人的活动的发生来看，它起源于"人类意志"。所谓"人类意志"，就是"他们的需要、他们的热情、他们的兴趣、他们的个性和才能"，而这些又以个人自私欲望的满足和利益的追求为基础。当我们向历史投向最初一瞥时，我们所看到的场景就是人们一切行动的直接动因皆源于其个人的需要、热情和兴趣，"这类的需要、热情和兴趣，便是一切行动的唯一的源泉——在这种活动的场面上主要有力的因素。"①至于在人们的行动中也会发现一些普遍的东西——如仁德之心或高尚的爱国之心等，而且有些人也确实怀抱着这样的目的，但在黑格尔认为，这样的心理和这样的人对于历史的影响极为有限，因而在历史的活动中并不发生重要的作用。

人们为了一己私利，甚至全然不顾法律和道德的规范，因而人类意志的自然冲动比人为制定的各种社会规则，对于人们有更为强大和直接的影响。正是在这种个人欲望和热情的鼓舞下，世界历史舞台上不断上演着形形色色的悲喜剧。这是一幅可怖的图景：帝国的衰败，战争的惨烈，罪恶的蔓延，灾祸的肆虐，私欲的横流，道德的沦丧等等，当我们反思这一切时，不禁悲从中来，乃至激起我们最深切最无望的愁怨情绪，而无可辩护、无可逃避。于是，我们要么将这一切归结为不可捉摸的命运，要么退回到自己的内心，"从那片平静的边岸上，安闲地远眺海上'纵横的破帆断樯'"②。

黑格尔指出："'世界历史'不是快乐或者幸福的园地。"③历史好比是一个祭坛，它以人们付出巨大的牺牲为代价，来换得世界历史神圣使命、原则和目的的实现。这乃是因为"精神"在向前演进的过程中必然会产生无限的"对峙"。一方面，精神观念是普遍的、自由的、本身为本身的东西，它是其所是，即自己为自己而存在。另一方面，它反映在个体意志的反省中便是自我意识，它代表了特殊的有限的存在。此二者之

① ［德］黑格尔：《历史哲学》，王造时译，生活·读书·新知三联书店1956年版，第59页。

② ［德］黑格尔：《历史哲学》，王造时译，生活·读书·新知三联书店1956年版，第60页。

③ ［德］黑格尔：《历史哲学》，王造时译，生活·读书·新知三联书店1956年版，第58页。

间的矛盾是不可避免的，个人意识会起而反对普遍的精神，而普遍的精神又会通过这种矛盾对峙将其纳入到理性的轨道之中，在这一过程中，矛盾常常表现为剧烈的冲突而造成社会动荡和危机。

其次，从人的活动的作用来看，它所产生的历史结果超出了个人的愿望。每一单个意志在其自身的活动中，都出于个人的需要和兴趣而追求其特殊的利益。殊不知，任何个人的活动在实施的过程中，都会超出其自身的目的，产生一种"附加的结果"，而无数个人的活动，在其相互碰撞、相互冲突的矛盾之中，又会产生一个"总的结果"。无论是其"附加的结果"还是"总的结果"，都超出了个人愿望的范围，而造就了一种客观的社会存在。所谓世界历史的普遍理性就寓于历史的"总的结果"之中，并通过它为自己开辟道路。

为了揭示个体意志在其矛盾冲突中所发生的内在机制，黑格尔形象地列举了一个"纵火复仇"案例。

> 有这样一个人，为复仇心所驱使，想纵火烧掉仇人家的一些东西，给仇人以惩罚。他本想只是在一根梁柱上放一把小火，可是，火点着之后就开始蔓延，不仅烧毁了仇人的整个房屋，而且引发了大火，把与仇人相连的许多别人的房屋也化为灰烬，甚至还造成一些人的伤亡。①

比喻总是近似的，但它具有象征意义。这个案例所蕴涵的象征意义主要有如下几点：

（1）单个意志活动之间是相互矛盾和相互冲突的。它们的需要、愿望和目的不仅各不相同，而且有时相互敌对不能相容。整个社会就是由无数分散和凌乱的"分子"所组成的一个矛盾的总体。

（2）每个人行为的社会影响会产生一个"附加的结果"。这个"附加的结果"是超出其个人意志和目的之外的，为其所不能预料。纵火复仇者怎么也没有想到他放的一把小火竟然毁掉了那个城镇相当一部分建筑并造成人员的伤亡。

---

① ［德］黑格尔：《历史哲学》，王造时译，生活·读书·新知三联书店1956年版，第66—67页。

（3）每个人只要理智正常对其所通行的法律和道德习俗是自知的，这对他们并无困难。他们行动时一般都会将其特殊目的的内容同"普通的、主要的关于公正、善良的义务等等的确定相互交织在一起"，那种"单纯的欲望——粗野的和野蛮的欲望——不属于'世界历史'的场合和范围"，至于那种"为善良而善良"的抽象观念，"在活泼泼的现实中间，是没有驻足的余地的"①。

（4）当人们的行为违背法律或公序良俗时，这种行为本身就会回到那个行为者，即以毁灭或遭受惩罚向其作出反应。这说明一个社会的理性原则渗透在人们的行为活动之中并发挥其应有的作用，并用社会实践教育和启迪其对于理性、自由的自我意识的能力。

（5）社会中各个意志的交织作用会形成一种"总的结果"。在这个"总的结果"当中，既包括各个意志之间相互作用所产生的直接结果，也包括这个直接结果所发生的"附加的结果"以及无数"附加的结果"之间相互交织所产生的一系列连锁反应，这些都远远超出个人的意志和愿望的范围。

（6）这个最后的"总的结果"，并不单纯地代表世界历史的精神或理性，只能说后者栖息在前者之中，并通过它为自己开辟道路。同时，它也证明了世界历史内含的理性精神是不以个体意志为转移的客观存在。

最后，从社会客观现实来看，它表现为"精神"的"普遍的主要的'意志'同个人的意志的'统一'"②，其中"精神"的普遍意志是其主要或主导的力量。这是"两个极端的结合——一个普通的观念赋形于直接的现实，以及一种特殊性提高成为普通的真理——它们结合的情形，先是两个极端间本性上的截然不同，再加上一个极端对于另一个极端的漠不相关。"③这两个极端即内在的普遍理性与外在的社会结果在开始时，是彼此分隔而不相关的，由于无数个体的行为活动，将二者结合起来，并使前者向后者发生推移和转化。黑格尔尽管把人们的活动看成是"精神"

---

① ［德］黑格尔：《历史哲学》，王造时译，生活·读书·新知三联书店 1956 年版，第 67 页。

② ［德］黑格尔：《历史哲学》，王造时译，生活·读书·新知三联书店 1956 年版，第 78 页。

③ ［德］黑格尔：《历史哲学》，王造时译，生活·读书·新知三联书店 1956 年版，第 67 页。

所运用的手段和方法，但却强调其所迸发出来的"热情"的伟大作用。他说："假如没有热情，世界上一切伟大的事业都不会成功。因此有两个因素就成为我们考察的对象：第一个是那个'观念'，第二是人类的热情，这两者交织成为世界历史的经纬线。"①如果说"观念"或"精神"是世界历史的经线的话，那么人类活动因需要而激发的"热情"则是纬线，正是它们的相互结合和交织，描绘出一幅幅奇妙的历史画卷。

然而，人类对于观念的最终使命和目的是无所知的，理性的"吊诡"或"狡计"在于它将自己的目的悄悄地嵌入人们的活动并通过这种活动而发挥其作用。在黑格尔的历史观中，个体意志及其活动具有矛盾的二重性，一方面，它对于特殊的目的和需求来说是自觉的有意识的；但另一方面，它对于更普遍更广大的目的和使命来说又是自在的和无意识的。一方面，它对于世界历史来说是精神实现自己的工具性的客体；但另一方面，它对于个人意志及其活动来说又是自身能动性的主体。一方面，它对于"精神"来说是感性的、外在的；但另一方面，它对于单纯的物性来说又因渗透了普遍的目的是理性的、内在的。黑格尔强调，在这种二重化的矛盾之中，"精神"作为"本身为本身的、普遍的、实体的东西"，"其他一切万有皆居于从属的地位"②。这是因为在历史发展中，精神理性才是主宰，"'理性'统治了世界，也同样统治了世界历史"③。

由此可知，在关于黑格尔《历史哲学》的三个基本思想中，蕴涵了极为丰富而深刻历史合论思想。可以说，在哲学史上，他第一次指明了人的意志的活动是历史发生的现实起点，没有人的"活动或劳动"，历史什么也不会发生，而"那个使它们行动、给它们决定的存在的原动力，便是人类的需要、本能、兴趣和热情"④；他深入分析了在单个意志的活动所产生的"附加的结果"及其复杂的矛盾冲突中，历史理性如何隐伏其中并发挥作用的内在机制；他具体论证了历史的总的结果及其内在本

① ［德］黑格尔：《历史哲学》，王造时译，生活·读书·新知三联书店 1956 年版，第 62 页。

② ［德］黑格尔：《历史哲学》，王造时译，生活·读书·新知三联书店 1956 年版，第 64 页。

③ ［德］黑格尔：《历史哲学》，王造时译，生活·读书·新知三联书店 1956 年版，第 64 页。

④ ［德］黑格尔：《历史哲学》，王造时译，生活·读书·新知三联书店 1956 年版，第 61 页。

质超出了个人的愿望和认知，从而为自己的发展开辟道路的矛盾过程；他系统阐述了在那看似一幕幕充满贪婪、灾祸、战争、罪恶和血腥的历史悲剧中，所存在的内在规律性和合理性。但是，这些合理的内容都包裹在关于"精神"或"观念"的唯心主义外壳之中，并用神秘思辨的形式表现出来。对于黑格尔哲学，在历史领域亦如在辩证法领域一样，只有剥离其唯心主义的神秘外壳，才能吸取其"合理内核"，从而为"新唯物主义"的历史观所用。

二　批判性的改造：恩格斯的超越与创新

任何理论都不是从天而降，都要"从已有的思想材料出发，虽然它的根子深深扎在经济的事实中"①。通过考察恩格斯晚年历史合力论的思想渊源，不难看出，从其主要概念、命题到基本思想，都吸收和借鉴了黑格尔《历史哲学》"绪论"中关于论"个人意志"与普遍"精神"关系的观点，对其作了根本性的改造，并在此基础上进行了超越和创新。

概言之，恩格斯的批判改造和超越创新主要表现在如下几个方面：

第一，对其作为世界历史基础和本质的所谓"精神""观念""理性"进行了唯物主义的改造。黑格尔的历史合力论自始至终是围绕着"精神"或"观念"这个精髓而展开的。所谓历史合力，在黑格尔那里最大的合力就是"精神"或"观念"所代表的世界历史的"普遍的主要的'意志'与个人的意志的'统一'"、"主观的'意志'和合理的'意志'的结合"②。除此之外，它才是无数个人意志交互作用所形成的历史合力及其总的结果。诚如马克思所说，对于黑格尔来说，所有的哲学论证都有两套逻辑、两个主体。在关于历史合力神秘的思辨逻辑中，"精神"或"观念"是主体；而在世俗的现实逻辑中，人的意志活动才是主体。但前者是其内在本质和灵魂，而后者不过是前者在其现象世界中的外在表现。恩格斯在《费尔巴哈论》中也指出，"概念的辩证法"在黑格尔那里是

① 《马克思恩格斯选集》第3卷，人民出版社1995年版，第355页。
② ［德］黑格尔：《历史哲学》，王造时译，生活·读书·新知三联书店1956年版，第78页。

"颠倒"的，它本来"只是现实世界的辩证运动的自觉的反映"，但却反过来成了现实世界的创造主，因而必须把这种辩证法"倒转"过来，使其"不是用头立地而是重新用脚立地"①。其具体的做法就是，拆除其附加在现实事物头上那一层多余的思辨逻辑体系，按照唯物主义的原则还其现实世界的本来面目。同时，如实地把把"精神"或"观念"看作是"从现实的差别中产生出来"的结果而不是其先验的前提②。

在如何对待黑格尔哲学的问题上，长期以来有一种广为流行的观点，认为只要将其作为世界创造主的"精神""观念""概念"等颠倒过来，使其对应性地转变为"物质""存在""事物"等，就可得到纯粹的唯物主义思想。这种解释是一种误读。正如阿尔都塞所正确指出的，所谓"颠倒说"，只具有象征和比喻的意义③。如果对黑格尔的改造只是在外在形式上作一次调整而不触动其内容，那就太简单了。实际上，马克思恩格斯对黑格尔的改造是形式和内容的统一，而且更多体现在内容上。以历史合力论为例，我们认为，恩格斯对黑格尔的改造主要表现在两个方面：一是对其思辨结构进行解构，将其"三段式"中作为正题而出现的"精神"或"观念"抽象思辨加以剥离，如马克思所说就是将黑格尔"思辨思维"的两套逻辑中的"概念逻辑"去除掉，而保留现实的"特殊逻辑"④。二是对所谓"精神"或"观念"主体的内在本质进行"创造性的转换"。在西方哲学传统中，从柏拉图开始，观念或理念（idea）作为事物本质的"共相"，被视为事物存在的根源和根据，因而代表了真理。黑格尔忠实地继承了这一传统，在其庞大的哲学体系中，一以贯之地将"观念""理念""精神"当作世界的创造主，并以此为基础来演绎其思辨的思维。例如，在其《历史哲学》中，"精神""观念"就被当作世界历史事变的"推动者""内部指导的灵魂"，代表了历史内在的"理性的必要的意志"⑤。而马克思恩格斯对其所做的唯物主义改造就是客观地将其当作人类历史发展本质规律在人头脑里的反映，而不是简单地把

---

① 《马克思恩格斯选集》第 4 卷，人民出版社 1995 年版，第 243 页。
② 《马克思恩格斯全集》第 1 卷，人民出版社 1956 年版，第 256 页。
③ ［法］路易·阿尔都塞：《保卫马克思》，顾良译，商务印书馆 2007 年版，第 61 页。
④ 《马克思恩格斯全集》第 1 卷，人民出版社 1956 年版，第 351 页。
⑤ ［德］黑格尔：《历史哲学》，王造时译，生活·读书·新知三联书店 1956 年版，第 46 页。

它转换为"物质"或"存在"。可见,马克思恩格斯对黑格尔唯心主义基础的改造是一项复杂的工程,涉及从形式到内容的根本性转换,因而是一种总体性的"扬弃"。

第二,对其被贬低为物质"手段"或"方法"的人类意志活动进行了革命性的拯救。在黑格尔的历史合力论中,为了适应神秘思辨体系的需要,作为历史现实主体的人及其活动反而被贬黜为物质性的工具,其作用就是在世界历史中承担起为"精神"或"观念"实现其崇高使命的任务。黑格尔反复强调,"我们所谓原则、最后的目的、使命、或者'精神'的本性和概念,都只是普遍的、抽象的东西",或者说,"是一种内在的东西",无论它本身怎样地真实,终究还不是现实的。"目的、公理等等,只存在在我们的思想之中,我们的主观计划之中,而不存在于现实之中。"为得要产生确实性起见,必须加上第二个因素,那就是实行、实现;这个因素的原则便是'意志'——最广义的人类的活动。"①因此,在整个黑格尔的历史哲学中,现实的人、人类意志及其活动所扮演的是一种工具性的角色,其只不过是"精神""观念"为了实现自身的目的而借用的一种手段和方法而已。而且,作为有意识和意志的人类来说,对于自己沦为工具被利用和被支配的事实却全然不知。其与其他物质性的工具相比,唯一不同的地方在就在于:人是一个会思考的和有意志的工具。应该说,这是黑格尔历史哲学中最明显和最粗陋的唯心主义说教,其对人的贬斥和蔑视简直就是赤裸裸的。对此,恩格斯所做的改造工作就是彻底打碎套在人、人的意志及其活动身上的强制性的精神枷锁,把人从那种被贬黜被侮辱的工具性存在的状况中解放出来,使人堂堂正正地恢复其人的作为人的真实的存在。

在《费尔巴哈论》和晚年关于历史唯物主义书信中,恩格斯明确地指出,现实的人及其活动才是历史的主体即历史的创造主,"人们自己创造自己的历史"②,"无论历史的结局如何,人们总是通过每一个人追求他自己的、自觉预期的目的来创造他们的历史,而这许多按不同方向活动

---

① 〔德〕黑格尔:《历史哲学》,王造时译,生活·读书·新知三联书店 1956 年版,第60—61 页。

② 《马克思恩格斯选集》第 4 卷,人民出版社 1995 年版,第 732 页。

的愿望及其对外部世界的各种各样作用的合力，就是历史。"①在恩格斯关于历史合力论的阐述中，现实的个人意志及其活动是以历史的前提和创造主的角色出场的，原来包裹在其身上神秘思辨的外衣被一扫而空，历史主体的身份从被禁锢的工具理性中解放出来了。这是马克思主义历史观所不同于黑格尔历史哲学的一个根本标志。

第三，对黑格尔历史合力论的本质内涵进行了创造性的超越和发展。在黑格尔的历史哲学中，人类的历史活动始终关闭在精神、观念及其自我意识、个体意志的范围内，正如普列汉诺夫所指出的，黑格尔触及到了市民社会，但没有深入进去。马克思恩格斯则以黑格尔的终点为起点，进一步深入到市民社会内部，解剖其内在结构，终于找到了人类历史的发源地——人类的物质生产活动。人类的一切其他活动包括其自我意识和意志的活动，都是在这一作为历史前提的基础之上产生的，所谓离开人的物质资料生产和再生产的意识或精神活动，不过是存在于思辨王国里的一种抽象的玄想。因此，恩格斯在论述其历史合力时，反复申明："根据唯物史观，历史过程中的决定性因素归根到底是现实生活的生产和再生产。无论马克思或我都从来没有肯定过比这更多的东西。""我们自己创造着我们的历史"，但是，"我们是在十分确定的前提是和条件下创造的。其中经济的前提和条件归根到底是决定性的"②。虽然人类历史的发展过程"是在相互作用的形式中进行的"，然而，这种"相互作用的力量很不相等：其中经济运动是最强有力的、最本原的、最有决定性的"③。这些思想都是黑格尔历史哲学中所不具有的，它完全是马克思恩格斯基于唯物主义的立场在批判改造既有成果的基础上所做出的创新性的发展。尤为可贵的是，晚年恩格斯所提出的历史合力论将经济因素的决定作用与诸种因素的相互作用有机地统一起来，深刻地揭示了二者辩证结合的内在机制。因此，恩格斯的历史合力论通过改造黑格尔不仅借鉴和吸取了其合理思想，而且通过由唯心向唯物的创造性转换和超越进行了创新性的发展，从而使黑格尔的历史合力论在新的历史观中获得了新生，也使马克思主义的唯物史观得到了进一步的完善和深化。

---

① 《马克思恩格斯选集》第 4 卷，人民出版社 1995 年版，第 248 页。
② 《马克思恩格斯选集》第 4 卷，人民出版社 1995 年版，第 695—696 页。
③ 《马克思恩格斯选集》第 4 卷，人民出版社 1995 年版，第 705 页。

三　时代的逻辑：历史合力论的当代发展

如果以恩格斯晚年历史唯物主义书信为标志，其历史合力论的提出已经有 130 年的历史了。在这一百多年的发展过程中，它在马克思主义历史观的传承和演进中发挥了重要影响。总的来说，这种影响主要表现在如下三个方面：

一是充分肯定上层建筑对经济基础能动的反作用。在 19 世纪 90 年代之前，诚如恩格斯本人所指出的，由于斗争的需要，他和马克思都把理论致思的重点放在经济关系的决定作用上，即"首先是把重点放在从基本经济事实中引出政治的、法的和其他意识形态的观念以及以这些观念为中介的行动，而且必须这样做。但是我们这样做的时候为了内容方面而忽略了形式方面，即这些观念等等是由什么样的方式和方法产生的"①；同时，"不是始终都有时间、地点和机会来给其他参与相互作用的因素以应有的重视"②。对此，恩格斯还两次明确地做了自我反思。他说，在"过分看重经济方面，这有一部分是马克思和我应当负责的。我们在反驳我们的论敌时，常常不得不强调被他们否认的主要原则，并且不是始终都有时间、地点和机会来给其他参与相互作用的因素以应有的重视"，甚至过去几乎"还没有谈到"。"这一点在马克思和我的著作中通常也强调得不够，在这方面我们大家都有同样的过错。"③恩格斯晚年提出历史合力论，就其理论自身的完善和发展来说，是为了弥补以往存在的不足。因此，自此之后，在马克思主义后继者关于唯物主义历史观的著述中，上层建筑包括意识形态之间的相互作用及其反作用问题都得到了广泛的重视。例如，第二国际著名马克思主义理论家考茨基在其洋洋百余万言的《唯物主义历史观》中，不仅用了近一半的篇幅专门阐述上层建筑及其历史发展的作用，而且在第一章一开首就严厉批判了那种把唯物史观简单化为"经济唯物主义"的错误。他说："有很多反对马克思主义的人，也

---

① 《马克思恩格斯选集》第 4 卷，人民出版社 1995 年版，第 726 页。
② 《马克思恩格斯选集》第 4 卷，人民出版社 1995 年版，第 698 页。
③ 《马克思恩格斯选集》第 4 卷，人民出版社 1995 年版，第 726 页。

还有许多拥护马克思主义的人，都错误地以为马克思主义要想让每一种历史变迁都直接地依一种经济变迁为转移，那是绝对不正确的。"①对于上层建筑在社会发展中的作用以及"经济唯物主义"的错误，布哈林的分析也十分透彻。在其《历史唯物主义理论》中，他指出，对于历史唯物主义有这样一种解释："据说，事实上唯独经济存在着，其余一切都是不值一提的，是幻想、烟雾、海市蜃楼之类的东西，使人眼花缭乱，其实一无所有；……对意识形态的意义的这种看法是绝对不正确的——根本错误的。……硬说什么历史唯物主义理论否认整个上层建筑特别是意识形态的意义，这种论断是毫无道理的。"②除此之外，这些思想在拉布里奥拉、普列汉诺夫、列宁、斯大林、毛泽东的著作中都有反映，并且几乎写入所有马克思主义哲学理论的文献及教科书中，不能不说这是恩格斯晚年历史合力论所产生的广泛和深刻的影响。

二是彰显人在历史发展中的主体地位。恩格斯历史合力论以个体意志的活动为出发点，对于人的活动如何形成历史合力、历史规律又如何通过这种合力来实现自己的内在机制进行了深入的分析和考察，因而从主体的维度揭示了历史运行的逻辑。这与马克思恩格斯早期和中期主要从客体的维度探讨生产力和生产关系、经济基础和上层建筑的基本矛盾运动在致思的重点上是有所不同的。这种研究的视角和取向不仅对于西方马克思主义的创始人卢卡奇、葛兰西等人在历史观上的"主体论"建构产生了某种思想的引导和启迪作用，而且与现当代哲学主体性转向的基本趋势相契合。

三是提示总体性问题对于历史观研究的重要性。历史合力论重在"合力"，而历史合力在本质上就是社会形态中各种要素交互作用的结果，而不仅仅是"经济因素"孤独运行的产物。这一研究路向及其观念对于后继者如布哈林、卢卡奇和我国的乌杰教授提出平衡论、总体性和系统论的唯物主义历史观，无疑也起到了某种理论先驱的作用。

然而，任何科学理论都是开放的发展的，恩格斯的历史合力论也是如此。随着时代的演进，历史合力论理应在总结和吸取新的科学成果的

---

① ［德］考茨基:《唯物主义历史观》第一分册,《哲学研究》编辑部编, 上海人民出版社1964年版, 第6—7页。

② ［苏］尼·布哈林:《历史唯物主义理论》, 人民出版社1983年版, 第266页。

基础上实现自身的完善和创新。

首先是历史合力中各种要素的相互渗透问题。关于历史合力论，恩格斯具体论述了单个意志之间以及社会各要素之间的交互作用的矛盾关系，但对其相互贯通和相互渗透的关系还未来得及作具体考察。在传统的哲学原理教科书体系中，生产力和生产关系、经济基础和上层建筑之间以及上层建筑和生产力之间的相互贯通和相互渗透也语焉不详。但这个问题在 20 世纪 80 年代就获得了突破。在邓小平提出"科学技术是第一生产力"的论断之后，我国的哲学教科书已经将"科学技术、教育、管理"等作为渗透性要素纳入到了生产力范畴之中。在这之后，党的十六大、十七大报告又提出了"文化与经济和政治相互交融"以及"解放和发展文化生产力"的命题，使得社会诸要素之间相互贯通和相互渗透问题得到进一步的论证并逐渐形成社会的共识。

但是，在历史合力论的问题上，单个意志之间以及社会诸要素之间相互贯通和相互渗透的问题却没有得到明确的论证，似乎一谈相互贯通和相互渗透，经济因素的决定作用就得不到保证了。这种担心是多余的。正如恩格斯所指出的，"整个伟大的发展过程是在相互作用的形式中进行的"，但是，这种"相互作用的力量很不相等：其中经济运动是最强有力的、最本原的、最有决定性的"①。世界上不存在纯而又纯的东西，经济里面渗透着政治和文化，反之亦然。社会诸因素之间所呈现的真实关联就是这种既相互对立、相互冲突而又相互依存、相互渗透的矛盾关系，如果排除了相互渗透，矛盾之间的同一性就不存在了，于是矛盾也就解体了。因此，相互贯通和相互渗透是历史合力论赖在成立的一个基本观点。承认这个观点对于我们贯彻理论的彻底性和改革实践的协调性都具有重要的意义。

其次是历史的分力和合力的辩证关系问题。一般认为，在一个社会有机系统中，其构成要素的分力越小，则合力越大，反之亦然。于是，有学者著文提出，当人类进入共产主义的高级阶段之后，"人类社会曾经出现的那种似自然性的史前状态将不复存在"，甚至于"人就是必然的合力，那个神奇的平行四边形将消失在历史的地平线上"②。这种观点是大

---

① 《马克思恩格斯选集》第 4 卷，人民出版社 1995 年版，第 705 页。
② 张一兵：《恩格斯社会历史观"合力说"之新解》，《现代哲学》1991 年第 2 期。

可商榷的。

现代风险理论已经证明,随着现代化的发展,社会风险和社会矛盾不是越来越减缓和弱化,而是越来越复杂和紧张。因为除了人与自然矛盾继续存在外,现代高科技在给人类造福的同时,也埋下了把人类带入毁灭之境的高风险。例如,现代文明所创造的核武器能够将人类毁灭殆尽,生化研究会制造出新的病毒从而引发无法抵御的全球性瘟疫,工业文明所带来的环境污染和生态危机会使地球家园面临灭顶之灾等等。所以,社会发展并非像善良的人们所想象的那样:笔直地通向一个无限美好与和谐的理想世界,而是通过螺旋式的道路蜿蜒向前行进,如同攀登一座高峰,每进一步,路途更加陡峭,行进更加艰难。而且,历史辩证法告诉我们,在一个有序和开放的社会中,矛盾越多,分力越大,社会反而更有活力、张力和创造力。反之,消除掉矛盾、分力和竞争力,也就同时消除了活力、合力和创造力。当人与人的矛盾冲突归于虚无时,历史那个神奇的合力果真会永久地消失于历史的地平线上;当一个社会的分力、离心力、竞争力趋于零和时,所谓社会的协同、合作与和谐也将不复存在。这是历史辩证法相反相成法则的生动表现。

再次是历史主体的自觉性和自发性的统一问题。不少人认为,自觉性和自发性是一种此消彼长的关系,即是说,自觉性增长一分,自发性就相应地减少一寸,二者之间呈反比关系。有的学者甚至预言未来社会"历史发展的必然性将回归于人类主体自己的手中",以至于"人就是必然的合力"①,这种观点显然是有违辩证法的。实际上,自觉性和自发性之间的矛盾是复杂的,其中既有此消彼长的关系,也有相互促进的关系。从总体上讲,在实践基础上人的自觉性在广度和深度上得以提升的同时,由于面临未知世界的界面延伸使得人的自发性随之增大。因此,随着历史实践的开展,人的自觉性和自发性二者的矛盾是累进式地拓展的,由此推动人类的认识和实践呈加速度向前演进。

---

① 张一兵:《恩格斯社会历史观"合力说"之新解》,《现代哲学》1991年第2期。